KB139131

창해滄海 최익한崔益翰

서대문감옥(1921)   서대문형무소(1930)

조선일보사 출판부 촉탁직(1938)   사위 이청원(평남도당단체대표, 1956)

장남 재소(서대문형무소, 1935) 차남 학소(김천소년형무소, 1935)

재소의 묘(1937년 함흥형무소에서 순국, 2000년 대전현충원 애국지사묘역에 안장)

최익한 생가터(울진군 북면 나곡리)

나곡리 앞바다(어릴 적 시를 즐겨 짓던 곳)

청암정靑巖亭(1909년 3월 시회에서 장원)

다전茶田 여재如齋터(1913~16년 거창군 가북면 중촌리에서 면우 곽종석에게 수학)

울릉향가鬱陵香歌(35.5×23.5cm, 1916, 영주 소수박물관 소장)

소수서원紹修書院(1916년 3월 15일 봉향)

화엄사華嚴寺(1917년 지리산 산방에서 독서하며 시를 지음)

천은사泉隱寺(산방에서 공부하며 인근의 황현 고택에 자주 들름)

崔益翰上田艮齋

益翰再拜白矢海萬里孼霧葵〈伏惟門下有啓道懷神佑陽提東掃
當堂四方守趨門隔歲月蓮沐矣美人時罕侯來美幾人有可
傳道若有可以撥業去有可以解威若至此葢福女進身亦未然註立拝敎
志列巾退去不免自外捄今矢伹凡退陋淺獲家人君子容撫之光趨
拝序惟之陛有此窮墨凡茅之道牡容懽之惠和敎育之勁藝眞且此
咋市舉陰醉一鹿自卒丈前少之不諱自此行此不貞此稿雅是此天寞
不茂好佗之誠自噚而間姓身以涊言志訣一副眞詮不作
門下宣持樱除為稿以救作含上大寶剖之亨以蔵之亨至堅長美些花
光明月扶地可浚之暉遠去春名程之深奥加啟致辯賢
鵲侖脣参此且自令一斑之寶志久噯堅孜名程之說遺笺何只不之此具
拔棠嚴之下起薮狂捕愛之地刑此说方之可詔方之之之以為負具何
模糊世啵棄此不自昌此不向只茉盡此不約違去为不竟遺笑之可吣其
行只細噚者快刊睬眒有性的便言只具詢噚爲志不冝只甘
則又不容不九九雅盡詰昧矢兮以巻敢妛暴匀向命敎甚僖後
洗軍慮含他棄絶芝光人倫信之礼尘法乃敎不尾樱奈究紳彼之
窮之典用也拪与亓觀弘睛務爲五管之亦楷之咅心有所不合
徑之程朱之言與不俚小異夫心門下之楷見鉅識凡一用用之傳立此地
刖是豈可訛學之難而撰倘勾當者那吳不甭逭以所威者偽
之蕃囷圍者晢倅涤腦主作牡陛賢葢莫不矢凶本理爲刖亭袁制
常而具民曰仁義禮諸之理管根性所悟逵子言咅莂太往與昶
子心為太杙孟子仁義爲心又懶隐者匡爲心程子心此怕光地亓
世張予曰一統性情朱子四元亨利貞天物之心爲人傳之蕃不矢淺切
世也

〈최익한상전간재崔益翰上田艮齋〉(35×25cm, 1917, 초고 사본)

계화재繼華齋(1917년 3월 부안 계화도로 간재 전우를 찾아가 성리설 논쟁)

대월헌待月軒(1917년 매천 황현 고택을 오가며 황원·윤종균 등과 한시 수창)

유당 윤종균의 증시(1917)

최익한의 〈유당집서酉堂集序〉(1943)

序　　　　　　　　　　滄海崔益翰

湖南之詩自白玉峯崔孤竹林白湖諸公之後沈衰無聲餘三
百年及夫近世川社王錫輔崛起於前而梅泉黃玹大鳴于後
則湖南之詩復聞於域中而其實征之遊之盛也有海鶴序沂
小川王師瑣西堂尹鍾均之肇追謫和應各馳其譽此數君子
或生或居于求禮敾攷求禮尤以詩鄉得梅湖南馬海鶴以豪放
小川以精鍊稱而西堂則贈富饒麗又殿諸侶數十年之久故
湖南之人推西堂亞於梅泉梅泉詩曰我友多詩人個個麟出
角中歲又得喜添一鸞鷗當其屬酉公者已非尋席也公
少善功令文博識強記詞流不窮渴生平所作詩無慮數萬首
蘭谷李建芳嘗愛君老而多作爲之精選可傳者幾百篇及公

안국동 거주지터(1920년 하숙집 운영)

중동학교 야학부 입학(1919)

창신동 거주지터(1936년 당시 건평 16평)

서대문감옥(1921년 3월 16일 군자금 모집 사건으로 체포, 1923년 3월 21일 가출옥)

와세다대학 전문부 정치경제과 입학(1925)

일월회 창립 1주년 기념(1926)

《대중신문》 발행(1926~28)

동방노력자공산대학 입학 무산(1926)

ML파 하필원의 원동苑洞 집
(1928년 2월 초 최익한 체포 당시)

ML당 사건 1회 공판 방청 금지
(1930년 6월 25일 경성지방법원에서)

서대문형무소(1930년 8월 30일 징역 6년 선고 투옥, 사진 정중앙 12옥사로 추정)

대전형무소(1932년 7월 8일 이감, 1936년 1월 8일 체포된 지 8년 만에 만기 출소)

서대문형무소(최익한이 수감된 곳으로 추정되는 12옥사의 복도)

대전형무소 망루(1939)

대전형무소 우물(1919)

조선어 기술 문제 좌담회(1937년 12월 말 조선일보사 주최, 홍기문 사회)
* 왼쪽부터 최현배, 이극로, 조윤제(손만 보임), 송석하, 김광섭, 최익한, 류치진

장안빌딩(해방 직후 종로 2가 이곳에서 조선공산당 결성)

김일성종합대학(1949~57년 어문학부 조선문학과 부교수로 고전문학을 가르침)

남조선인민대표자대회(1948년 8월 해주에서
제1기 조선최고인민회의 대의원으로 선출)

정다산 서거 120주년 기념행사(1956년 4월
7일 《로동신문》에 저서 《실학파와 정다산》이 소개
되고, 그날 저녁 과학원 주최로 최익한 번역의 다산
시문을 공훈배우가 낭송함)

《여유당전서를 독함》(1938.12.9~1939.6.4, 《동아일보》에 64회 연재)

《실학파와 정다산》(국립출판사, 1955)

《정다산선집》(국립출판사, 1957)

與猶堂全書를 讀함

여유당전서를 독함

최익한 지음

류현석 교주

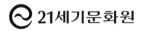 21세기문화원

교주본을 펴내며

1

5년 전(2015) 어느 날이었다. 그동안 읽은 책을 무심코 펼쳤는데 아무 생각도 나지 않았다. 왜 밑줄을 그었는지, 왜 여백에 메모한 것인지 떠오르는 기억은 전혀 없었다. 이른바 백지화 현상이었다. 그래서 나는 우선 독서를 중단하고 기억을 되살릴 수 있는 방법을 이러저러 모색하게 되었다.

글 읽는 사람에게 강연이나 저술은 기억을 오래 유지하는 데 큰 도움이 된다고 한다. 하지만 내가 그것을 바랄 만한 형편도 아니고 실력도 안 되었던지라, 고민 끝에 결국 남의 책이라도 한 권 내보자는 겁 없는 의욕으로 이어졌다.

나는 2011년부터 다산 관련 글을 읽기 시작하였다. 그해 가을에 최익한崔益翰의 《실학파와 정다산》도 읽었는데, 사뭇 인상적이었다. 2015년까지만 해도 그의 《여유당전서를 독함》이 책으로는 나오지 않았기에 당연히 관심이 생겼다. 우선 그 글을 연재하였던 동아일보사에 들러 원문(총 64회분)을 출력하였다. 분량을 보아하니 늦어도 1년 안에는 출간할 수 있겠다는 느낌이 들었다.

사무실에 돌아와 막상 원문을 입력하려다가 깜짝 놀랐다. 내가 2011년에 이미 6회까지 입력한 파일이 있었던 것이다. 당시 인터넷으로 《여유당전서를 독함》 원문을 검색할 수 있었으니까 (기억은 나지 않지만) 약간 입력하다가 시시하여 그만둔 모양이었다. 여하간 2015년에는 이제 7회부터 자판을 두드리는 행운도 얻게 된 셈이라서, 일을 시작하는 마음은 의외로 한결 가뿐하였다.

한 17회인가 입력하고 있을 때였다. 세상은 PC(박근혜-최순실) 게이트가 터져 마치 반동들의 천국이 도래한 양 솔찬히 요란 법석을 떨고 있었다. 새삼 글을 쓰면 뭐하나 하는 무력감이 삽시간에 몰려왔다. 컴퓨터를 끄려고 마우스를 클릭하는 찰나, 어이없게도 그간 입력한 내용(1~17회분)을 싸그리 날려 버렸다는 사실을 뒤늦게야 깨달았다. 참 허탈한 분노가 치밀어 올랐다.

머리도 식힐 겸 다산 유적지를 여행하였다. 마침 새로 개발한 곳이었다. 한 80대 초반의 노인장을 마을 입구 집 앞에서 우연히 마주쳤다. 아침인데도 술에 취해 뻘건 얼굴로 나를 쏘아보았다.

"어디 가남?"

"저기 사진 좀 찍으려고요."

"아, 거 머시기 양반(=다산)이 하룻밤인가 놀고 갔다드니만……, 하이간 암끗도 볼 거 읎어!"

"근디, 왜 개를 집에 저리 많이 키우시는지요? 무섭습네다."(큰 개 다섯 마리 정도가 일제히 달려들 듯 마구 짖어대고 있었다.)

"잉 긍게 뭣이냐, 군청에서 관학 협동인가 거시기로 저 유적지를 개발해 놓으니께, 1년에 두어 번씩 뻐스 대절해서 관광객들이 와 쌓는디, 집에 들어오려고 허니께 성가셔 죽겠어. 그래서 질르는 것이구먼. 시방도 저그 앞 저수지 한부짝에서 개발한답시고 뽀꾸레인들이댐시롱 지랄염병하고 자빠져 있을 것이여!"

어쨌든 유적지 현장에 이르렀을 때 비로소 모든 것을 알아차릴 수 있었다. 도로를 내느라 원시림을 상당히 훼손하였다. 폐허와도 같은 산속에 관광객은 오로지 나 혼자뿐이었다. 다산은 '9대 옥당' 집안이라던데, 아까 저 노인장은 혹여 천대만대 농토박이가 아닐는지……?! 두 분은 털끝만치도 무관할 터이나, 역사상 늘 적대적인 관계였던 것만큼은 불을 보듯 뻔하다고 하겠다.

극우 다산론자들이 국정 교과서를 획책하거나 자연환경을 파괴하며 적폐 세력으로 등장한 지도 꽤나 오래되었다. 다산처럼 실리실용적인 제도권 학자들은 어째서 지배계급의 이익에만 봉사하며 시종일관 인민의 입장과는 꼭 정반대로 가는 것일까?

2

2015년 9월 말부터 나는 《여유당전서를 독함》을 입력하기 시작하였다. 처음에는 이 책 한 권만 달랑 내려고 했으나, 모르는 것이 점점 많아져서 《실학파와 정다산》, 《정다산선집》 교주본까지 쓰게 되었다. 그 와중에 최익한의 모든 저술들을 하나하나 찾아서 읽고, 그의 발자취가 서린 곳들도 찬찬히 답사하여 나갔다.

입력이나 주석 작업이란 것이 어쩌면 노가다와도 같은지라 한 2년은 하루 평균 16시간씩, 많게는 20시간씩 일을 하였다. 그러다 보니 몸이 꽤 안 좋아져서 조금씩 줄여 나갔다. 그렇지만 고생한 대가인지 2016년 5월에는 1차 교정을, 동년 12월에는 2차 교정을, 2017년 3월에는 벌써 3차 교정까지 끝낼 수 있었다. 2019년 7월에는 4차 교정과 해제 쓰기를 마치고, 드디어 교주본 검토를 의뢰한 후에 나는 최종적으로 5차 교정도 보았다.

　《여유당전서를 독함》은 이해도를 높이기 위해 1930년대 당시 신문에 연재된 원문을 부록으로 실었다. 최익한은 이것을 책으로 내지는 않았으나, 월북 후에 《실학파와 정다산》, 《정다산선집》으로 더 전면적이고 과학적인 심화 연구를 계속한 점에서 《여유당전서를 독함》은 바탕 원고로서 요약본 구실을 하였다고 볼 수 있다. 제5장에서 판독하기 어려운 한자 '함圅', '감龕' 등을 밝혀낸 것이 소소한 기쁨이었다.

　《실학파와 정다산》은 각 장의 끝에 최익한이 참고한 인용 원문을 전부 수록하였다. 이는 상당히 방대한 작업으로서 자료를 찾기 위해 오랫동안 도서관을 들락거렸다. 기실 평소에 충실히 각주와 미주를 축적함으로써 막바지에 거뜬히 해제도 쓸 수 있었던 것이다. 최초의 다산 연구서 《실학파와 정다산》은 유학과 ML이론을 종횡무진한 어문학 논문으로서 불세출의 걸작이긴 하지만, 다산의 보수성을 진보성으로 개변시킨 한계가 엿보인다.

　《정다산선집》은 본디 번역문만 있었는데, 내가 규장본·신조본·사암본 전서 등을 일일이 대조하여 한문 원문을 모두 새로 넣었다. 최익한은 한문을 직독직해하여 완미한 번역을 시도한 것이 아니라 다산의 글을 인민대중에게 처음으로 소개하려는 목적하에 의역한 부분이 많으므로 반드시 한문 원문을 확인할 필요가 있다. 또 최익한의 <작품 해제>가 몇 편 되지 않아서 나는 공을 들여 해제를 크게 보완하였으니, 번역문과 함께 일람하기 바란다.

나는 최익한의 '다산 3부작'인 《여유당전서를 독함》,《실학파와 정다산》,《정다산선집》에 대한 교주본을 쓰면서, 별도로 글을 8편이나 작성하였다.

먼저 <'여유당전서를 독함' 해제>에서는 그가 사회주의운동을 중단한 후에 어떻게 사상적으로 개량화되었는지 살펴보았고, <'실학파와 정다산' 해제>에서는 그 책이 다산학 연구사상 기념비적인 걸작임에도 불구하고 왜 '반인민성'을 띨 수밖에 없는가 하는 점을 지적하였으며, <'정다산선집' 해제>에서는 번역의 우수성과 제한성을 동시에 간명히 분석하였다.

다음으로, <창해滄海 최익한의 생애와 저술>에서는 그가 탁월한 시인이요 고전문학자라는 사실에 주목하고 그의 저술의 특징이 과연 어디에 있는지를 대강 정리하였으며, <최익한 친일설>에서는 그간의 낭설들을 주욱 훑어보고 진위 여부를 면밀히 따져 가면서 새로운 자료도 첨부하여 최익한의 시국 논설이 부일문附日文에 해당될 여지가 있음을 규명하였다.

끝으로, <창해 최익한 연보>를 70여 면이나 작성하여 그의 전기적 사실에 대한 구체성을 어느 정도 확보하였다. 무엇보다 그를 '있는 그대로' 조명하는 데 초점을 맞추었다. 이 연보를 바탕으로 <연보 소고>와 <저술 연보>까지 쓰게 되었다. 혹여 부족한 글들이 모이면 나중에 평전의 밑거름이 되는지도 잘 모르겠다.

책을 쓰는 틈틈이 최익한의 거주지와 유적지도 답사하였다. 내 기억에 특별히 남은 곳은 다음과 같다.

첫째, 창신동昌信洞 산비탈의 협소한 집(건평 16평)이다. 1930년대 최익한은 여기서 가족 약 8명과 함께 살며 《여유당전서를 독함》을 집필하였다. 옛 모습은 간데없지만, 나는 담배 한 개비를 시나브로 빼어 물다가 순간 울컥하였다. 왜냐면 대학 시절에 살던 산동네가 불현듯 뇌리를 스쳤기 때문이다. 하, 그때는 변소도 공동으로 사용하고 잉크도 얼어붙어 펜으로 콕 찍어 썼었지……

둘째, '화엄사華嚴寺—천은사泉隱寺—매천사梅泉祠—수죽헌水竹軒' 길이다. 1917년 최익한은 지리산 산방에서 독서하였다. 그를 잠시 생각할 수 있는 유일한 코스(약 15km)로서 걸을 만하다. 조금 힘들고 위험할지는 몰라도 아침 일찍 출발하면 괜찮을 것이다. <창해 최익한 연보>에 약도를 대충 그려 놓았다. 수죽헌은 1932년부터 윤종균尹鍾均의 집으로 현재는 터만 어림잡을 수 있는데, 호양학교壺陽學校 바로 인근이다.

셋째, 영도사永度寺(현 개운사開運寺)이다. 1940년 최익한은 영도사 술자리에 정인보鄭寅普 등 당대 문사文士들과 함께 면우俛宇 제자인 회봉晦峯 하겸진河謙鎭을 모시고 운자시를 지었다. 1980년대까지만 해도 절 주위에 유곽遊廓 시설이 일부 남아서 저렴한 대학생 자취방으로 선호되었으나, 지금은 재개발로 사라져 버렸다. 내가 학교 다닐 적에 쌀이 떨어져서 동식서숙하며 시를 짓던 곳이기도 하다. 어언 30여 년이나 넘었으니 더 말한들 무엇하랴.

넷째, 서대문형무소이다. 최익한은 12옥사에 수감되었던 것으로 추정된다. 무심코 독방의 쇠문을 열어 보았다. 햇빛 한 올도 들어

오지 않는 0.7평의 칙칙한 어둠 속에서 소름이 확 끼쳐 왔다. 오전 첫 시간대라 관람객은 나 혼자여서 더 섬찟하였다. 옛일이 생각나 황급히 밖으로 뛰쳐나오고야 말았다. "이곳에 감금되면 정신공황 장애를 겪는다"는 팻말의 글귀가 목덜미를 자꾸 잡아채며 온몸을 휘감듯이 종일토록 나를 무겁게 짓눌렀다.

다섯째, 최익한의 장남 재소在韶의 묘(대전 현충원)이다. 빗돌 전면에 창해의 〈곡아 25절哭兒二十五絶〉 중 두 수가 새겨져 있다. 최익한의 종질 고 시은市隱 최구소崔九韶 선생께서 추리셨다고 한다. 최익한을 가장 가까이서 추념할 수 있는 곳이다. 나는 국내 유적지 가운데 마지막으로 들렀다. 참고로 형편이 여의치 않아 일본과 러시아 유적지는 아직 답사하지 못하였다. 안타깝고 부끄럽다! 향후 기회가 오길 바랄 뿐이다.

나는 2017년 10월 말에 현재의 장소로 출판사를 옮겼다. 기존 건물을 의류업체가 통째로 매입하는 바람에 덩달아 나도 세입자로서 쫓겨난 형국이었다. 젊을 적에는 노동 해방을 위해서 투쟁도 하였건만, 이제는 늙어 그 노동 귀족한테 배신을 당했다는 생각만 들어 참혹할 따름이다. 글을 쓰는 내내 근본적인 회의가 밀려왔다. 새로운 사무실은 너무 비좁아서 몸무게가 10킬로나 늘어 이따금 우울한 심정에 잠긴다. 살을 빼러 산책하다가 실개천의 수면 위로 빗방울이 이파리처럼 떨어지는 모양을 망연히 보노라니, 선친께서 그 옛날 쓰시던 묵란 화제가 아롱아롱 물무늬로 흐른다……

君子修道立德　군자는 도를 닦고 덕을 세우되
不爲困窮而改節　곤궁할지라도 절의를 바꾸지 않느니라.

3

최익한은 일제강점기는 물론 월북 후 분단 시대에도 다산 연구를 지속한 유일한 고전문학자였다. 일찍이 그는 창해라는 아호답게 배를 타고서 남한강을 거침없이 질주하며 호방한 이백풍으로 시주詩酒를 즐기던 시인이기도 하다.

峽江驅漲浪花愁　골짝 강물 넘치니 물보라 시름겹고
柔櫓人閒片帆秋　노 젓는 이 한가할사 조각배 가을이네.
未了驪陽一壺酒　여양 술 한 병도 아직 다 못 마셨건만
靑山爭報廣山州　푸른 산은 다투어 광주라고 알리네.

                〈주하우천시舟下牛川市〉(1919)

나는 최익한의 글을 수십 번 읽은 후 컴퓨터로 입력하고 편집하며 서예·그림까지 모든 것을 직접 하면서 그의 저서에 조금이나마 다가서려고 하였으나, 항상 역량 부족만 절감하였다. 그가 말하는 각 개념이나 범주가 구체적으로 어떤 의미이고 그 경계가 어디까지인지 이해하기란 쉽지 않았다. 그는 용어를 다분히 추상적으로, 개량적으로 폭넓게 사용한다는 것을 얼추 짐작하였을 뿐이다. 당시 어투나 문체의 특징도 파악하기 위해 안재홍·정인보는 물론 백남운·김태준과 이을호·홍이섭·이우성 등의 글을 자주 읽었다. 아울러 실학·다산학과 관련된 북한 학자들의 논저도 섭렵하면서 북한 실정을 감지하려고 애를 썼다. 김광진·박시형·김석형·정진석·정성철·홍태연·류수·리철화·김하명·김진국 등이 얼른 떠오른다.

창해 최익한 선생은 송찬섭 교수님께서 1989년에《실학파와 정다산》(청년사)을 통해 남한에 최초로 소개하셨다. 이러한 선구적인 연구는 후학들이 본받을 만한 일이다. 출판사는 책을 기관에 압수당하는 고난을 겪었고, 송교수님은 20년 후에야 다시《실학파와 정다산》(2011),《조선 사회 정책사》(2013),《여유당전서를 독함》(2016),《조선명장전》(2019)을 잇따라 펴내며 교과서적인 전범을 보여주셨다. 덕분에 우리는 최익한의 저술을 보다 쉽사리 접할 수 있게 되었다. 특히《조선 명장전》을 입수하고 '성해成海'가 최익한의 별호인 것도 밝혀내신 공로는 인정되어야 할 것이다. 그러나 송교수님만 독보적으로 연구를 진행하시다 보니, 적잖이 개인적 한계도 드러난 것 같다. 이는 해제에서 다루겠다.

그동안 다음과 같이 많은 분들의 도움을 받았다.

최익한의 재종손 최홍준 선생님은 관련 자료를 주시고 여러 번 최익한의 전기적 사실에 대해 정확히 알려 주셨다.

강릉최씨 대종회 최두헌 회장님, 울진문화원 아무개님, 일본 아리랑문화센터 정강헌 선생님과 미사토 모토요시三郷元吉 선생님은 자료를 흔쾌히 제공하여 주셨다.

최재목 교수님은 맨 처음에 교주본을 일독하며 격려해 주셨고, 송찬섭 교수님은 중요 자료들을 주신 것은 물론 교주본 최종 검토까지 해 주셨다.

위의 모든 분들께 진심으로 깊이 감사드린다.

이외에 조언해 준 익명인들도 더러 있었다. 늦었지만 머리 숙여 똑같이 고마움을 전한다.

2015년 9월 작업을 시작한 지 이제 4년 반 만에 책을 내놓는다. 기억은 좀처럼 돌아오지 않고 우주의 한 점 별빛은 아득한 옛적 마음의 벗이 보낸 미소인 양 겨울나무의 얼음꽃으로 맺혀 푸르게 반짝인다……. 부족한 실력으로 이만큼이라도 할 수 있었던 것은, 전부 선친께서 평소 올바르게 가르쳐 주셨기 때문이리라. 올해 94세이신 노모님께서도 일제강점기의 실태와 언어 등에 대해 자상히 일러 주셨으니, 그 은혜를 결코 잊을 수가 없다.

나는 '다산 3부작'을 기존 제도권의 연구처럼 단순히 남한식 논리로 덧씌워 재단한 것이 아니라 그 당시 실정을 최대한 감안하여 제대로 풀어내고자 꽤 많은 시간을 들였다. 그래도 이러저러 탐탁지 않다. 앞으로 창해 최익한 선생께 바칠 수 있는 좋은 책이 되도록 손자 세대로서 좀 더 노력하겠다.

아무쪼록 독자 여러분들이 창발적이고 생산적인 논의의 계기를 마련하는 데, 이 교주본이 미력이나마 도움이 되었으면 한다.

2020년 2월 21일

雲峯 柳鉉碩

차 례

창해 최익한의 생애와 저술

1

창해滄海 최익한崔益翰은 정유년(1897) 4월 8일(음 3. 7) 강원도(현 경상북도) 울진군 북면 나곡리羅谷里에서 태어났다. 창해는 '넓고 큰 푸른 바다'의 뜻으로 동해를 가리킨다. 그가 21세에 자호하였다고 한다. 필자는 책을 다 쓰고 그의 생가 터를 방문하자니 이백李白의 '제창해濟滄海'나 소식蘇軾의 '창해일속滄海一粟'이 문득 떠올랐다.[1]

---

1) 이백(701~762)의 <행로난行路難>에 "긴 바람 타고 파도 헤칠 때 반드시 오리니, 바로 구름 높이 돛 달고 푸른 바다 건너리라(長風破浪會有時 直挂雲帆濟滄海)" 하였고, 소식(1037~1101)의 <전적벽부前赤壁賦>에 "천지간에 붙어사는 하루 살이요, 아득히 푸른 바다에 좁쌀 한 알이라(寄蜉蝣於天地 渺滄海之一粟)" 하 였다. 위의 이백 시구를 화제로 한 선친의 산수화 소품이 필자의 거실에 오랫 동안 걸려 있고, 젊은 날 필자가 소식의 <적벽부>를 번역한 적도 있어 감회가 더욱 새로웠다. 기실 최익한 시문의 웅건한 의취는 일면 이백풍을 연상케 한다. 그의 이백에 대한 언급은 <한시만화漢詩漫話 11·12>, 《조선일보》(1937. 12. 22 ~23); <조선 고대 문학사에 있어서의 최치원의 문학적 지위>, 《김일성종합대학 학술론문집》, 김일성종합대학, 1956, p350; <정다산의 시문학에 대하여 (상)>, 《조선어문》 2호(1956), 과학원 언어문학연구소, p3 등을 볼 것.

늘 예상은 빗나가듯 어렵사리 찾은 집터는 그렇게 낭만적이지 않았다. 두메 중의 두메라 바다는 멀찌감치 떨어져 전연 안 보이고, 배산임수니 필봉산이니 운위할 계제도 못 되는 궁벽한 오지였다. 이런 곳에서 창해 같은 인물이 나오다니, 참으로 하늘은 공평하다는 생각만 씁쓰레 들 따름이었다.

창해 최익한의 생애는 다음과 같이 직업을 중심으로 크게 4기로 나누어 볼 수 있는데, 신구학문을 겸수하고 고전문학을 연구하며 '다산 3부작'을 완성한 것으로 압축된다.

1) 유생(1897~1917) : 천석꾼의 아들로 태어나 영남학파의 거유 면우俛宇 곽종석郭鍾錫의 문하에서 3년간 성리학을 익힌 후, 지리산 산방에서 독서하며 호남을 유람하고 한시를 지었다. 특히 마지막 유학 세대로서 시문에 뛰어났다.

2) 운동가(1918~1935) : 중동中東학교(현 중동고)를 마치고 와세다대학 전문부 정치경제과에서 맑스학에 전념하며 민족해방과 사회주의를 위해 헌신하였다. 군자금 모집 사건, 조선공산당 사건, 대전역 만세 사건으로 총 10년간 수감되었다.

3) 언론·정치인(1936~1948) : 출옥 이후 조선·동아 등 일간지에다 잡문을 쓰며 《여유당전서를 독함》을 연재하였다. 신문이 폐간되자 퇴직금으로 술집을 운영하고, 해방을 맞아 조선공산당 장안파長安派로서 정치 활동을 하다가 1948년 월북하였다.

4) 학자·정치인(1948~1957) : 김일성종합대학 조선어문학부 조선문학과 부교수로서 과학원 연구사를 겸임하며 제1기 최고인민회의 대의원을 지냈다. 《실학파와 정다산》, 《정다산선집》까지 집필하여 최초로 '다산 3부작'을 완성하였다.

최익한은 강릉최씨江陵崔氏 수헌공파睡軒公派 대순大淳(1869~1925)
과 동래정씨東萊鄭氏(1865~1928)의 4남 2녀 중 차남으로서, 장남 익
면益冕이 백부 호순虎淳에게 출계하자 가계를 이어받았다. 그는 천
석꾼 유학자 부친과 영남의 유명 훈장들에게 사서오경을 배우고
제자백가를 섭렵하면서 일찍이 대재大才로 인정되었다.

1909년 13세에 그는 봉화군奉化郡에 사는, 퇴계 선생의 후손 유
학자 이교정李敎正의 장녀 이종李鍾(1895~?)과 혼인하여 3남 3녀를
두었다. 동년 봄에는 봉화 청암정靑巖亭 시회詩會에서 장원을 하였
는데, 그 한 구절이 전한다.

繞海千年生獨鶴 동해 바다 천년에 학 한 마리 나오니
名亭三月集群鶯 이름난 정자 3월에 뭇 꾀꼬리 모이더라.

이는 자신을 학으로, 봉화 유생들을 꾀꼬리로 빗대어 시쳇말로
'들었다 났다' 희롱한 것이라 지역 유림들의 항의가 빗발쳐서 부친
이 몸소 봉화까지 내려가 사돈 이교정과 함께 사과를 하였단다.

최익한은 1913~16년까지 약 3년간 경남 거창居昌의 다전茶田
여재如齋에서 면우 곽종석2)에게 수학하였다. 면우는 한주寒洲 이
진상李震相의 심즉리설心卽理說을 계승하고 유교적 입장에서 서양
문물과 사상을 포용적으로 인식하며 일제의 침략을 만국공법에 호

---

2) 곽종석(1846~1919) : 한말 영남학파의 거유로서 독립운동가. 1919년 파리장서
   사건을 유림 대표로 주도하여 3개월간 투옥된 후 병보석으로 풀려났으나 곧 병
   사하였다. 1963년 건국훈장 독립장이 추서되었으며, 저서 《면우집》(1925)에 최
   익한 관련 시문 8편이 실려 있다. 익한의 형 익면도 면우 문하생이었다.

소하는 외교적 방책을 강구하였다. 즉 파리강화회의에 보낼 독립 청원서를 기초하여 유림들의 서명을 주도하였는데, 이른바 '파리 장서운동'이 바로 그것이다.3) 최익한은 면우 제자 중에 곽윤郭奫·문준호文存浩·권상경權相經·김수金銖·김황金榥 등과 가까웠는바, 특히 김황4)은 자치동갑으로 각별한 벗이었다.

1917년 봄~가을에 최익한은 지리산 산방에서 독서하며 호남을 유람하였다. 석전石田 황원黃瑗(1870~1944), 유당西堂 윤종균尹鍾均(1861~1941)과 오가며 시문도 주고받았다. 동년 3월에 부안扶安 계화도界火島로 간재艮齋 전우田愚(1841~1922)를 찾아가 성리설에 대해 질의문답하며 논쟁을 벌였고, 6월에는 간재에게 7천여 자의 장문 질의서인 〈최익한상전간재崔益翰上田艮齋〉를 투서하여 간재의 성론性論을 비판하였으니, 이는 간재학파와 한주학파간의 오랜 논쟁을 이어받은 것이라 하겠다.5)

---

3) 현상윤,《조선유학사》, 민중서관, 1949, pp381~4; 금장태·고광식,《유학 근백 년》, 박영사, 1984, pp463~472; 유초하, 〈곽종석의 사상〉,《한국의 사상》(윤 사순·고익진 편), 열음사, 1984, pp326~331; 김도형,《대한제국기의 정치사상 연구》, 지식산업사, 1994, pp225~289; 하겸진 편,《증보 동유학안·3》, 나남, 2008; 허권수 외 13인,《면우 곽종석의 학문과 사상》, 술이, 2010 등 참조.
   최익한은 파리장서가 "일본의 강제 합병과 조선의 독립 요구를 유교식 논리로 주장하였으나, 왕조 복구를 요청하는 의사는 표시하지 않았다"고 진보적으로 평가한 바 있다. 〈3·1운동의 력사적 의의에 대한 재고찰〉,《력사제문제》 6집 (1949), 조선력사편찬위원회, p105. 또 그는 성리학자 이진상과 곽종석을 유집 遺集이 많은 사례로 들기도 하였다. 교주본《여유당전서를 독함》 p177;《실학 파와 정다산》 p747.
4) 김황(1896~1978) : 자는 이회而晦, 호는 중재重齋·만암晚巖. 면우의 수제자로 동문들과《면우집》(1925)을 간행하였다. 파리장서사건으로 1주일간 구금되고 독립운동자금 모집 건으로 9개월 동안 투옥되었다. 저서《중재문집》(1989)에 최익한 관련 시문 4편이 실려 있다.
5) 소현성, 〈양재陽齋 권순명權純命의 성리사상―'최익한상간옹서변崔益翰上艮翁

최익한은 뒤늦게 신학문에 뜻을 두어 1918년 경성기독교청년
회관에서 영어를 배우고, 1919년 9월 중동학교 야학부에 입학하
면서, 비로소 단발斷髮하고 변복變服하였다. 상투를 자르기 직전인
1919년 8월 초에 그는 지사志士로서 의기義氣를 선보였다. 즉 경북
영주榮州의 부호 3인을 각각 찾아가 변성명을 하고 상해임시정부
에 보낼 독립군자금의 출자를 권고하여 그중 2인에게서 총 1,600
원을 모집하였는데, 나중에 이 사건으로 서대문감옥에서 2년 남짓
(1921.3~1923.3) 옥고를 치렀던 것이다.

그는 이미 동년 4월 말에 면우 선생이 파리장서사건으로 대구지
방법원에 송치되었을 때 옥바라지를 하며 동문 김규열金圭烈6)을
만나 구례와 서울에서 몇 달간 같이 지낸 적이 있다. 이때 군자금
모집을 결행하고 신학문을 공부할 모든 계획이 이루어졌다. 당시
신문조서를 보면, 최익한은 시골 절에서 구학문을 계속할지 아니
면 서울에 가서 신학문으로 전환할지에 대해 고민하였다. 창강滄江

書辨'의 심본성설心本性說을 중심으로〉,《간재학논총》17집(2014), 간재학회,
pp215~222; 이종우, 〈한국유학사 분류방법으로서의 주리·주기 개념에 관한 비
판적 연구〉,《동양철학연구》36집(2004), 동양철학연구회, p263 각주 11, p270
각주 31; 이종우, 〈간재학파와 한주학파의 논쟁에서 비판논리 연구〉,《유교사상
연구》43집(2011), 한국유교학회, pp130~3 참조.

6) 김규열(1893~1968) : 자는 사장士璋. 전남 구례 생. 서울상해파 공산주의자. 19
16년 면우 문하에 들어갔다가 그해 가을 변기섭邊祺燮·최익한과 함께 문하를
떠났다. 1919년 6월 최익한과 상경하여 몇 달간 같이 지냈으며, 동년 10월 상해
임시정부로부터 격문을 받아 전라도에 배부케 한 사건으로 1920년 징역 2년을
선고받았다. 1927년 사상단체 해체에 대해 그는 서상파로서 ML파 최익한과는
정치적 입장을 달리하였다. 1992년 건국훈장 애족장이 추서되었다.

김택영金澤榮의 <열사 최익한 일화書崔烈士益翰事>에 최익한의 상경 계기가 다음과 같이 구체적으로 나온다.

> (익한이) 홀연 책을 던지며 스스로 꾸짖기를, '너는 조국을 생각 지 않고 헛되이 경이나 읽는 외곬 샌님이런가?' 하고는 곧장 한성으로 내달아 의사義士들과 결사하여 밤낮으로 국권 회복 의 일만 꾀하였다.7)

그는 퇴락한 촌사村寺에서 꽁생원이나 될 생각을 하니, 자괴감 으로 숨이 막혔던 것이다. 또한 파리장서운동 때 면우 문하에 남아 있던 김황처럼 곁에서 스승을 돕지도 못한 처지라 구학문 유학에 대한 무력감은 바로 독립운동에 대한 열망으로 전화 분출되었다. 앞에서 말한 '군자금 모집 사건'이 그 발현이었다. 암울한 식민지 시대에 유교적 지식인의 실천은 의연히 빛났다. 1920년 5월에는 <가명인假明人 두상頭上에 일봉一棒>8)을 발표하여, 유교 보수층 특 히 주자학파 노론계 유학자들을 '가짜 명나라인'으로 명명하고 그 사대모화事大慕華 사상을 통렬히 비판하였다. 어찌 보면 유교 비판

---

7) 《韶濩堂集續》권5, 1924년경, p6a, 書崔烈士益翰事, "嘗從講學家遊 忽擲書自罵 曰 汝不念祖國 而徒矻矻作經生乎 則走至漢城 與諸義士結社 日夜籌恢復事"

8) '가짜 명나라인 대가리에 몽둥이 한 방을!'의 뜻. 권덕규權悳奎와 공동 집필하여 《동아일보》(5.8~5.9)에 2회 연재한 논설로서, 최익한은 이 글을 권덕규의 호인 '한별'로 발표하였다. 이는 노론계 간재와 남인계 면우의 문인 간 싸움으로도 비화할 수 있었기 때문일 것이다. 실제로 당시 간재의 제자인 오진영吳震泳이 <경고세계문敬告世界文>을 지어 격렬하게 성토한 적도 있다. 안병주, <ML계 인물 인상기>, 《삼천리》14호(1931.4), 삼천리사, pp55~6; 금장태, <이병헌李 炳憲의 비공론批孔論에 대한 반박과 민족주의적 역사인식>, 《종교학 연구》21 권(2002), 서울대 종교문제연구소, p9 참조.

론으로 또다시 '들었다 놓았다' 한 사건이었다. 전국의 수구 유림들이 발칵 뒤집혀 항의하자 친일 거두로서 동아일보 초대 사장이 된 박영효朴泳孝가 사임까지 하게 되었다.

그러나 이러한 창해의 질풍노도의 시기는 범박하게 말하자면, 운동의 초보적 수준이었다고 할 수 있다. 막연히 추상적·몰계급적 '민족' 관념으로만 충일한 나머지, 그의 독립운동은 감상성과 일시성을 탈피하지 못한 것이었다. 무엇보다 질적 변화가 요구되었던 바, 그는 과학적 인식과 조직적 운동이 가능한 일본으로 유학하여 오직 사회주의적 민족해방운동에 헌신하였다.

최익한은 군자금 모집 사건 때문에 2년여 투옥되어 중동학교 졸업이 미루어졌다. 설상가상으로 1923년 9월에는 '관동대지진 조선인 학살 사건'까지 일어나서 그는 1925년 4월경에야 드디어 29세 늦깎이로 와세다대학 전문부 정치경제과에 입학하게 되었다. 물론 그는 1918년 기독청년회관에서 방학 때 귀국한 도쿄 유학생들의 강연을 듣고서 일본 유학에 첫눈을 떴겠지만, 옥살이를 하는 동안에 유학 결심을 굳힐 수 있었을 터이다. 당숙 최진순崔瑨淳9)이 동경고등사범학교 학생인 데다, 더욱이 최익한의 하숙집 건물주인 송태관宋台觀10)이 '일본통'이라 쉽사리 다양한 유학 정보를 얻었을 법하다. 또 박낙종朴洛鍾11)이 중동학교와 와세다대 선배였다. 유학

---

9) 최진순(1901~?) : 자는 진옥晉玉. 선린상업학교 재학 중에 3·1운동으로 1년간 수감되었다. 동경고등사범학교 졸업. 중동학교교사·경성여자보육학교장, 천진天津일본상업학교장·천진조선인민회 부회장, 홍익대 교수 등을 역임한 후 1950년 9월 초 행불되어 북한의 역사학계에서 활동하였다.

10) 송태관(1874~1940) : 이토 히로부미의 통역관으로 민속학자 송석하宋錫夏의 부친. 1923년 일본 유학 중 귀국한 송석하(1904~1948)를 최익한이 만났을 가능성도 있으나, 1930년대 말 언론 활동을 할 때부터는 몇 번 만났다.

가기 전에는 간재 제자였던 이병기李秉岐와 자주 내왕하면서 권덕규·정인보鄭寅普·이능화李能和·오철호吳徹浩·방두환方斗煥·변영로卞榮魯·홍명희洪命憙 등과도 문화적 담소를 나누며 교류하였다.

2-2

　대학 입학은 최익한을 'ML이론가'로 거듭나게 하였다. 와세다대는 중앙대학이나 고등사범에 비해 조선 학생들이 사회과학을 연구하기에 더 자유로웠다.[12] 당시 도쿄는 부산에서 배를 타고 시모노세키에서 도쿄행 기차로 갈아탄 후 오사카·요코하마를 거쳐 갔다. 2박 3일의 머나먼 길이었다. 승객은 대부분 유학생이 아니라 노동자였다. 최익한은 자기안존과 입신양명에만 급급한 학교 공부보다는 민족해방과 사회주의를 위해 맑스학에 전념하였다. 처음에는 오야마 이쿠오大山郁夫[13]에게 배웠는데, 나중에는 후쿠모토 가즈오福本和夫[14]로부터 많은 영향을 받았다.

---

11) 박낙종(1899~1950) : 경남 사천泗川 출신. 사회주의운동가. 최익한보다 2년 연하였으나 중동학교와 와세다대 선배로서 인쇄소 동성사同聲社를 운영했다. 안광천安光泉의 권유로 1927년 4월 초에 제3차 조선공산당에 입당하고 일본 지부를 재조직하며 책임비서가 되었다. 1928년 ML당 사건으로 약 6년간 투옥되었고, 1946년 정판사精版社 사건으로 무기징역을 선고받고 목포형무소에서 복역하다가 6·25 직후 군경에 의해 학살되었다.

12) <와세다대학신문 최익한 인터뷰>(1926.11.4),《早稻田大學百年史》4卷, 早稻田大學出版部, 1992, p650.

13) 오야마 이쿠오(1880~1955) : 와세다대 정치학과를 수석 졸업하고 교수가 되었으나, 1926년 노동농민당 위원장이 된 후 이듬해 교수직을 그만두었다.

14) 후쿠모토 가즈오(1894~1983) : 도쿄대 정치학과를 졸업하고 독일 프랑크푸르트대에서 루카치·코르쉬의 지도 아래 맑스주의를 연구하였다. 전위당에 의한 정

최익한은 일월회·신흥과학연구회·재일본조선노동총동맹·신간회 동경지회와 조선공산당 일본부에서 활동하며, 각 시기별로 운동에 요청되는 과학적 이론을 주로 소개하였다. 필자가 그 논문 제목과 게재지는 찾아냈으나 절반은 미발굴 상태이며, 시·시조도 꽤 있을 텐데 발견되지 않았다. 그러니까 현재로서는 대학 시절 그의 글은 논문 8편이 전부인 셈이다.

연 도	제　　목	게재지(월일)
1926	맑스 유물론적 변증법의 개설	사상운동 3권6호(5월)
	일월회의 민족운동으로의 방향 전환	대중신문 창간호(6.5), 미발굴
1927	파벌주의 비판에 대한 방법론	이론투쟁 1권1호(3월), 미발굴
	학생운동의 사회의식에 대한 고찰	신흥과학 창간호(3월), 미발굴
	사상단체 해체론	이론투쟁 1권2호(4월)
	在日本朝鮮勞働運動의 最近의 發展	勞働者 2卷 9号(9월)
	우리로서 본 일본의 계급전선	이론투쟁 4호(11월), 미발굴
1928	1927년 조선 사회운동의 빛	조선일보(1.26~2.13), 10회

1926년 최익한은 일월회 기관지인 《사상운동》과 《대중신문》에 〈맑스 유물론적 변증법의 개설〉, 〈일월회의 민족운동으로의 방향 전환〉을 각각 발표하였다.15) 이를 바탕으로 그는 동년 8월 여름

치투쟁과 이론투쟁을 강조하면서 이른바 '후쿠모토이즘'의 선풍을 일으켰지만, 1927년 코민테른 테제에서 비판받고 영향력을 잃게 되었다.
15) 일월회는 도쿄 유학생들이 1925년 1월 조직하여 1926년 11월 자진 해산한 사상단체로서 ML원전을 번역하고 그 이론을 소개하였다. 또 재일본조선노동총동맹의 결성을 주도한 후 국내로 진출하여 조선공산당을 장악하였다. 후쿠모토이즘에 고무되어 경제투쟁에서 정치투쟁으로 방향을 전환하고, 대중운동과 공동전선을 통한 합법적 민족 단일당의 결성도 강조한 바 있다. 주요 인물은 김세연金世淵·안광천安光泉·최익한·한위건韓偉健·하필원河弼源·박낙종·이우적李友狄·김영식金泳植 등이다. 이석태 편, 《사회과학대사전》, 문우인서관, 1948, p438,

방학 때 고향에 돌아와 울진 최초로 유물론 철학 강의를 할 수 있었다. 또 11월에는 일월회가 해체되기 직전이라 도쿄 유학생들과 신흥과학연구회를 창립하여 현대 사회를 과학적으로 연구하고 전일본학생사회과학연합회와도 제휴할 것을 결의하였다. 그리고 12월경에는 러시아의 사회 상태를 파악하기 위해 원산元山을 거쳐서 모스크바 동방노력자공산대학에 입학하려고 갔으나 언어불통으로 뜻을 이루지는 못하였다.

1927년 4월 최익한은 박낙종의 도쿄 하숙집에서 조선공산당에 입당한 후 박낙종·김한경金漢卿·한림韓林·강소천姜小泉 등과 함께 제3차 조선공산당 일본부를 조직하고 부서를 호선한 결과 조직부장이 되었다. 5월에는 종로 중앙기독교청년회관에서 열린 조선사회단체중앙협의회 창립대회(단체 292개, 대표자 282명 참석)에 재동경조선노동총동맹 대의원으로 참가하여 '중앙협의회의 상설 무용론'을 주장하였다.

세계의 정세와 조선의 형편을 보면, 벌써 사상단체는 그 임무를 다했다 하여 해체를 하는 한편으로 민족적 단일 정당을 필요로 하여 운동 방향이 전환기에 있음에도 불구하고, 벌써 1년 전에 제정한 기본강령과 선언을 가지고 상설기관으로서 중앙협의회를 두는 것은 맑스주의에 배치되는 것이다.16)

pp536~7; 미즈노 나오키水野直樹, 〈신간회동경지회의 활동에 대하여〉, 《신간회 연구》(스칼라피노 외), 동녘, 1983, p115; 김인덕, 《식민지시대 재일조선인 운동 연구》, 국학자료원, 1996, pp58~75, p322; 박종린, 《일제하 사회주의사상의 수용에 관한 연구》, 연대 사학과 박사학위 논문, 2006, pp97~120.
16) 《동아일보》(1927. 5. 18).

여기서 '민족적 단일 정당'이란 신간회를 말한다. ML파 최익한은 공산당과 신간회의 단일한 민족통일전선을 구축하기 위해 서울파의 상설론(신간회 외에 별도로 중앙협의회를 상설기관화하는 것)을 반대하였다. 이는 코민테른의 지령을 대변한 것이며, 또 이른바 '방향전환론'은 후쿠모토이즘의 영향을 받은 것이다.[17]

최익한은 중앙협의회 비상설론을 준비해 오면서, 이미 사상단체 해체의 필요성을 강조하는 〈사상단체 해체론〉을 발표한 바 있다. 그는 조선무산자계급운동이 내적 발전의 필연에 따라 조합의 경제투쟁에서 정당의 정치투쟁으로 방향 전환기에 직면함으로써 사상단체는 아무런 실제적 가치를 가지지 못한다고 하였다.[18]

결국 중앙협의회는 비상설화하기로 가결되어 의안 작성위원 7인이 피선되었다. 그중 ML파가 이우적李友狄·최익한·이평권李平權·김영식金泳植 4인으로 과반을 확보하였다. 위원들은 '조선무산계급투쟁의 전반적 전개에 관한 건, 파쟁의 청산에 관한 건, 전민족적 단일당 결성에 관한 건' 등 11개 안을 새로 작성하였으나, 일제의 검열에 걸리고 집회도 강제 해산되고 말았다.

동년 8월 최익한은 도쿄에서 '조선총독 폭압정치 폭로 연설회'(재일본조선노동총동맹·동경조선노동조합서부지부 주최)에 연사로 참석하여

---

17) 김준엽·김창순,《한국 공산주의 운동사·3》, 청계연구소, 1986, pp20~3, pp198 ~202; 김인덕, 〈조선공산당의 투쟁과 해산〉,《일제하 사회주의운동사》(한국역사연구회 1930년대 연구반 편), 한길사, 1991, p63; 전명혁, 〈조선사회단체중앙협의회 성격 연구〉,《한국민족운동사 연구》23권, 한국민족운동사학회, 1999, pp421~6; 전상숙,《일제시기 한국 사회주의 지식인 연구》, 지식산업사, 2004, pp127~9; 이석태 편, 앞의 책, p567.
18) 〈사상단체 해체론〉,《이론투쟁》1권 2호(1927.4), 이론투쟁사, pp11~32.

검속되고, 신간회동경지회 모임과 동방무산청년연합대회 때에도 바로 검거되었다.19) 9월에 다시 귀국하여 경성지방법원에서 열린 '조선공산당 사건 101인 공판'에 대중신문사 대표로 방청하였고, 제3차 조선공산당 조직부장이 되었다. 책임비서 김준연金俊淵, 중앙위원 한위건韓偉健·안광천安光泉·양명梁明·최익한·하필원河弼源·김세연金世淵이었다. 11월에는 책임비서 김세연, 고문 양명, 선전부장 최익한으로 재편하고 파쟁 청산과 방향 전환의 실천을 위해 매일 회합하였다.20) 동월 중순경 최익한은 조선공산당을 대표하여 도쿄로 가서 코민테른 간부 존 페퍼21)를 만나 당대회 준비 자금과 지령을 전달받았다.

1928년 2월 제3차 조선공산당(세칭 ML당) 사건으로 종로경찰서에 검거되고 동년 4월 서대문형무소로 이감되어 여러 번 조사를 받았다. 당시 기록에는 '와세다대학 학생' 신분으로 되어 있으니, 결국 졸업은 못하고 제적된 것으로 보인다. 차디찬 곳에서 쉴 새 없이 심문에 부대끼며 독감으로 고생하다가 폐병에 걸리고 치질이 생겨 앉고 일어서기조차 불편하였다. 1931년 8월 경성지방법원에서 김준연·하필원·강동주姜東柱 등과 피고인 최고형인 징역 6년(미결구류 600일 산입)을 선고받았다.22)

---

19) 최익한은 그즈음 작성한 〈在日本朝鮮勞働運動の最近の發展〉에서 '조선총독폭압정치반대동맹'이 머잖아 조직되리라 예상하였는데, 실제로 동년 9월 17일 결성되었다. 《勞働者》 2卷 9号(1927.9), p47; 《동아일보》(1927.9.20) 2면.

20) 제3차 공산당의 책임비서는 초대 김철수金錣洙(1926.9.2~12.5), 2대 안광천安光泉(~1927.9.20경), 3대 김준연金俊淵(~1927.11.2경), 4대 김세연金世淵(~1928.2.2) 순이었다. * 괄호는 재임 기간.

21) John Pepper(1886~1938) : József Pogány. 유대계 헝가리인. 소련에 망명한 후 1927년 6월 코민테른 집행위원회 최고회의 간부로 선출되었다.

1932년 7월 서대문형무소에서 대전형무소로 사상범 기결수 25명이 이감될 때 대전역에 내리자 만세를 부르고 〈적기가赤旗歌〉를 합창하며 시위를 주도하였다. 이 사건으로 1933년 1월 경성복심법원에서 징역 1년 가형이 확정되었다. 일제강점기 때 기결수로서 재차 법의 적용을 받게 된 경우는, 최익한이 선도한 대전역 만세 사건의 피고인들이 최초였다.

그가 옥중에 있는 동안 모친 동래 정씨는 별세하였고, 동생 익래益來23)는 울진청년운동으로 체포된 후에 고문을 당하여 다리 불구가 되었으며, 동생 익채益采24)는 요절하였다. 또 장남 재소在韶25)와 차남 학소學韶26)가 울진적색농민조합 사건으로 각각 징역 2년 6월형과 3년형을 선고받았다. 최익한의 형제와 아들이 전부 민족해방과 사회주의를 위한 투쟁에 각고의 헌신을 다한 것이다.

---

22) 최익한은 1928년 2월 2일경 종로경찰서에 검거되었으니 30개월 이상 수감된 셈이나, 실제 판결에서는 미결구류일수 중 600일만 본형에 산입되었다.

23) 최익래(1903~1950) : 자는 덕일德一, 호는 청계淸溪. 1929년 울진청년운동으로 체포된 후 혹독한 고문을 당하여 절름발이가 되고 약 1년간 수감되었으며, 전답을 팔아 오랜 세월 형과 조카들의 옥바라지를 했다고 한다.

24) 최익채(1899~1931) : 자는 백수白受, 호는 고원高原. 1919년 서간도西間島에서 신병을 치료하며 조선독립단에 가입하고, 1920년 중동학교에 입학한 후 대종교大倧敎 활동을 하다가 1923년 요양하기 위해 울진으로 귀향하였다.

25) 최재소(1914~1937) : 자는 명보明甫. 서당 수학, 울진보통학교 졸업. 울진적색농민조합의 결성에 참여한 후 야학과 독서회 활동을 하다가, 1934년 검거되어 징역 2년 6개월형을 선고받고 1937년 복역 중 고문 후유증으로 옥사하였다. 2000년 8월 15일 건국훈장 애족장이 추서되고, 동년 9월 21일 국립대전현충원 애국지사묘역에 안장되었다.

26) 최학소(1916~?) : 호 관석冠石. 울진보통학교 졸업. 중동고보 중퇴. 1934년 형 재소와 함께 울진적농 사건으로 검거되어 징역 3년을 선고받았다. 1939년 그 농민조합의 후신으로 항일비밀운동단체인 창유계暢幽契를 결성하여 1943년 검거되었으나 탈옥하였다. 저서에 《농민조합조직론》(1946)이 있다.

3

최익한은 1936년 1월 대전형무소에서 만기 출소하였다. 그는 서
대문형무소와 김천金泉소년형무소에 복역 중인 두 아들 재소·학소
를 면회하고 고향 울진으로 돌아와서 다음과 같이 통곡하였다.

十載蘇郞白髮歸 10년 만에 소무蘇武인 양 백발로 돌아오니
歸如華表老丁威 학이 되어 돌아온 정령위丁令威런가.
金泉落日西城雪 우물가 해 지고 서쪽 성벽 눈 나리는데
彳丁徊徨敲鐵扉 가다 서다 헤매다 쇠문짝을 두드리네.27)

1937년 3월 장남 재소가 출옥을 4개월 앞두고 살인적인 고문
후유증으로 함흥형무소에서 순국하였다. 향년 24세로 수감된 지
만 3년 만이었다. 최익한은 참척의 고통을 만시 <곡아 25절哭兒二
十五絶>로 승화하였다.28) 또 그해 말부터 이듬해까지는 조선일보
사 출판부 촉탁직으로서 동 신문에 <한시만화漢詩漫話>, <역대사담
歷代史談>, <여말사화麗末史話>, <향토 문화를 찾아서> 등을 다수
연재하며 생계를 꾸려 나갔다. 오랜 투옥으로 가세가 이미 기운 상
태에서 문필 활동은 거의 유일한 호구책이었을 것이다.29)

---

27) <곡아 25절哭兒二十五絶> 제15수, 《조선일보》(1937. 4. 24); 최구소, <창해
학인의 곡아 25절시>, 《울진문화》 5호(1990), p138; 한영규, <식민지 시기 한시
작가로서의 최익한>, 《반교어문연구》 33집(2012), p130 참조.
28) 《조선일보》(1937. 4. 23~25)에 3회 연재되었다. 참척의 고통을 절절이 시적
으로 승화한 7언절구 25수로 최익한의 대표시이다. 그는 직접 함흥까지 가서
재소의 유해를 수습하여 고향으로 돌아와 선영에 묻었다.

1938년 12월~1940년 8월 그는 동아일보사 조사부장(정규직)으로 자리를 옮겨서 동 신문에 《여유당전서를 독함》, <전통 탐구의 현대적 의의>, <광주廣州 객산동客山洞 불상佛像·각자刻字 탐방기>, <종두술種痘術과 정다산 선생>, <사상史上 명인의 20세> 등을 게재하며, <한시모집>란을 통해 시제詩題를 내걸고 한시를 모집한 뒤 고선考選하였다. 여기에서 <전통 탐구의 현대적 의의>는 전통과 창조의 유기적 관계를 강조한 글인데, 최익한의 '다산 3부작'을 이해하는 데 있어 입문적 논설에 해당한다. 또 이와 동시에 집필한 《여유당전서를 독함》은 책으로 나오진 않았으나, 훗날 《실학파와 정다산》에 거의 다 반영되어 더 전면적이고 과학적으로 심화 연구할 수 있는 초석을 이루었다.[30]

《여유당전서를 독함》은 '최초의 다산학 개론서'이다. 그 특징은 '상업성·개량성·종합성'에 있다. 최익한은 봉건적 관료학자 다산을 개량적 공상가로 구출하기 위해 실학이란 탈을 씌웠다. 이는 당시 일본 유학파 안재홍安在鴻·백남운白南雲 등의 언설과도 비스름한데, 하나같이 《여유당전서》 간행에 발맞춘 일시적 담론이었다.

1940년 8월 최익한은 '동아일보 폐간사'를 써 달라는 청탁을 받았지만 가식과 허위의 글을 쓸 수 없다며 거절하였고, 신문이 강제 폐간된 후 총독부의 전직 알선이 있었으나 역시 불응하면서

---

29) 창신정昌信町(현 창신동) 산비탈의 협소한 집(건평 16평)에서 가족 약 8명이 함께 살았다. 바로 이곳에서 창해의 《여유당전서를 독함》과 학소의 《농민조합조직론》이 집필되었다.

30) 《동아일보》에 <전통 탐구의 현대적 의의>가 5회 연재되고(1939. 1. 1~1. 7), 《여유당전서를 독함》이 64회 연재된 후(1938. 12. 9~1939. 6. 4), 《실학파와 정다산》은 평양 국립출판사에서 1955년 8월 25일 발행되었다.

자유 구직을 표방하였다. 취직은 불가하고 생활이 곤란하자 신문사 퇴직금으로 1941년 봄부터 1944년 11월까지 동대문 밖 창신정 집 부근에서 '가정용 주류 소매업'(술집)을 운영하였다. 그는 약 3년 9개월간 비록 가동家僮(술통 배달하는 사내종) 1명은 부렸지만, 조금은 육체노동을 거들지 않았을까 한다. 벌써 그는 1920년대에 하숙집을 경영하고, 30년대에는 봉투직공으로도 복역한 바 있는데, 또한 50년대 전시하에서는 건설 및 영농 사업에도 노력 동원된 듯하다. 이러한 일련의 노동이 물론 의식적 실천은 아닐지언정 그가 온실 속의 관념에서 벗어나 강철처럼 사상을 단련시키는 경험적 계기로 작용하였을 것이다.31)

1945년 8월 15일 최익한은 동대문 밖 모처32)에서 ML파 박낙종·하필원·이우적·이청원李淸源33) 등과 고려공산당 조직위원회를 구성하고, 이튿날 종로 장안빌딩에서 결성된 조선공산당 장안파로 합류한 후, 박헌영朴憲永계 재건파와의 통합에는 반대하였다. 그는

---

31) <변백장>,《조선공산당문건자료집》, 한림대 아시아문화연구소, 1993, pp177~8; <판결문>(소화 7년 형공刑控 제484호), 관리번호 CJA0000605, 국가기록원;《김일성종합대학 10년사》, 김일성종합대학, 1956, pp73~100 등 참조.

32) 동대문구 창신정(현 종로구 창신동) 최익한의 집이라는 설이 있다. 이기하 외,《한국의 정당》, 한국일보사, 1987, p59. 최익한의 조카 최국소는 해방 직전의 최익한 집을 100여 평 되는 기와집으로 술회한 바 있는데, 아마도 그 집일 가능성이 높다. 최국소, <순국열사 최재소 종제의 넋두리>,《함께 보는 우리 역사》 85집(2000), 역사학연구소, p28 참조.

33) 이청원(?~?) : 본명 李靑垣. 최익한의 맏사위. 함남 풍산豊山의 빈농 집안 출신으로 보통학교를 졸업한 후 일본 대학에 유학하여 동경에서 조선공산당 재건 운동을 하다가 체포되어 약 3년간 투옥되었다. 1946년 북으로 돌아가서 조선력사편찬위원회 위원장, 김일성종합대학 문학부 사학과 교수, 조선로동당 중앙위원회 후보위원 등을 역임하였으며, 1957년 숙청되었다. 더 자세한 것은 p641 각주 29 볼 것.

<현계단의 정세와 우리의 임무>에서 프롤레타리아혁명 단계론을 주장하며, 재건파의 부르주아민주주의혁명 단계론이 우경 오류에 빠져 있다고 논박한 것이다.34) 9월 30일~10월 15일에는 이영李英 과 함께 장안파 노선을 인정받기 위해 평양을 방문하였다. 그러나 10월 13일 평양에서 개최된 '서북 5도당 책임자 및 열성자 대회' 에서 그들의 활동과 이론은 격렬한 규탄을 받았다.

> 이영·최익한 일파의 활동은 당의 통일을 붕괴시키는 것이며,
> 그들이 주장하는 이론은 현하 국제 정세와 조선 현실을 정당
> 히 파악치 못한 좌경적 견해의 트로츠키적 이론 근거를 가진
> 소부르주아지 이데올로기로 움직이는 소부르주아 영웅주의적
> 행동인 동시에 당의 노선과 대열을 분열시키려는 부정분자의
> 행동이라고 지적한다.35)

이는 결정서로 채택되었는데, 김일성金日成의 입장과 박헌영의 8월 테제와 스탈린의 9월 20일자 지령에 부합되는 것이었다.36) 장안파는 서북 5도당 대회에서 패배한 후, 소부르주아적 근성인 극좌주의적 편향을 인정하고 부르주아민주주의혁명 단계론으로

---

34) 이에 대해 자세한 것은 심지연,《조선혁명론 연구》, 실천문학사, 1987, pp40~ 69; 이완범, <해방 직후 공산주의자들의 혁명 단계론>,《정신문화연구》112호 (2008), 한국학중앙연구원, pp5~40 볼 것.

35) <정치 노선과 조직 확대 강화에 관한 결정서>,《해방일보》(1945. 11. 5).

36) 이완범, 앞의 글, p24; 류승완,《이념형 사회주의》, 선인, 2010, pp267~8; 김 국후,《평양의 소련군정》, 한울아카데미, 2008, pp101~2, p120; 안문석, <해방 직후 북한 국내 공산 세력의 국가건설전략>,《통일정책연구》22권 2호(2013), 통일연구원, p114 참조.

노선을 수정하는 한편, 정권수립과 통일전선 또한 우경향 전술로 급선회하였다.37) 결국 11월 23일 장안파는 결성된 지 딱 100일 만에 해체 선언을 함으로써 재건파에 통합되고 말았다.

최익한은 광복 후에 장안파 활동으로 가세가 더 기울어서 1946년에는 혜화동 산동네로, 남산골 셋집으로 계속 전전하게 되었다. 익한의 조카 국소國韶(익래의 차남)가 기록한 당시 상황을 정리하면 다음과 같다.

> 광복이 되고 큰댁은 혜화동의 15~6평 되는 방 3개짜리 아주 작은 집으로 이사 갔는데, 혜화동 보성중학교(현 서울과학고 자리)가 내려다보이는 언덕이었습니다. 마당에는 책을 높이 쌓아서 가마니로 덮어 둔지라 마당이고 마루고 방이고 어디에도 발을 들여놓을 곳이 없는 집에서 10여 식구가 살았습니다. 어릴 적 필자의 눈에도 이전 집과 너무나 비교되어 을씨년스러운 큰댁 살림살이는 서글펐습니다."38)

오랜 옥바라지로 전답은 대부분 처분되어 버렸다. 해방 직후 최익한은 조선건국준비위원회 조사부장, 조선인민공화국(건준 후신) 법제국장으로 선출된 적도 있지만, 그것은 한시직이라 살림에 별로 보탬이 되지 않았다. 또 재건파 박헌영과 대립하다가 중앙간부 인사에서 배제됨으로써 수입원은 차단되었던 것이다.

---

37) 〈정권수립과 민족통일전선에 관한 결정〉,《혁명신문》(1945.10.16).
38) 최국소, 〈순국열사 최재소 종제의 넋두리〉,《함께 보는 우리 역사》85집(2000), 역사학연구소, p28.

1946년 2월 그는 29개 단체로 발기된 민주주의민족전선(민전) 준비위원회의 중앙위원으로서 기획부장에 뽑히고, 이어 민전 상임위원회에서 김원봉金元鳳·이강국李康國·허성택許成澤·임화林和 등과 함께 전형위원으로 선출되었으며, 40여 정당·사회단체로 조직된 반파쇼공동투쟁위원회(반파쇼)에서 부위원장으로 피선되었다. 동년 4월 서울시 민전 결성대회에 반파쇼 대표로 참석하여 미소공위에 감사문을 보낼 것, 군정 당국에 경찰이 민주주의 진영을 탄압하지 말도록 결의문을 보낼 것, 이승만에게 인민의 눈에 모래를 뿌리는 따위의 반동적 언사를 삼가라는 경고문을 보낼 것 등 3건을 만장일치로 가결한 뒤에 축사를 하였다. 동년 10월 공산당(대회파)·인민당(31인파)·신민당(반중앙파) 3당 합동으로 사회노동당(사로당)이라 칭하고 합당 결정서를 발표하였다. 이른바 '대회파'는 반박헌영파로서 강진姜進·서중석徐重錫·김철수金錣洙·이정윤李廷允·김근金槿·문갑송文甲松·윤일尹一·이영·최익한 등으로 구성되었다. 3당 합당 과정에서 좌익은 남로당과 사로당으로 분열 대립하였으나, 결국 남로당이 주도권을 장악하여 사로당은 머잖아 해체되고 말았다.[39]

1947년 2월 사로당을 탈당한 최익한은 문갑송과 함께 브라운 소장과의 회담에서 대구인민항쟁 관련인 16명에 대한 사형 구형의 부당성을 지적하고, 친일파·민족반역자의 숙청을 요망하였다. 동년 5월 해체된 사로당계를 중심으로 다시 만든 근로인민당(근민당)의

---

39) 대회파는 '9월 총파업'과 '10월 인민항쟁'을 반대하며 투쟁 전선에서 이탈함으로써 그만큼 인민들로부터 신뢰를 잃게 되었다. 김남식,《남로당 연구》, 돌베개, 1984, p259; 정용욱, 〈조선공산당 내 '대회파'의 형성 과정〉,《국사관논총》 70집(1996), 국사편찬위원회, pp67~70 참조.

결당대회에 참석하고, 25일 중앙위원회 상임위원으로 선임되었다. 동년 8월 근민당 간부로서 중부서中部署에 피검되어 10여 일 넘게 구금되기도 하였다.

4

1948년 4월 최익한은 평양에서 열린 남북연석회의에 근민당의 일원으로 참가한 후 가족과 함께 북에 계속 머물렀다. 미군정 치하에서 수차 검거 구금되며 신변의 위협을 느낀 것으로 보인다. 특히 '정판사精版社 사건', '10월 인민항쟁' 등을 빌미로 미군정의 공산당 탄압이 더 강화되었기 때문이다. 동년 8월 그는 해주에서 열린 남조선인민대표자대회에서 제1기 조선최고인민회의 대의원으로 선출되어 9년간 재임하였다. 1949년경부터는 김일성종합대학 조선어문학부 조선문학과 부교수로서 조선고전문학을 강의하며, 과학원 조선어 및 조선문학 연구소(1956년 언어문학연구소로 개칭) 연구사를 겸임하였다.

1948년 6월 그는 논문 〈조선 명장론〉(을지문덕 장군 편)을 작성한 다음 동년 11월 《력사 제문제》 2집에 발표하기 시작하여, 연개소문·강감찬·이순신 장군 편도 연재하였다.40) 여기에 김유신·곽재우

---

40) 〈조선 명장론〉은 《력사 제문제》에 '성해成海'라는 필명으로 6회 연재되었다.
  ① 을지문덕장군편, 3집(1948.11.5)   ② 연개소문장군편, 4집(1948.12.31)
  ③ 강감찬장군편, 5집(1949.4.25)   ④ 리순신장군편(상), 6집(1949.5.5)
  ⑤ 리순신장군편(중), 7집(1949.6.20) ⑥ 리순신장군편(하), 8집(1949.7.5)
  최익한은 일제강점기 때 자호인 '창해滄海'로 창씨한 바 있어, 아호를 '성해'로 바꾸었을지도 모른다. 또 《력사 제문제》를 발행하는 조선력사편찬위원회 위원

장군 편을 더 추가하여《조선 명장론》(1955)을 출간하고《조선 명장전》(1956)으로 재간하였는데, 6인의 명장전 중 '이순신 장군전'은 절반이나 차지할 정도로 중시되었다.41)

　1949년 5월~1950년 5월 그는《력사 제문제》에 <3·1운동의 력사적 의의에 대한 재고찰>, <조선류교사상 발전에 대한 력사적 고찰>, <고대조선문화와 류교와의 관계>도 발표하였다.

　<3·1운동의 력사적 의의에 대한 재고찰>에서 3·1운동은 장차 도래할 노동자·농민을 중심으로 하는 혁명운동에 대한 서막이었고, 사회주의사상운동을 준비하는 전제적前提的 계기였으며, 광대하고 확실한 인민대중의 정치적 각성과 조직적 단결을 배양하고 제고하는 미증유의 새로운 단계였다고 평가되었다.42)

　<조선류교사상 발전에 대한 력사적 고찰>은 유교의 봉건성과 공자의 보수성을 비판한 논문으로《실학파와 정다산》에 일부 반영되어《여유당전서를 독함》과의 가교 역할을 하였다. 그는 유교를 비판하되 전적으로 부정하지는 않았다. 이 논문의 속편인 <고대

장이 사위 이청원이라 신중한 처신이 요구되었을 법도 하다.《력사 제문제》 6
집에 <3·1운동의 력사적 의의에 대한 재고찰>은 '최익한'으로, <조선명장론-
리순신장군편(상)>은 '성해'로 발표하였는데, 이는 한 잡지에 논문 두 편을 싣는
경우 이름과 호를 병용하는 관례에 따른 것이다.
한편 최익한은 나중에 <강감찬장군편>을 논문 <거란의 무력 침략을 반대하여
고려 인민의 조국 전쟁을 승리적으로 조직 지도한 강감찬 장군>(《인민》 10호,
민주조선사, 1951)으로 개작하고, 위인전《강감찬 장군》(민주청년사, 1955)으로
윤색하여 내기도 하였다.

41) <해방 후 10년간에 발표된 력사 론문 및 단행본 목록>,《력사과학》 8호(1955),
　　과학원 력사학연구소, p128; 송찬섭, <월북 이후 최익한의 학문과 집필활동>,
　　《역사학 연구》 70호(2018), 호남사학회, pp78~83.
42) <3·1운동의 력사적 의의에 대한 재고찰>, 앞의 책, p97.

조선문화와 류교와의 관계〉는 조선유교사 차원에서 고조선부터 고구려까지 다루었는데, 그다음 통일신라의 유교에 대한 논술은 6·25전쟁으로 중단되고 말았다.

최익한은 전쟁 직후 서울에 잠시 들르고 1950년 10월 김일성대 교원단과 함께 평양을 떠나 매일 백 리 길을 걸어서 안주安州·박천博川·태천泰川·대유동大楡洞을 거쳐 초산楚山으로 후퇴하였다가 압록강을 건너 중국 지안集安까지 피난을 간 듯하다. 이후 미군의 무차별 맹폭 속에서도 평양 인근으로 복귀하여 전 학생과 교직원들이 영농 및 건설사업에 적극 참여하여 식량·건물을 자체 조달하였다. 즉 대학 전체가 배우면서 일하고 일하면서 배운 것이다.43)

그는 김일성종합대학 어문학부 부교수로서 1952년 정부 기관지 《인민》에 '최성해'라는 필명으로 〈근세 조선 '실학' 발전사 개론〉, 〈조선 근세 '실학'의 대성자 정다산의 진보적 사상 및 학설에 대한 개론〉을 게재하였고, 특히 후자는 1953년 동대학에서 〈정다산의 이상 사회와 그 역사적 제약성〉이라는 제목으로 특강하였다. 뒷날 이 논문들은 모두 《실학파와 정다산》에 수록되었다. 그는 1954년 4월 평양에서 열린 최고인민회의 제1기 7차 회의에 대의원으로 참가하여 의안 〈1954~1956년 인민경제복구발전 3개년 계획에 관하여〉를 토론한 바 있으며, 그 후 평론 〈정다산과 문학〉을 발표하고, 공저 《조선 봉건 말기의 선진학자들》과 공역 《연암 작품선집》도 출간하였다.44)

---

43) 《김일성종합대학 10년사》(앞의 책), pp75~93.
44) 《조선 봉건 말기 선진학자》는 1955년 신조선사에서 중문판과 영문판도 간행되었고, 최초의 연암 선역본인 《연암 작품선집》은 1956년 조선작가동맹출판사

1955년 8월 최익한은 그간의 연구 성과를 집대성하여 필생의
역작인《실학파와 정다산》을 세상에 내놓았다. 이는 최초의 다산
연구서로서 이듬해 12월 어문학 학사학위 논문으로 제출되어 그
해박한 지식과 심오한 과학성에 대해 높은 평가를 받으며, 역사학·
경제학 분야에도 공헌한 것이 인정되었다.《실학파와 정다산》은
단순히 일개 학위 논문이 아니라 그의 모든 이론과 실천을 융합하
여 전면성을 확보한 불세출의 걸작이다. 한결같이 '다산 3부작'에
주력하였던 유일한 고전문학자로서의 진정성이 농밀한 문체와 광
범한 내용 속에서 선명하고 다채롭게 발현된다. 그는 다산 연구의
개척자로서 다산학의 중요한 사회과학적 의미를 거의 다 읽어 냄
으로써 장래 다산학을 독보적 위치로 격상시키는 데 주춧돌을 놓
았다. 그러나 다산의 계급적 본질을 적실히 전달하지 않고 거꾸로
은폐·왜곡하여 다산을 영웅화하는 '반인민적' 방향으로 뒷걸음친
것은《실학파와 정다산》의 근본적인 한계라 할 수 있다.

　　또 그는 전기물로《조선 명장론》,《강감찬 장군》을 펴내고, 논문
〈조선문학사와 한문문학〉, 〈정다산의 시문학에 대하여〉, 〈연암
박지원의 사상적 및 문학적 지위―그의 서거 150주년을 기념하
면서〉 등도 발표하였으니, 뒤늦게나마 학문적 전성기를 이룬 셈이
다. 그중 〈정다산의 시문학에 대하여〉는 김일성종합대학 8·15해
방 10주년 기념 과학 콘페렌치야(1955.10.27)에서 보고하고, 1956
년 4~8월 과학원 기관지《조선어문》에 3회 연재한 긴 논문으로서
1957년 역주본《정다산선집》을 내는 데 밑바탕이 되었다.

─────────

　　에서《연암 박지원선집》으로 증보 출판되기도 하였다.

1956년 4월 7일 저녁에 과학원 주최로 진행된 정다산 서거 120주년 기념대회에서 최익한이 번역한 다산시 〈솔 뽑는 중僧拔松行〉, 〈범 사냥獵虎行〉과 산문 〈감사론監司論〉이 낭송되고, 《로동신문》에도 일부 게재되었다. 동년 5월에 《연암 박지원선집》이, 7월에는 《재판 받는 쥐》(《서옥설鼠獄說》 역주본)가 출판되었다.

1957년 최익한은 안함광安含光·한효韓曉 등과 함께 과학원 언어문학연구소 문학연구실의 연구사로서 《조선문학통사》를 집필하고, 2월 28일 박지원 탄생 200주년 기념으로 〈박연암의 문학과 시대정신〉, 〈연암의 사상과 문학〉을 발표하며, 6월에 《정다산선집》을 역주 발간하였다. 이로써 《여유당전서를 독함》, 《실학파와 정다산》과 함께 최초로 '다산 3부작'이 완성된 것이다.

《정다산선집》은 신조본 전서에서 시 68편, 산문 55편을 선별·역주한 책으로 최초의 다산 시문 번역서이다. 최익한은 당의 문예정책에 따라 민족 문화의 전통을 옳게 계승 발전시키기 위해 맑스·레닌주의적 원칙에 입각하여 고전 번역을 수행하였다. 이는 민족문학을 형성하는 민족어로 인민 대중의 문화적 요구를 최대한 충족하려는 문화 교양 사업의 일환이었다. 빼어난 시적 감성으로 옛말·방언·북한어·우리말 등의 민족어를 다양하게 구사한 데에 그의 번역의 우수성이 있다. 또 엄밀한 용어 선정과 정확한 화폐 단위 번역도 돋보인다. 그는 오랫동안 전서를 읽으면서 〈다산 연보〉를 완성한바, 비로소 그 연보를 활용하여 다산의 작품 배경을 제대로 설명하였다. 그러나 원문의 본뜻을 무시한 채 윤색하거나 심지어 원문에 없는데도 의역을 덧붙여서 다산의 복고적 보수성을 근대적 진보성으로 개변시킨 것은 심각한 왜곡이다.

그는 동년 9~10월경 최창익崔昌益·박창옥朴昌玉 등이 주동한 '8월 종파사건'에 연루되어 숙청된 것으로 보이며, 몰년은 정확히 알 수 없으나 1970년대 초에 타계하였다는 설이 있다. 8월 종파사건은 1956년 8월 조선로동당 중앙위원회 전원회의에서 최창익·서휘徐輝·윤공흠尹公欽·고봉기高峯起 등 연안파와 박창옥·김승화金承化 등 소련파가 결집하여 김일성 개인숭배를 비판하며 그를 축출하려고 계획한 반김일성 운동인데, 북한 역사상 유일무이하게 조직적으로 김일성의 절대 권력에 도전한 사건이다.45) 최익한은 최창익 일파의 숙청이 문예 분야로까지 확대되는 과정에서 연루된 듯하다. 그들은 와세다대 선후배 사이로 제3차 조선공산당 중앙위원이었고, 북한 학계와 정계에서도 같이 활동하였기 때문이다.

우리 문학계에서 각종 유파의 반동적 문학 이론을 성과적으로 격파하기는 하였으나, 그 여독은 아직도 완전히 청산되지 못하였다. 뿐만 아니라, 문학을 비롯한 일부 과학 부문에는 8월

---

45) 8월 종파사건에 대해서는 유성철,《증언 김일성을 말한다》, 한국일보사, 1991, pp181~5; 여정,《붉게 물든 대동강》, 동아일보사, 1991, pp80~7; 안성규,〈중국 망명한 연안파 거물들의 한과 충격 증언〉,《월간중앙》(1994년 5월호), 중앙일보사, pp556~569;〈8월 종파사건의 전모〉,《WIN》(1997년 6월호), 중앙일보사, pp148~154 등의 증언·비망록과 이종석,〈김일성의 '반종파투쟁'과 북한 권력구조의 형성〉,《역사비평》(1989년 가을호), 역사비평사, pp256~263; 서동만,〈개인숭배 비판과 '8월 종파사건'〉,《북조선 사회주의체제 성립사》, 선인, 2005, pp529~589; 김성보,〈1950년대 북한의 사회주의 이행논의와 귀결〉,《1950년대 남북한의 선택과 굴절》, 역사비평사, 1998, pp351~386; 백준기,〈정전 후 1950년대 북한의 정치 변동과 권력 재편〉,《현대 북한 연구》2권 2호, 경남대 북한대학원, 1999, pp9~66; 심지연,《최창익 연구》, 백산서당, 2009, pp161~8; 과학원 력사연구소,《조선통사(하)》, 과학원출판사, 1958, pp505~7, p516(면수는 1988년 도서출판 오월본에 따름) 등의 논문·도서 참조.

전원회의에서 폭로·규탄된 최창익을 두목으로 하는 종파분자들에게 추종하면서, 당의 문예 및 과학 정책을 왜곡·훼손시킨 자들도 있다.

지난 시기 《조선어문》에 발표되었던 논문 〈정다산의 시문학〉 또는 〈조선문학의 개화 발전을 위한 조선로동당의 투쟁〉이 바로 이런 영향을 입은 것들이었다. 이 논문들은 민족 문화 유산을 옳게 계승 발전시키라는 당의 정책을 왜곡하였으며, 문예 부문에 대한 당의 정책을 비속화하였다. 따라서 이들 종파분자들이 뿌려 놓은 반당적 이론과의 투쟁이 특히 급선무로 제기된다.46)

〈정다산의 시문학〉은 앞에서 언급한 최익한의 논문 〈정다산의 시문학에 대하여〉를 가리킨다. 원래 이 글은 벌써 1955년 12월 조선어 및 조선문학 연구소의 3년 총화회의에서 "민족 문화 유산의 옳은 계승을 위한 문제를 구체적 자료를 통해서 제기한 것이었다"고 긍정적으로 평가된 바 있다.47) 그런데 그가 반당 종파분자

---

46) 〈위대한 사회주의 10월 혁명과 조선 어문학〉, 《조선어문》 6호(1957), 과학원, pp3~4. 이는 그 규탄적 성격으로 보아 최익한이 숙청된 직후에 나온 비판으로 보인다. 자세한 것은 본서 〈창해 최익한 연보 소고〉 p598 볼 것.

47) 〈과학계 소식〉, 《조선어문》 1호(1956), 과학원 조선어 및 조선문학 연구소, p98. 또 최익한은 이미 〈조선문학사와 한문문학〉, 《력사과학》 1호(1955)의 첫머리 p9에서 "민족적 형식과 사회주의적 내용으로서 우리 영웅 조선을 묘사하고 고무 추동하는 문학의 임무는 실로 고상하고 중요한 것이다. 따라서 당적―김일성 동지의 문학 노선에 정확히 의거하여 우리 조국의 문학사를 완성하고 문학 발전의 합법칙성과 그 유구하고 풍부한 전통을 천명하며 그 우수한 유산을 옳게 계승하는 것이 또한 중요한 임무의 하나이다"고 밝혔다. 이는 당의 문학 노선에 따라 민족 문화 유산을 바르게 계승하겠다는 자기 의지를 표시한 것이었다.

로 숙청되자마자 이제는 당의 정책이란 미명하에 부정적으로 정반
대의 비판이 가해진 것이다. 비판 자체가 단지 8월 종파사건 이후
정치적 숙청의 일환으로 급조된 추세적趨勢的 비난이라, 당 정책에
대한 어떤 이론적 해명도 없이 일개인에게 책임만 전가하는 선동성
발언에 가깝다고 할 수 있다.48)

5

최익한은 1897년 천석꾼 지주의 아들로 태어나 1918년까지는
유교적 보수성을 삶의 기반으로 하여 별다른 어려움 없이 자랐다.
그러나 그는 1919년 3·1운동 직후 스승 면우 곽종석이 파리장서
사건으로 투옥되자 옥바라지를 하면서 식민지 지식인의 책무를 심
절히 깨달은 듯하다. 곧바로 그가 독립군자금 모집을 감행하여 서
대문 감옥에서 2년 넘게 징역을 살았기 때문이다.

그는 중동학교를 마치고, 1925년(29세)에야 와세다대학 전문부
정치경제과에 입학하였다. 일월회·신흥과학연구회·재일본조선노동
총동맹·신간회동경지회와 조선공산당 일본부에서 활동하며 국내로
들어와 조선공산당 조직부장·선전부장이 되었다.

---

48) 당시 북한 문학계에서는 당의 문예 정책에 대한 심오한 연구의 필요성을 제기
하였고, 나중에 사회과학계에서도 "당 정책과 결정들을 깊이 연구하며 제때에
이를 이론적으로 해명"할 것을 강조하였다. <위대한 사회주의 10월 혁명과 조
선 어문학>, 앞의 책, p4; <학계소식: 사회과학 부문 연구 사업에서 당 정책의
관철을 위한 사회과학자 협의회>, 《력사과학》 3호(1959), p85 참조. 최익한의
숙청·몰년에 대해 자세한 것은 본서 <창해 최익한 연보 소고> pp597~605, pp
626~629 볼 것.

최익한은 《대중신문》을 주간하고 잡지 《사상운동》을 공개하여 조선 내 각파 단체에 통고하였다. 이로써 운동에 대한 자기 노선을 표명케 하여 무원칙한 파쟁으로부터 원칙적인 이론투쟁의 길을 열었다. 박낙종의 주도로 조선공산당 일본부, 고려공산청년회 일본부를 재설치하여 노조운동과 청년운동을 대중적으로 발전시키고, 신간회동경지회 활동도 국내와 발맞추어 전개하였다.49)

일월회계 ML파는 파쟁의 무원칙을 지적 폭로하고 무산계급운동의 통일과 방향 전환을 제창한 이론투쟁으로 조선공산당을 장악하였다. 이후 서울 구파가 소집한 조선사회단체중앙협의회는 해체되어 버렸다. 군소 사상단체도 해체됨에 따라 ML당은 정치투쟁에 집중하고 민족협동전선을 전개하며 신간회를 결성하는 등 당 지도 투쟁에서 획기적 신단계로 접어들었다.50)

이 시기 최익한은 학생 신분의 ML이론가로서 주로 출판·강연을 하며 이론투쟁에 전념하였다. 그의 논문 <在日本朝鮮勞働運動の 最近の發展>은 당시 재일조선인의 노동 환경 자료를 정리한 것으로는 특히 주목할 만한 의의가 있지만, 현장 활동을 하지 않은 서재파 맑시스트サロン·マルキスト의 관념적 한계도 동시에 드러내고 있다 하겠다. 이는 물론 유생에서 갓 벗어난 초기 공산주의자에게 무리한 지적이긴 하나, ML파에 대한 모든 비판이 사실 이와 관련된 것이므로 결코 간과할 수 없는 문제이다.

ML파가 경제투쟁에서 정치투쟁으로 방향 전환을 내세우며 노동운동을 민족운동에 편입하려 한 것은 중대한 비혁명적 오류이다.

---

49) 이 부분은 최익한의 자평으로 보인다. 이석태 편, 앞의 책, p567.
50) 이 대목도 ML파의 자평으로 보인다. 이석태 편, 앞의 책, p438.

이러한 소부르주아 인텔리 중심의 합법적 개량주의적 운동은 노동 현장과 동떨어진 채 경제투쟁과 정치투쟁을 기계적으로 분리하고 노동 대중에 기반을 두지 않았다는 점에서 또 다른 파벌투쟁을 당 내부로 끌어들인 것이라 할 수 있다.51)

최익한은 조선공산당(ML당) 사건으로 1928년 2월 체포되어 근 8년 만인 1936년 1월 대전형무소에서 만기 출소하였다. 출옥 후 그는 사회주의운동을 접고 조선일보사와 동아일보사에 취직하여 주로 고전 문화에 대한 글을 다수 연재하며 생계를 꾸려 나갔다. 그중 《여유당전서를 독함》은 나중에 《실학파와 정다산》으로 계속 심화되었다는 면에서 다산 연구를 일정한 규모와 체계로 개시한 데 그 의미가 작지 않다.

《동아일보》가 폐간되자 그는 1941년 봄부터 1944년 11월까지 술집을 운영하였다. 주류업은 사상보호관찰소의 알선에 의한 것이 아니라 '자유 구직'과 '자력 생계'에 의한 것이니 그의 말대로 정당 하다고 볼 수도 있다. 그러나 그가 1943년 《춘추》에 발표한 〈충의 忠義의 도道〉, 〈유교와 연성鍊成〉은 소극적인 부일문附日文으로 판단 되므로 불순하고 무책임한 곡필이 아닌가 한다.52)

해방 당일, 즉 8월 15일 최익한은 공산주의운동을 재개하였다. 10년 가까이 운동을 중단한 과거를 감안하면 정말 재빨리 착수한 셈이다. 그는 장기간 투옥으로 사회주의를 내심 포기할 수 없었을

51) 김익진, 〈운동 노선을 통해 본 한국의 노동운동〉, 《한국 노동운동론·1》(김금수· 박현채 외), 미래사, 1985, pp80~8; 이애숙, 〈이재유그룹의 당재건운동〉, 《일 제하 사회주의운동사》(앞의 책), p173; 김경일, 《이재유, 나의 시대 나의 혁명》, 푸른역사, 2007(1993 개정판), p50; 이석태 편, 앞의 책, p264.
52) 자세한 것은 본서 〈최익한 친일설〉 pp565~586 볼 것.

듯하고, 또 자기 술집을 중심으로 옛 동지들과 연락되어 최소한의 담론만은 형성된 것인지도 모르겠다.

그는 장안파→대회파→사로당→근민당에서 정치 활동을 하며, 박헌영계의 재건파→간부파→남로당과 시종일관 대립하였다. 무엇보다 그가 출옥 후 운동에서 이탈하여 생업에 종사하느라 이념적으로는 훨씬 더 후퇴하지 않았나 싶다. 엄밀히 말해 그 대립은 1920년대 파벌투쟁의 연장으로 프롤레타리아적 기초가 없는 소부르주아 인텔리의 관념적 운동의 필연적 귀결이다. 가장 혹독하였던 일제 말 전시체제에서는 운동 경험이 전혀 없다는 점도 문제시된다. 어쩌면 해방 직후 백가쟁명百家爭鳴의 정치적 혼란 속에서 그의 계급적·사상적 제한성이 여실히 노정되었다고 하겠다. 그는 유학적 지식인으로서 사회개량주의를 개량적으로 받아들여 그 이론 본위의 운동을 시도한, 이른바 '온건 좌파'였던 것이다. 그에게 혁명은 언제나 요원한 길이었다!

1948년 4월 최익한은 가족과 함께 월북하여 고전문학자로 활동하였다. 조선최고인민회의 대의원, 김일성종합대학 조선어문학부 조선문학과 부교수, 과학원 조선어 및 조선문학 연구소 연구사를 겸임하였다. 1957년까지 9년 남짓한 북한에서의 연구는, 최초로 다산 연구에 일대 획을 그었던 《실학파와 정다산》, 《정다산선집》 두 권으로 요약될 수 있다.

1949년 11~12월 《력사 제문제》에 2회 연재한 〈조선류교사상 발전에 대한 력사적 고찰〉은 유교의 봉건성과 공자의 보수성을 비판한 논문인데, 《실학파와 정다산》에 일부 반영되어 《여유당전서를 독함》과의 가교 역할을 하였다. 그는 유교를 비판하되 전적으로 부정하지는 않았으나, 유교사상의 잔재를 청산할 수 있는 과학적 방법을 다음과 같이 제시하였다.

봉건적 질서를 반영하는 유교사상은 그것이 다만 계급의 교체를 본질로 한 부르주아민주주의에 의해서 결코 청산되지 않고 오직 계급의 소멸을 지향하는 프롤레타리아적 민주주의 내지 인민적 민주주의의 혁명에 의해서만 깨끗이 퇴치될 수 있는 것이다.53)

그는 프롤레타리아 혁명으로만 봉건적 유교사상을 척결할 수 있다고 강조한다. 지주나 귀족의 사상이 그 물적 토대가 완전히 전복되지 않는 한에는 여전히 하나의 찌꺼기로 남아 있는 것처럼 유교사상의 잔재도 그 봉건적인 물적 토대가 완전히 소탕되지 않는 한에는 어떠한 후퇴적인 이데올로기에서나 그 잔명을 의탁하려 하기 때문이라는 것이다.

1952년 최익한은 《인민》지에 <근세 조선 '실학' 발전사 개론>, <조선 근세 '실학'의 대성자 정다산의 진보적 사상 및 학설에 대한 개론>을 발표한 후, 뒷날 모두 《실학파와 정다산》에 수록하였다. 1954년에는 의안 <1954~56년 인민경제복구발전 3개년 계획에 관하여>(최고인민회의 제1기 7차 회의)를 토론한 바 있고, 또 평론 <정다산과 문학>을 발표하며, 공저 《조선 봉건 말기의 선진학자들》과 공역 《연암 작품선집》도 출간하였다.

---

53) 《력사제문제》12집(1949), 조선력사편찬위원회, p108.

1955년 그는 필생의 역작 《실학파와 정다산》을 세상에 선보여 뒤늦게나마 학문적 전성기를 이루었다. 전기물로 《조선 명장론》, 《강감찬 장군》을 펴내고, 논문 <조선문학사와 한문문학>, <정다산의 시문학에 대하여>, <연암 박지원의 사상적 및 문학적 지위> 등을 발표하였다. 1956년에도 《조선 명장전》, 《연암 박지원선집》, 《재판 받는 쥐》, 《우리나라 명인들의 이야기》 등의 저술을 잇따라 내놓았다.

1957년 <정다산의 시문학에 대하여>를 바탕으로 《정다산선집》까지 역주하여 《여유당전서를 독함》, 《실학파와 정다산》에 이어서 마침내 '다산 3부작'의 금자탑을 최초로 완성하였다. 창해, 아니 성해 최익한은 동년 9~10월경 최창익·박창옥 등이 주동한 '8월 종파사건'에 연루되어 숙청된 듯하며, 몰년은 정확히 알 수 없으나 '1970년대 초 타계설'이 있다.

《여유당전서를 독함》 해제

1. 머리말

최익한은 조선공산당 사건으로 약 8년간 징역을 살고 1936년 1월 만기 출옥하였다. 당시 그는 일제 경찰의 특별 감시를 극도로 받게 되어서 지하 활동이나 국외 망명은 도저히 어려웠다고 한다. 특히 1937년 3월 맏아들 재소在韶가 살인적인 고문의 후유증으로 옥사하였는데, 이러한 참척의 고통은 그에게 능동적으로 공산주의 운동을 계속할 수 없는, 말 못할 트라우마가 되었을지도 모른다. 무엇보다 중일전쟁의 전시체제하에서 일제의 군사적 탄압이 강화되자 사회개량주의 경향의 소부르주아 인텔리들은 운동 일선으로부터 탈락하게 된 사실을 우리는 기억할 필요가 있다.[1]

---

1) 1930년대 공산주의운동에 대해서는 김태준, 〈연안행〉, 《문학》 1권 1~3호, 조선 문학가동맹, 1946.7~1947.4; 한국역사연구회 1930년대 연구반, 《일제하 사회 주의운동사》, 한길사, 1991; 신주백, 《1930년대 국내 민족운동사》, 선인, 2005 등을 볼 것.

여하간 불혹의 나이에 출옥한 그는 운동을 그만두고 생계 방편으로 언론사에 들어갔다. 조선일보사 향토문화조사위원(촉탁직, 1937. 12~1938. 12)과 동아일보사 조사부장(정규직, 1938. 12~1940. 8)을 수년 맡아서 주로 고전 문화 관련 글들을 다수 연재하며 한시 모집란도 장기 운영하였다. 오랜 투옥으로 가세가 이미 기운 상태에서 문필 활동은 거의 유일한 호구책이었을 것이다.[2]

출옥 직후 그는 《여유당전서》를 발간하고 있던 신조선사의 요청으로 〈다산의 일사逸事와 일화逸話〉, 〈다산의 저서 총목〉을 작성하였다.[3] 이를 보면 그가 《여유당전서를 독함》을 완성하기 전까지 근 3년 동안 얼개를 구상하며 자료를 수집한 것을 알 수 있다. 또 그는 1938년 12월 명월관明月館에서 열린 《여유당전서》(이하 '전서') 76책 완간기념 출판기념회의 발기인으로 참여하고, 1939년 1월 신조선사 주간 권태휘權泰彙 및 전서 교열자 정인보鄭寅普와 더불어 《빙허각전서憑虛閣全書》를 소개하는 인터뷰도 하였으니, 관련 인사들과 심심찮게 교류한 것으로 판단된다.[4]

---

2) 1936년 8월 말 최익한은 창신정昌信町(현 창신동) 633~22번지로 이사하였다. 그는 산비탈의 협소한 집(건평 16평)에서 약 8명의 가족과 함께 살며 글을 썼다. 자세한 것은 본서 〈창해 최익한 연보 소고〉 p610 볼 것.

3) 작성일은 정확히 알 수 없지만, 출옥 직후인 1936년 초반경으로 추정된다. 《여유당전서》를 간행하고 있던 신조선사의 요청으로 써 보냈으나, 잡지 《신조선》이 1936년 1월호를 끝으로 폐간되어 실리지는 못하였다. 이후 《동아일보》에 《여유당전서를 독함》을 연재할 때 그 일부로 포함되고(1938. 12. 27~1939. 2. 7 연재분), 《실학파와 정다산》(1955)을 간행할 때 부록으로 재수록되었다.

4) 당시 전서 출판기념회 발기인은 다카하시 도오루高橋亨·후지츠카 치카시藤塚鄰·니시무라 신타로西村眞太郎·야마구치 마사유키山口正之·최린崔麟·김태준金台俊·노자키 신조野崎眞三·방응모方應謨·박종화朴鍾和·손진태孫晉泰·조용만趙容萬·이극로李克魯·최규동崔奎東·윤치호尹致昊·송진우宋鎭禹·이헌구李軒求·백관수白寬洙·현상윤玄相允·김성수金性洙·이여성李如星·이병도李丙燾·최익한·문일평

전서는 권태휘가 간행을 주관하고 정인보·안재홍安在鴻이 교열을 보았다. 그러므로 최익한은 집필을 위해 이 전서 관계자 3인과는 지속적으로 면담하며 정보를 얻어 나갔던 것이다.

권태휘는 옛 사회주의 동지로서 의식적으로 상통하였다.5) 그는 최익한에게 '1930년대 다산 특집 논설'이 실린《신조선》지 등을 증정하고, 다산의 본손本孫을 통해《하피첩霞帔帖》과《열수전서洌水全書》까지 볼 수 있도록 배려한 듯하다.《여유당전서를 독함》5장에 <K형(권태휘)에게 주는 편지>가 수록되어 있다.

정인보는 시우詩友로서 한시를 수창하며 정서적으로 공감하는 사이였다.6) 그는 본서에서 <서증신영로書贈申永老>,《상두지桑土誌》

文一平·이관구李寬求·김기진金基鎭 등 60여 명이다. 친일 민족개량주의자들이 다수를 이루며, 김태준·이여성·최익한 등 사회개량주의자들은 극소수에 불과하였다. 조선총독부 촉탁 이병도의 사회 아래 다카하시 도오루(경성제대 교수)의 축사, 권태휘의 답사 등이 있었다.《동아일보》(1938.12.13);《매일신보》(1938. 12.17) 참조.《빙허각전서》소개담은《동아일보》(1939.1.31) 볼 것.

5) 1927년 5월 조선사회단체중앙협의회 창립대회에 권태휘는 신흥청년동맹 대표로, 최익한은 재일본조선노동총동맹 대의원으로 참가한 적이 있다. 또 동년 4월 최익한과 조선공산당 일본부를 조직하였던 김한경金漢卿이 1924년 말에 이미 권태휘와 함께 혁청단革淸團에서 집행위원으로 활동한 적도 있다. 그 김한경이 바로 김성진金誠鎭(다산의 외현손으로 신조본 전서 편자)의 아들이었다.
권태휘(1898~?) : 경기도 평택平澤 생. 본명 권익수權益洙. 경성의학전문학교·세브란스의학전문학교 수학. 독립운동으로 약 3년 반 동안 수감. 혁청단·정우회正友會·신간회新幹會 등에서 활동한 후 1934년 신조선사를 설립하여《신조선》지를 복간하고《여유당전서》,《담헌서湛軒書》,《여암전서旅菴全書》등을 간행하였다. 해방이 되자 건국준비위원회·민주주의민족전선에 참여하고 6·25 때 월북했는데, 최익한의 논문 <다산 정약용>(《조선 봉건 말기의 선진학자들》, 국립출판사) p138을 보면 1954년 5월 이전에 타계한 것을 알 수 있다.

6) 1924년 9월 정인보는 최익한의 <만면우선사10절挽俛宇先師十絶>을 고선考選하고, 1939년 7월 최익한은 <난곡이건방옹만蘭谷李建芳翁輓>을 발표하였으며, 1940년 5월 그들은 당대의 문사文士들과 영도사永度寺 술자리에 모여 한운시限韻詩도 지은 바 있다. 참고로 면우는 최익한의 스승이고, 난곡은 정인보의 스

와 관련하여 두 번 언급되는데, 전서 교열을 마친 후 1939년 1월 한문으로 <여유당전서 총서總敍>(미발표)를 썼다.

안재홍은 와세다대 선배인데 자주 만나지는 못하였다.[7] 그러나 그의 글이 《여유당전서를 독함》에는 가장 많이 인용되어 있다. 최익한은 사회주의 이론을 펼칠 수 없는 상황이라 궁여지책으로 안재홍의 우파적 정치 담론을 참조한 것이 아닐까 한다.

2. 《여유당전서를 독함》과 《실학파와 정다산》 비교

《여유당전서를 독함》(이하 '여독')은 1938년 12월 9일부터 1939년 6월 4일까지 약 반년간 《동아일보》에 64회 연재되었다. 최익한이 조선일보사에서 동아일보사로 자리를 옮긴 직후 처음 발표한 원고였다. '독讀함'이란 명사형으로 전서에 대한 서평이나 독후감임을 나타냈다.[8] 그는 《여독》이 미진하다고 느꼈나 책으로 내지 않고, 훗날 《실학파와 정다산》(이하 '실정')의 초고礎稿로 삼아 더 전면적이고 과학적으로 심화 연구하였다.

승이다. 《동아일보》(1924.9.24; 1939.7.12); 하겸진, <李君文卿爲余設酌永度寺 竝招一時文士 李範世金承烈李相琦鄭寅普崔益翰林尙鍾李源紀 共二十八人限韻>, 《晦峯集》권5, p30a 참조. <정인보(1893~1950) 연보>는 정양완 역, 《담원문록·하》, 태학사, 2006, pp545~572 볼 것.

7) 와세다대학 전문부 정치경제과 동문이다. 안재홍은 1914년 7월 졸업하였으나, 최익한은 1928년 2월 조선공산당 사건으로 제적된 듯하다. 안재홍은 최익한이 《여유당전서를 독함》을 저술한 시기(1936~1939)에는 주로 투옥되거나 고향 평택에 내려가 있었다. <안재홍(1891~1965) 연보>(천관우)는 간행위원회 편, 《민세안재홍선집·4》, 지식산업사, 1992, pp381~439 볼 것.

8) '독함'은 '읽음'의 뜻이나 꼭 '완독完讀'으로 보기는 어렵다. 최익한은 《춘추》 2권 11호(1941.12)에도 신간 소개를 하면서 <《누판고鏤板考》를 독함>이란 말을 사용하였다.

《여유당전서를 독함》 일람표

No.	제목	동아일보 게재회(날짜)	실정
1	다산 선생의 애걸	1회(1938.12.9)	×
2	정다산 선생 연보	2~4회(1938.12.10~12.13)	p479
3	다산 名號 소고	5~6회(1938.12.14~12.16)	×
4	선생 居地 소고	7~12회(1938.12.17~12.25)	×
5	선생 저서 총목	13~16회(38.12.27~39.2.3)	p504
6	선생의 天稟·才德	17~18회(1939.2.5~2.7)	p497
7	학문의 연원 경로	19~25회(1939.2.8~2.21)	p218
8	남인·서학·성호학파의 交錯	26~28회(1939.3.4~3.9)	p262
9	당파와 척사의 표리적 관계	29~30회(1939.3.10~3.14)	p274
10	내외의 모순과 서학의 좌우파	31~34회(1939.3.16~3.21)	p39
11	정조의 복수와 서학파의 공동 전선	35~36회(1939.3.23~3.24)	p279
12	정조의 승하와 서학 좌파의 激化	37~38회(1939.3.25~3.28)	p283
13	과학적 신견해	39~41회(1939.3.30~4.2)	p296
14	유학의 신견해	42~47회(1939.4.6~4.13)	p304
15	음양·오행·귀신	48회(1939.4.14)	p328
16	致良知·理發氣發	49회(1939.4.15)	p332
17	균등주의의 왕정론	50회(1939.4.22)	p348
18	경제 정책의 數例	51회(1939.4.23)	p402
19	경세 諸策의 개관	52회(1939.4.28)	p353
20	閥級 觸破 사상	53회(1939.4.29)	p359
21	사회·정치철학의 基調	54~56회(1939.5.2~5.6)	p371
22	다산 사상에 대한 槪評	57~64회(1939.5.7~6.4)	p311

* 《실정》의 《여독》 반영도를 알기 위해 면수를 표시하였다. 면수는 《실학파와 정다산》(국립출판사, 1955)에 따라 첫 면만 적었다. 가령 《여독》 <7. 학문의 연원 경로>는 《실정》pp218~222, pp114~115 등에 산재되어 있으므로 첫 문장이 반영된 p218만 쓴 것이다. 그러나 앞으로 각주의 《실정》 면수는 독자들이 참고하기 편하도록 필자의 교주본에 따른다.

《여독》은《실정》에 거의 다 반영되어 있기 때문에 서로 비교해 보지 않을 수 없다. 우선 앞 표를 보면 <다산 선생의 애걸>, <다산 명호名號 소고>, <선생 거지居地 소고> 3편이《실정》에서는 제외되었다. 이는 그 사적이고 상업적인 부분이 '소부르주아 자유주의'에 물든 것으로 오인될 수 있는 까닭이다. 또 비록《여독》이《실정》에 반영되었더라도 삭제된 문장이 꽤 많은데, 이 역시 월북 후 최익한의 정치적 환경과 이념적 지향이 달라져서 그렇다.

예컨대 정약종丁若鍾을 다산보다 높게 평가한 문장은 실학의 진보성과 다산의 혁명성을 강조한《실정》에서는 싹 다 빠져 있다. 최익한은 다산을《여독》에서는 '개량적 공상가'로 보았지만,《실정》에서는 '혁명적 사상가'로 재생시켰다. 따라서 그 기준과 모순되는 요소는 제거한 듯한데, 이는 다시 후술하겠다. 두 책의 비교는 <실정 해제>를 더 참조하고, 사소한 차이점도 교주본의 각주에 모두 표시하여 두었으니 책을 읽으면서 직접 확인하기 바란다. 여기서 우리가 주목해야 할 것은《여독》의 독자성이다.

《여독》을 쓸 때는 일제강점기 전시 체제라 총독부의 검열이 더욱 심하였다. 최익한은 '우리나라'란 말이 일본이 아닌 조선을 가리킬 경우에는 사용 불가하므로 '우리 흙'이라 쓰고, 또한 검열을 의식하여 '지배 계급의 폭력적 독재 정치'를 '지배적 클라쓰의 폭력적 오토크라씨'라고 영어를 썼다. 사상은 물론 용어도 철저히 제약되었던 것이다. 그러니까《여독》이 식민지의 현실 속에서 쓰였다는 사실을 우리는 충분히 감안해 볼 필요가 있다.《여독》의 독자적인 성격은 이 식민지 시대의 굴절된 현상에서 발견된다. 그것이 바로《실정》에서 삭제 또는 수정된 부분이다.

3.《여유당전서를 독함》의 특징

필자는《여독》의 특징을 상업성·개량성·종합성 등 세 가지 측면에서 간명히 살펴보려 한다.

첫째, 상업성이다. 일제강점기의 상업성은 현 자본주의의 양상과는 비교가 되지 않을 정도로 소박한 형태이긴 하나, 1938년 말《여독》이 전서완간일과 출판기념일에 맞춰 일간지 대중을 상대로 장기 연재되었다는 점에서 반드시 짚고 넘어가야 할 문제이다.

1930년대 중반 일군의 조선인 학자들은 다산 관련 글을 일시적으로 신문·잡지에 발표하였다. 특히 정인보·안재홍 등은 전서 간행 시점인 1934년과 다산서세100년기념회가 열린 1935년에 집중적으로 글을 써서 전서를 널리 알렸다.9) (이때 최익한은 감옥에 있었다.) 그런데 당시 김태준金台俊은 이러한 글쓰기의 상업성에 대해 다음과 같이 경계하였다.

> 지난 16일 모지에서는《다산집茶山集(與猶堂集)》을 발간하는 분으로서 신문사에 관계된 지위를 이용하여 정다산 특집호로써 각각 전엽全頁 1면씩의 대문자—라기보다 대광고—를 하였다. 그리하여 생신100년기生辰百年忌를 지나고 강연까지 하였다 하니,《다산집》이야 훨씬 잘 팔렸을 것이지만 우리는 여기서 다시 그 무엇을 생각하게 된다.10)

---

9) 다산 관련 글을 정인보는 총 6편 50면, 안재홍은 총 6편 52면(책 기준) 썼다.
10) <진정한 정다산 연구의 길 (1)>,《조선중앙일보》(1935. 7. 25);《김태준전집·3》, 보고사, 1990, p22 재수록.

'지난 16일'은 '1935년 7월 16일'을, '모지'는 '동아일보'를, '발간하는 분'은 '정인보'를 가리킨다. 김태준이 지적한 정인보의 그릇된 점은 세 가지로 요약 해석할 수 있다.

1) 속학적俗學的 견해로 《동아일보》를 전면 도배하였다.

2) 다산서세100년기념회를 다산 생신일인 7월 16일(음 6.16)에 개최하여 결국 '생신100년기慶'가 되고 말았다.

3) 100주년이 아니라 100년을 기념하고 한술 더 떠서 강연까지 하였으니, 대광고를 넘어 '외판영업'도 한 셈이다.11)

김태준은 당면한 현실 문제에서 다산 연구가 그렇게 중대한 것인지 반문하며, 다산을 '조선의 태양'으로 과장하는 이른바 '다산교 신도 증상'을 적시하였다. 참으로 종교적 신비화를 배격한 선견이요 탁견이라 할 만하다. 아직도 다산몽에서 깨지 못한 완고당에게 시사하는 바가 적지 않으리라고 본다.12)

---

11) 당시 주재용朱在用도 "100년제祭를 지냄은 동양식이 아니요 저 서양식일지니 남의 풍속을 따른다면 적어도 그 식대로나 따라야 할 것이거늘 찬 100년이 채 시작도 되기 전에 1년을 앞당겨 100년제를 지낸다고 떠듦은 실로 알다가도 모를 일이라"고 조롱하였다. 〈다산 선생의 서세 100주년을 맞이하여〉, 《가톨릭청년》 4권 4호(1936.3.25), 가톨릭청년사, p50.
하지만 정인보는 1939년 1월 전서 해제문인 〈여유당전서 총서總敍〉를 한문으로 짓고 발표하지 않았는데, 이는 그의 마지막 전서 관련 글이었다. 결과적으로 보면 그를 순전히 상업적이었다고만 매도하는 것은 쪼금 무리인 듯싶다. 《담원 정인보전집·5》, 연대출판부, 1983, pp365~378.

12) 최익한의 장래 사위가 되는 이청원李淸源도 정인보의 신비주의와 절대주의를 비판하였다. "(정인보는) 정다산론에서 다산의 장점·특점만─그나마 왜곡적으로 논하여 그에 조선의 얼을 부여하고 있다. (…) (정다산론은) 다산의 약점·모순을 은폐하고 그를 이상화함으로써 결국 가부장적, 촌락 공동체에로의 복귀를 암암리에 선동하는 행위 이외에 그 아무것도 아니다." 〈'조선의 얼'의 현대적 고찰〉, 《비판》(1937.3), 비판사, pp80~1.

최익한은 월북 후 한 논문에서 근대의 다산 연구를 다음과 같이
정리하였다.

> 근대에 와서 조선의 신진 인사들은 다투어 가며 정다산의 사
> 상을 논술하였고 그의 저작을 소개하였으며 또 그의 학문적
> 업적을 찬양하였다. 그러나 (……) 진정한 진보적 사상가로서의
> 정다산의 면모는 범속화된 박학가 혹은 법제학자 혹은 고증
> 학자로서의 다종다양한 음영 속에 숨어 버렸다. 이는 종래 천
> 박한 자유주의자들과 조선을 '연구'한다는(실제로는 조선을 잘 먹
> 기 위하여) 일제 어용학자들과 또는 내용 없는 추상적 문구로써
> 계급적 분석을 회피하는 우익분자들의 값싼 논문과 출판물들
> 에 의하여 조장되어 왔기 때문이다.13)

최익한은 우익분자의 추상적·몰계급적 분석을 비판하고 다산의
혁명성을 강조한다. 이는 물론 당의 문예 정책에 입각한 주장이라
'다산교 증상'과는 차원이 다르다. 그러나 그가 '다산 숭배 의식'을
온전히 극복하였다고 볼 수는 없을 듯하다. 아무튼 그는 《여독》을
쓸 무렵에는 '다산교 현상'에 대해 함묵한 채 오히려 전통을 명분
삼아 민족개량주의자들과 교유하면서 다산 찬미에 일조하였다. 확
실히 그는 김태준보다는 유교적 보수성을 띤 구세대였던 셈이다.
그의 모호한 이중적 태도는 결코 상업성과 무관하지 않다.14)

---

13) 〈조선 근세 '실학'의 대성자 정다산의 진보적 사상 및 학설에 대한 개론 (상)〉,
《인민》 9호(1952), 민주조선사, p86; 《실학파와 정다산》, 국립출판사, 1955, p
191 재수록.

그 상업성은 어느 정도 이해될 수 있다. 일제 때는 발표 공간이 신문·잡지밖에 없었고, 게재는 거의 인맥으로 좌우되었다. 고전을 연구하는 한, 아무리 고루한 관계일망정 (수입) 창조의 터전을 넓혀 가는 것이 순서였다. 특히 사회개량주의자들의 운신 폭은 좁았을 뿐더러 대학 중퇴 경력의 그에게 기회는 많지 않았다. 민족해방운 동에만 헌신하다 가세도 기울었다. 운동을 그만둔 이상 산비탈에 서 연명하며 여덟 식구를 잘 건사해야만 하니, 궁핍한 가장으로서 글쓰기는 이제 제법 근사한 밥벌이 수단이 되었을 법도 하다.

흔히 학계에서는 1930년대 '조선학운동'의 일환으로 최익한이 《여독》을 저술한 양 취급하고 있지만, 이는 사실과는 전혀 다르다. 운동이 아니라 담론이다! '운동'이란 말은 후대의 제도권 학자들이 갖다붙인 것이고, 최익한은 '조선학'이나 '운동' 따위의 용어조차 사용한 적이 아예 없다. 또 그는 정인보·안재홍 등이 글을 쓸 때인 1934~35년에는 옥중에 있었으며, 다만 1938년 전서완간일과 출 판기념일에 맞춰 일간지 독자를 상대로 서평을 64회 쓴 것뿐이다. 《여독》은 그의 글 중 가장 긴 연재작으로, 단순한 논평을 넘어 책 판매와 직결되는 '상품 선전문'에 가깝다고 할 수 있다.15)

---

14) 최익한의 전통에 대한 생각은 <전통 탐구의 현대적 의의>, 《동아일보》(1939. 1.1~1.7) 5회 연재분 및 본서 부록 볼 것. 참고로 그는 《여독》을 22장 148면 (교주본 기준), 《실정》(국립출판사, 1955)을 538면, 《정다산선집》(국립출판사, 1957)을 347면 썼으니, 총 1033면으로 초기 다산 연구 분야에서 독보적이라 하겠다. 《실정》과 《정선》은 《여독》의 상업성과는 아무런 관계가 없다.

15) <1930~1940년 동아일보 '조선 역사·문화' 관련 기사 통계>를 보면 정인보는 461회로 1위, 최익한은 150회로 7위, 김태준은 117회로 9위에 올라 있다. 한편 <조선일보 통계>는 문일평이 775회로 1위, 안재홍이 184회로 3위, 김태준이 142회로 6위이고, 최익한은 74회로 10위권 밖이다. 이태훈 외 편, 《일제하 '조선

74

둘째, 개량성이다. 최익한은 1925년 4월경 와세다대에 입학하여 1928년 2월 조선공산당 사건으로 체포될 때까지 약 3년간 주로 강연·연설을 하면서 ML이론가로 활동하였다. 그는 초기 사회주의자들처럼 노동 현장과는 유리된 채 이론투쟁에 전념하였는데, 그 이론의 핵심은 언필칭 '정치투쟁으로 방향 전환'이란 것이다. 이는 프롤레타리아에 기반을 두지 않고 소부르주아의 관념에 의존한 것으로서 다분히 일면적이며 파벌적이었다. 당시 재일조선인은 사회개량주의를 개량적으로 받아들였다고 해도 과언은 아니다.

최익한을 군이 규정하자면, '민족주의적 사회주의자'라고 말할 수 있다. 그가 사회주의 이론을 학습하던 식민지 시대는 민족주의든 사회주의든 수입된 지 얼마 안 되고, 이론이나 사상으로보다는 '해방의 이데올로기'로 수용되었기 때문에 서로 착종되는 경우도 적지 않을 만큼 아직은 그 이론과 실천이 불분명하고 비체계적인 상태로 전개되었다.16) 또 그는 사회주의 이론을 정립하는 과정에서 8년간이나 수감되고, 1936년 출옥 후에는 곧 운동을 중단한 채 고전 연구의 길로 돌아서 버렸다. 즉 제약된 시대적 환경과 계급적 선택의 변형 등이 그의 개량주의를 이루는 본질적 요소라 하겠다. 그러니까 그가 사회주의 이념의 실천에서 도피하여《여독》을 쓴 자체가 필연적으로 자기 타협적 입장을 반영하지 않을 수 없게 된 셈인데, 과연 그것은 어떻게 구체적으로 표현되었을까?

역사·문화' 관련 기사 목록 1》, 선인, 2015, p25, p325.
16) 최익한, 〈조선공산당 창립 21주년 (상)〉,《중앙신문》(1946. 4. 17); 박종린, 《일제하 사회주의사상의 수용에 관한 연구》, 연대 사학과 박사학위 논문, 2006; 박민철·이병수, 〈1920년대 후반 식민지 조선의 맑스주의 수용 양상과 의미〉, 《한국학연구》59집(2016.12), 고대 한국학연구소 등 참조.

만일 정조가 영단英斷한 성격을 가졌고 또 보령寶齡이 좀 더 길었다면 아닌 게 아니라 쿠데타로 정권이 변동되었을 것은 명약관화明若觀火한 일이다. 동시에 선생의 포부도 실현될 기회가 없지 않았을 터인데! 아, 선생의 불우는 조선의 역사적 불행이었다. (9장 pp235~6)

우선 정조는 영단할 수 없고 더 장수할 수도 없다.17) 고로 정권 변동은 명약관화한 일이 아니라 몽중몽夢中夢에 불과하다. 여기서 문제는 다산의 불행을 조선의 그것으로 환치한 점이다. 일종의 전근대적 영웅사관에서 비롯된 과장이라 《실정》에는 이 문장이 삭제되어 있다. 최익한은 남인 시파時派를 선善으로, 서인 벽파僻派를 악惡으로 단정하여 심지어 정조 독살설까지 기정사실화하였다. 이는 비과학적 서술 방식이므로 《실정》에는 당연히 수정되었다.18) 더 나아가 그는 "다산은 사회 제도에 대하여 극히 온아한 개량론자요 반역적 정신을 가진 혁명론자는 아니었다(방점은 인용자)"고 하였다. 은연중 다산을 비호하려다 되레 혁명가를 깎아내린 언설처럼 들린다. 어쩌면 프롤레타리아적 기초도 없이 혁명을 선언적 구호로만 익혔던—실제로는 포기한—사회개량주의자의 인식과 수사修辭의 근본적인 한계일 터이다.

---

17) 정조(1752~1800)는 향년 49세로 조선 국왕 27명의 사망 연령 평균 46.1세보다 장수하였고, 재위 기간 평균 19.2년보다 약 5년 더 통치하였다. 황상익, <정조가 수명이 짧았다?>, 《다산포럼》(2014.9.30), 다산연구소 사이트.

18) 최익한은 《여독》 12장에서 '벽파는 흉계로 독배를 올렸다', '독배를 진상한 사실', '독배 흉시凶弑', '정조 흉변凶變'이란 말을 써서 정조 독살을 기정사실화하였으나, 《실정》 pp449~452에서는 '벽파의 흉계도 발악적이었다', '독배에 관한 사실', '독배 사건', '정조의 죽음'으로 표현을 완화하며 슬며시 한발 물러섰다.

다음으로 최익한이 정약종을 다산보다 높게 평하는 대목을 보자. 두 번 나오는데, 그 행간에서도 개량적 특성을 읽을 수 있다.

1) 선생은 여생의 정력을 합리적으로 이용하여 서학의 득력得力을 공맹학의 실용적 부분에 전개함으로써 독특한 일가를 이루었다. 그러나 역사적 의의와 세계적 관련으로 보아서는 우파 대표인 약용의 위려偉麗한 저서는 좌파 대표인 약종의 분방불굴奔放不屈한 정신과 비교하면 가치의 손색이 적지 않았던 것이다. (10장 p247)

2) 선생의 개혁론은 그 내용이 중요한 문제일 뿐 아니라 그 방법, 즉 내용을 '어떻게 실현할 것인가'가 더욱 중요하다. 이것은 두 가지 길이 있으니, 현재 최고 권리자의 도덕적 각오와 자비적 발원發願에 하소연할 것인가, 그렇지 않으면 현재의 모든 권리로부터 제외되고 미래의 승리를 역사적 법칙으로서 약속한 그들, 다시 말하면 현실의 비천한 존재로서 모순과 위험과 폭발의 좋지 못한 성질을 다량으로 함축한 동시에 문제 해결의 진실한 역량을 사회적으로 준비하고 있는 이러한 부류에 하소연할 것인가이다. 선생은 물론 전자의 방법을 인습적으로 사용하였다. 이 점, 그러나 결정적으로 중대한 점에 있어서 광채육리光彩陸離한 선생의 수백 권의 저서는 선생의 가장 가까운 동복형인 약종若鍾의 함구불언緘口不言한 최후의 순교에 비하면 그 역사적 의의가 실로 백가불급百駕不及19)의 탄식이 없지 않을 것이다. (22장 pp351~2)

앞 문단은 둘 다 《실정》에서는 삭제되고 대신 다산의 혁명성이 강조되었다. 정약종을 좌파, 다산을 우파라 한 것이 눈에 띈다.20) 최익한은 "우파의 신념이 학문적 영역에 편중되고 실천적 욕구에는 약하여 박해와 고난이 닥쳐오면 쉽사리 배교하였다"(10장 p243)고 보았다. 그러면서 다산은 발 벗고 깨 벗고 뛰어도 약종을 따라 잡을 수 없다고 하였다. 그 이유는 개혁을 실현하는 방법에 있어, 다산은 자기 계급의 동반자인 지상의 군주에게 매달렸지만, 약종은 현실의 비천한 존재들에게 호소하였기 때문이란다. 유감스럽게도 약종은 비천한 존재가 아닌 천상의 군주에게 매달렸다. 그들 형제의 망상적 집착 행태는 개혁과는 너무 거리가 멀었던 것이다.

최익한은 약종을 '급진적 개혁파', 다산을 '온아한 개량론자'라고 하면서, 이리저리 말을 돌려 결국 다산을 '개혁론자'로 가정하였다. 교묘히 다산에게 일종의 면죄부를 준 셈이다. 과연 봉건적 관료학자 다산이 어느 계급의 이익을 대변하였는지, 도대체 봉건적 천주신자 약종이 역사 법칙상 미래의 승리자(즉 민중)와 무슨 상관이 있었는지에 대해서는 억지 분석으로만 일관한 채 무리한 개념화(실은 개념 이식)를 시도하였다.21) 이는 그가 ML주의에 철저치 못한 구제불능의 개량적 속성을 여실히 표출한 것이다.

───────────

19) 백날을 달려도 따라잡을 수 없다. 《荀子》〈修身〉
20) 《실정》pp455~9에는 서학 좌파를 '교파', 서학 우파를 '학파'로 수정하였다.
21) 최익한은 서학 좌파의 사상이 민중의 저층에 침투되어 민요민란民擾民亂을 조장하여 결국 동학당을 형성하였다고 한다(10장 pp242~3). 그러나 19세기 초 천주교도들의 행위를 민중운동이나 사회개혁운동으로 개념화하는 것은 의도적 해석의 오류에 빠질 위험이 있다(송호근, 《인민의 탄생》, 민음사, 2011, p247). 그들은 개혁은커녕 자본주의 전초대인 천주교의 침략성도 전혀 예견치 못한 채 오히려 맹신하며 매국배족적으로 내응하였다(《실정》 p380, pp456~7).

셋째, 종합성이다. 최익한은 1930년대 말《여독》발표 하나로 사실상 일제강점기 다산 연구를 종결지었다.[22] 그만큼 일제 시기 모든 다산 관련 글들은 신조선사의 전서 발행을 중심으로 형성된 일시적 담론에 불과하였다. 특히 민족개량주의자들의 논설은 대개 외판원의 선전문인 양 오직 다산 찬송으로만 충만한바, 이런 잡문 쓰기는 일회성 행사로 판을 벌이자마자 파장하고 말았다.

그러나《여독》은 이와 달리 기존 연구와 자기 생각을 종합 정리하여 최초로 '다산학 개론'을 완성한 데 그 의의가 있다 할 것이다. 당시로서는 64회 연재분(교주본 기준 148면)은 다산 연구계에서 타의 추종을 불허하는 방대한 양이었다. 그가 글을 주로 참조한 사람은 정인보·안재홍·백남운白南雲·김태준 등이다. 극우 민족개량주의자 최남선崔南善·현상윤玄相允·백낙준白樂濬 등의 글은 거의 인용하지 않았는데, 그들은 나중에 안재홍과 함께 징병 및 학병 지원 권고문을 쓰며 전부 변절하였다.[23] 고로 그들의 다산 담론이 어떤 성격인지는 새삼 췌언을 요하지 않는다 하겠다. 최익한은 그들과 교류하긴 했어도 서로 이익을 좇아 부화뇌동하던 사이는 아니었다.

이외에도 그는 신조본 전서는 물론 정규영丁奎英의《사암선생연보俟菴先生年譜》(1921), 이능화李能和의《조선기독교급외교사朝鮮基督敎及外交史》(1928) 등과 실록류도 이용하였다. 소소한 참고 문헌은 교주본 각주를 한번 죽 훑어보기 바란다.

---

22) 물론 1940년《동아일보》에 게재된 〈종두술種痘術과 정다산 선생〉과 〈사상 史上 명인名人의 20세〉가 더 있으나, 이는 예외로 한다.

23) 민족문제연구소는《친일인명사전》(2009)에 최남선·현상윤·백낙준을 수록하고 안재홍은 제외하였다. 자세한 것은 본서 〈최익한 친일설〉 p573 각주 24 볼 것.

최익한은 좌우의 견해를 아우르며 가장 다채롭게 다산학 개론서를 쓸 수 있는 적임자였다. 유학적 지식인으로서 사회주의운동을 하다 장기간 투옥된 이력이 바로 그것을 증명한다.

> 원래 유교는 그 본질이 동양적 봉건사회의 문화적 산물인 동시에 주도계급의 존엄한 생활을 합리적으로 지지하던 이데올로기의 체계이다. 이것의 현란중첩絢爛重疊한 후광은 부문허례浮文虛禮를 방사하며 부문허례는 문화적 주도계급이 진부해짐에 따라 말할 수 없는 위학폐습僞學弊習으로 전화하여 인간사회의 이성적 발현과 진보적 요소를 극도로 억압 교살하는 필연적 임무를 담당하게 되는 것이다. 선생 당시 문화적 실권을 가진 계급의 작폐는 이러하였던 것이다. (7장 pp196~7)

이는 유교를 사회적 산물인 이데올로기로 파악한 것이다. 조선후기 지배계급의 의식 체계인 유교가 어떻게 부문위학浮文僞學으로 변전하여 인간의 이성과 진보를 억압하게 되었는지 그 역사적 필연성을 설명하였다.24) 그런데 최익한은 다산이 이런 유교 문화의 암흑 속에서 실학과 서학의 두 영역을 걸친 것으로 설정한다. 즉 다산은 성호학파였기 때문에 유학이 실학의 경향을 띠었고, 또한 서학을 접함으로써 과학적 정신을 겸비하게 되었다는 것이다. 그러니까 기호畿湖 남인의 내재적 실학 발전론과 외래적 서학 수용론

---

24) 최익한은 월북 직후 유교의 봉건성과 공자의 보수성을 비판하며, 유교사상의 잔재를 청산할 수 있는 과학적 방법을 제시하기도 한다. 〈조선류교사상에 대한 력사적 고찰 (상)〉(《력사제문제》 12집, 조선력사편찬위원회, 1949) 볼 것.

을 조합한 논리인데, 듣고 보니 일본 도쿄에서 사회과학을 공부한 안재홍·백남운 등의 입장과도 비스무리하여 그럴싸하다. 그러나 후학들은 유명무실한 '실학'이라는 이름 자체에 근본적인 의문을 제기하면서 이제는 실학 폐기론을 주장하고 있다.[25]

여기서 '이성'과 '진보'는 필시 최익한이 일본에서 수입한 프랑스 계몽주의 용어일 터이다. 그는 양반 사회의 내적 모순으로 귀족과 평민의 계급 모순을 들고, 외적 모순으로 유교(동양 봉건주의 이념)와 천주교(서양 자본주의 이념)의 모순을 들었다. 역사 발전 단계상 중세 봉건제는 근대 자본제로 이행하는 것이니까, 동양 유교에다 서양 관념을 덧칠하여 새로운 읽을거리를 제공하는 것이야말로 거부키 어려운 시대적 조류였으리라 생각한다. 그래서 그는 다산을 중세에서 근대로 이장하여 실학이란 미명하에 이성과 진보의 레테르를 갖다붙이지 않으면 안 되었을 것이다. 이것은 바로 그동안 학습한 유학과 사회과학을 종합하는 지름길이기도 하였다.

그러면 이렇게 동서를 가로지른 후 과연 최종 판단은 무엇인가? 최익한은 다산을 '개량적 공상가'로 결론지었다.

선생은 필연적으로 사물의, 특히 사회 제도의 실천성을 평범히 간과한 위대한 공상가의 범주에 속하지 않을 수 없다.[26]

---

25) 김용옥, 《독기학설》, 통나무, 1990; 강정훈, 〈'실학' 개념의 적합성 또는 부적합성에 관한 연구〉, 《윤리연구》 88권(2013.3), 한국윤리학회.

26) 22장 p351 참조. 다산을 백남운은 '공상적 사회주의자', 안재홍은 '국가적 사회민주주의자', 이청원은 '불철저한 몽상주의자'로 보았다. 백남운, 〈정다산의 사상〉, 《동아일보》(1935.7.16); 《백남운전집·4》(하일식 편), 이론과 실천, 1991, p116 재수록; 안재홍, 〈현대 사상의 선구자로서 다산 선생의 지위〉, 《신조선》

앞에서 '위대한'은 '개량적' 또는 '실용적'이란 뜻이다. 최익한이 이미 다산을 '온아한 개량론자', '철두철미 실용주의자'라고 전제한 데서 유추할 수 있다.

가령 사상가를 '망상가〉몽상가〉공상가〉실천가〉혁명가' 순으로 놓고, 그 성격을 '개량적〉개혁적〉혁명적' 순으로 나누었을 때 다산은 '개량적 공상가'에 해당하니 학점으로 치면 C⁻라는 얘기다. 개량적 사회주의자 최익한은 실천이 없는 다산을 '망상가'로 보아 F를 때리지 않고, 개량적 '공상가'로 높여 구제해 주었다. 그러므로 '실학'의 탈을 씌운 다산론은 철저히 조작된 기획 담론이다. 하지만 이후 분단 시대에도 《실정》을 거쳐 후학들에게 막대한 영향을 끼쳤다. 그의 '실학'이니 '개량', '공상'이니 하는 말은 어떠한 적합성 검토나 인식론적 반성도 없이 거의 그대로 계승되었다.

그리하여 실학·다산학 연구가 북한에서는 벌써 1970년대에 조종을 울리기 시작하였는데, 남한에서만 아직도 제도권의 관학으로 잔존하고 있다. 지면상 이를 길게 논할 수 없으니, 끝으로 《여독》의 종합성에 관련된 네 가지만 간단히 더 언급하겠다.

첫째, 일제 때는 비록 식민지였더라도 한반도를 늘 전체로 보는 시각, 즉 지역의 종합성이 있었다. 당시에는 분단은 꿈도 꾸지 못하였다. 그래서 최익한이 약종을 좌파, 다산을 우파로 규정한 것은 의외로 신선하게 다가온다. 또 좌우의 개량적 인사들이 전서 간행을 중심으로 한때나마 동일한 주제 아래 교류한 것도 지금 분단된 환경에서는 학술적 시사점을 던져 준다.

(1935.8), 신조선사, p27; 《민세안재홍선집·4》, 지식산업사, 1992, p150 재수록; 이청원, 〈'조선의 얼'의 현대적 고찰〉, 《비판》(1937.3), 비판사, p81.

둘째, 정서의 종합성이다. 최익한은 다산 사후 61년 만에 태어나 주로 19세기 인간들에게 신구학문을 배우면서 20세기를 살았다. 그만큼 조선과 식민지 시대를 아우르는 정서를 체득한 그는 다산 연구의 산증인이요 개척자였다. 한문·일어투의 만연체에서 시문을 왕래하는 자유분방한 그의 의취意趣가 묻어난다.

셋째, 학문의 종합성이다. 최익한은 다산이 류형원柳馨遠·이익李瀷의 실학을 계승한 것으로 파악하고, 다산의 이론을 루소의 사회계약설, 벤담의 공리론, 케네의 중농사상과 비교하였다. 나아가 《실정》에서는 몽테스키외·볼테르·디드로에 이어 맑스·엥겔스 등까지 더 심화된 연구로 동서를 통관하며 다각적으로 분석하였다.27)

넷째, 현장의 종합성이다. 일제강점기 다산 관련 글들은 하나같이 책상머리에서 나왔다.28) 《여독》은 예외로 현장 답사를 하였다. 최익한은 다산의 거주지인 창동倉洞의 체천棣泉(형제우물)을 찾아내 떠억하니 지도까지 그려 놓았다. 여유당은 을축년(1925) 대홍수로 유실되어 답사를 못하여, 그는 어릴 적 두 번이나 무심코 마현馬峴을 지나쳤던 경험을 대신 이야기하였다.29)

---

27) 루소의 경우 안재홍의 〈현대사상의 선구자로서 다산 선생의 지위〉(1935)에서 인용 보완한 것이다. 당시 루소는 흔히 몽테스키외와 병칭되었는데, 일찍이 김윤식金允植의 〈연암집서燕巖集序〉(1902)와 이건방의 〈방례초본서邦禮艸本序〉(1908)에도 보인다.

28) 답사기 두 편은 예외이나, 여기서는 다루지 않는다. 서성호, 〈다산의 유배소 장기長鬐 심방기尋訪記〉 및 김재석, 〈다산의 유적을 강진康津에 찾어〉, 《가톨릭청년》 4권 4호(1936.4), 가톨릭청년사, pp76~83 볼 것.

29) 필자는 이 경험담 〈수성주사水盛舟駛〉(가칭)를 시 〈곡아 25절哭兒二十五絶〉(1937), 〈'실학파와 정다산' 서문〉(1955)과 함께 그의 3대 명문으로 꼽고 싶다. 참고로, 당시 다산초당도 폐허라 답사하지 않았다. 김재석, 앞의 글, pp81~3.

4. 맺음말

서론에서는 먼저《여독》이 나오게 된 시대적 배경과 최익한의 가정 환경부터 살펴보았다. 그는 1936년 출옥 직후부터 신조선사 관계자 권태휘·정인보·안재홍 등과 교류하며 자료와 정보를 수집하였다. 전서는 1934년 10월~1938년 10월에 발간되었으나, 그 전에도《목민심서》,《흠흠신서》가 다산 사후부터 널리 등사 유포되고,《아방강역고我邦疆域考》,《대동수경大東水經》,《아언각비雅言覺非》나《경세유표經世遺表》일부는 1910년 망국 전후에 출판 배포되었다.30) 따라서 그가 어릴 적에는 물론 수감 중(1928. 2~1936. 1)에도 이미 전서의 상당 부분을 읽었을 것이다. 왜냐하면《여독》의 제목이《실정》에도 거의 그대로 반영될 만큼 완벽하고, 더 나아가 그 범주 설정이란 것이 하루아침에 되지는 않기 때문이다.

본론에서는《여독》과《실정》을 비교하였다. 이는《여독》을 반영한 심화 연구서가《실정》이기 때문에 당연히 거쳐야 하는 필수 과정이다.《여독》의 독자성이 바로《실정》에서 삭제·수정된 곳에 있음을 밝혔다. 주로 사적이고 상업적인 내용 3편이 삭제되었고, 식민지 시대에 굴절된 문장도 월북 후에는 다수 수정되었다.

필자는《여독》의 특징으로 상업성·개량성·종합성을 들었다.

'상업성'은 전서 간행 초기에 다산서세100년기념회와 논설·강연에서 정인보·안재홍 등이 보인바, 김태준·주재용 등이 비판하였다. 특히 김태준은 다산을 과장·왜곡하는 정인보의 '상업성'과 '다산교 증상'을 경계하며 그 종교적 신비화를 배격하였다. 1938년 전서가

---

30)《실정》p335.

완간되자 최익한은 출판기념일에 맞춰 상업적인 기류를 타고 서평 《여독》을 64회나 발표하면서 다산 찬미에 일조하였다. 이를 두고 후대의 제도권 학자들이 '조선학운동'이란 말을 지어내서 갖다붙인 것은, 사실을 완전히 날조하는 무도한 짓이다.

다음으로 '개량성'은 시대적·계급적 제한성이 본질적 요소이다. 최익한은 정약종을 '급진적 개혁파', 다산을 '온아한 개량론자'라고 규정하였다. 관료학자 다산이 어느 계급의 이익을 대변하였는지, 또 천주신자 약종이 미래의 승리자인 민중과 무슨 상관이 있었는지에 대해서는 억지 주장만 나열한 채 무리하게 개념 적용을 한 것이다. 이는 ML주의에 철저치 못한 개량적 속성을 표출한 것으로서 프롤레타리아적 기초 없이 이론투쟁에만 전념한 소부르주아 사회 개량주의자의 낭만적 인식의 한계라 하겠다.

그리고 《여독》의 '종합성'은 다음과 같이 요약할 수 있다.

1) 1930년대 기존 연구와 자기 견해를 종합 정리하였다.

2) 좌우파와 교류하며 그 견해를 다채롭게 수용하였다.

3) 답사기와 경험담까지 실어 글의 활력성을 확보하였다.

무엇보다 한반도를 전체로 본 '지역의 종합성'과 다산을 입체적으로 조명한 '정서 및 학문의 종합성'은 귀중한 요소이다.

《여독》은 최초의 다산학 개론서이다. '실학'은 유명무실한 담론 상품에 불과하다. 개량적 사회주의자 최익한은 봉건적 관료학자 다산을 개량적 공상가로 구출하기 위해 실학이란 탈을 씌웠다. 그 기획은 일본에 유학한 안재홍·백남운의 방식과도 비스름하다. 한 마디로 전서 간행의 상업성에 발맞춘 일시적 밥벌이 담론이었지만 꽤나 쏠쏠한 장사였으리라 생각된다.

이제《여독》의 또 다른 고갱이를 알려 줄 차례가 왔다.

첫째, 1장의 <서증신영로書贈申永老>가 중요하다. 필자는 최익한이 참고한 정인보본은 물론 임기중본, 경기도박물관본 등도 함께 대조하여 그 차이를 원문 번역에 반영하였다. 다산이 신영로에게 준 글을 보면 그가 애걸의 명수임을 느낄 수 있다. 그동안 다산의 1806년 4월의 행적은 묘연하였었는데, 그가 보은산방寶恩山房에서 동문주막으로 돌아와 동년 4월 1일 즈음 이우李㙫를 만난 사실도 확인할 수 있다.

둘째, 앞에서 이미 말한 대로 4장의 경험담이 명문이란 것이다. 제목을 그냥 <수성주사水盛舟駛>라 해 두자. 요즘 세대들은 도저히 흉내조차 낼 수 없는 호방한 기운이 넘친다. 이 시문을 아우르는 자유분방한 정신은 나중에《실정》의 농밀하고 웅건한 문체로까지 승화된다. 기실 그의 문체는 단순히 한문·일어투가 아니라 뛰어난 시문 능력의 표징인바, 오랜 투옥과 노동 속에서 연마된 것이다.31) 그가 방언 '엉패를 치고'(행패를 부리고), '개평 들어'(공짜로) 등을 살려 쓴 것도 그 세대 특유의 언어 감각으로 주목할 만하다.

셋째, 5장 <열수전서 총목록>은 현재 유일한 자료로 문헌학적 가치가 있다. 이는 다산의 최후 수정 가장본手定家藏本인 전서 초본에 달려 있는 총목록을 인록引錄한 것이다. 또 최익한은 신조본 전서의 분류와 목차, 그리고 제목이 잘못된 것을 정확히 지적하였다.

---

31) 이는 <실정 해제>에서 다루겠다. 한편 일어투의 잔재는《여독》과《실정》에 꽤 보이는데, 우리말과는 미묘한 뉘앙스의 차이가 있다. 최익한의 유일한 일어 논문인 <在日本朝鮮勞働運動의 最近의 發展>(労働者 2巻 9号, 1927.9)을 보면, 그가 자주 사용한 일어투는 '적(的)', '및(及)', '것(物·事)', '그(其の)', '-에 있어서(-に於て)' 등으로 한문투도 섞여 있다.

그는 전서 교열과 제작 환경을 제삼자 입장에서 객관적으로 바라볼 수 있었다. 고전학자로서 그의 냉철한 안목은 지금도 유효하다. 그에 따르면 《사암연보》는 이정李晴32)이 기초起草하고 정규영이 수식修飾 완성한 것이라 한다.33)

넷째, 14장에서 최익한은 다산의 경전經傳 해석에 관한 최고 척도는 실용적 요구, 즉 '신아구방新我舊邦'34)의 사상이라고 하였다. 또 그는 다산이 서학에 자극 받아 《논어》의 인·서仁恕와 《중용》의 계·구戒懼를 추출하여 '사천事天' 사상을 강조함으로써 신앙의 경계에로 나아갔다고 하였다. 다산에게 천天＝상제上帝는 만물을 강감降監하고 섭리攝理하는 규범적 존재라는 것이다. 이러한 상제론에서는 철학이 종교에 종속되거니와 그 계급적 본질은 결국 왕권의 신성불가침의 지위를 합리화하는 데에 있다 하겠다.35)

마지막으로 제22장이다. 최익한에 의하면, 다산의 경세론은 근세의 민족의식이나 국가의식의 표현에는 이르지 못한 채 유교의 중용에로 환원하며, 또한 그 경세론은 신흥 계급의 대변이 아니라 종래 계급의 반성적 요구였다. 다산은 정치·법률·도덕·윤리·예술·

---

32) 이정李晴(1792~1861) : 자는 금초琴招, 호는 청전靑田으로 이름을 파자한 것이다. 아명은 학래鶴來이고, 나중에 정晴은 정晸으로 개명함. 다산의 편저編著 《상서고훈尙書古訓》,《시경강의보유詩經講義補遺》 등을 집록輯錄하였다.

33) 최익한은 이정이 《사암연보》의 초안을 잡았다는 사실을 최초로 밝혔지만, 정규영의 《사암연보》에는 그러한 말이 나오지 않는다.

34) 다산이 <자찬묘지명>에서 《경세유표》를 개괄하며 사용한 말. 일제강점기 때 '아방我邦'은 곧 일본이었으므로 '신아구방'은 정체가 모호하고 아무 매가리도 없는 허풍선에 불과하였는데, 이미 안재홍·정인보 등도 주목한 바 있다.

35) 리형일, <정다산의 철학사상>,《력사과학》7호(1955), 과학원 역사학연구소, p15, p27; 정성철,《실학파의 철학사상과 사회정치적 견해》, 사회과학출판사, 1974, p428. 면수는 백의출판사 복간본(1989)에 따름. 이하 마찬가지.

종교·문화 등 상부구조의 물적 토대를 발견하지 못하였다. 다산의 사회·정치철학의 본질은 관념론이지 실천론(즉 유물론)이 아니었다. 다산의 사상은 봉건 사회의 붕괴 과정에서 나온 시대적 사상으로, 탁고개제托古改制의 이상적 의식이었던 것이다.

《여독》은 1939년 6월 집필이 완료되었으나, 최익한이 책으로 내지는 않았기 때문에 접근하기가 어려웠다. 1986년 '崔○翰'으로 이름자를 지운 후 총 64회 중 61회분만 복사 배부된 바 있고,36) 2016년 송찬섭 편의 《여독》 대중서가 처음으로 나왔다.37) 하지만 후자에 총체적 난맥상이 엿보인다.

1)《여독》의 연재 횟수는 64회인데, 65회로 혼동하였다. 65회라는 것은 1930년대 당시의 편집 오식에 불과하다.38)

2) 최익한이 마현을 답사한 것으로 오독하였다. 만약 그가 다산 생가 터를 방문하였다면, 어찌 '유곡酉谷'도 모르고 다산 묘소에도 참배하지 않을 리가 있었겠는가?!

3) '다산서세100년기념회'를 '다산서거100주년기념행사'로 착각하였다. 서거기념회를 1년 앞당겨 다산 생신일에 개최하였으니,

---

36)《한국학》35집(영신아카데미 한국학연구소, 1986)에 수록.

37) 송찬섭,《여유당전서를 독함》, 서해문집, 2016. 그는 이 책 말미에 <최익한의 다산 연구의 성과와 한계>(2014)를 고쳐 <일제 말기 최익한의 다산 연구>라는 해제를 실었다. 그 해제문과 머리말의 문제점을 위와 같이 밝힌다.

38) 송찬섭은 '65회'라는 말을 무려 네 번이나 쓰고, 이후 논문에서도 계속 썼다. 즉 1회분이 결본되었다면서 끝까지 잘못을 인정하지 않은 셈이다. 그는 최익한의 연재 횟수에 대해 <조선 사회운동의 빛> 10회를 9회라 하고, <역대사담歷代史談> 8회를 7회라 하며, <향토 문화를 찾아서> 35회를 40회라 하는 등 오류가 너무 많다. 송찬섭, 앞의 책, p305; <조카가 작성한 최익한 연보>, 《역사연구》 20호(2011), p288; '최익한', 《다산학사전》, 사암, 2019, p1687 볼 것.

100주년기념행사 따위는 없었다. 이것이 바로 김태준이 말한 '생신 100년기生辰百年忌'라는 상업성이다.

4) 송찬섭은 최익한과 안재홍을 신간회 활동으로 연결시키기 위해 신간회 상무간사 '최익환'을 '최익한'으로 오판하였다.[39]

5) '조선학운동'과 '조선학담론'을 구분치 못하였다. 참고로 조선학운동은 제도권에서 날조한 말이며, 최익한은 '조선학'이니 '운동'이니 하는 용어조차 전혀 사용한 적이 없다.

6) 송찬섭은 최익한이 역사와 문화에 대해 많은 글을 썼기 때문에 '문화사학'으로 분류하는 것도 가능하다고 하였는데, 이는 아전인수 격의 해석에 가깝다고 하겠다.[40]

7) 최익한을 '혁명적 지식인'으로 선전하였으나, 그는 사회개량주의에서 이탈한 '개량적 지식인'에 불과하다. 따라서 '혁명'이니 '혁명가'니 하며 운운할 일은 아니다.

이상 두서없이 《여독》 대중서의 문제점을 적시하였다. 송찬섭의 최대 맹점은 최익한이 쓰지 않은 말 '조선학·국학·한학·운동·선비' 등을 총동원하여 민족주의 가면을 뒤집어씌워 최익한을 '우익한'

---

39) 물론 '신간회 상무간사 최익환崔益煥' 건은 당시에는 알기 어려웠을 것이다. 이에 대해서는 졸고 <창해 최익한 연보> 1927년조 볼 것.

40) 송찬섭, 앞의 책, p294. 조동걸도 "1936년부터 《동아일보》에 65회에 걸쳐 연재한 최익한의 《여유당전서》 서평도 문화사학의 내용이었다"고 하면서 최익한을 문화사학(관념사학)자로 분류하였다. 《여독》을 읽지 않거나 부분적으로 읽으니까 이런 궤변이 나오는 것이다. 《여독》이 1938년부터 《동아일보》에 64회 연재된 고전비평이란 사실은 신문을 한 번만 봐도 알 수 있다. 또 최익한은 문화사학자가 아니라 고전문학자였다. 자세한 것은 졸고 <'창해 최익한 연보' 소고>와 《조동걸전집·15》, 역사공간, 2010, p58, p316 볼 것.

으로 분식 왜곡한 데 있다. 이는 최익한이 그토록 경계한 속학적 실학·다산학 담론과 궤를 같이한 것이다. 하여간 비판은 송찬섭의 해제문에 한하고, 그 대중서 본문의 오류는 일절 지적하지 않았다. 왜냐하면 그가 다산을 연구하는 유학자가 아니기 때문이다.

필자는 《여독》을 3번 쓰고 30번 가차이 읽었다. 그리고 관련 논문도 죄다 찾아 읽었는데, 벌써 1년 전이라 기억이 까마득하다. 앞으로는 최소한 《여독》의 연재 횟수만이라도 64회로 옳게 표기한 글이 나왔으면 한다. 가능하면 최익한의 모든 저술을 완독하고 나서 그가 애용하던 말의 분위기로 그답게 표현해 주는 것이 후학으로서 당연한 도리일 터이다.

필자가 《여독》을 여러 번 쓰고 읽으며 최익한의 행적을 뒤지고 거주지들을 답사한 까닭은 왜 그가 글을 썼는지 알고 싶어서였다. 왜 썼나? 왜 썼을까? 왜 썼지? 그 답은 20번 정도 글을 읽었을 때 확연히 감지되었다. 그 이상은 지루한 읽기였다. 그러나 곧바로 이 해제를 쓰면 최익한을 필자의 주관대로만 재단하기 마련이므로 1년간 독서의 범위를 넓혀 나갔다. 새해 들어 막상 해제를 쓰려고 하니, 《여독》의 내용이 아무것도 떠오르지 않았다. 그래 또다시 한 번 더 읽으면서 요점을 추려 보았다. 해제 쓰다가 빠진 부분도 있어 그 요약본을 다음 면에 덧붙인다.

무턱대고 《여독》의 특징을 '상업성·개량성·종합성'으로 구분하며 '최초의 다산학 개론서'라고 평가한 것 같아 송구스러울 따름이다. 만약 《실정》을 먼저 읽으면 《여독》은 시시한 책이 되고 말 테니, 그냥 최익한이 쓴 순서대로 찬찬히 그의 길을 따라가 보자. 길은 필자가 안내할 것이다.

■ 《여유당전서를 독함》요약

1) 다산 선생의 애걸

저 신조선사가 4년간 성의 있는 최고의 노력을 다하여 그 방
대한 위용과 탁월한 내용을 활자와 독자의 광명한 세계에 내
놓게 되었으니, 조선의 문화계 아니 세계의 문화계에서 이 얼
마나 기쁘고 경하할 바이랴!

최익한은 '전서 선전문'의 신호탄을 위와 같이 쏘아 올렸다. 다산
서거 100년 만에 신조본을 출간한 것과 다산이 "백대 후를 기다리
겠다(竭力典籍內 以俟百世後)"고 한 말이 묘하게 일치하는 듯하다. 그
애걸의 감흥이 안재홍과 정인보의 글에도 보인다.

또 그동안 다산의 1806년 4월 행적은 묘연하였는데, <서증신영
로書贈申永老>를 통해 그가 보은산방寶恩山房에서 동문주막으로 돌
아와 동년 4월 1일 즈음 이우李墒를 만난 사실을 알 수 있다.

2) 정다산 선생 연보

최익한은 안재홍의 <정다산선생연보>,[41] 정규영丁奎英의 《사암
선생연보俟菴先生年譜》(1921), 다산의 <자찬묘지명自撰墓誌銘>(집중본)
등을 참조하였으나, 다산이 손수 쓴 <다산연보>(1830)까지 본 것
은 아니었다. 그는 나중에 《실정》에서 다산의 일생을 3기로 나누
고 다산의 저작 시기도 추록하여 연보를 대폭 보완하였다. 그런데

---

41) 《신조선》12호(1935.8), 신조선사, pp35~41; 《민세안재홍선집·6》, 지식산업
사, pp393~400 재수록.

그가 연보 1783년(22세)조에 "(다산이) 회현방會賢坊 재산루在山樓로 이주하였다"고 한 것은 오류이다. 원래 <다산연보>(1830)에 "移屋 會賢坊 在山樓洞"이라 하였는데,《사암연보》에는 '동洞'자가 누락 되어 이러한 착오가 생긴 것이다.

3) 다산 명호名號 소고

다산의 아호 삼미자三眉子·사암俟菴·여유당與猶堂·열초洌樵·다산茶 山·죽옹竹翁·탁옹籜翁·균옹筠翁·철마산초鐵馬山樵·자하산방紫霞山房 등을 고찰하였다. 이외에도 다산의 별호로 다초茶樵·다종茶宗·다수 茶叟·다옹茶翁·열옹洌翁·열수洌叟 등이 더 있다.42)

다산의 시구 '주작산 속 백 길 폭포(朱雀山中百丈瀑)'에서 '폭瀑'은 실제 폭포가 아니라 봉우리에서 안개가 흘러내리는 것을 가리킬 터인데, 최익한은 폭포로 착각한 듯하다.

4) 선생 거지居地 소고

을축년(1925) 대홍수 때 여유당은 떠내려가 버렸다. 그래서 최익 한은 옛날 사진을 첨부하고 마현馬峴 지도를 손수 그려 넣었다. 그 는 마현을 답사하지 못하여 어릴 적 두 번이나 무심코 그곳을 지나 쳤던 일을 대신 이야기하였다. 홍수 전에는 '여유당' 지액紙額(후인 글씨)과 '품석정品石亭', '서향묵미각書香墨味閣', '초상연파조수지가 苕上烟波釣叟之家' 등 판액板額(다산 친필)이 여유당 고택과 함께 있었 다고 한다. 그가 다산의 거주지인 창동倉洞을 답사하며 체천棣泉을 찾아낸 열정은 무엇보다 현장성이 돋보인다.

---

42) 박철상 역,《다산간찰집》, 사암, 2012, pp286~291.

5) 선생 저서 총목

<자찬묘지명 총목록>과 <열수전서 총목록>을 실어 비교하였다. 특히 후자는 다산의 최후 수정 가장본手定家藏本인 전서 초본에 달려 있는 총목록을 인록引錄한 것인데, 현재 유일한 자료로서 문헌학적 가치가 상당하다 하겠다. 또 최익한은 신조선사 주간 권태휘에게 주는 편지에서, 신조본《여유당전서》76책이 분류와 목차를 <열수전서 총목록>에 따르지 않고, 그 제목도 '열수전서'라고 하지 않은 것에 대해 아쉬움을 나타냈다. 문제점을 정확히 지적한 데서 고전학자로서 그의 높은 식견이 느껴진다.43)

6) 선생의 천품·재덕天稟才德44)

최익한은 <칠회七懷>의 '軀應似我長'구와 <선중씨 묘지명先仲氏墓誌銘>의 '某也俊偉 勝其弟斌媚也'구를 들어 다산의 체구가 장대하다고 하였는데, 이는 잘못이다. 왜냐하면 위의 두 구에서 다산의 몸집이 크다는 사실을 유추해 낼 수는 없기 때문이다. 그는 같은 남인계 학자로서 다산을 백세의 사표師表라고 한껏 추켜세웠다. 즉 야담과 일화를 소개하며 다산의 재질과 학문을 고평한 후, 다산의 지조와 절개를 순도자殉道者의 그것인 양 찬미한 것이다.

---

43) 최익한은 3년 전인 1936년경 신조선사의 요청으로 <다산의 저서 총목록>을 제공한 바 있으나, 《여유당전서》는 그가 투옥 중이던 1934년부터 이미 간행되기 시작하여 1938년에야 비로소 완간되었다. 《실정》 p706 참조. 신조본의 문제점에 대해서는 김영호, <'여유당전서'의 텍스트 검토>, 《정다산 연구의 현황》, 민음사, 1985; 김문식, <'여유당전서' 경집經集 체제의 검토>, 《다산학》5호(2004); 장동우, <'여유당전서' 정본사업을 위한 필사본 연구>, 《다산학》7호(2005); 김보름, <'여유당집' 성립에 관한 고찰>, 《다산학》18호(2011) 등을 볼 것.
44) 《실정》에는 <다산의 일사逸事와 일화逸話>로 실려 있다. p66 각주 3 볼 것.

7) 학문의 연원 경로

최익한은 다산의 유학·서학·병학兵學·경국학經國學·이학史學 등의
연원과 경로를 살폈는데, 다음과 같이 요약할 수 있다.

다산은 외가 해남 윤씨海南尹氏의 정분精分을 많이 받고, 일찍이
성호星湖 이익李瀷을 사숙함으로써 유학이 실학의 경향을 띠게 되
었다. 더욱이 실학의 정예부대인 남인은 거의 성호학파라, 이가환
李家煥·이승훈李承薰에게서 성호학풍을 듣보며, 광암曠菴 이벽李檗한
테서 서학을 접하였다. 성호의 유서와 광암의 전수를 통해 다산은
서학으로 유학의 결함을 보충하고 완미하게 하려는 학적 충동이
일어 서로 논구論究하였을 것이다. 약종과는 달리 다산은 철두철미
학술적 탐구에 그쳤고 교를 믿는 행위에는 이르지 않았다고 하였
다는데,《실정》에는 이 문장이 삭제되어 있다. 병학은 정조와 장인
홍화보洪和輔의 영향으로 견문을 넓혔다. 경국학은 성호학을 거쳐
류형원柳馨遠의《반계수록潘溪隨錄》까지 그 원류를 추구할 수 있고,
이학은 부친 하석荷石공에게 배우던 가정지학家庭之學이었다.

8) 남인·서학·성호학파의 교착交錯

기호畿湖 남인 일파가 성호학파로서 서학과 교착 관계를 이룰 수
밖에 없었던 역사적·사회적 조건을 설명하였다. 남인은 오랫동안
정치적으로 실세한 나머지 서학의 영역에로 나아가게 되었으며,
정조의 특별한 지우를 입었다. 그러나 정조 사거 직후에는 서인
벽파僻派 간신들과 이에 영합한 홍낙안洪樂安·이기경李基慶 등 일부
남인 세력들이 사학邪學 배척을 표방하면서 남인 시파時派를 공격
모함하는 당쟁을 일으켰다고 한다.

9) 당파와 척사의 표리적 관계

최익한에 따르면, 정조 일생의 최대 목적은 불공대천不共戴天의 원수인 벽파 서인을 주멸誅滅하는 것이었단다. 그래서 정조는 다산과 채제공蔡濟恭 등을 중용하여 수원성水原城을 쌓아 뒷날 거사할 때 퇴거退據할 수 있는 터전을 만들었다는 것이다. 사갈蛇蝎 같은 벽파와 홍당洪黨은 정조와 채당蔡黨을 시기하고 두려워하여 결국 사교邪敎라는 빌미로 그들을 일망타진하였는데, 그전에 먼저 채당의 보호자인 정조부터 제거하지 않으면 안 되었다고 한다. 그 방증 자료로 다산의 〈기고금도장씨여자사紀古今島張氏女子事〉에 나오는 '정조 독살설'을 소개하였다.

10) 내외의 모순과 서학의 좌우파

양반 사회의 내적 모순은 ① 귀족 대 평민의 계급 모순, ② 정쟁에 의한 양반 자체의 붕당 모순, ③ 기호 대 서북의 지방 모순, ④ 현실 생활과 공담위학空談僞學의 학문 모순 등이고, 외적 모순은 동양의 봉건 이데올로기인 유교와 서양의 자본주의 선구인 천주교의 모순이다. 서학 좌파는 열렬히 교를 믿던 교파敎派로서 이벽·황사영黃嗣永·정약종·홍교만洪敎萬·최창현崔昌顯 등이며, 서학 우파는 학문적 영역에 치중하던 학파學派로서 이가환·이승훈·정약전·정약용 등이다. 역사적 의의로 보면 우파 대표인 약용의 위려偉麗한 저서는 좌파 대표인 약종의 분방불굴奔放不屈한 정신과 비교할 때 가치의 손색이 적지 않다.45)

---

45) 정약종을 다산보다 높게 평가한 이 문장은 실학의 진보성과 다산의 혁명성을 강조한 《실정》pp460~1에서는 삭제되었다.

11) 정조의 복수와 서학파의 공동 전선

아버지의 죽음에 통한을 품고 복수를 계획하던 정조와 오랫동안 실세하여 복권復權 운동을 하던 남인 서학파는 당시 정치의 최대 장애물인 벽파 정권의 타도를 위해 공동 전선을 취하였다. 정조는 채제공에게 정승을 10년간 맡기고 남인들을 점차 등용하며 자기 진영을 강화해 나갔다. 전언에 의하면 영조에게 서약誓約한 정조는 직접 복수할 수 없으니 왕자(순조)가 20세만 되면 그에게 전위하고 자기는 수원행궁으로 물러나서 신왕新王의 이름으로 벽파를 토멸하여 대의를 밝히려 하였다고 한다. 이어 최익한은 정조의 '수원성 퇴거설退據說'을 사실로 단정하였다. 이는 과학적인 서술 방식은 아니다. 그러나 위의 전언에 따르면 수원성은 결국 내부의 적(벽파)에 대한 방어용도 되는 셈인데, 개연성이 충분하다고 하겠다.

12) 정조의 승하와 서학 좌파의 격화激化

"벽파는 흉계로 독배를 올렸다"고 단정하였다. 정조 사거 후 국왕 장사葬事와 왕위 계승으로 분망한 기간에 서학 좌파는 필사적으로 활동하였다. 신유사옥辛酉邪獄(1801) 때는 정약종 책롱冊籠 사건, 주문모周文謨 자수 사건, 황사영 백서帛書 사건 등이 잇따라 일어나 모두 사형되었다. 서학 좌파 수령인 정약종은 문서에서 '궁흉극악窮凶極惡·절패부도絶悖不道'한 말이 적발되었고, 중국인 신부 주문모는 조선인이 아닌 관계로 순조가 청나라에 <토사주문討邪奏文>을 보내 제후국으로서 사대의 의리를 다하였으며, 약종의 조카사위요 좌파의 맹장인 황사영은 최후 수단으로 제천堤川 토굴 속에서 외국에 원조를 요청하는 백서帛書까지 썼던 것이다.

13) 과학적 신견해

다산은 철두철미 실증을 고조한 과학자는 아니다. 그는 유자로서의 과학자이며 유자로서의 사상가이다.

다산은 <지구도설地毬圖說>에서 땅의 형세가 둥근 공과 같음을 증명하고, <지리책地理策>에서 "성명聲明과 문물文物은 중국을 모방할지라도 도서圖書의 기록은 우리나라를 밝혀야 한다"고 답변하며, <송한교리치응사연서送韓校理致應使燕序>에서 중국이나 동국 어디든지 지리상 '상대적 자기 중심성'이 있다는 지구설을 입론하였다. 그는 <기예론技藝論>에서 중국의 신기술을 흠모하여 중국 유학의 필요성을 고조하고, <답복암答茯菴>에서 박면기剝棉機의 이용후생利用厚生을 중시하며, <답이절도민수答李節度民秀>에서 윤선제輪船制를 누차 상술하였다. 또 <맥론脈論>, <갑을론甲乙論>, <풍수론風水論>, <상론相論> 등에서는 미신을 통절히 논파하고, <중동변重瞳辨>, <영석변靈石辨>, <종동천변宗動天辨>, <계림옥적변鷄林玉笛辨>, <송광사고발변松廣寺古鉢辨>, <김백곡독서변金栢谷讀書辨> 등에서는 신화적 미혹성을 과학적으로 변파辨破하였다.

14) 유학의 신견해

다산은 서학에서 섭취한 과학적 방법으로 유학을 자기비판하며 동시에 자기의 신견해를 전개하였다고 한다.

그는 <속유론俗儒論>에서 시무를 모르는 속된 유자를 조소하고, <오학론五學論>에서 성리학性理學·훈고학訓詁學·문장학文章學·과거학科擧學·술수학術數學의 망국적 폐해를 지적하였다. 그는 육경사서를 해석할 때 간명한 실학을 본지本旨로 하고 사변적 탐완耽玩과 논리적 유희와 노불적老佛的 색채는 배제하였다. 그의 경전經傳 해석에 관한 최고 척도는 실용적 요구, 즉 '신아구방新我舊邦'의 사상이다. 그는 《논어》의 '인仁'과 《대학》의 '명덕明德'을 선천적 본체가 아니라 후천적 행사, 즉 효제자孝弟慈로 보았다.46) 또 그는 《논어》의 '인仁·서恕·복례復禮' 등과 《중용》의 '공구恐懼·계신戒愼' 등을 연결하여 '사천事天'의 종지宗旨를 수립함으로써 신앙의 경계로 나아갔다. 그는 인仁의 근거인 성性을 논하면서, 선을 즐기고 악을 부끄러워하는 '기호嗜好'와 선악을 택할 수 있는 '권형權衡'(자유 의지)을 제시하여 선유先儒의 성선악설性善惡說을 분석하였다. 그에 따르면 사람의 선악은 실행 여하에 있지 기질의 청탁淸濁에 있지 않다고 한다. 이를 두고 최익한은 실행 지상주의와 대중의 실천 수준을 높이려 한 것이라 호평하였다.

15) 음양陰陽·오행五行·귀신鬼神

다산은 "음양이란 차명借名(부호)이요 본실本實(체질)이 아니다"47)고 하여 전통적 견해를 추종하지 않았다. 그는 인의예지仁義禮智를 건순健順에 분배하거나 오상五常을 오행에 분배하는 것도 반대하며 융통성[活看]을 강조하였다. 대개 오행 부정론은 서양 사상의 영향

---

46) 이는 주자의 형이상학적 원리에서 벗어나 인륜 관계의 실천적 덕목으로 구체화한 것이라 할 수 있다. 이을호, 《다산 경학사상 연구》, 을유문화사, 1966, pp 174~191; 이지형, 《다산 경학 연구》, 태학사, 1996, pp96~100, pp147~149; 금장태, 《인과 예―다산의 '논어' 해석》, 서울대출판부, 2006, pp85~123 등. 그러나 효제자는 가부장적 종법제 원칙에 따라 구성된 봉건통치체제를 합리적으로 공고화하기 위한 도덕규범이다. 정성철, 앞의 책, p432; 홍태연, 《정약용의 철학 및 사회정치사상 연구》, 사회과학출판사, 2013, pp185~6.
47) 陰陽 … 原是借名 非其本實 《中庸講義補》〈天命之謂性節〉

으로 당시 박지원朴趾源이나 정동유鄭東愈도 논급한 것이나, 다산은 특히 학리적으로 명쾌하게 말하였다. 다산은 귀신을 송유宋儒의 이른바 "이기二氣의 양능良能이다(張子)", "천지의 공용功用이고 조화의 자취다(程子)"48)고 한 범신론적 또는 범리론적 영역으로부터 구출하여 기氣도 아니고 이理도 아닌, 신비적이고 불가지적 범주에 올려놓고 동시에 신앙적 대상 설정이 필요하다고 역설하였다. 그는 《중용》 한 책을 사천事天 사상으로 수미일관한 성전聖典으로 간주하였는데, 이는 그가 분명히 서교의 자극과 더욱이 서교 주창자인 광암 이벽의 설교적 감화에서 일찍이 얻은 것이었다.

16) 치양지致良知·이발기발理發氣發

다산은 왕양명王陽明의 치양지설致良知說을 논평하였다. 그는 양지良知를 치致할 수 없는 것을 글 뜻에서부터 변파辨破하면서 치양지의 불합리를 지적하였으나, 왕양명의 고상한 문장과 통달한 식견, 그리고 선을 즐기고 용기를 좋아한 성품 등은 부인하지 않았다.

다산은 퇴계退溪·율곡栗谷의 이기론理氣論에 대하여 당쟁의 폐습을 초탈하고 공평한 판단을 내리려 하였다. 그는 퇴계의 복잡하고 우회적인 논법보다 율곡의 간명하고 통활通闊한 견해를 은연중에 높이 평가하며 퇴·율 양시론退栗兩是論을 주장한 것이다. 그는 23세 생원으로 태학에서 정조가 발문發問한 《중용강의中庸講義》 80여 조를 답론할 적에 이벽은 퇴계설을 주장하고 그는 율곡설에 합치하였는데, 정조는 그의 논지를 제1등에 두었다고 한다.

---

48) 程子曰鬼神 天地之功用而造化之跡 張子曰鬼神者 二氣之良能 《中庸講義補》
    〈鬼神之爲德節〉

17) 균등주의의 왕정론王政論

다산은 왕정의 역점을 민생의 균등주의에 두었다. 그는 <원정原政>에서 민생 문제의 균등한 해결과 산업 각 부분 중 특히 농업의 발전을 중시하였다. 그런데 의료 기관의 필요는 열거하면서 교육 기관의 필요는 거론하지 않았다. 또 정치의 구체적 강목을 논술한 《경세유표》에도 국민개직國民皆職·국민개병國民皆兵 등은 주장하였으나 국민개교國民皆敎는 논급하지 않았다. 그의 정치사상은 봉건적 덕화주의德化主義에 치중되어 근대 교육주의에는 도달하지 못한 것이다. 그는 《경세유표》에 당시 국가의 가장 시급한 문제로 전정田政을 들었다.

18) 경제 정책의 몇 예

다산이 《경세유표》에 언급한 공전납세론公田納稅論은 균세제도이지 균전제도는 아니다. 즉 이는 일종의 사회 개량적 정책으로서 토지 몰수론 및 토지 국유론의 사회 개혁 정책과는 성격이 다른 것이다. 또 그는 <의엄금호남제읍전부수조지속차자擬嚴禁湖南諸邑佃夫輸租之俗箚子>에서 호남의 소작인이 지주 대신 지세와 종자를 부담하는 것을 시정해야 한다고 하였다. 물론 이 차자箚子는 의안擬案이므로 실제로 올린 것은 아니다. 그리고 곡산 부사谷山府使 시절 그는 <응지논농정소應旨論農政疏)>에서 편농便農·후농厚農·상농上農 등 세 조항으로 농사 정책을 제시하였다. 최익한은 그 농책의 논지가 근대 정통파 경제학의 선구자인 중농학파重農學派와 조금 유사하다고 하였는데, 《실정》에서는 <중농 경제 사상>편까지 두어 더 자세히 분석하였다.

19) 경세經世 제책諸策의 개관

최익한은 《경세유표》 서문 중 다음 두 가지 안건을 평설하였다.

① 호조戶曹는 교관敎官을 겸임하고, 현재 왕도王都의 5부五部를 《주례周禮》의 6향六鄕을 본떠서 6부六部로 개정하고 "향3물鄕三物[49]을 두어 만민을 가르친다"는 고대의 면목을 보유할 것 : 이는 국민개교國民皆敎를 철저히 주장하지 못하였으니, 봉건시대 치자 계급의 전통적 시야를 아직 완전히 벗어 버리지 못한 것이다.

② 전지 10결에 1결을 취하여 공전公田으로 만들고 농부들로 하여금 '조이불세助而不稅'[50]하게 할 것 : 이는 공전균세론公田均稅論으로 다산의 경세론 가운데 가장 중요한 기본 정책이다.

20) 벌급閥級 벽파闢破 사상[51]

다산은 〈직관론職官論〉에서 대간臺諫을 폐지하고 언로를 공개할 것, 관각館閣을 폐지하고 문학과 사명詞命에 관한 방법을 일반 조신朝臣에게 보급할 것, 청직淸職을 폐지하고 국가의 관직을 소수 문벌의 장식품으로부터 구출할 것 등을 주장하였다. 이는 모두 당시 폐단에 적중한 경세가의 달견이었단다. 〈서얼론庶孽論〉에서는 서얼의 고질적 병폐를 지적하며 소통의 정당성을 진술하였고, 〈통색의通塞議〉에서는 계급·지방의 차별과 인재 황폐의 비운을 통론痛論하면서 인재 울흥蔚興에 의한 국력 왕성을 강조하였다.

---

49) 주나라 향학鄕學의 세 가지 교육 과정. ① 6덕六德 : 지知·인仁·성聖·의義·충忠·화和, ② 6행六行 : 효孝·우友·목睦·인婣·임任·휼恤, ③ 6예六藝 : 예禮·악樂·사射·어御·서書·수數. 《周禮》〈地官·大司徒〉
50) 공전公田에 조력助力만 하고 사전私田에는 납세하지 않는 것.
51) 《실정》을 참고하면, '문벌門閥과 계급階級의 타파 사상'으로 풀이된다.

21) 사회·정치철학의 기조基調

《경세유표》를 넓은 의미의 목도牧道에 대한 응급적 대책이라고 하면, 《목민심서》는 좁은 의미의 목도에 대한 응급적 대책이라고 할 수 있다.

<원목>은 간단한 윤곽적인 개념만을 발표한 것으로, 사회와 국가의 형성 및 변화 과정에 대하여 법칙의 설명이 학적 체계를 정비하지 못하였을 뿐만 아니라 사회 법칙이 입각하고 있는 물질적 생산 방법의 발전과 씨족 사회의 사회적 출발에는 눈빛이 조금도 미치지 못하였다. 그러나 당시 사회에서는 실로 천고의 달관이며, 위대한 사회관과 국가관의 창설이었다고 한다.

최익한에 의하면, <탕론>은 <원목>의 자매편으로 중국의 역성 혁명의 사실을 빌려서 민권 사상을 입증한 것이다. 그 대의大意는 <원목>의 원리를 예증한 것에 불과하나, 고금 정체政體의 변천에 따라 충역忠逆의 도덕적·윤리적 규정이 변동되는 것을 지적하였으니, 도덕과 윤리를 하나의 불변적 정형으로 인식한 당시 지식층에 비하여 천양지차가 있다고 하겠다.

22) 다산 사상에 대한 개평概評

마지막 22장은 8회분으로 가장 길다.[52] 분량이 많아 중요 문장만 간추리겠다. 그동안 최익한이 못다 한 말을 총결하고 있으니, 직접 본문을 읽어 보기 바란다. 그는 일제강점기는 물론 월북 후 분단 시대에도 다산 연구를 지속한 유일한 고전문학자였다.

---

52) 22장은 8회(57~64회)분으로 약 한 달간(1939.5.7~6.4) 연재되었다. 참고로 《여독》 연재 시작일은 1938년 12월 9일이다.

① 다산 학설은 수기修己와 경세經世 두 부문으로 나눌 수 있다. 수기는 경세의 출발이요 경세는 수기의 목적이라는 것이 사상적 지향이었다. 그의 경세사상은 그 체계가 세계주의적 형태에까지 도달하지 못하였고, 또 근세의 민족의식과 국가의식의 표현도 아니었으며, 끝내는 유교의 중용으로 환원하였다.

② <원목>, <탕론>의 사상은 특정한 사회·정치의 사실에 대한 현상적 설명이지, 일반적 사회·정치의 변천에 대한 보편적 본질을 규명한 법칙론은 아니다. 즉 그의 하선·상선론下選上選論은 역사적 사실을 추상적으로 분류하는 데만 그치고, 역사적 사실의 사회적·물질적 기초와 동력을 전연 파악지 못하였다.

③ 탁고개제托古改制의 이상적 의식은 신아구방新我舊邦의 목적을 달성하려는 치열한 동기에서 나온 위대한(개량적—인용자) 사상이다. 하지만 그 탁고의 행위는 고대의 유곡幽谷으로 퇴보하지 않을 수 없으므로, 결국 다산의 정치적 포부를 담은 《경세유표》는 본질상 《주례周禮》의 연의적演義的 각주가 되고 말았다.

④ 다산은 사회 제도에 대하여 극히 온아한 개량적 공상가였다. 여기에 바로 계급적 지위와 역사적 한계가 반영되어 있는 것이다. 모든 공상가는 진정한 활로를 지시할 수 없으며, 제도의 본질을 설명할 수 없으며, 사회 발전의 법칙을 발견할 수 없으며, 새 사회를 창조할 만한 사회적 세력을 찾아낼 수 없다.

⑤ 다산은 중농론자였다. 그의 경세 이론은 <전론田論>에서 이상적 절정을 표시하였다. 특히 <전론> 제3장에서 전편全篇의 중심 문제로 제창한 여전제閭田制는 독창적·이상적 고안일 뿐만 아니라 조선경제사상사에서 중요한 위치를 점유하고 있다. 규모의 대소는

있을지언정 여전법은 촌락 공영共營 농장인 콜호스와 근사하므로 분배의 균평은 물론 생산력의 증진에도 최선의 정책이다. 경제론의 여전법은 정치론의 <원목>, <탕론>과 함께 다산의 경세사상에서 최대의 철학이다. 《경세유표》의 공전납세론은 당시 현실에 대응하여 구급적 사회 정책을 제시한 것이니, 근본적 이상론인 여전법과는 동일 선상에서 말할 수 없는 것이다.

일러두기

1. 원문은 1938년 12월 9일부터 1939년 6월 4일까지 《동아일보》에 64회 연재된 《여유당전서를 독함》을 사용하고, 송찬섭 편의 《여유당전서를 독함》(서해문집, 2016)도 참고하였다.

2. 번역문 말미에 원문 교주본을 실은 다음, 부록으로 〈최익한상전간재崔益翰上田艮齋〉, 〈전통 탐구의 현대적 의의〉, 〈최익한 친일설〉, 〈창해 최익한 연보〉 등을 함께 수록하였다.

3. 신조선사의 《여유당전서》(1934~1938)는 '신조본'으로, 사암출판사의 《정본 여유당전서》(2012)는 '사암본'으로 약칭하였다.

4. 모든 작품은 《국역 다산시문집》(민족문화추진회, 1994) 등을 참조하여 편자가 새로 번역하는 것을 원칙으로 하였으나, 《정다산선집》에 실린 작품의 경우에는 최익한의 번역을 거의 그대로 따랐다.

5. 주석은 단순한 낱말 풀이보다 전체적인 내용 이해에 초점을 맞추었다. 또 《실학파와 정다산》, 《정다산선집》과 연계해 볼 수 있도록 중요한 대목마다 면수를 적어 놓았다.

1. 다산 선생의 애걸哀乞

　《여유당전서與猶堂全書》는 다산茶山 정약용丁若鏞 선생의 저서 전
부에 대한 타이틀이다. 이 전서가 백 년이란 짧지 않은 동안을 좀
과 먼지의 구렁에서 고요히 잠들어 있었는데, 하청河淸[1]의 시기나
왔다는 듯이 저 신조선사新朝鮮社[2]가 4년간 성의 있는 최고의 노력
을 다하여 그 방대한 위용과 탁월한 내용을 활자와 독자의 광명한
세계에 내놓게 되었으니, 조선의 문화계 아니 세계의 문화계에서

---

[1] 황하黃河의 물이 맑아짐. 황화의 물은 항상 흐려 있으나 천 년에 한 번 맑아진
　다는 뜻으로 실현되기 어려움을 비유한 말.
[2] 1934년 조선일보 영업국장 권태휘權泰彙가 《신조선》을 복간하면서 설립한 출
　판사로 《여유당전서》, 《담헌서湛軒書》, 《여암전서旅菴全書》 등을 간행하였다.
　권태휘(1898~?) : 경기도 평택平澤 생. 본명 권익수權益洙. 경성의학전문학교·
　세브란스의학전문학교 수학. 독립운동으로 약 3년 반 동안 수감. 혁청단革淸團·
　정우회正友會·신간회新幹會 등에서 활동한 후 신조선사를 운영하였다. 해방이
　되자 건국준비위원회·민주주의민족전선에 참여하고 6·25 때 월북했는데, 최익
　한의 논문 〈다산 정약용〉(《조선 봉건 말기의 선진학자들》, 국립출판사, p138)을
　보면 1954년 5월 이전에 타계한 것을 알 수 있다.

이 얼마나 기쁘고 경하할 바이랴!

순조 22년 임오(1822)에 61세인 선생은 회갑의 해를 맞이하여 한도가 있는 자기 일생을 총결산하듯이 묘지명墓誌銘을 자찬自撰하여 평생 경력을 대강 서술한 다음에 평생 저서의 대의大意와 목록을 자세히 열거하고 감탄의 어조로 말하기를 "아는 이는 이미 적고 노여워하는 자는 많으니 만일 천명이 돌보지 않으면 한 줄기 불에라도 태워 버릴 수 있을 것이다!(知者旣寡 嗔者以衆 若天命不允 雖一炬以焚之可也)"고 하였다. 이 얼마나 애처로운 말씀이냐!

선생은 절세의 경륜과 포부를 품고서도 실연實演 무대인 정치 판국에서는 쫓겨난 한낱 망명자였다. 서울을 등지고 쓸쓸한 남해의 풍상에 축신逐臣3)의 생활을 줄곧 한 지 무릇 18년이었다. 심혈을 기울여 먹물을 대신한 것이 선생의 붓이었다. 온 세상 사람들이 백안시하는 것을 무릅쓰고 뒷날의 지기知己를 대상으로 한 것이 선생의 저작이었다. 선생과 선생의 전서는 둘로 볼 수 없는 하나의 위대하고도 영원한 생명이다. 선생은 이러한 자기 생명을 어떻게 애호하였던가? 또는 어떻게 집착하였던가? 이에 대한 유일한 증품證品인 선생의 일문逸文4) 한 통을 다음에 인기引記하여 박아가博雅家의 참조에 드리려 한다.

---

3) 쫓겨 귀양 간 신하.
4) 산일散逸되어 세상에 알려지지 않은 글.

신영로5)에게 써 주는 글(書贈申永老)

(이름은 영제永躋, 호는 봉명산인鳳鳴山人으로 인동仁同 약목若木6)에 산다.)

예전에 나의 선친께서는 예천 군수醴泉郡守·울산 도호부사蔚山都護府使·진주 목사晉州牧使를 지내셨는데,7) 이 세 고을은 모두 옛 진한辰韓과 변한弁韓의 땅이었다. 그러므로 나의 발자취 또한 여러 번 영남에 이르러 아침저녁으로 문안드리는 여가마다 선생 어르신들과 모시고 가르침을 기쁘게 받들 수 있었다. 경서를 공부하는 학생들 역시 더불어 친하게 지내는 자가 많았다. 그중에 혹여 서울에서 벼슬하는 자들은 서로 이웃 마을처럼 왕래했었는데, 아! 이는 옛날 일이로다.

가경嘉慶8) 신유년(1801) 봄에 내가 귀양 간 장기長鬐도 또 영남이었다. 이때는 친척이나 오랜 벗도 감히 아는 체를 못하였건만, (내가 귀양길에 영남을) 통과하는 곳마다 무릇 일면식이라도 있던 사람들은 길가에서 위문하지 않은 이가 없었으니, 아마도 그 돈박敦朴하고 인후仁厚함은 천성이 그러할 것이다. 그해 겨울 내가 강진康津으로 귀양지를 옮기게 된 이후로는 영남 인사들과 소식이 막연해졌다.

---

5) 신영제申永躋(1781~1837) : 자는 영로潁老, 호는 봉명산인. 선응善應의 장자로 백부 덕응悳應의 양자. 《平山申氏齊靖公派察訪公世譜·甲編》pp25~6, p227.

6) 인동부仁同府 약목리若木里(현 경북 칠곡군漆谷郡 약목면若木面).

7) 다산의 아버지 정재원丁載遠(1730~1792)은 1780년(정조 4) 2월에 예천 군수가 되어 동년 12월에 체직되었고, 이후 벼슬 없이 지내다가 1787년 한성 서윤漢城庶尹, 1789년 울산 부사, 1790년 진주 목사가 되어 1792년 근무지에서 순직하였으므로 경상도에는 약 4년 가까이 머무른 셈이다.

8) 청나라 인종仁宗 때의 연호(1796~1820).

병인년(1806)에 소호蘇湖9)의 이씨 어른10)께서 고이섬皐夷苫11)으로 유배되었다가 그 이듬해에 해배되어 돌아가시면서12) 동문주막13)으로 나를 찾아오셨다. 나는 《주역》 추이推移의 뜻을 질문드렸다. 그분은 이별할 때 곤괘困卦의 상象을 쓰고는 그 뜻을 부연하며 나에게 주고 떠나시면서, 또 "추이란 주자 <괘변도卦變圖>의 유의遺意라"고 말씀하셨다.14)

몇 년 뒤에 나는 다산에 초가집을 엮었다. 이제 또 10여 년이 흘러 머리가 벗겨지고 이도 빠져서 생기가 사라지니 영남의 옛 지인들을 다시 볼 수는 없으리라. 늘 문득 사념에 잠기곤 한다.

---

9) 현 경북 안동시 일직면一直面 망호리望湖里로 대산大山 이상정李象靖(1711~1781)이 살던 마을 이름.

10) 이씨 어른 : 이우李㙖(1739~1811). 자는 치춘穉春, 호는 면암俛庵. 이상정의 조카로 1792년(정조 16)에 사도세자의 신원伸冤을 위한 영남 만인소를 주동하여 의릉 참봉懿陵參奉에 제수되었으나 사직하였다. 또 이 상소 때문에 1806년(순조 6) 1월에 강진현 고금도古今島로 유배되었다가 4월에 풀려났다. 문집으로 《면암집俛庵集》이 있다.

11) 고이도皐夷島. 전서 <기고금도장씨여자사紀古今島張氏女子事>에 "고금도는 옛날의 고이도이다(古今島者 古之皐夷島也)"고 하였다.

12) 원문에 유배년을 '을축乙丑(1805)', 해배년을 '그 이듬해粵明年'라고 한 것은 착오. 이우는 병인년(1806) 1월 8일 유배되어 동년 4월 1일 방면되었다. 《승정원일기》와 《면암집》 별록別錄·하 <병인일기丙寅日記> 참조.

13) 원문은 '東門之店舍'이다. 여기서 점사店舍는 다산이 강진 유배 시 처음 4년여 간(1801년 겨울~1806년 여름) 거주한 곳인데, 그의 시 <객중서회客中書懷>에 '매반가賣飯家'(밥집)라 하고, 《목민심서牧民心書》 권5 <호전戶典·곡부穀簿>조에 '주가酒家'(술집)라 하였으니, 점사는 '주막'임을 알 수 있다. 또 그는 1805년 10월 9일~1806년 2월 16일경에는 보은산방寶恩山房에서 머물렀는데, 4월 1일 즈음에는 이미 동문주막으로 돌아와서 이우를 만난 듯하다. 조성을, 《연보로 본 다산 정약용》, 지식산업사, 2016, p608, p701 참조.

14) 1806년 봄에 다산은 《주역사전周易四箋》(병인본)을 완성하였다. 현재 전하는 것은 무진본(1808)인데, 그 <사전소인四箋小引>에 "추이란 주자 <괘변도>의 법이요 주자의 뜻이라(推移 朱子卦變圖 卽此法也 … 朱子之義也)"고 밝혔다.

올 수하首夏(음력 4월) 26일에 약목若木의 신영로군이 찾아왔는데 바로 예전에 좋아하던 개천 군수价川郡守 신공申公15)의 아들이다. 손을 맞잡고 웃으며 수십 년의 일을 풀어놓으니 슬픔과 기쁨으로 뒤범벅이 되었다. 두루 듣기로는 학덕 높은 원로들은 영락하여 거의 다 돌아가셨는데, 오직 석전石田16) 이묵헌李默軒17) 어르신만이 올해 82세에도 정강순수精康純粹하시어 사람들을 가르침에 게으르지 않으신단다. 그 밖에는 아직 고령이 아니지만 살아 계신 분은 적다고 하니 아, 슬프도다!

영로는 아버지의 유훈遺訓에 따라 말을 잘 타는 무인의 길에 종사하지 않고 옛사람의 학문에 크게 뜻을 두었다. 내가 그를 위해 온축된 바를 캐물으니 참으로 박식하고 단아하며 들은 것이 많아서 귀하다고 하겠다. 이에 나의 속마음을 하소연한 것이 있으므로 영로가 가서 알려 주었으면 한다.

나는 유락流落한 이후부터는 담정취신覃精聚神18)하고 고이계귀膏以繼晷19)하여 서책을 찬집纂輯하였던바,

---

15) 신공은 신선응申善應(1765~1814). 자는 여길汝吉, 호는 낙포洛浦. 1786년 (정조 10) 무과에 급제하여 1796년 개천 군수를 지냈으며, 그 후 여러 벼슬을 거쳐 1811년(순조 11) 갑산 부사甲山府使에 이르렀다.

16) 현 경북 칠곡군 왜관읍 석전리.

17) 묵헌은 이만운李萬運(1736~1820)의 호. 1777년(정조1) 42세의 고령으로 문과에 급제하고 1796년(정조 20) 61세에 비로소 안의 현감安義縣監을 지냈으며 저서로《묵헌문집》이 있다. 다산이 이 서찰을 쓴 1817년에 82세였다.

18) 정신을 모아 깊이 연구함.

19) 등불을 밝혀 햇빛을 대신한다는 뜻으로 밤낮없이 열심히 독서한다는 말. 焚膏油以繼晷.〈韓愈·進學解〉

《상례사전喪禮四箋》 60권, 《제례고정祭禮考定》 2권, 《상의절요喪儀節要》 6권, 《악서설樂書說》 12권, 《주역사해周易四解》 24권, 《고문상서평古文尙書平》 9권, 《상서고훈尙書古訓》 6권, 《상서지원록尙書知遠錄》 7권, 《시경강의詩經講義》 15권, 《논어고금설論語古今說》 40권, 《맹자설孟子說》 9권, 《중용강의보中庸講義補》 9권, 《대학설大學說》 3권, 《소학설小學說》·《심경설心經說》 합 3권, 《춘추고징春秋考徵》 10권, 《아방강역고我邦疆域考》 10권, 《비어고備禦考》 12권, 《전례고典禮考》·《방례고邦禮考》 합 6권, 기타 잡찬雜纂이 또 수십 종이 있다.

비록 그 논저論著는 취할 만한 것이 없더라도 고인의 말을 찬집한 만큼 부분적으로는 자못 정밀하여 후학이 더러 취할 것이 있으리라.

나는 지금 죽을 날이 멀지 않았다. 어느 해에 혹여 이 책 몇 종을 가지고 영남에 이르는 자가 있거든 바라건대, "군자 여러분은 깊은 헤아림과 두터운 덕으로 사람이 시원찮다 하여 버리지 말지어니, 문장을 취사선택하여 그중에 백의 하나라도 자취가 남는다면 치욕을 참고 더러움도 받아들이는 성덕盛德에 보탬이 되리라"고 운운할 따름인저.

나는 지금 자손이 초췌하고 이 세상은 군평君平20)을 버린 지 오래되었다. 그 측은하고 가련하게 여길 자가 있지 않겠는가? 영로는 이를 유념하라.

---

20) 엄준嚴遵(BCE73~CE17)의 자. 한나라 때의 은사隱士로 노장 사상에 심취되어 벼슬하지 않고 은거하면서 점을 치며 생계를 꾸려 나갔다.

정축년(1817) 4월 27일

다산초암에서
열수洌水 정용丁鏞 쓰다.

위 한 통의 〈증언贈言〉은 위당爲堂 정인보鄭寅普씨에 의하면 몇
해 전 호남湖南 김동섭金東燮씨로부터 자기에게 보내 준 다산 유문
遺文인데, 그 친필 본초本草가 지금까지 약목 신씨若木申氏의 집에
전래한다고 한다.[21]

이 글을 보면 마치 효자자손孝子慈孫이 민멸해 가는 자기 부조父
祖 문자의 표창 간행을 세인에게 애걸하는 어조와 같지 않은가?
그러나 자기를 깊이 인식하고 자부自負에 용감하며 문화와 세도世
道에 거룩한 자비의 생각을 두시는 선생은 그 유집遺集의 유포를
일종의 포덕적布德的 행위로 보려 하였던 것이다. 이 구구한 애걸은
도리어 선생의 진정한 생명과 진리에 충실한 옹호와 전파를 주장
하는 정대광명한 태도가 아니고 무엇일까?

선생의 정대한 애걸은 여전히 불우不遇로서 백년의 적막을 지나
지 않았던가! 이것은 선생 개인과 선생 유집만의 불우가 아니라,
우리 사회와 우리 문화의 아시아적 침체성에 오랫동안 포로가 되
었던 역사적 불우였던 것이다.

---

21) 정인보는 1935년 8월 《신조선》에 〈증언贈言〉의 필사본을 소개한 바 있고,
임기중도 2001년에 이본을 입수하여 공개한 바 있다. 〈정다산 선생의 뜻깁흔
부촉付囑〉, 《신조선》 12호(1935. 8), 신조선사, pp25~6; 《담원정인보전집·2》,
연대출판부, 1983, pp87~8; 〈다산 정약용 '유배지 편지' 발견〉, 《동아일보》, 20
01.7.17 참조. 더 자세한 것은 본서 p368 각주 4 볼 것.

우리는 거대한 선생의 전서가 활자의 무기로서 오늘날 그 묵고도 묵은 먼지와 좀[塵蠹]의 봉쇄를 깨뜨려 버리게 되었다는 신선한 사실을 앞에 놓고 선생의 생명을 위하여 감희感喜의 눈물을 금치 못한다.

그러나 우리가 선생 전서의 간행 그것만으로 어찌 선생의 위대한 역사적 생명을 받들었다 할 수 있으랴. 전서의 유포에 따라 선생의 위대한 존재와 역사적·사상적 내포와 학문적·경륜적 가치를 역사적·사회적 법칙에 의하여 정당히 이해하고 비판하는 데서만 이 전서 간행의 목적이 발로될 것이다. 또한 후학의 선각에 대한 지양적 계승이 가능할 것이다. 필자는 강호의 다수한 본 전서 독자 동반의 얼마간 편의를 위하여 선생 연보를 우선 간략히 게재한다.

2. 정다산 선생 연보

1762(영조 38, 임오壬午) 1세

6월 16일 사시巳時에 경기도 광주부廣州府 초부면草阜面 마현리馬峴里(마재, 현 양주군楊洲郡 와부면瓦阜面 능내리陵內里)[1]에서 탄생하였다. 성은 정씨丁氏, 본관은 압해押海, 아명兒名은 귀농歸農이다. 이해에 장헌세자莊獻世子[2]의 변이 있어 아버지 재원載遠공이 벼슬을 그만두고 고향에 돌아가기로 결심하였는데, 마침 선생이 태어나므로 귀농이라 불렀다.

1765(영조 41, 을유乙酉) 4세

《천자문千字文》을 비로소 배웠다.

---

1) 지금은 '남양주시 조안면 능내리 산 75-1(다산로 747번길 11)'이다. 원문에는 '廣州府'가 '廣州'로 되어 있는데, 당시에는 '-府'인지 알 수 없었다.

2) 장헌세자莊獻世子(1735~1762) : 이름은 이선李愃, 시호는 사도思悼. 정조 때 장헌이라 추시追諡하고 고종 때 장조莊祖라 추존함.

1768(영조 44, 무자戊子) 7세

오언 한시 "작은 산이 큰 산을 가린 것은 멀고 가까움이 다르기 때문이네(小山蔽大山 遠近地不同)"라는 구를 지으니, 아버지가 크게 기이하게 여겨서 그 계량計量에 명석한 두뇌가 장래 역법曆法·산수算數에 능통할 것을 예상하였다. 이해에 선생이 천연두를 곱게 치러 한 점 흔적도 없었으나, 오직 오른 눈썹이 손터(마맛자국)로 가운데가 나뉘었으므로 스스로 호를 삼미자三眉子라 하였다. 10세 전의 저작인 《삼미집三眉集》은 선배 어르신들의 탄상歎賞을 받았다.

1770(영조 46, 경인庚寅) 9세

어머니 윤씨尹氏의 상을 당하였다. 윤씨는 고산孤山 윤선도尹善道의 후손이요 실학에 박식하여 이름이 있던 공재恭齋 윤두서尹斗緖의 손녀였다.

1771(영조 47, 신묘辛卯) 10세

이때 아버지가 벼슬에서 물러나 집에 거주하며 친히 가르치니 선생은 총명하고 근면하여 재촉하지 않아도 경전經典과 사서史書를 배우는 동시에 그 체재體裁를 본받아 1년 안에 자기 키 높이에 달하는 양의 글을 지었다.

1774(영조 50, 갑오甲午) 13세

두보杜甫[3]의 시를 본받아 한시 수백 수를 지었다.

---

3) 두보(712~770) : 자는 자미子美, 호는 소릉少陵. 이백李白·왕유王維와 더불어

1776(영조 52, 병신丙申) 15세

2월에 관례冠禮를 행하여 이름은 약용若鏞, 자字는 미용美庸 또는 송보頌甫라 하고, 무승지武承旨[4] 풍산豊山 홍화보洪和輔[5]의 딸과 결혼하였다. 이때 아버지가 다시 벼슬에 나가므로 따라서 서울에 주거하였다.

1777(정조 1, 정유丁酉) 16세

성호星湖 이익李瀷의 유고를 비로소 배독拜讀하였다. 가을에 아버지를 모시고 화순和順 임소任所로 갔다.

1778(정조 2, 무술戊戌) 17세

가을에 동복현同福縣 물염정勿染亭과 광주光州 서석산瑞石山을 유람하였다. 겨울에 화순현和順縣 동림사東林寺에 가서 독서하였다.[6]

1779(정조 3, 기해己亥) 18세

아버지의 명으로 서울로 돌아와 여러 체의 공령문功令文(科文)을 지었다. 겨울에 성균관의 승보시陞補試[7]에서 뽑혔다.

중국의 3대 시인. 다산은 36세에《두시杜詩》를 교정한 바 있고,〈기연아寄淵兒〉에서 두보를 시성詩聖, 한유韓愈를 대현大賢, 소식蘇軾을 박사博士라 하였다.

4) 조선시대 무과 출신의 승지.

5) 홍화보洪和輔(1726~1791) : 자는 경협景協, 호는 오창梧牕. 무과에 급제하여 동부승지同副承旨·경상우병사慶尙右兵使 등을 지냈다. 그의 둘째 딸 홍혜완洪惠婉(1761~1838)이 다산과 혼인하였다.

6)《실학파와 정다산》(이하 '실정') p709에 따라 앞 문장과 순서를 바꾸고 '겨울에'를 추가함.《사암선생연보》(이하 '사암연보') 책1, 1921, p4a에도 순서가 잘못되어 있다. 전서 권13〈동림사독서기東林寺讀書記〉볼 것.

1780(정조 4, 경자庚子) 19세

예천醴泉 임소에 가서 아버지를 뵙고 반학정伴鶴亭에서 독서하였다. 이해에 아버지가 벼슬을 그만두매 선생이 모시고 돌아와 고향 집에서 독서하였다.

1781(정조 5, 신축辛丑) 20세

서울에 있으면서 과시科詩를 익혔다.

1782(정조 6, 임인壬寅) 21세

비로소 서울 창동倉洞8)의 체천棣泉9)에 집을 사서 살았다.

1783(정조 7, 계묘癸卯) 22세

2월에 세자 책봉을 경축하는 증광감시增廣監試에서 경의經義 초시初試에 합격하고, 4월에 회시會試에 생원生員으로 합격하였다. 선정전宣政殿에서 사은례謝恩禮를 행할 때에 임금이 특히 얼굴을 들라 하고 나이를 물었다. 9월 12일에 맏아들 학연學淵이 태어났다. 이해에 회현방會賢坊 재산루在山樓 아래10)로 이주하였다.

---

7) 성균관의 대사성大司成이 매달 유생들에게 보인 자격시험으로, 합격자에게는 생원시·진사시의 복시覆試에 응시할 자격을 주었다.

8) 현재 남대문로 4가·남창동·회현동 1가에 걸쳐 있던 마을로, 이곳에 선혜청宣惠廳의 창고가 있었기에 유래된 지명이다.

9) 다산은 창동에 있는 형제우물을 《시경》의 〈상체常棣〉에서 취하여 '체천棣泉'이라 하고, 그 부근의 자기 집을 '체천정사棣泉精舍'라 하였다.

10) 아래 : 편자가 추가함. 다산은 재산루가 아니라 그 아래로 이주한 것이다. 자세한 것은 원문 p373 각주 4 볼 것. 재산루는 김육金堉(1580~1658)의 집으로서 지금 회현동 2가에 있었다.

1784(정조 8, 갑진甲辰) 23세

여름에 《중용강의中庸講義》를 올리매 정조가 견해의 명철함을 크게 칭찬하며 상을 주었다. 여름에 광암曠菴 이벽李檗11)을 따라 두미협斗尾峽12)에 배타고 내려가서 비로소 서양의 학문에 대해 듣고 그 서적을 보았다.

1787(정조 11, 정미丁未) 26세

중희당重熙堂13)에 입시入侍하였더니 정조가 승지承旨 홍인호洪仁浩로 하여금 《병학통兵學通》 한 권을 나중에 하사하게 하면서, "너는 장수의 재주도 겸비하고 있으니 특별히 이 책을 내리노라"는 비밀 교지를 전하였다.

1789(정조 13, 기유己酉) 28세

봄에 직부전시直赴殿試14)에 급제하여 희릉 직장禧陵直長이 되었다. 《희정당대학강록熙政堂大學講錄》 1권을 만들었다. 겨울에 주교舟橋(배다리)의 일이 있어 그 규제를 진술하여 공사를 쉽게 하였다.

1790(정조 14, 경술庚戌) 29세

2월에 한림회권翰林會圈15)에서 뽑혔다. 당시 우의정 채제공蔡濟恭

---

11) 이벽李檗(1754~1785) : 자는 덕조德操, 호는 광암. 천주교도. 다산의 이복 맏형 정약현丁若鉉의 처남이다.
12) 검단산과 예봉산 사이의 좁은 협곡으로 팔당댐 인근에 있다.
13) 정조 6년(1782)에 지어진 문효세자의 궁인데, 정조의 편전으로도 사용되었다.
14) 전시에 곧바로 응할 수 있는 자격을 얻는 것. 전시는 임금의 친림親臨하에 행하던 과거의 마지막 시험이다.

이 권점을 주관한 것에 대하여 한 대간臺諫이 "사사로운 정에 얽매여 격식을 어겼다"고 지적하므로 선생은 사직소를 올리고 곧바로 퇴궐하여 여러 번 패초牌招16)에 응하지 않았더니, 3월에 정조가 엄한 교지를 내려 해미海美(현 충남 서산)로 정배定配되었다가 10일 만에 용서받고 소환되었다. 돌아오는 길에 온양溫陽 온천에서 장헌세자가 손수 심은 홰나무에 단壇을 쌓아 기념하게 하였다. 9월에 사헌부 지평司憲府持平으로 훈련원訓鍊院의 무시武試를 감찰할 때 먼 지방에서 왔더라도 재기가 우수한 자들은 다수 선출하였다.

1791(정조 15, 신해辛亥) 30세

겨울에 서교西敎 사건으로 호남의 권상연權尙然·윤지충尹持忠의 옥사獄事가 있었고 이기경李基慶·홍낙안洪樂安·목만중睦萬中 등의 참소讒訴가 있었으나 정조가 밝게 살펴서 무사하였다.《시경강의詩經講義》800여 조를 올려 크게 칭찬을 받았다.

1792(정조 16, 임자壬子) 31세

3월 29일 홍문관 수찬弘文館修撰에 제수되었다. 4월 초9일 아버지가 진주晉州 임소에서 돌아가셨다. 겨울에 성제城制를 조목별로 지어 올려 〈기중가도설起重架圖說〉, 활차滑車·고륜鼓輪의 규제를 수원성역水原城役에 응용한 결과, 경비 4만 냥을 줄여서 정조가 특히 칭찬 격려하였다.

---

15) 한림翰林은 주로 예문관 검열藝文館檢閱을 이르는 말이고, 회권會圈은 대제학大提學·직각直閣·대교待敎·한림翰林의 적임자를 뽑을 때 전임자가 모여 선출될 사람의 성명 위에 권점圈點을 찍는 일을 가리킨다.
16) 임금이 승지를 시켜 신하를 부르던 일.

1793(정조 17, 계축癸丑) 32세

여름에 화성(수원) 유수華城留守 채제공이 들어와 영의정이 되어 상소를 올려 다시 '임오 참인壬午讒人'17)들을 논죄하매, 선생이 주동하여 논의했다고 홍인호洪仁浩에게 혐의를 받았다.

1794(정조 18, 갑인甲寅) 33세

6월에 아버지 삼년상을 마치고 7월에 성균관 직강直講이 되었다.

10월에 다시 홍문관 수찬修撰이 된 즉시 내각 학사內閣學士 정동준鄭東浚18)이 권세를 탐하고 뇌물을 좋아하는 것을 의소擬疏19)하고, 또 경기 암행어사로서 재신宰臣·수령守令 등이 탐욕을 부려 법을 어기는 것을 핵주의율劾奏依律20)하였다. 서용보徐龍輔21)도 탄핵 대상이었다.

1795(정조 19, 을묘乙卯) 34세

정월에 사간원 사간司諫司諫院, 동부승지同副承旨를 역임하였다.

2월에 정조가 태빈太嬪을 모시고 현륭원顯隆園에 배알하고 화성

---

17) 임오년(1762, 영조 38)에 장헌세자를 모해하던 서인 노론의 벽파.

18) 정동준鄭東浚(1753~1795) : 자는 사심士深, 호는 동재東齋. 이조 참의·대사간·경상 관찰사 등을 지냈다.

19) 의소는 올리려고 지었다가 올리지 못한 상소. 이때 다산은 경기 암행어사(10월 29일~11월 15일)로 발령되어 소를 올리지 못하였다. 그러나 그 이듬해(1795) 정동준은 권유權裕에 의해 탄핵되어 음독자살하였다.

20) 탄핵 상주上奏하여 법에 의거 처단함.

21) 서용보徐龍輔(1757~1824) : 자는 여중汝中, 호는 심재心齋. 노론 벽파로 영의정에 올랐다. 경기 관찰사 시절 탐오 범법한 그의 죄행을 암행어사인 다산이 국왕에게 보고하자 그는 일평생 다산을 모해하였다.

부화성부華城府로 돌아와 봉수당奉壽堂에서 잔치를 베풀었는데, 장헌세자와 자궁慈宮의 회갑년이었기 때문이다. 선생은 병조 참의兵曹參議로서 호위하며 따르고 어제御製에 화답하는 시를 지었다.

병조에서 숙직하는 어느 날 밤에 갑자기 어제御題가 내리므로 〈왕길王吉 석오사射烏詞 100운韻〉(七言排律)을 새벽이 되기 전에 지어 바쳐서 재명才名과 사조詞藻로 임금과 신하들을 놀라게 하였다.

이때 중국 소주蘇州 사람 주문모周文謨가 잠입하여 전교한 것이 발각되매 목만중睦萬中·박장설朴長卨 등이 선류善類를 모해하고자 하여 사행설四行說22)·청몽기설靑蒙氣說23)로써 정헌貞軒 이가환李家煥과 선생의 중형仲兄 손암巽菴 약전若銓 등의 사학邪學을 상소하여 공격하는지라, 정조는 유지諭旨를 내려 무고임을 밝혔으나 물의를 막기 위하여 7월에 정헌은 충주 목사忠州牧使로, 선생은 금정 찰방金井(洪州)察訪으로 좌천시키고 이승훈李承薰(선생의 자부姊夫)은 예산현禮山縣에 유배하였다. 이에 선생은 목재木齋 이삼환李森煥24) 등과 온양溫陽 석암사石巖寺에 모여 날마다 강학한바 〈서암강학기西巖講學記〉가 있다. 성호 유고를 교정하고 〈도산사숙록陶山私淑錄〉 33칙을 세웠다.

---

22) 사행은 '수水·화火·토土·기氣'로 서학의 4원소 영향을 받은 것이다. 박장설은 "정약전이 책문 답안에 서양인의 설에 입각해서 오행을 바꿔 사행이라 하였는데, 이가환이 도리어 그를 장원으로 뽑았다"고 상소 논박하였다. 〈정헌묘지명貞軒墓誌銘〉과 《정조실록》 19년(1795) 7월 7일 기사 참조.

23) 청몽기는 지구를 둘러싸고 있는 공기, 즉 대기를 의미한다. 이가환은 〈천문책天文策〉에 《역상고성曆象考成》(천문역법에 관한 서학서)의 청몽기설을 인용한 적이 있는데, 박장설은 이를 불경不經한 말이라고 이단시하였다. 위의 글과 정선용 역, 《금대전책錦帶殿策》, 국립중앙도서관, 2011, p51 참조.

24) 이삼환李森煥(1729~1814): 자는 자목子木, 호는 목재木齋. 광휴廣休의 삼남으로 병휴秉休의 양자. 성호의 종손이자 제자로서 그의 유고를 교정하였다.

1796(정조 20, 병진丙辰) 35세

이해에 용서를 받고 돌아와 병조 참지兵曹參知·좌부승지左副承旨
가 되었다.

1797(정조 21, 정사丁巳) 36세

반대파의 사학邪學 참소 때문에 자인소自引疏25)를 올렸지만 6월
2일에 곡산 부사谷山府使로 폄직貶職되었다. "바로 한번 올려 쓰려
고 하였는데 의논이 매우 많으니 왜들 그러는지 모르겠다. 한두 해
쯤 늦어져도 괜찮으니 떠나거라. 장차 부르겠노라"고 정조가 친히
유시諭示하였다. 겨울에 《마과회통痲科會通》12권을 이루었다.

1798(정조 22, 무오戊午) 37세

4월에 《사기영선집주史記英選集註》26)를 올렸다.

1799(정조 23, 기미己未) 38세

곡산부사 몇 해에 민정民政·재정財政·형정刑政 등 여러 방면의 치
적이 크게 나타나서 이른바 나라를 윤택하게 하고 백성을 이롭게
하려는 포부가 소소하나마 실현되었다.

3월에 호조 참판戶曹參判이라는 임시 직함으로 황주 영위사黃州
迎慰使가 되어 청나라 사신을 맞이하고, 동시에 황해도 암행어사가
되어 감사와 수령의 잘잘못을 염찰하였다.

---

25) 자신의 죄과를 진술하는 상소문.
26) 《사기찬주史記纂註》를 말하며 현재 전하지 않는다.

4월에 내직으로 병조 참지兵曹參知에 제수되어 서울로 들어오매 다시 형조 참의刑曹參議로 제수되었다. 지체되고 있는 수많은 의심스러운 옥사에 대한 판결이 정밀하고 명확하였다.

6월에 임금의 지우知遇가 융중隆重해 가매 반대파의 구화構禍가 더욱 심하므로 선생은 상소를 올려 스스로 변명하고 체직을 청하였다.

10월에 서얼 조화진趙華鎭이 무고하기를, "이가환·정약용 등이 서교西敎를 몰래 주장하여 상궤를 벗어난 짓을 꾀하고 있다"고 하였으나, 정조는 그 글을 경연經筵 신하들에게 널리 보여서 무고임을 밝혀 주었다.

1800(정조 24, 경신庚申) 39세

6월 28일 정조가 승하하니 선생은 통곡의 눈물이 그치지 않았다. 목만중·이기경 등이 기뻐 날뛰면서 이가환 등에 대한 위태로운 말과 유언비어를 일삼아 재앙의 징조가 날로 급한지라, 선생은 졸곡卒哭 후에 곧 고향으로 돌아가서 형제가 한자리에 모여 경전을 강론하고 노자老子《도덕경道德經》의

與兮若冬涉川 겨울에 냇물을 건너듯이 머뭇거리고
猶兮若畏四鄰 사방 이웃을 두려워하듯이 조심하라[27]

---

27) 하상공본河上公本 15장에 나온다. 왕필본王弼本에는 與가 豫로 되어 있다. 與(豫)는 코끼리, 猶는 개 또는 원숭이의 일종으로 모두 조심성이 많은 동물이다. 다산은 〈여유당기與猶堂記〉에 이 구절을 인용하여 "부득이하지 않으면 그만두고, 부득이하더라도 남이 알까 두려우면 그만둔다"는 뜻을 피력하였다.

는 구에서 취하여 당호堂號를 '여유당與猶堂'이라 하니 외약畏約[28]의 뜻을 보인 것이다.

이해에 《문헌비고간오文獻備考刊誤》를 이루었다.

1801(순조 1, 신유辛酉) 40세

2월 9일에 이른바 책롱冊籠 사건[29]으로 발단된 서학안西學案에 연좌되어 체포 투옥되었다. 이 옥사로 중형仲兄 약전若銓은 신지도薪智島에 유배되고 삼형 약종若鍾은 참수되며 선생은 3월에 장기長鬐에 유배되어 <기해방례변己亥邦禮辨>[30]을 짓고 《삼창고훈三倉詁訓》[31]을 고증하며 《이아술爾雅述》 6권[32]을 저술하였는데, 이해 겨울 옥사(황사영 사건) 때 잃어버렸다.

여름에 《백언시百諺詩》[33]를 지었다.

10월에 백서帛書 주괴主魁인 황사영黃嗣永이 체포되자 악인 홍희운洪義運(樂安의 개명)·이기경 등이 온갖 계략으로 모함하여 선생 형

---

28) 두려워하고 제약(단속)함. 《실정》에는 '근신謹愼'이라 하였다.

29) 1월 19일 해름참에 명도회장明道會長 정약종의 비밀 책롱이 발각되어 포도청에 압수된 사건. <황사영 백서黃嗣永帛書> 참조.

30) 효종 사후에 종통宗統의 적서적서嫡庶와 계승을 두고 일어난 기해예송己亥禮訟(1659)의 쟁점을 정리한 소논문. 나중에 자료를 더 보충하고 논리를 재정리하여 《정체전중변正體傳重辨》(1805) 3권으로 완성하였다.

31) 한나라 초 편찬된 자전인 《삼창三倉》을 고증한 책인데, 창힐편蒼頡篇·원력편爰歷篇·박학편博學篇의 3편으로 이루어져 있다.

32) 이는 <자찬묘지명>에 나오는 내용이다. 하지만, 전서 권13 <몽학의휘서蒙學義彙序>에는 '《이아의爾雅述意》 8권'으로 되어 있다. "《이아》·운서韻書 등 몇 종의 책에서 쓸 만한 6,500여 자를 뽑아서 간략히 해석하여 편집하니 모두 8권인바 이름을 《이아의》라 하였다."

33) 우리 속담을 한역한 성호의 《백언해百諺解》에서 가려 뽑아 운을 붙인 작품인데, 나중에 《이담속찬耳談續纂》(1820)으로 증보 완성하였다.

제는 다시 투옥되었다가 중형 손암은 흑산도黑山島(羅州 西南海 中)에, 선생은 강진에 유배되었다. 나주성羅州城 북쪽 입구 율정점栗亭店까지 형제가 함께 왔다. 이별 후에 손암은 섬사람들의 마음을 크게 얻었을뿐더러 금령이 조금 느슨해진 뒤로는 소식이 통하여 저술이 있을 때마다 서로 어려운 것을 묻고 칭찬 인정한 바가 많았다. 선생이 옥에 간혔을 때 마재 본가에는 닭이나 개가 남지 않았고 정조가 하사한 서적도 모두 흩어져 없어졌다.

1802(순조 2, 임술壬戌) 41세
넷째 아들 농장農牂의 요절 소식을 받았다.

1803(순조 3, 계해癸亥) 42세
봄에 <단궁잠오檀弓箴誤>, 여름에 <조전고弔奠考>, 겨울에 <예전상의광禮箋喪儀匡>을 이루었다.

1804(순조 4, 갑자甲子) 43세
봄에 <아학편훈의兒學編訓義>(이천문二千文)를 이루었다.

1805(순조 5, 을축乙丑) 44세
여름에 《정체전중변正體傳重辨》(일명 <기해방례변己亥邦禮辨>)[34] 3권을 이루었다.

겨울에 큰아들 학연이 찾아와 뵈므로 보은산방寶恩山房에서 《주

---

34) '일명 <기해방례변>'이란 원주는 《정체전중변》이 갑인방례甲寅邦禮(1674), 경신방례庚申邦禮(1800)까지 다루고 있으므로 정확한 표현은 아니다.

역》과 《예기禮記》를 가르치고 <승암문답僧菴問答> 52칙을 지었다.

1807(순조 7, 정묘丁卯) 46세

5월에 장손 대림大林이 태어났다.

7월에 형의 아들 학초學樵의 부음을 받았다.

겨울에 《상례사전喪禮四箋》의 <상구정喪具訂>을 이루었다.

1808(순조 8, 무진戊辰) 47세

봄에 다산茶山으로 거처를 옮겨 다산의 호가 있게 되었다. 다산
서옥茶山書屋은 강진현 남쪽의 만덕사萬德寺 서쪽에 있는데, 처사處
士 윤단尹慱35)의 산정山亭이다. 선생이 이주한 뒤로 대臺를 쌓고,
못을 파고, 꽃나무를 줄지어 심고, 물을 끌어 폭포를 만들고, 동서
두 암자에 서적 천여 권을 갖추어 두고 글쓰기로 낙을 삼고 석벽
石壁에 '정석丁石' 두 자를 새겼다.

여러 학생들에게 추이효변推移爻變의 학36)을 가르치고 <다산문
답茶山問答> 1권을 지었으며, 또 <제자들에게 주는 말茶山諸生贈言>
을 썼다.

여름에 <가계家誡>를 쓰고 겨울에 《제례고정祭禮考定》,《주역심
전周易心箋》37) 20권, <독역요지讀易要旨> 18칙을 짓고 <역례비석易

---

35) 윤단尹慱(1744~1821) : 호는 귤림橘林. 진사만 합격하고 대과는 실패함. 노년
    (65세)에 자기 별장인 단산정慱山亭(다산초암)을 다산에게 빌려주어 손자들을
    가르치게 하였다.

36) 추이효변의 학 : 《주역》을 가리킨다.《실정》p727에 따르면, 사회 제도와 학
    술 변화 발전의 방향을 연구하는 학문을 의미하는데, 합법적 형식을 고려하여
    《주역》의 술어를 차용한 것이라고 한다.

例比釋〉을 저술하고 〈춘추관점春秋官占〉에 보주補注하고 〈주역전해
周易箋解〉38)를 별도로 짓고 《주역서언周易緖言》39) 12권을 지었다.

1809(순조 9, 기사己巳) 48세

봄에 《상례사전喪禮四箋》의 〈상복상喪服商〉을, 가을에 《시경강의
詩經講義》 산록刪錄을 이루었다.

1810(순조 10, 경오庚午) 49세

봄에 《시경강의보詩經講義補》, 《관례작의冠禮酌儀》, 《가례작의嘉
禮酌儀》를 이루었다. 9월에 큰아들 학연의 명소鳴訴40)가 있어 용서
받는 은혜를 입었으나, 홍명주洪命周41)와 이기경의 방해로 풀려나
지 못하였다. 겨울에 《소학주천小學珠串》을 이루었다.

1811(순조 11, 신미辛未) 50세

봄에 《아방강역고我邦疆域考》를, 겨울에 《상례사전喪禮四箋》의
〈상기별喪期別〉을 이루었다.

---

37) 주역심전周易心箋 : 〈자찬묘지명〉에 나오는 《주역사전周易四箋》의 별칭. 《주
　　역사전》은 추이推移·물상物象·호체互體·효변爻變의 네 가지 원리, 즉 사전四箋
　　을 통하여 《주역》을 해석한 책으로, 서문을 손암이 찬撰하였다.
38) 주역전해周易箋解 : 〈대상전大象傳〉, 〈시괘전蓍卦傳〉을 각각 독립적인 한 편
　　으로 구성하여 별도로 주석하고, 이어서 〈설괘전說卦傳〉을 주석한 것으로 나
　　중에 《주역사전》 말미에 편입되었다.
39) 주역서언周易緖言 : 《역학서언易學緖言》.
40) 징을 쳐서 억울함을 하소연함. 격쟁擊錚.
41) 홍명주洪命周(1770~？) : 자는 자천自天, 호는 효정孝貞. 동부승지·병조판서
　　등을 역임. 다산의 해배[放逐鄕里]에 반대하는 상소 건은 《승정원일기》 순조
　　10년(1810) 9월 28일조 볼 것.

<u>1812</u>(순조 12, 임신壬申) 51세

봄에 계부季父 가정稼亭42)의 부음을 받았다.

봄에 《민보의民堡議》 3권(홍경래 난에 느낀 바가 있어서), 겨울에 《춘
추고징春秋考徵》 12권을 이루었다.

<u>1813</u>(순조 13, 계유癸酉) 52세

겨울에 《논어고금주論語古今注》 40권을 이루었다.

<u>1814</u>(순조 14, 갑술甲戌) 53세

여름 4월에 의금부에서 해배 귀환시키려 하였는데 강준흠姜浚欽
의 상소로 저지되었다. 여름에 《맹자요의孟子要義》 9권을, 가을에
《대학공의大學公議》 3권, 《중용자잠中庸自箴》 3권, 《중용강의보中庸
講義補》를, 겨울에 《대동수경大東水經》을 이루었다.43)

<u>1815</u>(순조 15, 을해乙亥) 54세

봄에 《심경밀험心經密驗》과 《소학지언小學枝言》을 이루었다.

<u>1816</u>(순조 16, 병자丙子) 55세

봄에 《악서고존樂書孤存》을 이루었다. 여름 6월 6일에 손암巽菴
의 부고를 받았다.

---

42) 정재진丁載進(1740~1812)의 호. 자는 진오晉吾. 재원載遠·재운載運 형과 인
근에 살면서 우애가 좋았다. 〈계부가옹묘지명季父稼翁墓誌銘〉 참조.

43) 〈자찬묘지명〉에 《중용강의보》 6권, 《대동수경》 2권으로 되어 있다.

<u>1817(순조 17, 정축丁丑) 56세</u>

가을에 《상의절요喪儀節要》를 이루었다. 《방례초본邦禮艸本(경세유표經世遺表)》 49권은 비로소 편집 중이었으나 완료하지 못하였다.

<u>1818(순조 18, 무인戊寅) 57세</u>

봄에 《목민심서牧民心書》, 여름에 《국조전례고國朝典禮考》를 이루었다. 가을 8월에 응교應敎 이태순李泰淳이 상소하고 판의금判義禁 김희순金羲淳이 관문關文을 보내어 선생은 유배 18년 만에 비로소 해배되어 9월 2일에 다산을 떠나 14일에 열수洌水 본가(마재)로 돌아왔다.

<u>1819(순조 19, 기묘己卯) 58세</u>

여름에 《흠흠신서欽欽新書》, 겨울에 《아언각비雅言覺非》를 이루었다.

가을에 용문산龍門山에서 놀았다.

겨울에 조정 회의에서 다시 선생을 등용하여 경전經田(전국 토지 측량)의 사무를 맡기려고 하였으나, 때마침 상부相府에 재임再任된 서용보徐龍輔가 극력 저지하였다.

<u>1821(순조 21, 신사辛巳) 60세</u>

봄에 《사대고례事大考例》 산보刪補 26편[44]을 이루었다. 가을 9월에 맏형 약현若鉉의 상을 당하였다.

---

44) 《사대고례》는 정조의 명에 따라 조선의 대청 외교 관련 문서를 정리한 책으로 26권 10책인데, 현재 일본 대판부립중지도도서관에 소장되어 있다.

<u>1822(순조 22, 임오壬午) 61세</u>

〈묘지명墓誌銘〉을 자찬自撰하였다. 6월에 신작申綽에게 답장하며 육향六鄕의 제도를 논하였다.

<u>1823(순조 23, 계미癸未) 62세</u>

9월 28일에 승지承旨 후보로 낙점되었으나 얼마 후 취소되었다.

<u>1827(순조 27, 정해丁亥) 66세</u>

익종翼宗이 대리청정하던 첫해에 선생을 등용할 의향을 보이매 윤극배尹克培가 악인의 사주을 받아 상소하여 참혹히 무고하였으나, 승정원에서 봉달捧達하지 않고 도리어 진계進啓하여[45] 윤극배를 엄히 추문推問한 결과 무고한 실상이 드러났다.

<u>1830(순조 30, 경인庚寅) 69세</u>

5월 5일에 탕서蕩敍되어 부호군副護軍에 단부單付되었다.[46] 때마침 익종의 예후睿候(환후)가 오랫동안 회복되지 못하여 선생은 약원藥院에서 의약 처방을 논의하라는 명을 받고 입궐하여 진찰하니, 환후는 벌써 거의 위독한 지경에 이르렀다. 약을 달여 올리기도 전에 훙거薨去하므로 선생은 곡을 하고 바로 그날 귀향하였다.

---

45) 최익한이 《사암연보》 p224의 "政院不捧 因進院達"을 의역한 듯하다. 원뜻은 "승정원이 소를 올리지 않으므로 (윤극배가) 승정원에 나아가 아뢰었다"는 말이다. 《사암연보》 면수는 문헌편찬위원회 영인본(1961)에 따름.

46) 탕서蕩敍 : 탕척서용蕩滌敍用. 죄명을 씻어 주고 다시 벼슬에 올려 쓰는 일. 《사암연보》 p226과 《승정원일기》를 보면, 다산이 의술에 정통하여 의약 처방 논의에 동참케 하려 했으나 그가 방축향리放逐鄕里 중이므로 부호군에 단부하여 서용한 사실을 알 수 있다. 단부單付 : 단망單望으로 관직에 임명함.

1834(순조 34, 갑오甲午) 73세

봄에 《상서고훈尙書古訓》과 《지원록知遠錄》을 개수 합편改修合編하여 21권을 만들었고, 가을에 《매씨서평梅氏書平》을 개정하였다.

11월에 순조의 환후로 다시 소명召命을 받고 급히 상경하여 13일 새벽에 흥인문興仁門에 들어서니, 벌써 환후가 아주 위독하여 백관이 곡반哭班에 나가는지라 선생은 홍화문弘化門에서 곡을 하고 이튿날 귀향하였다.

1836(헌종 2, 병신丙申) 75세

2월 22일 진시辰時에 열상洌上의 정침正寢에서 병졸病卒하니, 이날은 선생의 회혼일回婚日이었다.

4월 1일에 여유당 뒤편 마현리馬峴里(현 능내리) 자좌子坐의 언덕에 장사 지냈다.

1910(순종 융희隆熙 4, 경술庚戌)

7월 18일에 조서詔書에 이르기를 "옛 승지 정약용은 문장文章과 경제經濟가 일세에 탁월하다"고 하여 정헌대부正憲大夫 규장각 제학奎章閣提學으로 추증追贈하고 문도文度의 시호諡號를 내렸다(널리 배우고 많이 들은 것을 문文이라 하고, 일을 처리함에 의에 합하는 것을 도度라 한다(博學多聞曰文 制事合義曰度)).47)

---

47) 《사암연보》 p240; 《승정원일기》 순종 4년 7월 15일, 16일조 볼 것. 대한제국의 친일매국역도들은 망국 직전 추증·추시追諡를 남발하였다. 이에 대해 황현黃玹은 다음과 같이 통탄한 바 있다. "합방론이 이미 정해졌는데도 증직과 시호를 의론하며 미친개처럼 쫓아다니니 나라가 어찌 망하지 않을 수 있겠는가?(合邦之論已定 而議贈議諡 逐逐如瘦狗 國安得不亡哉)"《梅泉野錄》권6.

선생 서세 후 103년(1938)에 《여유당전서》가 신조선사에 의하여 간행되었다.

3. 다산 명호名號 소고小攷1)

　이상 연보에서 말한 바와 같이 선생의 아명兒名은 귀농歸農이요 관명冠名은 약용若鏞이나, 훗날 서書·소疏·시문詩文 등 모든 방면에 항렬자인 약若은 생략하고 용鏞 자만 사용하였다.2) 〈자찬묘지명〉에 "이는 열수 정용의 묘이다. 본명은 약용이다(此洌水丁鏞之墓也 本名曰若鏞)"고 하였다.

　열수洌水 정용丁鏞이라고 항상 썼으니까 얼른 보면 열수는 선생의 관향貫鄕 같지만 그렇지가 않다. 선생의 관향은 압해押海이므로 압해 정씨 또는 나주 정씨라고도 한다. 압해는 어디냐 하면 나주의 폐현廢縣 압해이다. 《여지승람輿地勝覽》의 〈나주 고적조古跡條〉에 "압해폐현은 나주목牧 남쪽 40리에 있으니 압壓은 압押으로도 쓰

---

1) 안재홍의 〈아호를 통하여 본 다산 선생〉,《신조선》(1934.12)과 〈정다산 선생 연보—부附 아호 소고〉,《신조선》(1935.8) 등을 참고한 것이다.
2) '약용'이라 쓴 편지도 더러 있다. 박철상 역,《다산간찰집》, 사암, 2012 볼 것.

고 본래 바다 가운데 섬이라(壓海廢縣 在州南四十里 壓一作押 本海中島)"
고 하였다.

그러면 열수는 선생의 아호雅號의 하나인가? 그렇지도 않다. 선
생의 세거지世居地인 마현은 한강의 위인데, 선생은 한강이 열수인
것을 고증하여 거지명居地名으로 썼던 것이다. 선생의 자손까지도
선생의 용례에 의하여 열수 정아무개라 하였다. 선생이 손수 감정
[手定]한 《여유당집與猶堂集》에 《열수집洌水集》, 《사암집俟菴集》 등
의 제호題號가 있으니, 이것으로 보아서는 열수는 선생의 아호로도
볼 수 있다. 다수한 선생의 별호를 열거하면 다음과 같다.

1) 삼미자三眉子

연보에 말한 바와 같이 삼미三眉는 어릴 때 호인데 오른 눈썹의
마맛자국 때문에 삼미라 호하고 10세 전의 저작을 《삼미집三眉集》
이라 하였다.

2) 사암俟菴

<자찬묘지명> 첫머리에 이름자를 쓴 다음에 "호는 사암, 당호는
여유당"이라 하였으니 선생의 여러 호 중에서 대표적인 칭호임을
알 수 있다. "군자는 외물을 따르지 않고 …… 백대를 나는 기다리
리(君子不隨物 … 百世吾可俟)"3)와 강진 유배 후의 "전적에 온 힘을
다하고 백세의 후대를 기다리리(竭力典籍內 以俟百世後)"4) 등의 시구

---

3) 제목은 <고시古詩 24수>(1795). 《중용》 29장에 "백대 뒤의 성인을 기다려도
   미혹되지 않는다(百世以俟聖人而不惑)"고 하였는데, 다산의 《중용자잠》(1814)
   에 그 해설이 보인다.
4) 제목은 <학가와 보은산방에서將學稼在寶恩山院…>(1805).

로서 그 취의를 또한 짐작할 수 있는 것이다. 사俟 한 자는 선생의 생활과 포부와 신념에 대한 역사적 약호約號라 할 수 있지 않은가.

3) 여유당與猶堂

이른바 당호인데, 선생이 39세 때(정조 24, 경신, 1800) 지우가 특별하던 정조가 승하한 후 이해 겨울에 선생은 시화時禍를 미리 피하여 소천장苕川莊으로 돌아와 살았다. 형제가 서로 한데 모여 경전과 사서 강독으로 낙을 삼고 노자 《도덕경》의 "겨울에 냇물을 건너듯이 머뭇거리고, 사방 이웃을 두려워하듯이 조심하라(與兮若 冬涉川 猶兮若畏四鄰)"는 말에서 취하여 여유당이라 편액을 거니 대개 외약畏約의 뜻을 나타낸 것이다. <여유당기>가 본 전서의 기문記文 중에 있는데 그 편차篇次가 연대순으로 정리되지 못하여 본 당기堂記가 강진 제편諸篇 뒤에 편입되어 있으므로 혹자는 여유당을 강진에서 해배되어 돌아온 후의 당호라 하나, 이것은 미처 상고하지 못한 말이다.

14년 전 을축년(1925) 대홍수로 집 전체가 떠내려가기까지는 여유당 옛집이 여전히 보존되어 있었던 것이다.

4) 열초洌樵

시가詩歌를 읊거나 주고받는 문자에 가끔씩 쓰던 아호이다. 즉 열수초부洌水樵夫[5]란 말이다.

---

5) 초부樵夫는 나무꾼. 다산은 '덕산德山초부·철산鐵山초부·다산초부' 등도 썼는데, 다산초부란 뜻으로 '다초茶樵'를 쓰기도 하였다.

5) 다산茶山

다산은 연보에 말한 바와 같이 강진현 남쪽의 만덕사萬德寺 서쪽에 있는데, 처사 윤단尹博의 산정山亭이 자리잡은 곳의 이름이다.

선생은 강진 유배 후 8년째 되는, 순조 8년 무진(1808) 47세 봄에 처사의 후의로 산정에 옮겨 살게 되었으니, 선생의 이른바 다산초암草菴·다산동암東菴·다산정사精舍·다산서각書閣·다산서옥書屋 등이 모두 이를 가리키는 것이다. 다산 또는 다산 선생이라고 자칭하였으니, 다산이 선생의 아호인 것은 실로 우연한 것이 아닐뿐더러 선생의 불후의 대업인 허다한 저작 중 중요한 부분은 그 수정·창작·기안이 거의 다 다산서옥 11년간의 산물이라 할 수 있지 않은가. 다시 말하면 선생의 선생된 최대 기간은 다산 아호의 기간이므로 다산이 선생의 대표적 아호가 되어 버린 것도 또한 정당하지 않은가. 사암이라고 하면 일반이 잘 모르되 다산이라고 하면 누구나 다 알 만큼 되었으니, 사암 선생은 천추만대 민중을 좇아 다산 선생으로 영원히 행세할지어다.6)

선생은 다산으로 거처를 옮긴 뒤로 더욱이 차를 마시는 것을 좋아하였다. <혜장스님에게 차를 구걸하며寄贈惠藏上人乞茗>7)라는 시에

---

6) 다산류의 별호로 다초茶樵·다수茶叟·다종茶宗·다옹茶翁 등이 있다.

7) 1805년 여름에 쓴 최초의 걸명시乞茗詩. 다산은 이때 동문주막에 기거하고 있었으므로 앞 문장의 내용과는 모순된다. 그는 1805년 4월 백련사에 들렀다가 야생차가 많이 자라는 것을 보고 혜장에게 차 만드는 법을 알려 주었으며, 이후 여러 번 '걸명' 시문을 보내 차를 얻어 마시곤 하였는데, 1808년 다산초당으로 옮긴 뒤부터는 본격적으로 차를 자급자족하는 시스템을 갖추어 나갔다. 정민,《새로 쓰는 조선의 차 문화》, 김영사, 2011, p12 참조.
혜장惠藏(1772~1811) : 자는 무진無盡, 호는 연파蓮坡·아암兒菴. 대흥사 12대 강사. 술을 즐기고《수능엄경首楞嚴經》과《기신론起信論》을 좋아하며 다산에게

窮居習長齋　궁하게 사는지라 장재8)에 익숙하여

羶腥志已冷　누린 고기 생각은 이미 없어졌네.

(······)

檀施苟去疾　차 보시로 정말 병만 낫는다면

奚殊津筏拯　뗏목으로 구해 줌과 어찌 다르리오?

焙晒須如法　덖고 말리기를 법대로 해야지

浸漬色方澄　우려낸 물빛이 바야흐로 맑으리라.

고 하였고, 또

與可昔饞竹　여가9)는 옛날 대를 탐하였고

籜翁今饕茗　탁옹10)은 지금 차를 탐내거늘

況爾棲茶山　하물며 그대 사는 다산은

漫山紫筍挺　골골이 자색 순 돋았음에랴.

(······)

四鄰多霍癖　사방 이웃에 수많은 병자들

有乞將何拯　애걸하면 무엇으로 고치리오?

唯應碧澗月　오직 응당 벽간월碧澗月11)께서는

은혜를 많이 베푼 유승儒僧. 문집으로 《연파잉고蓮坡剩稿》, 《아암집》 등이 있다.
〈아암장공탑명兒菴藏公塔銘〉 참조.

8) 장재長齋 : 오랫동안 정오 이후에는 먹지 않고 정진함. 다산은 당시 '체증(소화
　불량)' 때문에 굶는 일이 많았다고 한다.

9) 여가與可 : 문동文同(1018~1079)의 자字. 호는 소소笑笑·석실石室. 북송의 문
　인으로 시문과 글씨, 특히 묵죽墨竹에 뛰어났다.

10) 다산의 별호로 籜은 '대껍질'을 말한다.

11) '푸른 시내의 달'이란 뜻으로, 여기서는 '혜장(혜장이 만든 차)'을 가리킨다.

竟吐雲中澄　구름 속 맑은 모습 드러낼지어다.12)

고 하였으니 이를 보면 선생에게 차가 얼마나 절실히 필요하였는
지를 넉넉히 짐작할 수 있지 않는가. <색성이 차를 보내와 고마워
하며謝賾性寄茶>13)에는

　　藏公衆弟子　혜장의 뭇 제자 중에
　　賾也最稱奇　색성이 제일 기특하다.
　　已了華嚴敎　화엄 교리 이미 깨치더니
　　兼治杜甫詩　두보 시도 아울러 배우고녀.
　　草魁頗善焙　차를 곧잘 덖어 내서
　　珍重慰孤羇　진중히 나그네 위로하였지.

라고 하였으니 선생은 다벽茶癖에도 상당히 집착했던 것을 알 수
있지 않는가.14)
　선생은 다벽에 깊고 다도茶道에 통할뿐더러 차의 종류와 명칭에
대해서도 전문가적 연구를 하였던 것이다. 《아언각비雅言覺非》<다
茶>항에 이렇게 말하였다.

---

12) 후딱 차를 보내 달라는 말이다. 이 시의 제목은 <혜장이 나를 위해 차를 만들
　　어 놓고는, 마침 그의 문도 색성이 내게 차를 주니까 주려던 것을 그만두므로
　　애오라지 원망하는 글을 보내 기어이 베풀어 주도록 청하였다(藏旣爲余製茶 適
　　其徒賾性有贈 遂止不予 聊致怨詞以徼卒惠)>(1805)로 조금 길다.
13) 1805년 여름 작. 색성賾性(1777~?) : 법호는 수룡袖龍. 혜장의 제자.
14) 다산은 자칭 '다도茶饕(차 탐식가)'라 함. <걸명소貽兒菴禪子乞茗疏> 참조.

차는 겨울에도 푸른 나무이다. 육우陸羽15)의 《다경茶經》에 "첫째 차茶라 하고, 둘째 가檟라 하고, 셋째 설蔎이라 하고 넷째 명茗이라 하고 다섯째 천荈이라 한다"고 하였으니, 본래 이 것은 초목의 이름이지 음료의 호칭이 아니다(《주례周禮》에 육음六飮과 육청六淸이 있다―원주). 동인東人은 다茶 자를 탕湯·환丸·고膏·음飮의 종류와 같다고 아는지라 약물을 한 가지만 달인 것은 모두 차라고 하여 생강차·귤피차·모과차·상지차桑枝茶·송절차松節茶·오과차五果茶라고 항상 말하지만, 중국에는 이러한 법이 없는 듯하다.

이동李洞16)의 시에 "나무골에 은자 부르길 기약하고, 시를 읊으며 측백차를 달이네(樹谷期招隱 吟詩煮柏茶)"라 하였고, 송시에 "창포차 한 잔에, 사탕떡 몇 개(一盞菖蒲茶 數箇沙糖粽)"라 하였으며, 육유陸游17)의 시에 "찬 샘물이 저절로 창포물로 바뀌니, 활화活火에 한가로이 감람차를 달이네(寒泉自換菖蒲水 活火閒煮橄欖茶)"라 하였다. 이는 모두 다정茶鐺(차냄비) 속에 측백잎·창포·감람 등을 섞어 넣으므로 이렇게 이름한 것이지, 특별히 한 가지만 달였다고 해서 차라고 이름한 것이 아니다(소동파蘇東坡의 〈대야장로에게 도화차를 구하여 심다(寄大冶長老 乞桃花茶栽)〉18)라는 시

---

15) 육우陸羽(733~804) : 자는 홍점鴻漸, 호는 상저옹桑苧翁. 당나라의 문인으로 최초의 다서인 《다경》을 저술하여 다도의 시조로 일컬어진다.
16) 이동李洞(?~?) : 자는 재강才江. 만당晩唐 시인. 가도賈島의 시를 흠모하여 동상을 주조하고 신처럼 섬겼다.
17) 육유陸游(1125~1210) : 자는 무관務觀, 호는 방옹放翁. 남송의 애국 시인으로 중국 역사상 가장 많은 시를 지었는데, 현재 9217수가 전한다.
18) 원제는 〈대야장로에게 도화차를 청하여 동쪽 언덕에 심는 것을 묻다(問大冶長老乞桃花茶栽東坡)〉이다.

가 있는데, 이것도 차나무의 별명이지 도화桃花를 차라고 거짓으로 이름한 것은 아닌 듯하다—원주).

幽棲不定逐煙霞　정처없는 신세라 안개와 노을 따르는데
況乃茶山滿谷茶　하물며 다산은 골골이 차가 가득함에랴.
天遠汀洲時有帆　하늘 멀리 물가에 이따금 돛배 떠 있고
春深院落自多花　봄 깊어 울안에는 절로 꽃이 많아졌네.19)

　앞의 시 일절은 선생이 다산의 차를 읊은 첫소리였다. 때는 언제나 하면 순조 8년 무진(1808, 47세) 3월 16일이니 강진읍에서 다산서옥으로 이주하기 직전20)이었다. 이 시를 보더라도 지명 다산은 이름과 같이 차나무가 많았거니와 다산의 다茶는 그저 차, 즉 음용차만이 아니고 산다山茶가 다산의 대부분을 이루었던 것도 사실인 듯하다. 어째서 그러하냐 하면 《아언각비》<산다山茶>항에

---

19) 제목은 <3월 16일 문거 윤노규의 다산서옥에서 놀았는데 공윤도 병을 조리하며 그곳에 있었으므로, 드디어 열흘 넘게 머물게 되니 점차로 여기에서 일생을 마칠 뜻이 생긴 것이다. 부족하나마 이 두 수를 지어 공윤에게 보여 주었다(三月十六日 游尹文擧魯奎 茶山書屋 公潤調息在此 因仍信宿遂踰旬日 漸有終焉之志 聊述二篇示公潤)>(1808)이다.
　* 윤노규 : 윤규로尹圭魯(1769~1837). 자는 문거, 호는 귤원橘園. 다산초암의 주인 윤단의 장남.
　* 공윤 : 윤종하尹鍾河(1772~1810)의 자. 다산의 외증조 윤두서가 공윤의 고조부이다.
20) 원문에는 '이주한 직후'라고 되어 있으나, '이주하기 직전'으로 보는 것이 타당하다. 위의 시제를 보면 10여 일 '유숙遊宿'한 사실을 알 수 있고, <다산연보>에 "무진 3월에 동문에서 다산초암으로 거처를 옮겼다(戊辰三月 自東門利處于茶山艸菴)"고 하였으므로, 결국 3월 말에 초당으로 이주한 셈이다. 조성을은 이삿날을 3월 29일(또는 30일)로 추정하였다. 앞의 책, pp624~6 참조.

"내가 강진에 있으면서 다산에 산다山茶를 많이 심었다(余在康津 於茶山之中 多栽山茶)"고 하였으니 이를 보면 더욱 알 수 있지 않은가.

油茶接葉翠成林　동백나무 우거져 푸른 숲 이루더니
犀甲稜中鶴頂深　잎은 무소 가죽이요 꽃은 학 대고리일레.
只爲春風花滿眼　봄바람에 송이송이 눈 안에 가득할 뿐
任他開落小庭陰　제멋대로 피고 지는 작은 뜰 그늘.

茈葽些些放白花　자초는 자잘하게 하얀 꽃 피어나고
墙頭虎掌始舒芽　담장머리 호장은 비로소 싹 틔우네.
山家種藥無多品　산집에 여러 약초 심지 않는 까닭은
爲有山中萬樹茶　산속에 일만 그루 차나무 있어서지.

이상 두 수는 모두 선생의 〈다산화사茶山花史 20수〉 중의 하나인데,21) 전자는 산다수山茶樹를 가리키고, 후자는 음용다수飮用茶樹를 가리킨 것이 분명하지 않은가.

그러면 산다山茶란 어떤 것인가. 선생의 고증에 의하면, 산다는 우리말로 동백冬柏인데, 봄에 꽃이 피면 춘백春柏이란 것이다.《한청문감漢淸文鑑》에는 산다를 강동岡桐이라 하였다.

산다는 남쪽 지방의 아름다운 나무이다.《유양잡조酉陽雜組》에 "산다는 높이가 한 길丈 남짓하고 꽃 크기가 한 치寸가량

---

21) 첫 수는 〈다산화사〉(1808)의 제6수이고, 둘째 수는 제16수이다. 특히 제6수는 성현成俔(1439~1504)의 시 〈유본가산다화有本家山茶花〉와 비슷하다.

이며 색깔은 붉은 비단 같다"고 하였다. 《본초本草》에 "산다는 남쪽 지방에서 난다. 잎은 차나무와 흡사한데 두껍고 딱딱하며 모가 나 있다. 꽃은 한겨울에 핀다"고 하였다. 소동파 시의 "선홍빛이 불꽃처럼 눈 속에 피어 있네(爛紅如火雪中開)"와 "잎은 두껍고 모가 나 꿋꿋한 무소 가죽이요, 꽃은 깊고 작은 모양이라 붉은 학 대고리일레(葉厚有稜犀甲健 花深少態鶴頭丹)"라는 구절은 모두 산다를 모사한 것이다. 동파의 말처럼 화품花品이 모양은 작으나 잎은 겨울에도 푸르고 꽃 또한 겨울에도 핀다. 열매는 판瓣이 많고 서로 접합된 것이 빈랑檳榔과 엇비슷한데, 기름을 짜서 머리에 바르면 끈적이지 않아 부인네들이 귀하게 여긴다. 봄에 꽃피는 춘백도 역시 동백이라고 통칭한다.

선생은 차를 좋아한 것만큼 산다화山茶花를 좋아하여 여러 번 음영吟詠에 나타낸 것이 어찌 우연한 일이랴. 다산은 산다를 거꾸로 한 것이니, 산다화와 다산 선생은 떼려야 뗄 수 없는[不卽不離] 기연奇緣이 있었던 것이다.

6) 죽옹竹翁·탁옹籜翁·균옹筠翁

다산서옥으로 옮기기 전해인 정묘년(1807) 5월 1일에 선생은 강진읍 거처에서 담장 안 채소밭 몇 길丈의 땅을 할애 받아 손수 대를 심고 종죽시種竹詩를 지었으니 죽옹·탁옹·균옹 등의 호는 이때부터 있게 된 것이 아닌가 한다.22)

淺雪陰岡石氣淸　희끗한 잔설 그늘 바위 기운 맑은데
穹柯墜葉有新聲　우듬지 잎 떨어지니 소리가 새롭구나.
猶殘一塢蒼筤竹　아직도 남아 있는 언덕배기 푸른 대
留作書樓歲暮情　서재 곁에 머물며 세모의 정 자아내네.

　이것은 〈다산팔경사茶山八景詞〉 중의 하나이다.23) 선생은 다산으로 옮겨 산 후에도 대나무를 사랑하는 고상한 운치는 한결같았던 것이다. 어느 날 윤씨 산장에서 대를 보고,

朱雀山中百丈瀑　주작산의 백 길이나 되는 폭포인들
何如園裏萬竿竹　어찌 정원의 만 그루 대와 비할쏘냐?
　　　　(……)
君家種竹爲藩籬　그대 집은 대를 심어 울타리로 삼으니
裨海狂飆吹不觸　바닷바람 거세어도 넘어오지 못하고
使我與君三兩人　나로 하여금 그대 두세 사람과 더불어
安然對坐甘酒肉　편히 마주앉아 술과 고기를 즐기게 하네.24)

라고 하였으니 선생은 대숲 한 자락을 백 척25) 폭포 이상으로 평가하지 않았는가. 풍상을 무릅쓰고 빛과 절개가 가시지 않는 죽림

---

22) 앞에서 언급하였듯이 다산은 1805년에 이미 탁옹이란 호를 쓴 바 있다.
23) 〈다산팔경사〉(1808) 8수 중 제7수로 제목은 〈언덕배기 푸른 대(一塢竹翠)〉.
24) 제목은 〈윤씨 산장에서 놀다(游尹氏山莊)〉(1808). 윤씨는 나중에 다산과 사돈 간이 되는 윤서유尹書有(1764~1821). 산장은 덕룡산 자락의 조석루朝夕樓.
25) 다산은 폭포 높이를 '백 길'이라 하고 창해는 '백 척'이라 하였지만, 주작산에는 폭포가 없다. 다산은 봉우리에서 안개가 흘러내리는 것을 '폭瀑'이라 한 듯하다.

144

을 거친 바다의 사나운 폭풍에 대한 방패와 성벽처럼 여겼으니, 거센 세파에도 자기의 소집素執(평소의 지조)이 변치 않는 군센 심회를 저 죽군竹君에 탁의托意한 것이다. 이 죽옹·탁옹·균옹 등의 칭호는 선생의 만절晚節을 상징한다.

7) 철마산초鐵馬山樵

선생의 고향에 철마산鐵馬山이 있는데 '마현馬峴'도 역시 여기서 나온 이름이다. 철마산초는 철마산의 초부樵夫란 말이다. 《아언각비》서문 끝에 "기묘년 겨울 철마산초 쓰다(己卯 冬 鐵馬山樵 書)"라 하였다. 기묘는 바로 다산에서 해배되어 마현으로 돌아온 이듬해이니 선생의 58세 때였다.

8) 자하산방紫霞山房

이는 선생이 〈해동선교고海東禪教考〉에 쓴 일종의 아호이다. 〈해동선교고〉는 선생이 강진에 있을 때에 명승名僧 초의草衣26)의 청에 의하여 기술한 것인데, 이번에 간행된 《여유당전서》에는 들어 있지 않다.

---

26) 초의草衣(1786~1866) : 자는 중부中孚, 법명은 의순意恂·意洵, 법호는 초의, 당호는 일지암一枝庵. 다산에게 유서儒書와 시도詩道를 배웠다. 저서로 《동다송東茶頌》, 《일지암문집一枝庵文集》, 《초의시고艸衣詩藁》 등이 있다.

4. 선생 거지居地 소고小攷

1) 마현馬峴

선생의 고향인 마현(마재)은 위에 말한 바와 같이 마을 뒷산인 철마산鐵馬山에서 비롯되었거니와 철마의 호칭은 또한 무엇에서 비롯되었는가? 여기에는 재미있는 이야기가 있다.

소천苕川(소내)의 북쪽, 유산酉山의 서쪽에 철로 만든 말 한 마리가 산마루에 놓여 있었으니 크기가 조그마한 쥐와 같았다. 전하는 말에 의하면 옛날 임진란에 풍수를 잘 아는 일본인이 있어 이곳의 산천이 너무 수려한 것을 시기하여 철마를 만들어 산마루턱에 세워두어 지기地氣를 누르고 갔다는 것이다. 선생 당시에도 마을사람들은 역질이나 요절이 있으면 콩과 보리를 삶아 가지고 철마에 삼가 제사하였던 것이다. 선생은 이에 대하여 사리에 전혀 맞지 않은 황당무계한 말이라고 변문辨文을 지어 논파하였다. <철마변

146

鐵馬辨>이 문집에 실려 있는데 그 요지는 이러하다.

철마제鐵馬祭는 유래가 오랜 것이요, 결코 야설野說과 같이 왜인이 만들어 둔 것이 아니다. 왜인이 한 것이면 그것은 비술祕術인데 어찌 마을사람들에게 알렸을 것인가. 만일 마을사람들이 자기들에게 불리한 압기물壓氣物인 줄 알았다면 한주먹에 부숴서 식칼을 만들었을 것이지, 어찌 도리어 그것을 신으로 섬기어 복을 빌 것인가 하였다.

압기설壓氣說은 진시황이 검을 묻어 동남쪽의 천자 기운을 눌렀다는 등 한인漢人의 미술迷術에서 발단되어 조선 중고中古 시대에

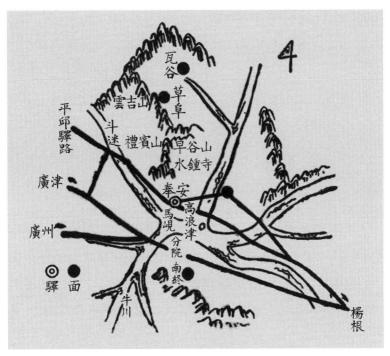

마현 주변 글씨는 <동여도東輿圖>에 따라 편자가 써넣었다.

풍수가들이 많이 써먹던 것이므로 역내 도처에 이런 풍설이 돌아다녔던 것이니 거론의 가치가 물론 없는 것이다.

그러나 선생의 말과 같이 철마제 풍속은 단순한 음사淫祀가 아닌 것을 말하고자 한다. 철마숭사鐵馬崇祀는 상고上古 기마족이 군마軍馬를 소중히 여기는 현실적 생활의 관념에서 발원한 것이다. 그래서 마신馬神을 군신軍神, 즉 일종의 수호신으로 높이던 유속遺俗일 것이다. 성황신城隍神은 조선 사람에게 있어서 촌락·성읍城邑의 유일한 수호신으로 아는 동시에 성황신이 말이란 것은 조선 각처에 골고루 퍼져 있는 민간신앙이다.

일례를 들면 음사淫祀가 많기로 유명한 영동嶺東 삼척三陟의 읍邑 성황당城隍堂에는 역시 쥐만한 철마 몇 개가 신탁 위에 놓여 있는 것을 필자도 최근에 목도한 바이다.[1] 이런 것을 보아서 마현의 철마도 또한 예외 없이 고대 군마 신앙의 유속임이 틀림없고 한인漢人의 마조신馬祖神(맨 처음 말을 기른 사람) 숭사와는 그 취지가 근본적으로 다른 것이다.

2) 소천召川

소천은 방언에 '소내'이니 '소내장터'가 바로 그곳이다. 그러나 《여지승람》에는 소천小川이라 하였고 고산자古山子의 《대동여지도大東輿地圖》에는 우천牛川이라 하였으되 소천召川이라고 쓴 데는 없으니, 이것은 아마 선생이 스스로 중국 절강성浙江省 소계召溪의 음

---

1) 최익한, 〈향토문화를 찾아서·삼척행〉, 《조선일보》(1938.5.22) 5면 볼 것.

을 취하여 소내를 소천苕川이라 한 동시에 장지화張志和의 "배를 집 삼아 떠다니며, 소계苕溪와 삽계霅溪 사이를 오가고저(願爲浮家泛宅 往來苕霅之間)"의 은은한 멋을 빗댄 것이 아니었던가.[2] 또 소천苕川 을 곧 소계苕溪라고도 하여 열수와 같이 거지명居地名으로 써서 소 계 정용苕溪丁鏞, 소계산인苕溪散人이라 자칭하였다.

소천苕川(우천)은 《여지도》에 표시된 것처럼 마현 옛집의 문 앞을 가로지르는 한강이 아니다. 이것은 광주廣州의 옛 경안역景安驛 방 면에서 북향해 오는 한강의 지류로서 마현 앞에 와서 한강에 합류 하므로 선생은 한강인 열수와 함께 우천인 소계를 거지명으로 병 용하였던 것이다.

선생이 옛날에 살았던 소천은 과연 산천이 수려하기가 한강 연 안에서 월계月溪[3]·천양天陽[4] 등의 명승지를 능가할 만한 곳이다. 소천이 마현에서 합류할 뿐만 아니라 단양丹陽·충주忠州·여주驪州· 양근楊根으로 따라오는 남한강, 즉 선생의 이른바 습수濕水와 회양 淮陽·금성金城·춘천春川·가평加平을 지나오는 북한강, 즉 선생의 이 른바 산수汕水도 또한 마현 앞 족자섬(簇子島, 藍子洲)에서 합류되니 마현은 삼강 합세의 절승지이다.

忽已到鄕里 어느새 도착한 고향 마을
門前春水流 문 앞에는 봄물이 흐르네.

---

2) 다산은 《송파수작松坡酬酢》〈기이其二〉에서 "종전부터 소계와 삽계 왕래한 걸 부러워하였네(苕霅從來羨往還)"라고 하였다.
3) 현 양평군 양서면 신원리.
4) 현 여주시 금사면 이포리.

欣然臨藥塢　흐뭇이 약초밭에 다가서니

依舊見漁舟　옛날 그대로 보이는 고깃배

花煖林廬靜　화사한 꽃이랑 고요한 오두막

松垂野徑幽　솔가지 드리운 그윽한 들길……．

南遊數千里　남녘 땅 수천 리를 노닐었어도

何處得效丘　어드메서 이런 언덕 찾으리오?5)

　이것은 선생이 젊었을 때 남쪽을 유람하고 소천의 옛집에 돌아와 지은 것인데, 옛집의 낙토절승樂土絶勝은 후인으로 하여금 한 폭의 그림을 보는 듯한 느낌이 들게 하지 않는가?

　산수汕水와 습수濕水를 합하여 방기천리邦畿千里6)의 비단띠 형승形勝을 이룬 열수(한강)는 선생의 이른바 ‘우리 집 문 앞 물(吾家門前水)’이므로, 선생은 소싯적부터 서울과 고향(70리 거리) 왕래를 가끔 이 강의 배로 하였던 것이 문집 중 시편에서도 자주 발견된다.

旭日山晴遠　아침 햇발에 먼 산은 개었고

春風水動搖　봄바람에 온 강물 꿈틀거리네.

岸廻初轉柂　언덕이 돌매 키는 그제야 구르고

湍駛不鳴橈　물결이 빠르니 노는 울지 않네.

---

5) 제목은 〈소내의 집에 돌아와서(還苕川居)〉(1779). 아버지 근무지인 화순현에 있다가 고향에 도착하여 지은 시. 최익한은 《정다산선집》(1957)에 다음과 같이 번역하였다. “어느덧 나의 고향에 돌아왔다, / 봄 강은 문턱을 스쳐 흐른다. // 약초 심은 언덕을 반가이 보살피며 / 고기잡이배는 기다린 듯 떠 있네. // 고요한 초당에 꽃기운 후덥고 / 그윽한 들길에 소나무 우거졌네. // 수천 리 타향을 골고루 돌았건만 / 이같이 좋은 곳을 어데서 보오리?”

6) 기내畿內 천리란 뜻으로, 천자의 도읍은 사방이 천리였다. 《시경》〈현조玄鳥〉

淺碧浮莎葉　잔디밭에 푸른 빛 떠오르고

微黃着柳條　버들가지에 누른 기운 어리었네.

漸看京闕近　보아라! 한양성 가까워지노니

三角鬱岪嶢　다정한 삼각산이 우뚝 솟아나네.7)

　15세 때의 시이니 나이에 비하여 대단히 맑고 평온하며 조숙하였거니와 이번 길은 부인 홍씨洪氏와 백년가약을 맺기 위하여 서울로 장가가는 길이라 춘풍에 흔들리는 한 조각배는 장래 대학자인 선생의 인생의 봄에 대한 꽃다운 꿈을 가득히 실었을 것이다.

　그리고 그림에서 본 바와 같이 집 뒤에 멀지 않은 곳, 약 20리 떨어져 있는 운길산雲吉山의 수종사水鐘寺는 신라 고찰古刹인데, 선생이 어릴 적에 항상 놀고 독서하던 곳이다. 문 앞의 강 하류에 있는 두미斗迷는 선생이 23세 때 서학西學의 선구자인 광암曠菴 이벽李檗을 좇아 서학을 연구하던 강협 승지江峽勝地이다. 선생이 사는 곳은 오직 산수의 절경으로 울타리를 삼고 있지 않았는가.

　선생은 이렇게 산수향山水鄉에서 나고 자란 만큼 산수의 벽癖이 본래 깊었거니와 더구나 중년엔 속절없이 벼슬살이 세파에 한없는 번뇌를 느꼈고 만년엔 하늘 끝에 유배된 신하로서 천고의 시름과 나라 걱정에 머리가 세었으니 고향의 산수는 항상 선생의 맑은 꿈을 자아냈던 것이다.

---

7) 번역은 《정다산 선집》(이하 '정선') 교주본 p115에 따랐다. 제목은 〈봄날에 막내 숙부를 모시고 배 타고 한양으로 가면서(春日陪季父乘舟赴漢陽)〉인데, "1776년 2월 15일에 관례를 올리고 16일에 서울로 가서 22일에 혼례를 치렀다. 이 시는 서울에 갈 때 배에서 지은 것이다"고 원주가 달려 있다.

선생은 강진 해배 후 귀향하였을 때에 독서와 편술編述의 여가에는 산·습汕濕 두 강을 거슬러 오르고 용문산龍門山·청평산淸平山 등지에서 거닐며 즐겼다.

<산행일기汕行日記>에 의하면, 회갑 이듬해에도 유람을 떠났다. 계미년(1823) 여름에 큼지막한 고깃배 한 척을 구하여 집처럼 꾸미고 그 문미門楣에 '산수록재山水綠齋'라는 편액을 걸었으니 손수 쓴 것이다. 좌우 기둥에는 '장지화가 소삽에 노닌 운치(張志和苕霅之趣)', '예원진이 호묘에 노닌 정취(倪元鎭湖泖之情)'라고 씌었으니 이는 신작申綽의 예서隸書이다. 학연學淵의 배는 '황효와 녹효8) 사이에서 노닐며(游於黃驍綠驍之間)'라 제액題額하고, 그 기둥에는 '물에 떠다니는 집(浮家汎宅)', '물 위에서 자고 바람을 마시다(水宿風餐)'라고 쓰여 있었다. 병풍·장막·침구류, 붓·벼루·서적류, 약탕관·다관茶罐·밥솥·국솥 따위에 이르기까지 갖추지 않은 것이 없었다.

화공 한 사람을 데리고 단연丹鉛과 담채澹采를 휴대하여 '물이 다하고 구름이 일어나는 곳'이나 '버들 그늘이 깊고 꽃이 활짝 핀 마을'에 이를 때마다 배를 멈추고 빼어난 경치를 골라서 제목을 붙여 그림으로 그리게 하고 싶었다. 이를테면 '사라담에서 바라본 수종사沙羅潭望水鐘寺'나 '고랑도에서 바라본 용문산皐狼渡望龍門山' 등으로 모두 그릴 만한 절경이었다.9)

선생의 이 계획을 듣고 각처 풍류 인사들이 많이 와서 같이하였다. 이 얼마나 운치 있고 신선한 행색이었던가!

---

8) 황효는 여주驪州, 녹효는 홍천洪川이다. 학연은 아들 대림大林을 데리고 며느리를 맞이하러 소내에서 춘천으로 가는 길이었다.

9) 계미년~절경이었다 : 원문에 오류가 있으므로 편자가 전서에 따라 고침.

그래서 선생의 일행은 집 근처인 남자주藍子洲에서 배를 띄워 산수汕水의 공달담孔達潭에서 점심을 먹고 황공탄惶恐灘을 지나 호후판虎吼阪에 이르러 숙박하였다. 마을은 단 세 집뿐이었다. 두 집은 마침 서로 싸우며 상투를 잡아낚고 가슴을 차면서 호랑이 엉패를 치고 있었다.10) 남은 한 집은 문이 닫힌지라 문을 두드리며 재워달라고 애걸하였다. 그래서 자게는 되었는데 주인 노파는 산에 올라 묵정밭을 태우다가 나무뿌리 끝에 발이 찔려서 밤새도록 괴로움을 호소하는 판에 일행은 잠을 한숨도 못 잤다. 산수의 낙樂에 맨주11)가 된 선생일지라도 세상은 고경苦境이라는 탄식을 연발하지 않을 수 없었다.

이는 〈산행일기〉 일부분에 불과한 것이니 귀중한 지면에 장황하게 인용할 필요가 없겠지마는 필자는 선뜻 느낀 바가 있다. 이 부분은 선생의 일생 역정과 당시 사회의 광경이 우연히, 그러나 핍진하게도 은유적으로 묘사되어 있지 않는가!

태어난 님의 나라
산고수려山高水麗하올시다
수진운기水盡雲起 좋을세라
유암화명柳暗花明 그 어딘가
세로世路는 뱃길 같아라
님이라 아니 갈쏜가

---

10) '엉패를 치다(부리다)'는 '행패를 부리다'의 경상 방언. 최익한은 〈산행일기〉의 '호랑이처럼 아우성쳤다(其吼如虎)' 구를 이렇게 옮겼다.
11) '맨주'는 '흠뻑 취함'의 뜻으로 '만주滿酒'의 경상 방언. 《정선》 p286.

산수습수汕水濕水 모아 흘러

열수강洌水江 굽이치네

용문산龍門山 바라보고

청평산淸平山 돌아들고

그곳이 갈 곳이라면

님의 배를 저으리라

인의라 돛을 달고

절개라 돛대 세우고

학문이라 닻줄 삼고

경륜이라 키를 잡고

남자주藍子洲 맑은 새벽에

어기야 소리쳤네

수종사水鐘寺 종소리는

손의 배에 들리건만

고랑진高浪津 찬 물결은

원수라 거세구나

황공탄惶恐灘 오르고 보니

두려워라 세상일레

호후판虎吼阪 삼가촌三家村에

저물다 배 대었네

세 집에 두 집이라

할 일이 싸움인가

애숙다12) 새밭13)살이 저 댁은

손발에 피 나누나

두 집은 양반이요

한 집은 백성일세

양반은 싸움인가!

백성은 울음인가!

울음이 밤새 사무치나니

님이여 잠드시리까

　그 언젠가 필자가 16세 되던 봄이었다. 나의 조부를 모시고 나의 중세中世의 고향이요 우리 흙14)의 수도인 서울을 구경할 양으로 울진蔚珍 고향에서 도보로 출발하여 십이령十二嶺을 넘고 죽령竹嶺을 넘고 단양丹陽부터는 남한강, 즉 선생의 이른바 습수濕水를 따라 4, 5일 만에 광주廣州에 들어서 마현馬峴의 건너편 소내장터 어느 주막에서 하룻밤을 지냈다. 그러나 그때는 마현이 무엇인지, 또 마현이 어디 있는지도 몰랐다. 그리고 그곳에서 이웃 고을인 양주楊州 두메에 있는 선영15)을 참배하기 위하여 여태까지 옆에

---

12) '야속하다'의 방언(경상·강원).
13) 띠나 억새가 우거진 곳.
14) 당시 일제강점기에 '우리나라(我國·我朝)'란 말이 일본이 아닌 조선을 가리킬 경우에는 사용 불가하므로 총독부의 검열을 의식하여 '우리 흙'이라 쓴 것이다.
15) 후손에 의하면 양주군 진접면榛接面(현 남양주시 수동면水洞面) 내마산內馬山에 최익한 고조부 '기기祺'의 묘가 있다고 한다. 마현(현 남양주시 조안면 능내리)

끼고 오던 한강은 그것을 서쪽 하늘에 내어버려 서울을 먼저 가게 하고, 나룻배로 북쪽 기슭에 올라 어떤 동네 안 가운데로 지나가게 되었다.

수십 호의 촌락에 기와집이 경성드뭇하고 당우堂宇는 청초하고 담장은 소쇄하고 지붕 위아래로 움직이고 있는 강빛과 산색은 거울 속을 들여다보는 것 같았다. 나는 바쁜 행각行脚을 잠깐 멈추고 마음으로 강촌의 절경을 부러워하여 속말로 '얌전한 동네로군!' 하였다. 이것이 어떤 동넨가를 조부에게 물은즉, 그도 투철히 알지 못한 어조로 "무어 마재 정씨촌이라지" 하실 뿐이었다. 나도 어째 그랬는지 그 이상 더 추궁해 묻지 못하였다. 그때는 그것이 선생의 고향 마을인 마현인 것을 통 모르고 무심히도 지나쳐 버렸던 것이다!

그뿐이랴. 지금부터 19년 전 내가 23세 때의 일이다. 나는 무슨 맡은 일이 있어 원주原州에 갔다가 마침 큰 비로 경성통로京城通路의 교량이 많이 파괴되어 자동차가 불통되므로 문막강文幕江에서 상선商船 하나를 개평 들어16) 타고 충주 서창西倉에 와서 남한강의 본류에 들어서니, 새로 불어난 강물에 '물살은 드세지고 배는 달음질친다!(水盛舟駛)' 문자 그대로였다. 여주에서 하룻밤을 선실 창문 쪽에서 지내고 나는 약주 한 병을 사서 실었다. 배는 쏜살같이 다시 달아났다. 배 안 일행은 맑은 바람 한 자리를 차지하고 한 잔

은 1906년에 이미 광주군에서 양주군으로 편입된 상태였다. 즉 최익한이 참배하던 1912년(16세) 당시에는 마현과 선영이 둘 다 양주군 지역이었다가 오늘날에는 남양주시로 개편된 것이다.

16) 개평 들어 : '공짜로, 숟가락 얹어, 꼽사리 끼어' 뜻의 방언(경상·강원).

두 잔 먹기 시작하면서 좌우 연안에 우거진 풍경을 손가락질하고 글로 읊기도 하였다.

반나절이 채 되자마자 배는 벌써 마현 앞 소내장터에 다다랐다. '소내장터' 하니 이것은 8년 전의 기억이 분명하지만, 건너편 언덕의 아주 가까운 곳에 있는 '마재'는 이번에 두 번째 지나되, 역시 선생의 고향마을인 마현인 줄은 전연 몰랐다. 조부가 일러주신 '마재 정씨촌' 다섯 자 중에서 '마재' 두 자는 8년이란 시간이 벌써 가져가 버렸고, '정씨촌' 석 자는 머릿속에 맴돌다가 때마침 강원 두메에서 북한강 입구로 내려 밀리는 굉장한 뗏목 구경에 눈이 쏘여 가물거렸던 것이다. 사공이 무슨 눈치를 차리고 젓던 노를 급자기 놓고 앉더라니, 건너편 언덕 주점의 미녀들이 일인일선一人一船으로 각기 쪽배에다가 술상을 싣고 군도軍刀만 한 짧은 노를 번개같이 저으면서 우리 배에 바짝 다가붙어서 걸줄로 두 배를 걸어매고 소내장의 특색인 권주가를 부르는 판에 정신이 빼앗겼던 것이다. 그러고 나니 한 조각 작은 배에 어구漁具를 가득이 싣고 우리 배를 스쳐가는 어옹漁翁 한 분이 보기에 하도 느긋하고 한가로우므로 부러운 마음에 글 한 수 지어 읊었던 것이다. 이러는 동안에 '정씨촌'은 그만 문제 밖으로 보내고 말았다.

이제 당시 기행 원고를 들추어 본다.

〈배를 타고 소내장터를 내려가며(舟下牛川市)〉

峽江驅漲浪花愁 골짝 강물 넘치니 물보라 시름겹고
柔櫓人閒片帆秋 노 젓는 이 한가할사 돛배는 가을이네.

未了驪陽一壺酒　여양 술 한 병도 아직 다 못 마셨건만
靑山爭報廣山州　푸른 산은 다투어 광주라고 알리네.

＊廣山州：廣州 舊號.

＜소내강 위에서 어옹께 드리다(牛川江上贈漁翁)＞

菱市蘋汀到處幽　마름풀 장터 물가 곳곳이 그윽하고
漁翁身世泛淸秋　어옹의 신세는 맑은 가을에 떠가네.
鬢華不是人間色　귀밑머리 허여니 사람의 색 아니어라
濯盡緇塵似白鷗　검은 티끌 싹 씻어 갈매기와 같구려.

이런 시들뿐이고 강 너머 가까운 곳인 선생 고향은 터럭 끝만치
도 언급된 것이 없었다. 맑은 강에 둥실둥실 떠 있는 어옹의 신세
는 부러워하면서도 대학자요 대사상가인 다산 선생의 옛집의 유풍
遺風은 눈앞에 두고도 찾아볼 줄을 몰랐으니 꿈속에 봄산을 지나
쳐도 분수가 있지 않은가! 나는 이로부터 한강을 말하지 못하겠다.
남을 대하여 한강 일대의 명승과 고적을, 아니 조선의 명승과 고적
을 자랑할 자격도 권리도 잃어버렸다.

그때에 본 '마재 정씨촌'은 선생의 고향 마을 마현이었고, 청초
한 기와집 중의 하나는 선생의 서옥書屋인 여유당이었음에 틀림없
으리라. 만일 내가 그때에 선생에 대한 인식과 성의가 조금이나마
있었더라면 아무리 느닷없는 여행일지라도 면모가 전과 다름없는
선생의 옛집을 방문하여 손때가 어려 있는 수천 권의 장서와 수십
종의 유물을 마음껏 배견拜見하였을 터인데!

선생 옛 거처의 표시로는 수효와 분량에 있어 '소천苕川'이 첫 번째가 될 수 있다. 전집 중에 소천·소계苕溪·소수苕水·소상苕上 등의 글자가 가끔 눈에 뜨일뿐더러 시 <소천사시사苕川四時詞>의 세목을 시험 삼아 열거하면,

① 검단산의 꽃구경(黔丹山賞花)

② 수구정의 버들 찾기(隨鷗亭問柳)

③ 남자주의 답청(藍子洲踏靑)

　　* 남자주는 족자섬[簇子島]으로 남·북한강이 합쳐지는 곳.

④ 흥복사의 꾀꼬리 소리(興福寺聽鸎)

⑤ 월계의 고기잡이(粤溪打魚)

⑥ 석호정의 서늘맞이(石湖亭納涼)

⑦ 석림의 연꽃 구경(石林賞荷) 　* 석림은 고 이조판서 이담李潭의 별장.

⑧ 유곡의 매미 소리(酉谷聰蟬)

⑨ 사라담의 달밤 뱃놀이(鈔鑼潭汎月) 　* 鈔鑼는 沙羅.

⑩ 천진암의 단풍 구경(天眞菴賞楓)

⑪ 수종산의 눈 구경(水鐘山賞雪) 　* 수종산에 수종사가 있다.

⑫ 두미협의 고기 구경(斗尾峽觀魚) 　* 斗尾는 斗迷.

⑬ 송정의 활쏘기(松亭射帿)

등이니 그 범위가 실로 마현 주위의 수십 리 지대를 포괄하지 않았는가. 그러므로 소천·소계는 선생 옛 거처의 광의적·대표적 칭호라 할 수 있는 것이다.

3) 옛집과 유서

지금은 선생의 고향 마을 마현이 예전에 필자가 두 번이나 무심히 지나던 그때의 것이 아니다. 14년 전 을축 홍수 때 한강이 전에 없이 불어 넘쳐 마현 일대가 물나라가 되었던 것이다. 선생의 사현손嗣玄孫 규영奎英17)(이미 작고)씨의 결사적 작업에 의하여 겨우 건져 내게 된 선생의 전서 이외에는 여유당 옛집과 유물 전부와 집 앞 노송 한 그루와 건너편 언덕 소내장터까지가 모두 물거품으로 돌아가고 말았다. 이 어찌 상전벽해의 일겁이 아니냐!

옛집은 비록 강기슭이지만 산언덕의 경사면에 서 있고, 전청前廳의 기둥 아래 섬돌의 높이가 3, 4척이나 되므로 강이 넘쳐도 침범하기가 원래 불가능했던 것이다.

　　〈여름날 소내에서 지은 잡시(夏日苕川雜詩)〉 중

　　連宵雨脚水東西　연일 밤 빗줄기에 동서로 흐르는 물
　　潦漲潮來上柳堤　불어 넘쳐 밀려와 버들 둑을 오르네.
　　門外刺舟新有響　문밖에 배 젓는 소리 새로 들리더니
　　帆竿高與屋檐齊　돛대는 높아져서 처마와 나란하네.18)

---

17) 정규영丁奎英(1872~1927) : 자는 광오光五, 호는 성재惺齋. 음덕으로 탁지부度支部 북청北靑 재무서장財務署長 등을 지내고, 다산의 수제자 이정李睛이 기초起草한 《사암연보》를 1921년에 수식 완성하였다.

18) 1781년 작(7수 중 제6수). 최익한은 〈사상史上 명인名人의 20세—다산 선생의 조년早年 공시工詩(19)〉(《동아일보》, 1940.5.12)에서는 전편을 소개하였다.

를 보면 선생 당시에도 강물이 넘쳐 핍박이 상당하였으나 그래도 시경詩景의 도움은 될지언정 직접 집의 재난은 되지 않았다. 전전 을축년(1865) 홍수 때는 강이 비교적 심하게 불어나 옛집 전청의 기둥에다가 뱃줄을 매었다는데, 전 을축(1925) 홍수 때는 배가 용마루를 지나갈 만큼 넘쳤었다니 불과 100여 년 사이에 강역江域이 얼마나 변화되었는지를 알 수 있지 않는가.19)

고참자의 말을 들으면 옛집은 구口 자형인 20여 칸의 기와집으로서 여유당은 왼쪽 전청이요 종택宗宅 쌍벽정雙碧亭(남·북한강)의 뒤 서쪽으로 1km 떨어진 외지에 있었는데, 강을 안고 남향하였으며 '여유당' 지액紙額(후인 씀)과 '품석정品石亭'(주위에 암석 3개가 있다), '서향묵미각書香墨味閣', '소상연파조수지가苕上烟波釣叟之家' 등 판액板額 (모두 반초半草 친필)은 당堂과 같이 끝끝내 있었다고 한다.

규영씨가 책을 구한 미담은 문화 보존사 차원에서 대서특필하지 않으면 안 될 것이다.

지난 을축(1925) 홍수 때 한강이 불어 넘쳐 여유당의 구들방에 물이 달려든지라 씨는 생명같이 대대로 지켜 내려온 선생의 전서 서궤書櫃를 벽장에서 끄집어내 가지고 절대 안전하다고 생각한 안방 다락에다가 옮겨 두었더니 조금 있으니까 물이 안방으로 쫓아 들어와서 눈 깜빡할 사이에 허리까지 찼다. 때는 깊은 밤이고 집

---

19) 1865년 7월 홍수 때 한강(구용산) 수위는 11.21m, 1925년 7월 홍수 때는 역대 최고치인 12.74m를 기록하였다(백남신,《서울 대관》, 정치신문사, 1955, p607). 한편 1926년 2월 최익한이 소속된 재일 조선인 사상단체 '일월회'는 을축년 홍수에 대한 조·일朝日 연합 수해 구제금을 전달한 바 있다(이석태 편,《사회과학 대사전》, 문우인서관, 1948, p536; 김인덕《식민지시대 재일조선인운동 연구》, 국학자료원, 1996, p101).

안과 마을 사람들은 저마다 탈출하느라 겨를이 없었지만, 씨는 홀로 황급히 다락에 뛰어올라가서 서궤를 다시 끄집어내려고 하였다. 그러나 서궤를 맨 먼저 갖다 둔 까닭에 그 위에는 집안의 모든 세간들이 산같이 쌓여 있어서 갑자기 끄집어낼 수가 없었는데, 물은 벌써 다락으로 치올라왔다. 급보를 들은 마을의 구조선이 달려와서 어서 나오라고 외쳤으나,

"나는 다산 전집을 건져 내지 못하면 죽어도 못 나가겠다!"

고 소리쳐 응답하고, 물탕을 쳐가면서 겨우 서궤를 찾아 등에 걸머지고 헤엄질하여 집을 나와 배에 오르자마자 물은 곧 용마루로 올라갔다.19)

여유당 옛집과 선생 묘소(집 뒤편 언덕 위)

씨는 그래서 집 뒤 작은 등성이 위의 선생 묘 앞으로 올라가서 지고 있던 서궤를 내려놓고 앉아서는 일장통곡을 하였다 한다.

다음 날 강물이 빠지면서 선생의 옛집은 배가 되어 떠내려가 버렸고 오직 선생의 전서만이 사손嗣孫의 매운 손에 잡혀 있다가 오늘날 세인의 눈앞에 활자로서 그 위용을 드러내게 되었다.

아! 순서殉書 각오자21)인 씨여!
문화의 수호신인 씨여!
다산 선생 ― 학연學淵(호 유산酉山) ― 대림大林(호 운사運史) ― 문섭文爕(호 낭헌琅軒) ― 규영奎英(호 성재惺齋).

4) 서울 남촌南村(창동倉洞·회현동會賢洞·명례방明禮坊 등)

마현과 서울의 거리가 70리에 지나지 않고, 또 뱃길 편이 있었으니 선생이 처음 서울에 몇 살에 왔었는지는 모르겠으나,22) 15세 봄에 초행醮行23)이 있은 후부터는 선생의 무대는 마현에서 서울로 옮긴 것이 사실이리라. 말은 나면 제주로 보내고 사람은 나면 서울로 보내야만 된다는 속담과 마찬가지로 장래 대학자이자 대사상가가 되고야 말 선생이 마현의 조그마한 외양간을 떠나 정

---

20) 당시 여유당 고택의 수재 상황과 전서 구출의 모험담은 《시대일보》<한강 상류 수화水禍의 참적慘跡을 차저 9>(1925.8.8) 볼 것.
21) 순서 각오자 : 서책을 위하여 목숨을 바칠 각오를 한 사람.
22) <다산연보>(1830)에 의하면, 1769년 8세 때 처음 서울을 구경하였다.
23) 신랑이 초례醮禮를 치르기 위해 처가로 감.

치·문화의 수도인 서울이란 대목장으로 일찍부터 오게 된 것은 우연찮은 역사적 모멘트였다.

그때 남인南人 명가인 선생의 처가 홍씨는 경성 회현방會賢坊에 살았는데, 관객館客(사위)인 선생의 첫 출입은 벌써 훌륭한 문화적 교제였다. 그리고 아버지 하석荷石[24]공은 장헌세자의 변 후 즉시 벼슬에서 물러나 귀농하였다가 정조의 치세를 만나 다시 벼슬에 나가서, 선생이 결혼한 해인 병신(1776) 4월부터 명례방明禮坊 소룡동小龍洞에서 살았으므로 선생도 아버지를 따라 서울 생활을 하게 된 것이었다.

회현방(지금 욱정旭町[25])이니 명례방(지금 명치정明治町[26])이니 하는 데가 모두 남산 아래의 이른바 남촌南村이다. 당시 서울에 사는 양반의 분포 상태를 보면, 대개 남촌과 북촌 둘로 나눌 수 있다. 서인西人의 색목色目을 가진 척리戚里·권신權臣들은 대개 궁궐의 대臺 아래인 북촌 일대에 반거蟠居하고, 남인(소론파少論派까지 포함) 일당은 숙·경종 이후 정권을 잃고 야당의 지위를 겨우 보존하여 오던 터라 시골로 물러나는 과정에서 남산을 등지고 북궐北闕을 회고하면서 남촌 일대에 흩어져 사는 것이 그때의 현상이었다.

그러므로 남인 색목을 가진 선생의 서울살이 위치도 또한 끝끝내 이러한 배정의 범위와 운명을 벗어나지 못하였던 것이다.

---

24) 다산의 아버지 정재원丁載遠의 호.
25) 현 회현동會賢洞의 일제강점기 명칭.
26) 현 명동明洞의 일제강점기 명칭.

<지겨운 객지살이(倦遊)>

鄕里堪携隱　고향은 처자 데리고 살 만한데
京城又倦遊　서울에서 또다시 지겨운 객지살이
文章違俗眼　문장은 세속의 안목과 어긋나고
花柳入羈愁　꽃 버들은 나그네 시름 자아내누나.
屢擧遮塵扇　먼지 막는 부채를 자주 들고서
長懷上峽舟　산골로 가는 배를 노상 그리네.
馬卿亦賤子　사마상여 또한 미천한 사람이지
題柱俗何求　기둥에 써서27) 무엇을 구하려 했나.

이것은 선생이 20세 때 회현방에 머무르면서 성균관 과시課試에
3차 실패한 것을 자탄한 것이다. 18세 이후 지금까지는 서울에 있
는 주된 과업이 아버지의 명에 의하여 과문科文의 여러 체를 연습
하는 것이었다. 그러나 선생의 본뜻[素志]은 결코 단순한 공명과
벼슬살이에 있지 않았다.

여태까지 서울 거주지는 부형의 집이나 처가였지만, 21세 중춘
仲春(음력 2월)부터는 창동倉洞(지금 남미창정南米倉町28)) 체천棣泉에다
가 집 한 채를 사서 살았다고 하니, 아마 선생의 분가 형식이 이때
에 비로소 정립되었던 것이다.

---

27) 한나라 사마상여司馬相如가 벼슬하기 위해 장안長安으로 갈 때 승선교昇仙橋
　를 지나면서 다리 기둥에 "네 마리 말이 끄는 높은 수레를 타지 않고서는 이 다
　리를 다시 건너지 않으리라"고 썼다는, 입신양명에 관한 고사가 있다.
28) 현 남창동南倉洞의 일제강점기 명칭.

창동이 어디냐 하면《대동여지도》에 표시된 바와 같이 숭례문崇禮門 안 남산 밑인데 선혜창宣惠倉 터였으므로 창동, 속칭 창골이다. 거기에 두 우물이 있었는데 형제천兄弟泉, 속칭 형제우물인 까닭에 선생은 점거한 즉시 형제에 빗댄《모시毛詩》의 〈상체常棣〉에서 취하여 형제천을 체천棣泉이라 하고, 집은 체천정사棣泉精舍라 하였던 것이다. 정사精舍는 개울물의 남쪽에 있었고 사립문은 북향이었다고 한다. 지금 가서 답사해 보면 선혜청 터는 본청 빈터를 빼놓고는 창고가 전부 공설시장이 되었고, 형제우물은 그 명칭과 지점을 몇몇 노인들에게 여쭤야만 겨우 찾을 수 있다.

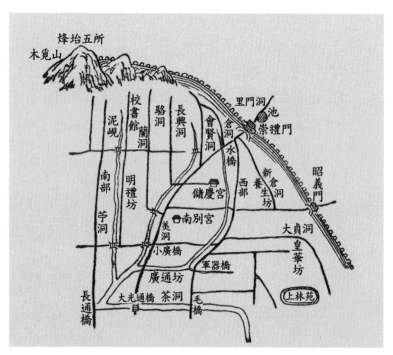

서울 남촌南村 '목멱산木覓山'은 〈동여도〉에 따라 편자가 추록하였다.

당시 그림 같았던 체천의 객지살이 상황은 선생의 <봄날 체천에서 지은 잡시春日棣泉雜詩>로 말하게 하련다.

鴉谷新茶始展旗　백아곡29)의 햇차가 처음 잎이 피어나
一包纏得里人貽　마을 사람이 주길래 한 포 겨우 얻었지.
棣泉水品淸何似　체천의 수질은 맑기가 어떠할꼬
閒就銀瓶小試之　한가로이 은병에 부어 조금 시험하네.

崇禮門前市曉開　숭례문 앞 저잣거리 새벽에 열리더니
七坡人語隔城來　칠파七坡 사람 말소리 성 너머 들려오네.
携筐小婢歸差晩　광주리 든 어린 여종 늦게사 돌아와서
能得新魚一二枚　싱싱한 생선 한두 마리 얻었다고 하네.

層松幽壑晩陰淸　우거진 솔 깊은 골 저녁 그늘 맑은데
麗日輕風浣纚聲　고운 햇살 실바람 빨래하는 소리
徐就黃莎岸頭坐　찬찬히 누런 잔디 언덕배기에 앉아서
隔溪閒對杏花明　시내 건너 환한 살구꽃을 마주보네.

襂褵新衣帶酒壺　새 옷을 떨쳐입고 허리에 술병 차고
三三五五過城鋪　삼삼오오 짝지어 성포城鋪를 지나네.
試看童子携箭簏　화살통 메고 있는 동자를 보자 하니
全是南山舊射徒　이들 모두 남산의 옛 활잡이들일세.

---

29) 백아곡白鴉谷은 검단산 북쪽에 있는데 작설차가 난다―원주.

澹雲輕靄弄新晴 엷은 구름 실안개 갓 갠 하늘 희롱하고
駘蕩煙光滿一城 화창한 연기 빛이 성안에 하나 가득
遠遠須看關帝廟 저 멀리 관왕묘를 모름지기 보시게나
百花紅裏露靑甍 온갖 붉은 꽃 사이로 푸른 지붕 드러나네.

竹扉清晝每慵開 대사립 한낮까지 게을러 열지 않고
一任溪橋長綠苔 시내 다리 멋대로 푸른 이끼 자라는데
忽有客從城外至 갑자기 성 밖에서 손님이 오더니만
看花要往弼雲臺 꽃구경 나들이로 필운대 가자 하네.

苕水鐘山興杳然 아득할사 소수와 수종산의 흥취여
幾廻怊悵送歸船 몇 번이나 애달피 귀향선 보냈던가
每逢憶念丘園日 늘 고향 언덕이 떠오르는 날이면
閒誦陶詩一兩篇 도연명 시 한두 편 조용히 외운다네.

체천으로 이주한 이듬해(1783)에 바로 그 동쪽 이웃 마을인 회현방의 재산루在山樓 아래로 집을 옮기고 누산정사樓山精舍라 일컬었다. 북향 집 서향 문으로 개울 동쪽에 있었다.

재산루는 원래 잠곡潛谷 김육金堉의 옛집인데 어째 재산루라 했는가 하면, 전언에 잠곡의 생김새가 범이나 표범이 산에 있는 형세와 같으므로 서루書樓를 재산在山이라 하였다 한다. 근자까지도 '재산루집'이란 것이 내려오다가 집은 뜯기었고 '재산루'란 현판만은 그 터에 사는 어느 집에 달려 있었다 한다.

<여름날 누산정사에서 지은 잡시(夏日樓山雜詩)>

山裏蕭然白板扉 산속이라 쓸쓸한 하얀 판자 사립문
小溪新雨草菲菲 실개천 비가 와서 초목이 새록새록
坐看一片斜陽色 한 줄기 석양빛을 앉아서 보노라니
輕染蒼苔照客衣 푸른 이끼 물들어 나그네 옷 비추네.

淸晝山樓客滿庭 맑은 낮 산루 뜰에 손님이 가득 모여
輕風煖日射帿靑 실바람 따스한 날 푸른 과녁 활을 쏘네.
莎場不讓三淸洞 잔디밭은 삼청동 활터에 못지 않고
松籟還勝白虎亭 솔바람은 도리어 백호정보다 나으리라.

溪上新開織錦坊 시냇가에 비단 짜는 마을이 새로 열려
層層花塢百花香 층층이 꽃밭에는 온갖 꽃 향기롭구나.
茶來酒去渾無事 차와 술 오갈 따름 아무 일 없는지라
徑造松棚納晩涼 솔처마30) 급조하여 서늘한 그늘 들이네.

　깨끗하고 그윽하며 서늘한 정사精舍의 풍경! 빈우賓友와 음사飮射31)에 흥이 짙은 선생의 정경! 날마다 옷과 갓을 떨쳐야 할, 만성홍진滿城紅塵32) 속에서도 선생의 생활 일면에는 여전히 은자의 고상한 운치가 있었다.

---

30) 송붕松棚. 송첨松簷. 처마에 솔가지를 잇대어 만든 햇빛 가리개.
31) 음사례飮射禮로 향음주례鄕飮酒禮와 향사례鄕射禮를 말한다. 주연과 활쏘기 의례를 통하여 유가 도덕의 기풍을 배양하였다.
32) 온 성에 가득한 벌건 티끌. 홍진은 속세를 비유하는 말.

甕村紅露倒三杯　옹기마을 홍로주 석 잔을 기울이매

月白風淸醉不開　달 밝고 바람 맑아 술기운 얼얼하이.

磁椀沈瓜寒似玉　뚝배기에 담근 오이 옥처럼 차가울사

細君親剝一條來　아내가 몸소 썰어 한 보시기 내왔지.

　봉건시대의 사자士者33) 신분이요 중산 계급인 선생이라 그 가정 생활에서는 맑고 평온한 맛을 상상할 수 있다.

握管當窓到日曛　해 질 녘 이르도록 창가에서 붓대 쥐고

蟲魚辛苦述前聞　충어蟲魚34)에 애쓰며 전에 들은 대로 짓네.

猶存一段名途想　한 가닥 벼슬길 생각 오히려 남아 있어

時閱楊盧四六文　이따금 펼쳐 보는 양로楊盧35)의 사륙문.

　이때 선생이 생원은 되었으되 문과에는 아직 오르지 못했으므로 간혹 공령문체에 관심을 두었으나 그의 본뜻[素志]은 이에 국한되지 않았다. 광암曠菴 이벽李檗을 따라 두미협斗尾峽에 가서 서학의 오묘함에 심취한 것은 곧 누산樓山 거주 기간의 일이었다.

　담연재澹然齋도 역시 선생의 회현방會賢坊 집이었다. 24세 때 누산정사에서 거처를 옮겼는데, 담연재는 선생의 장인 홍화보洪和輔가 이름 지은 것이다.

---

33) 저자가 '선비'란 말을 거의 쓰지 않으므로 편자도 이에 따른다.

34) 벌레와 물고기. 《이아爾雅》의 충어에 주석이나 다는 자잘한 일을 말한다.

35) 양형楊炯과 노조린盧照鄰. 왕발王勃·낙빈왕駱賓王과 함께 당나라 초기 4걸로 불린 문장가.

<봄날 담재에서 지은 잡시(春日澹齋雜詩)>

楊檆花開曲院深　팥배꽃 피어 있는 굽이진 정원 깊은데
晴窓烏几注魚禽　맑은 창 오궤[36]에서 고기와 새 바라보네.
怪來一桁微雲色　괴이할사 한 줄기 횃대 같은 실구름빛
留作春城半日陰　봄날 도성에 반나절 그늘을 이루더라.

澹煙輕靄冪林間　엷은 연기 실안개 숲 사이를 덮으니
全是徐熙畵裏山　이는 전부 서희[37]의 그림 속 산이라
看了東坡詩一卷　소동파 시 한 권을 끝까지 보았을 때
夕陽初下詔門關　석양은 뉘엿뉘엿 조문관[38]에 지더라.

담재澹齋의 담연한 풍경과 정취가 구절에 재현되어 있지 않는가.

芹菜靑調作乳黃　미나리 푸성귀로 안줏거리 삼았고
新篘少麴湛盈觴　새로 거른 소국주는 술잔에 넘치누나.
松餌尖尖魚作餡　송편은 뾰족뾰족 물고기로 만든 떡소[39]
山妻每到午時忙　아내는 늘 점심때가 되면 바쁘다네.

---

36) 오피궤烏皮几. 앉을 때 몸을 기대는 궤안几案으로 검은 염소 가죽을 씌운 팔
　　걸이의 일종. 또는 검은 옻칠을 한 책상.
37) 서희徐熙(886~975) : 오대십국五代十國 시기 남당南唐의 화조화가.
38) 조선시대 중국 사신을 맞이하기 위하여 세운 모화관慕華館의 영조문迎詔門.
39) '어작함魚作餡'은 '물고기로 (송편의) 소를 만들다'는 뜻.

扶牀稚子若鸞停　상을 붙든 어린 아들 난새처럼 우뚝 서니[40]
問姓能知又問齡　성을 묻자 능히 알아 또 나이도 물어보네.
投與藍紅雙陸子　청·홍색 쌍륙말을 아이에게 던져 주고
看他排列作軍形　보노라니 배열하여 군대 진형 짜는구나.

　이상 두 절로써 젊은 시절 선생 집의 화목한 즐거움을 엿볼 수
있거니와 당시 경사京士 가정의 풍속과 그 아동 유희의 한 부분을
주워 볼 수 있다.

豹翁山閣接溪園　표옹의 산속 누각과 접한 시내 동산에
求畫人來若市門　그림 구하는 이 몰려와 저잣거리 같구려.
蘭竹一揮酬熟客　난과 대를 단번에 쳐서[41] 단골에게 주고
靜時方許寫桃源　고요할 때 바야흐로 무릉도원 그린다오.

　표옹豹翁은 인물 서화가 일세에 표일飄逸하던 표암豹菴 강세황姜
世晃[42]이리라. 내게 《표암집》이 없어 직접 참고하지는 못하나, 참
봉參奉 이광려李匡呂[43]가 표암에게 준

40) 한유韓愈의 글에 '난곡정치鸞鵠停峙(난새와 고니가 우뚝 서다)'란 말이 있다.
41) 흔히 사군자를 '친다'고 하지, '그린다'고 하지 않는다. 이는 붓을 덧대지 않으
　　므로 그림보다는 글씨에 가깝다. 다산의 '일휘一揮'가 적확한 표현이다.
42) 강세황姜世晃(1713~1791)：자는 광지光之, 호는 표암·표옹. 산수화와 사군자
　　에 뛰어났는데, 노년에 특히―다산이 이 시를 쓴 것은 1785년임―난죽蘭竹을
　　많이 쳤다.《표암유고》가 영인·출판된 바 있다.
43) 이광려李匡呂(1720~1783)：자는 성재聖載, 호는 월암月巖. 이광사李匡師의
　　친척으로 강화학파江華學派의 일원이다. 시를 잘 쓰고 강세황·박지원 등과 교
　　유하였다. 시문집인 《이참봉집李參奉集》이 남아 있다.

嶺松千萬萬　산마루 소나무 천천만만
宅券無南山　집문서에 남산은 없어도
也是世間物　이 역시 세간의 물건인지라
尚餘丘壑閒　골짝 한가함 아직 남아 있네.44)

라는 시구를 보더라도 표암이 남산에 산 것은 확증적 사실이다. 표암의 필적인《상피첩霜皮帖》한 첩을 필자가 가장家藏하고 있으므로 어릴 적부터 눈여겨보았는데, 근자에 선생 수필手筆인《하피첩霞帔帖》45)을 본손本孫에게서 얻어 본즉, 한눈에 표암의 필풍筆風이 완연하기에 나 홀로 이상히 여겼다. 이제 이 시 일절을 보고 비로소 선생의 표암과의 인접 관계는 필체 관계에까지 미치게 된 것을 추정하여 의심치 않는 바이다.

　회현방의 이웃 동네인 명례방도 역시 선생 주거지의 하나였다. 지난해 선생은 회현방 담재로부터 처자를 데리고 소내로 한때 귀향하였다가, 이듬해(1787) 5월에 아버지가 사도시 주부司䆃寺主簿46)가 되었으므로 선생은 따라 서울로 돌아와 명례방 용동龍洞에 집을 사서 살게 되었으니, 15세 때 오가던 소룡동小龍洞의 바로 곁이었다.

---

44)《이참봉집》권2〈우용전운又用前韻〉.
45) 노을빛 치마로 만든 서첩. 다산은 강진 유배 시 아내가 보낸 치마를 재단하여 두 아들에게 훈계하는 말을 적어 네 개의 첩을 꾸며 주었다(1810). 남은 치마폭으로는 시집간 외동딸에게 〈매조도 1〉을 그려 주었고, 애첩 정씨鄭氏를 위해 〈매조도 2〉를 그리기도 하였다(1813). 최익한은 신조선사 사장 권태휘나 자기 친구 김한경金漢卿(신조본 전자 편자 김성진의 아들)을 통해《하피첩》을 얻어 보고 신문에 최초로 소개한 듯하다. 본서 5장 p183에서 다시 언급된다.
46) 사도시司䆃寺는 쌀·장 등을 궁중에 공급하는 일을 맡던 관청이고, 주부主簿는 종6품 관직이다.

용동 거주 기간은 선생이 가장 영달한 기간이었다. 중간에 해미海美·금정金井·곡산谷山 등으로 외출外黜(좌천)이 있었지만 임금과 신하의 만남은 더욱 긴밀하여 선생의 이상과 포부를 전적으로 실현할 만한 기회가 머지않았던 것이다.

선생은 집 안에 아름다운 꽃과 과일나무 수십 본을 모아 화분에 꽂고 대로 난간을 만들어 죽란竹欄이라 칭하고 <죽란화목기竹欄花木記>를 짓고 죽란시사竹欄詩社47)를 설립하였다.

이로부터 10여 년간 죽란사회竹欄社會는 시편 중에 가끔 나타났으나, 정조 승하 후부터는 선생의 서울 생활의 안온청일安穩淸逸을 상징하던 죽란은 그만 삽짝을 닫고 영어圖圄의 참담함과 영호嶺湖의 풍상이 그의 수발鬚髮을 물들이게 되었을 뿐이다.

<남촌 터의 회고(南村居址懷古)>

예르곳이 예런가
어쩌다 예올세라
선혜청 헐어졌다
재산루 간 곳 없네
남산이 허울이어니
님의 터를 물을쏜가

---

47) 1796년 정약전·정약용·한치응韓致應·윤지눌尹持訥·채홍원蔡弘遠 등 남인 관료 문인 15명이 결성한 시동인. 자세한 것은 김상홍, 《다산 정약용 문학 연구》, 단대 출판부, 1985, pp243~256 볼 것.

5. 선생 저서 총목總目

우리 조선 선배의 저술계에 있어 선생의 저서는 수효와 분량에서 절대적으로 수위를 점령하였다. 선생은 10세 전에 벌써 시문 저작인 《삼미집三眉集》이 있었으나 한 편도 유전遺傳된 것이 없고, 현재 전하는 전서 중에는 14세 때의 시 <그리운 금강산懷東嶽>, <수종사에 노닐며游水鐘寺> 두 수가 선생의 최초 작품이 될 것이다. 그리고 정조 대의 조정 편술 사업은 실로 백왕百王에 탁월하였는데, 이 사업에 선생의 직간접적 참여가 또한 적지 않았으니 예를 들면 《사기영선집주史記英選集註》,《규장전운옥편奎章全韻玉篇》,《두시교정杜詩校正》 등이 있다.

이러한 종류와 기타 민멸 혹은 삭제된 것을 전부 합산한다면 현존하는 전서 양의 몇 배가 되지 않겠는가. 선생 61세 때의 <자찬 묘지명(집중본)>에 열거된 저서의 총목과 권수는 다음과 같다.

<자찬묘지명> 총목록

서 명	권 수
모시강의毛詩講義	12
모시강의보毛詩講義補	3
매씨상서평梅氏尙書平	9
상서고훈尙書古訓	6
상서지원록尙書知遠錄	7
상례사전喪禮四箋	50
상례외편喪禮外編	12
사례가식四禮家式	9
악서고존樂書孤存	12
주역심전周易心箋	24
역학서언易學緖言	12
춘추고징春秋考徵	12
논어고금주論語古今注	40
맹자요의孟子要義	9
중용자잠中庸自箴	3
중용강의보中庸講義補	6
대학공의大學公議	3
희정당대학강의熙政堂大學講義	1
소학보전小學補箋	1
심경밀험心經密驗	1
※ 이상은 경집經集, 모두 232권	

시율詩律	18
잡문전편雜文前編	36
잡문후편雜文後編	24

경세유표經世遺表(邦禮草本)	48(未卒), 이하 잡찬雜纂
목민심서牧民心書	48
흠흠신서欽欽新書	30
아방비어고我邦備禦考	30(未成)
아방강역고我邦疆域考	10
전례고典禮考	2
대동수경大東水經	2
소학주천小學珠串	3
아언각비雅言覺非	3
마과회통麻科會通	12
의령醫零	1
※ 이상은 통틀어 문집文集이라 하며, 모두 267권	

이상에 인록引錄한 경집·문집을 합계하면 1권이 부족한 500권의 절대적 거질巨帙이다. 이것만 가지고 보더라도 거대한 규모와 풍부한 수량에 참으로 경탄치 않을 수 없다. 규모의 범박함은 실학의 선구자인 반계磻溪·성호星湖·여암旅菴[1]이 어찌 미칠 바이랴. 양으로만 단순히 말하더라도 시가詩家인 신자하申紫霞[2]라든지 문가文家인 박연암朴燕巖이라든지 이학가理學家인 이한주李寒洲[3]·곽면우郭俛宇[4]라든지가 다 유집遺集이 많기로 손꼽을 수 있으나 도저히

1) 신경준申景濬(1712~1781)의 호. 동부승지·순창부사 등을 지냈으며, 《운해훈민정음韻解訓民正音》을 저술하고 《동국여지도東國輿地圖》를 감수하였다.
2) 자하는 신위申緯(1769~1845)의 호. 대사간·이조참판 등을 지냄. 시 4000여 수를 지었고 명필로 이름을 날렸으며 특히 묵죽에 뛰어났다.
3) 한주는 이진상李震相(1818~1886)의 호. 주자와 이황의 주리론主理論을 중심으로 이일원론理一元論을 주장하였다. 《한주전집》 85책이 있다.
4) 면우는 곽종석郭鍾錫(1846~1919)의 호. 이진상의 제자로 1913년부터 3년간

선생을 바라볼 바가 아니며, 서파西坡 류희柳僖의 《문통文通》100
권과 혜강惠岡 최한기崔漢綺의 《명남루전집明南樓全集》300권도 역
시 비견할 바가 아니다. 선생의 탁월한 정력과 자강불식自彊不息의
근면은 또한 후인의 절대적 격찬을 받지 않을 수 없다.

　61세 이후로는 새로운 작품, 즉 별도로 한 책을 완성한 것은 없
고, 몇 편의 시문 외에 오로지 기존 저작에 대한 분합分合·필삭筆削·
윤색을 베푸는 것이 그의 주된 사업이었다. 동시에 그 호대浩大한
편질篇帙을 깨끗이 베껴 써서 책을 만들어 후인의 전독傳讀과 간행
의 바탕이 되도록 하는 것이 또한 선생의 절대적 관심이었다. 이제
이 초본草本을 배견拜見하면 문생門生·자질子姪의 온공정연溫恭整然
한 등사謄寫 외에 단상아묘端詳雅妙한 일가를 이룬 선생의 필적이
간혹 발견된다. 지면마다 외광내란外框內欄5)의 먹선을 정제整齊하
게 그었고 함장函粧6)과 표제標題는 모두 명결우아明潔優雅하여 보는
사람으로 하여금 그 공력과 기술에 또 한 번 다시 감탄케 하여 마
지않는다.

　선생의 필법에 관하여 일화가 하나 있다. 선생의 글씨는 해자楷
字의 세로획이 본래 조금 왼쪽으로 기울어서 세로획의 머리[起頭]
가 보통체보다 왼쪽으로 과도하게 뽀족한 각을 만들어 낸다. 그러
한 까닭으로 획의 몸이 힘의 균형을 취하기 위하여 자연히 궁형弓

최익한에게 성리학을 가르쳤다. 3·1운동 때 파리의 만국평화회의에 보낼 독립
청원서를 유림 대표로 작성 서명한 일 때문에 3개월간 투옥되었다가 병보석 후
곧 병사하였다. 《면우집》63책(177권)이 있다.
5) 바깥 굵은 테두리선과 안쪽 가는 테두리선.
6) 함장식函粧飾. 여기서 책함은 비단 책갑冊匣을 말한다. 본서 p182 사진을 보면
나무로 된 책궤나 책갑이 아님을 알 수 있고, 총 23개이다.

形에 가까워지고, 획의 다리 또한 약간 뾰족하고 가볍게 된다. 여기서도 선생의 심기가 호방 격앙한 것을 엿볼 수 있다. 그러나 정조는 이를 좋아하지 않아서 사체斜體를 고칠 것을 일찍이 요구하였다. 그 후 35세 때 어명을 받아 화성 제궁華城諸宮의 상량문上樑文과 어람御覽《오경백편五經百篇》,《팔자백선八子百選》의 제목을 정체正體로 써서 올렸더니 정조는 글씨를 잘 썼다고 탄복하며 크게 칭찬하였다. 진찬珍饌·법주法酒·백미·땔나무·숯·곶감·생꿩·생선·감귤·후추 등의 물품을 하사하고 내각(규장각) 소장 서적의 관람을 특허하였다 한다.7)

지금 이 전서 초본 중에도 사체斜體의 흔적을 선생 수필手筆에서 지적할 수 있다.

이하에 <열수전서洌水全書 총목록>을 인록引錄하려 한다. 이것은 선생의 최후 수정 가장본手定家藏本인 전서 초본에 달려 있는 총목록인데 현존본은 역시 정규영丁奎英씨의 필적이다. 이것을 가지고 위에 적은 <자찬묘지명自撰墓誌銘> 중에 열거된 서명·권수 및 분류와 비교·대조해 보면 그 후 15년간 자기 저서에 대한 가감·정리의 작업이 어떠하였는지를 거의 고찰할 수 있다.8)

---

7) 《사암연보》 pp71~2에 나온다.
8) 최익한은 《열수전서》의 존재를 목록과 사진을 통해 독자에게 최초로 알렸는데 (《동아일보》1938.12.28), 그 목록은 《실정》p749에 부록으로 다시 실었다.

《열수전서》총목록

서 명	책수	권수
시경강의詩經講義	4	12
시경강의보詩經講義補	1	3
매씨서평梅氏書平	3	9
매씨서평속梅氏書平續 　　제1책 : 1, 2권이 염씨고문상서초閻氏古文尙書鈔	2	5
상서고훈尙書古訓	7	21
상례사전喪禮四箋	17	50
상례외편喪禮外編 　　제1책 : 1, 2권이 전례고典禮考 　　제2책 : 1, 2, 3권이 단궁잠檀弓箴 　　제4책 : 1, 2, 3권이 정체전중변正體傳重辨 　　제5책 : 1, 2, 3권이 조전고弔奠考, 고례영언古禮零言, 　　　　　　예고서정禮考書頂	5	14
상의절요喪儀節要	2	6
제례고정祭禮考定(附 : 가례작의嘉禮酌儀)	1	3
악서고존樂書孤存	4	12
주역사전周易四箋	12	24
역학서언易學緖言	4	12
춘추고징春秋考徵	4	12
논어고금주論語古今注	13	40
맹자요의孟子要義	3	9
중용자잠中庸自箴	1	3
중용강의中庸講義	2	6
중용강의보中庸講義補	1	39)
대학공의大學公議	1	3
대학강의大學講義(附 : 소학보전小學補箋, 심경밀의心經密驗)	1	3
※ 이상 경집經集 합계 88책, 250권, 5483장(매 권 장수는 생략함)		

시집전편詩集前編	5	15
시집후편詩集後編	3	8
문집文集 제10책 : 27, 28, 29권이 〈문헌비고간오文獻備考刊誤〉	12	34
문집속집文集續集	10	30
※ 이상 문집文集 합계 30책, 87권, 1941장		

방례초본邦禮草本(경세유표經世遺表)	15	43
목민심서牧民心書	16	48
흠흠신서欽欽新書	10	30
강역고疆域考	4	12
수경水經	4	10
소학주천小學珠串	1	3
아언각비雅言覺非	1	3
마과회통麻科會通	11	11
민보의民堡議	1	3
풍수집의風水集議	1	3
※ 이상 잡찬雜簒 합계 64책, 166권, 3993장		

※ 이상《열수전서洌水全書》경집·문집·잡찬 총계는

　① 182책

　② 503권

　③ 11417장(매 장이 대개 22자 20행)

　④ 장함粧函10) 23개, 서감書龕11) 1개

---

9)《중용강의》3권 1책,《중용강의보》6권 2책의 오류인 듯하다. 황병기, 〈중용
　강의보 해제〉,《정본 여유당전서·6》, 다산학술문화재단, 2012, p48 참조.

10) 장식함. 비단 책갑을 말한다. 앞에 나온 '함장函粧'과 같은 말.

《여유당전서》 초본 책궤, 을축년 홍수 때 구출된 것.

상기 총목록 이외에도 《균암만필筠菴漫筆》과 《사암연보俟菴年譜》
가 말단에 부기附記되어 있다.

① 균암만필 1책 64장

② 사암연보 2책 122장

전자는 선생의 소저所著 《자균암만필紫筠菴漫筆》12)이요, 후자는
선생의 고제高弟 이정李晴13)의 기초起草를 현손 정규영丁奎榮이 수
식修飾 완성한 것이라 한다.14)

---

11) 서장書欌(책장)·서궤書櫃(책궤).

12)《목민심서》권1 〈부임赴任·사조辭朝〉에는 '자균암만필'로 나오고,《사암연보》
   p120에는 '균암만필'로 나온다.

K형[15)]에게 주는 편지

K형 족하足下

족하가 간행해 주신 거대한 전서를 다뿍 안고서 선생의 그날을 추억해 보았지요. 실로 감개무량합니다.

선생이 강진 유배지에서 당신 아드님께 보낸 편지에 이런 말씀이 있습니다.

> 나는 천지간에 외로이 섰다. 의지하여 생명으로 할 것은 오직 글과 먹뿐이다. (……) 조괄趙括[16)]은 아버지의 글을 잘 읽었으니 나는 어진 아들이라 한다. 너희들이 내 글을 읽지 않으면 내 저서는 쓸모가 없다.[17)]

이 얼마나 불우한 비애였습니까? 친필 《하피첩霞帔帖》[18)]에는 역시 아드님에게 준 글이 이러합니다.

---

13) 이정李晴(1792~1861) : 자는 금초琴招, 호는 청전靑田으로 이름을 파자한 것이다. 아명은 학래鶴來이고, 나중에 정晴은 정晸으로 개명함. 다산의 편저編著 《상서고훈尙書古訓》, 《시경강의보유詩經講義補遺》 등을 집록輯錄하였다.

14) 최익한은 이정이 《사암연보》의 초안을 잡았다는 사실을 최초로 밝혔지만, 정규영의 《사암연보》에는 그러한 말이 나오지 않는다.

15) 전서 간행 책임자인 권태휘權泰彙를 가리킨다. 권태휘는 p67 볼 것.

16) 조괄趙括(?~BCE260) : 전국시대 조趙나라 명장인 조사趙奢의 아들로 일찍이 자기 아버지의 병서를 읽었다고 한다. 그러나 그는 글만 읽고 변통할 줄 몰라서 나중에 진군秦軍과 싸울 때 조나라 45만 대군과 함께 전멸당하였다.

17) 1802년 12월 22일 강진 유배지에서 쓴 〈두 아들에게 부치노라(寄二兒)〉.

18) 본서 4장 p173 각주 45 볼 것.

만일 나의 책을 알아주는 이가 있다면 연장자는 아비처럼 섬기고 동년배는 형제처럼 대하라.19)

이 얼마나 심절한 부탁입니까? 그의 후손이 목숨을 돌보지 않고 홍수에서 건져낸 것은 그들이 선생의 저서를 선생과 꼭 마찬가지로 여겼던 전통적 인식에서 나온 행동이었을 것입니다.

족하!

저 《삼운성휘三韻聲彙》의 저자 홍계희洪啓禧는 장조 흉화莊祖凶禍를 음모한 거괴巨魁라 하지만 《반계수록磻溪隨錄》을 올리고 〈반계전磻溪傳〉을 지어 바치지 않았습니까? 그러나 선생의 저서에 대해서는 어찌 그렇게도 세인의 동정과 발천發闡이 없었던가요? 《흠흠신서》나 《목민심서》 같은 것은 그 내용이 워낙 탁월하고 수용需用의 지름길이기 때문에 사색四色을 막론하고 벼슬길에 뜻이 있는 자는 다퉈가며 등초謄草하여 보았으므로 세계 유행이 적지 않았지만, 이것은 결국 과거 보는 속된 유사가 성현의 글을 한갓 표절하여 과거에 응시하는 도구로만 인식하는 것과 조금도 다름이 없는 것입니다. 선생과 선생의 저서가 오랫동안 세인의 영합迎合을 받지 못한 것은 결국 당시 사회보다는 백년이나 앞섰던 까닭이 아니었습니까?

족하는 선생의 후자운後子雲20)이 아니십니까? 그러나 족하는 사

---

19) 《하피첩》의 서문인데, 〈시이자가계示二子家誡〉(1810)의 내용과 동일하다.
 "如有知我書者 若其年長汝等 父事之 倘與爲敵 汝等結爲昆弟亦可也".
20) 후세의 자운子雲. 후세에 나를 알아주는 사람을 이르는 말. 자운은 한나라의 학자 양웅揚雄(BCE53~CE18)의 자字. 양웅이 《태현경太玄經》을 짓자 어떤 이가 "이런 것을 어디다 쓰겠소?" 하니, "후세의 자운이 알아주리라" 하였다 한다.

회 여러 선배에게 공을 돌리시니 족하의 성덕盛德을 이어서 한 번 더 감탄하지 않을 수 없습니다.

족하!

간행 전서를 얼핏 읽어 보니 족하의 감사 말씀처럼 일의 형편과 재력이 군색하고 교열하신 여러분이 불의의 사고를 당하여 오자誤字·와서訛書가 없지 않은 것은, 정오표를 첨부하면 문제가 해결될 줄 압니다. 그러나 편질이 방대한 만큼 상세한 목록이 없으면 손 가는 대로 참고하기란 도저히 불가능합니다. 동시에 연보를 참고하지 않고서는 선생과 저서에 대한 이해도 요령을 얻을 수 없습니다. 이 두 가지는 빨리 간행하여 주시기를 간절히 바랍니다.

그리고 본집 부록이 될 만한 선생에 대한 만제문挽祭文과 기타 기술문을 널리 모아 정선하여 연보와 함께 간행하여 주시면 선생의 시공時空을 이해하는 데 적지 않은 도움이 될까 합니다.

이정李晴은 연보 기초자라 할 뿐만 아니라《대동수경大同水經》에 첨기添記되어 있는 안설案說을 보면 선생의 고제高弟임이 분명하나, 그의 행적과 저술에 관해 상세한 것은 강호 동호자의 통지 있기를 바라는 바입니까?

족하! 금번 간행 76책의 분류 목차는

제1. 시문집詩文集, 부잡찬집附雜纂集
제2. 경집經集
제3. 예집禮集
제4. 악집樂集

제5. 정법집政法集

제6. 지리집地理集

제7. 의학집醫學集

등으로 되어 상기한 <열수전서 총목록>과는 다르게 되어 있습니다. 물론 인쇄 관계로 권수와 책수를 축소함에 따라 분류를 세분하고 목차를 변동한 것이 없지 않았겠지만, 선생이 수정手定한 분류와 목차가 원래 일정한 견해가 없는 것이 아니고 또 그것이 본래 면목인 이상에는 될 수 있으면 이전대로 두었더라면 하는 생각이 없지 않습니다.

금번 간행본의 제목은 '여유당전서'라 하였지만, 수정 초본手定草本에는 전체 제목이 없고 '여유당집與猶堂集'이라 하였을 뿐이며 《흠흠신서》, 《목민심서》, 《마과회통》은 별개 제목이 없으니 아마 이것은 단행본으로서 전집과는 독립적으로 간행할 예정이 아니었던가 합니다. 그 외 내제內題는 전부 '여유당집'이고 다만 문집의 일부분에 있어 '열수전서속집'이란 표제가 있으니 이를 보면 '열수전서' 네 자는 가장 만년에 정한 제호題號인 듯하며, 상기 총목록에도 '열수전서 총목록'이라 하였으니 만일 전서라 하려면 '여유당전서'보다는 '열수전서'라고 그냥 예전대로 따르는 것이 좋은 계책이 아니었을까 합니다.

단행 저서를 예로 들면 《목민심서》, 《흠흠신서》 등의 서문이 문집 가운데 서문류 모음에서 중복된 것이 간혹 발견되는데, 이것은 초본 그대로 인쇄한 까닭이므로 재간행할 때에는 물론 삭제될 것입니다.

그리고 〈자찬묘지명〉(집중본)에 '《아방비어고我邦備禦考》30권 미성未成'이라고 적혀 있으나 '열수전서 총목록'과 그 가장 초본家藏草本에는 없습니다. 그러니 이는 의도한 것뿐이고, 한두 권의 실현도 없었던 것인가, 혹은《민보의民堡議》1권 1책이 그것의 일부분이 아니었던가, 혹은 정위당鄭爲堂(정인보)이 말씀한《상두지桑土誌》1책이 그것의 일부분이 아니었던가 합니다.《상두지》는 가장본과 그 '열수전서 총목록'에는 없으나 '정다산丁茶山 소저所著'21)라 하고 또 그 서명과 내용이 비어備禦에 관한 것인즉, 혹시 이것이《비어고備禦考》의 시작이 아니었던가 합니다.22)

《균암만필筠菴謾筆》은《목민심서》중에 인용한《자균암만필紫筠菴謾筆》인데 서명과 장수만은 '열수전서 총목록'에 기재되어 있으니, 이것은 어찌 된 것입니까?

묘지명 중 정헌貞軒, 복암茯菴 이기양李基讓, 녹암鹿菴 권철신權哲身, 매장梅丈 오석충吳錫忠, 선중씨先仲氏, 〈자찬묘지명〉(광중본과 집중본)을 1책으로 한 것은 표지에 비본秘本 두 자가 쓰여 있으니 이런 것도 당시와 선생을 이해하는 데 흥미 있는 문제인즉, 그냥 적당한 곳에 기재하여 두는 것이 좋지 않았을까 합니다.

---

21) 《상두지》는 이덕리李德履(1728~?)가 1793년 저술한 국방 관련서로 정약용 저자설은 오류이다.《경세유표》와《대동수경》에《상두지》의 저자가 이덕리로 나온다.

22) 최익한의 의문 제기는 실상과는 거리가 멀다. 이중협李重協 편저로 알려져 있는 규장본《비어고》10책이 실제로는 다산의《아방비어고》30권에 해당하는 듯하다. 다산은 민간인 신분으로서 군사 기밀을 함부로 다루었다는 공연한 구설을 피하기 위해 자기 친구인 무관 이중협의 이름을 빌린 것으로 보인다. 책은 다산의 안설案說이 없고 미완성 상태이다. 정민, 〈다산 '비어고'의 행방〉,《대동문화연구》100집(2017.12), p49, p55, p72.

뒷날 연보 간행 시에는 선생 필적과 여유당 옛집과 가장 초본 내관內觀 1부 및 그 책장冊欌 등을 정명精明하게 촬영하여 실어 주시기를 앙망하는 바입니다. 그 외 여러 가지는 면담으로.

12월 28일

6. 선생의 천품·재덕_{天稟才德}

선생의 천품과 재덕에 관하여는 독자마다 대개 일정한 상상이
있겠지마는 정신적·사상적 방면과 달리 선생의 육체적 특징에 대
하여는 초상 같은 구체적 재료와 위의풍신威儀風神을 묘사한 문자
가 잘 발견되지 않는다. 이것이 선생을 경모하는 후인으로서 적지
않은 유감이 되지 않을 수 없다.

신빙할 만한 전언에 의하면 선생은 체구가 보통 사람 이상으로
장대하였다 한다. <자찬묘지명>에는 "어려서 매우 영리하여 제법
문자를 알았다(幼而穎悟 頗知文字)"고 하였을 뿐이요 강진 유배 시기
에 지은 시 <일곱 그리움七懷> 중 <조카를 생각하며憶舍姪> 편에
"체구는 날 닮아 장대하려무나(軀應似我長)"라고 하였으니, 이를 보
면 선생의 장대함은 전언과 서로 들어맞는 것이다.

선생이 지은 <선중씨先仲氏(若銓) 묘지명>에 정조가 일찍이 약전
을 보고, "형의 헌걸참이 동생의 곱상함보다 낫다(某也俊偉 勝其弟贇

媚也)" 하였으니, 이를 보면 선생은 몸집이 큼직한 데다가1) 자태가 거칠지 않고 아름다웠던 것을 족히 알 수 있다.

선생은 어릴 때에 천연두를 곱게 치러서 얼굴에 한 점 흉터가 없고 오직 오른 눈썹이 흉터 때문에 조금 나누어졌으므로 삼미자三眉子라 자호하였으니, 이는 선생 용모의 후천적 특징이다. 그 외 상세한 것은 필자의 과문으로는 헤아려 알 수 있는 바가 아니다.

선생의 재주는 여러 가지 야담과 일화를 퍼뜨릴 만큼 신기하였다. 필자도 아이 적에 촌부자村夫子(촌훈장)나 향선생鄕先生들에게 직접 들은 것이 적지 않았다. 항간에 유전하는 기행奇行과 해학은 대개 오성鰲城 대감(이항복)을 들추는 것과 마찬가지로 재담과 경구는 대개 정다산을 찾는 경향이 없지 않았다. 하여간 다산의 기이한 타고난 재질이 당시 사람들에게 깊은 인상을 주었던 것만은 이로써 십분 짐작할 수 있다.

선생이 15세 때 초례석상醮禮席上에서 처종형妻從兄 홍인호洪仁浩2)가 "사촌 매부는 삼척동자로다(四寸妹夫 三尺童子)"라고 놀리자 "중후重厚 장손은 경박한 소년일레라(重厚長孫 輕薄少年)"3)고 즉각 응

---

1) 몸집이 큼직한 데다가 : 이는 오류이다. '무미斌媚'라는 말에서 '몸집이 크다'는 사실은 유추할 수가 없다. 다산의 키는 약전보다는 작았겠지만 정확히 알 수는 없으며, 다만 시문집에 자신을 '7척'으로 표현한 말이 몇 번 나온다. 반면 약전의 키는 1987년 충주 하담荷潭의 선영에서 광주 천진암天眞庵으로 이장할 때 관의 크기를 본 결과, 180cm를 넘었을 것이라고 추정된 바 있다. 이태원,《현산어보를 찾아서 5》, 청어람미디어, 2003, p374.
2) 홍인호洪仁浩(1753~1799) : 자는 원백元伯, 다산의 장인 홍화보洪和輔의 친형인 홍수보洪秀輔의 아들이자 홍의호洪義浩의 형으로 대사헌을 지냈다.
3) 이현기李玄綺(1796~1846)의 야담집《기리총화紀里叢話》에는 "중후의 손자께서는 경박한 자손입니다(重厚之孫 輕薄之子)"로 되어 있는데, 여기에서 '중후의 손자'를 '홍의호(1758~1826)'라고 보기도 한다(김상홍의 새벽 편지, 2014년

답한 것은 세상에 너무나 회자되었거니와, 정조가 묻는 대로 척척 대답한 것이라는 농담 경구 몇 가지를 예로 들면 이러하다.

○ 정조 : 말니 마치馬齒 하나둘 이리一二
　　다산 : 닭의 깃이 계우鷄羽 열다서 시오十五
○ 정조 : 보리 뿌리 맥근맥근麥根麥根
　　선생 : 오동 열매 동실동실桐實桐實
○ 정조 : 아침 까치 조작조작朝鵲朝鵲
　　선생 : 낮 송아지 오독오독午犢午犢
○ 정조 : 연못 위 붉은 연꽃 내가 점을 찍었네(池上紅荷 吾與點也)
　　선생 : 전각 앞 푸른 버들 다 드리웠다 하네(殿前碧柳 僉曰垂哉)4)

　일설엔 이상 4개의 대해對諧는 선생이 아니라 윤행임尹行恁의 것이며, 특히 '전전벽류殿前碧柳' 대구는 번암樊巖 채제공蔡濟恭의 것이라고도 하나, 필자가 처음 들은 대로 그냥 적는다.
　어느 때엔 정조와 선생이 세 자가 합쳐져 한 자로 된 자, 즉 정晶·간姦·묘淼·삼森·뢰磊 등의 글자 모으기 내기를 하였다. 각기 글자 모은 것을 대조 비교하려 할 적에 선생은 문득 아뢰기를 "전하께서 한 자만은 신에게 미치지 못할 것이옵니다" 하니, 정조 가로되 "모든 자전에 있는 걸 하나도 빠짐없이 죄다 외우고 있는데, 한 자

　　10월 21일자 블로그 참조). 중후重厚는 홍인호·의호 형제의 조부이다.
4)《논어》〈선진先進〉편의 "나는 증점曾點과 함께 하겠다(吾與點也)"란 구에서 공자 제자의 이름인 '점點'을 '점찍다'로 풀이하거나,《서경》〈순전舜典〉편의 "모두 '수垂입니다'고 하였다(僉曰垂哉)"란 구에서 신하의 이름인 '수垂'를 '드리우다'로 풀이하여 언어유희를 한 것이다.

가 미치지 못할 것이라니 웬 말이냐?" 하였다. 선생이 "그래도 한 자만은 미치지 못할 것이옵니다" 하고 비교해 본즉, 정조는 '삼三' 자를 적지 않았다. 그래서 군신이 크게 웃었다고 한다.

선생의 다문박식이 일세를 누리게 되니 다른 당 문사의 시기가 또한 적지 않았다. 어느 때 어느 모임 장소에서 그들은 선생을 곤 욕스럽게 할 양으로 전부 난해한 고자古字를 사용하여 서간 하나 를 만들어 선생에게 보내고 즉석 회답을 요구하였더니, 선생은 조 금도 지체 없이 회답해 주었다. 그들이 답서를 열어보니까 전부 모르는 고자라 자서를 뒤져 가면서 한참 동안 공동 해독해 본 결 과, 답서는 결국 그들의 편지를 다른 모양의 고자로 바꿔서 보낸 것이었다. 그들은 하염없이 선생의 신랄한 반사적 조롱을 만끽할 뿐이었다 한다.

이들 일화가 물론 선생의 아주 특별한 재주에 대한 칭찬이 아닌 것은 아니지만, 그 반면에는 선생을 도학자나 정인군자正人君子로 인정하지 않고 한갓 재주꾼으로만 평가하려는 편파적 태도가 여전 히 숨어 있다. 선생을 일개 사학이단邪學異端이나 사문난적斯文亂賊 으로 지적하여 배척하고 유학자의 반열에 세워 주지 않았던 것은, 최근까지 시골 유생들의 지배적인 평가였던 것이다. 선생의 광명 탁월한 정체가 당시 썩어빠진 유생 악당들의 귀신같은 혀에 얼마 나 말살되었는지를 넉넉히 짐작할 수 있지 않은가!

<병조에서 교지에 응하여 지은 왕길의 석오사 100운騎省應敎賦 得王吉射烏詞一百韻>은 본문은 물론 교지에 응하여 지어 올린 경위 가 시집에 자세히 기록되어 있거니와, 선생이 일찍이 병조에서 숙

직하는 밤에 시제를 받아서 오경五更 삼점三點에 시를 완성한 것이다. 정조는 그 신속神速함에 탄복하고 큰 사슴 가죽 한 장을 하사하였다. 당시 문임文任[5] 제신諸臣인 심환지沈煥之·이병정李秉鼎·민종현閔鍾顯 등은 모두 선생의 기재奇才와 조화藻華를 입을 모아 평을 올렸다. 선생의 재화才華와 문명文名은 드디어 상하 백관들을 깜짝 놀라게 하였다.

그러나 여기에 딸린 일화 하나가 있다. 선생이 받은 어제御題는 "폐하의 만수무강을 축원하오니 신은 이천 석의 관리랍니다(陛下壽萬歲 臣爲二千石)" 10자뿐이므로 선생은 이 은벽隱僻한 제목이 왕길의 〈석오사射烏辭〉 구인 것을 적확히 알지 못했다. 그래서 내각內閣 장서 중에서 본제의 출처를 널리 열람하고 고찰하여 새벽에 궐문이 열리기 전까지 백운시를 지어 올리라고 정조는 엄명하였다. 그러나 시간제한 때문에 널리 열람하고 고찰할 수가 없으므로 선생은 부득이 문지기를 밀사로 하여 상세히 해제解題해 달라고 당시 박식의 신神인 정헌貞軒 이가환李家煥에게 화급히 간청하였다. 정헌은 밤중에 일어나 앉아 붓을 날려 즉답해 주므로 선생은 그것에 의거하여 제한시간 안에 신속히 지어 올렸다 한다.

이와 같이 정헌의 박람광기博覽强記가 천고에 가장 뛰어난 것은 다산 선생도 여러 차례 탄복하였다. 그러나 글짓기의 민활함과 일처리의 신통함과 사변事變에 대한 옹용강정雍容剛正한 기상과 학문에 대한 침잠조창沈潛條暢한 견해는 선생이 성헌을 멀씨감치 넘어섰던 것이다.

---

5) 나라의 문서를 담당하는 홍문관·예문관의 종2품 벼슬인 제학提學을 이른다.

전서와 연보를 쭉 훑어보면 자연히 알게 되겠지만, 선생은 전무후무하게 혹독한 세상의 변고와 집안의 재앙에서 임기응변하는 처신술이 극히 명철하되, 급기야 의리를 위하고 학문을 위해서는 부귀와 빈천이 능히 그 뜻을 흔들지 못하고 사생과 화복이 그의 마음을 털끝만큼도 건드리지 못하였다. 경제에 대한 재식才識과 학문에 대한 포부는 그만두고 지조와 절개, 태도와 행실만 보더라도 선생은 실로 백세의 사표師表라 아니할 수 없다.

선생이 강진 유배 시에 시파時派 모씨가 호남 관찰사로 와서 선생에게 편지하여 해배 방법을 비밀리에 알려 주었다.6) 하늘 끝으로 추방된 생활은 끝이 없고 집안과 나라에 대한 그리움도 가없는 터이니 웬만하면 처세술에 응하여 따를 것이지만, 선생은 의리의 생명을 위하여 일신의 사생화복을 헌신짝처럼 무시해 버렸다.

선생의 답서의 대의大意는 이러하다.

귀하의 뜻은 고맙게 생각한다. 그러나 내 몸은 벌써 늙었고, 한 사람의 해배는 국가로선 큰일이 아니다. 정작 호남에 큰일이 있다. 바야흐로 백성의 곤궁은 극도에 달하고 탐관오리의 착취는 더욱 심하니 어떤 큰 방침이 미리 서지 않고는 호남의 재난은 구제할 길이 없고 이 재난이 구제되지 않으면 오래지 않아 큰일이 터질

---

6) 이와 비슷한 내용이 정인보의 <정다산 선생의 쯧깁흔 부촉付囑>(1935년 8월, 《신조선》)과 <여유당전서 총서總敍>(1939.1.5)에도 나온다. 다산이 1809년 가을에 김이재金履載에게 보낸 편지인 <여김공후與金公厚>를 근거로 추정한 말인 듯하다. 여기에서 모씨는 '김이재'를 가리킬 터인데, 그는 호남 관찰사를 지낸 적이 없으며, 《승정원일기》에 의하면 당시 중앙 요직에 있었을 것으로 판단된다. 《담원정인보전집·2》(연대출판부, 1983) 2권 p87 및 5권 pp375~6; 《담원 문록·중》(태학사, 2006) p214 참조.

것이다. 내 한 몸은 유배로 생을 마쳐도 큰 문제가 아니니 모름지기 큰 문제에 유념하라고 하면서, 백성의 빈곤과 관리의 탐학을 해결할 방략을 그에게 제시하고 있다.7)

　이 한 가지로써 선생의 전체를 판단하기에 넉넉지 않은가? 보라! 자신을 잊고 세상을 근심하는 위대한 정열과 죽어도 변치 않는 순도자殉道者의 지조와 절개를! 선생을 짝할 자가 천고에 몇몇이나 되겠는가? 성誠과 명明은 서로 떠나지 않는 덕德이다. 선생의 세상을 근심하는 지성至誠은 또한 미래의 기미를 명견明見하지 않았는가. 봉건 붕괴의 선발적 대포인 갑오 고부古阜의 민란은 1세기 전에 벌써 선생이 예언한 바라 아니할 수 없는 것이다.8)

―――――――――

7) 〈김이재에게 보냄(與金公厚履載)〉 참고―원주.
8) '갑오고부민란 예언설'은 정인보가 〈정다산 선생의 뜻깊흔 부촉〉에서 처음으로 제기하였다. 최익한이 마치 다산교 신도인 양 이런 터무니없는 망상에 동조한 것은 자신의 비과학성을 스스로 고백한 것이다. 그는 《실정》에서 심지어 '갑오 농민전쟁 영향설'(다산이 갑오농민전쟁에 사상적·이론적 영향을 주었다는 궤변)까지 늘어놓게 된다. 자세한 것은 졸고 〈실정 해제〉 볼 것.

7. 학문의 연원 경로

선생의 <제가승촬요題家乘撮要>에 의하면, 이조가 도읍지를 정한 후 선생의 선세先世는 곧 한양에 이주해 벼슬하였는데 정승·이조 판서·문형文衡(대제학)의 큰 벼슬은 없었으나 옥당玉堂(홍문관) 화직華職이 9세를 계승하였으며, 고증高曾 이하 3세가 포의布衣로서 한 양을 떠나 마현으로 이거하였지만 아버지 하석荷石공은 음사蔭仕 로서 진주晉州 목사에 이르렀으니, 선생의 가벌家閥은 봉건시대의 양반사회에 있어서 상당한 중류 이상의 귀족계급이었다.

당시 귀족계급의 관학官學은 경례삼백經禮三百과 곡례삼천曲禮三 千1)을 운운하는 유학이었으므로 이러한 분위기 속에서 태어나 자 라고 길러진 선생은 역시 유학으로써 다반茶飯을 삼고 무장하지 않을 수 없었다.

원래 유교는 그 본질이 동양적 봉건사회의 문화적 산물인 동시

---

1)《예기》에 나오는 대강령의 예 삼백 가지와 소절목의 예 삼천 가지.

에 주도계급의 존엄한 생활을 합리적으로 지지하던 이데올로기의 체계이다. 이것의 현란하고 중첩된 후광은 부문허례浮文虛禮를 방사하며 부문허례는 문화적 주도계급이 진부해짐에 따라 말할 수 없는 위학폐습僞學弊習으로 전화하여 인간사회의 이성적 발현과 진보적 요소를 극도로 억압 교살하는 필연적 임무를 담당하게 되는 것이다. 선생 당시 문화적 실권을 가진 계급의 작폐는 이러하였던 것이다.

이러한 문화적 감옥의 암흑 한가운데서 선생은 어찌하여 구출되었던가? 묵고 낡아 좀먹은 문화 감옥의 바람벽은 구멍이 뚫리지 않을 수 없었다. 이 구멍을 통하여 한 줄기 광선을 받아들여 암흑의 장막을 저으기 깨트렸으니 선생 학문의 연원 경로가 얼마나 잠류적潛流的이었으며 우회가 많았는지를 넉넉히 짐작할 수 있지 않은가?

선생의 모계 해남 윤씨海南尹氏는 쟁쟁한 유가인 동시에 남인당南人黨의 명가였다. 고산孤山 윤선도尹善道의 증손인 공재恭齋 윤두서尹斗緒는 선생의 외증조인데 그는 박학호고博學好古하고 경제 실용의 도서圖書를 많이 가장家藏하였으며 화예畵藝가 아주 뛰어나서 현재玄齋 심사정沈師貞의 산수와 겸재謙齋 정선鄭敾의 절벽고송絶壁古松과 공재의 인물이 화계畵界의 이른바 삼재三齋이다. 공재의 <조선지도>[2]는 선생이 칭선稱善한 바였다. 공재의 작은 자화상이 지금까지 전래되는데, 선생의 얼굴과 모발이 이와 비스름하다고 한다. 선생은 일찍이 문인더러 이르기를, "나의 정신과 재주는 외가의

---

2) 1710년(숙종 36)에 제작된 <동국여지지도東國輿地之圖>.

유전을 많이 받았다"3) 하였으나 정신과 재주뿐만 아니라 실학의
경향도 역시 공재의 감화가 많았던 것이다.

그러나 선생 학문의 연원에 있어서는 주로 성호星湖의 학파였
다. 당시 실학의 정예 부대인 남인 일부는 모두 성호의 학도였으
니, 선생의 집안에서도 둘째형 약전若銓과 셋째형 약종若鍾이 대개
그들이었다. 선생 16세 때에 성호 유고를 비로소 배독拜讀하고 감
발感發한 바가 있었는데, <자찬묘지명>에서 그 경위를 이렇게 말
하였다.

> 15세에 장가들었는데 마침 선친께서 다시 벼슬하여 호조좌랑
> 戶曹佐郎이 되자 서울에서 임시로 살게 되었다. 이때 이가환李
> 家煥 공이 문학으로 일세에 명성을 떨치고, 자부姊夫인 이승훈
> 李承薰도 심신을 닦고 가다듬어 모두 성호 이익 선생의 학문을
> 계승하여 서술하고 있었다. 약용도 성호의 유서遺書를 얻어 읽
> 고는 흔연히 학문하기로 마음먹었다.

22세 때의 시 <섬촌剡村4)의 이 선생 옛집을 지나며(過剡村李先生
舊宅)>는 다음과 같다.

> 道脈晚始東　늦게도 일어난 동방의 도학 힘줄은
> 薛聰啓其先　설총이 첫머리로 열어 주었다.

---

3) 《사암연보》 pp3~4, "公嘗語門人曰 吾之精分多受外氏"
4) 경기도 광주부廣州府 첨성리瞻星里로 현재 경기도 안산시 상록구 이동.

傳流逮圃牧　그 흐름이 포은圃隱·목은牧隱에 이르러

忠義濟孤偏　충의로써 그 외롭고 홑짐을 건졌다.

退翁發閫奧　퇴계는 주자의 심오한 것을 들추어

千載得宗傳　천추에 그 종통宗統을 얻었다.

六經無異訓　육경에 다른 해석이 없었고

百家共推賢　여러 학파가 함께 떠받들었다.

淑氣聚潼關　맑은 정기는 동관에 모였으며

昭文耀剡川　밝은 별은 섬천에 빛났어라.

指趣近鄒阜　사상은 공맹孔孟에 접근하였으며

箋釋掊融玄　주석은 마융馬融·정현鄭玄을 비판하였다.

蒙蔀豁一線　몽매함을 일깨우는 한 줄기 빛처럼

扃鐍抽深堅　꽉꽉 잠긴 자물통도 열어 주었다.

至意愚莫測　지극한 뜻은 어리석은 자가 헤아릴 수 없고

運動微且淵　운동은 미묘하고도 깊도다.5)

　＊ 성호 선생은 벽동군碧潼郡에서 태어났다.

　더구나 섬촌剡村은 동향同鄉 광주廣州이며 선생은 성호의 고향 사람이므로 성호학풍에 대한 감발感發의 기회가 누구보다 빨랐을 것이다.

　만년에 자질子姪더러 "나의 큰 꿈은 성호를 사숙함으로써 깨었다" 하였고, 강진 유배지에서 <중씨仲氏 손암巽菴에게 올린 편지(上仲氏)>에 "성옹星翁(이익)의 저작은 거의 100권에 가깝습니다. 스스

---

5) 번역은 《실정》 pp360~1 참조.

로 생각건대 우리가 능히 천지의 큼과 일월의 밝음을 알게 된 것은 모두 이 선생의 힘입니다"고 하였으니, 선생의 성호에 대한 경앙景仰은 일생을 통하여 일관하였던 것이다.

성호학星湖學의 집대성자인 선생이 성호의 학문과 유서를 그의 종손從孫 이가환과 그의 학파 이승훈에게서 듣보았던 것은 상단에 약술한 대로 가장 지름길이었을 것이려니와, 선생의 학문 체계에 가장 참신한 요소를 기여한 서양학은 그 전수의 왕로往路가 또한 어떠한가?

서학을 선생에게 가장 먼저 소개한 자로는 〈자찬묘지명〉이나 《사암연보》에 모두 광암曠菴 이벽李蘗(자 덕조德操)을 들었다. 광암도 역시 광주 사람인 동시에 성호학파에 속하였을 것이다. "현인과 호걸은 기운이 서로 맞으니 친하고 도타워 즐거운 정 나누리라(賢豪氣相投 親篤欣情眤)"고 한 것은 선생이 16세에 〈그에게 준 시(贈李蘗)〉의 한 연인즉, 젊었을 때부터 뜻이 같고 마음이 맞았던 것을 가히 상상할 수 있다. 23세, 즉 성균관에 들어간 이듬해 여름에 선생은 배를 타고 마현의 하류 두미협에 내려가서 광암에게 서교西敎를 듣고 그에 관한 서적 한 권을 보았으니, 이것이 서학 접촉의 첫 기회였다 한다.

선생뿐 아니라 중씨 손암도 일찍이 광암을 따라 노닐며 역수曆數의 학문에 대해 듣고 《기하원본幾何原本》을 연구하여 그 정밀하고 오묘한 뜻을 분석하였으며, 또 신교新敎(천주교)설을 듣고 흔연히 경모하였으나 몸소 교敎에 종사하지는 않았다고 한다.6) 광암의 박식 단아함은 원래 선생이 칭송한 바이거니와, 이를 보면 그는 당시 서학의 선각자였던 것이다. 중씨뿐 아니라 셋째형 약종도 역시 그에게서 맨 처음으로 계발되었을 것이 아닌가 한다.

그러나 서학에 대한 서적과 그 구체적 설명은 광암이 제1차적으로 선생에게 제공하였다 하나 서학을 학문으로서 취급하여 유학의 결함을 보충하고 완미하게 하려는 학적 충동은 광암의 전수보다 먼저 성호 유서에서 인상 깊게 얻었을 것이다.

이제 성호의 명저인 《사설僿說》7) 일서를 가지고 보면, 서학의 상위象緯8) 교리에 관한 제서諸書뿐만 아니라 방적아龐迪我9)의 《칠극七克》과 필방제畢方濟10)의 《영언여작靈言蠡勺》과 탕약망湯若望11)의 《주제군징主制群徵》 등을 모두 정독·논단하여 포폄과 찬반의 학문적 견해를 거리낌 없이 진술하고, 당시 썩은 유사儒士12)처럼 선입적 편견으로써 일률적으로 배격하고 증오하는 고루한 태도는 취하지 않았던 것이다.

《성호선생전집》 제55권 〈《천주실의》 발문跋天主實義〉에 이렇게 말하였다.

---

6) 〈선중씨묘지명先仲氏墓誌銘〉—원주.
7) 《성호사설》이 아니라 《성호사설유선》을 가리킨다. 《실정》 p363에는 '《사설유선》'이라고 되어 있다. 최익한은 1915년 조선고서간행회에서 펴낸 《성호사설유선》(상·하)을 참조한 것으로 추정된다. 원래 《성호사설유선》은 성호의 제자 안정복安鼎福이 《성호사설》에서 선별하여 약 1/3로 축약한 책이다.
8) 일월日月과 오성五星. 오성은 금성·목성·수성·화성·토성.
9) 판토하Diego de Pantoja(1571~1618) : 에스파냐 출신의 예수회 선교사.
10) 삼비아시Francesco Sambiasi(1582~1649) : 이탈리아 출신의 예수회 선교사.
11) 아담 샬Adam Schall(1591~1666) : 독일 출신의 예수회 선교사.
12) 원문의 '부유곡사腐儒曲士'는 '썩은 유생과 굽은 선비'의 뜻이지만, 최익한이 '선비'란 말을 거의 쓰지 않았으므로 위와 같이 '썩은 유사儒士'로 풀이하였다. 참고로 《실정》 p363에는 '속유俗儒'라고 되어 있다.

《천주실의》는 이마두利瑪竇[13]가 저술한 것이다. (……) 그 학學
이 오로지 천주天主를 숭배하였으니 천주란 유교의 상제上帝
에 해당하며, 그 경건하게 섬기고 두려워하고 신앙하기를 불
교도가 석가모니에게 하듯 한다. 천당과 지옥으로 권장하고
징계하며, 두루 돌아다니면서 인도하고 교화하는 것을 예수
라 하니, 예수란 서쪽 나라의 말로 구세를 일컫는다. (……)
예수 기원 1603년에 이마두가 중국에 와서 (……) 중국어를
익히고 중국책을 읽었다. 저서가 수십 종이나 되었는데, 천문·
지리와 수학·역법의 정묘함은 중국에 일찍이 없었던 것이다.
저 머나먼 외국인으로서 바다를 건너와 중국의 학사·대부學士
大夫와 교유하매 그들 모두가 깍듯이 예우하여 선생이라고 받
들었으니, 그도 또한 호걸스러운 인사였다. 그러나 그가 불교
를 배척한 것이 철저하나, 자기의 천주교도 결국 불교와 똑같
이 환망幻妄한 데로 귀착된 것을 깨닫지 못하였다.[14]

《사설유선僿說類選》에서 성호는 천주교사天主敎士(천주교 전도사) 방
적아의 《칠극》을 칭찬하였다.

칠지七枝[15] 속에는 절목節目이 많고 체계가 정연하며 비유가
절실하다. 우리 유학자들이 발명하지 못한 것이 더러 있으니,
이는 예를 회복하는 공부에 도움이 크다. 다만 천주와 귀신의

---

13) 마테오 리치Matteo Ricci(1552~1610) : 이탈리아 출신의 예수회 선교사.
14) 《실정》pp227~8 번역 참조.
15) 일곱 개의 가지. 탐욕貪·오만傲·식탐饕·음욕淫·태만怠·질투妬·분노忿.

설명으로 뒤섞어 놓은 것은 해괴하다. 만일 그 불순한 부분을 제거하고 정당한 논지만을 채택한다면 바로 유가의 유파일 뿐이다.16)

이상 인용한 몇 구절을 보면 성호의 서학에 대한 견문과 견해가 어느 정도로 있었는지를 알 수 있지 않은가. 성호의 유학이 실학의 경향을 띠고 신선한 기색을 나타내게 된 것은, 무엇보다 서학을 접함으로써 정관적井觀的 편견을 깨트리고 비판적·과학적 정신을 무의식중에 심었기 때문이다. 16세부터 그의 유서에 학적 흥미를 가지게 된 선생이 서학에 관한 성호의 논평적 정신을 어찌 등한히 간과하였으랴.

두미협에서 광암 이벽에게 서교에 대해 듣던 전년, 즉 계묘년 (1783) 겨울에 선생의 자부姊夫 이승훈은 그 아버지 동욱東郁의 서장관書狀官 사행使行을 따라 북경北京에 가서 사신 일행과 함께 천주교당을 방문하여 서양인 전교사가 선교 방법으로서 전별 선물로 준 《천주실의》 몇 질, 《기하원본》, 《수리정온數理精薀》 등의 책과 망원경·지평표地平表 등 기구를 얻어 갖고 귀국하였으니, 후일 서학옥안獄案에 이른바 '이승훈 구서購書 사건'이란 것이 바로 이것이다. 그는 그것을 외면서 익히며 연구하였을 뿐만 아니라 동지와 교우에게 서로 전파하였으니, 그의 외숙 이가환과 선생 형제는 가장 먼저 얻어 보았을 것이다. 얻어 보았을 뿐만 아니라 그들의 학적

---

16) 《실정》 p228 번역 참조.

탐구열은 상호 논구하기에 마지않았을 것이다.

그러나 <자찬묘지명>에 서교를 처음 들은 것은 어디까지나 이벽에게만 돌리고 이가환·이승훈과의 관계는 말하지 않았으니 그 이유는 없지 않다. 이벽은 두미 모임 이듬해인 을사년(1785)에 곧 요절하여 장차 서학 옥안에 하등 문제가 되지 않았으니 연기緣起의 명언明言17)이 역시 꺼릴 바 없으되 옥안의 중심인물인 가환과의 관계 내용은 일생의 시휘時諱가 되었던 까닭이다. 그러나 그 반면에 26세 정미년(1787) 이래 친구 이기경李基慶의 용산강정龍山江亭에서 자주 공부하는 동시에 서학에 대한 논구가 있어 기경 자신도 그것을 즐겨 들었고 서서西書 한 권을 손수 추려 쓰기까지 한 것은 어디까지나 명기해 두었으니, 이는 나중에 기경이 평소의 뜻[素志]이 변하고 권세가의 사주를 받아 홍낙안洪樂安·목만중睦萬中과 공모하여 사학안邪學案을 거짓으로 꾸며서 선류善類를 무함誣陷하던 정체를 밝히기 위한 것이었다.

이상 필자가 논증하려는 것은 다른 게 아니라 성호의 유학은 서학의 영향을 중요한 요소로서 흡수한 것이며, 성호를 사숙한 선생은 가환·승훈 등의 선진을 계제로 하여 성호의 학통을 받들었던 때에 서학을 갈구하는 출발은 그의 유서 중에서 벌써 얻게 되었으리란 것이다. 그래서 이벽한테 교를 듣기 이전에도 선생의 서학 개념이 전연 백지가 아니었으리란 것이다.

그러나 이벽은 당시 서학 대가임에도 불구하고 일찍 죽은 관계로 그의 학적 파장은 크지 못하였고, 그의 존재는 미처 세인의 인

---

17) 관련인을 밝힌 말.

식에 오르지 못하였으니 이 어찌 애석할 바가 아니랴. 이하에 선생
문집 중에서 그에 대해 언급한 몇 곳을 대강 인록하여 그의 민몰
泯沒할 수 없는 가치를 드러내려고 한다.

　〈자찬묘지명〉에는

　　계묘년(1783) 봄에 경의진사經義進士18)가 되어 태학太學(성균관)
　에 유학遊學하니, 국왕이 《중용강의中庸講義》 80여 조를 내렸다.
　이때 용의 벗 이벽이 박아博雅하기로 이름났다. 더불어 논의
　하여 조목조목 대답할 때 이발理發·기발氣發에 대하여 이벽은
　퇴계의 설을 주장하였고, 용은 우연히 율곡(문성공 이이)의 논
　지와 합치되었다. 상감이 보고 나서는 자주 칭찬하여 제일로
　삼았다.19)

하였고, 〈선중씨묘지명先仲氏墓誌銘〉의 '부록 일화附見閒話條'에는

　　갑진년(1784) 4월 15일20)에 큰형수(이벽의 누나)의 기제를 지
　내고 우리 형제가 이덕조李德操(이벽)와 함께 한배를 타고 물결

---

18) 진사가 아니라 생원이 맞다. 다산은 시부詩賦로 진사가 된 일이 없고 경의經義
　로 생원이 되었다. 1783년(22세) 4월 생원시 회시會試에서 합격자 100명 중 37
　위였다. 그가 굳이 경의진사라고 조작한 것은 당시 생원이 천시되었기 때문인
　듯하다. 〈다산연보〉(1830); 《사암연보》(1921); 《사마방목司馬榜目》(규장각한
　국학연구원 一簑古351.306-B224sm); 《매천야록梅泉野錄》 권1·상; 《아언각비
　雅言覺非》 권2 〈생원〉조.
19) 《실정》 pp710~712 번역 참조. 다산은 1783년 생원이 되었고, 1784년 《중용
　강의》를 답술하였다.
20) 이승훈이 연경燕京에서 돌아온 직후이다.

따라 내려가면서, 배 안에서 천지조화의 시원과 육체와 정신, 삶과 죽음의 이치를 듣고는 멍하니 놀라고 의아스러워 마치 은하수가 끝없는 것과 같았다. 서울에 가서 또 덕조를 따라 《천주실의》와 《칠극》 등 몇 권을 보고 비로소 흔연히 경모傾慕하였으나 이때에는 제사를 폐지한다는 말은 없었다.21)

하였으니 두미협 모임이 곧 이때이며, 이것을 보면 서교와 서학의 구별을 알지 못한 당시에 이벽이 말한 바는 신교적信敎的 측면보다 학리적學理的 측면에 치우쳤던 것이 짐작되는 바이다.

시집 중에 <벗 이덕조와 배 타고 한양으로 들어가며(同友人李德操 鑿乘舟入京 四月十五日)>와 <벗 이덕조 만사(友人李德操輓詞)>가 있는데, 그 만사는 다음과 같다.

仙鶴下人間　선학이 인간에 나려오니
軒然見風神　그 풍신 헌연도 하건만
羽翮皎如雪　희고 흰 눈빛 같은 깃은
鷄鶩生嫌嗔　닭과 따오기가 샘을 낸다.
鳴聲動九霄　창공에 사무치는 울음소리
嘹亮出風塵　맑고도 명랑하여 풍진에 뛰어났다.
乘秋忽飛去　갈바람 타고 홀연히 날아가 버리니
怊悵空勞人　내 마음 서운도 하여라.22)

---

21) 《실정》 p401 번역 참조.
22) 《실정》 p355; 《정선》 p139 번역 참조.

정조 19년 을묘(1795)에 이가환 등의 서학을 탄핵한 박장설朴長卨의 상소문에 대하여 정조는 청몽기설淸蒙氣說·사행설四行說 등이 사학邪學이 아니라고 변명을 한 다음에 또 전교하기를,

서양 서적이 동국東國에 나온 지도 이미 수백여 년이나 되어 사고史庫와 옥당玉堂에 간직된 것이 수십 편질編帙 정도가 아니므로 몇 해 전에 특별히 거둬들이라 명하였으니23), 중국에서 사온 것이 어제오늘의 일이 아님을 이로써 알 수 있다. 옛 재상 충문공忠文公 이이명李頤命의 문집에도 서양인 소림대蘇霖戴24)와 오가면서 그 법서法書를 구해 보았다고 하였다.25)

는 사실이 있는 것을 지적하였다. 이것이 비록 가환과 선생 형제를 변호하는 말이지만, 이를 보면 재고박람才高博覽한 정조도 평소에 서양서를 상당히 탐독하였고, 내각에 비장된 도서를 열람할 수 있

---

23) 진산사건珍山事件(1791) 이후 정치적 부담을 느낀 정조는 서양 서적을 소각하기 위하여 거둬들이라고 지시하였다. 《정조실록》 15년(1791) 10월 24·25일, 11월 8·12일 참조.
24) 소림대는 소림蘇霖과 대진현戴進賢의 착오. 소림은 포르투갈 신부 소아르스(José Soares)이고, 대진현은 독일 신부 쾨글러(Ignatius Kögler)이다. 이이명의 《소재집疎齋集》 권19 〈여서양인소림·대진현與西洋人蘇霖戴進賢〉과 권11 〈연행잡지燕行雜識〉에 나온다.
    1928년 이능화가 〈여서양인소림·대진현〉을 책에 인용하고, 1931년 정인보가 《소재집》 해제문을 신문에 발표하면서 소림과 대진현을 언급한 적이 있으나, 당시 최익한은 감옥에 있었으므로 이를 확인하지 못한 듯하다. 《조선기독교급외교사·상편》, 조선기독교창문사, 1928, p11; 〈조선 고전 해제 19—이소재이명李疎齋頤命의 《소재집》〉, 《동아일보》(1931.5.11) 참조.
25) 출전은 전서 〈정헌묘지명貞軒墓誌銘〉. 편자가 그 묘지명을 《실정》 pp411~420에 자세히 분석하였으니 더 참고할 것.

는 특전을 받은 선생은 항간巷間에서뿐만 아니라 관각館閣 안에서도 서양서를 열독閱讀할 수 있는 기회가 많았던 것이다. 더구나 '부父' 자의 '시생기始生己'(처음 자기를 생겨나게 한 분) 해석은 일찍이 시독侍讀할 때에 보았다는 선생의 답변을 보면, 군신이 함께 독서한 것이 적지 않았음을 족히 알 수 있지 않는가.

최초의 서서西書 독평자讀評者로는 기록이 알리는 한에는 선조조宣祖朝 문신 이수광李睟光을 들 수 있다. 그는 이마두의 《천주실의》를 보고 그의 명저 《지봉유설芝峯類說》에다가 평론하였다. 광해조光海朝 문신 허균許筠이 천주교서天主敎書를 읽고 신교信敎 사상을 가졌던 것은, 이규경李圭景이 《오주연문五洲衍文》에 《택당집澤堂集》을 인용하여 증명한 것이다. 효종대왕孝宗大王은 세자로서 북경에 인질로 머무를 때에 서양인 탕약망을 따라 노닐며 천주교리서를 많이 얻어 보았다 한다.26)

이뿐 아니라 인조仁祖 21년 계미(1643)에 서양학 사건이 벌써 있었던 것은 정조 15년 신해(1791) 겨울 10월 정묘(26일)에 장령掌令 한흥유韓興裕의 상소문으로 알 수 있고, 숙종肅宗 12년 병인(1686)에 천주학이 성행하므로 묘당廟堂(조정)에서는 이국인異國人으로 들어와 사는 자를 붙잡아서 보낼 것을 청하였다 하며, 영조英祖 34년 무인(1758)에 해서海西·관동關東(황해·강원)에 천주학이 크게 성하여 제사를 폐지하는 자가 있기까지 하였다 한다.27)

이상 열거한 것을 보면 서교西敎와 서서西書의 전래가 벌써 오래

---

26) 이능화, 《조선기독교급외교사》, p2, p23, p51 참조.
27) 영조~한다 : 《정조실록》 15년 11월 6일조와 《실정》 p397 볼 것.

된 동시에 얼마나 많은 학자와 군중이 그 영향을 입었는지를 알 수 있다. 제사를 폐하고 신주를 없애는 것 같은 행사는 물론 금지하였지만, 서적 구입과 학적 취급만은 정조 9년 을사(1785) 이전까지는 아직 나라에서 금하는 일이 엄하지 않았다. 그러므로 선생 초년에는 집에서 혹은 배 안에서 혹은 태학에서 혹은 강가의 정자에서 혹은 각내閣內에서 혹은 어전御前에서 무난히 읽고 마주 보며 의논하였던 것이다.

그러나 교敎와 학學, 즉 종교와 과학은 서양에 있어서는 르네상스 운동 이후로 양자의 구분이 명확할 뿐 아니라 양자가 도리어 적대의 용납할 수 없는 관계를 보임에도 불구하고 천주교사天主敎士들이 동양에 와서는 동양인의 생소함을 이용하여 양자 적대의 관계를 꺼리어 숨기고 과학적 진보를 적극적으로 과장하였다. 다시 말하면 우수한 과학은 모두 신앙의 산물인 것처럼 표시하여 종교의 신비한 힘에 군중의 호기심을 유도하였다. 예를 하나 들면, 갈릴레이 천문학과 코페르니쿠스 지동설은 종교 재판의 최대 금단이었음에도 불구하고 전교사들은 측상測象·지구 등 의기儀器를 가지고 그것을 신의 운화運化로서 소개하고 설명하기에 전문적 노력을 아끼지 않았다.

명나라 신종神宗 만력萬曆 27년(1599)에 이마두는 북경에 와서 포교하려다가 뜻대로 안 되자 다다음 해(1601) 1월에 시계·양금洋琴 등 기교한 물품을 헌상하니, 그제야 황제가 크게 기뻐하여 위로하고 우대하였다. 그는 천문·역법·포주布籌[28]·운의運儀가 중국인보다

---

28) '산가지를 펼쳐 놓는다'는 뜻으로 즉 '셈법'을 말한다.

훨씬 나은 것을 이용하여 당시 상류 인사인 서광계徐光啓·이지조李之藻·이천경李天經 등의 귀의를 받은 동시에 교서敎書의 번역 간행도 도움을 받았다.29)

박연암의 《열하일기熱河日記》에 왕곡정王鵠汀30)은 야소교耶穌敎를 평하되, "그 본령이 명물도수名物度數31)에 국한되어 우리 유교의 제2의義에 떨어져 있다"32) 하였으니 명물도수는 야소교와는 전혀 별개물임에도 불구하고 교학敎學의 분화가 분명하지 않은 유교로 가늠하여 그것을 도리어 교의 본령이라 하였다.33)

이계耳溪 홍양호洪良浩34)의 〈예부상서 기윤紀昀35)께(與紀尙書書)〉에도 이렇게 말하였다.

---

29) 명나라 신종~도움을 받았다 : 이능화, 《조선기독교급외교사》, p33; 편자미상, 《동전고東典考》 권9 〈천문·역법〉, p38a.

30) 왕민호王民皞 : 호는 곡정. 강소江蘇 출신의 거인擧人(과거 보러 온 사람)으로 1780년 54세 때 연암과 만나 필담을 나누었는데, 그 내용이 〈곡정필담鵠汀筆談〉, 〈망양록忘羊錄〉 등에 실려 있다.

31) 명목名目·사물事物·법식法式·수량數量을 아우르는 말. 여기에서는 천문·역법·수학·지구표地球表·망원경 등 자연과학의 산물을 가리킨다.

32) 《열하일기》 〈곡정필담〉.

33) 연암과 곡정이 모두 서양 사정에 생소하였던 까닭으로 명물도수를 야소교의 본령으로 오인한 것이다. 그들은 본디 야소교가 서양에서는 과학과 기술의 발명과 발달을 적극적으로 억압 방해하였음에도 불구하고 그 파견자(천주교사)들이 동양에 와서는 포교 수단으로 과학적 산물을 약간 소개하여 그것이 마치 야소교의 신력神力의 업적처럼 과장하는 기만적 술책에 대해서 철저히 간파하지 못하였다. 《실정》 p281 참조.

34) 홍양호洪良浩(1724~1802) : 자는 한사漢師, 호는 이계. 두 차례 연경을 다녀오면서 고증학을 수용·보급하는 데 기여하였고 대제학을 지냈다.

35) 기윤紀昀(1724~1805) : 자는 효람曉嵐, 호는 석운石云. 청나라 학자로 《사고전서四庫全書》 편찬 사업을 주관하였으며 예부상서禮部尙書를 지냈다.

제가 예전에36) 연경에 이르러 천주당을 가서 보니 화상畫像을 숭상하는 것은 절과 똑같았습니다. 허황되고 괴악하여 볼 만한 것이 없었지만 오직 천문의기[測象儀器]만은 극히 정교하여 거의 사람의 솜씨가 미칠 바가 아니어서 가히 기예는 신기에 가깝다고 이를 만합니다. (……) 12중천설十二重天說37), 3대설三帶說(한대·열대·온대), 일월성대소광륜설日月星大小廣輪說(해·달·별의 대소와 넓이)은 바로 우리 유학이 아직 말하지 못한 바입니다. 그들은 모두 기구를 조종하여 천상天象을 관측하고 배를 타고 바다 끝까지 항해한 자들이라 그 말이 다 근거가 있어 이교異敎라고 해서 폐할 수는 없으니, 참으로 이 물리物理는 무궁하여 불가사의한 것입니다.

그들의 선전적 방술方術이 얼마나 유효한 것을 볼 수 있지 않은가. 그들이 만일 동양에 와서 천주교의 본질과 그 진제眞諦 그것만을 선전하였다면 유식有識 계급은 일고의 가치도 인정하지 않았을 것이다.

선조 36년 계묘(1603)에 사신 이광정李光庭·권희權憘가 가지고 온 〈구라파여지도歐羅巴輿地圖〉38)와 인조 9년 신미(1631)에 진주사陳奏使 정두원鄭斗源이 돌아와 바친 서양 화포·염초焰硝·천리경·자명

---

36) 홍양호는 1794년 2차 연행을 다녀왔고, 이 편지는 1797년에 작성한 것이다.
37) 《오주연문장전산고五洲衍文長箋散稿》〈십이중천변증설十二重天辨證說〉에 "하늘을 12겹으로 설정하여 가장 높은 것이 12중천이다. 여기에는 천재天宰를 비롯한 여러 신성神聖들이 거처하는데, 영원히 고요하고 움직이지 않으며 비할 데 없이 광대하니 바로 천당天堂이다"고 하였다.
38) 마테오 리치가 제작한 1602년 판 〈곤여만국전도坤輿萬國全圖〉.

종·자목화紫木花 기타 도서 등과 효종조에 김육金堉이 시행을 주청한 시헌역법時憲曆法은 모두 천주교사의 포교적 부수물인 선물이었다. 이를 보면 당시 선생 일파 학자들의 서교에 대한 탐혹의 주된 이유는 교리 그 자체에 있지 않고, 교리와 혼동시한 학술 기물器物에 있었던 것이 더욱 명백하다. 학술 기물이 정교하고 신묘한 부분을 제외한 교리 자체만은 중국과 조선을 막론하고 학자 계급은 공통적으로 천시하였던 것이다. 성호의 이른바 "만약 잡설을 제거하고 뛰어난 논설만을 채택한다면 바로 유가의 유파일 뿐이다"란 것과 <여기상서서與紀尙書書>의 답장에 이른바 "그 책이 중국에 들어온 것은 비각祕閣에 모두 있으니 산법서算法書를 제외하면 나머지는 전부 논박하는 내용이다"란 것이 모두 그 교학 양자에 대한 취사를 언명한 것이다. 선생 집안에서도 급진적 개혁파인 셋째 형 약종을 제외하고는 중형과 선생은 철두철미하게 학술적 탐구에 그쳤고 신교적信敎的 행위에는 이르지 않았던 것이다.[39]

선생의 서학 접촉 범위가 얼마만 했었는지는 확실히 알 수 없으나, 교리 이외에는 천문·지리·역법·수리·의학 특히 우두牛痘 방법, 기계류에 그쳤고 변화 자유가 풍부한 서양 사회의 정치·경제·역사·철학·문물·제도에 대한 지식은 별로 획득하지 못했던 것이다. 문예 부흥과 종교개혁과 입헌제도와 민주주의로서 종횡 교착된 서양 문화의 실상은 천주교회의 최대 금기물이므로 전교사들은 그것을 충실히 소개 보도하였을 리가 만무하지 않은가.

선생의 22세는 서기 1783년이었다. 인류 초유의 이상국인 미국

---

39) 《실정》 p186에는 이 문장이 삭제되어 있다.

은 8년의 의전義戰(독립 전쟁)을 겪고 베르사유 조약40)으로 독립이 완전히 승인되던 해였다. 6년 후엔 서양의 천지는 또다시 1789년의 프랑스 대혁명으로써 유사 이래 인류의 최대 활극을 유럽의 중앙에서 전개시키던 해였다. 전자에 있어서는 제퍼슨의 독립선언과 프랭클린의 프랑스 유세41)와 워싱턴의 혁혁한 무공과 프랑스의 라파예트, 프로이센의 사관士官(장교)인 슈토이벤42), 폴란드의 지사志士인 코시치우슈코43) 등의 열광적 원조는 저마다 황금의 결실을 세계사 위에 빛내는 반면에 동양 은자국隱者國의 양반 청년인 선생은 무엇을 하였던가. 평화의 꿈으로 장식한 봉건시대의 비단 장막 속에서 천천히 걸어 나오는 선생은 경의진사經義進士44)란 아름다운 화관을 쓰고 선정전宣政殿 사은謝恩의 자리에서 거안擧顔의 영전榮典을 입었던 것이다.45) 또 후자에 있어서는 인류 문화 조직의 근본적 변혁의 서막으로서 삼부회의三部會議가 소집되고 바스티유 감옥은 파괴되고 인권선언이 공포되었다. 미라보·라파예트 등의 입헌주의적 활동은 개시되었고 롤랑46)·뒤무리에47) 등 온화파

---

40) 1783년 미국 독립 전쟁에서 프랑스와 스페인이 적대적 관계에 놓인 영국에 관하여 논의한 조약.
41) 1776년 프랭클린은 프랑스로 건너가 아메리카-프랑스 동맹을 성립시키고, 프랑스의 재정 원조를 획득하는 데 성공하였다. 1783년 파리조약에는 미국 대표의 일원이 되었다.
42) 슈토이벤Friedrich Wilhelm von Steuben(1730~1794) : 독일 출신의 미국 군인. 7년 전쟁과 미국 독립 전쟁에 참전하였다.
43) 코시치우슈코Tadeusz Kościuszko(1746~1817) : 폴란드의 군인. 7년간 미국 독립 전쟁에 참여하였고 귀국 후 폴란드 독립 운동을 최초로 지도하였다.
44) '경의진사'는 오류. 본서 p205 각주 18 볼 것.
45) 《사암연보》 p8에 "선정전 사은례에서 정조는 다산에게 얼굴을 들라 하고 나이를 물었다. 이것이 최초의 만남이었다(謝恩于宣政殿 上特令擧顔 問年幾何 此公最初風雲之會也)"고 하였다.

와 당통·마라·로베스피에르 등 강경파는 저마다 앞으로 다가올 역사적 임무를 준비하고 있었다.

서쪽 하늘의 벼락48)에 귀먹었던 우리 선생은 이때(28세) 전시殿試49)에 급제하여 《희정당대학강록熙政堂大學講錄》을 만들기에 눈과 손이 바빴던 것이다. 선생이 백 번 천 번 신기하게 여기던 하나의 둥근 지구 위에서 동서의 현격한 차이가 이토록 심하였던가!

⟨뜻을 말한다(述志)⟩ 2수(임인壬寅, 21세)

弱歲游王京　어린 시절 서울에서 노닐 적

結交不自卑　벗 사귐이 비루하지는 않았네.

但有拔俗韻　속된 기운만 벗어나 있다면야

斯足通心期　서로 족히 속마음이 통하였지.

戮力返洙泗　힘을 합해 공맹의 도로 돌아와서

不復問時宜　다시는 시속에 맞는가 묻지 않았거니

禮義雖暫新　예의는 비록 잠시 새로웠으나

尤悔亦由玆　허물과 후회도 이에서 생겼다네.

秉志不堅確　마음가짐을 굳건히 하지 않으면

此路寧坦夷　이 길이 어찌 평탄할쏘냐?

---

46) 롤랑 부부. 프랑스 혁명 당시 온건 공화파인 지롱드 내각의 내무장관이었던 롤랑Jean Marie Roland(1734~1793)과 그의 부인(1754~1793).

47) 뒤무리에 Charles François Dumouriez(1739~1823) : 지롱드파에 가입 후 군사령관 등을 역임하고, 네르빈덴 전투에서 패하여 오스트리아로 망명함.

48) 여기서는 미국의 독립 전쟁과 프랑스 혁명 등을 가리킨다.

49) 임금의 친림親臨하에 행하던 과거의 마지막 시험.

常恐中途改　늘 두려울세라 중도에 변하여
永爲衆所嗤　영원히 뭇사람의 웃음거리 되는 일.

嗟哉我邦人　아, 아방인我邦人50)들은
辟如處囊中　주머니 속에 들어 있는 듯 궁벽하이.
三方繞圓海　삼면은 둥근 바다로 담을 쌓았으며
北方縐高崧　북쪽은 높은 산맥으로 주름을 잡았네.
四體常拳曲　사지가 항상 오그라들거늘
氣志何由充　뜻과 기운을 어찌 펼 수 있으랴?
聖賢在萬里　성현이 머나먼 만 리 밖에 있나니
誰能豁此蒙　뉘라서 능히 이 어둠을 열어주리?
擧頭望人間　고개를 들고 인간을 바라보니
見鮮情瞳曨　보이는 건 적고 이내 맘 몽롱하여라.
汲汲爲慕傚　바삐 서둘러 사모하고 본받아서
未暇揀精工　알뜰히 가릴 여유조차 없구나.
衆愚捧一癡　어리석은 무리 한 천치를 받들고
嗜哈令共崇　고함치며 다 같이 절하자고!
未若檀君世　순진한 바람이 불던 단군의 세상이
質朴有古風　거짓으로 충만한 지금보다 오히려 나았느니!51)

21세는 바로 두미협에서 서교를 듣기 2년 전이었다. 선생 일생

---

50) 일제강점기 때 '我邦(우리나라)'이란 말이 조선을 가리킬 경우에는 사용 불가
　　하였으므로, 풀이하지 않은 채 당시 그대로 둔다. p155 각주 14 볼 것.
51) 제2수는 《정선》 pp131~2 번역 참조.

의 사상적 윤곽과 학문적 취향을 벌써 단적으로 미리 보여 주었으니, 이 <뜻을 말한다(述志)> 2수는 선생을 이해하는 데 중요한 참고 자료다. 상수上首는 자기 교유의 성盛함과 지학志學의 비범성을 말하고 또 당시 유학의 맹목적 상고尙古를 넌지시 비꼬았거니와, 하수下首는 조선의 지리 인문의 편벽되고 비굴한 성격과 문화 견문의 고루固陋함과 학자의 무비판적 흉내[效顰]52)와 유폐당습儒弊黨習53)의 우상적 숭봉崇奉을 통절히 개탄하고, 끝으로 괴리되어 각박한 현세에서 상고上古 단군 시대의 질박한 고풍을 도리어 흠모하였다. 이 단편에 나타난 것만 가지고 보아도 유교적 폐단의 질곡을 벗고 참신하고도 실용적인 서학西學에 공명할 소질을 충분히 갖고 있지 않은가. "성현은 만 리 밖에 있다(聖賢在萬里)"는 말이 우연한 말이 아니고 서양의 인문을 사모한 뜻인 듯하다.54) 당시 천주교 신자는 물론이거니와 뜻있는 학자들도 천문·물리 등 서학을 매개로 하여 서양은 개물성무開物成務55)의 성현이 많이 있는 이상적 국토로서 동경하였을 것이다. 학문과 이상의 불꽃이 타오르는 청년 수재인 선생은 서학과 서국에 관한 감회와 술지述志의 시편이 적지 않았을 터이나, 시휘 관계로 대개는 삭제 인멸해 버렸고 오직 이들 구절만이 그 편린으로 잔존한 것이 아닌가 한다.

---

52) 동시효빈東施效顰. 동시東施(추녀)가 서시西施(미인)의 눈썹 찌푸림을 본받는
   다는 뜻으로 남을 맹목적으로 흉내 낸다는 말.《장자》〈천운天運〉.
53) 유교의 폐단과 붕당의 폐습.
54) 성현은 '야소耶蘇(예수)'일 가능성도 없지 않다. 다산은 <변방사동부승지소辨
   謗辭同副承旨疏>에서 약관 초에 천주교 책을 얻어 보았는데, 서양 과학기술은
   어려워서 세심히 탐구하지 못하고 도리어 천주교 교리에 빠졌다고 실토하였다.
   자세한 것은《정선》p133 볼 것.
55) 만물의 뜻을 열어 천하의 모든 일을 이룸.《주역》〈계사상전繫辭上傳〉.

이하에 선생의 무학武學에 대한 이야기를 잠깐 말하려 한다. 선생은 문사文事뿐만 아니라 무사武事에 대해서도 상당한 소양이 있었다. 지금 충분히 고증할 재료가 없으나 문과 급제 전, 즉 26세 때에 반시泮試(성균관의 시험) 우등으로 중희당重熙堂에 입대入對하였다가 국왕이 하사한 계당주桂餳酒56) 한 사발에 곤드레만드레 취하여 내감內監에게 부축되어 나와서 빈청賓廳에 잠깐 머물러 있었더니, 승지承旨 홍인호洪仁浩(선생의 처종형妻從兄)가 소매 속에서 책 한 권을 꺼내어 전하고 비밀 전교를 내려 이르기를, "네가 장수의 재주를 겸비한 고로 특히 이 책을 주노니 이 다음날에 만일 동철東喆(때마침 영동嶺東에 정진성鄭鎭星·김동철金東喆의 역적 옥사가 있었다) 같은 자가 일어나면 네가 가히 출전할 것이라" 하기에 집에 돌아와서 펴 보니 《병학통兵學通》이었다 한다.57) 이를 보면 선생이 젊었을 때부터 병학에 유의하였을 뿐만 아니라 지략과 풍모가 삼군三軍을 조종할 만한 자격이 있는 것으로 임금에게 인정되었던 것이다.

선생이 병사兵事에 대한 견문을 제공 받은 데가 하나 있으니 누구냐 하면 선생의 장인 홍화보洪和輔였다. 그는 두세 곳의 수군 및

---

56) 계피와 당귀를 넣어 빚은 소주로 약용주이다.

57) 26세~한다 : 《사암연보》 p15; <발병학통跋兵學通> 참조. <발병학통>(1800)에는 "時逆賊金東哲伏法于嶺東"으로 되어 있으나, 《사암연보》(1921)에는 "時嶺東有鄭鎭星金東喆之獄"으로 수정되었다. 즉 '伏誅'가 '獄事'로 바뀌고 '鄭鎭星'이 추가되며 '金東哲'이 '金東喆'로 교정된 것이다. 《정조실록》 11년(1787) 6월 14일조에 의하면 김동철은 충청도 제천堤川에서, 정진성은 강원도(영동) 원주原州에서 효시梟示되었다. 그러니까 다산은 김동철 역모사건이 일어난 지 10여 년 후에 <발병학통>을 쓰다 보니 '영동嶺東'으로 착각한 듯하다. 이는 북한 역사학자 박시형이 처음 지적하였다. 《17세기 이후 우리나라 봉건사회의 몇 개 부문 학문 유산 (2)》, 사회과학출판사, 2013, p128.

병마절도사를 역임하였고 선생도 그의 묘갈문에 "병법에 밝고 재략이 많았다(曉兵法 多才畧)"고 하였다. 선생은 결혼 직후부터 그의 임소任所에 자주 가서 병마의 훈련을 참관하였으니 실제로 소득이 적지 않았을 것이다. 당시 쇄국적 태평이 벌써 이백 년에 가까웠고 또 문을 귀히 여기고 무를 천히 여기는 것이 특히 심한 시대였다. 무계武界의 대관급은 모두 하는 일 없이 봉록만 축내는 격이었으므로 그들의 무장武裝은 족벌族閥의 피뿐이요 그들의 용감은 당파의 싸움뿐이었다. 기술이 변변치 못하나마 그래도 총을 잡고 활을 쏘거나 군진軍陣에 임하여 적과 맞서는 일을 감당해낼 만한 이는 중류 이하 무관급 중에서만 다소 발견할 수 있었다. 홍화보의 무재武才도 그 획득의 기회가 결코 우연치 않은 것이었다.

선생이 활쏘기[射藝]에 능한 것은 문집 중 <북영벌사기北營罰射記>를 보면 짐작할 것이다.58)

선생의 병학兵學에 대한 포부를 전적으로 표시할 《아방비어고我邦備禦考》30권은 불행히 미완성되어 《상두지桑土誌》(1책 미간행),59) 《민보의民堡議》60) 이외에는 독립적 저작이 없고, 《경세유표》, 《목민심서》 등에 산견되는 것만 가지고 보아도 그 일단을 짐작할 수 있다. 문무를 장려 발탁하는 방식과 둔전을 설치하여 병사를 양성하는 제도로써 병농이 함께 나아갈 것을 주장하고, 성곽 수축과 병

---

58) 최익한의 말과는 정반대로, 다산은 <북영벌사기>에서 활쏘기는커녕 말타기도 서툴러 큰 웃음거리가 되었다고 털어놓았다.
59) 이덕리李德履가 저술한 국방 관련 2책으로 정약용 저자설은 오류.
60) 1책 3권. 신조본에는 없으나 사암본 보유편에 수록되어 있다.

제 혁신과 기계 개량을 고찰하였으니, 모두 당시 탁월한 경세가적 견지였다(<통색의通塞議> 참조).

더구나 선생의 경제·정치에 관한 대책大策을 논술한《경세유표》는 성호의 학을 거쳐 류형원柳馨遠의《반계수록潘溪隨錄》에까지 그 원류를 추구할 수 있는 것이다.

《경세유표》,《흠흠신서》와 함께 3대 저서라고 하는《목민심서》는 주군州郡 목민牧民의 도道에 대하여 구체적으로 논열論列한 세계 무류無類의 성전聖典인 동시에 선생의 특수한 이재吏才와 명달明達한 경험을 전적으로 표현한 것이다. 그러나 사목司牧에 관한 경험적 제공은 누구보다도 아버지 하석荷石공에게 받은 바가 많았던 것이다. 다시 말하면 이도吏道는 그의 가정지학家庭之學이었다. 아버지는 원래 염결명백廉潔明白한 성격의 소유자였다. 장헌세자의 절의節義로써 정조의 지우知遇를 받아 2현縣 1군郡 1부府 1주州를 역임하여 이르는 곳마다 치적이 있었다. 선생은 소년 시절부터 때때로 임소에 가서 배알한 나머지에 실제로 견학의 기회가 가장 유효하였던 것이다.《목민심서》자서自序에

> 비록 나는 불초하지만 모시고 배워서 그윽이 들은 것이 있었고, 옆에서 구경하니 그윽이 깨달은 바가 있었으며, 물러가서 시행함에 그윽이 효험이 있었다.61)

고 한 것이 바로 이를 일컫는다.

---

61)《실정》 p369 번역 참조.

이상에 거론한 선생의 유학·서학·경국학經國學·이학史學 등의 각기 일정한 연원과 경로를 대개 찾아볼 수 있거니와, 특히 서학에 대해서는 당시 동서 교통의 상태가 선생으로 하여금 직접 관계하지 못하게 하여 항상 중국의 중계에 힘입었던 만큼 중국인의 서학적 색채가 또한 선생에게 반영되지 않을 수 없었다. 예를 들면 청나라 초기 이주梨洲 황종희黃宗羲62)의 《명이대방록明夷待訪錄》 같은 것이 선생의 정치사상에 영향을 준 것은 틀림없을 터이다.

또 청유淸儒의 고증학은 송학宋學에 대한 반동인 동시에 만주 문화에 대한 한족 문화의 자기 해명이었다. 호적胡適63) 박사의 말과 같이 그것이 꼭 유럽의 문예부흥 운동에 비교될는지는 모르나, 하여간 명나라 말기 이래 서양 실증학의 영향이 동점東漸하는 데서 미묘한 충격을 받아 가지고 역점을 고서 고증에 두었던 것만은 사실일 것이다. 이것은 선생에게 어떠한 작용을 미쳤던가.

선생은 육경사서六經四書에 나아가 풍부한 고설考說을 지었는데 물론 자기 독창적 견해가 많았다. 선생은 힘써 송유宋儒의 불로적佛老的 논리의 수식을 벗겨 내고 유교의 윤리적 실용적 본래 면목을 회복하기에 최대한 노력하였다. 선생은 청유의 문의적文義的 편집偏執에 대해서는 송유의 성리학문을 옹호하고, 송유의 이론 편중에 대해서는 고대 공맹학의 실용성을 옹호하는 것이 일관된 논

---

62) 황종희黃宗羲(1610~1695) : 자는 태충太沖, 호는 이주梨州. 왕부지王夫之·고염무顧炎武와 함께 명말청초의 3대 학자. 《명이대방록》의 〈원군原君〉, 〈원신原臣〉 등에 민권 사상이 나타나 있다.

63) 호적胡適(1891~1962) : 안휘성安徽省 적계適溪 출생. 미국에 유학하여 듀이에게 배운 실용주의 철학자. 《중국철학사대강大綱》(1917)에서 청조 고증학을 서구 르네상스에 비교하였다. 《실정》 p179 볼 것.

평적 태도였다. 그러나 송유의 맹종주의를 타파하고 자기 독창적 견지를 주장한 것만은 청유의 자극이 적지 않았던 것이다. 또 부분과 지엽에 있어서는 그들의 견해를 섭취한 것이 많다고 아니할 수 없다.

더욱이 선생의 박학다문博學多聞은 정조의 힘이 또한 적지 않다. 정조의 학문과 지식은 실로 백왕百王에 탁월하니 《홍재전서弘齋全書》100권이 그것을 웅변적으로 말하지 않는가. 그뿐만 아니라 어명과 어재御裁에 의하여 임어臨御(재위) 기간에 편찬된 서적이 종류만 해도 118의 다수에 달하였으니, 끔찍이 놀랄 만한 문화의 퇴적이었다. 이에 대한 선생의 직간접적 기여가 또한 적지 않았던 것이다.

기타 교유한 동배同輩로 말하면 백가울연百家蔚然의 관점이 있었다. 서학의 전파와 정조의 장학 정책은 당시 문화의 양대 박차였다. 이가환·이승훈·이벽 등은 그만두고라도 초정楚亭 박제가朴齊家의 《북학의北學議》와 담헌湛軒 홍대용洪大容의 《의산문답毉山問答》과 연암燕巖 박지원朴趾源의 《열하일기熱河日記》는 사상적으로 일맥상통하였고, 순암順菴 안정복安鼎福의 《동사강목東史綱目》과 아정雅亭 이덕무李德懋의 《청장관집靑莊館集》과 정상기鄭尙驥의 《농포문답農圃問答》, 《도검편韜鈐篇》과 풍석楓石 서유구徐有榘의 《임원경제지林園經濟志》와 한치윤韓致奫의 《해동역사海東繹史》와 정동유鄭東愈·류희柳僖 등의 정음학正音學 등등은 당시 신선한 기풍을 띤 문화의 암류暗流로서 교류의 책바다[卷渦]를 이루었던 것이다. 선생의 선생된 시대적 배경이 어찌 간단하였으랴.

8. 남인·서학·성호학파의 교착交錯

　다음 면의 도표와 같이 당시 서학에 참여한 자는 대개 남인 명사
名士들이며, 특히 성호학파를 중심한 것은 그 역사적 이유가 무엇
이었던가? 장원莊園 경제의 조직과 편협 고루한 풍조에서 자연적
으로 산출된 이조 당쟁은 그 출발과 진행에 있어 일시일비一是一非
가 없는 한낱 무원칙한 봉건 붕당의 정쟁이었다. 그러나 그 역사적
특징으로 보아서는 서인은 항상 훈척勳戚을 중심으로 한 정부당이
요 동인(남인)은 사류士類를 배경으로 한 재야당이란 것만은, 출발
에서뿐만 아니라 진행의 전 과정에서도 숨길 수 없는 사실이었다.
그러므로 재덕이 있어도 불우한 사士가 서인계보다는 동인계에 많
이 속해 있을 것은 또한 필연의 이치이자 형세였다.
　서인 일파는 동인 별파인 북인 세력1)을 타도하기 위하여 광해를
폐출하고 인조를 세운(1623) 이후 조정 실권을 굳게 잡았고, 효종

---

1) 북인 중 중앙 출신 양반을 중심한 '대북大北' 세력.

이조 당파도(동인계)

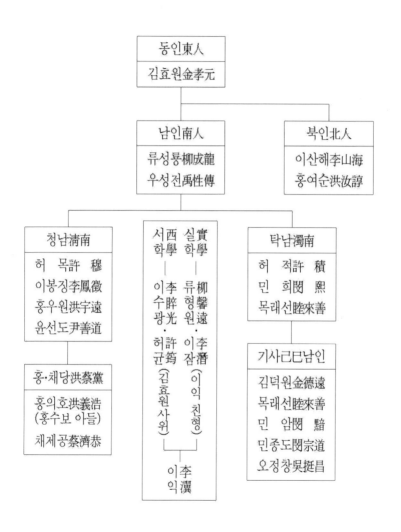

성호가학星湖家學[2)]

정산貞山	이병휴李秉休	역학易學·예학禮學
만경萬頃	이만휴李萬休	경제
혜환惠寰	이용휴李用休	문학
장천長川	이철환李嚞煥	박고학博古學
목재木齋	이삼환李森煥	예학
섬촌剡村	이구환李九煥	가학 계승
청담淸潭	이중환李重煥	《택리지擇里志》저
정헌貞軒	이가환李家煥	문학·역수曆數

성호학파星湖學派

안정복安鼎福	동사학東史學	
황운대黃運大	천문수학	
정상기鄭尙驥	병학兵學·정론政論·지도地圖	
윤동규尹東奎	지리학	
권철신權哲身	주자학 비판	
권일신權日身	상동	
이기양李基讓	박면교거剝棉攪車 전래	정약용丁若鏞
이승훈李承薰	서양 서적 전래	
채제공蔡濟恭	서옥西獄 음호陰護	
이언진李彦瑱	이용휴 문인	
이 벽李 檗	서학 주창主唱	
정약전丁若銓	역수曆數,《어보魚譜》저	

---

2) 인물 순서는 원문이 아니라 《실정》 p426에 따랐다. 이하 마찬가지.

채당·서학파蔡黨西學派(정조 음호陰護)

윤지충尹持忠	서교西敎 선참자로 사형3)	다산의 외종형
권상연權尙然	상동	윤지충의 외종형
이가환李家煥	사옥邪獄 수령首領	이기양 차남의 처부
이승훈李承薰	구서購書 주범	이가환의 생질
권철신權哲身	권일신 연좌	권일신의 친형
권일신權日身	주교主敎로 유배 가다 사망	안정복의 사위
이기양李基讓	유배 중 병사病死	권철신의 여구女舅4)
정약전丁若銓	상동	다산의 중형
정약종丁若鍾	백서帛書 연좌	다산의 삼형
정약용丁若鏞	장기간 유배	홍의호의 종매부
황사영黃嗣永	백서帛書 주범	정약현의 사위

홍당파洪黨派(채당·서학 공격 모함)

홍희운洪羲運	낙안樂安을 개명
이기경李基慶	처음에는 서서西書 탐독
목만중睦萬中	및 그 아들 목인규睦仁圭
이익운李益運	
성영우成永愚	
최헌중崔獻重	
강준흠姜浚欽	
김정원金鼎元	
홍광일洪光一	
권 엄權 儼	

---

3) 원문의 '수리사옥首罹死獄'을 《실정》 p427에 따라 풀이하였다.
4) 여구女舅 : 딸의 시아버지.

조에 송시열宋時烈이 존명대의尊明大義를 고조한 이후 허언위학虛言偽學과 존화양이尊華攘夷의 가혼적假魂的 표방은 드디어 위정자가 여론을 억압하는 무기로 되어 버렸다. 그 뒤로 100여 년간 다소 부침이 없지 않았지만, 숙종 20년 갑술(1694)에 이른바 기사己巳(1689) 남인의 일패도지一敗塗地5)로 인하여 남인은 영원히 정치 실권實權으로부터 탈락되었고, 영조조에 서인 별파인 소론少論의 실권失權으로 인하여 일국의 정권은 영원히 서인 노론老論의 손안에 든 물건[掌中物]이 되고 말았다. 그러다가 장헌세자의 참화에 이르러서는 당쟁의 포악이 절정에 달하였다.

군주를 노론화하고(장헌세자 참화의 예), 공맹정주孔孟程朱를 노론화하며(옛날 북인 남판서南判書 아무개의 말), 나아가서는 우주만물을 노론화하는 서인 일파는 현상 유지에 최대 기원을 드리고 있었으니, 자기 운명을 가장 합리적으로 지지해 주는 허언위학과 존화양이의 가혼적 표방 이외에 현상 타파를 임무로 한 실학과 서학에 대해서는 처음부터 도외시하고 사갈시할 것은 또한 필연적 요구가 아니겠는가.

(서인 분파인) 소론 일파로 말하면 주권적 지위6)는 잃었다 하지만 청환영직淸宦榮職7)에 있어서는 오히려 노론과 서로 각축할 여지가 있었으므로 역시 현상을 부인하고 신국면을 요구할 만한 정신과 기백을 축적하지 못하였던 것이다.

---

5) 한 번 싸움에 패하여 땅에 떨어진다는 뜻으로, 여지없이 패하여 다시는 일어설 수 없다는 말.《사기》〈고조본기高祖本紀〉.
6) 주권적 지위:《실정》p432에는 '궁척宮戚의 지위'로 되어 있다.
7) 규장각奎章閣·홍문관弘文館·선전관청宣傳官廳 등의 관직. 맑고 영화로운 명예직으로 품계가 낮았다.

논보論步가 이에 이르매 남인 일파가 서학에 진출한 이유에 대한 해답은 거의 짐작할 수 있을 터이다.

그러나 남인계 중에서도 다시 한 번 변별하지 않으면 안 될 중요한 사회적 내용이 가로놓여 있었다. 남인의 근거지는 어디보다도 영남 일대이지만 영남은 정치 중심지로부터 격리된 관계로 시대 문화의 영향에 대하여 둔감한 동시에 견문이 고루하고 또 퇴계 선생이 창학唱學한 이래로 퇴영근졸退嬰謹拙한 학풍은 사류士類의 진취적 기백을 전적으로[8] 거세하였으니, 비록 실세한 남인의 후예일지라도 대개는 사족士族의 명분으로 한 지방에 할거하면서 자기만족하였다. 정·순正純 양조兩朝에 여러 번 일어난 남인 서옥西獄[9] 사건 중에 영남 남인으로서는 문제의 인물이 별로 없었던 것을 보면 저간의 소식을 가히 알 수 있는 것이다.

그러나 기호畿湖 일대에 흩어져 사는 남인 일파는 그 취향이 영남 남인과는 크게 달랐다. 그들은 정치 문화의 중심지에 접근한 만큼 견문이 고루하지 않았고, 정치적으로 실세한 나머지 현상 불만에서 현상 모순을 직감하게 되었으며, 여러 다른 당파와 교착하는 가운데 사회적 자극을 항상 강렬하게 받았다. 또 과거와 벼슬살이에 소비해 버릴 귀중한 정력을 유용무위有用無爲한 방면에다 오로지 주력할 만한 장한長閑한 기회를 가졌다.

이 몇 가지 조건이 성호학파를 산출케 한 동시에 성호학파는 또한 필연적으로 실학과 서학의 영역을 걸치게 한 것이었다. 물론 그들 개개인의 천재적 우수함도 중요한 요소였지만, 서학과 남인

---

8), 9) 《실정》 p432에는 '적지 않게', '서학西學'으로 되어 있다.

의 교착적 관계는 얼른 보면 일종의 기현상으로 보일지라도, 그 저면에는 일정한 사회적·역사적 조건이 결정적으로 존재하였을 뿐만 아니라 당시 반대파의 공격과 적발이 더욱 그 기현상을 선명하게 구성시켰던 것이다.

당시 서학은 과연 남인 일파에만 한한 것이었던가.

이상에 약술한 바와 같이 조선의 천주교는 선조·광해 때부터 수입되었다가 인조 계미(1643) 이후로 점차 전파되었다. 숙종 병인(1686)에 벌써 성행하였고 영조 무인(1758)에 황해도와 강원도 지방에서는 집집이 사람마다 모두 사당을 헐고 제사를 폐하였다. 정조 9년 을사(1785)에 형조가 서교 신자들을 조사하여 다스렸고, 12년 무신(1788)에 또 서교 문제가 있어서 도신道臣(관찰사)에게 엄금을 명하였다. 이를 보면 당시 조선의 천주교 유래가 벌써 2세기에 가까운 역사를 가진 동시에 전파의 범위가 실로 광범하였다. 더구나 당시 양반 계급의 중압과 봉건 제도의 질곡과 탐관오리의 발호는 필연적으로 천민 대중을 이상理想의 다른 길로 몰지 않을 수 없게 되었다.

이렇게 수만의 생령이 이도 사교異道邪敎에 침음浸淫 유혹(?)되어 그 범위가 한 지방을 벗어나 전국으로 뻗침에도 불구하고 그것은 별반 큰 문제로 통감되지 않고 오직 호남 진산珍山의 사인士人 윤지충尹持忠·권상연權尙然 두 사람의 신교信敎가 문제의 첨단에 올랐다. 홍낙안의 장서長書(채제공에게)를 발단으로 하여 사헌부와 사간원이 연명 상소로 성토하며 그 척사斥邪의 총부리는 은연히 채당蔡黨 일파로 향하게 되었으니, 그 역사적 이유는 무엇이었던가? 무엇보다도 윤·권 양인은 양반 계급으로서 남인인 동시에 채당에 속한 것이 유일한 도화선이었던 것이다. 그러므로 반채당反蔡黨이 '신성하게' 표방한 사교邪敎 배척은 결국 본질에 있어서 그 음험함을 헤아리기 어려운 당쟁에 지나지 않은 것이다. 당쟁을 떠나서는 그것을 조금도 이해할 수가 없다.10)

원래 번암樊巖 채제공은 정조의 아버지 장헌세자를 위하여 힘을 다해 보호한 이른바 시파時派의 영수였다. 그래서 정조의 신임은 절대적이었다. 이가환과 다산 선생도 역시 시파가인時派家人으로서 그들의 탁월한 재학才學은 모두 정조의 특별한 지우를 받아서 번암과 함께 정조조의 삼걸三傑이었다.

그러나 그들은 모두 당계黨系가 남인 시파일 뿐만 아니라 임금의 보살핌이 융숭한 것이 서인당西人黨 특히 벽파僻派(세자 모해파)의 커다란 눈엣가시였던 것이다. 그뿐만 아니라 채蔡는 성격이 호매하고 기절氣節이 있었으며 용인用人에 관하여는 동당同黨 중에서도 인물을 본위로 하고 벌급閥級이 자기보다 나은 자는 혐오하였으니, 이것이 남인 벌족閥族인 홍의호洪義浩 부자와 대립한 요인이었다. 그래서 홍洪은 당시 서인과 그 벽파인 이른바 '환관유달渙觀裕達(심환지沈煥之·김관주金觀柱·권유權裕·김달순金達淳)' 등의 세리적勢利的 지휘에 영합하고 홍낙안·이기경 등 일부 남인은 홍洪의 음휼한 사주에 응하여 서교 사건을 기화로 삼아 채당을 공격 모함하는 싸움에 선봉직 임무를 충실히 다하였다. 이깃은 정조가 승하한 직후의 일이지만, 반대파의 음해 계획이 얼마나 흉악했는지를 잘 알 수 있는

10) 이상에 약술한~ : 이능화,《조선기독교급외교사·상편》, pp56~7 참조.

한 예이다. 즉 채당이요 성호의 수제자인 권철신이 천주교를 믿고 제사를 폐지하였다는 증거를 거짓으로 꾸미기 위하여 그들은 가만히 도적을 시켜 권씨 집의 사세四世 신주神主11)를 훔쳐서 물에나 불에 던져 버리려 하였다. 이 한 가지로 그들의 척사斥邪라는 전체적 성격을 판단하기에 족하지 않을까!

---

11) 일반적으로 사대부는 《주자가례朱子家禮》에 따라 사당에 4대 신주만을 봉안奉安하고 그 윗대의 신주는 매안埋安하였다.

9. 당쟁과 척사의 표리적 관계

당시 천주교 전파는 남인 일파뿐 아니라 서울 중인 일파가 그것을 더 재빠르게 수행하였다. 연경을 왕래하는 역절曆節[1] 역관과 홍삼 상인은 모두 중인 당차當差[2]이므로 연경 물품을 구하여 사려면 반드시 중인에게 의뢰하였다. 또 역관은 한어漢語와 한속漢俗에 통하였으므로 연경에 가면 한인漢人 및 서양인 전교사의 교제와 각종 서적 물화를 구입하는 데 우선적 편의가 있었다. 양반 문화의 중압에 역시 불만을 가진 중인 계급은 서교 감염이 가장 빨랐던 것이다.

그러므로 윤지충은 역관 김범우金範佑 집에서 《천주실의》를 빌려 읽었고, 권일신權日身도 중인 김아무개와 함께 같은 책을 열람했다

---

1) 역행曆行과 절행節行. 역행은 중국에 책력을 받으러 가는 사행使行이고, 절행은 정기적인 사행이다.
2) 차역差役을 당함. 신분에 따른 차등 노역에 종사함.

하였다. 실록에 의하면 정조 신해(1791) 11월 임오(11일) 형조가 아뢰는 말에 "사학邪學 죄인 정의혁鄭義爀·정인혁鄭麟爀·최인길崔仁吉·최인성崔仁成·손경윤孫景允·현계온玄啓溫·허속許涑·김계환金啓煥·김덕유金德愈·최필제崔必悌·최인철崔仁喆 등 11명을 체포하였다" 하였으니 이는 다 중인이었다. 서울 중인 일파의 서학 관계는 이로써 그 깊은 정도를 짐작할 수 있지 않는가.

그러나 양반이 아닌 중인 계급은 정쟁에 대한 발언 자격을 선천적으로 갖지 못하였으므로 그들의 사교邪教 관계는 유교의 탈춤을 추는 정쟁의 극단劇壇에 중대한 물의를 야기치 못했던 것이다.

정조는 홍당洪黨의 척사적斥邪的 이면을 밝게 알고 채당蔡黨 보호에 주밀한 예지를 다하였다. 윤·권尹權 양인으로 발단된 사옥邪獄 사건에 대하여 처결권을 채蔡에게 전임하고 확대하지 않겠다는 방침을 은밀히 전교하였다. 이것이 뒷날 정조 승하 직후에 '호사수괴護邪首魁'란 죄명으로 채상蔡相이 작위 추탈의 혹전酷典을 받게 된 원인이었다. 가령 당시에 벽파 서인이 영구히 집권하고 또 왕위 계승자가 정조의 혈통이 아니었다면 정조 자신도 사학을 비호한 연좌율을 사후에 어떤 형식으로라도 받지 않았을까?

정조는 원래 천주교에 대하여 관대한 정책을 취하였다. 12년 무신(1788)에 정언正言 이경명李景溟의 〈서학을 엄금하기를 청하는 소(請禁西學疏)〉와 채제공의 〈서학에 대한 평주(西學評奏)〉에 비답批씀하기를, "오도吾道와 정학正學을 크게 밝히면 이런 사설邪說은 저절로 일어났다 저절로 없어지리라", "중국에는 육학陸學·왕학王學·불도佛道·노도老道의 유가 있지만 언제 금령을 내린 적이 있었느냐?"[3] 하였다. 또 위에 말한바 신해(1791) 중인 11인의 사학안邪

學案에 대해서도 하교하기를, "중인들로서 미혹된 자는 그 소굴을 소탕할 것이로되, 한편으로는 '그 사람들을 그대로 두고(人其人)', 한편으로는 '인민을 교화하여 풍속을 이루려는(化民成俗)'는 뜻을 두노니, (……) 경卿들은 이 뜻을 알아서 각별히 조사 규명하여 한 사람이라도 요행히 빠져나가거나 잘못 걸려드는 일이 없이 모두 마음을 고쳐서 새 사람이 되도록(革面圖新) 하라" 하였다. 그리고 "권일신과 최필공崔必恭 등에게도 의리를 깨우쳐 스스로 새로워지도록 하라"4) 하였다.

그러나 양반 당쟁의 질곡적 사회에서 문선왕文宣王(공자) 지고 송사하는 판에는 일국의 군주인 정조도 할 일 없이 쓰라린 가슴을 움켜쥐고 '척사벽이斥邪闢異'라는 무기의 박력迫力에 곡종曲從과 양보를 하지 않을 수 없었다. 정조의 최후 방패는 한유韓愈의 이른바 '인기인 화기서(人其人 火其書)'5) 6자였다.

그러나 이 6자 방패는 채당 일파의 생명을 일시적으로 연장하는 데는 유효하였지만, 그 반면에 조선 문화의 장래와 발전에 대해서는 일종의 위대한 사형 선고였다. 천주교서는 물론이요 명청明淸 문집과 패관잡기까지도 소각·금단하였으니, 이는 조선 인문의 세계적 연결성을 끊어 버린 동시에 역사와 문화를 이끌고 암흑의

---

3) 《정조실록》12년(1788) 8월 3일, "使吾道大明 正學丕闡 則如此邪說 可以自起自滅 … 中國則有陸學 王學佛道老道之流 何嘗設禁者"
4) 《정조실록》15년(1791) 11월 11일, "中人等詿惑者 必欲掃蕩窩窟者 一則欲人其人 一則寓化民成俗之意 … 卿等知此意 一各別查究 無或人倖漏 一人誤罹 要之 皆期於革面圖新 … 命權日身 崔必恭等處 曉諭義理 使之自新"
5) 그릇된 사람을 사람답게 만들고 그릇된 서적을 불태워 없앤다는 뜻으로 도교나 불교를 이단으로 보고 배척하는 말. 한유(768~824)의 <원도原道>에 나온다. 이를 응용하여 정조가 교화를 우선하는 온건한 사학 정책을 취한 것이다.

감옥으로 들어가 버린 것이었다. 당쟁이 남긴 재앙이 홍수나 맹수보다 심하다는 말은 다시 설명할 필요도 없다.6)

　이른바 '척사벽이'라는 유학의 무기가 '존화양이'라는 대의명분의 기치와 합세하여 사자처럼 울부짖고 매처럼 을러대는 통에 군신 상하가 모두 두려워 움츠리며 물러나서 제각기 살길을 찾기에 바빴던 것이다. 성호의 수제자 순암順菴 안정복安鼎福은 서학에 대하여 사문師門의 평론적 태도와는 달리 배척적 태도를 취하여 그의 자저自著 〈천학고天學考〉, 〈천학문답天學問答〉 등에서 서학을 풍각·부수風角符水7)에 비하였고, 연경에 가서 서학 서적을 사 온 일을 이승훈의 허물로 돌렸으며, 사위 권일신과는 조면阻面(절교)하다시피 한 동시에 그의 외손 3명과도 멀지 않은 곳에 있으면서도 왕래하지 않았다고 한다.

　이것이 뒷날 서옥西獄8)에 연루되지 않고 초연히 홀로 면하였을 뿐만 아니라 봉군숭작封君崇爵의 영전까지 받은 이유였던 것이다.

　그러나 다산은 성호 도학道學의 직접 계통자로서 녹암鹿菴 권철신을 들었고, 순암의 학문과 인격에 대해서는 별로 칭송하지 않았으니 정신과 기미氣味가 같지 않았음을 짐작할 수 있다. 그러나 비록 채당 중 서학의 제공諸公이더라도 적극적 신교파信敎派인 황사영

---

6) 《맹자집주》〈등문공滕文公·하〉에 "사설邪說의 횡포가 홍수나 맹수의 재앙보다 심하다(蓋邪說橫流 壞人心術 甚於洪水猛獸之災)"고 하였다.

7) 주술의 일종. 풍각은 사방과 네 모퉁이의 바람을 궁·상·각·치·우의 오음으로 감별하여 길흉을 점치는 방술이다. 부수는 부적을 태운 물인데, 황로도黃老道에서는 부수를 마시게 하여 병을 치료하였다.

8) 《실정》p439에는 '사학邪學 사건'으로 되어 있다.

234

黃嗣永·정약종丁若鍾 등을 제외하고는 대개 속으로는 존경하면서 겉으로는 공격하는(陰尊陽攻) 거짓 모습[假相]을 지녔던 것이다.9)

그리하여 그들이 호신용으로 둘러쓴 유교의 낡은 껍질은 도리어 고정성을 더 부여하게 되었다. 다산 초년 시대의 참신 활발한 기분도 만년에는 그것의 손해를 적지 않게 받았다.

그러나 정조의 재위 기간에는 채당에 대한 천만인의 중상과 무함도 그 효력을 발휘하지 못하였다. 정조의 채당 보호는 그 내용이 결코 단순하지 않았다. 정조 일생의 최대 목적은 불공대천不共戴天의 원수인 벽파 서인을 주멸誅滅하려는 것이었으나, 그들의 뿌리 깊은 세력은 군주의 영단으로도 그리 쉽게 하수下手(착수)할 바가 아니므로 채당 일파에 깊은 촉망囑望(기대)을 가지고 한갓 시기 도래만을 기다렸던 것이다. 다산의 성제설城制說과 기중기 도설圖說을 응용하여 수원성水原城을 쌓고 채제공을 화성華城(수원읍) 유수留守로 하여 성지城池와 궁궐을 장려히 수축하게 하고 팔도 거부巨富를 뽑아다가 수원성 안에 살게 하여 민물民物의 번성을 꾀하는 등 —이 모든 것은 뒷날 거사할 때 물러나 웅거할 수 있는 터전을 만든 것이었다.

이와 같은 정조의 비밀 계책에 참가한 자는 오직 채제공·이가환 및 다산 등 몇 명에 지나지 않았다. 만일 정조가 영단英斷한 성격을 가졌고 또 보령寶齡(연령)이 좀 더 길었다면 아닌 게 아니라 쿠

---

9) 이 문장은 《실정》 p439에는 삭제되어 있다. 여기서 '음존양공陰尊陽攻'은 〈황사영 백서〉의 '내신외배설內信外背說'에서 비롯된 말로, 다산을 포함한 서학과 우익들의 이중적인 태도를 가리킨다. 즉 그들이 속으로는 서학을 흠모하면서도 목숨을 보전하고자 겉으로는 쉽사리 배교해 버렸다는 뜻이다. 김태준, 〈진정한 정다산 연구의 길 (4)〉(조선중앙일보, 1935.7.28) 참조.

데타로 정권이 변동되었을 것은 불을 보듯 뻔한 일이다. 동시에 선생의 포부도 실현될 기회가 없지 않았을 터인데! 아, 선생의 불우는 조선의 역사적 불행이었다.[10]

당시 사갈蛇蝎(뱀과 전갈) 같은 벽파와 홍당이 정조와 채당을 시기하고 공포를 느낀 나머지 결국 사교邪敎라는 기화로써 그들을 일망타진하였지만, 순서에 있어 채당을 제거하기보다는 정쟁의 최고 대상이요 채당의 최대 보호자인 정조부터 어떻게 하지 않으면 안 되었다. 역의逆醫 심인沈鏔이 당시 정승[11]의 비밀 사주를 받고 독배를 정조에게 올렸다는 전언은 저간의 내막을 단적으로 폭로한 것이 아니고 무엇이랴.

선생 문집 중 〈고금도 장씨 딸에 대한 기사紀古今島張氏女子事〉에 의하면, 영남 인동仁同 사람 장현경張玄慶(여헌旅軒 장현광張顯光의 사손嗣孫)의 아버지는 부사府使 이갑회李甲會의 아버지와 성이 다른 친족인지라 부청府廳에 자주 방문하여 심인의 일을 말하면서 강개하여 눈물을 흘렸는데, 이것이 구화口禍가 되어 전가 함몰全家陷沒을 당하였다고 한다. 이를 보면 독배 전문傳聞이 민간의 먼 시골까지 퍼져서 일부 사민士民의 울분이 상당했음을 족히 알 수 있다. 당쟁의 참화는 이에 이르러 언어도단이 아닌가![12]

---

10) 《실정》 p440에는 이 문장이 삭제되어 있는데, 일종의 전근대적 영웅사관에서 비롯된 과장이 아닐까 싶다.

11) 《실정》 p440에는 '정승'이 '정승 심환지沈煥之 일파'라고 되어 있다.

12) '정조 독살설'에 대해서는 이덕일, 《조선 왕 독살사건》, 다산북스, 2011(2005 개정증보판), pp165~182; 임형택·진재교, 〈'정조어찰첩' 해제〉, 《정조어찰첩》, 성대출판부, 2009, pp563~5; 안대회, 《정조의 비밀편지》, 문학동네, 2010, pp 132~142; 유봉학, 〈정조시대 정치사 연구와 사료—'정조 독살설'의 오류 비판〉, 《정조의 비밀어찰》(박철상 외 9인), 푸른역사, 2011, pp241~250 등 볼 것.

10. 내외의 모순과 서학의 좌우파

선생은 철두철미하게 당시 사회적 산물이었다. 당시 사회의 구체적 정세를 대내와 대외 양 방면으로 대강 한 번 훑어보면 과연 어떠하였던가?

탄환처럼 작은 지역을 유일한 무릉도원으로 알고 있는 당시 양반 사회에 있어 봉건적 경제가 쇄국 정책과 서로 기다리는 판에 도시의 발달을 야기하고 국제적 교통을 유도할 만한 물질적 조건이 형성되지 못하였다. 농민의 부담은 심히 무거웠고 상공 기술에 대한 천대와 멸시는 극도에 달하였다. 극히 완만한 자연 생장일망정 화폐 경제의 형태는 그 맹아를 이미 나타냈으나, 그것은 도리어 정리당征利黨[1]인 관리 호족의 토색 대상을 간편하게 해 준 것에 불과하였다. 가세苛稅(가혹한 세금)와 별공別貢은 영세민으로 하여금 유취황구乳臭黃口의 인두세人頭稅와 촉루백골蜀螻白骨의 족징族徵까지

1) 이익만 취하는 무리.

부담하게 하였다.2)

　양반 도道의 활극인 당전黨戰은 국가와 정치와 인민과 기타 모든 것을 희생으로 하여 권세신權勢神의 제단 위에 올려놓았다. '세도世道'와 권신은 정국과 왕실을 자기 집의 꼭두각시처럼 조롱하였다. 게다가 공맹정주孔孟程朱의 학도가 아니라 그들의 노예인 유생·학자는 부문위학浮文僞學과 공담부설空談腐說을 일삼아 한갓 당쟁과 '세도'의 추악 무비無比한 정체에 신성한 도덕적 분지粉脂(분과 연지)를 발라 주었다.

　이리하여 외관상 태평의 문운文運이 찬란 무비한 영·정 양조의 치세를 현출現出하였다. 그러나 봉건 와해의 서막인 대규모의 민란 징후는 도처에 박두하였다. 부여扶餘·숙신肅愼·여진女眞·고구려高句麗의 무강분방武強奔放한 성격을 전통으로 한 서북인은 기호畿湖 귀족의 문약한 혈통의 선천적 압력에 대하여3) 수백 년간 쌓이고 쌓인 울분의 불을 폭발하려는 기회가 무르익었다. 홍경래洪景來의 격문 중에 이른바 "조정의 무리들이 서도를 두엄처럼 버리므로4) 심지어 권문세가의 노비마저 서도 사람만 보면 꼭 '평안도 놈[平漢]'이라고 하니, 서도 사람으로서 어찌 원통하고 억울하지 않으랴!"고 한 것이 곧 이를 말한 것이다.

　이상에 대략 열거한 당시 양반 사회의 내적 모순을 다시 요약해

---

2) 백남운, 〈정다산의 사상〉, 《동아일보》(1935. 7. 16), 3면.

3) 귀족의 문약한 혈통의 선천적 압력에 대하여 :《실정》p151에는 '양반 및 그 종속자들의 '선천적' 혈통의 특권 아래 제압되어'로 되어 있다.

4) "서북 사람으로서 문과를 한들 지평持平이나 장령掌令에 불과하고, 무과를 한대야 만호첨사萬戶僉使에 그칠 것이라"는 말이 세상에 흔히 구전되었다고 한다. 문일평, 〈조선 3대 내란기〉, 《별건곤》15호(1928) p10.

말하면 1) 귀족 대 농공상민의 계급적 모순, 2) 정쟁에 의한 양반 자체의 붕당적 모순, 3) 기호 대 서북의 지방적 모순, 4) 현실 생활과 공담위학空談僞學의 학문적 모순 등이다. 이것만으로도 일정한 기연機緣에 의한 기존의 사회 기구가 파탄의 운명을 면치 못할 것은 머지않은 필연이거니와 더구나 외적 모순은 세계적 규모로서 당시 양반 사회를 위협하고 있었다.

그러면 외적 모순이란 대체 무엇이었던가. 광의적으로 말하면 동양 대 서양의 모순이었다.

18세기 시민사회의 도래를 예보한 15세기 문예부흥과 16세 종교개혁 이후로 유럽 각국의 봉건은 동요되고 도시는 발흥하였다. 신대륙의 이식移植과 항해술의 발달과 식민지의 경쟁과 중금·중상주의는 전前자본주의의 단계를 전개하였다. 천문학을 위시하여 각종 과학은 중세기의 세계관을 근본적으로 파괴하였다. 영국의 입헌제도와 프랑스의 민권사상은 착착 진행되었다. 1776년의 미국 독립은 선생이 15세 때인 정조 즉위년이었으며, 1789년의 프랑스의 부르주아 대혁명은 선생이 문과 급제하던 정조 13년이었다. 순조 연간에 영미에서는 철도가 개통되었고 독일에서는 전신이 발명되었다. 영국의 상품은 인도양을 거쳐서 중국의 관문을 돌파하였다.

그런데 당시 서교의 활약은 또한 어떠하였던가? 노쇠 부패로 두루마리한 천주교, 즉 가톨릭교회는 프로테스탄트(신교)의 발흥에 위대한 충동과 반성을 얻어 자체 유지의 응급책으로서 16세기 중반경에 에스파냐인 로욜라5)는 예수교회를 조직하였고, 개신을 목적한 트렌트 종교회의가 열렸다. 그들은 한편으로는 신교도에 태반 이상을 빼앗긴 유럽 교역敎域을 보충하기 위하여, 한편으로는 각자 국가의 상점 판로와 식민 정책에 대한 선도적 임무를 수행하기 위하여, 포교의 개간지를 황막한 아시아의 광야에서 구하지 않을 수 없었다.

중국에서는 당 태종 정관貞觀 5년(631)에 페르시아인 소로지蘇魯支6)가 와서 경교景敎를 전하매 칙령으로써 장안長安에 대진사大秦寺를 세웠고, 곽자의郭子儀는 <경교유행중국송景敎流行中國頌>까지 새겼으니7) 경교는 바로 기독교였으며, 그 후 원元 세조世祖 때에 이탈리아인 마이곡보록瑪爾谷保祿8)은 그 아버지 이각로보록尼各老保祿9)을 따라와서(1271) 원나라 조정에 오랫동안 봉사하였을 뿐만 아니라 원나라 조정과 로마 교황[法王] 사이에 사절이 왕래하고 포교사들이 직접 파견되어 연경을 극동성교회極東聖敎會의 수도로 정하였으며, 나중에는 세례 받은 자가 2만여 인에 달하였다고 한다. 당·원唐元 양조兩朝는 우리 신라와 고려와의 교통이 가장 빈번하던 시대이므로 우리 사절·유학생·거류민 등은 물론 어느 정도까지 서

---

5) 로욜라Ignatius de Loyola(1491~1556) : 에스파냐의 군인·성직자. 1534년에 사비에르 등과 함께 예수와 교황을 위한 용병대라 할 수 있는 가톨릭 수도회인 예수회Jesuit를 창립하였다.

6) 조로아스터의 음역이다. 그러나 중국에 경교를 처음 전한 사람은 '소로지'가 아니라 '하록何祿'이라는 설이 있다. 자세한 것은 원문 p451 각주 8 볼 것.

7) <경교유행중국송>은 경정景淨(Adam)이 짓고 여수암呂秀巖이 썼다. 또 경정의 아버지 이사伊斯(Yesbuzid)가 곽자의 참모였는데 781년 경교비 건립에 시주를 하였다.

8) 마르코 폴로Marco Polo(1254~1324).

9) 니콜로 폴로Niccolo Polo(1230~1294).

교의 접촉이 있었을 것이나, 국내 전교의 흔적은 역사상 찾아볼 수 없다.

그러면 천주교의 조선 수입은 명나라 말기로 기원을 삼지 않을 수 없다. 1601년 즉 명나라 신종神宗 만력萬曆 29년에 이탈리아인 이마두가 연경에 와서 포교에 착수하였으니 국경의 봉쇄로 인하여 전교의 파급이 비록 미약하였으나, 그것이 조선에 들어오기는 그 직후의 일이었을 것이다. 정조조로 보면 서교 입국이 벌써 2세기에 가까웠던 것이다.10)

그러나 종교, 특히 기독교는 시대적 변장을 가장 잘하느니만큼 동일한 기독교이지만 명말明末의 그것은 당·원의 그것과는 역사적으로 성질이 다른 것이다. 벌과 나비는 꽃 속에 들어 있는 꿀을 채취하기 위하여 암술과 수술의 교접을 공다지로11) 매개하는 것과 마찬가지로, 동양에 와서 천국의 복음을 운운하는 당시 천주교사는 역시 서구의 자본주의의 사상과 문물을 부수적으로 전파하여 주었다.

이리하여 봉건 이데올로기인 공맹정주학孔孟程朱學을 국교로 한 조선의 양반 도道는 서구 자본주의의 선구인 천주교와 세계적 모순의 의의에서 역사적 접촉을 하게 되었다.

이와 같은 내외적 모순의 교충交衝에 있어서 양반 도의 중압에 고통으로 신음하던 천민 대중은 물론 요원지세燎原之勢와 같이 다투어 가며 천국의 문을 두드렸거니와, 양반 계급 자체에 발생한

---

10) 중국에서는~것이다 : 이능화,《조선기독교급외교사》, pp32~3 참조.
11) '공짜로'의 경북 방언.

버러지인 일부 선각자들은 안으로는 양반 도의 환멸을 느끼고 밖으로는 현상을 타격할 만한 외래 사상의 강렬한 자극에 신기한 눈을 뜨게 되었다. 여기서 양반 출신인 정다산 일파가 반양반적 의식을 가지고 동시에 서학의 새 공기를 흡수한 사회적 의의가 존재하는 것이다.

그러나 당시 서학 일파 중에서 좌우 양익兩翼이 대립해 있었던 것을 역사적 색맹이 아닌 우리는 엄밀히 간과하지 않으면 안 될 것이다. 위에 여러 번 열거한 바와 같이 이벽·황사영·정약종·홍교만洪敎萬·최창현崔昌顯 등은 좌익분자로서 열렬한 신교자信敎者였으며, 신교의 자유를 획득하고 이상의 사회를 실현하기 위하여 적극적 수단을 취하였으니, 이른바 <황사영 백서黃嗣永帛書>가 그 일단을 표시한 것이다.

순조 원년(1801) 신유사옥辛酉邪獄의 대탄압은 전국적 선풍을 휘몰아쳐서 그들의 육신은 분쇄하였지만 그들의 정신은 죽이지 못하였다. 그들은 국정鞫廷의 엄한 형벌 아래 "죽어도 뉘우치지 않는다(至死不悔)"고 언명하고(정약종), 혹은 "서학에 사邪 자를 가할 수 없다"는 이유로 항변하였다(홍교만).

그들의 유지遺志와 사상은 항상 그들 잔당 중에 흐르고 민중의 저층에 침투되고 있었다. 헌종憲宗 12년 병오(1846) 홍주洪州 외연도外煙島12)에서 정부에 서신을 보낸 프랑스 군함과 고종高宗 3년 병인(1866)에 강화江華를 공격하여 함락시킨 프랑스군은 모두 서

---

12) 현 충남 보령시 오천면 외연도리.

242

학당西學黨이 불러들인 것이었다. 그들은 헌종 5년 기해(1839)의 주살誅殺과 고종 병인 대원군大院君의 대학살을 참혹 무비하게 겪어가면서도 그 잠행적潛行的 형세는 여전히 번성하였다. 자유와 평등을 내포한 천국의 사상은 서민과 실세층失勢層의 무조건적 의앙依仰을 받아 그것이 민요민란民擾民亂을 조장하거나 단체의 연결력을 부여하였다.

조선 근대사에서 유명한 동학당은 역사적 성격으로 보아 무엇이냐 하면 결국 봉건 와해의 작용인 농민 반란의 내용에다가 이상과 희망을 추구하는 서교의 형식을 부가한 것이다. 동학은 서학, 즉 사학邪學이란 시휘時諱를 피하고 동시에 종래 '궁을弓乙' 등의 민간신앙에 영합하여 다소 개작은 있었을지언정 '천주조화天主造化'를 유일한 신조와 주문으로 하였으니, 요컨대 동학의 형식은 서학의 가공품에 불과한 것이다. 그러므로 동학당의 본말을 발생학적으로 고찰하면 마침내 정·순正純 양조의 양반 세계를 놀라게 했던 서학 좌파에까지 소급하지 않을 수 없다. 다시 말하면 동학은 서학의 일종의 국산품이었다.

반면에 당시 최고 인텔리 분자인 이가환·이승훈·정약전·정약용 등은 모두 서학파의 우익이었다. 그들의 신념은 학문적 영역에 편중되었고 실천적 욕구에는 약하였다. 박해와 고난이 닥쳐오는 때에는 그들은 조정에서 혹은 교우간에 혹은 옥중에서 혹은 소장疏章으로 혹은 문서로 혹은 구두로 배교적 태도를 쉽사리 표시하였다.

성교聖敎 주창자요, 이승훈을 시켜 연경에 들어가 서양 책자를 가지고 오게 한 주요 인물은 광암 이벽이었는데, 다산은 20여 세때에 그에게 세례를 받고 교를 듣고 약망若望(요한)이란 세례명까지 얻었으며(《고려주증高麗主證》[13] 권3 참조), 성교명도회장聖敎明道會長 정약종의 친동생으로서 26, 7세부터 30세 전후경에는 서학에 열심히 연구하였으니, 선생의 천주교에 대한 관계는 결코 엷지 않았던 것이다. 그러나 나중에 극구 훼척毀斥은 취하지 않았지만 배교의 형식은 선명하였다. 당시 벽파 토멸討滅을 최고 숙제로 한 정조는 밀모密謀 계획에 참여한 선생에게 정치적 훈계를 유악帷幄[14] 속에서 자상히 하였고, 양반 사회의 보수적 거인巨人은 외래의 신기한 젖먹이를 여지없이 교살해 버리려 하였으니, 선생의 전향 표시도 일부 이해할 수 있는 것이다.

당시 집권 계급은 정조 15년(1791)에 서학을 사학邪學이라 개칭하고 순조 원년에 종시終始 신교자信敎者에게는 역률逆律을 가하였으나, 인심을 진무鎭撫하고자 회유책을 병용하여 옥관獄官과 국리鞫吏는 수인囚人의 참회를 재촉하고, 감사와 수령은 사교邪敎의 패리悖理를 자세히 효유曉諭하였다. 이뿐 아니라 배교의 진부眞否를 확실히 알기 위하여 일본 도쿠가와 막부德川幕府의 '회답繪踏[15]'과 거의 같은 방법을 사용한 일도 많았다.[16]

---

13) 조선 천주교회의 인물전人物傳. 중국인 신부 은정형殷正衡이 달레Dallet의 《한국천주교회사(Histoire de l'Eglise de Coree, Paris 1874)》에서 인물들에 관한 기록을 추려 한역한 책으로 1879년 필사되고, 1900년 간행되었다.

14) 유유帷와 악幄은 모두 진영陣營에 쓰이는 막으로 비밀스러운 일을 의논하는 곳.

15) 후미에(ふみえ). 도쿠가와 이에야스 시절에 기독교도인지 아닌지를 식별하기 위하여 그리스도·마리아 상 등을 새긴 널쪽을 밟게 한 일.

16) 《정조실록》15년 11월 8일 기사에 의하면, 정조는 "권일신을 위리안치한 후 제주목사에게 명하여 초하루와 보름에 점고할 때 반드시 사학을 비난하고 배척하는 글과 말을 바치도록 하고, 자주 감시인을 보내 행동거지를 살피되 만일

신유사옥에 형제가 연좌 체포된 선생은 "신하로서 임금을 속일 수도 없고 아우로서 형을 증언할 수도 없다(臣不可以欺君 弟不可以證兄)"하여 옥관은 그 말에 감동하였고 세인은 훌륭한 진술로 전하였으니, 당시 좌파분자인 정약종과는 주장과 행동을 달리했던 것이 쉽사리 판명되었다. 당시 사학邪學 죄인 단안斷案에 의하면 "죄인 정약종은 줄곧 사학邪學을 정도正道라 하고, 천주화상天主畫像을 봉치奉置하여 7일씩 건너 첨례瞻禮(예배)하고, 천주는 대군大君·대부大父이니 천天을 섬길 줄 모르면 '살아도 죽는 것만 못하다(生不如死)' 하며, 제사·성묘는 다 죄과라 하니 오륜五倫을 없애고 오상五常을 해침이 이보다 더할 수 없기에 '윗사람을 범한 부도함(犯上不道)'으로 법에 따라 처리할 것이라" 하였다. 신유사옥의 조종자는 서인 벽파요 체포된 대다수는 김백순金伯淳·김건순金建淳(청음淸陰 김상헌金尙憲의 사양손嗣養孫, 김양행金亮行의 친손) 몇 사람을 제외하고는 모두 남인 채당이었으니 물론 죄를 얽어서 꾸미는 단결斷結(판결)이 옥관의 목적이었지만, 어쨌든 약종 등이 시종 굴하지 않은 것은 사실이었다. 그러나 선생에 대한 단안斷案은 아래와 같다.

정약전·약용은 당초에 오염되고 미혹된 것을 죄로 논하여도 아까울 바 없지만, 중간에 사학을 버리고 정도로 돌아왔다고 제 입으로 발명發明할 뿐만 아니라 현착現捉(현장 포착)된 약종의 문서 중 사당邪黨과 관련된 서찰에 "너의 아우(약용)로 하여

옛날처럼 잘못을 시정하지 않거나 남을 미혹시키는 일이 있으면 목사가 직접 고신拷訊하고 결안結案을 바로 받아 먼저 참한 뒤에 아뢰도록 하라"고 하였다.

금 알게 하지 말라"는 어구가 있으며, 또 약종이 쓴 문적文蹟 중에도 "형제와 함께 서학을 할 수 없는 것은 내 죄가 아님이 없다"고 하였으니, 이는 여러 죄수와는 약간 구별이 되므로 차율次律을 시행하는 것이 관대한 은전에 해롭지 않다.17)

또 유배인에 대해서는 순조 원년에 영의정 심환지가 김대비金大妃18)에게 아뢰기를, "8도 중에서 서북 양도(함경·평안)는 유배가 불가하니 그 외 6도에 적당히 배치하되, 관찰사와 수령으로 하여금 항상 유배인을 단속 관리하여 잘못을 고쳤는지의 여부를 샅샅이 살펴서 조정이나 형조에 보고하게"19) 하였다.

이리하여 선생은 배교의 실증이 분명하게 드러남에 따라 약종 일파의 극형을 면하고 남해 변두리 땅인 강진에서 귀양살이를 하였다. 그 이후 항상 근신하여 처신에 명철하였다. 청신굉통淸新宏通20)한 재주와 포부를 발휘할 곳이 없어서 경의經義와 예설禮說을 새롭게 해석하는 데 온 힘을 기울였으나 선생의 본뜻[素志]은 아니

---

17) 《순조실록》 1년(1801) 2월 25일, "丁若銓 若鏞 則當初之染汚迷溺 論以罪犯 亦無所惜 而中間之棄邪歸正 不但自渠口發明而已 若鍾之現捉文書中 邪黨書札 有 勿令汝弟知之 之語 若鍾所自書文蹟中 又謂 不能與兄弟同學 莫非己罪 云 此 則與諸囚 略有區別 施以次律 不害爲寬大之典"

18) 영조의 계비繼妃인 정순왕후貞純王后(1745~1805). 벽파의 수호신으로 국왕의 조모祖母라는 가장 높은 지위를 빙자하여 정사를 견제하였다.

19) 《순조실록》 1년 4월 5일, "領議政沈煥之曰 … 各道中西北 (則本無邪學 且風習木强 萬一染汚 亦難曉惑) 此處不可編配 其外六道 大邑或送三四人 小邑或送二三人 使其道臣邑倅 常加照管 改過與否 探察論報于廟堂或秋曹"

20) 맑고 산뜻하며 크게 통달함.

었고, 내심으로는 항상 새로운 학문과 새로운 정치로써 개물성무開物成務와 화민경국化民經國21)을 실현하여 당시 부패하고 비참한 국면을 한번 개조해 보려는 염원과 동경이 그윽이 간절하였던 것이다. 선생의 최대 걸작인 이른바 2서 1표(《흠흠신서欽欽新書》,《목민심서牧民心書》,《경세유표經世遺表》)는 바로 그 뜻을 알린 것이었다.

그러나 "차거나 뜨겁거나 두 가지 중에서 하나를 택하려는 것이 기독교이니라(묵시록 3:15)" 하였는데, 선생은 차가움과 뜨거움의 양자를 조화하고 절충하려 하였으니, 결국은 극단을 주장하는 기독교가 아니었고 여전히 중용의 사상인 유학의 한계를 멀리 벗어나지 못하였다. 선생은 여생의 정력을 합리적으로 이용하여 서학의 득력得力을 공맹학의 실용적 부분에 전개함으로써 독특한 일가를 이루었다. 그러나 역사적 의의와 세계적 관련으로 보아서는 우파 대표인 약용의 위려偉麗한 저서는 좌파 대표인 약종의 분방불굴奔放不屈한 정신과 비교하면 가치의 손색이 적지 않았던 것이다.22)

---

21) 백성을 교화하여 나라를 다스림.
22) 《실정》 pp460~1에서는 정약종을 다산보다 더 높게 평가한 이 문단은 삭제되고, 대신 다산의 혁명성이 강조되었다.

11. 정조의 복수와 서학파의 공동 전선

　아무리 쇄국 시대였지만 북경과 압록강 사이는 겨우 2천 리에 불과하니 수만 리의 바다와 육지를 무릅쓰고 와서 동양 문명의 최고 아성인 중국의 수도 북경에다가 포교의 문을 크게 열어 놓은 천주교사인 그들로서 어찌 이웃의 작은 나라인 조선에 교세 늘리기를 진작 꾀하지 않았으랴. 추측건대 북경 포교 직후에 조선 전교가 개시되었을 터이나, 그 정도는 아직 미약하여 몇몇 명인의 소개와 단평 이외에는 사라져 전하는 것이 없고, 100여 년간 하류층에서만 몰래 전파되어 만연해 있다가 정조 시대에 들어와서 저 정치적 불평과 학문적 기근을 통절히 느끼던 남인 일파, 즉 성호학파의 여러 명사들이 앞다투어 믿고 받들게 되매, 서학은 비로소 지식 계급의 선전적 위력을 얻어 갑자기 문화적 사회에 활약의 자태를 나타내었다.

　전언에 의하면 정조의 친어머니 혜경궁 홍씨惠慶宮洪氏는 서교의 신자라 하니, 당시 몰래 내통하는 매개의 선이 얼마나 세력이 있었는지 짐작할 수 있다. 이뿐 아니라 정조의 이복동생 은언군恩彦君 인祵의 처 송씨宋氏와 그 아들 담湛의 처 신씨申氏도 서교를 믿고 외인外人과 몰래 내통한 것이, 뒷날 순조 원년(1801) 청나라 사람 주문모周文謨가 자수하여 바친 공초供招에서 드러났다.[1] 선생 연보(정규영丁奎榮 소저所著)에 의하면 주문모는 소주蘇州 사람으로 정조 19년 을묘(1795) 여름에 변복變服하고 잠입하여 북산北山(북악산) 아래에 숨어서 서교를 널리 전파하였다. 정조와 채당을 차례로 처치한 다음에 종실宗室까지 없애 버리려는 벽파 권신으로서는 무함과 중상이 물론 그들의 상투적인 수법이었지만, 어쨌든 서교가 왕실의 규중[閨閣]에까지 파급되었던 것이 사실인데, 이는 물론 남인 서학파의 활약에서 결과한 것이다.

오랫동안 '뜻을 잃고 정부를 원망하던(失志怨國)' 남인 일파의 복권復權 운동과 장헌세자 흉화凶禍에 종천終天의 통분을 품은 정조의 복수 계획은 이 어느 것이 벽파 서인 정권을 대상으로 하지 않았으랴. 당시 남인 서학 일파는 이 정치적 관계에서 절호의 찬스를 발견하였다. 물론 그들의 궁극의 목적은 정치적 자유와 이상 세계의 실현에 있고 벽파 붕괴가 아니었지만, 목적을 위해서는 당시 정치의 최대 장애물인 벽파 정권의 붕괴를 당면 목적으로 하여 남인과 정조의 공동 전선에 반가이 참가하였던 것이다.

그러면 벽파 정권이란 대체 무엇인가. 당시 정국을 이해하기 위하여 아래에 간단히 말하려 한다.

---

1) 주문모는 본래 우리나라 사람이 아니므로 이해할 수 없는 언어가 많은지라 문자로 써서 공초를 바치게 하였다. 《순조실록》 1년 3월 15일 참조.

영조의 큰아들(시호 효장孝章, 정조 때 진종眞宗으로 추존)은 요절하고, 둘째 아들(시호 사도思悼, 정조 때 장헌莊獻으로 추존)이 세자가 되었다. 서인 노론 일파는 그의 영민함과 총명함을 꺼려서 안으로 정순왕비貞純王妃(영조의 제2비) 김씨와 총희寵姬 문소의文昭儀와 화완옹주和緩翁主를 끼고 세자 시해를 모의하여 온갖 방법으로 참소讒訴하였다. 그 결과 영조는 크게 미혹되어 38년 임오(1762) 윤5월에 창경궁昌慶宮 휘령전徽寧殿2)에 왕림하여 뜰 가운데 큰 목궤木櫃, 즉 뒤주에 넣어서 질식하게 하였으나, 그래도 얼른 죽지 않을까 하여 그 위에 풀더미를 쌓아 무덥게 하니 8일 만에 절명하였다. 이 사건에 딸린 기절참절奇絶慘絶한 로맨스도 많았거니와 이 어찌 고금에 없는 악변惡變이 아닌가!

그 후 영조는 크게 슬퍼하며 뉘우쳤다. 다다음 해 갑신(1764)에 휘령전에 친히 임어하여 사관을 물리치고 채제공에게 특명하여 스스로 지은 〈동혜혈삼지사桐兮血衫之詞〉 즉 이른바 〈금등어서金縢御書〉를 정성왕비貞聖王妃 서씨徐氏의 신주 아래에 있는 요[褥] 자리 속에 넣어 두게 하였다.3) 정성왕비는 영조 제1비로서 평소에 세자를 가장 애호한 적모嫡母이고, 채제공은 세자가 화를 당할 때에 힘을 다해 보호한 충신이며, 〈금등어서〉는 세자가 죄 없이 원통하게 죽은 것을 밝히고 슬퍼한 글이다.

당시 벽파는 세손(정조)의 장래 복수를 크게 두려워하여 자위自衛의 묘방으로써 영조를 책동하였다. 즉 세손은 소생고所生考(사도세자)

---

2) 문정전文政殿을 정성왕후의 혼전魂殿으로 사용할 때 한시적으로 붙인 이름.
3)《정조실록》17년(1793) 8월 8일;《순조실록》18년(1818) 9월 20일조 볼 것.

를 두고 백고伯考 효장세자의 장통長統을 입승入承4)한 동시에 소생
고에 관한 추존과 복수는 뒷날 절대 안 하기로 조왕祖王(영조)의 어
전에서 엄숙히 선서하였다.5) 만일 이 서약을 위반하면 이는 망조
배부忘祖背父의 패역悖逆으로 규정되었다.

그래서 정조는 즉위 당년 병신(1776)에 김상로金尙魯에게 역률逆
律을 추후 시행하고,6) 홍인한洪麟漢·문소의·화환옹주의 양자 정후
겸鄭厚謙에게 모두 사사賜死하여 원한의 정사를 저으기 폈으나,7)
벽파 전체에 대하여 역적을 토벌하는 조치는 감히 하지 못하였으
므로 그들의 대세는 여전히 조정에 도사리고 있었다. 더구나 벽파
수호신인 김대비(정순왕비)는 가장 높은 지위를 빙자하여 정사를
견제하였다. 정조가 벽파의 한 사람이라도 죽이려고 하면 대비는
문득 이르기를, "이는 선대왕先大王(영조)의 유명遺命에 위반된 것이
니 나는 그 꼴을 안 보고 사처私處로 물러나겠다" 하였으니, 정조
의 고통이 어찌 이보다 더 심할 수 있었으랴. 즉위 초에 영남 안동
安東의 유생 이도현李道顯은 정조에게 긴 상소문을 올려서 선세자
先世子를 참소하여 시해한 역신 일당을 토주討誅할 것을 통절히 논
술하였으나, 정조는 도리어 그에게 역률을 가하여 '휘루참마속揮
淚斬馬謖'8)의 살풍경을 연출하였다. 정조의 나약도 나약이려니와

---

4) 임금에게 아들이 없을 때 왕족 가운데 한 사람이 임금의 대를 잇던 일.
5)《영조실록》40년(1764) 2월 20일, 23일 볼 것.
6) 김상로는 영조와 사도세자 사이를 끝없이 이간질한 죄로 정조 즉위년에 관작이
   추탈되었다.《정조실록》즉위년(1776) 3월 30일 참조.
7)《정조실록》즉위년 7월 5일 볼 것.
8) 읍참마속泣斬馬謖. 눈물을 뿌리며 마속을 벤다는 뜻으로, 대의를 위해 사사로
   운 정을 버린다는 말. 촉나라 제갈량이 군령을 어기고 가정街亭 싸움에서 패한
   마속을 참형에 처했다는 고사가 있다.《삼국지》〈마속전馬謖傳〉.

벽파의 전횡도 가히 상상할 수가 있는 것이다.9)

　그러나 정조는 채제공을 어필로 정승에 임명하여 10년 동안 맡기고,10) 그 아래에 남인의 재능과 학식 있는 인사들을 점차 등용하여 우익을 부식扶植하는 동시에 정치적 밀모密謀를 획정劃定하였다. 전언에 의하면 영조에게 서약誓約한 정조는 자기 손으로는 직접 복수할 수 없으니 왕자(순조)가 20세만 되면 그에게 전위하고 자기는 수원행궁으로 물러나서 신왕新王의 이름으로 원수의 당(벽파)을 토멸하여 대의를 밝히려 하였다고 한다. 당시 정세를 종합해 보면 이것은 의심할 여지가 없는 사실이었다.11)

　위와 같은 밀모에 참여한 자는 위에도 언급한 바와 같이 채제공·이가환·정약용 등이었다. 이들 일파의 서학 관계는 당초에 어느 정도까지 정조가 묵인한 바이요 나중에 벽파와 홍당이 부화뇌동하여 공격이 일어나매, 정조는 채제공과 협의하여 그들을 비호하는 데 힘과 기술을 다하였다. 채·이·정蔡李丁 이외에 서학파들도 이러한 정치적 내막을 짐작한 것이었다. 그러므로 정조 재위 시에 한해서는 사학邪學 개칭, 포교 금령, 교서敎書 소각, 중국책 구입 금지, 교인 처단 등이 여하히 엄격하게 시행되더라도 서학파들은 그것을 일시적 현상으로만 보고 여전히 정국 변환의 호기가 도래

---

9) 《정조실록》 즉위년(1776) 8월 6일 볼 것.

10) 御筆拜相 十年委任. 채제공은 1788년 우의정, 1789년 좌의정, 1793년 영의정 등을 지내고, 세상을 떠나기 반년 전인 1798년 79세에 노환 때문에 사직하였다. 《순조실록》 18년(1818) 9월 20일 참조.

11) 《실정》 pp446~7에도 그대로 실려 있다. 최익한이 정조의 '수원성 퇴거설退據說'을 다시 언급하며 '전언'을 '사실'로 단정한 것은 과학적인 서술 방식이 아니다. 그러나 위의 전언에 따르면 수원성은 내부의 적(벽파)에 대한 방어용도 되는 셈인데, 이는 개연성이 충분하다고 하겠다.

할 것을 기대하고 있었던 것이다. 그리하여 그들은 서양 선박을
초청하는 것과 같은 적극적 수단을 강구하기까지에는 이르지 않
았던 것이다.

당시 몇몇 인사들의 배교적 표시, 예로 들면 이승훈의 훼척毁斥
시문12)과 다산의 자인소自引疏13)는 같은 당에서도 그것을 일종의
방편으로 이해하였고, 그것으로 인해 절교하는 상황에까지는 이르
지 않았던 것이다.

---

12) 이승훈은 천주교를 배척하는 벽이闢異 시문을 지었는데, 그 가운데 시는 다음
과 같다.《벽위편》권3 〈평택현감이승훈공사平澤縣監李承薰供辭〉;《정조실록》
15년(1791) 11월 8일 참조.
　天彝地紀限西東 천지의 떳떳한 도리가 동서로 나누어지니
　暮壑虹橋晻靄中 저문 골짝 무지개다리는 노을 속에 어두워라.
　一炷心香書共火 한 줄기 심향心香 피워 책과 함께 불태우고
　遙瞻潮廟祭文公 멀리 조묘潮廟를 보며 문공文公께 제 올리네.
13) 1797년(36세)에 올린 〈변방사동부승지소辨謗辭同副承旨疏〉.

12. 정조 승하[1]와 서학 좌파의 격화激化

　정조가 살아 있을 때에도 금교禁敎의 법망은 날로 세밀해지고 정권의 변혁은 쉽사리 오지 않았다. 이에 초조한 서학 일파는 그 대책상 완급의 대립이 내적으로는 없지 않았을 터이다. 이제 그 실상은 자세히 찾아볼 수 없고, 그들이 정조의 채당 비호를 이용하여 교세 확장에 주력한 것만은, 청인淸人 신부 주문모의 입국 활동으로써 짐작할 수 있다.

　그러나 정조·채당·서학파의 공동 전선에 벽파와 홍당은 크게 시기하고 의심하며 공포를 느꼈다. 정조가 승하하기 1년 전에 채제공이 세상을 떠남에 따라 공동 전선의 활동은 다소 급조를 띠었던 것이다. 그리하여 벽파는 흉계로 독배를 올렸다.[2] 그들의 최고 장

---

1) 《실정》 p448에는 '서거'로 되어 있다. '승하·선비·임금·백성' 따위는 계급적 모순을 엄폐하는 말이기 때문에, 최익한은 봉건 잔재를 청산하는 차원에서 '서거·유사·국왕·인민' 등의 용어로 계속 대체하여 나간 것으로 보인다.
2) 《실정》 p449에는 "이에 자극된 벽파의 흉계도 발악적이었다"로 되어 있다. 전

애물인 정조가 승하하매 홍당은 기뻐 날뛰었고 벽파는 더욱 전횡하였다. 김대비를 주신主神으로, 영상 심환지를 주장主將으로 한 벽파 일당은 대사옥大邪獄의 발기를 준비하고 있었다. 이때 채당과 서학파의 창황蒼黃 초조한 광경은 과연 어떠하였겠는가?

嘵嘵嗔鵲繞林梢　　쩍쩍 성난 어미 까치 우듬지를 맴돌고
黑質脩鱗正入巢　　흑구렁이 스르르 둥지로 들어간다.
何處夐然長頸鳥　　어디선가 쉬이익 목이 긴 새 날아와
啄將珠腦勢如虓　　날카로운 부리로 뇌수를 쪼아먹으면
不亦快哉　　　　　그 또한 통쾌하지 아니할쏘냐!3)

이는 선생의 〈불역쾌재행不亦快哉行〉 20수 중 제18수인데, 당시 급박한 정세는 과연 검은 바탕 번쩍이는 비늘의 악한 짐승이 어린 까치의 보금자리로 들어가는 그 순간이었으니, 세찬 톱과 날카로운 부우리를 가진 모진 새가 오지 않으면 그들은 오직 사멸의 비운이 있을 뿐이었다.

순조 원년의 신유사옥은 만 1년간 사건이 계속 일어나 대가리와 꼬리가 서로 맞물려 있으므로 딱 잘라 구분할 수는 없으나 대체로 3단계로 나눌 수 있다. 1단계는 이가환·이승훈·권철신·정약전·정약종·정약용·홍교만·홍낙민·최창현·이존창李存昌·강완숙姜完淑4)에

언에 불과한 독배설을 마치 사실인 양 단정한 데서 살짝 한발 물러선 셈이다.

3) 시의가 두보杜甫의 〈의골행義鶻行〉(758)과 비슷하다. 번역은 《실정》 p449; 《정선》 p202 참조.

4) 강완숙姜完淑(1761~1801) : 덕산德山 사인士人 홍지영洪志榮의 후처로 조선 천주교회 최초의 여성회장.

대한 처단이고, 2단계는 주문모 자수 사건이며, 3단계는 <황사영 백서> 사건이다. 그러나 1단계 사건은 요컨대 최대 정적인 채당의 일망타진이었으므로 이가환·이승훈·정약용 등이 벽파의 최우선 대상이었으나, 사교邪敎의 중심인물은 누구보다도 정약종이었다. 이해 봄 2월 지사知事 권엄權儼 등 63인은 연명 상소에서 다음과 같이 말하였다.

아! 저 역적 정약종은 한낱 간사한 요괴입니다. 천륜을 끊고 자취를 감추어 따로 살면서 밝은 세상을 등지고 으슥한 소굴로 들어갔으니, 애당초 이 세상에 군신과 부자의 윤리가 있음을 몰랐습니다. 그의 마음가짐은 사학邪學을 부모보다 심하게 받들고, 사학 지키기를 굳은 절개로 삼으며, 행적이 음흉하여 사람 만나기를 싫어합니다. 그러므로 사람들은 그 어두운 곳에서 지어낸 법이 어떤 모양의 물건인지 몰랐습니다. 마침내 이리 같은 성질은 교화되기 어려워지고, 올빼미 같은 소리는 더욱 방자해진지라 이번에 극히 흉악하고 몹시 패악부도한 말이 문서에서 적발되기에 이르렀으니, 이는 참으로 전에 없던 괴변입니다. 아! 약종의 형제가 되는 약전과 약용이 감히 "모른다"고 하고, 또 감히 "나는 하지 않았다"고 말할 수 있겠습니까?5)

당시 서학 좌파 수령인 정약종의 비밀 활동과 신앙의 열렬함을 반면적으로 가장 잘 표현한 문자이다. "극히 흉악하고 몹시 패악

---

5)《순조실록》1년(1801) 2월 18일;《조선기독교급외교사》p121.

부도하다(窮凶極惡 絕悖不道)" 등의 문구는 단순히 사교 신봉을 지적한 것이 아니다. 필시 약종이 왕실에 관한 것 또는 독배를 진상한 사실6)을 폭로하여 벽파를 토죄討罪한 동시에 교도敎徒와 군중의 의분을 불러일으킨 선동문서가 있었으므로, 그들은 상소에서 분명히 논박할 수가 없었고 다만 그와 같은 막연한 어구로써 단죄하려 한 듯하다. 약종의 형제임에도 불구하고 약전과 약용은 이 일에 관지關知하지 않았던 것이 사실이었다.

순조 원년 신유 12월 <토사반교문討邪頒敎文>에 "선왕께서 승하하신 뒤로는 오직 함부로 날뛰려고만 든다"7) 하였고, 청나라 조정에 보낸 <토사주문討邪奏文>에는 또 이렇게 말하였다.

작년에 나라에 국상이 있어 신이 어린 나이에 습봉襲封8)하여 모든 일이 초창기인지라, 사당邪黨들이 감히 이때를 틈탈 만하다고 여기고는 서울과 지방에서 메아리처럼 응하여 더욱 서로 결탁하면서 끝없이 활활 타올라 날이 갈수록 널리 퍼졌습니다. 올해 3월에 한성부漢城府가 사당의 왕복 서찰과 사서邪書를 규찰하여 압수하였다고 알려 왔으므로, 이에 의거 비로소 국문하여 진상을 밝히게 되었습니다. (……) 이 서찰은 실로 사당과 관계한 정약종이 짓고 모은 것이었습니다."9)

---

6) 《실정》 p451에는 '독배를 진상한 사실'이 '독배에 관한 사실'로 되어 있다.
7) 《순조실록》 1년 12월 22일; 《조선기독교급외교사》 p161.
8) 세습하여 봉함. 조선이 청의 제후국이므로 순조의 왕위 계승을 '습봉'이라고 한 것이다.
9) 《순조실록》 1년 10월 27일; 《조선기독교급외교사》 p155.

이상 두 글의 어구를 보더라도 정조 승하는 그들에게 정치적 낙망과 전술적 충동을 강렬히 주었으며, 동시에 독배 흉시(凶弑)[10]와 대비 전제(專制)와 권신 발호와 기타 정치 문화의 부패 타락 등등은 도리어 그들에게 절호의 선전 재료를 제공하였다. 그들은 정조 흉변(凶變)[11]을 계기로 하여 현상 타도의 방편으로서 영조조의 이인좌李麟佐·정희량鄭希亮[12] 등의 창의(倡義)와 유사한 거사를 꾀하다가 사전에 검거된 것이 아니었던가. 서인 벌가(閥家)인 김건순金建淳·김백순金伯淳 등의 사당(邪黨) 합류도 역시 벽파 전횡에 대한 감정과 정조 시변(弑變)에 대한 공분(公憤)이 유력한 동기가 되지 않았던가. 그들은 국왕 장사(葬事)와 왕위 계승의 분망한 기간을 타고 교도 획득, 북경 연락, 교세 확장, 민심 선동 등에 필사적으로 활동하였다. 이는 주로 약종이 지도한 것이었다.[13]

이상에 말한바 이가환·이승훈·정약종·정약용 등의 채당 일파를 일망타진하여 제1단계의 옥사를 구성한 다음에, 벽파의 마수는 다시 주문모의 자수를 기회로 하여 '사학(邪學)'과 '요언(妖言)'의 양안(兩案)을 겸용함으로써 채당을 재검거하여 국문하는 동시에, 벽파의 적인 종실 은언군(恩彦君) 인(祠)의 온 집안과 서인 시파 홍낙임(洪樂任)(홍봉한洪鳳漢의 아들)과 서인 신도 김건순·김백순까지 모두 재앙의 그물에 움켜 넣어서 정치적으로 쇠퇴하는 형세는 다시 걷잡을 수 없게 되었다.

---

10), 11) 《실정》 p452에는 '독배 흉시凶弑(시해)'가 '독배 사건'으로, '정조의 흉변凶變'이 '정조의 죽음'으로 표현이 완화되어 있다.

12) 남인 이인좌·정희량 등은 정계에서 배제된 소론 강경파와 연대하여 영조 4년 (1728) 반란을 일으켰으나 실패하였다.

13) 《실정》 p452에는 약종을 고평한 이 문장이 삭제되어 있다.

이렇게 험악한 환경에서 약종의 조카사위요 좌파[14]의 맹장인 황사영은 망명 탈주하여 이름을 바꾸고 상복으로 갈아입고 제천堤川 토굴 속에서 반년 이상 숨어 지내면서 사당邪黨과 연락하며 사교邪敎를 유지하고 동지 황심黃沁·옥천희玉千禧·김유산金有山·김한빈金漢彬(약종의 행랑아범) 등과 더불어 최후 수단을 강구하였다. 그는 흰 명주 한 폭에다가 백반수白礬水로 글자를 은밀하게 써서,[15] 북경 천주교당의 서양인에게 주문모 이하 여러 교인들이 학살된 상황을 상세히 보고하고 박해와 포교에 관한 타개책 3개 조항을 진술하였다.

첫째, 청나라 황제의 교지敎旨를 얻어내서 조선으로 하여금 서양인을 맞이하여 접대하도록 할 것. 둘째, 안무사按撫司를 안주安州에 개설하고 청나라 친왕親王[16]을 임명해서 감시하게 하여 포교의 자유와 정치적 기회를 획득하도록 할 것. 셋째, 서양 각국에 통지하여 대형 선박 수백 척과 정예병 5, 6만 명과 대포 등 예리한 병기를 파송派送하게 함으로써 동국東國에 와서 시위하여 자유로이 포교하도록 할 것.[17]

---

14) 《실정》 p453에는 '교파'로 되어 있다.
15) 백반수白礬水로 글자를 은밀하게 써서 : 《실정》 p453에는 '잘게 글을 써서'로 되어 있다. 《조선 천주교 그 기원과 발전》(파리외방전교회 저, 김승옥 역, 살림, 2015) p50에는 "다른 한편으로 사람들이 오랫동안 믿어 왔던 것처럼, 그리고 달레 신부가 그의 《한국천주교회사》에서 말했던 것처럼, 이 백서가 은현묵隱現墨으로 쓰였다는 것은 사실과 다르다. 보통의 먹이 사용되었고 글자들은 오늘날까지도 꽤 알아보기 쉬운 상태로 남아 있다"고 하였다.
16) 황제의 아들이나 형제.
17) 《순조실록》 1년 10월 5일; 《조선기독교급외교사》 p150, "滿幅凶憯 以周文謨以下諸罪人伏法之事 細報於西洋人 而中有三條凶言 一則圖得皇旨 敎諭朝鮮 使之容接西洋人也 一則開撫按司於安州 命親王監國生聚敎訓 乘釁而動也 一則

이 밀서를 역속驛屬에게 주어서 북경 사행에 딸려 보내려던 참이었는데, 황사영이 제천에서 체포되는 판에 수색한 문서 중에 본 백서帛書가 발견되어 이상과 계획도 물거품이 되고 말았다.

이상 일련의 사건으로써 정조가 승하한 후에 서학 좌파의 격화激化가 얼마나 심했는지를 알 수 있지 않은가. 백서 사건은 요컨대 정약종 일파의 유지遺志를 계승한 것이지, 이가환·정약용 등 연파軟派[18]와는 아무런 관련이 없었던 것이다. 적당敵黨은 가환을 사교邪敎 괴수라 하고,[19] 또 정조 19년 을묘(1795) 여름 혹은 그 전 14년 경술(1790)에 가환이 벌써 권일신·주문모와 더불어 서양 선박을 불러서 오도록 협력 모의하고 은 2일鎰[20]을 출자했다고 하여 장폐杖斃·기시棄市하는 혹형을 가하였지만[21], 이것이 전혀 허구 망설인 것은 다산이 <정헌묘지명貞軒墓誌銘>에 상세히 변명하였다.

通于西洋國 裝送大舶數百艘 精兵五六萬 多載大砲等利害兵器 震駭東國 使之行敎也"

18) 《실정》 p454에는 서학 좌파를 '서학 교파', 연파를 '학파'로 달리 쓰고 있는데, 이로써 상호간의 무관함이 더 분명해지는 듯하다.

19) 《정조실록》 19년(1795) 7월 7일.

20) 1일鎰은 20냥兩 또는 24냥. 《순조실록》 1년 9월 11일 기사에는 "가환은 은 50냥을 내었다(家煥出五十兩銀)"고 하였다.

21) 《순조실록》 1년 9월 11일, 9월 24일, 10월 27일, 12월 22일 참조.

13. 과학적 신견해

　당시 유학자들은 이른바 천지 사방이 크고 사방 바다가 넓다는 것을 모르고, 중국이니 중화니 하는 동굴 우상의 위압적인 질곡 아래서 인간의 이성과 지혜의 활약성을 완전히 잃어버리고 있었다. 그러한 사회적 상황 속에서 선생은 자기 세계관을 먼저 천문·지리학으로부터 전개하였다.

　문집 중 〈지구도설地球圖說〉은 남극·북극의 출지出地의 도度[1]와 동요東徼·서요西徼의 정오亭午의 분分[2]을 그림으로 그려 보여서 땅의 형세가 둥근 공과 같음을 증명하였다. "만약 하늘이 둥글고 땅이 네모지다면 하늘이 땅의 네 귀퉁이를 덮지 못할 것이다(若天圓而地方 是四角之不掩也)"[3]는 증자曾子의 말을 인용하고, 또 주자朱子가

---

1) 남극과 북극이 지표면에서 나온 도수. 즉 남위南緯와 북위北緯.
2) 동요나 서요는 동·서의 경계, 정오의 분은 정오가 되는 분수.

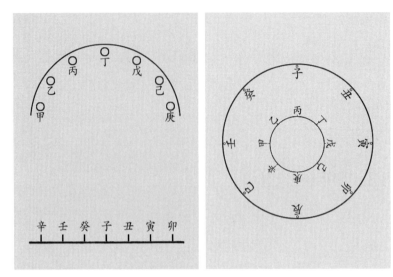

정오가 될 때의 태양 위치와 관측 지점을 간지로 표시한 것이다. 다산은 모든 지점이
오전과 오후의 시간 길이가 똑같은데 이는 바로 지구가 둥글다는 증거라고 하였다.

이의二儀(음양)의 설에서 심괄沈括[4]의 의견을 따랐다는 것을 인증
하여, 지원설地圓說에 대한 유학자들의 의문을 논박한 동시에 천원
지방설天圓地方說이 근거가 없다고 단언하였다.

또 <지리책地理策>에 의하면,《주비경周髀經》[5]의 끝에 하늘은 둥
글고 땅은 네모지다는 말이 있으나, 주비周髀는 하늘과 땅을 측량
하는 것으로서 땅을 측량하는 법은 네모꼴이 아니면 행할 수 없기

---

3) 출전은《대대례大戴禮》. 대대례는 전한 시대 대덕戴德(大戴)이 공자의 72제자
   의 예설禮說을 모아 엮은 책으로서, 기존의 예에 관한 기록 214편을 85편으로
   간추렸다.
4) 심괄沈括(1031~1095) : 북송의 천문·지리학자. 자는 존중存中, 호는 몽계夢溪.
   저서로《몽계필담》,《보필담補筆談》등이 있다.
5) 《주비산경周髀算經》. 중국에서 가장 오래된 천문학·수학 서적.

때문에 땅을 네모꼴로 잠시 가정한 것이요 그 본체는 본래 둥근 것이니, 지원地圓·지구地球라고 하는 것이 정당하다. 28수宿의 분야6)라는 것은 중국에 한한 것이므로 대지 전체로 보면 아무런 의의가 없는 것이다.

또 <지리책>에 "먼 곳을 소중히 하고 가까운 곳을 소홀히 하는 것은 예나 지금이나 병폐인데 유독 아동我東이 심하다. 비록 성명聲明(제도)과 문물文物은 중국을 모방할지라도 도서圖書의 기록은 마땅히 본국本國을 밝혀야 한다"고 하였으니, 이는 세계적 대관大觀이 자아를 반관反觀하여 자아의 위치와 임무를 발견한 것이 아니고 무엇이랴.

<연경에 사절로 가는 교리 한치응7)에게 주는 서문(送韓校理致應使燕序)>에 "나로서 보면 이른바 중국은 중中이라 할 수 없고 이른바 동국은 동東이라 할 수 없다"8)고 하여 지구 원형과 여러 나라의 병존을 천문·지리상으로 입론한 다음에, "무릇 이미 동서남북의 중中을 알게 되면 어디를 가더라도 중국 아닌 곳이 없을 터이니, 무슨 동국이 있을 것인가? 또 어디를 가더라도 중국 아닌 곳이 없다면 무슨 중국이 따로 있을 것인가?"9)라고 하여 중국의 명칭이 이유가 없는 것과, 우리가 중국을 까닭 없이 찬탄 흠모하는 것을 학리적

---

6) 28수의 분야 : 천문가가 중국 전역의 이름을 28수로 구분 명명한 것을 말한다.
7) 한치응韓致應(1760~1824) : 자는 혜보徯甫, 호는 병산晜山. 젊은 시절 다산과 죽란시사竹欄詩社를 함께한 남인으로 대사간·형조판서 등을 역임하였다.
8) 以余觀之 其所謂中國者 吾不知其爲中 而所謂東國者 吾不知其爲東也.
9) 夫旣得東西南北之中 則無所往而非中國 烏覩所謂東國哉 夫旣無所往而非中國 烏覩所謂中國哉. 모든 국가는 '상대적 자기중심성'이 있다는 말이다. 일찍이 홍대용이 《의산문답》에서 이러한 '지구설'을 자세히 논한 바 있다.

으로 비난하였다. 선생보다 30여 세나 많은 담헌湛軒 홍대용洪大容은 자기 논문 《의산문답醫山問答》에 천문·지리를 서술하여 천하의 여러 나라들이 중국을 홀로 높일 수 없음을 갈파하고 속류 학자들이 이를 이해하지 못하는 것을 그 논문 첫머리에 풍자하였으니, 이는 선생과 동일한 (사상적) 계통에 속한 과학적 견해였다. 이와 같은 과학적 신견해는 인간으로서의 독립 자존적 사상을 계발해 주는 유일한 원천이다.

그러나 위의 서문은 중국이 가지고 있는 몇 가지 장점을 구체적으로 예를 들고 나서, "지금 중국에서 마땅히 이익을 취할 것은 이것뿐이다"[10]고 하였으며, <기예론技藝論 1>에 의하면 "아방我邦의 장인 기술은 대개 예전에 중국에 가서 배운 것인데 수백 년 이래로 다시 중국에 가서 배울 계획을 하지 않는다. 그러나 중국의 신식 기술은 날마다 증진되어 수백 년 이전의 중국이 아니건만, 우리는 막연히 서로 묻지도 않고 오직 옛것에만 머물러 있으려고 하니 어찌 이렇게 나태하냐!"[11]고 하였다. 이리하여 선생은 자국 문물의 진부하고 보수적인 상태를 걱정하고 서양으로부터 나날이 전래 축적되어 온 중국의 신기술을 흠선欽羨하여 중국 유학의 필요성을 고조하였으니, 이는 박제가의 《북학의北學議》에 대한 선구적 제안이었다. 뿐만 아니라 선생도 직접 '북학北學' 두 자를 사용한 것이 여러 번이었다.

---

10) 今所宜取益於中國也者 斯而已.
11) 我邦之有百工技藝 皆舊所學中國之法 數百年來 截然不復有往學中國之計 而中國之新式妙制 日增月衍 非復數百年以前之中國 我且漠然不相問 唯舊之是安 何其懶也.

문집 중 <해조에 대한 대답(海潮對)>, <신시에 대한 대답(蜃市對)>, <옥당에서 겨울 우레를 만나 진계하는 차자(玉堂遇冬雷陳戒箚子)> 등은 모두 종래의 신비를 섞지 않고 자연계의 현상으로 설명하였다. <기중도설起重圖說>은 역학의 응용이며 <애체출화도설靉靆出火圖說>12)은 광학의 일단一端이다. 복암茯菴 이기양李基讓이 북경에서 박면교거剝棉攪車13)를 사 가지고 와서 선생에게 보였더니 선생은 <답장(答茯菴)>에 말하기를, "만일 한번 국왕에게 아뢰어 팔도에 제작 양식을 반포한다면 이용후생利用厚生의 정치에 이익이 적지 않을뿐더러 혜택이 만세에 흐를 것이다"14)고까지 찬탄하였으니, 선생이 실용학을 얼마나 중시하고 갈구했는지를 잘 알 수 있다.

선생은 축성과 조루造壘, 병거兵車와 총포 등의 여러 법에 대해서도 일가를 이룬 지식이 있었거니와, <절도사 이민수에게 답함(答李節度民秀)>에 수차 자세히 진술한 윤선제輪船制는 비록 근대 서양인의 기선汽船에는 비교할 수 없을지라도 당시 사람으로는 경이롭지 않을 수 없는 바였다. 선생은 《문헌비고文獻備考》의 주사조舟師條를 인증하여 이르기를, "판서 유집일兪集一15)이 황해감사가 되었을 때에 윤선을 창설하였다. 그 제도는 앞뒤에 바퀴가 있고 이물과 고물에 키를 만들어 달며 바퀴를 굴려 물을 격동시켜서 속력을 얻었는데 범선帆船으로는 도저히 미칠 바가 아니다"16)고 하였다.

---

12) 볼록렌즈가 불을 내는 원리를 설명한 글.
13) 박면기剝棉機(씨아). 목화씨를 발라내는 기구.
14) 若得一番筵稟 頒式八方 其于利用厚生之政 不云少補 澤流萬世 正在此等事矣.
15) 유집일兪集一(1653~1724): 자는 대숙大叔, 호는 정헌貞軒. 경상도·황해도의 관찰사와 대사간 등을 거쳐 공조 판서에 이르렀고, 특히 1694년 위접관慰接官으로 대마도에 가서 울릉도와 독도의 영유권을 주장하였다.

그러면 조선에서도 윤선이 생긴 지가 상당히 오래되었던 것이다.

선생이 태어난 해인 서기 1762년은 갈릴레이가 천문학의 명저 《대화》[17]를 발표한 후 130년이요, 뉴턴이 광학과 만유인력을 발견한 후 96년이요, 제너가 우두술牛痘術을 발명하기 전 겨우 34년이었다.[18] 당시 서양에서도 실증과학이 신학의 신비적 전통의 굴레로부터 해방된 지가 아직 얼마 되지 않았었다. 더구나 신학의 잔당인 서양 선교사들은 멀리 동양에 와서 서양 과학의 지식을 한갓 포교의 향기로운 미끼로 약간 던져 주었던 것이다. 이것이나마 주워 먹으려고 선생 일파는 최대 위험을 무릅썼던 것이다. 그야말로 되로 배워 가지고 말로 풀어먹으려던 열렬한 마음과 의도였다.

인간의 미와 수명에 최대 공헌을 한 우두술은 발명된 지 겨우 3년 뒤에 수만 리의 바다와 육지를 거쳐 선생의 손에 비밀히 들어오게 되었다. 정조 승하 전년(1799)에 선생은 의주義州 사람이 연경 가는 편에 종두방문種痘方文을 간신히 얻어 오게 하여 박제가와 함께 즉시 실험하였고, 두역痘疫(천연두)에 관한 술가術家의 부정한 설을 일체 논파하였다(〈종두설種痘說〉 참조). 또 한의학漢醫學에 탁월한 선생은 〈맥론脈論 1〉에서 《맥경脈經》의 촌관척법寸關尺法을 부인하였다. 즉 "왼손의 촌맥寸脈[19]은 심장心臟을 진찰하고 오른손의 촌

---

16) 兪判書集一 … 爲海西伯 創設輪船 其制前後有輪 首尾設舵 揚輪激水 取其迅疾.

17) 원제는 《2개의 주된 우주 체계―프톨레마이오스와 코페르니쿠스―에 관한 대화(Dialogo sopra i due massimi sistemi del mondo, tolemaico e copernicaon)》이며, 1632년에 발간되었다.

18) 제너(1749~1823)는 1796년 핍스라는 소년에게 우두를 최초로 접종하였다.

19) 집게손가락과 가운데손가락과 약손가락을 손바닥으로 뺀 동맥에 대었을 때 집게손가락에 느껴지는 맥을 촌맥, 가운데손가락에 느껴지는 맥을 관맥關脈, 약손가락에 느껴지는 맥을 척맥尺脈이라 한다.

맥은 폐장肺臟을 진찰하며, 왼손의 관맥關脈은 간담肝膽을 진찰하고
오른손의 관맥은 비위脾胃를 진찰하며, 왼손의 척맥尺脈은 신장腎
臟·방광膀胱·대장大腸을 진찰하고 오른손의 척맥은 신장·명문命門·
삼초三焦[20)]·소장小腸을 진찰한다는 것은 망언이다"[21)]고 하여 맥의
동정動靜과 진상眞狀을 의술가의 미신으로부터 해방하였다.

선생은 간지干支에 관한 미신을 논변하였다. <갑을론甲乙論 1>
에 의하면, "갑을의 10간干과 자축子丑의 12지支는 고대의 기일법
紀日法에 불과하다. 후세의 방기方技·잡술雜術·참위讖緯·괴력怪力의
설, 예를 들면 태을太乙·구궁九宮·기문奇門·육임六壬·둔갑遁甲의 법과
풍수風水·택일擇日·잡서雜筮·잡점雜占·추수推數·산명筭命·성요星曜·두
수斗數 등등이 생살生殺의 기미를 분변하고, 길흉吉凶의 조짐을 판
정하고, 충범衝犯(침범)을 살피고, 의기宜忌(마땅함과 꺼림)를 분별한다
하여 천세토록 미혹하며 만민을 속이니, 이는 모두 갑을과 자축을
근본으로 삼고 지엽적으로 목화木火·청적靑赤·용작서우龍雀鼠牛 따위
를 부회한 것이라"[22)] 하여 그 허망하고 이치에 맞지 않은 점을 통
쾌하게 지적하였다.

---

20) 상초上焦·중초中焦·하초下焦를 합해 일컫는 말로, 음식의 흡수·소화·배설 등을
맡는 기관이다.
21) 左寸候心 右寸候肺 左關候肝膽 右關候脾胃 左尺候腎膀胱大腸 右尺候腎命門
三焦小腸者妄也.
22) 甲乙之類十 子丑之類十二 古人所以紀日也 後世方技雜術讖緯怪力之說 若太
乙九宮奇門六壬遁甲之法 與夫風水擇日雜筮雜占推數算命星曜斗數之等 其所以
辨生殺之機 定吉凶之兆 察其衝犯 別其宜忌 以之惑千世而誣兆民者 壹以是甲乙
子丑爲之宗幹 而繁條疊葉 得以依附 曰木曰火曰靑曰赤曰龍曰雀曰鼠曰牛 皆因
是而萃焉.

선생은 〈풍수론風水論〉과 《풍수집의風水集議》로 풍수술風水術의 미망迷妄을 통절히 조목조목 따졌다. 그 요지는 이러하다.

부조父祖의 사체를 땅에 묻고서 복을 바라는 것은 효자의 정이 아니니 예가 아닐뿐더러 그럴 리도 없다. 옛날 주공周公이 족장법族葬法을 제정하여 소목昭穆23)의 차서次序대로 무덤 터를 만들어 북쪽 방향에 매장하되 북쪽으로 머리를 두게 했을 뿐이다. 맥을 뚫어 기를 푸는 금기나 방위方位와 좌향坐向의 특별함도 없었지만, 이때 대를 이은 공경대부와 녹을 세습한 자손은 태연자약히 영달하고 번창하지 않았는가.

기주冀州나 연주兗州의 들판은 끝없이 넓어 언덕이라고는 없는데, 현지 거주민들은 주위에 담을 쌓아 구역을 정하고 역시 《주례周禮》 소목의 차서대로 매장하니, 용호사각龍虎砂角24)은 없어도 그들의 부귀는 또한 태연자약하지 않는가.25)

술가의 이른바 용호 좌향은 일고의 가치도 없는 순전히 망설에 불과하다는 것이다.

선생은 또 이렇게 말하였다.

---

23) 부소자목父昭子穆. 사당에 조상의 신주를 모시는 차례.
24) 양쪽으로 뻗은 좌청룡左靑龍과 우백호右白虎가 옆이나 전면이 불룩한 형세를 이룬 것을 말한다. 길지吉地이다.
25) 薶其親以徼福 非孝子之情也 雖然有此理 斯有此禮 亦唯曰無此理也 周公制族葬之法 葬之以昭穆 授之以塋域 無鑿脈破氣之忌 葬於北方北首 無方位坐向之殊 此時卿世卿大夫世祿 子孫榮甖 固自如也 冀兗之野 曠無陵阜 今之葬者 皆周垣爲域 正昭穆如周禮 無龍虎砂角之觀 其富貴固自如也 冀兗之野 曠無陵阜 今之葬者 皆周垣爲域 正昭穆如周禮 無龍虎砂角之觀 其富貴固自如也 〈風水論1〉

한 세상을 거느리고 만백성을 부리던 영웅호걸도 살아서 명당明堂26)에 앉아 그 자손의 요절과 폐질廢疾을 구하지 못하는 일이 많았거늘, 하물며 무덤 속의 말라비틀어진 뼈가 산하의 형세를 차지했다 하더라도 어찌하여 그 후손에게 복록을 주겠는가? 고깃덩어리를 땅에 묻어서 사람에게 재앙을 끼칠 수 없듯이 복을 내릴 수도 없는 것이다.27)

이리하여 선생은 풍수술을 한낱 요망한 사기술로 단안斷案하고, "곽박郭璞은 참형斬刑을 당하고, 도선道詵과 무학無學은 종사宗祀가 끊겼으며, 이의신李義信과 담종淡宗은 후사가 없었다. 지금 일반적인 지사地師의 자손들은 거의 다 영달하지 못하였다"28)고 예를 제시하여 풍수술가의 자기기만을 폭로하였다. 그리고 끝으로 풍수술이 이치가 있는지 없는지에 대해 단언할 수 없다는 호의론狐疑論까지를 변박하였다. 이 <풍수론>은 <갑을론>과 함께 동양, 특히 원산지인 중국의 최대 미신에 일대 철퇴를 내린 것이었다.

택일擇日·시일時日과 방위의 금기 등 미신을 타파하는 여러 논설 중에서 <상론相論>은 실로 명론탁견名論卓見이다. 본론의 첫머리에

---

26) 조정朝廷. 제왕帝王의 정청政廳.

27) 英豪桀特之人 聰明威能 足以馭一世而役萬民者 生而坐乎明堂之上 猶不能庇其子孫 或殤焉或廢疾焉 塚中槁骨 雖復據山河形勢之地 顧何以澤其遺胤哉 世之迷者 至云雍齒以詛人 亦有驗 其理可旁通也 嗚呼 斯豈所忍言者 雖然吾且言之 世有雍齒以禍人者 其有雍齒以福人者乎 邪鬼妖巫 爲此術以罔人 使陷於惡已矣 有以是徼福者乎 雖有理 君子不爲 況萬萬無此理哉 <風水論1>

28) "郭璞以非罪誅 身埋水中 道詵無學之等 皆身爲髡覆其宗祀 李義信淡宗無血胤 今之滔滔者 皆終身丐乞 而其子孫不昌 斯何理也 幾見地師之子若孫 爲弘文館校理平安道觀察使者乎 <風水論5>"를 요약한 것이다.

"상相은 습관으로 인하여 변하고 형세는 상相으로 인하여 이루어지므로 그 형국形局이니, 유년流年이니 하는 말은 망설이다. 어린아이가 배를 땅에 대고 기는 모습을 보면 어여쁠 따름이다. 하지만 그가 자라면 무리가 나누어지게 되는데, 무리가 나누어짐으로써 습관이 갈라지고, 습관이 갈라짐으로써 상도 이에 따라 변하게된다"29) 하였으니, 도徒(무리)는 분업 또는 직업을 뜻하고 습習(습관)은 습성을 의미한다. 습성의 차이는 분업 또는 직업의 차이에 원인하고 상相의 변화는 습성의 차이에 원인한다. 만일 상이 이와 같으므로 습성이 이와 같다고 하면 이는 습성 차이의 결과인 상의 변화를 도리어 습성의 원인으로 간주하는 것이니, 인과를 전도시키는그릇된 견해요 망령된 이론에 불과한 것이다.

"하물며 거처와 봉양奉養의 변화는 반드시 기분과 육체를 변화시키며, 부귀와 우환은 또한 심지心志의 음란과 비애를 일으키니, 상의 궁달窮達이 어찌 일정하게 있으랴. 사서인士庶人이 상을 믿으면 직업을 잃고 경대부卿大夫가 상을 믿으면 벗을 잃으며 국군國君이 상을 믿으면 신하를 잃으리라" 하였다.30) 이리하여 선생은 상의 가변론으로 상가相家의 숙명론을 타파한 동시에, 상술相術의 착오와 폐해를 세상의 도의와 인민의 마음에 관련시켜 절실히 논변하였다.

위에서 말한 여러 논설 이외에도 〈중동에 대한 변증(重瞳辨)〉,

---

29) 相因習而變 勢因相而成 其爲形局流年之說者妄也 嬰穉之蒲服也 觀其貌 夭夭已矣 曁其長而徒分焉 徒分而習岐 習岐而相以之變 〈相論〉
30) 況乎居足以移氣 養足以移體 富貴淫其志 憂患戚其心 有朝榮而夕槁者 有昔之悴憔而今之腴潤者 相烏乎定哉 士庶人信相則失其業 卿大夫信相則失其友 國君信相則失其臣 〈相論〉

<신령스러운 돌에 대한 변증(靈石辨)>, <종동천에 대한 변증(宗動天辨)>, <계림의 옥적에 대한 변증(鷄林玉笛辨)>, <송광사의 옛 바리때에 대한 변증(松廣寺古鉢辨)>, <김백곡의 독서에 대한 변증(金栢谷讀書辨)> 등은 모두 과학적 시각에서 사물의 신화적 미혹성을 변파(辨破)하였다. 그러나 선생은 철두철미하게 실증을 고조한 과학자는 아니다. 요컨대 선생은 유자(儒者)로서의 과학자이며 유자로서의 사상가이다. 이는 선생이 점령하고 있던 시대가 가장 잘 설명하는 바이다.[31]

---

31) 원래 이 문단은 당시 신문 연재의 분량 때문에 다음 장 <14. 유학의 신견해>로 편입되어 있으나, 내용상 《실정》 p476에 따라 여기에 수록하였다.

14. 유학의 신견해

본래 유학자인 선생은 서학으로부터 섭취한 과학적 방법으로 유학을 자기비판하며 동시에 자기의 신견해를 전개하려 하였다.[1] 그러면 선생의 유학에 대한 신견해는 어떠했던가? 선생은 유학에 얼마만한 수정을 가했던가?

〈속유론俗儒論〉에 의하면, "진정한 유학자의 학문은 본디 나라를 다스리고 인민을 편안히 하며, 오랑캐를 물리치고 재정을 넉넉하게 하며, 능히 문무를 겸비하여 무엇이든지 담당할 수 있게 하려는 것이다. 어찌 글귀와 글장을 찾아내거나 벌레와 물고기를 주석하는 것만을 일삼으며, 옛날 소매 넓은 도포를 입고서 절하며 읍揖하는 예만 익힐 따름이랴? 후세의 유학자들은 성현의 주지主旨를 알지 못하고 인의仁義·이기理氣 등 학설 이외에 한 마디만 하면 그만 잡학雜學, 즉 신한申韓[2])의 학이 아니면 손오孫吳[3])의 학이라

---

1) 이 문장은 논리상 《실정》 p478에 따라 편자가 추가하였다.

한다. 그리하여 높은 이름과 도학의 정통을 꿈꾸는 자는, 썩어빠진 논설만 하여서 자기를 어리석게 하고 한 걸음이라도 이 한계를 넘지 않으려 한다. 이러므로 유도儒道는 완전히 멸망의 지경에 이르고 당시 군주들은 더욱 유자儒者를 천시하게 된 것이다. 서한西漢 선제宣帝의 '속된 유학자는 시무에 통달치 못하니 어찌 일을 맡길 수 있겠는가?'라는 말은 정당하다"4)고 하였다.

선생은 <오학론五學論>으로서 1) 성리학性理學 2) 훈고학訓詁學 3) 문장학文章學 4) 과거학科擧學 5) 술수학術數學의 망국적 폐해를 구체적으로 지적하였다. 선생은 그 가운데서도 특히 과거학의 폐해가 더욱 심한 것을 통절히 논하고, 일본이 저렇게 강성한 것은 과거법이 없었던 까닭이라고까지 말하였다.

선생은 한 걸음 올라가서 유학의 성전聖典인 육경과 사서의 해석에 있어서 어디까지나 간명하고 실천적인 실학을 그 본지本旨로 하고 사변적 탐완耽玩과 논리적 유희와 노불적老佛的 색채를 섞은 해석은 원칙적으로 배제하려 하였다. 경전과 예설에 관하여 선생은 송유의 왜곡 번쇄한 해설을 많이 정리하고, 선배인 녹암鹿菴 권철신의 견해를 좇은 바가 적지 않았다(<녹암묘지명> 참조).

선생의 경·전經傳의 의의疑義 해석에 관한 최고 척도는 물론 실용적 요구인데, 이것을 다시 심절深切한 의미로 바꿔 말하면 '신아

---

2) 신불해申不害와 한비자韓非子.

3) 손무孫武와 오기吳起.

4) 眞儒之學 本欲治國安民 攘夷狄裕財用 能文能武 無所不當 豈尋章摘句注蟲釋魚 衣縫掖習拜揖而已哉 … 後儒不達聖賢之旨 凡仁義理氣之外 一言發口 則指之爲 雜學 不云申韓 便道孫吳 由是務名高窺道統者 寧爲腐論陋說以自愚 不欲蹄此閾 一步 於是儒之道盡亡 而時君世主日以賤儒者矣 漢宣帝 … 曰 俗儒不達時宜 何 足委任 此言不可非也 <俗儒論>;《실정》p479, p497 참조.

구방新我舊邦'5)적 사상이다. 경·전 해석의 시비와 가부는 우리가
필경 되는대로 판결할 수 없는 경의經義 그 자체에 의거하지 않고,
다만 '신아구방'의 사상적 척도에의 합치 여부에 의거하여 판결될
것이다. 이와 같은 주관적 사상이 선생에게는 도리어 객관적 척도
로서 인식되었던 것이다. 선생의 이 사상은 "사람은 만물의 척도"
라는 그리스의 소피스트 사상과 비스름한 동시에 프로테스탄트의
성경 해석과 근세 초기 과학자들의 중세 스콜라 철학에 대한 배척
적 태도를 연상하게 한다. 유학 개혁가로서의 선생의 학문적 특징
은 여기에 있다.

이하에 한두 가지 실례를 들려고 한다. 선생은 《논어》의 상지上
智와 하우下愚의 구분을 송나라 유학자의 해석과 같이 선천적 성품
의 구분으로 보지 않고 후천적 습성의 구분으로 보아서 자포자기
하려는 평범한 사람들에게 성자가 될 수 있는 길을 열어 보였다.
《논어》〈공야장公冶長〉편의 "영무자寧武子의 지혜는 따를 수 있으
나 그의 어리석음은 따를 수가 없다(寧武子 其知可及也 其愚不可及也)"
에 대해서도 선생은 송유의 해석과는 정반대로 "그의 어리석음[其
愚]은 위衛나라 성공成公을 따라다니며 온갖 고난을 겪으면서 자신
을 잊고 나라를 위해 목숨을 바치려던 영무자의 우직한 충성을 가
리킨 것이요, 그의 지혜[其知]는 성공이 환국한 후에 공달孔達이 정
치를 하자 권세를 피하여 숨으면서 자신을 편안히 하고 집을 보전
한 영무자의 명철을 가리킨 것이다. 만일 후자로써 '그의 어리석음

---

5) 우리 낡은 나라를 새롭게 한다는 뜻으로, 다산이 〈자찬묘지명〉에서 《경세유표》
를 개괄하며 사용한 말. 일제강점기 때 '아방我邦'은 조선이 아니라 일본이었으
므로 '신아구방新我舊邦'은 그 정체가 모호하고 아무런 매가리도 없는 허풍선에
불과하였는데, 1930년대 중반에 이미 안재홍·정인보 등도 주목한 바 있다.

은 따를 수가 없다(其愚不可及也)'고 절찬한다면 사람들은 모두 헌신하지 않고 도피만을 일삼을 것이니 임금은 누구와 더불어 시대의 어려움을 구제하겠는가"6) 하여 선생은 후세 유자의 '염퇴자고斂退自高'7)주의를 타파하려 하였다.

번거롭고 까다로운 규칙과 예절을 하늘이 정한 절목節目으로 숭상하던 당시 양반 사회에서 일정한 전거典據가 없으면 번잡한 곁가지를 잘라 낼 수가 없으므로 선생은 《예경禮經》에 명쾌한 해설을 가하여 실행할 수 있는 간편성을 제시하였다. 선생은 고례古禮의 부문浮文을 싫어하고, 오직 <단궁檀弓>편을 공자의 미언微言이라고 특별히 일컬으며 그 간략함을 취하였다.8)

역학에 관해서는 역시 평이간명平易簡明을 주지主旨로 하였다. "사람이 높아지는 것은 그가 남모르는 것을 간직하고 있기 때문이다. 그러므로 《주역周易》을 지어서 세상 사람의 귀와 눈을 신기하게 하매 그 도가 드디어 높아졌다. 이는 성인이 그 기지를 써서 천하의 인심을 유지하는 바이다"9)고 한 소순蘇洵의 실언을 반박하면서 《주역》은 유현幽玄하고 난해한 글이 아니라고 하였다. 성인

---

6) 甯武子始從衛成公 … 備嘗險艱 此忘身殉國之愚忠 及成公還國 孔達爲政 斂避權要 此安身保家之智慧也 安身之智 猶可及也 殉國之愚 不可及也 今以韜晦爲愚則人主無與濟時艱也 <자찬묘지명>. *《논어고금주》<공야장·하>에 자세함.
7) 그만두고 물러나 스스로 높은 체하거나 스스로 높이 여김.
8) <제단궁잠오題檀弓箴誤>에 관련 내용이 나온다. 檀弓二篇 於禮記諸篇之中 其義理特精 其文詞特美 余故最悅之 古禮繁縟 不能無浮文 而檀弓所言 槪從簡約 與論語所記孔子諸言相合 眞孔氏之微言也
9) 人之所以獲尊者 以其中有所不可窺者也 於是因而作易 以神天下之耳目 而其道遂尊 此聖人用其機權 以持天下之心 <易論1>

이 성인된 까닭은 어디까지나 소상하고 명백하다는 것이다. 석씨釋氏나 술사術士와 같이 오묘함과 신비함을 으뜸으로 삼아 군중을 몹시 놀라고 황홀하게 하여 자기를 신성시하도록 하는 것은, 절대 성인의 본뜻이 아니라고 논술하였다.

선생은 《논어》 해석에서 송나라 유학자와 다른 논의가 더욱 많지만, 그 요지는 인仁을 주자와 같이 '마음의 덕과 사랑의 이치(心之德 愛之理)'로 간주하지 않고, 구체적 행사인 효제孝弟로써 인仁이라 하였다. 선생에 의하면, "효제는 바로 인이다. 인은 전체 이름이고 효제는 부분 항목이다. 인은 효제에서 시작되므로 효제는 인의 근본이 된다고 하였다"[10]는 것이다. 이 역시 인을 우리의 평범한 실천적 윤리로 보아서, 오묘한 선천적 범주로는 볼 수 없다는 것이다. 그러므로 아버지를 효로 섬기면 인이고, 형을 공경으로 섬기면 인이고, 군주를 충으로 섬기면 인이고,[11] 벗과 신의로 사귀면 인이고, 인민을 자애로 다스리면 인이다. '동방이 물物을 낳는 이치'니 '천지의 지공至公한 마음'이니 하는 공허한 개념으로는 인仁 자를 뜻풀이할 수 없다는 것이다.[12]

서恕를 힘써 행하면 인을 구하는 데에 그보다 가까운 길은 없다. 그러므로 증자가 도를 배움에는 '일관一貫'으로 답하였고,

---

10) 孝弟卽仁 仁者總名也 孝弟者分目也 仁自孝弟始 故曰爲仁之本也〈자찬묘지명〉
11) 원문은 '事君忠'. 《실학파와 정다산》(1955)에는 "국가에 충성하는 것도 인이요"라 풀이하였는데, 이 글을 쓴 1939년 일제강점기 당시에는 '국가'라는 말이 '조선'을 가리키는 경우에는 검열에 통과될 수 없었다.
12) 二人爲仁 事父孝仁也 事兄恭仁也 事君忠仁也 與友信仁也 牧民慈仁也 東方生物之理 天地至公之心 不可以訓仁也〈자찬묘지명〉

자공子貢이 도를 물음에는 '일언一言'으로 답하였다. 경례經禮 삼백과 곡례曲禮 삼천이 서恕로써 관통되었다. '인을 하는 것은 자기로 말미암는다(爲仁由己)', '자기를 이기고 예로 돌아간다(克己復禮)'는 말은 공문孔門의 바른 취지이다. 성誠이란 서恕에 성실하다는 것이고 경敬이란 예로 돌아가는 것이니, 그것으로써 인을 하는 것은 성誠과 경敬이다. 그러나 두려워하고 경계하며 삼가서 상제上帝를 밝게 섬기면 인을 할 수 있지만, 태극太極을 헛되이 높여서 이理를 천天이라 하면 인을 할 수 없다. 결국 천天을 섬기는 데로 돌아가고 말 뿐이다.[13]

이 몇 구절은 〈자찬묘지명〉에서 인용한 것인데,《논어》의 '인仁·서恕·복례復禮' 등의 말과《중용》의 '공구恐懼·계신戒愼'[14] 등의 말을 절실히 연결하여 '사천事天'의 종지宗旨를 수립한 것이니, 이는 이론의 극치로부터 신앙의 경계로 향하여 나아간 것이다.

이제 우리는 선생이 위의 결론에 도달한 경로를 자세히 추구해보면 이렇게 말할 수 있다. 기독교는 박애博愛의 서恕와 천天에 대한 경건敬虔을 결합하여 교리를 구성한 것이다. 선생은 일찍이 서학자로서 이것의 실천성과 대중성에 심심한 감격을 받았던 것이다. 그리하여 자기 본종本宗인 유교를 반관反觀하고 재검토하면서《논어》의 인·서仁恕와《중용》의 계구戒懼(계신·공구)를 추출하여 유

---

13) 強恕而行 求仁莫近 故曾子學道 告以一貫 子貢問道 告以一言 經禮三百 曲禮三千 貫之以恕 爲仁由己 克己復禮 此孔門之正旨也 誠也者 誠乎恕也 敬也者 復乎禮也 以之爲仁者 誠與敬也 然恐懼戒愼 昭事上帝則可以爲仁 虛尊太極 以理爲天則不可以爲仁 歸事天而已 〈자찬묘지명〉
14) 두려워하고 경계하며 삼감. 君子 戒愼乎其所不睹 恐懼乎其所不聞 〈1장〉

교의 사천事天 사상을 강조한 것이다. 물론 유교도 사천교事天教가
아닌 바 아니지만, 노불老佛의 영향과 사고의 발달로 인하여 천天이
이理의 범주와 태극太極의 명막冥漠(아득함)에 위치하고 있는 이상
에는 이론가와 명상가의 탐완적耽玩的 대상은 될지언정 지우현부
知愚賢否 일반의 존봉적尊奉的 대상은 될 수 없는 것이다. 천天은 요
컨대 선생에 있어 하민下民과 만물을 강감降監(내려와 살핌)하고 섭리
攝理하는 규범적 존재이다.

선생에 의하면 《대학》의 '명덕明德'은 역시 실천적 덕목인 효도·
우애·자애[孝弟慈]를 가리킨 것이지, 주자의 주설註說과 같이 허령
불매虛靈不昧한 본체를 가리킨 것은 아니라고 하였다.15)
선생은 《대학》의 '성의誠意·정심正心' 등의 조목에 대해서도 다
음과 같이 말하였다.16)

성의와 정심은 우리가 선을 행하는 공부일진대 어찌 명덕이
아니라 하겠는가? 불가의 마음을 다스리는 법은 마음을 다스
리는 것을 사업으로 여기지만, 유가의 마음을 다스리는 법은
사업을 마음을 다스리는 것으로 여긴다. 성의와 정심이 비록
배우는 자의 지극한 공부일지라도 매양 일 때문에(실천을 계기
로 하여) 성誠하고 정正하는 것이지, '향벽관심向壁觀心'17)하여

---

15) 明德非孝弟乎 虛靈不昧 心統性情 … 而斷斷非古者太學教人之題目 … 設教題
目 孝弟慈而已 … 行善而後德之名立焉 不行之前 身豈有明德乎《大學公議》卷1
〈在明明德〉
16) 이 문장은 논리상 《실정》 p482에 따라 편자가 추가하였다.
17) 선가禪家에서 벽을 향하고 앉아 마음을 관조하는 일을 말한다.

허령한 본체에 티끌만큼도 물들지 않는 것을 성의와 정심이라고 할 수는 없으리라. 요즘 사람들은 마음을 다스리는 것을 정심으로 잘못 알고 있어, 마음의 방일放逸을 제어하고 그 드나드는 것을 성찰하면서, '잡으면 보존하고 놓으면 잃어버리는(操存·捨亡)' 이치를 체험한다. 이러한 공부도 우리 수양에 필요하지 않는 것은 아니지만, 새벽이나 저녁에 일 없을 때 하는 것이 좋으리라. 옛사람의 이른바 정심은 일에 응하고 사물에 접하는(應事接物) 데 있었지, 고요함을 위주로 하여 침묵에 잠기는(主靜凝默) 데 있지 않았다."18)

  선생은 '성性'자 해석에 있어서 선유先儒의 성설性說이 모두 맹자의 본지本旨가 아니라 하여 독특한 해석을 가하였다. 선생에 의하면, 성은 일개 기호嗜好로서 육체의 기호와 영지靈智(이성)의 기호두 방면으로 나눌 수 있는데 식색食色의 성, 이목구체耳目口體의 성과 《서경書經》〈소고召誥〉의 절성節性, 《맹자》의 인성忍性19) 등의 성性 자는 전자에 속하고, 천명지성天命之性·성여천도性與天道·성선性善·진성盡性 등의 성性 자는 후자에 속한다.20)

---

18) 誠意正心 乃吾人之善功 何以謂之非明德也 佛氏治心之法 以治心爲事業 而吾家治心之法 以事業爲治心 誠意正心 雖是學者之極工 每因事而誠之 因事而正之未有向壁觀心 自檢其虛靈之體 使湛然空明 一塵不染 曰此誠意正心者 … 今人以治心爲正心 制伏猿馬 察其出入 以驗其操捨存亡之理 此箇工夫 固亦吾人之要務 曉夕無事之時 著意提掇焉可也 但古人所謂正心 在於應事接物 不在乎主靜凝默《大學公議》卷1〈在明明德〉
19) 절성은 성을 절제한다, 인성은 성을 참는다는 뜻. 인성은 '동심인성動心忍性'에서 나온 말로《맹자》〈고자告子·하〉에 보인다.
20) 曰性者嗜好也 有形軀之嗜 有靈知之嗜 均謂之性 故召誥曰節性 (王制曰節民性)

성성性 자는 치성雉性·녹성鹿性·초성草性·목성木性과 같이 본래 기호嗜好로써 이름을 얻은 것이니 고원하고 광대한 설명을 요할 것이 아니다. 요즘 사람들은 성性 자를 추존하여 하늘과 같은 큰 물건으로 인식하여 태극·음양설太極陰陽說을 붙이고 본연·기질론本然氣質論을 섞으니 아득하고 유원幽遠하며 황홀하고 과탄夸誕하며, '터럭도 나누고 실오라기도 쪼개어서(毫分縷析)' 하늘과 사람이 밝히지 못한 신비를 궁구하였다고 하지만, 결국은 일용상행日用常行의 방법에는 아무런 보익補益이 없다.21)

《능엄경楞嚴經》에 "여래장성如來藏性이 본래청정本來淸淨이라" 하였고, 《반야경般若經》과 《기신론起信論》에 "본연지성本然之性이 새로운 훈습薰習에 오염되어 진여眞如의 본체를 잃어버렸다"고 중언부언하였다.22) 송나라의 여러 유학자들이 이 설을 차용하였으나, '본연' 두 자는 육경사서와 제자백가서 어디에도 전혀 출처가 없다. 본연은 불서佛書에 의하면 무시·자재無始自在의 뜻이니, 유가의 천명지성과 불씨佛氏의 본연지성은 동의어가 아니라 도리어 빙탄적氷炭的 관계에 있다. 유가의 성性은 하늘에서 부여받은 것이므로 본연 또는 무시라고 할 수 없다. 그러나 불씨의 본연지성은 하늘에서 부여받은 것이 아니므로 처음 생겨남[始生]도 없이 천지 사이

孟子曰動心忍性 又以耳目口體之嗜爲性 此形軀之嗜好也 天命之性 性與天道 性善盡性之性 此靈知之嗜好也〈자찬묘지명〉

21) 性之爲字 當讀之如雉性鹿性草性木性 本以嗜好立名 不可作高遠廣大說也 … 今人推尊性字 奉之爲天樣大物 混之以太極陰陽之說 雜之以本然氣質之論 眇芒幽遠 恍忽夸誕 自以爲毫分縷析 窮天人不發之秘 而卒之無補於日用常行之則 亦何益之有矣 斯不可以不辨《心經密驗》〈心性總義〉

22) 按楞嚴經曰如來藏性 淸淨本然 此本然之性也 本然之性 爲新薰所染 乃失眞如之本體 卽般若起信論中重言複語之說《大學公議》卷1〈在親民〉

에 자재自在하면서 끝없이 윤회하여, 즉 사람은 죽어서 소가 되고 소는 죽어서 개가 되며 개는 죽어서 사람이 되더라도 (변하는 것은 형체뿐이요) 그 본연지성은 해맑게 그대로 있다는 것이다(瀅澈自在). 유가의 견지로 말하면 천명을 어기고 천성을 업신여기며 이치에 어긋나고 선을 손상하는 것이, 이 본연지성이라는 말보다 더 심한 것은 아직 없다.[23]

또 선생에 의하면, 성의 영체靈體는 그 기호嗜好로 말하면 선을 즐기고 악을 부끄러워하되, 만일 그 권형權衡(자유 의지)으로 말하면 선할 수도 있고 악할 수도 있으므로 위태롭고 불안하니, 어찌 순전히 선하고 악은 없다고 할 수 있으랴. 총괄하면 우리의 영체 안에는 세 가지의 이치가 있다. 기호로 말하면 선을 즐기고 악을 부끄러워하니 맹자의 이른바 성선性善이다. 권형으로 말하면 선할 수도 있고 악할 수도 있으니, 이는 고자告子의 단수湍水의 비유[24]와 양웅楊雄의 성선악혼설性善惡渾說이 나온 까닭이다. 행사行事로 말하면 선하기는 어렵고 악하기는 쉬우니 순자荀子의 성악설性惡說이 나온 까닭이다. 순자와 양자楊子는 성性 자에 대한 인식이 본래 잘못되어 그 설이 차이가 난 것이다. 그러나 우리 인간의 영체 안에 이

---

23) 有宋諸先生皆從此說 … 本然二字 旣於六經四書諸子百家之書 都無出處 … 據佛書 本然者 無始自在之意也 … 與吾儒天命之性 相爲氷炭 … 儒家謂吾人稟命於天 佛氏謂本然之性 無所稟命 無所始生 自在天地之間 輪轉不窮 人死爲牛 牛死爲犬 犬死爲人 而其本然之體 瀅澈自在 此所謂本然之性也 逆天慢命 悖理傷善 未有甚於本然之說《心經密驗》〈心性總義〉; 밑줄 부분은 〈자찬묘지명〉

24) 성유단수설性猶湍水說, 즉 무선무악설無善無惡說을 말한다. 고자는 성性을 단수(소용돌이치는 물)에 비유하여 인성人性은 선善과 불선不善의 구분이 없다고 하였는데, 다산은 선을 좋아하고 악을 부끄러워하는 인성의 예를 들면서 이를 비판하였다.《孟子要義》〈告子·上〉告子曰性猶湍水章 참조.

세 가지의 이치(가능성)가 없는 것은 아니다.25)

　이리하여 선생은 맹자의 성선설이 옳다고 인정하였으나, 그렇다고 순선純善한 것으로는 인정하지 않았다. 제자백가의 설도 관점에 따라 각각 승인하되, 인성은 '극기복례克己復禮'의 공부에 의뢰하지 않으면 헐어져 무너지고 간사하여 비뚤어지는 해를 면할 수 없다고 강조함으로써 순자의 성악설도 중대히 참고하였다.26)

　맹자의 인의예지仁義禮智는 송나라 유학자가 천도天道의 원형이정元亨利貞에 배합하여 인성人性의 네 가지 대강령(범주)으로 규정하였으나, 선생에 의하면 "인의예지는 실천적 행사行事 후에 얻은 이름이므로 인덕人德이지 선천적으로 얻은 인성人性은 아니다. 인仁할 수 있고 의義할 수 있고 예禮할 수 있고 지智할 수 있는 이치(가능성)는 인성에 갖추어져 있으므로 맹자가 측은惻隱·수오羞惡·사양辭讓·시비是非 사심四心을 인의예지 사덕四德의 단端이라고 하였다. 그러나 사심四心은 모두 하나의 영명한 본체에서 발생하여 만사만물에 널리 대응하는 것이니 실제로 발생하는 것이 어찌 네 가지뿐이겠는가? 네 가지는 맹자가 약간의 예를 든 데 불과할 따름이다"27)고 하였다.

---

25) 然吾人靈體 若論其嗜好 則樂善而恥惡 若論其權衡 則可善可惡 危而不安 惡得云純善而無惡乎 … 總之靈體之內 厥有三理 言乎其性則樂善而恥惡 此孟子所謂性善也 言乎其權衡則可善而可惡 此告子湍水之喩 揚雄善惡渾之說所由作也 言乎其行事則難善而易惡 行荀卿性惡之說所由作也 荀與揚也 認性字本誤 其說以差 非吾人靈體之內 本無此三理《心經密驗》〈心性總義〉

26) 관련 내용이《大學講義》傳七章에 있다. 大抵人性必賴克復之工 庶免壞敗之害

27) 仁義禮智之名 成於行事之後 此是人德 不是人性 若其可仁可義可禮可智之理具於人性 故孟子以惻隱等四心 爲四德之端 然四心摠發於一箇靈明之體 靈明之

282

또 선생은 말하기를 "송유는 인의예지의 네 알맹이가 마치 오 장五臟처럼 사람의 배 속에 담겨 있고 사단四端(측은·수오·사양·시비) 은 모두 각기 이로부터 나오는 줄로 생각하였으나 이는 착오이다. 《중용》의 지·인·용知仁勇 삼달덕三達德도 역시 행사한 후에 이루어진 이름이지, 본체 안에 들어 있는 이치를 가리킨 것은 아니다"28)고 하였다.

선생은 계속하여 다음과 같이 말하였다.29)

맹자는 "인의예지가 마음에 뿌리를 박고 있다(仁義禮智根於心)" 고 하였으니, 비유하면 인의예지는 꽃과 열매 같고 그 뿌리는 마음에 있다. 측은·수오·사양·시비는 안, 즉 마음에서 발출하 고 인의예지는 밖, 즉 행사에서 이루어진다. 사단四端의 단端 은 안에서 나오는 단서端緒가 아니라 시작始作의 뜻이다.30) 즉 시연始燃은 불의 처음이고 시달始達은 샘의 처음인 것과 마찬 가지로, 측은惻隱은 인仁의 처음이고 수오羞惡는 의義의 처음 이다. 시연(처음 붙은 불)을 확충하면 활활 타오르는 큰불이 되 고, 시달(처음 솟은 샘)을 확충하면 도도히 흐르는 강하江河가

體 汎應萬物 計其所發 豈必四而已哉 孟子特擧其四者而已《中庸講義補》〈天下 之達道五節〉

28) 今之儒者 認之爲仁義禮智四顆 在人腹中 如五臟然 而四端皆從此出 此則誤矣 《論語古今注》〈學而〉；知仁勇三達德 … 亦皆成名於行事之後 而原其所發 亦發 發於此心而已《中庸講義補》〈天下之達道五節〉

29) 이 문장은 논리상《실정》p505에 따라 편자가 추가함.

30) '단서端緒'는 '실타래가 풀려 나오는 실끝, 즉 실마리'의 뜻. 주자의 단서설端 緒說과 다산의 단시설端始說의 차이에 대해서는 이을호,《다산 경학사상 연구》, 을유문화사, 1966, pp220~5; 이지형,《다산 경학 연구》, 태학사, 1996, pp148~9 등을 볼 것.

되는 것과 마찬가지로, 측은을 확충하면 인은 천하를 덮을 것
이고, 수오를 확충하면 의는 천하에 나타날 것이다.31)

이렇게 보면 선생의 해석은, 사덕四德을 내재內在의 성으로, 사단
四端을 내출內出의 단서로 본 송유의 해석과는 거의 대척적 견지에
있는 것이다.

《중용》의 "희로애락이 아직 발하지 않는 것을 중中이라 하고,
발하여 모두 절도에 맞는 것을 화和라 한다(喜怒哀樂之未發 謂之中 發
而皆中節 謂之和)"에 대해서도 송유의 해석과는 적지 않게 달랐다.
선생에 의하면 "미발未發은 정주程朱의 말과 같이 심지心知와 사려
가 전혀 발동하지 않은 공적空寂한 상태를 가리킨 것이 아니다. 천
하의 일은 평상심으로 대응할 때가 보통 많고, 특이한 경우에만
희로애락의 감정이 발작하게 된다. 그러나 기뻐하고 화내고 슬퍼
하고 즐거워할 만한 일은 항상 뜻밖에 생겨서 무심결에 이르는 것
이므로 절도에 맞게 대응하기는 가장 어렵다. 미발未發시 즉 평상
시에 마음을 바로잡고 덕을 굳게 닦아서 중정中正의 본체를 잃지
않은 후에야 기뻐하고 화내고 슬퍼하고 즐거워할 만한 일을 갑자
기 만나더라도 이에 대응하는 마음이 발하여 능히 절도에 맞아 과
도過度의 폐가 없게 된다. 그러므로 중中과 화和는 모두 '천지를 제
자리에 놓고 만물을 기르는(位天地 育萬物)' 큰 덕을 얻게 된다. 만일

---

31) 孟子曰仁義禮智根於心 仁義禮智 譬則花實 惟其根本在心也 惻隱羞惡之心發
於內 而仁義成於外 辭讓是非之心發於內 而禮智成於外《論語古今注》〈學而〉;
始然者 火之始也 始達者 泉之始也 惻隱者 仁之始也 始然者 擴而充之 至於炎炎
則燎爐也 始達者 擴而充之 至於滔滔則江河也 惻隱者 擴而充之 至於肫肫則仁
覆天下也 端者始也 非內出之緒《心經密驗》〈人皆有不忍人之心〉

'고요하여 움직이지 않거나 아무 생각도 근심도 없는 것(寂然不動 無思無慮)'이 미발의 모습이라 하면 이는 소림선사少林禪師처럼 면벽 정좌面壁靜坐해야 바야흐로 천지를 제자리에 놓고 만물을 기를 수 있을 터이니, 유가의 학이 어찌 이러하랴?"[32] 하였다. 이리하여 선생은 송유의 선불적禪佛的 침투를 도처에서 지적하였다.

"나종언羅從彦[33) 선생은 고요함 가운데서 희로애락이 아직 발하지 않는 것은 어떤 기상인지를 보게 하였다"고 한 이연평李延平의 말에 대해서도, 다산은 비평하기를 "나선생은 선학에 깊이 물들어 이렇게 말한 것이니, 무릇 '관觀(靜觀)'이 다 선법禪法이었다"고 하였다.[34)

선생은 《서경書經》에서 매색梅賾[35)의 25편은 위작이라고 단언하고, "인심은 위태롭고 도심은 미미하니 오직 정밀하고 전일하여 진실로 그 중정을 견지하라(人心惟危 道心惟微 惟精惟一 允執厥中)"는

---

32) 喜怒哀樂之未發 非心知思慮之未發 天下之事 多可以平心酬應者 其或特異於 常例者 於是乎有喜怒哀樂 然而可喜可怒可哀可樂之事 皆乘於不意 到於無心 故 人之應之也 最難中節 必其未發之時 秉心至平 執德至固 不失中正之體 然後猝 遇可喜可怒可哀可樂之事 其所以應之者 能發而中節 故曰中曰和 皆得爲位天地 育萬物之大德 … 若寂然不動 無思無慮 爲未發之光景 則少林面壁 方可以位天 地而育萬物 其有是乎《心經密驗》〈天命之謂性〉

33) 나종언羅從彦(1072~1135) : 자는 중소仲素, 호는 예장豫章. 북송 말, 남송 초의 유학자로 두 정자程子(程明道·程伊川 형제)의 학문을 동향의 후배 이연평李延平에게 전하여 주자에 이르렀다.

34) 延平曰 羅先生 令靜中看(喜怒哀樂)未發 作何氣象 案羅先生 深染禪學 有此言也 凡觀皆禪法《心經密驗》〈天命之謂性〉. * '(喜怒哀樂)'은 편자가 추가.

35) 매색梅賾(?~?) : 자는 중진仲眞. 동진東晉 초 여남인汝南人으로 예장 태수 豫章太守를 지냈다. 다산은 송대의 오역吳棫·주자朱子, 원대의 오징吳澄, 명대의 매작梅鷟, 청대의 염약거閻若璩 등의 여러 고증적 연구를 수용하여《고문상서古文尙書》25편이 매색의 위작임을 증명하였다.

16자에 대하여, 도심과 인심은 《도경道經》에 나오고 유일과 유정은 《순자荀子》에 나오므로 의의意義가 서로 연접連接되지 않는다고 지적하였다.36)

선생은 《논어》의 "증자가 말하였다. 스승님의 도는 충서忠恕일 뿐이라(曾子曰 夫子之道 忠恕而已矣, <里仁>)"에 대하여 충서를 충과 서의 두 가지 일로 보지 않고 충심행서忠心行恕, 즉 충실히 서恕를 행하는 것으로 보아서, "자기 마음을 다하는 것을 충이라 하고 자기 마음을 미루어 나가는 것을 서라 한다(盡己之謂忠 推己之謂恕)"는 종래의 해석을 그르게 여겼다. 공자의 이른바 "나의 도는 하나로 관통되어 있다(吾道一以貫之)"는 말은 서恕 한 가지 일을 가리킨 것이므로, 만일 충과 서의 두 가지 일이라면 이는 이이관지二以貫之지 일이관지一以貫之가 아니라는 것이다.37)

공자는 증자뿐만 아니라 "한마디 말로 평생토록 행할 만한 것이 있습니까?(一言而有可以終身行之者乎, <衛靈公>)"라는 자공子貢의 물음에 대해서도 역시 서恕를 말하였다. 서는 용서容恕의 뜻이 아니고 추서推恕의 뜻이니 《대학》의 '혈구絜矩'38)가 곧 이것이다. 서恕로써 아비를 섬기면 효이고 서로써 임금을 섬기면 충이며 서로써 인민

---

36) 其爲書則曰梅賾二十五篇僞也 … 道心人心 出道經 唯一唯精 出荀子 義不可相連也 <자찬묘지명>. * 자세한 것은 《梅氏書平》<大禹謨> 볼 것.

37) 盡己之謂忠 推己之謂恕 於今便成鐵鑄語 然從來爾雅說文三倉之家 無此訓詁 所謂忠恕者 不過曰實心以行恕耳 若盡己推己 必當兩下工夫 則是夫子之道 二以貫之 非一貫也《心經密驗》<仲弓問仁>

38) 絜矩之道. 법도를 헤아리는 도리. 여기에서는 추서推恕로서 자기의 마음을 미루어 보아 남의 마음을 헤아린다는 말.《대학장구》전傳 10장.

을 다스리면 자慈가 된다. 서恕 한 자는 육친六親과 오륜五倫, 경례經禮 삼백과 곡례曲禮 삼천에 모두 관통되어서, 그 말은 간단하나 그 뜻은 실로 요긴하고 원대하다 하였다.39)

그러면 서恕란 대체 어떠한 것인가? (소극적으로 말하면) "아들이 받고자 않는 것은 아비에게 베풀지 말고, 아우가 받고자 않는 것은 형에게 베풀지 말며, 신하가 받고자 않는 것은 임금에게 베풀지 말라. 이 반면에 아비와 형과 임금도 아들과 아우와 신하에게 또한 마찬가지니, 공자의 '자기가 바라지 않는 바는 남에게도 하지 말라(己所不欲 勿施於人)'40)는 말이 이를 단적으로 가리킨 것이다. 그러나 후세 유학자들은 '인人' 자를 소원하고 비천한 뭇사람으로 대충 보아서, 천륜의 골육 친족은 이 범위에서 제거하였기 때문에, 인仁을 구하는 방법인 서恕가 본래의 긴밀성과 효용성을 잃어버렸다. 동시에 한나라 이후의 역사와 전기는 모두 서恕를 용서容恕로만 보고 추서推恕로는 보지 못하였으니, 이는 옛 성인의 실천의 도가 어두워지는 요인 중의 하나였다"고 하였다.41)

---

39) 子貢問 一言而有可以終身行之者乎 子曰 其恕乎 (己所不欲 勿施於人) … 恕者 (所以處人倫) 在於推恕 而不在於容恕 卽絜矩之道 以恕事父則孝 以恕事君則忠 以恕牧民則慈 古之所謂一貫者 以一恕字 貫六親貫五倫貫經禮三百貫曲禮三千 其言約而博 其志要而遠. * 이것은《論語古今注》〈衛靈公·下〉,《大學公議》卷3 〈絜矩之道節〉과 〈一家仁節〉,《心經密驗》〈朱子尊德性齋銘〉을 참조하여 본문에 맞게 편자가 재구성함.

40) 공자가 '서恕'를 설명한 말로《논어》〈위령공衛靈公〉편에 나오는데, 〈안연顔淵〉편에도 '인仁'에 대한 답으로 실려 있다.

41) 恕者何也 不欲受於子者 勿施於父 不欲受於父者 勿施於子 不欲受於弟者 勿施於兄 不欲受於兄者 勿施於弟 不欲受於臣者 勿施於君 不欲受於君者 勿施於臣 … 經曰己所不欲 勿施於人 先儒瞥見此文 認人字太遠 看作衆人之疏賤者 不知人字密貼在天倫骨肉之親父子兄弟之間 故求仁之方 日以遠矣 自漢以來 史傳所言 皆以容恕爲恕 此先聖道晦之一案《心經密驗》〈仲弓問仁〉

선유先儒는 용서의 뜻을 익히 견문하고 서恕의 고식적姑息的 폐단을 염려하여 추기推己의 서恕 위에 진기盡己의 충忠을 덧붙여서 서恕의 오랜 폐단을 바로잡으려 하였으나, 이는 모두 서恕가 곧 진기盡己의 뜻인 것을 모른 까닭이다. 지금 사람은 충서忠恕 두 자를 충이수기忠以修己와 서이치인恕以治人으로 나누어서 보니, 더구나 착견천만錯見千萬이다.42)

이리하여 선생은 서恕를 위인爲仁의 유일한 방도로 보고 유교의 중요한 관건으로 인정하였다.

그러나 서恕의 목적, 즉 추구 대상인 인仁은 과연 어떤 것인가? 선생에 의하면 인仁은 글자 모양이 2인二人이니, 2인 즉 사람과 사람의 관계에서 본분을 다하는 것이 인仁이다. 예를 들면, 부·자가 2인인데 부에게 효성하는 것이 인이고, 형·제가 2인인데 형을 공경하는 것이 인이며, 군·신이 2인인데 군에게 충성하는 것이 인이다. 그 반대로 부·형·군이 자·제·신에게 자慈하고 우애하고 의義하는 것역시 인이다.43) 그러나 인을 하는 데는 서恕가 아니면 안 되므로 맹자는 "서恕를 힘써 행하면 인을 구함이 이보다 더 가까운 것이 없다(强恕而行 求仁莫近)"고 하였으니,44) 공맹이 서로 전한 지결旨訣 (중요한 취지)을 가히 알 수 있는 것이다.

---

42) 先儒習見此文 遂云推恕之弊 必至姑息 欲於推己之上 增置盡己一節 以圖補救 然恕之爲盡己也至矣 又何必需他德以補之哉 今人讀忠恕 皆欲忠以修己 恕以治人 大誤大誤 恕以修己 惟實心行恕者 謂之忠恕 (같은 곳)

43) 이 문장은 내용상 《실정》 p486에 따라 편자가 추가함.

44) 仁者二人也 事親孝爲仁 子與父二人也 事君忠爲仁 臣與君二人也 牧民慈爲仁 牧與民二人也 人與人盡其分 乃得爲仁 故曰强恕而行 求仁莫近焉 《孟子要義》 〈告子·上〉 仁人心也 義人路也章

위에도 언급한 바와 같이 선생은 인仁(義禮智도)을 넓은 의미와 좁은 의미 양 방면에서 모두 내재적인 이치로 보지 않고 행사行事 (실천)로 얻어지는 이름으로 보았을 뿐만 아니라 서恕의 '일관一貫' 도 어디까지나 실천적으로 보았다. 선생에 의하면 후인들은 일관 에 대한 해석은 실천적 의미가 없고 한갓 논리의 만족에 그쳤다. 그들의 '일관'이란 천지 음양의 조화와 초목금수의 생장을 어지럽 게 뒤섞어 번다하게 모은 것인데, 일리一理(하나의 이치)에서 비롯하 여 중간에 흩어져 만수萬殊 즉 천차만별이 되었다가 종말에는 다시 합해져서 일리一理가 된다는 것이다. 이는 노자의 "하늘은 하나를 얻어서 맑고 땅은 하나를 얻어서 편안하며 성인은 하나를 안고서 천하의 법식이 된다(天得一以淸 地得一以寧 聖人抱一 爲天下式)"45)는 말 과 불씨佛氏의 "만법은 하나로 돌아가는데 하나는 어디로 돌아가 는가? 하나는 마음이다(萬法歸一 一歸何處 一者心也)"46) 등의 말을 즐 겨 듣고 유도儒道의 협소함을 부끄러워한 까닭에, '일관'이라는 말 을 부연하여 노불老佛과 더불어 각축하려는 의도에서 나온 것에 불과하다고 하였다. 오초려吳草廬는 본뜻도 변별하지 못하고서 곧 바로 과탄誇誕하고 무실無實한 이야기라고 하였으니, 이 또한 잘못 이 아니겠는가?47)

---

45) 天得一以淸 地得一以寧(39장); 聖人抱一 爲天下式(22장)《도덕경》
46)《碧巖錄》卷5 45則.
47) 今之所謂一貫者 天地陰陽之化 草木禽獸之生 紛綸錯雜芸芸瀷瀷者 始於一理 中 散爲萬殊 末復合於一理也 老子曰天得一以淸 地得一以寧 聖人抱一 爲天下式 佛氏曰萬法歸一 一歸何處 今人樂聞此說 恥吾道狹小 於是強把一貫之句 以與老 佛猗角爲三 此儒門之大蔀也 草廬不辨本旨 徑以是爲夸誕無實之話 不亦謬乎《心 經密驗》〈朱子尊德性齋銘〉

맹자의 성론性論이 성선性善을 논하면서 이목구체耳目口體의 성까지 논하였으니, 송유가 잘못 평한 '성만 논하고 기氣는 논하지 않는 병폐'가 본래 없었다[48]고 선생은 분명히 변별하였다. 또 선생은 《중용》수절首節의 솔성率性·수도修道가 인성人性과 인도人道에 한하여 한 말이지, 주자의 주석처럼 인人과 물物을 겸하여 한 말은 아니라고 하였다.[49]

인물성人物性의 동이론同異論에 대하여 선생은 맹자의 "개의 성은 소의 성과 같고, 소의 성은 사람의 성과 같은가?(犬之性猶牛之性 牛之性猶人之性歟)"를 인용하여 이론異論을 주장하고 동론同論을 배척하였다. 선생에 의하면 "이 장章[50]에서 고자가 말한 바는 사람과 동물이 동일하게 얻은 기질의 성이고, 맹자가 말한 바는 사람만 홀로 가진 도의道義의 성이다. 사람이 음식·여색과 안일을 추구하는 지각과 운동은 금수와 조금도 다를 바 없다. 오직 도심道心은 무형무질無形無質하고 영명통혜靈明通慧한 것이 기질에 깃들어서 주재主宰하므로, 상고시대부터 벌써 인심도심설人心道心說이 있게 된 것이다. 인심은 기질이 발현된 것이고 도심은 도의가 발현된 것이다. 사람은 이 두 가지 마음을 아울러 가졌지만, 금수는 본래 받은 것이 기질의 성뿐이니 어찌 형질形質을 초월한 성이 있겠는가? 금수에 한해서는 기질의 성이 곧 그 본연이다."[51]

---

48) 曰孟子論性 竝及耳目口體 無論理不論氣之病也 <자찬묘지명>
49) 朱子 … (每以命性道教四者) 兼人物而言之 然所謂天命之性 是人性也 率性之
道 是人道也《中庸講義補》<天命之謂性節>
50) <告子曰生之謂性 犬牛人之性章>
51) 大抵人之所以知覺運動 趨於食色者 與禽獸毫無所異 惟其道心所發 無形無質
靈明通慧者 寓於氣質 以爲主宰 故粤自上古 已有人心道心之說 人心者氣質之所

그러나 "주자의 이른바 본연의 성은 생명을 부여받는 처음부터 그 이치가 본래 그러하다는 것이며 사람과 동물이 동일하게 얻었다"는 것이다. 그러나 선생에 의하면, "본연의 성은 사람과 동물이 원래 각각 같지 않다. 사람과 동물은 각각 천명을 받은지라 서로 옮겨 바꿀 수 없다. 예를 들면, 개나 소가 사람처럼 책을 읽고 이치를 궁구하거나 선을 즐기고 악을 부끄러워하는 것을 억지로 할 수 없다. 또한 사람이 개처럼 밤에 지키고 더러운 것을 먹거나 소처럼 무거운 짐을 지고 꼴을 먹는 것을 억지로 할 수 없다. 이는 형체가 달라서 서로 통할 수 없기 때문이 아니라, 그 타고난 이치가 원래 같지 않기 때문이다."[52]

선생은 계속하여 주자 이론의 모호한 점을 지적하였다.[53]

> 주자는 일찍이 "만물의 한 가지 근원을 논하면 이理는 같지만 기氣는 다르고, 만물의 상이한 형체를 보면 기는 오히려 근사하지만 이는 전혀 같지 않다"고 하였다. 사람과 동물을 막론하고 만물은 처음 태어날 때에 한 가지 원리, 즉 동일한 근원, 다시 말하면 천명을 부여받았다는 견지에서 이理가 같다고

發也 道心者道義之所發也 人則可有此二心 若禽獸者 本所受者氣質之性而已 除此一性之外 又安有超形之性 寓於其體乎 氣質之性 卽其本然也 然則孟子所言者道義之性也[人之所獨有] 告子所言者 氣質之性也[人物所同得]《孟子要義》<告子·上> 告子曰生之謂性犬牛人之性章

52) 朱子 … 此所謂本然之性 謂賦生之初 其理本然 此所謂人物同得也 然臣獨以爲本然之性 原各不同 人則樂善恥惡 修身向道 其本然也 犬則守夜吠盜 食穢蹤禽其本然也 牛則服軛任重 食芻齝觸 其本然也 各受天命 不能移易 牛不能強爲人之所爲 人不能強爲犬之所爲 非以其形體不同 不能相通也 乃其所賦之理 原自不同 (같은 곳)

53) 이 문장은 논리상《실정》p507에 따라 편자가 추가함.

하면 누가 불가하다고 하겠는가? 또 주자는 "이理는 대소도 귀천도 없고 다만 형기形氣에 바른 것[正]과 치우친 것[偏]이 있을 뿐이다. 바른 것을 얻은 자는 이理가 두루 갖추어지고, 치우친 것을 얻은 자는 이理가 막히고 가려짐이 있다"고 하고, 또 "본연의 성은 사람과 동물이 모두 같지만 기질의 성은 차이가 있다"고 하였다. 이는 성性의 품급品級이 같다는 말이지 다만 부여받은(선천적인) 근원만이 같다는 말이 아니다.54)

이것을 호락론湖洛論과 대조해 보면 선생은 낙론洛論55)을 부정하고 호론湖論56)에 접근하였으나, "금수는 기질의 성만을 품수하였다(부여받았다)"는 말과 '금수에게는 기질의 성이 곧 그 본연이다'는 말 등은 호론도 감히 논급하지 못한 바였다.

선생에 의하면, 사람의 선악은 실행 여하에 있지 기질의 청탁淸濁에 있지 않다. 왕망王莽·조조曹操는 대체로 기질이 맑았으나 악인이었고, 주발周勃·석분石奮은 기질이 대체로 탁하였으나 선인이었다. 뿐만 아니라 총명한 재주와 식견이 있는 인사는 흔히 윤리의

---

54) 朱子嘗曰論萬物一原則理同而氣異 觀萬物之異體則氣猶相近而理絶不同 節理同而氣異 … 鏞案萬物一原 悉稟天命 苟以是而謂之理同 則誰曰不可 但先正之言 每云理無大小 亦無貴賤 特以形氣有正有偏 得其正者理卽周備 得其偏者理有梏蔽 至云本然之性 人物皆同 而氣質之性 差有殊焉 斯則品級遂同 豈唯一原之謂哉 (같은 곳)

55) 조선 후기 성리학파 가운데 기호학파의 한 갈래. 권상하權尙夏의 제자 이간李柬(1677~1727)은 인물성 동론同論의 대표자인데, 그의 설을 지지한 이재李縡와 박필주朴弼周가 낙하洛下(서울)에 살았던 까닭에 낙론이라 하였다.

56) 권상하의 제자 한원진韓元震(1682~1751)은 인물성 이론異論의 대표자인데, 그를 지지한 윤봉구尹鳳九와 최징후崔徵厚가 호서湖西(충청도)에 살았던 까닭에 호론이라 하였다.

실천이 허술하지만, 소처럼 노둔한 여항의 백성은 효행이 돈독한 이가 많다. 맑은 목소리로 노래 잘하고 기묘한 동작으로 춤 잘 추며, 말주변 좋고 꾀 많으며 기민한 부인치고 음란하지 않은 이가 드물지만, 누런 머리에 까만 얼굴의 어리석고 비루한 부인은 흔히 열녀의 절개가 있다.57) 이리하여 선생은 실행 지상주의를 고조하여 대중의 실천적 수준을 높이려 하였다.

---

57) 鋪案人之善惡 不係氣稟之淸濁 周勃 石奮 氣質大抵濁 王莽 曹操 氣質大抵淸 商受有才力之稱 宋襄有渾厚之氣 豈必淸者爲賢 濁者爲惡 … 今閭巷卑微之民 椎魯如牛 而能成孝子之行者不可勝數 婦人淸歌妙舞 辯慧機警者 鮮不爲淫 而黃首黑面 �腵愁陋劣者 多辦烈女之節 (같은 곳, 公都子曰告子曰性無善無不善章)

15. 음양陰陽·오행五行·귀신鬼神

선생은 음양·오행에 대하여 전통적 견해를 좇지 않았다.

음양의 이름은 햇빛이 비치거나 가리는 데서 비롯된 것이므로 명·암의 두 상象만 있고 체질(몸체와 질료)은 없으니 어찌 만물의 부모가 될 수 있으랴. 그러나 남·북극의 사이에 천하만국이 동이나 서에 위치하여 해가 뜨고 지는 시각이 만 가지로 다르나, 그것이 얻는 음과 양의 수는 만국이 조금도 다르지 않다. 그 결과 낮과 밤, 추위와 더위가 얻는 시각도 또한 모두 고루 알맞으므로 성인이 《주역》을 지을 때에 음양의 대대對待(대립·의존)를 천도天道와 역도易道로 삼았을 뿐이고, 음양에 만물의 부모가 될 만한 체질이 있다는 뜻은 아니다. 선철先哲이 가볍고 맑은 것을 양이라 하고, 무겁고 탁한 것을 음이라 한 것도 원래 빌린 이름(부호)이지 본실本實(체질)은 아니다.

음양도 만물의 부모가 못 되거늘 하물며 오행이랴. 크게 보면 천지天地·수화水火·토석土石·일월日月·성신星辰도 오히려 만물과 동렬에 있거늘 금金과 목木이 어찌 만물의 어머니가 되겠는가? 이제 주자의 "하늘이 음양오행으로 만물을 화생化生하였다"는 말을 구체적으로 고쳐서 "하늘이 음양·수화水火·동철銅鐵·송백松栢으로 만물을 화생하였다"고 해도 과연 합리적일 수 있겠는가? 초목금수는 하늘로부터 화생하는 처음에 생생生生의 이치를 부여받아 종種으로 종을 전하여 각기 성명性命을 보전할 따름이지만, 인간은 영명靈明을 부여받아 만물 가운데 빼어나다. 그런데 송유는 건순·오상健順五常의 덕을 사람과 만물이 함께 타고나서 본래 등급이 없다고 하였으니, 상천上天의 생물의 이치가 어찌 이러하랴?1)

위에 이미 논술한 바와 같이 인의예지는 행사行事에서 생겨난 이름이지 마음속에 있는 이치를 가리킨 것은 아니다. 우리 마음의 영명이 인의예지를 할 수 있는 이치(가능성)을 갖추었지만, 상천上天

---

1) 陰陽之名 起於日光之照掩 … 本無體質 只有明闇 原不可以爲萬物之父母 特以北自北極 南至南極 天下萬國 或東或西 其日出入時刻 有萬不同 而其所得陰陽之數 萬國皆同 毫髮不殊 以之爲晝夜 以之爲寒暑 其所得時刻 亦皆均適 故聖人作易 以陰陽對待 爲天道爲易道而已 陰陽曷嘗有體質哉 … 先哲於此 又以輕淸者爲陽 重濁者爲陰 原是借名 非其本實 … 上天下天 水火上石 日月星辰 猶在萬物之列 況可以銅鐵草木 進之爲萬物之母乎 今試書之曰天以陰陽水火銅鐵松栢化生萬物 其說自覺難通 分言之而遠於理者 雖混言之 豈得合理乎 況草木禽獸 天於化生之初 賦以生生之理 以種傳種 各全性命而已 人則不然 天下萬民 各於胚胎之初 賦此靈明 超越萬類 享用萬物 今乃云健順五常之德 人物同得 孰主孰奴 都無等級 豈上天生物之理 本自如此乎《中庸講義補》〈天命之謂性節〉

이 벌써 인의예지의 네 알맹이를 인성 속에 넣어 준 것은 아니다. 사람도 이러하거늘 하물며 오상五常의 덕, 즉 인의예지신의 행사를 어찌 초목금수가 함께 부여받았으랴? 인성과 물성을 동일시하는 인물동성론人物同性論은 요컨대 불교의 영향이요 유교의 본 취지는 아니다.2)

이뿐만 아니라 인예仁禮를 건健에, 의지義智를 순順에 분배하거나 오상을 오행에 분배하는 것은 다 선생이 취하지 않은 바였다.3)

대개 오행 부정론은 서양 사상의 영향이므로 당시 박지원의 《열하일기》와 정동유鄭東愈의 《주영편晝永編》 등에 모두 논급되었으나, 특히 선생은 분명하고 조리 있게 말하였다.

선생은 귀신을 기氣로도 보지 않고 이理로도 보지 않았다.

우리는 기질氣質이 있으나 귀신은 기질이 없다. 《주역》에 이른바 "음양을 헤아릴 수 없는 것을 신이라 한다(陰陽不測之謂神)"고 하고, 또한 "한 번 음이 되고 한 번 양이 되는 것을 도라고 한다(一陰一陽之謂道)"고 하니,4) 이는 모두 시괘蓍卦 강유剛柔의 뜻이지, 귀신과 천도天道를 말한 것은 아니다. 어찌 음양을 귀신이라 하겠는가? 귀신은 이기理氣로 말할 수 없는 것이다. 천지의 귀신이 밝게 늘어서 있는데 지극히 높고 지극히

---

2) 仁義禮智之名 本起於吾人行事 竝非在心之玄理 人之受天 只此靈明 可仁可義可禮可智則有之矣 若云上天以仁義禮智四顆 賦之於人性之中 則非其實矣 人猶然矣 況云五常之德 物亦同得乎 佛氏謂人物同性 … 而其與洙泗之舊論 或相牴牾者 不敢盡從 (같은 곳)
3) 仁義禮知 分配健順 朱子云仁禮健而義智順 亦不必然 (같은 곳)
4) 《주역》〈계사상전繫辭上傳〉 5장.

큰 것은 상제上帝뿐이다. 문왕文王의 "조심하고 공경함(小心翼翼)"과《중용》의 "경계하고 삼가며 두려워함(戒愼恐懼)"은 다 상제를 섬기는 학문이다. 그러나 지금 사람은 천天을 이理로, 상제를 이理의 존칭으로만 알고, 신이 있는지 없는지 의심하여 아득한 곳에 신을 내버렸다. 그러므로 인군人君(임금)의 외경하는 공부와 학자의 신독愼獨의 뜻이 모두 성실하지 못하게 된 것이다. 무릇 어두운 방에 홀로 있는 사람이 비록 하지 못하는 일이 없더라도 끝내 발각되지 않는다면 누가 공연히 두려워하랴. 일식과 월식으로 군상君上(임금)을 권면하고 경계하는 것을 재이災異라 하지만, 조금도 틀림없이 시각을 미리 안다면 어찌 이런 이치가 있으랴. 밝고 지혜로운 학문은 참으로 믿고 깊이 경계함이 있으리라.5)

이리하여 선생은 귀신을 송유의 이른바 "이기二氣의 양능良能이다(張子)", "천지의 공용功用이고 조화의 자취다(程子)"6)고 한 범신론적 또는 범리론적 영역으로부터 구출하여 기氣도 아니고 이理도 아닌, 신비적이고 불가지적인 범주에 올려놓고 동시에 신앙적 대상 설정이 가장 필요하다고 역설하였다. 따라서《중용》한 책을 사천

---

5) 吾人有氣質 鬼神無氣質 … 大抵鬼神 非理非氣 … 易曰陰陽不測之謂神 又曰一陰一陽之謂道 此皆著卦剛柔之義 豈所以說鬼神 豈所以言天道乎 … 豈遂以陰陽爲鬼神乎 鬼神不可以理氣言也 臣謂天地鬼神 昭布森列 而其至尊至大者 上帝是已 文王小心翼翼 昭事上帝 中庸之戒愼恐懼 豈非昭事之學乎 今人於此 疑之於有無之間 置之於杳茫之地 故人主敬畏之工 學者愼獨之義 皆歸於不誠 夫暗室獨處 雖使無所不爲 畢竟無所發覺 其將徒然畏怯乎 … 或以日月之食 勉戒於君上 夫名曰災異 而預知時刻 不差毫髮 是有理乎 苟有睿智之學 其果眞信而深戒之乎《中庸講義補》〈鬼神之爲德節〉
6) 程子曰鬼神 天地之功用而造化之跡 張子曰鬼神者 二氣之良能 (같은 곳)

事天 사상으로 수미일관한 성전聖典으로 간주하였다. 이는 선생이 분명히 서교의 자극과 더욱이 서교 주창자인 광암 이벽의 설교적 감화에서 일찍이 얻은 바였다.

16. 치양지致良知·이발기발理發氣發

　선생의 학적 안목은 당시 유사儒士들에 비하여 대단히 소통하였
다. 윤리적 실천과 사천事天의 경건敬虔을 학문의 요지로 한 선생
은 노불老佛의 허정·공탕虛靜空蕩은 좋아하지 않았으나, 불설佛說의
진망·유무眞妄有無의 상相은 유가의 본연·기질의 구별과 같다는 점
을 일찍이 말하였다.[1] 주·육朱陸 양파에 대해서도 역시 입주출노
入主出奴[2]의 속폐俗弊를 벗어났었다. 선생은 <둘째형 손암巽菴에게
답하는 편지(答仲氏)>에, "주자는 경사經師요 육상산陸象山[3]은 선사
禪師이니, 경사는 우禹·직稷·묵적墨翟에 가깝고 선사는 안회顔回·양주

---

1) 佛法雖詭誕 其所說眞妄有無之相 則吾儒本然氣質之辨也 <爲騎魚僧慈弘贈言>
2) 入者主之 出者奴之. 들어오면(찬동하면) 주인처럼 떠받들고 나가면(반대하면)
　　노비처럼 내친다는 뜻으로, 학술에 있어 자기편의 주장만 높이고 상대편의 의
　　견을 매도한다는 말. 한유韓愈의 <원도原道>에 나온다.
3) '상산'은 남송의 유학자 육구연陸九淵(1139~1192)의 호. 그는 주자의 성즉리
　　性卽理설과 대립되는 심즉리心卽理설을 주장하였는데, 명대에 이르러 양명학
　　으로 발전되었다.

楊朱에 가깝다"[4]고 하였다.

선생은 왕양명王陽明의 치양지설致良知說에 대하여 어떠한 논평을
하였던가? 선생은 양지良知를 치致할 수 없는 것을 글의 뜻에서부
터 변파辨破하였다.

양良은 자연의 뜻이고, 치致는 오지 않는 물건을 무슨 방법으로
오도록 하는 것이다. 양지는 맹자의 이른바 "아이들은 모두 어버
이를 사랑할 줄 안다(孩提之童 莫不知愛其親)"는 말이니, 이것이 어찌
의식적으로 하는 일이겠는가? 양良이면 치致할 수 없고 치致하면
양良이 아니다. 그러나 선생은 치양지致良知의 불합리를 지적한 반
면에, 왕양명의 고상한 문장과 통달한 식견, 그리고 선을 즐기고
용기를 좋아한 성품 등은 부인하지 않았다.[5]

그리고 선생은 "무릇 한 구절의 말을 종지宗旨로 삼는 것은 모두
성학聖學과 다른 이단異端이다. 예를 들면, 존덕성尊德性은 성인의
말이지만, 육상산이 이 세 자를 종지로 삼으매, 그 폐단은 정신을
희롱하고 돈오頓悟를 위주로 하여 이단이 되고 말았다. 왕양명의
양지학良知學도 또한 이와 마찬가지라"고 하였다.[6]

선생은 조선 유학계의 수백 년 송안訟案인 퇴계退溪·율곡栗谷의
이기론理氣論에 대하여 당쟁의 폐습을 초탈하고 공평한 판단을 내

---

4) 朱子經師也 陸象山禪師也 經師近於禹稷墨翟 禪師近於顏回楊朱 〈答仲氏〉
5) 良者自然之意也 … 夫所謂致者 何謂也 彼不自來 而我爲之設法以來之曰致也 吾
不可自得 而求彼以相助 使之至曰致也 … 孟子曰孩提之童 莫不知愛其親者 其
良知也 … 余故曰良則不致 致則非良 … 獨恨夫以陽明之高文達識 … 陽明之性
樂善好勇 〈致良知辨〉. * 편자가 본문에 맞게 순서를 재구성함.
6) 凡立一句語爲宗旨者 其學皆異端也 … 尊德性君子之學也 聖人嘗言之矣 陸氏立
尊德性三字爲宗旨 則其敝爲弄精神頓悟而成異端矣 良知之學 何以異是 〈致良
知辨〉

리려 하였다. 선생에 의하면, 퇴계의 "사단四端은 이리가 발하고 기氣가 이理를 따르며, 칠정七情은 기가 발하고 이가 기를 탄다(四端理發而氣隨之 七情氣發而理乘之)"란 말은 오로지 우리 인간의 심상心上에 나아가 논한 것이니, 이른바 이理는 바로 본연지성本然之性이고 도심道心이고 천리지공天理之公이며, 이른바 기氣는 바로 기질지성氣質之性이고 인심人心이고 인욕지사人欲之私이다. 그러나 율곡의 "사단칠정은 모두 기가 발하고 이가 기를 탄다(四端七情 皆氣發而理乘之)"란 말은 태극 이래의 이기理氣를 총괄적으로 논한 것이다. 이를테면 천하 만물이 발하기 전에는 비록 이理가 먼저 있으나, 그것이 발할 때에는 기氣가 반드시 먼저 하는 것이니, 우리 인간의 심중心中의 사단칠정도 또한 이 공례公例에서 벗어나지 못하므로 모두 기발이승氣發理乘이라고 한 것이다. 그러면 율곡은 이기理氣 관계에 대한 일반적 원칙을 논한 것이고, 퇴계는 치심治心·양성養性의 필요로써 심상心上의 이기 관계를 특정적으로 논한 것이니, 두 분의 논한 바가 각각 관점을 달리했을 뿐이지, 이쪽은 옳고 저쪽은 그르다고 할 수 없는 것이다.7)

그러나 퇴계론에 의하더라도 사단은 반드시 이발理發만이 아니니, 어느 때 어느 사람에 있어서는 측은惻隱·수오羞惡가 사욕에 끌

---

7) 退溪曰四端理發而氣隨之 七情氣發而理乘之 … 蓋退溪專就人心上八字打開 其云理者是本然之性 是道心 是天理之公 其云氣者是氣質之性 是人心 是人欲之私 … 栗谷曰四端七情 皆氣發而理乘之 … 栗谷總執太極以來理氣而公論之 謂凡天下之物 未發之前 雖先有理 方其發也 氣必先之 雖四端七情 亦唯以公例例之 … 退溪用力於治心養性之功 故分言其理發氣發 (退溪之言 較密較細 栗谷之言 較闊較簡) 然其所主意而指謂之者各異 卽二子何嘗有一非耶 … 求之有要 曰專曰總 <理發氣發辨1>; 밑줄 부분은 <理發氣發辨2>

리고 천리天理의 공公에 어그러지는 수가 있다. 또 칠정도 반드시 기발氣發만이 아니니, 이도 경우에 따라 희로애락이 형기形氣의 사私에 국한되지 않고 본연지성의 직접 발용發用이 될 수 있다. 어쨌든 사단과 칠정은 모두 우리 마음이 발하는 것이지, 마음속에 이理와 기氣의 두 구멍이 있어서 각각 발하여 나오는 것은 아니다.8)

선생은 이와 같이 퇴·율 양시론退栗兩是論을 주장하였으나, 율곡의 간명하고 통활通豁한 견해를 퇴계의 복잡하고 우회적인 논법보다 은연중 높이 평가하였다. 선생은 23세 경의진사經義進士9)로 태학에서 정조가 친히 발문發問한《중용강의中庸講義》80여 조를 답론할 적에 광암 이벽은 퇴설退說을 주장하고 선생은 율설栗說에 우연히 합치하였는데, 정조는 선생의 논지를 대단히 칭찬 인정하여 제1에 두었다고 한다.

---

8) 四端由吾心 七情由吾心 非其心有理氣二竇而各出之使去也 <理發氣發辨2>
9) '경의진사'는 오류. 본서 p205 각주 18 볼 것.

17. 균등주의의 왕정론王政論

선생의 〈원정原政〉 한 편을 보면 선생의 왕정에 대한 시각을 짐작할 수 있다. 계급을 막론하고 '균시민均是民'[1]이란 것이 왕정의 지도적 정신이라고 반복 설명하였다.

〈원정〉의 중요 항목을 보면 이러하다.

첫째로, 빈부 차등의 발생은 그 원천이 토지의 겸병과 이탈에 있으므로 토지 균분을 왕정의 제1책으로 할 것. 둘째로, 교통을 편리하게 하고 도량형을 균일하게 하여 물화를 유통시켜 지방 생산력의 차별을 완화할 것. 그다음은, 강약을 균평히 할 것,[2] 근로를 균평히 할 것, 붕당을 제거하고 공도公道를 널리 펴서 어진 이와 어리석은 이를 엄히 구별할 것, 수리水利 사업을 일으켜 장마와 가뭄을

---

1) 똑같은 이 백성. 인민을 고르고 옳게 함. 〈원정原政〉 원문에는 '균오민均吾民(똑같은 우리 백성)'이라고 나온다.
2) '강자를 누르고 약자를 도와 정치적 권리를 균등히 할 것'을 말한다.

조절할 것, 기타 임정林政·축정畜政·엽정獵政·광정鑛政·의정醫政을 완전히 갖출 것을 열거하였다.

여기서 주목할 것은 선생이 왕정의 역점을 민생의 균등주의에 둔 점이다. 그러나 의료 기관의 필요는 열거하면서 교육 기관의 필요는 언급하지 않았다. 물론 이 <원정>은 정政의 정신을 원론原論한 것이지, 정政의 항목을 조목조목 다 열거하려는 것은 아니었다. 어쨌든 열거한 항목 중에 교육 균등이 빠졌고, 또 정치의 구체적 강목을 논술한 《경세유표》에도 국민개직國民皆職·국민개병國民皆兵 등의 주장은 있지만, 국민개교國民皆敎는 논급하지 않았다. 이는 선생의 정치사상이 종래의 교화敎化, 또는 덕화주의德化主義에 여전히 치중하였고, 근대 교육주의에는 아직 도달하지 못했다는 사실을 증명하는 것이다.

선생은 최대 명저인 《경세유표》에, 오늘날 국가에 가장 시급한 문제는 전정田政이라고 하였다. 선생은 강진 유배 중 실지 조사에 입각하여 전정이 극도로 문란한 것을 통탄하였다. 당시 강진은 누락된 전결田結이 제일 적다는데도 불구하고 전안田案에 등록된 전지가 6천여 결이고, 누락된 전지가 거의 2천 결이나 되었다. 나주羅州는 누락된 결수가 전안에 등록된 결수보다 도리어 많으니, 기타 주군州郡은 이로써 추단할 수 있었다. 몇 결만 특별히 골라내서 누락된 결이라고 하면 그 폐해가 심하지 않을 터인데, 지금은 그렇지 않아서 한 고을의 전지를 통틀어서 부유한 민호의 전지를 누락된 결로 하여, 이른바 방결防結이란 명목으로 탐학한 관원과 간활한 아전이 돈과 쌀을 사사로이 거둔다. 또한 하천이 되었거나 모래가 덮인 것, 예전부터 묵었거나 근래에 묵혀진 것 따위와 떠돌이·

비렁뱅이·홀아비·과부·고아·독거노인·병약자·장애인 등이 가진 것을 골라내서 전안의 결수를 채우니, 박탈의 폐악弊惡과 양민의 고사苦死는 참으로 말할 수 없어 족히 천지의 화기和氣를 손상할 바였다. 이리하여 선생은 이렇게 악화된 세정稅政을 바로잡고 민중생활의 안정을 도모하려면 먼저 공전법公田法을 시행하지 않으면 안 된다고 주장하였다.3)

선생의 신정新政 이론에 의하면, 옛날에는 밭[旱田]뿐이었는데 지금은 논[水田]이 많으며, 또 아방我邦의 지세는 산림이 많고 들판이 적으니 정전井田은 할 수 없으나, 정전의 형식을 버리고 정전의 내용만 취하면 문제는 해결된다고 한다. 전지 10결마다 1결은 공전公田으로 정하고 부근의 9결은 사전私田으로 두어서, 사전 9결을 경작하는 농부 몇 명은 공전 1결을 공동 경작하여 공전 수확은 왕세王稅(국세)로 바치고 사전 9결에는 부賦도 세稅도 없이 수확 전부를 사유하게 하니, 이것이 바로 정전의 유법遺法인 동시에 십일세十一稅의 이상적 정책이다. 그리고 경전사經田司를 특설하여 이 공전과 균세에 관한 정무를 관장하여 다스리게 하려던 것이다.4)

---

3) 今日國家最急者 卽田政也 臣久處田間 目見田政之紊亂 誠欲流涕者屢矣 康津一縣 其漏結最稱薄小 而原田六千餘結 漏田殆二千結 … 羅州則漏結多於原結 天下其有是乎 雖然 別取幾結 名之曰漏結 則其害未甚 今也不然 通執一縣之田 擇其豪民饒戶之納稅無慮者 執之爲漏結 私徵錢米 謂之防結 縣吏邸吏 乘時射利 於是取成川覆沙舊陳今陳之類 及流離丐乞 鰥寡孤獨 疲癃殘疾 剝膚椎髓 無可奈何之類 以允原結之數 … 傷天地之和氣 … 以治公田之法 不可緩也《經世遺表》卷1〈地官戶曹2·經田司〉

4) 但古唯旱田 今多水田 又我邦地勢 山林多而原濕少 井田誠不可爲也 然有一法焉 無井田之形 而有井田之實 不亦善乎 每田十結 以其一結爲公田 以附近九結 爲私田 令九結佃夫 同治公田一結 以當王稅 其私田九結 不稅不賦 悉入其家 則於是乎井田也 臣謂亟立一官 名之曰經田司 以治公田之法 不可緩也 (같은 곳)

18. 경제 정책의 몇 예

그러나 앞에서 말한 공전납세론公田納稅論은 당시 왕권과 민심에 비춰 보아 이것을 실현할 수 있는 정도에서 입론한 것이니, 종래 오활한 여러 유학자들의 정전론井田論·균전론均田論·한전론限田論 등 과는 그 취지가 다르다.

이것을 실현하는 정책은 어떠하냐 하면, 먼저 양전관量田官을 파 견하여 전지의 숨긴 것과 누락된 것[隱漏], 묵은 것과 거친 것[陳荒] 을 상세히 조사하여 원적原籍에 편입한 다음에 공부公府와 군문軍 門 및 제도諸道의 봉류전封留錢, 다시 말하면 관공 저장금으로 원가 를 주고 사전 일부를 사들여서 공전을 만든다. 예를 들면 원장原帳 400결에는 40결, 500결에는 50결씩을 사들여서 국가가 직접 관 리한다. 즉 십일세법과 정전 유제遺制의 합작품이다.[1] 그러나 이는

---

[1] 於是先遣經田御史 暗行出沒 差官量田 覈其隱漏 查其陳荒 以此有餘 補彼不足 又以其餘 編于原籍 於是盡出公府軍門及諸道封留之錢 買取私田 以爲公田 原帳

여전히 균세제도지 균전제도는 아니다. 이는 바로 선생이 일찍이 "천하의 전지를 다 빼앗아서 농부에게 나눠주면 옛 법이고, 그럴 수 없다면 천하의 전지를 다 계산하여 잠시 9분의 1을 받아서 공전으로 만드는 것도 옛 법의 반은 된다"[2]고 한 말과 같은 뜻이다.

그러면 이는 토지 몰수론, 토지 국유론의 사회 개혁 정책과는 성질이 조금 다르고, 일종의 사회 개량적 정책이다.

선생에 의하면, 농부는 옛날에 9직職 중의 하나로 농부만 전지를 받는 것(農者受田)이 원칙이고, 나머지는 각각 맡은 직으로 생활하였다. 그러나 왕망王莽의 정전과 후위後魏 이후의 균전은 농부이거나 농부가 아니거나를 막론하고 8부1정八夫一井[3]과 구분전口分田[4]을 일률적으로 시여施與하였으므로 놀고먹는 사람은 증식하고 정전의 본 취지는 몰각되어 버렸다.[5]

그리고 병농합일론자인 선생은 둔전양병屯田養兵의 목적으로서 왕경王京의 동서남 3교三郊의 전지를 전부 관전官錢으로 사들여 3영三營에 직속시킬 것을 주장하였다.

<호남 제읍의 전부佃夫가 조세 바치는 풍속을 엄금하기를 청하려던 차자(擬嚴禁湖南諸邑佃夫輸租之俗箚子)>에 의하면, 당시 호남의 옛 풍속이 왕조王租(지세地稅)와 종자는 전부佃夫(소작인)가 모두 부담하

四百結則買四十結 原帳五百結則買五十結 什一之法 於是乎建立 斯獨非井田乎 (같은 곳)

2) 盡天下而奪之田 以頒農夫則古法也 如不能然 盡天下而算其田 姑取九分之一 以作公田 亦古法之半也 《經世遺表》卷6 <地官修制·田制5>
3) 부부가 8명이면 전지 1정을 받은 법.
4) 인구를 계산하여 분배하는 전지.
5) 先王以九職任萬民 九職農居一焉 唯農者受田 所謂天子之祿田 … 王莽之法 毋論農與不農 凡八夫者受田一井 旣非先王之法 (같은 곳)

는데 선생은 이것을 전주田主(지주)가 물지 않으면 안 된다고 하였다. 차자劄子에 이렇게 말하였다.

> 이제 호남의 인민을 계산하여 보면 대략 100호 중에 남에게 토지를 주고서 소작료를 거두는 지주는 5호에 불과하고, 자기 토지를 자기가 경작하는 자작농은 25호이며, 남의 토지를 경작하고 세를 바치는 소작인은 70호나 됩니다. 지금 만약 그 옛 풍속을 고쳐 다른 도들과 같게 한다면 70호는 모두 뛰면서 손뼉을 치며 좋아하고, 25호는 즐겁지도 괴롭지도 않겠지만, 인도人道는 가득 참을 싫어하여 무릇 부자를 꺼리고 가난한 자를 구휼하는 것이니 역시 즐거움 속에 있으며, 원망하여 즐거워하지 않는 자는 5인에 불과할 뿐입니다. 5인이 원망하는 것을 두려워하여, 95인이 뛰면서 손뼉을 치며 좋아할 정사를 감히 실행하지 못한다면, 누가 왕자王者는 조화의 권한을 쥐었다고 하겠습니까?6)

선생의 사회 정책에 대한 관심이 얼마나 심절深切하고 현실적인가를 이 일례에서 볼 수 있는 것이다.

곡산 부사谷山府使 시절의 〈성지聖旨에 부응하여 농정農政을 논하는 소(應旨論農政疏)〉는 편농便農·후농厚農·상농上農 등 세 조항으로

---

6) 今計湖南之民 大約百戶 則授人田而收其租者 不過五戶 其自耕其田者 二十有五 其耕人田而輸之租者七十 今若改其舊俗 令同諸路 則是七十者皆踊躍抃舞矣 其二十有五 雖甘苦不干 然人道惡盈 大抵忌富而恤貧 亦在樂中 其悵然不樂者 不過五人耳 畏五人之悵然 不敢爲九十五人踊躍抃舞之政 孰謂王者操化權哉 〈擬嚴禁湖南諸邑佃夫輸租之俗劄子〉;《실정》pp608~9, p631 참조.

구성되어 있다. 제1조 편농은 집약 농법, 농구 개량, 잠박蠶泊·잠실蠶室의 개량, 관개灌漑·양수揚水·방보防洑 등 여러 법과 부전제浮田制[7]를 논하였다. 제2조 후농은 환자법還上法[8]의 폐해와 부업 및 다각 농법의 필요성을 말하였다. 또한, 역서曆書에 연신방위年神方位·금기·미신을 기재하는 것을 폐지하고, 그 대신 종곡種穀·축산하는 여러 방법을 시일에 알맞게 기입하여 한 부의 농서農書를 만들 것, 소나무 남벌을 금지할 것, 뽕나무를 심은 공적으로 수령을 고과考課할 것, 토질 품질의 적당 여부를 시험할 것, 도량형度量衡을 똑같이 할 것, 담배를 함부로 심지 말 것 등을 논하였다. 제3조 상농 즉 존농尊農조는 농사를 천시하는 폐습을 개혁할 것, 과거제를 엄히 세워 유식민遊食民을 도태 또는 귀농하게 할 것, 채금업採金業은 관이 운영하여 통제할 것, 양역법良役法(양민 병역법)을 변경할 것, 이농을 방지할 것 등등을 논하였다.

선생의 경제 정책에 대하여 그 개요나마 소개하려면 너무나 지루하려니와 이 한 편만 보아도 근대 정통파 경제학의 선구인 중농학重農學 일파와 유사한 사상을 가끔 발견할 수 있다.

---

7) 배나 떼배 위에 채소밭을 만드는 법.
8) '還上'는 이두식으로 '환자'라고 읽으며, 환자還子·환곡還穀이라고도 한다.

19. 경세經世 제책諸策의 개관

《경세유표》는 당시 정치 기관의 결함을 보충하고 제도 운용의 폐악을 개혁하기 위한 이상적인 저서인데, 그중 반드시 요구되어 "바꿀 수 없다(不可易)"고 스스로 인정한 몇 개의 안건을 제목만이라도 소개하면 다음과 같다. (《경세유표》서문 참조—원주)1)

---

1) ① 唯限官於一百二十 使六曹 各領二十 斯不可易也
   ② 定官於九品 無正從之別 唯一品二品 乃有正從 斯不可易也
   ③ 以戶曹爲教官 以六部爲六鄉以存鄉三物 教萬民之面目 斯不可易也
   ④ 嚴考績之法 詳考績之條 以復唐虞之舊 斯不可易也
   ⑤ 革三館三薦之法 使新進勿分貴賤 斯不可易也
   ⑥ 守陵之官 勿爲初任 以塞僥倖之門 斯不可易也
   ⑦ 合大小科以爲一 取及第三十六人 三年大比 罷增廣庭試節製之法 使取人有限 斯不可易也
   ⑧ 文科武科 其額相同 使登科者悉得補官 斯不可易也
   ⑨ 於田十結 取一結以爲公田 使農夫助而不稅 斯不可易也
   ⑩ 罷軍布之法 修九賦之制 使民役大均 斯不可易也
   ⑪ 立屯田之法 使京城數十里之內 皆作三軍之田 以衛王都 以減經費 使邑城數里之內 皆作牙兵之田 以護郡縣 斯不可易也
   ⑫ 定社倉之限 立常平之法 以杜奸濫 斯不可易也

(1) 정부의 관사官司는 총계 120으로 한정하고 6조六曹로 하여금 각각 20 관서씩 나누어 맡도록 할 것.

(2) 관품官品은 9품九品으로 정하되 정正과 종從의 구별이 없고 1품과 2품만 정과 종이 있도록 할 것.

(3) 호조戶曹는 교관敎官2)을 겸임하고, 현재 왕도王都의 5부五部를 《주례周禮》의 6향六鄕을 본떠서 6부六部로 개정하고 "향3물3)을 두어 만민을 가르친다(鄕三物 敎萬民)"는 고대의 면목을 보유할 것.

(4) 고적법考績法을 엄격히 세워 그 조목을 상세히 규정하여, 관官의 대소大小를 막론하고 모두 고적함으로써 당우唐虞(요순)의 옛 제도를 회복할 것.

(5) 3관三館과 3천三薦의 법4)을 개혁하여 신진에게 문벌의 귀천을 가리지 말 것.

---

⑬ 鑄中錢大錢 鑄銀錢金錢 辨九圜之等 以塞走燕之路 斯不可易也

⑭ 定鄕吏之額 禁世襲之法 以杜其奸猾 斯不可易也

⑮ 開利用之監 議北學之法 以圖其富國强兵 斯不可易也《經世遺表》卷1 〈引〉

2) 주나라 때 인민과 토지를 맡은 관아.《실정》p549에는 '교육'이라고 쉽게 풀이되어 있다.

3) 주나라 향학鄕學의 세 가지 교육 과정. ① 6덕六德 : 지知·인仁·성聖·의義·충忠·화和, ② 6행六行 : 효孝·우友·목睦·인媚·임任·휼恤, ③ 6예六藝 : 예禮·악樂·사射·어御·서書·수數.《周禮》〈地官·大司徒〉

4) 문3관文三館·무3천武三薦의 규제. 이조 중앙정부 내 승문원承文院·성균관成均館·교서관校書館 3관의 상박사上博士 이하 박사들이 회의에서 문과 급제자들을 3관에 배정 취직케 하는 것을 분관分館이라고 명칭하였는데, 이것이 속칭 3관법이다. 무관에 있어서는 선전관宣傳官·수문장守門將·부장部將이 무과 급제자들을 각기 추천 취직케 하는 것을 3천이라고 하였다. 이들이 인재를 본위로 하지 않고 문벌 위주로 분관·추천하므로 다산은 이 규례를 폐지할 것을 주장하였다.《실정》p550 각주 참조.

(6) 수릉관守陵官5)은 처음 벼슬하는 자에게 맡기지 말아서 요행으로 등용되는 길을 막을 것.

(7) 대과大科와 소과小科를 합쳐서 하나로 만들고 급제자는 36명만 뽑되, 3년 대비大比6) 이외에 경과慶科·알성과謁聖科·별시別試·정시庭試 따위는 전부 폐지할 것.

(8) 문과와 무과는 정원을 서로 같게 하고, 과거 급제자는 반드시 빠짐없이 관직에 보임할 것.

(9) 전지 10결에 1결을 취하여 공전公田으로 만들고 농부들로 하여금 '조이불세助而不稅'7)하게 할 것.

(10) 현행 군포의 법을 철폐하고 9부九賦8)의 제도를 수행修行하여 민역民役을 크게 고르게 할 것.

(11) 둔전법屯田法을 제정하여 군량을 절약하고 훈련을 편리하게 하되, 경성京城 수십 리 안, 즉 동서남 3교三郊의 전지를 사들여 모두 3영三營의 군전軍田으로 만들어서 왕도王都를 호위하게 하고, 읍성邑城 몇 리 안의 전지도 또한 사들여 모두 지방 군영의 전지로 만들어서 군현郡縣을 수호하게 할 것.

---

5) 왕실의 능陵·원園·묘墓를 수호하던 관리.
6) 과거. 比는 비교, 즉 시험의 뜻.
7) 공전公田에 조력助力만 하고 사전私田에는 납세하지 않는 것.
8) 9종의 부세賦稅.《주례》천관총재天官冢宰 태재太宰에 "9종의 부세로 재화를 거두었으니, ① 국중의 부세[邦中之賦], ② 국도에서 백리까지의 4교郊의 부세[四郊之賦], ③ 국도 밖 100리에서 200리까지의 6수遂의 부세[邦甸之賦], ④ 국도에서 200리 밖에서 300리까지의 공읍公邑과 채읍采邑의 부세[家削之賦], ⑤ 국도 300리 밖에서 400리까지의 부세[邦縣之賦], ⑥ 국도 400리에서 500리까지의 부세[邦都之賦], ⑦ 관시關市의 부세[關市之賦], ⑧ 산림山林·천택川澤의 부세[山澤之賦], ⑨ 공용公用에 쓰고 남은 재부財賦[幣餘之賦]다"고 하였다.《經世遺表》卷10〈地官修制·賦貢制1·九賦論〉참조.

(12) 사창(社倉[9])의 한도와 상평(常平[10])의 법을 정하여 탐관오리의 농간과 남용을 막을 것.

(13) 중전(中錢)과 대전(大錢), 금전과 은전을 주조하여 금은이 연경으로 빠져나가는 것을 방지할 것.

(14) 향리(鄕吏)의 정원을 제한하고 세습하는 법을 금지하여 그 간사·교활함을 막을 것.

(15) 이용감(利用監[11])을 개설하고 북학(北學)의 법을 의정(議定)하여 기예의 신제(新制)를 수입함으로써 부국강병을 도모할 것.

이상 여러 안건 중 제9조는 위에도 말한바 공전균세론(公田均稅論)이다. 즉 사전 10결에 1결만을 (국가가) 사들여 9결 전부(田夫)로 하여금 그것을 공동 경작하게 하여 그 수확은 왕세(王稅)(국세)로 상납하고 9결 사전에는 세를 받지 않으니, 이것이 이른바 '조이불세(助而不稅)'라는 것이다. 선생의 경세론(經世論) 가운데 가장 중요한 기본 정책이었다.

제3조의 호조(戶曹) 겸 교론(敎論)은 당시인의 눈에 참신해 보인 좋은 안건이다. 선생에 의하면 옛날의 대사도(大司徒)는 그 직직(職)이 교인(敎人)을 전임하였으니 이른바 '향3물 교만민(鄕三物 敎萬民)'이 이것이었는데, 후세에는 호부(戶部)가 재부(財賦)를 전임하여 취렴(聚斂)을 직능

---

9) 조선시대 각 지방 군현의 촌락에 설치된 곡물 대여 기관. 최익한,《조선사회정책사》, 박문출판사, 1947, pp88~101 볼 것.

10) 물가를 조절하는 제도. 상평창(常平倉)을 설치하여 곡물·면포 따위가 흔할 때 비싸게 사들이고, 귀할 때 싸게 팔아서 그 시세를 조절하였다.

11) 다산은 이용후생(利用厚生)을 위해 공조에 이용감을 신설하여 "오로지 북학을 직분으로 하자(專以北學爲職)"고 하였다.《經世遺表》卷2 〈冬官工曹·利用監〉

職能으로 하므로 정부에 비록 백관이 별같이 벌여 있으되 교인教人의 직직職과 6향六鄉의 3물三物은 한 사람도 맡지 않게 되어 윤상倫常과 풍속이 모두 퇴패頹敗하지 않을 수 없었다. 비록 한문제漢文帝와 당태종唐太宗의 치적으로도 마침내 3대에 비스름하지 못한 것은 오로지 이 까닭이란 것이다.

교화教化의 성패를 그 교화를 운용하는 기관인 정치적 조직 여하에 추인推因한 것은 확실히 선생의 경세가적 탁견이었다. 그러나 선생의 고증에 의하면 이른바 6향은 왕도 안, 즉 왕궁 좌우의 6향이며, 이른바 만민은 전 국민이 아니라 6향 내의 사족仕族 신민臣民을 가리킨다. 따라서 이른바 교만민教萬民이 노예 천민까지 포함한 것은 아니다. 사도司徒의 교教는 그 덕행德行과 도예道藝를 주장主掌하였으니 도예道藝를 어찌 노예 천민까지가 배울 수 있겠는가? 윗자리에 있는 자는 오직 효우목인孝友睦姻으로 백성을 다스리고 이끌어 갈 것이요, 상·서·학·교庠序學校12)에 전야田野의 천민으로 하여금 한곳에 섞여서 있게 할 수는 없는 것이다. 도외都外의 농민(직접 밭갈이하는 자)은 오직 농사에 힘쓰는 것으로 본업을 삼아 각기 항산恒産을 가지고 사심邪心을 일으키지 않도록 하며, 도예道藝와 덕행德行은 거론할 바가 아니다. 이것이 선왕先王의 치법治法이다. 이리하여 선생은 "밖으로 군현郡縣에까지 교육 기관을 특별히 설치하여 인사人士를 취택하는" 것은 선왕의 법이 아니고 고금을 참작한 권의權宜의 정정政이라 하여13) 국민개교國民皆教를 철저히 주장

---

12) 중국 고대 교육 기관의 명칭. 하夏나라 때는 '교校'라 하였고, 은殷나라 때는 '서序'라 하였으며, 주周나라 때는 '상庠'이라 하였는데, '학學'은 삼대三代에 다 같이 있었다. 《맹자》〈등문공滕文公·상〉

하지 못하였으니, 이는 봉건시대 치자 계급의 전통적 시야를 아직
완전히 벗어 버리지 못한 것이다.

---

13) 六鄕在王城之內 王宮左右六鄕 … 所謂教萬民者 非謂氓隷之賤 悉皆教之也 國
子之外 雖仕宦之族 皆謂之萬民也 司徒之教 必考其德行道藝 道藝 豈氓隷之所
能學哉 … 孝友睦婣 唯其在上者 導之率之 而庠序學校 不令田野之氓 混然雜處
唯以力農 爲其本業 各有恒產 不起邪心 … 德行道藝 不復擧論 … 外達郡縣 亦
皆設教以取士 此非先王之法 唯酌古今而爲權宜之政也《經世遺表》卷13,〈地官
修制·教民之法〉. * 六鄕在王城之內 王宮左右六鄕은〈자찬묘지명〉'補遺'에서
추가하고, 德行道藝 不復擧論은 본문에 맞게 순서를 바꿈.

20. 벌급閥級 벽파闢破 사상[1]

　선생은 당시 관제官制에 대하여 대간臺諫(사헌부·사간원)의 특설을 폐지하고 언로를 공개할 것, 관각館閣(홍문관·예문관·규장각)의 별설別設을 폐지하고 문학과 사명詞命에 관한 방법을 일반 조신朝臣에게 보급할 것, 청환淸宦(청직)을 폐지하여 국가의 관직을 몇몇 변화한 문벌의 장식품으로부터 구출할 것 등을 주장하였다.[2] 이는 모두 당시의 폐단에 적중한 경세가의 달견이었다.

　〈서얼론庶孼論〉에서 서얼의 무리한, 고질적인 병폐를 지적하여 진술하고, 소통의 정당성을 주장하였다. 〈통색의通塞議〉에서는 계급·지방의 차별과 인재 황폐의 망국적 비운을 통절히 논하면서 소통의 방법을 제시하여, 인재 울흥蔚興에 의한 국력 왕성을 강조하였다.

---

1) 문벌門閥과 계급階級의 타파 사상.
2) 〈직관론職官論〉 1·2를 볼 것.

<통색의>에 인재가 막혀 있는 현상을 이렇게 개탄하였다.

인재는 원래 얻기 어려운 것이니 한 나라의 영재를 죄다 뽑더라도 오히려 부족할 터인데, 하물며 열에 여덟아홉을 버림이랴! 한 나라의 백성을 죄다 배양하더라도 오히려 흥성하지 못할 터인데, 하물며 열에 여덟아홉을 버림이랴! 소민小民을 버리고, 중인(아국我國3)의 의醫·역譯·율律·역曆·서書·화畵·산수算數를 맡은 관원이 중인이다—원주)을 버리고, 평안도와 함경도 사람을 버리고, 황해도·개성·강화 사람을 버리고, 강원도·전라도 사람의 반을 버리고, 북인北人과 남인南人은 버리지 않았으나 버린 것과 다름없으며, 버리지 않은 것은 오직 벌열 수십 가문뿐이나, 그중에 사변으로 인하여 버림받은 자도 또한 많다. 일체 버림받은 족속은 모두 자포자기하여 문학·정사政事·전곡錢穀·갑병甲兵 등의 일에 마음 쓰기를 즐겨 하지 않고 다만 노래 부르며 비분강개하고, 술 마시며 스스로 방종하므로 인재가 드디어 일어나지 않는다. 사람들은 인재가 일어나지 않는 원인은 보지 않고 그 결과만 보고는 "저들은 버려야 마땅하다"고 한다. 아, 이것이 어찌 하늘의 뜻이랴!4)

---

3) 당시 일제강점기에는 '아국我國'이란 말이 조선을 가리킬 경우 검열 대상이 되었으나, 이것은 과거 다산의 기록이므로 예외적이라 볼 수 있을 듯하다.
4) 人才之難得也久矣 盡一國之精英而拔擢之 猶懼不足 況棄其八九哉 盡一國之生靈而培養之 猶懼不興 況廢其八九哉 小民其棄者也 中人其棄者也[我國醫譯律歷書畫算數者爲中人] 西關北關 其棄者也 海西松京沁都 其棄者也 關東湖南之半 其棄者也 … 北人南人 其不棄而猶棄者也 其不棄之者 唯閥閱數十家已矣 而其中因事見棄者亦多 凡一切見棄之族 皆自廢不肯留意於文學政事錢穀甲兵之間 唯悲歌慷慨飮酒而自放也 故人才亦遂不興 人見其不興也 曰彼固當棄也 嗟乎 豈其

강진 유배 시절의 명작인 <대주對酒>5) 몇 편 중에 한 편은 아래
와 같다.

山嶽鍾英華　산악이 인걸을 내는데

本不揀氏族　본디 씨족을 가리지 않는다.

未必一道氣　한 줄기 정기가 반드시

常抵崔盧腹　최씨와 노씨6)의 뱃속에만 이를쏘냐.

寶鼎貴顚趾　보배로운 솥은 솥발을 귀히 여기며

芳蘭生幽谷　향기로운 난은 그윽한 골짝에서 나네.

魏公起叱嗟　한위공韓魏公7)은 비첩의 소생이요

希文河葛育　범희문范希文8)은 개가녀의 아들이라.

仲深出瓊海　중심仲深9)은 경애瓊厓에서 났어도

才猷拔流俗　재질은 오히려 속류에 빼어났거늘

如何賢路隘　어찌하여 벼슬길 그리 좁아서

萬夫受局促　수많은 사내들 움츠려만 드느냐.

天哉 <通塞議>

5) 원제는 <여름날 술을 마시며(夏日對酒)>. 갑자년(1804) 여름에 지은 장편 고시
　로 본문에 인용된 것은 제5수.《실정》pp560~568;《정선》pp307~312 번역
　참조.

6) 최씨와 노씨는 중국 남조南朝의 귀족들.

7) 위공은 송나라의 유명한 재상인 한기韓琦(1008~1075)의 봉호. 그의 어머니는
　청주靑州의 비첩婢妾이었다.

8) 희문은 송나라의 유명한 재상인 범중엄范仲淹(989~1052)의 자字. 그는 어릴
　때에 개가한 어머니를 따라가서 의붓아버지의 성을 썼다가 나중에 한림翰林이
　된 뒤에 임금에게 글을 올려 본 성으로 고쳤다.

9) 중심은 명나라의 유명한 유학자인 구준丘濬(1420~1495)의 자. 그의 호는 경산
　瓊山으로 광동 경애瓊厓에서 태어났다.

唯收第一骨　제일골第一骨만이 날개를 펼치고
餘骨同隷僕　나머지 뼈들은 모두 종놈과 같구나.10)

西北常摧眉　서북 사람들은 늘 눈살을 찌푸리며
庶孼多痛哭　서얼들은 죄다 통곡을 한다.
落落數十家　단 한 줌도 못 되는 수십 집만이
世世呑國祿　대대로 국록을 도맡아 먹는구나.
就中析邦朋　그중에도 그들은 패를 나누어
殺伐互翻覆　서로 죽이려고 엎치락뒤치락
弱肉强之食　약한 놈의 고기를 강한 놈이 먹으니
豪門餘五六　겨우 대여섯 호족만 남았을 뿐이라
以玆爲卿相　이들로 삼정승 육판서 삼고
以玆爲岳牧　이들로 감사와 목사를 삼고
以玆司喉舌　이들로 승지承旨도 삼고
以玆寄耳目　이들로 대간臺諫도 삼고
以玆爲庶官　이들로 모든 관리를 삼고
以玆監庶獄　이들로 모든 옥사獄事를 보게 하네.

遐甿産一兒　시골 백성이 아들 하나 낳았는데
俊邁停鸑鷟　준수하고 호매하기 난새와 같더니
兒生八九歲　그 아이 자라서 팔구 세 되자
氣志如秋竹　의지와 기상이 가을 댓결 같더라.

---

10) 신라 신대에 귀족을 제일골이라 하였다고 《당서唐書》에 나온다(新羅貴族曰
第一骨 見唐書)—원주

長跪問家翁 공손히 꿇어앉아 아버님께 여쭈옵길

兒今九經讀 저는 지금 구경九經을 통독하오며

經術冠千人 경술經術이 천 사람 가운데 으뜸이오니

倘入弘文錄 홍문관弘文館 벼슬을 하올소니까?

翁云汝族卑 아비 왈, 너는 지체가 낮으니

不令資啓沃 임금의 학문을 도울 수 없나니라.

兒今挽五石 그러면 저는 큰 활을 잘 쓰오며

習戎如郤縠 군사술에 아주 능숙하오니

庶爲五營帥 아마도 5영문五營門 장수되어

馬前樹旗纛 말 앞에 군기軍旗를 세워 보오리다.

翁云汝族卑 아비 왈, 너는 지체가 낮으니

不許乘笠轂 장수의 수레를 탈 수 없나니라.

兒今學吏事 그러면 저는 수령 노릇 배워서

上可龔黃續 위로는 공수龔遂와 황패黃霸[11])를 이으리니

應須佩郡符 응당 고을의 인끈을 허리에 차옵고

終身厭粱肉 종신토록 고량진미에 묻히오리다.

翁云汝族卑 아비 왈, 너는 지체가 낮으니

不管循與酷 명관도 탐관도 할 줄이 없나니라.

兒乃勃發怒 그 아이 그만 노발대발하며

投書毀弓韣 책도 던지고 활집도 깨뜨려 버렸다.

摴蒲與江牌 저포摴蒲(쌍륙)와 강패江牌(골패)

馬弔將蹴鞠 마조馬弔(투전)와 축국蹴鞠(죽방울 차기)

---

11) 공수龔遂와 황패黃霸는 한나라의 현명한 수령.

荒嬉不成材　주색에 빠져 인재가 되지 못하고
老悖沈鄕曲　늙도록 촌구석에 파묻혀 버리더라.

豪門産一兒　호족 집안에 아들 하나 낳았는데
桀驁如驥騄　거칠고 사납기 천리마와 같더니
兒生八九歲　그 아이 자라서 팔구 세 되자
粲粲被姣服　예쁘장한 옷치레 찬란도 하더라.
客云汝勿憂　손님 왈, 너는 걱정하지 말지어다
汝家天所福　너의 집은 하늘이 복을 내렸나니
汝爵天所定　너의 벼슬도 하늘이 정해 주어서
淸要唯所欲　청관 요직淸官要職 마음대로 되리라.
不須枉勞苦　구태여 꿇어앉고 잠 못 자며
績文如課督　만 권 서적 읽어 무엇하랴?
時來自好官　때 되면 좋은 벼슬 저절로 오리니
札翰斯爲足　편지 한 장 쓰면 그만 아닌가?
兒乃躍然喜　그 아이 그만 깡충깡충 좋아라며
不復窺書簏　다시는 서책은 떠들어 보지도 않고
馬弔將江牌　투전과 골패
象棋與雙陸　장기와 쌍륙
荒嬉不成材　주색에 빠져 인재가 되지 못하건만
節次躋金玉　금관자·옥관자12) 차례로 오르더라.
繩墨未曾施　먹줄이란 한 번도 못 맞아 보았는데

---

12) 망건에 다는 고리의 일종으로 높은 벼슬의 상징.

寧爲大厦木　어찌 크나큰 집의 재목이 될쏘냐?

兩兒俱自暴　이 아이 저 아이 모두 자포자기라
舉世無賢淑　세상에는 어진 인재 없구나.
深念焦肺肝　깊이 생각하매 간장이 타노니
且飮杯中醣　또 술이나 한 잔 마시련다.

21. 사회·정치철학의 기조

선생의 사회관과 국가관, 즉 사회철학과 정치철학의 기조가 될 만한 것은 무엇보다 <원목原牧>과 <탕론湯論> 두 편을 들 수밖에 없다. 목牧은 좁은 의미로는 목민관牧民官, 즉 주군州郡의 수령을 이르는 것이고, 넓은 의미로는 치자治者 계급 전반을 가리킬 수 있는 것인데, 이 <원목>의 목牧은 좁은 의미를 취재取材하여 넓은 의미의 범위까지 지시한 것이다. <원목>의 본문에 의하면,

목민관이 인민을 위해서 있는가, 인민이 목민관을 위해서 생겨났는가? 인민이 곡물과 옷감을 내서 목민관을 섬기고, 인민이 수레와 말과 하인들을 내서 목민관을 떠나보내거나 맞아들이며, 인민이 기름과 피와 진액과 골수를 다 짜내서 목민관을 살찌우고 있으니, 인민이 목민관을 위해서 생겨났는가? 결코 그렇지 않다. 목민관이 인민을 위해서 있는 것이다.[1]

고 첫머리를 시작하여 봉건 제도의 필연적 산물인 관권 신성官權神聖과 관주민노官主民奴의 사상을 먼저 부정하고, 다음에

아주 먼 옛날에는 인민들뿐이었는데, 어찌 목민관이 있었겠는가? 인민들이 옹기종기(于于然 : 무지자득無知自得한 모양) 모여 살면서 한 사람이 이웃과 다투어도 해결이 되지 않자 공평한 말을 잘하는 장로長老를 찾아가 해결을 보니, 사방의 이웃이 감복하여 그를 함께 추존하고는 이정里正이라 이름하였다. 또 몇 마을의 인민들이 그 마을에서 해결 못한 다툼거리를 가지고 준수하고 식견이 많은 장로를 찾아가 해결을 보니, 몇 마을이 감복하여 그를 함께 추존하고는 당정黨正이라 이름하였다. 또 몇 당黨의 인민들이 그 당에서 해결 못한 다툼거리를 가지고 어질고 덕 있는 장로를 찾아가 해결을 보니, 몇 당이 감복하여 그를 주장州長이라 이름하였다. 또 몇 주장들이 한 사람을 추대하여 어른으로 삼고는 그를 국군國君이라 이름하였고, 몇 국군들이 한 사람을 추대하여 어른으로 삼고는 그를 방백方伯이라 이름하였으며, 사방의 방백들이 한 사람을 추대하여 우두머리로 삼고는 그를 황왕皇王이라 이름하였다. 황왕의 근본은 이정에서 비롯되었으니 목민관은 인민을 위해서 있었던 것이다.2)

---

1) 牧爲民有乎 民爲牧生乎 民出粟米麻絲 以事其牧 民出輿馬騶從 以送迎其牧 民竭其膏血津髓 以肥其牧 民爲牧生乎 曰否否 牧爲民有也 <原牧>;《실정》p570, p590;《정선》p399, p701 볼 것.

2) 邃古之初 民而已 豈有牧哉 民于于然聚居 有一夫與鄰閧莫之決 有叟焉善爲公言 就而正之 四鄰咸服 推而共尊之 名曰里正 於是數里之民 以其里閧莫之決 有叟

고 하여 목牧, 즉 치자 계급의 발생과 성립의 과정을 추론하였다. 다시 말하면 목牧의 기원은 어짊과 덕에 있고 인민의 선정과 추대에 있으며, 목牧과 민民의 관계는 원칙적으로 민본民本·민주民主라는 것이다. 그다음에 이렇게 계속 말하였다.

그 당시에 이정은 인민이 바라는 대로 법을 만들어 당정에게 올렸고, 당정도 인민이 바라는 대로 법을 만들어 주장에게 올렸고, 주장도 그것을 국군에게 올렸고, 국군도 그것을 황왕에게 올렸었다. 그러므로 그 법은 모두 인민에게 편리하였다.3)

이는 국가의 대권大權인 입법은 그 기준이 민의民意에 있고, 또 법의 제정 순서는 역시 목牧의 형성 과정처럼 위에서 아래로 내려오는 것이 아니라 아래에서 위로 올라가는 것이었다. 그다음에 문득 다음과 같이 말하였다.

후세에는 한 사람이 나서서 스스로 황제가 되어 자기 아들이나 동생 그리고 시어복종侍御僕從까지 모두 제후로 봉封하고, 제후는 자기 사인私人들을 골라 주장州長으로 삼으며, 주장은 자기 사인들을 추천하여 당정과 이정으로 삼았다. 그래서 황

焉俊而多識 就而正之 數里咸服 推而共尊之 名曰黨正 數黨之民 以其黨閧莫之決 有叟焉賢而有德 就而正之 數黨咸服 名之曰州長 於是數州之長 推一人以爲長 名之曰國君 數國之君 推一人以爲長 名之曰方伯 四方之伯 推一人以爲宗 名之曰皇王 皇王之本 起於里正 牧爲民有也 (같은 글)
3) 當是時 里正從民望而制之法 上之黨正 黨正從民望而制之法 上之州長 州上之國君 國君上之皇王 故其法皆便民 (같은 글)

제는 자기 욕심대로 법을 만들어서 제후에게 주고, 제후는 자기 욕심대로 법을 만들어서 주장에게 주고, 주장은 그것을 당정에게 주고, 당정은 그것을 이정에게 주었다. 그러므로 그법이란 모두 군주를 높이고 인민을 낮추며, 아래에서 긁어다가 위에 붙여 주는 격이라, 한결같이 인민이 목민관을 위해서 생겨난 것처럼 보인다.4)

이는 민의와 민권을 떠나 개인 권력에 입각한 후세의 치자 계급의 구성 과정은 필연적으로 전자와는 완전히 역순서가 되는 동시에, 권력의 이기적 규정인 법은 또한 관주민노官主民奴의 제도로 되지 않을 수 없다는 것이다. 선생은 민권과 반대되는 왕권의 잔악성을 다음과 같이 폭로하였다.5)

지금의 수령은 옛날의 제후이다. 그의 궁실宮室과 여마輿馬, 의복과 음식, 그리고 좌우의 편폐便嬖·시어복종侍御僕從들은 국군國君에 견줄 만한 규모이며, 그의 권능權能은 사람을 경사롭게 하기에 충분하고 그의 형위刑威는 사람을 겁주기에 충분하다. 그리하여 거만하게 스스로 높고 태연히 스스로 즐겨서 자기가 목민관임을 잊어버렸다.

한 사람이 다투다가 해결하려고 찾아가면 이내 찡그리며 "어

---

4) 後世一人自立爲皇帝 封其子若弟及其侍御僕從之人 以爲諸侯 諸侯簡其私人以爲州長 州長薦其私人以爲黨正里正 於是皇帝循己欲而制之法 以授諸侯 諸侯循己欲而制之法 以授州長 州長授之黨正 黨正授之里正 故其法皆尊主而卑民 刻下而附上 壹似乎民爲牧生也 (같은 글)

5) 이 문장은 논리상 《실정》 p572에 따라 편자가 추가함.

인 소란인고?" 하고, 한 사람이 굶어 죽으면 "네 스스로 죽었을 따름이라"고 하며, 곡식이나 옷감을 내서 섬기지 않으면 매질이나 몽둥이질을 하여 피를 보고서야 그칠 뿐만 아니라, 날마다 돈꿰미나 세고 책력에 협주夾注·도을塗乙6)처럼 세세히 기록하여 돈과 베를 거두어들여서 논밭과 집을 장만하고, 권문귀족이나 재상에게 뇌물을 보내 뒷날의 이익을 꾀한다. 그러므로 "인민이 목민관을 위해서 생겨났다(民爲牧生)"고 하지만, 어찌 이치에 맞겠는가? 목민관이 인민을 위해서 있는 것이다.7)

이렇게 좁은 의미의 목牧인 수령의 지위를 고정考定하고, 그들의 현행 작폐를 들어서 민民과 목牧의 원칙적 관계를 반증하며, "목민관이 인민을 위해서 있다(牧爲民有)"고 결론을 내렸으니, 그 본뜻은 넓은 의미의 목牧인 치자 계급 전체에 대한 논평이다. <원목>이 선생의 정치철학에 있어서 최대 원론임을 독자는 충분히 인식하지 않으면 안 될 것이다.

그러나 선생은 당시에 있어서 넓은 의미의 목도牧道를 다시 세우려는 것이 본래의 이상이었다. 이는 사회 전반에 대한 개혁이므

---

6) 협주는 본문보다 작은 글자로 끼워 넣은 풀이 글을 말하고, 도을은 문장에서 필요 없는 글자를 지우고 빠진 글자를 채워 넣는 일을 말한다.

7) 今之守令 古之諸侯也 其宮室輿馬之奉 衣服飲食之供 左右便嬖侍御僕從之人 擬於國君 其權能足以慶人 其刑威足以怵人 於是傲然自尊 夷然自樂 忘其爲牧也 有一夫閧而就正 則已蹴然曰何爲是紛紛也 有一夫餓而死 曰汝自死耳 有不出粟米麻絲以事之 則撻之棓之 見其流血而後止焉 日取筭緡 曆記夾注塗乙 課其錢布 以營田宅 賂遺權貴宰相 以徼後利 故曰民爲牧生 豈理也哉 牧爲民有也 (같은 글)

로 실현하기가 용이하지 않으나, 제2차적으로 좁은 의미의 목도牧
道나마 목민관이 일정하게 좋은 뜻과 계책으로 성심껏 실행하면
불가능할 바는 아니다. 이것이 《목민심서》를 저술 완성하지 않을
수 없는 이유였다. 〈자찬묘지명〉에 이른바

> 고금을 망라하여 찾아내고 간위奸僞를 파헤쳐서 목민관에게
> 주노니, 부디 바라건대 한 백성이라도 그 혜택을 입었으면 하
> 는 것이 나의 마음이다.8)

고 한 것이 바로 이것을 이름이다. 그러면 《경세유표》를 넓은 의
미의 목도牧道에 대한 응급적 대책이라 하면, 《목민심서》는 좁은
의미의 목도에 대한 응급적 대책이라 할 수 있다.

〈원목〉 한 편의 이론은 너무나 간단한, 극히 윤곽적인 개념만을
발표한 것이고, 사회와 국가의 형성 및 변화 과정에 대하여 법칙의
설명이 학적 체계를 정비하지 못하였을 뿐만 아니라 사회 법칙이
입각하고 있는 물질적 생산 방법의 발전과 씨족 사회의 사회적 출
발에는 눈빛이 조금도 미치지 못하였다. 그러나 당시 사회에 있어
서는 실로 천고의 달관인 동시에 위대한 사회관과 국가관의 창설
이었다.

최초 사회의 관민官民 관계에 대한 원칙적 추론은 그 취지가 장
자크 루소의 사회 계약설과 비스름하다. 그러나 〈원목〉의 첫머리
에 이른바 "아주 먼 옛날 (……) 인민들은 옹기종기 모여 살았다"

---

8) 搜羅古今 剔發奸僞 以授民牧 庶幾一民有被其澤者 鏞之心也 〈자찬묘지명〉

고 하여 어느 정도의 집단적 생활을 정치 사회의 전 단계에 두었으니, 개인을 출발점으로 한 18세기 개인주의의 국가관과 사회관에 비하여 확실히 한 걸음 진실에 다가선 귀중한 견해였다.

그리고 "후세에는 한 사람이 스스로 나서서 황제가 되어 (……) 자기 욕심대로 법을 만들었다"고 운운한 것은, 원시 사회 공동체의 해산으로 인하여 민주주의적인 합의제가 붕괴되고 지배 계급의 폭력적 독재 정치9)가 출현하게 된 것을 서술한 현대 사회학과 유사한 외관을 갖고 있으며, 루소의 사회계약설 중에 최초 사회로부터 강자의 권리 및 노예의 발생을 논술한 바와 루소의 별편別篇인 《인간 불평등 기원론》과도 일맥상통한 것은 가릴 수 없는 중대한 사실이다.

선생이 탄생한 영조 38년 임오는, 바로 루소가 프랑스의 봉건 전제와 왕권 신수론에 대항하여 사회 계약설을 발표하던 서기 1762년이었다. 실로 우연하게 들어맞은 것이 아니었다. 그러나 당시 동서 문물의 교통 현상은, 선생으로 하여금 그의 영향을 직접 받지 못하게 한 것도 분명한 사실이었을 터이다.10)

---

9) 원문에는 '支配的 클라쓰의 暴力的 오토크라씨'로 되어 있는데, 영어를 쓴 것은 아마 당시 검열을 의식한 듯하다. 편자가 《실정》 p575에 따라 위와 같이 바꾸었다.

10) 최초 사회의 ~ 사실이었을 터이다 : 안재홍安在鴻의 〈현대사상의 선구자로서 다산 선생의 지위〉(《신조선》 12호, 1935)에서 인용 수정한 부분이다. 당시 루소는 흔히 몽테스키외와 병칭되었는데, 일찍이 김윤식金允植의 〈연암집 서燕巖集序〉(1902)와 이건방李建芳의 〈방례초본 서邦禮艸本序〉(1908)에도 보인다. 최익한은 본서 22장에서는 다산을 벤담·케네와도 비교하고 있다. 나아가 《실학파와 정다산》에서는 루소·벤담·케네는 물론 몽테스키외·볼테르·디드로에 이어 맑스·엥겔스 등까지 더 심화된 연구로 개관하였다.

<원목>의 자매편이라 할 수 있는 <탕론>은 주로 중국의 역성 혁명의 사실을 빌려서 민권 사상을 입증한 것이다. <탕론>에 의하면, 신민臣民으로서 군주를 정벌한 것은 은殷나라 탕湯[11]이 창시한 것이 아니다. 헌원씨軒轅氏는 무력을 사용하여 염제炎帝[12]와 판천阪泉 들판에서 세 번 싸워 이기고 그를 대신하였으니, 만일 신민으로서 군주를 정벌한 것을 죄로 규정한다면 탕湯보다 황제黃帝(헌원씨)가 악의 우두머리가 될 것이다.[13] 다음에 말하기를,

무릇 천자天子는 어떻게 해서 있게 되었는가? 하늘에서 비처럼 내려와서 천자가 되었는가? 그렇잖으면 땅에서 샘처럼 솟아나 천자가 되었는가? 5가家가 1린鄰이고 5가에서 장長으로 추대한 사람이 인장鄰長이 된다. 5린鄰이 1리里이고 5린에서 장으로 추대한 사람이 이장里長이 된다. 5비鄙[14]가 1현縣이고 5비에서 장으로 추대한 사람이 현장縣長이 된다. 여러 현장들이 공동 추대한 사람이 제후가 되고, 제후들이 공동 추대한 사람이 천자가 된다. 천자란 군중이 추대하여 이루어진 것이다. 무릇 군중이 추대하여 이루어지니, 또한 군중이 추대하지 않으면 이루어지지 않는다. 그러므로 5가가 합의하지 않으면 5

---

11) 최익한은 '은탕殷湯' 또는 '탕湯'이란 말을 쓰고 '탕왕湯王'이란 말을 쓰지 않으므로 편자도 그에 따랐다.
12) 신농씨神農氏의 별칭.
13) 湯放桀可乎 臣伐君而可乎 (曰古之道也) 非湯刱爲之也 … 軒轅習用干戈 … 以與炎帝戰于阪泉之野 三戰而得志 以代神農 則是臣伐君 而黃帝爲之 將臣伐君而罪之 黃帝爲首惡 《湯論》
14) 4리里가 1찬酇, 5찬이 1비鄙이다. 즉 1비는 20리(500가)가 된다. 《周禮》

가가 의논하여 인장을 바꾸고, 5린이 합의하지 않으면 25가
가 의논하여 이장을 바꾸며, 9후九侯와 8백八伯이 합의하지 않
으면 9후와 8백이 의논하여 천자를 바꾼다. 9후와 8백이 천자
를 바꾸는 것은 5가가 인장을 바꾸고 25가가 이장을 바꾸는
것과 같은데, 누가 감히 신하가 임금을 쳤다고 하겠는가?15)

라고 하였다. 이는 <원목>에 말한바 "황왕皇王의 근본은 이정里正
에서 비롯되었다"는 원칙을 다른 말로써 설명한 동시에 민주적
합의의 대권大權을 가장 명쾌하게 제시하였다.

선생은 그다음에 계속해 이르기를 "또 바꿈에 있어서도 천자
가 될 수 없게 할 뿐이지 강등하여 제후로 복귀하는 것은 허용하
였다"고 하여, 그 예로 당후唐侯가 된 단주丹朱, 우후虞侯가 된 상균
商均, 하후夏侯가 된 기자杞子, 은후殷侯가 된 송공宋公을 열거하고,
"강등되어 제후로 복귀하는 것"을 허락하지 않은 것은 진秦나라
가 주周나라를 멸망시킨 뒤부터 시작되어 "진나라도 단절되어 제
후가 되지 못했고 한漢나라도 단절되어 제후가 되지 못했다"고 하
였다.16)

---

15) 夫天子何爲而有也 將天雨天子而立之乎 抑涌出地爲天子乎 五家爲鄰 推長於
   五者爲鄰長 五鄰爲里 推長於五者爲里長 五鄙爲縣 推長於五者爲縣長 諸縣長之
   所共推者爲諸侯 諸侯之所共推者爲天子 天子者 衆推之而成者也 夫衆推之而成
   亦衆不推之而不成 故五家不協 五家議之 改鄰長 五鄰不協 二十五家議之 改里
   長 九侯八伯不協 九侯八伯議之 改天子 九侯八伯之改天子 猶五家之改鄰長 二
   十五家之改里長 誰肯曰臣伐君哉 (같은 글); 《실정》 p583, p592; 《정선》 pp
   469~470, p725 참조.
16) 又其改之也 使不得爲天子而已 降而復于諸侯則許之 故唐侯曰朱 虞侯曰商均
   夏侯曰杞子 殷侯曰宋公 其絶之而不侯之 自秦于周始也 於是秦絶不侯 漢絶不侯
   (같은 글)

선생에 의하면, 중의衆議(군중의 합의)에 따라 지존의 자리에 오른 사람이 덕망을 잃고 다시 제후의 자리로 강등되어 복귀하는 것은, 마치 무사舞師17)가 무중舞衆18)에 의해 오르내리는 것과 조금도 다름이 없다. 무중 64명 중에서 유능한 사람을 1명 뽑아 '우보羽葆19)'를 잡게 하고 맨 앞에 서서 춤을 지휘하게 한다. 그가 만일 절차에 맞게 지휘하지 못하면 무중은 곧 그를 무사의 자리에서 끌어내려 무중의 자리에 도로 세우고 다시 다른 유능한 사람을 무중 중에서 가려내어 무사의 자리에 올린다. 끌어내리는 것도 군중이요 올려 세우는 것도 군중이니, 군중이 그를 올려 세워서 앞사람을 대신하게 하고 도리어 그를 죄준다면 어찌 이치에 맞겠는가?20) 그러므로 군중의 협의와 요망에 의하여 폐하고 세운 것이라면 비록 군·신君臣을 바꿀지라도 '신하가 군상을 쳤다(臣伐君)'는 죄명을 씌울 수 없다는 것이다. 그다음에는 아래와 같이 말하며 〈탕론〉편을 마쳤다.

한나라 이후로는 천자가 제후를 세웠고 제후가 현장을 세웠고 현장이 이장을 세웠고 이장이 인장을 세웠기 때문에 감히 공손하지 않으면 '역逆'이라고 이름하였다. 이른바 역이란 무

---

17) 춤을 가르치는 선생 또는 벼슬아치.
18) 무대舞隊. 춤을 추는 무리.
19) 우보당羽葆幢. 새의 깃으로 장식한 기旗 또는 일산日傘.《禮記》〈雜記·下〉
20) 謂凡伐天子者不仁 豈情也哉 舞於庭者六十四人 選於中 令執羽葆 立于首以導舞者 其執羽葆者能左右之中節 則衆尊而呼之曰我舞師 其執羽葆者不能左右之中節 則衆執而下之 復于列 再選之 得能者而升之 尊而呼之曰我舞師 其執而下之者衆也 而升而尊之者亦衆也 夫升而尊之 而罪其升以代人 豈理也哉 (같은 글)

엇인가? 옛날에는 아랫사람이 윗사람을 세웠으니 아랫사람이 윗사람을 세우는 것은 '순順'이었으나, 지금은 윗사람이 아랫사람을 세우니 아랫사람이 윗사람을 세우는 것은 '역'이 된다. 그러므로 왕망王莽·조조曹操·사마의司馬懿·유유劉裕·소연蕭衍 등은 역이고, 무왕武王·은탕殷湯·황제黃帝 등은 현명한 왕이요 성스러운 황제이다. 그러한 줄도 모르고 걸핏하면 은탕과 무왕을 깎아내려 요순보다 낮추고자 하니, 어찌 이른바 고금의 변화에 통달한 자라고 하겠는가. 장자莊子가 말하였다.

"여름 한 철만 살고 가는 쓰르라미는 봄과 가을을 모른다(蟪蛄不知春秋)."21)

대의大意는 〈원목〉의 원리를 예증한 것에 불과하나, 선생이 스스로 인정한 바와 같이 과연 일세一世를 굽어볼 만한 달식고견達識高見이었다. 고금 정체政體의 변천에 따라 충역忠逆의 도덕적·윤리적 규정이 변동되는 것을 지적한 선생은, 도덕과 윤리를 하나의 불변적 정형定型으로 인식하던 당시 지식층에 비하여 천양지차가 있지 않는가.

대체로 관존민비官尊民卑의 전통적 윤리에 대하여 부정적 사상을 표시한 자는 누구보다도 선생의 학조學祖인 성호星湖를 들 수 있다. 성호는 존군억신尊君抑臣(임금을 높이고 신하를 억누름)이 진秦나라 법에

---

21) 自漢以降 天子立諸侯 諸侯立縣長 縣長立里長 里長立鄰長 有敢不恭其名曰逆 其謂之逆者何 古者下而上 下而上者順也 今也上而下 下而上者逆也 故莽操懿裕衍之等逆也 武王湯黃帝之等 王之明帝之聖者也 不知其然 輒欲貶湯武以卑於堯舜 豈所謂達古今之變者哉 莊子曰蟪蛄不知春秋 (같은 글)

서 비롯되었다고 하면서, 이것을 위魏나라의 문벌 숭상과 수隋나라의 사부 취재詞賦取才[22]와 함께 3대 폐정弊政으로 인정하였다.[23]

人與人相等　사람과 사람은 서로 평등하건만
官何居民上　관원이 어찌 백성 위에 있난고?
爲其仁且明　그가 어질고도 밝아서
能副衆所望　민중의 소망에 맞기 때문이라.[24]

위 시는 성호의 조카요 선생이 경앙景仰하던 문학가인 혜환惠寰 이용휴李用休의 절구絶句이다. 선생의 사상 계통을 분석하는 데 적지 않은 참고가 될 것이므로 이에 인록引錄한다.

---

22) 사부詞賦로 인재를 뽑는 것으로 조선시대의 진사시進士試에 해당한다.

23) 嗚呼 世道之不復治 始由於三蠹 尊君抑臣自嬴政始 漢不能革也 用人尙閥自魏瞞始 晉不能革也 文辭科試自楊廣始 唐不能革也 三蠹賊虐 轉輾推盪 堯舜之道 遂淪墮九淵矣《星湖全集》〈答安百順〉; 秦漢以後尊君抑臣分義截然《星湖僿說》〈高麗昏君〉

24) 이용휴李用休(1708~1782)의 《탄만집歎歎集》에 수록된 〈서하로 부임하는 홍광국을 전송하며(送洪光國晟令公之任西河)〉 5수 중 첫 수이다. '광국'은 이조 후기의 문신 홍성洪晟(1702~1778)의 자字.《실정》pp588~9 볼 것.

22. 다산 사상에 대한 개평槪評

　선생의 학설은 수기修己와 경세經世의 두 부문으로 나눌 수 있다. 선생은 철두철미 실용주의자였으므로 가까이는 일용 사물의 미세한 것으로부터 멀리는 천문·지리의 고원한 것에까지, 깊게는 심성心性·신리神理의 오묘한 것으로부터 얕게는 언어·문자·풍속·제도·예술 등의 구체적 문제에까지 사람이 조금이라도 그것을 접촉하고 연구하게 되면, 이는 수기를 위한 것이 아니면 경세를 위한 것이 되지 않으면 안 되었다. 이리하여 논리의 유희라든지, 지식의 독자적 무도舞蹈라든지는 선생의 철학에 있어 일률적으로 배척되었던 것이다.

　그러나 수기는 반드시 수기에 그치지 않고 경세에 종결되는 것이니, 경세는 수기의 목적이요 수기는 경세의 출발이라는 것이 은연히 선생의 사상적 지향이었다. 이는 종래 유자儒者가 귀족적 유식遊食 계급으로서 불로佛老의 피세避世 사상처럼 수기에 편중한 경향과는 그 특징을 달리하였던 셈이다.

선생의 경세적 사상, 즉 '신아구방新我舊邦'의 사상은 물론 당시 진부하고 폐색된 사회의 필연적 요구에서 나온 것이나, 그 체계는 광대한 세계주의적 형태에까지 도달하지 못한 반면에 그것이 또한 근세사에서 자주 볼 수 있는 열렬한 민족의식과 독립불기獨立不羈한[1] 국가의식의 표현도 아니었다. 선생의 사상적 위치는 요컨대 전자와 후자의 중간에 있었다. 선생의 사상은 아무리 다각적이고 눈부시게 아름답다 할지라도 그 오르내리는 저울추는 끝내 유교의 중용으로 되돌아왔던 것이다.

선생의 경세론은 여전제閭田制, 공전균세제公田均稅制, 기타 제도 정법政法에 있어서 적지 않은 개혁을 주장하였지만, 이상적 혁명을 피하고 현실적 가능성을 선택한 선생은 모든 개혁을 어질고 용감한 군주의 결단에 하소연하였으니, 그 개혁론의 한계는 이것으로써 측정할 수 있다. 다시 말하면 선생의 정치관은 여전히 종래 유자의 인식과 같이 군주를 하나의 초계급적 존재로 추앙한 동시에 국가의 치란흥망治亂興亡이 오로지 군주의 마음에 달려 있다고 본 것이다. 그러므로 그의 개혁론은 궁극적으로 군주의 이익은 될지언정 군주와의 불상용적不相容的 관계에는 이르지 않았다. 또한 균산均産·평등을 이상으로 한 정책론은 지금 말로 하면 국가사회주의의 일종이었고, 그 지도적 정신인 상례주의尙禮主義는 여전히 귀족 본위의 치국론治國論을 무의식적으로 주장하였던 것이다.

원래 유자는 덕치주의를 주장하므로 그들의 이상은 결국 예약

---

1) 독립하여 속박되지 않는.

禮樂의 정政이다. 예禮는 사회와 국가의 계급을 정하고 존비와 귀천의 질서를 유지하는 불문不文의 법이며, 악樂은 인심을 융화하고 계급의 감정과 의식을 완화하는 도구이다. 요컨대 왕정의 예악은 사회의 차별상을 가장 합리적으로 도덕화하는 정치적 방법이니, 묵자墨子와 같이 무차별의 평등을 주의로 한 자는 예를 필요로 인정하지 않고, 악을 또한 부정하지 않을 수 없는 것이다. 하지만 선생의 정론政論은 그 극치가 또한 예악에 있었다.

《경세유표》는 본명이 《방례초본邦禮艸本》이니, 예禮를 경세술의 전체 혹은 본령으로 인식한 절호의 입증이다. 이 책 서문에 의하면, 선왕先王2)은 예로써 나라를 다스리고 백성을 인도하였는데, 예가 쇠퇴하매 법이라는 이름이 생겨났다. 법으로는 나라를 다스릴 수도 없고 인민을 인도할 수도 없다. 천리에 부합하고 인정에 화합하는 것은 예이고, 위협하고 핍박하여 감히 범하지 못하게 하는 것은 법이다. 선왕은 예를 법으로 삼았으나 후왕은 이와 반대로 법을 예로 삼았다.3) 이리하여 선생은 예와 법을 종래 유자의 해석대로 구분한 동시에 예치禮治, 즉 덕치德治를 주장하고 법을 예의 보조물로밖에는 평가하지 않았다.

덕치론자인 선생은 '덕치'를 해석하면서 종래 유자의 '무위無爲' 개념을 근본적으로 뽑아 버리고, 그 반대 개념인 '유위有爲' 즉 사공

---

2) 선대先代의 성왕聖王. 보통 우禹·탕湯·문왕文王·무왕武王을 지칭하는 말임.
3) 先王以禮而爲國 以禮而道民 至禮之衰 而法之名起焉 法非所以爲國 非所以道民也 揆諸天理而合 錯諸人情而協者 謂之禮 威之以所恐 迫之以所悲 使斯民兢兢然莫之敢干者 謂之法 先王以禮而爲法 後王以法而爲法 斯其所不同也 《經世遺表》卷1〈引〉

주의事功主義를 거기에 대신 채워 넣었다. 선생에 의하면,《논어》의 "정치를 덕으로써 하는 것은 비유하건대 북극성이 제자리에 있고 뭇별이 그와 함께 도는 것과 같다(爲政以德 譬如北辰居其所 而衆星共之)"에 대하여, 종래의 해석은 '공共'을 공수拱手의 공拱4), 또는 귀향歸向5)의 뜻으로 보아 무위지치無爲之治의 덕정德政은, 마치 항상 일정하게 자리 잡고 움직이지 않는 북극성을 뭇별이 에워싸고 돌면서 향하고 있는 것과 같다고 하였으나, 이는 경문經文의 본지本旨가 아닐뿐더러 공자의 정론政論에 대한 적이요 이단이라고 하였다.

그러면 정政은 무엇인가? 공자는 계강자季康子가 정치에 대하여 묻자 "정치[政]란 바른 것[正]이다. 그대가 바른 것으로 솔선하면 누가 감히 바르지 않으리오?(政者正也 子率以正 孰敢不正)"라고 하였으니, 이는 자기를 바르게 하면 만물이 바르게 된다는 말이다(此謂正己而物正也). 애공哀公이 정치에 대하여 묻자 "정치란 바른 것이다. 임금이 바르게 하면 백성이 정치를 따르게 된다. 임금이 하는 바를 백성이 따르는 것이다. 임금이 하지 않는 바를 백성이 어찌 따르리오?(政者正也 君爲正則百姓從政矣 君之所爲 百姓之所從也 君所不爲 百姓何從)"라고 하였으니 그 본뜻이 결코 부동무위不動無爲를 위정爲政의 방법이라 한 것이 아니다. 맹자는 "한번 임금을 바르게 하면 천하가 바르게 된다(一正君而天下正矣)"고 하였고, 동자董子6)는 "임금의

---

4) 공수拱手의 공拱 : 한나라 유학자들은 '공共'을 '공수拱手(두 손을 마주 잡다)'의 뜻으로 풀이하였다.
5) 주자는 '공共'을 '귀향歸向(돌아가 향하다)'의 뜻으로 주석하였다. [朱註] 共 向也 言衆星四面旋繞而歸向之也.
6) 동자董子(BCE176?~BCE104) : 전한前漢의 학자 동중서董仲舒. 호는 계암자

마음을 바르게 하여 백관을 바르게 하고, 백관을 바르게 하여 만민을 바르게 한다(正君心以正百官 正百官以正萬民)"고 하였으니, 모두 공자의 정론政論을 서술한 것이라고 하였다.7)

선생의 해석에 의하면, 북신北辰은 북극인데 성점星點이 없으므로 신辰이라 하고, '거기소거其所'는 그 위치가 바로 자오선子午線에 해당된다고 하며, '공共'이란 글자 그대로 공동共同의 뜻이라 한다. 임금이 바르게 거처하여 덕으로써 정치를 하매 백관과 만민이 모두 따라서 더불어 동화하는 것은, 마치 북극이 자오선을 바루어 천추天樞(북두칠성의 첫째 별)를 선회하매 하늘에 가득한 뭇별이 모두 함께 회전하는데 조금의 차이도 없는 것과 같다는 것이다.8) 명나라 유학자 허석성許石城·소자계蘇紫溪·방맹선方孟旋·소단간邵端簡·모대가毛大可 등도 모두 이 문제에 '무위無爲' 개념을 덧붙인 것을 이미 논박하였으므로 이것이 선생의 독창적인 견해는 아니지만, 선생에 있어서는 철학적·사상적 악센트가 더 강하였다.

원래 청정무위淸淨無爲는 한나라 유학자들의 황로학黃老學이며 진대晉代의 청담풍淸談風이다. 이것은 천하 만물을 무너뜨려 어지

桂巖子. 한무제에게 유교를 국교로 삼도록 건의하였으며, 저서로《춘추번로春秋繁露》,《동자문집董子文集》등이 있다.

7) 季康子問政於孔子 孔子對曰 政者正也 子率以正 孰敢不正 此謂正己而物正也 … 哀公問政 孔子曰 政者正也 君爲正則百姓從政矣 君之所爲 百姓之所從也 君所不爲 百姓何從 孟子曰 一正君而天下正矣 董子曰 正君心以正百官 正百官以正萬民 皆是此說 奚獨於此 別以不移無爲 爲爲政之法乎《論語古今注》卷1〈爲政〉

8) 補曰北辰 卽北極 天之樞也 以無星點 故謂之辰也 … 居其所 謂北極一點 正當子午線 … 補曰共者同也 … 北極正子午之線 斡旋天樞 而滿天諸星 與之同轉 無一星之敢逆 無一星之或後 此所謂象星共之也 人君居正 爲政以德 而百官萬民 罔不率從與之同和 正與北辰衆星之事 如合符契 (같은 곳)

럽게 하는 이단사술異端邪術 중에서도 더욱 심한 것이다. 한나라 문제文帝는 이것으로써 칠국七國의 난을 빚어냈고 진晉나라 혜제惠帝는 이것으로써 오호五胡의 화禍를 불러왔다. 대성大聖인 공자가 어찌 무위無爲로써 치인治人의 도道를 삼았겠는가? 무위란 무정無政이다. 공자는 분명히 위정爲政을 말하였는데 후유後儒들은 무위를 주장하니, 이 어찌 성인을 무망誣罔하는 이단적 견해가 아니겠는가? 공자의 이른바 "무위로써 다스린 분은 아마 순舜일진저! 대저 무엇을 하였으리오? 자기를 공손히 하고 남쪽을 향해 앉아 있었을 뿐이다"는 말은, 순舜이 22인의 많은 어진 신하를 얻어 각각 직책을 주어서 천하를 잘 다스렸으므로 (공자가) 이를 찬탄하고 흠선欽羨한 것이지, 후유後儒의 해석처럼 "순舜이 단정히 팔짱을 끼고 하는 일이 없었다(端拱無爲)"는 것이 아니다. 후유는 이 글을 잘못 읽어 요순의 정치는 본래 무위라고 한 동시에, 뜻있는 인사들이 정치상 조금이라도 시행하거나 움직이기만 하면 문득 요순을 인용하여 한비韓非와 상앙商鞅의 각박하고 혹심한 술법이라며 배척한다. 그래서 가의賈誼는 호사자好事者라는 기평譏評을 듣고, 급암汲黯은 도를 아는 사람이라는 미명美名을 얻게 되었다. 이는 모두 무위無爲 두 자가 남긴 독이다.9)

---

9) 淸淨無爲 卽漢儒黃老之學 晉代淸虛之談 亂天下壞萬物 異端邪術之尤甚者也 文帝用此道 釀成七國之亂 惠帝崇此術 召致五胡之禍 曾謂吾家大聖 亦以無爲爲法乎 夫無爲則無政 夫子明云爲政 儒者乃云無爲 可乎不可乎 孔子曰無爲而治者 其舜也與 夫何爲哉 恭己正南面而已矣 此謂舜得二十二人 各授以職 天下以治 當此之時 惟當恭己南面 所以極言人國之不可不得人 而贊歎歆羨之意 溢於辭表 其言抑揚頓挫 令人鼓舞 後之儒者 誤讀此文 遂謂堯舜之治 主於無爲 凡有施爲動作 輒引唐虞以折之 謂韓非商鞅之術 刻覈精深 實可以平治末俗 於是以賈誼爲喜事 以汲黯爲知道 … 皆此毒中之也 (같은 곳). *밑줄 부분은 《經世遺表》〈引〉

340

또 선생은 다음과 같이 통절히 주장하였다.10)

"음양을 다스리고 사시四時에 순응한다"고 운운한 진평陳平은 자기의 공소空疎함을 그럴듯하게 꾸민 아주 간악한 사람이다. 힘써 대체大體만 견지할 것을 표방한 위상魏相과 병길丙吉, 그리고 후래의 유명한 대신 원로들 대부분은 모두 자리만 차지하고 국록을 훔쳐서 모든 정치와 제도를 부패하게 하여 다시는 떨쳐 일어날 수 없게 만든, 용렬하고 비루한 무리들이다. 요순은 5년에 한 번 순수巡守(순시)하고, 해마다 제후의 조회朝會를 받으며, 정사政事를 묻고 진언進言을 살폈으므로, 무위가 아니라 도리어 천하에 일이 많아졌다. 그뿐만 아니라 산을 뚫어 물길을 트고, 밭도랑과 봇도랑을 깊이 파서 물길을 통하게 하는 한편, 교教를 세우고 형벌을 밝히며, 예禮를 제정하고 악樂을 제작하며, 흉악한 자를 베고 간사한 자를 물리쳤다. 매우 많은 사事와 공功에 전심專心으로 노력하여 한순간의 안일도 없었으니 어디에서 '무위이치無爲而治'를 상상할 수 있겠는가? 무위이치를 입에 담는 자가 있다면 이는 우리 유가의 무리가 아니다.11)

구절인데 편자가 본문에 맞게 추가함.

10) 원문은 '선생에 의하면'인데,《실정》p493에 따라 고침.

11) 陳平大姦也 以理陰陽順四時 爲人臣之職 以彌縫人短 … 白掩其空疎之陋《經世遺表》<引>; 以魏相 丙吉爲大臣 而庸陋萯劣之徒 尸位竊祿 務持大體 以文其短 使萬機百度 腐爛頹墮 莫之振起 … 堯舜五載一巡 比年受朝 詢事考言 天下旣紛紛矣 重之以鑿山淪水 濬畎疏澮 立教明刑 制禮作樂 誅凶退佞 以至上下草木鳥獸 莫不擇人授任 計功責成 其用心用力 可謂健矣 孔子親定典謨 明知此事 安得誣之曰無爲哉 凡言無爲而治者 皆異端邪說 非吾家之言也《論語古今注》卷1<爲政>

이리하여 선생은 적극적으로 사공주의事功主義를 덕치의 개념에 도입하였다. 이는 유교의 정치사상에 있어서 중요한 철학적 개혁이다.

그런데 덕치는 구체적으로 무엇을 수정하였는가? 선생에게 덕은 물론 오묘히 내재한 성리性理가 아니라 윤리의 실천이며, 덕정德政은 바로 '위정이덕爲政以德(덕으로써 정치를 함)'이다.

> 공자는 "임금은 임금답고, 신하는 신하답고, 아비는 아비답고 자식은 자식다워야 한다"고 하였으니, 이것이 이른바 '위정이덕'이다.12)

선생의 경세론은 양민養民과 교민敎民의 두 항목으로 대별할 수 있으나, 선생에 있어서는 양민은 교민의 준비요, 교민은 양민의 목적이다. 그리고 교민의 내용은 그 주요 사항이 역시 효제충신孝弟忠信의 윤리적 실천이니, 선생의 정치적 이상이 여전히 유교의 왕도王道인 것은 다시 말할 것도 없다. 그러므로 덕정론德政論에 무위의 개념을 추방하고 사공事功의 개념을 적극적으로 도입하였지만, 그 사공 개념은 또한 근세 정치사상사에서 볼 수 있는 공리주의와는 범주를 달리한 것이다. 동시대인이요 14세 연장자인 영국의 벤담은 그의 공리론에 "최대 다수의 최대 행복"을 최고 원리로 하여, 이것이 도덕의 목적인 동시에 법률의 목적이라고 하였다. 그러나 선생의 사공 개념은 공리를 의미하는 것이 아니라 공리를

---

12) 孔子曰君君臣臣父父子子 此所謂爲政以德也 (같은 곳)

초월한 덕정의 실천과 실행을 의미하므로 최대 다수의 최대 행복은 선생에게 덕정의 파생물은 될지언정 덕정의 목적은 될 수 없는 것이다. 양자의 차이는 유교철학으로 보아서는 왕도와 패도覇道의 구분으로 볼 수 있다.

그러나 유교의 이른바 도덕은 그 발생과 성립의 사회적 과정을 엄밀히 분석하여 보면, 그것이 그 사회 영도領導 계급의 공리와 행복에 대한 신성한 별명에 불과할 수 있으므로 유교의 도덕도 본질에 있어서는 벤담의 이른바 공리·행복과 아무런 왕패王覇를 나눌 수 없는 처지이다. 다만 벤담의 공리설은 당시 봉건 사회의 법률·도덕의 목적이 최대 소수의 최대 행복에 있는 것을 반대하여 대척적 원리를 내놓은 것이었으며, 선생의 사공 개념은 당시 봉건 계급의 위정자가 무위도식하여 정치의 부패가 극심한 것을 분개하고 유위주의를 이론적으로 고조한 것이었다. 역사적 특징으로 본다면 전자는 신흥 계급의 대변인 반면에 후자는 종래 계급의 반성적 요구였다.

선생은 여러 다른 유학자와 같이 왕도와 윤리는 하늘이 부여한 질서로서 선험적 규정인 동시에 사회 제도의 변혁적 경계를 벗어나 모든 시대, 모든 계급을 초월한 고정불변체로 인식하였다. 이는 유럽의 근세학자가 말한바 '자연법'과 서로 대등한 개념이다.

특히 프랑스의 케네13)에 의하면 만상을 지배하는 신은 이상적인 자연적 질서를 설정하였는데, 인간은 현실의 인위법을 갖고 있으므로 이상적 완전성의 자연법에 접근할 필요가 있다는 것이다.

---

13) 케네François Quesnay(1694~1774) : 중농주의를 창시한 프랑스 경제학자.

중국 숭배론자인 그는 "중국 정체政體의 항구恒久를 특수한 사정에 돌릴 것이 아니라 특히 만고불역萬古不易의 법칙에 돌릴 것이라" 하였다. 그에 의하면 중국 문화는 모두 천리天理와 천칙天則에 기본한 것이다. 천리천칙은 결국 자연법이다. 중국인은 천리천칙이란 명칭 아래 자연법을 준수하여 왔으므로 중국 제국의 정치·사회 제도는 만고불역의 자연법을 상징하는 것이 아니면 안 될 것이다. 이리하여 그는 유럽의 지식인이 정치적 괴란壞亂의 책임을 모두 자연법에 전가하는 것을 부당하게 보고, 중국 4천년의 항구불변한 정치 제도가 자연법의 기준에 근거한 것을 격찬하였다.

이뿐 아니라 중농학자인 그는 중국의 농본주의農本主義를 다음과 같이 해석하였다.

한 나라의 인민이 미개간지에 이주하였다고 가정하자. 이들은 최초에 야생의 식물을 취하여 생활할 것이다. 그러나 야생의 식물이 충분하지 못하므로 그들은 미개간지를 개간하여 식물을 생산하려고 한다. 이때 자연법은 그들의 노동을 도와 그들의 식물, 즉 재財를 생산한다. 이리하여 그들은 이 토지에 영주할 수 있다. 중국인이 농農으로 국본國本을 하고 있는 것은 이 의미에서 벗어나지 않는다. 농업을 주로 한 인간이 국가를 구성할 때에 그 국민이 설정한 정치 제도는, 자연법의 만고불역하는 질서와 합치하고 있다. 그러므로 농업국민만이 가장 공고하고 영원한 국가를 구성할 수 있다는 결론을 지을 것이다. (後藤末雄, 《支那文化と支那學の起源》 pp474~5 참조)[14]

344

앞에서 케네의 설을 좀 길게 인용한 것은 그의 자연법에 입각한 정체政體 관념과 중농 사상이 선생의 그것을 비스름히 상상하게 할 수 있는 까닭이다. 독자의 참고 대조를 바라는 바이다.

그러나 독자는 필자에게 이러한 질문을 제출할 것이다. ─ 선생은 <원목>과 <탕론> 두 편 중에 군민君民 관계가 고금이 달라진 것을 추론하였고, 또 정체政體의 변천에 따라 순順과 역逆의 도덕적 규정이 달라진 것을 분명히 말하였으니(<21. 사회·정치철학의 기조>장 참조), 이것을 보면 선생은 왕도와 윤리를 절대 불변한 특정적 형태에 제한한 것이 아니었으며, 동시에 영원불변의 자연법을 상징하고 준수한 것이라는 중국 제국의 정체와 그 농본주의를 찬탄하며 노래한 케네와는 동일 선상에서 말할 수 없는 것이라고.

물론 위와 같은 질문이 어느 정도까지는 정당하다고 할 수 있으나, <원목>과 <탕론>에 나타난 선생의 사상은 그것이 특정한 사회·정치의 사실에 대한 현상적 설명이지, 일반적 사회·정치의 변천에 대한 보편적 본질을 규명한 법칙론은 아니었다. 다시 말하면 선생이 근원을 궁구한 중국의 정치·사회의 변동성은 아주 적은 피상적 부분의 설명에 지나지 않는다. 예를 들면, 군민君民 관계에서 하선下選과 상선上選의 고금적古今的 차이에 대한 추론은, 요컨대 단조롭고 현저한 역사적 사실 또는 추측적 사실을 추상적으로 분류한 데 지나지 않는 것이다.

---

14) 고토 스에오後藤末雄(1886~1967) : 도쿄 출신의 작가·불문학자. 저서로 《중국 사상의 프랑스 서점(支那思想のフランス西漸)》(1933), 《중국 문화와 중국학의 기원(支那文化と支那学の起源)》(1938) 등이 있다.

선생은 이 역사적 사실이나 추측적 사실을 파생하게 하는 광범한 인류 문화의 대영해大領海를 전망하지 못하였으며, 동시에 그 광범한 대영해의 조류를 지휘하여 이끌어가는 기본적 동력을 전혀 파악하지 못하였다. 선생은 사회와 국가의 정치·법률·도덕·윤리·예술·종교·문화 등 여러 많은 형태가 개별적이 아니라 연결적으로 변화하고 진전하지 않으면 안 될 원인과 이유를 그 기초의 필연적 조건인 사회적·물질적 생산 관계에서 발견하지 못하였으므로, 그가 얼핏 본 정체政體와 도덕의 변천이라는 것은 결국 그것의 몇 개 정형定型의 숙명적 교체에 지나지 않는 것이다.

선생은 세계의 축소판으로 본 중국의 정치사에 나아가서 하선 정체下選政體와 상선 정체上選政體의 두 정형을 발견하여 전자를 선천적 규범으로 인식하고 후자를 역사의 우연적 착오로 인식하였다. 그러므로 절대 불변의 자연법과 서로 대등한 개념인 천리천칙天理天則에 준합遵合한 왕도와 윤리는 선생에게도 여전히 유일무이한 영원적 규범의 특정 형태로 존재한 것이다. 선생의 사회·정치철학의 본질은 마침내 관념의 세계에서 고립의 영광을 지키고 실천의 국토는 한 걸음도 밟지 못하였다. 그러나 18세기의 자연법론은 자유·인권·평등의 절대적 원리로 제창되어 유럽 봉건 사회의 와해 작용에 적지 않은 이데올로기의 임무를 수행하였거니와 선생의 왕도와 덕정에 대한 원칙적 고조는 그것이 한갓 속유배俗儒輩의 상고주의尙古主義에 그치지 않고 강남해康南海15)의 이른바 '옛

---

15) '남해(광동성)'는 강유위康有爲(1858~1927)의 출신 지명. 그는 청 말기 금문경학파今文經學派의 대가로서 변법자강운동을 지도하였다.

것에 의탁하여 제도를 개혁한다(托古改制)'는 이상적 의식이었으니, 또한 당시 봉건 사회의 붕괴 과정에서 필연적으로 산출된 시대적 사상이었다.

케네의 자연법도 그 진의가 당시 사조인 자유를 추구한 것이다. 그에 의하면 자연적 질서의 형식은 도덕적 성질의 격률格率이며 그것은 도리어 인간의 진정한 자유를 보증한 것이라 하였다. 그러므로 그의 중농학설에 도입한 자연법은 당시 왕성한 머컨틸리즘 mercantilism(중상주의)의 방해와 압박으로부터 농업을 해방하여 농본農本의 자연적 질서에로 환원하려는 자유의 사상이었다. 이와 마찬가지로 선생의 왕도와 덕정의 사상은 양민養民·균민均民의 중대한 조건인 농업을 당시 유식遊食 계급인 양반의 천농賤農 습관의 질곡桎梏으로부터 구출하여 상농尙農, 즉 존농尊農을 경제적인 의미에서만이 아니고 도덕적인 의미에서 주창하였으니, 이 또한 경제 사상상 자유주의의 한 표현이라 할 수 있는 것이다.

이상에 잠깐 말한바 선생의 '탁고개제托古改制'의 이상적 의식은, '신아구방新我舊邦'의 대목적을 달성하려는 치열한 동기에서 나온 위대한 사상이다. 그러나 탁고托古의 행위가 자기의 독창적 의도에 고제古制의 명칭만을 차용한 것(실제로는 불가능한 것)이 아닌 한에는 그것은 필연적으로 현존하는 몸뚱이에 고제의 의상을 실제로 입지 않을 수 없다. 다시 말하면 현대의 교목喬木으로부터 고대의 유곡幽谷으로 들어가지 않을 수 없는 것이다.

이러므로 선생의 정치적 포부를 구체적으로 표현한 《경세유표》는 내용이 풍부하고 의도가 현실적이라 함에도 불구하고 그 규모와 본질에 있어서 요컨대《주례周禮》한 책의 연의적演義的 각주가 되고 말았다. 선생은 모든 정법政法의 규준規準을 〈요전堯典〉, 〈고요모皐陶謨〉, 〈우공禹貢〉세 편과《주례》여섯 편에서 구하여 그 "정묘한 뜻을 이루 다 말할 수 없다(精義妙旨 不可勝言)"고 격찬하여 마지않았다. 물론 선생이 의탁한 고제는 선생의 새로운 시각에 의하여 재정裁整 또는 추상抽象된 것이지, 객관적으로 존재한 것은 아니었지만, 주요한 규준을 한 번 고제의 일정한 형태에 둔 이상에는 그것은 다시 위없는 신성한 역사적 위신을 가지고 선생의 머리 위에 임어臨御하지 않을 수 없게 되었다.

선생은 정전제井田制를 고금에 두루 행할 수 있는 성인의 경법經法으로 보았다. 또 선생은 어느 때에는 군현제郡縣制에 봉건법封建法을 참고·이용하려던 고염무顧炎武의 〈군현론郡縣論〉16)을 인용하고, 몽고와 결혼한 다음에 사위를 북번北蕃의 왕으로 봉한 중국의 법을 인용하며, 또 군현으로 봉건을 겸한 일본의 세습 수령제를 인용하여, 봉건 구제舊制가 지금 세상에서는 마땅히 행할 수 없는 낡은 제도가 아니란 점을 증명하였으니, 선생이 우리 사회의 경제적·정치적 발전 법칙에 대하여 얼마나 통찰하지 못하였는가를 측정하기에 충분한 재료가 되지 않는가!17)

그러나 선생이 당시에 봉건 구제의 부활을 실제로 주창할 만큼 어리석은 이론가는 아니었다. 또한 사유와 정전제를 절충한 공전

---

16) 고염무顧炎武(1613~1682) : 호는 정림亭林. 명말청초 때 고증학의 시조. 〈군현론〉은《정림문집》권1에 수록된 9편의 논문을 말한다. 그의 〈생원론生員論〉에 대하여 다산이 발문을 쓴 것이 있다.
17)《경세유표》권7 〈지관수제地官修制·전제田制9〉볼 것.

납세론은, 사유를 강점하고 정전제를 실현하는 것이 현실에서는 불가능함을 간파한 현명한 견해이니, 이는 당시 봉건 제도의 붕괴 과정에 대한 역사적 타협이다. 다시 말하면 사상적 추수追隨다.

선생은 사회 제도에 대하여 극히 온아한 개량론자요, 반역적 정신을 가진 혁명론자는 아니었다. 이제 예를 하나 들어 그의 역사적 지위를 규정하려고 한다. 선생은 <반산 정수칠18)에게 주는 말(爲盤山丁修七贈言)>에서

> 과거학은 이단 가운데에서도 제일 혹독한 것이다. 양묵楊墨은 이미 낡았고 불로佛老는 너무 우원迂遠하다. 그러나 과거학은 곰곰이 그 해독을 생각해 보면, 비록 홍수와 맹수라도 비유할 바가 못 된다. 과거학을 하는 사람들은 시부詩賦가 수천 수에 이르고 의의疑義가 5천 수에 이르는 자도 있는데, 이 공력을 학문에다가 옮길 수 있다면 주자가 될 것이다.19)

고 하였으며, <이인영20)에게 주는 말(爲李仁榮贈言)>에서도 또한 과거가 이단 중에 제일 심하고, 세도世道의 큰 근심거리임을 통탄해 마지않았다. 그러나 선생은 문득 논조를 바꾸어 이렇게 말하였다.

---

18) 정수칠丁修七(1768~1835) : 자는 내칙乃則, 호는 연암烟菴. 장흥長興 반산盤山에 살던 먼 집안사람으로 다산초당 18제자 중 한 사람.

19) 科擧之學 異端之最酷者也 楊墨已古 佛老大迂 至於科擧之學 靜思其毒 雖洪猛不足爲喩也 詩賦至數千首 疑義至五千首者有之 苟能移此功於學問 朱子而已 <爲盤山丁修七贈言>

20) 이인영李仁榮(1802~?) : 1820년 5월 다산이 마현에 살 때 처음으로 찾아왔고, 1821년 7월 다산의 《예고서정禮考書頂》을 정리 편집하였다.

그러나 국법이 변하지 않으니 이를 순순히 따를 뿐이고, 이 길이 아니면 군신君臣의 의리를 물을 데가 없다네. 그래서 정암靜菴·퇴계退溪 같은 선생들도 모두 이 기예를 닦아서 발신發身하였거늘 지금 자네는 어떤 사람이관데 헌신짝처럼 버리고 돌아보려 하지 않는가?[21]

라고 하였으니 홍수와 맹수, 양묵과 노불로도 비교할 수 없는 과거의 이단적 혹독함을 전무후무하게 통절히 개탄한 그로서, 사군발신仕君發身을 위하여 그것을 학습한다면 이는 상식의 논리로도 절대 부정되지 않는가? 또 과거제가 여하히 국법이라 하더라도 응시 여부는 개인의 자유인 동시에 불응이 결코 국법에 대한 불순不順이 아니다. 하물며 변치 않으면 안 될 국법이랴. 19세의 영년英年 예기銳氣에 대하여 이러한 모순적 권유를 하는 것은, 개혁론자가 취할 태도는 절대 아니다.[22]

　모든 공상가는 진정한 활로를 지시할 수 없으며, 제도의 본질을 설명할 수 없으며, 사회 발전의 법칙을 발견할 수 없으며, 새 사회를 창조할 만한 사회적 세력을 찾아낼 수 없는 것이다. 듣기 좋은 도덕적·종교적·정치적·사회적인 문구와 선언과 약속의 배후에 어느 계급의 이해利害인가를 발견할 줄 모르는 한에는 그들은 정치에 있어서 기만과 자기기만의 우열愚劣한 희생이 되고 마는 것이

---

21) 然國法未變 有順而已 非此路則君臣之義無所問焉 故靜菴退溪諸先生咸治此藝 以發其身 今子何人 乃欲屣脫而弗顧耶 〈爲李仁榮贈言〉
22) 봉건적 지주 관료였던 다산의 이중적 망상으로 볼 수 있다. 그는 〈위다산제생증언爲茶山諸生贈言〉에서도 "제군들은 우선 과거와 벼슬살이에 마음을 쓰고, 그 외 것은 생각지도 말라(諸君且以科宦爲心 毋生外慕)"고 하였다.

다. 또한 항상 그렇게 될 것이다. 개량과 개선을 주장하는 사람들은 일체 구제도가 여하히 야만적이고 부패한 것으로 보일지라도, 그것이 어느 사회 층의 힘으로 지지되어 있는가를 이해하지 못하는 한에는 구제도의 옹호자에게 우롱되고 마는 것이다……!

이상에 대강 언급한 것과 같이 우리는 선생을 개혁론자로 보고, 그리고도 세계적 수준에서 선생의 개혁론을 평가한다면 선생은 필연적으로 사물의, 특히 사회 제도의 실천성을 평범히 간과한 위대한 공상가의 범주에 속하지 않을 수 없다.[23] 여기에 선생의 계급적 지위와 역사적 한계가 엄밀히 반영되는 것이다. 선생의 개혁론은 그 내용이 중요한 문제일 뿐 아니라 그 방법, 즉 내용을 '어떻게 실현할 것인가'가 더욱 중요하다. 이것은 두 가지 길이 있으니, 현재 최고 권리자의 도덕적 각오와 자비적 발원發願에 하소연할 것인가, 그렇지 않으면 현재의 모든 권리로부터 제외되고 미래의 승리를 역사적 법칙으로서 약속한 그들, 다시 말하면 현실의 비천한 존재로서 모순과 위험과 폭발의 좋지 못한 성질을 다량으로 함축

---

23) 백남운은 〈정다산의 사상〉(《동아일보》, 1935.7.16)에서 다산을 공상적 사회주의자로 보았다. "다산의 사상은 양반 출신이면서도 '양반'은 아니고 유학의 출신이면서도 '순유학자'는 아니며 서학의 신도이면서도 익혹溺惑이 아니라 섭취였고 '배교자'이면서도 실천가였던 것이며 봉건시대의 출생이면서도 소극적이나마 봉건사회를 저주하였던 것이다. 그러나 전적으로 보아서 봉건사상을 완전히 해탈한 것도 아니고 근세적 자유사상을 적극적으로 제창한 것도 아니다. 이것은 과도적 존재의 반영으로서 이해하지 않으면 안 될 것이다. 그러나 타면으로는 그 여전법의 이론에 있어서는 공동경작·노동장부·공동저장·분배장부 등 '노동전수권勞動全收權' 이론의 일단이 현로顯露된 것은 천재적이면서도 공상적인 사회주의적 경제이론의 맹아 형태로서 조선 근세경제사상사 상의 중요한 지위를 점령할 것이다."

한 동시에 문제 해결의 진실한 역량을 사회적으로 준비하고 있는 이러한 부류에 하소연할 것인가이다. 선생은 물론 전자의 방법을 인습적으로 사용하였다. 이 점, 그러나 결정적으로 중대한 점에 있어서, 눈부시게 아름다운 선생의 수백 권의 저서는 선생의 가장 가까운 동복형인 약종若鍾의 함구불언緘口不言한 최후의 순교에 비하면 그 역사적 의의가 실로 백가불급百駕不及24)의 탄식이 없지 않을 것이다.25)

그러나 선생은 경세적 이론가로 볼 때에는 여전히 천재적 사상가였다. 경세적 학문의 일부문에 한하여 보면 당시 유럽의 사상가, 예를 들면 루소·벤담·케네 등의 체계적 정련精練을 도저히 따라잡을 수 없는 노릇이지만, 이 특정한 범위를 벗어나 학문 전반의 영역으로 보면 그 광범하고 다각적이며 종합적인 지식은 또한 저들이 감히 견줄 바가 아니었다. 선생의 현실적 환경에 비교하여 탁월하게 우수하다고 할 수 있는 사상 몇 가지를 간단히 소개하면 이러하다.

선생은 경세술에 있어 물론 덕치론자였다. 그러나 덮어놓고 덕치주의를 동양식이니 상고주의尙古主義니 할 수는 없는 것이다. 내용과 견지가 어떠한가에 따라 도리어 이것이 참신한, 또는 우수한 의의가 있기 때문이다. 위정자가 팔짱을 끼고 아무런 하는 일도 없이(垂拱無爲) 천하 인민을 감화感化 복종케 한다는 덕치론은 물론

---

24) 백날을 달려도 따라잡을 수 없다. 《순자》〈수신修身〉편에 "천리마는 하루에 천 리를 달리지만, 둔마도 열흘을 달리면 역시 따라잡을 수 있다(夫驥一日而千 里 駑馬十駕則亦及之矣)"고 하였다.
25) 이 문단은 다산의 혁명성을 강조한 《실정》에는 빠져 있다.

선생으로서 단연코 배척한 바이지만, 그 반면에 법제와 법규가 엄밀히 확립되어 위정자의 방종을 입헌적으로 허락하지 않고 인민의 간범干犯(범죄)을 모든 방면으로 제재한다 하더라도 법규의 운용자가 도의적 정신과 인격적 모범에 의거하지 않으면 이러한 법치는 결국 형식의 유폐流弊와 기계적 조종에 지나지 않아서 사회의 질서를 마침내 유지할 수 없게 된다. 선생은 막연하고 구체적이지 못하나마 이러한 견해를 가졌던 것이다.

선생은 <고요皐陶가 고수瞽瞍를 구속한다는 데 대한 변증(皐繇執瞽瞍辨)>에 고요는 감히 구속하지 못한다26)고 주장하여 형법이 윤리에 종속될 것을 밝혔으니, 즉 덕이 법의 본원이요 지도자임을 말한 것이다. 더구나 선생의 철학은 종교와 정치를 분과적으로 보지 않고 종합적으로 보았으며, 또한 정치를 주관하는 자가 어진 이를 골라 왕위를 전해 주는 것을 중국 요순의 고대에서 보았을 뿐만 아니라 선생이 항상 동경하는 천주교회의 '교화황敎化皇(法皇)'의 현존27) 사속嗣續 제도에서도 보았으니, 이것이 선생의 덕정론德政論에 중대한 철학적 참고가 되었던 것이다.

그러나 선생은 덕치론德治論의 반면에 법치 사상이 또한 적지 않게 활동하였다. 선생은 명나라의 율례律例가 전대에 비하여 상세히 갖춰진 것을 칭도하였고, 자기 저서 《흠흠신서》는 비록 형법의 일부에 한한 것이나 '터럭도 갈라 보고 까끄라기도 쪼개 보는

---

26) 고요는 감히 구속하지 못한다 : 순임금의 아버지인 고수瞽瞍가 사람을 죽였더라도 고요는 신하된 자로서의 의리상 고수를 구속할 수 없다는 말. 법치보다는 인륜을 중시한 다산의 변증이다.
27) 현존 : 《실정》 p496에는 '비세습적'으로 되어 있다.

(剖毫析芒)'28) 번쇄적 규정을 취하였으니, 이는 간이簡易를 위주로
한 '약법삼장約法三章'식의 전통적 관념으로부터 해방된 법의 인식
이다. 선생은 <원사原赦>편에 오한吳漢29)의 명언, 즉 그가 임종할
때에 '신무사愼無赦(부디 사면하지 말라)'라는 세 자를 한나라 광무제光
武帝에게 아뢴 것을 어질지 못하며 슬기롭지 못하다고 비평 논박한
반면에, 당시 무규칙하게 '나라의 경사 때 사면을 반포하는 법'을
아주 혁파하여 인민의 외법畏法 관념을 환기하려 하였다. 이 점은
법가法家의 엄형嚴刑 사상을 참고한 것으로 속유俗儒가 쉽사리 논급
하지 못한 것이었다.

선생은 <기예론技藝論 1>에서 사람이 금수와 다른 것을 전통적
견해인 선험적 도덕에 돌리지 않고 기예의 습득에 돌렸으니, 당시
레벨에서 확실히 빼어난 과학적 사상이다. 그런데 선생에 의하면
"기예를 습득하는 지려知慮와 교사巧思는 그 천착穿鑿이 점차漸次
(차례)가 있고 그 추운推運이 한계가 있어서 일조일석에 완미完美를
얻을 수 없으며, 비록 성인의 예지睿智로도 개인인 한에는 천만인
의 합의를 당할 수는 없다. 그러므로 사람의 취합聚合이 크면 클수
록 또는 세대가 내려오면 내려올수록 기예의 정교함도 더욱 더해
진다"30)고 하였다.

---

28) 부호석망剖毫析芒 : 《흠흠신서》 서문에 나오는 말인데, 신조본에는 '毫'가 '豪'
   로 오기되어 있다.
29) 오한吳漢(?~44?) : 자는 자안子顔. 동한東漢의 개국명장開國名將. 광무제를 도
   와 많은 공을 세우고 대사마大司馬가 되었으며, 광평후廣平侯에 봉해졌다.
30) (以其有知慮巧思) 使之習爲技藝以自給也 而智慮之所推運有限 巧思之所穿鑿
   有漸 故雖聖人不能當千萬人之所共議 雖聖人不能一朝而盡其美 故人彌聚則其

이는 다수가결제와 사회진화론에 접근한 사상의 일단이다. 선생은 이 사상을 사회와 문화의 전반에 적용하지 못하고 오직 기예의 방면에만 적용한 점은 유감이긴 하지만, 어쨌든 무조건 성인의 전지전능을 극구 칭송하며 사회 전체의 퇴화를 개탄해 마지않는 전통적·보수적 사상에 비해서는 적지 않은 혁신적 견해이다. 선생의 '북학北學' 주장도 이에 근거한 것이다. '북학' 두 자는 선생으로 하여금 기탄없이 말하게 하면 북경 유학만이 아니라 서양 유학을 의미한 것이었다.

선생은 도학道學과 기예의 사회적 관련을 간과하고 양자를 딱 잘라 구분해 이르기를, "효제孝弟(효도와 우애)는 천성天性에 근원하므로 성현의 글을 강명講明하여 확충 수양하면 곧 예의의 풍속을 이룰 수 있으니, 외국에 기대거나 뒷날에 의지할 필요가 없지만, 이용후생을 위한 백공百工의 기예는 외국과 뒤에 나온 새로운 제도를 널리 구하지 않으면 고루 몽매함을 깨트리고 이익과 혜택을 일으킬 수 없다"[31]고 하였다. 선생은 누구보다도 먼저 개화론을 주장하였던 셈이다.

그뿐만 아니라 《경세유표》에서는 공조工曹에 이용감利用監을 설치하여 외국 유학과 기예 수입을 관장하여 감독하려고 하였다. 북학론은 당시 박연암朴燕巖·박초정朴楚亭 등 여러 학자들이 이구동성으로 제창한 바이지만, 선생은 그것을 전담할 특설 기관까지 고

技藝彌精 世彌降則其技藝彌工 <技藝論1>；《실정》pp468~9, p476 참조.

31) 夫孝弟根於天性 明於聖賢之書 苟擴而充之 修而明之 斯禮義成俗 此固無待乎外 亦無藉乎後出者 若夫利用厚生之所須 百工技藝之能不往求其後出之制 則未有能破蒙陋而興利澤者也 (此謀國者所宜講也) <技藝論3>

안하였으니 탁월한 구체적 정견이 아니면 안 될 것이다.

여기에 덧붙여 적어 독자의 참조에 드릴 것은 형조刑曹의 수원사綏遠司이다. 이는 이용감에 다음가는 선생의 중요한 고안이다. 수원사는 해상 도서와 서북 변경 지역을 관리·통어하는 곳인데, 신라·고려 이래 처음 고안한 관사官司이며 대외 발전상 중요한 의의가 있다.

선생은 <기예론 2>에 이르기를, "농업의 기예가 정교하면 점유 토지가 적어도 얻는 곡식은 많아지고, 힘은 덜 써도 알곡은 야물게 영글 것이다. (……) 직조織造의 기예가 정교하면 물자 소비가 적어도 얻는 실은 많아지고, 힘은 빠르게 써도 베와 비단은 촘촘히 아름다울 것이다"32)고 하여 백공百工의 일반 작업에 기술의 정교함이 절대적 조건임을 고조한 동시에 현대 통속경제학이 말하는 '최소 노력, 최대 효용'의 원리를 적확히 가리켜 보여 주었다.

선생은 중농론자였다. 그러나 케네 일파와 같이 농업만을 생산 노동으로 간주한 농업 편중론자는 아니었다. 선생은 물론 농업을 제반 산업의 기본으로 인정한 반면에, 공업 방면에도 생산을 늘리고 산업을 일으킬 필요성을 고조하지 않은 것이 아니었다.

선생은 주周나라 제도를 인증引證하여 농부는 9직職의 하나이므로 천하의 백성을 모두 귀농하게 할 수는 없고, 농부만이 분전分田을 받을 수 있다고 엄밀히 주장하였다. 농부에게는 토지를 주고 농사짓지 않는 자에게는 각각 적당한 직업을 준다. 만일 상·공商工

---

32) 農之技精則其占地少而得穀多 其用力輕而穀美實 … 織之技精則其費物少而得絲多 其用力疾而布帛緻美 <技藝論2>

을 몰아서 모두 귀농하게 하거나, 또는 농부든지 농부가 아니든지를 막론하고 인구를 헤아려 전지를 분배하거나 하면 이는 중농의 본지本旨가 아닐뿐더러 농사짓지 않고 놀고먹는 것을 장려하는 폐정弊政이 되고 만다. 왕망王莽의 정전井田과 후위後魏 이후의 균전均田이 모두 예상의 실적을 거두지 못한 것은 대개 이러한 까닭이라 하였다.[33]

선생의 경세적 이론은 <전론田論> 7장에 이르러 이상적 절정을 표시하였다.

제1장의 대의는 이러하다.

어떤 사람에게 전지 10경頃과 아들 10명이 있다. 아들 1명은 3경, 2명은 각 2경, 3명은 각 1경을 얻고, 나머지 4명은 1경도 얻지 못하여 길거리에서 굶어 죽는다면, 그가 어찌 부모 노릇을 잘한다고 하겠는가? 이와 마찬가지로 인민의 부모라는 군주와 목민관이 인민의 재산을 고르게 제정制定하지 못하고 서로 치고 빼앗아 남의 것을 제 것으로 만들어 약육강식의 혈극을 연출하게 한다면 이는 군주와 목민관이 될 수 없다. 지금 전국의 전지를 추산하면 대략 80만 결結이고 인민은 대략 800만 명인데, 10명을 1호戶로 하면 호당 1결씩 분배되어야만 재산이 고르게 되리라. 그러나 현재 문무 고관과 민간 부자는 1호당 수확이 수천 석에 달한 자가 매우

---

33) 王莽之法 毋論農與不農 凡八夫者受田一井 旣非先王之法 … 先王以九職任萬民 九職農居一焉 唯農者受田 … 悉天下之民 而計口分田者 堯舜之所不能也 周禮之所不然也 … 後魏均田之法 不但非先王之遺法 抑亦非先王之本意也《經世遺表》卷6 <地官修制·田制5>

많은데, 이는 100결의 전지를 독점하여 990명의 목숨을 빼앗은 것이다. 국내 부자 중에 영남의 최씨와 호남의 왕씨 같은 자는 1호당 1만 석石을 거두니, 이는 400결의 전지를 독점하여 3,990명의 목숨을 빼앗은 것이다. 이럼에도 불구하고 조정에서는 하루바삐 부자에게서 덜어 내어 가난한 자에게 보태 줌으로써 인민의 재산을 고르게 하는 제도를 강구하지 않으니, 어찌 군주와 목민관의 도道라 하겠는가?34)

그리고 제2장에 의하면, 정전井田은 원래 한전旱田이요 평전平田이므로 수전水田과 산전山田이 많이 개간된 오늘날에는 정전제 실시가 절대로 불가능하다. 호구戶口가 늘고 줄고 하는 것이 달마다 다르고 해마다 다르므로 지금은 '인구를 계산하여 전지를 분배하는(計口分田)' 균전제均田制도 불가능하다. 소유의 명의名義를 얼마든지 서로 임시로 빌리고 거짓으로 바꿀 수 있기 때문에 묘畝의 매매를 일정하게 제한한 한전법限田法도 시행할 수가 없다. 그래서 선생은 균전·한전이 사리에 밝고 실무를 아는 자가 주장할 바는 아니라고 지적 진술한 동시에 예例의 '농사짓는 자는 전지를 받고 농사짓지 않는 자는 전지를 받지 못한다(農者受田 不農者不受田)'는 원칙을

---

34) 有人焉 其田十頃 其子十人 其一人得三頃 二人得二頃 三人得一頃 其四人不得焉 嗥號宛傳 莩於塗以死 則其人將善爲人父母者乎 … 令爲民父母 得均制其產而竝活之 而爲君牧者拱手孰視 其諸子之相攻奪竝吞 而莫之禁也 使强壯者益獲而弱者受擠批 顚于地以死 則其爲君牧者 將善爲人君牧者乎 … 今國中田地 大約爲八十萬結 人民大約爲八百萬口 試以十口爲一戶 則每一戶得田一結 然後其產爲均也 今文武貴臣及閭巷富人 一戶粟數千石者甚衆 … 則是殘九百九十人之命 以肥一戶者也 國中富人如嶺南崔氏湖南王氏 粟萬石者有之 計其田不下四百結 則是殘三千九百九十人之命 以肥一戶者也 而朝廷之上 不蒘蒘焉汲汲焉 唯損富益貧 以均制其產之爲務者 不以君牧之道 事其君者也 <田論1>

또한 고조하였다.35)

제3장은 〈전론〉 전편의 중심 문제요 이상적 묘안인 여전제閭田制를 제창하였다. 대의는 아래와 같다.

이제 '농자득전 불농자부득전'의 원칙을 완전히 실현하려면 모든 전제田制 중에서 오직 여전법만이 그것을 가능하게 할 것이다. 여전은 정전의 형식과 달리 산·개울·냇가·언덕의 자연적 형세를 그대로 써서 경계를 획정할 것인데, 이 경계의 안을 여閭라 하고 여마다 약 30가家로 한다(주나라 제도는 25가家를 1여閭라 함). 그리고 3여閭를 이里, 5리里를 방坊, 5방坊을 읍邑이라 한다. 여閭에는 여장閭長이 있고 1여의 전지는 1여의 주민으로 하여금 공동 경작하게 하여 너와 나의 구분이 없고 오직 여장의 지휘대로 잘 듣고 따른다. 날마다 모든 사람의 출역出役(노동량)은 여장이 장부에 분명하고 자세하게 기록한다. 수확기에 이르러 수확물 전부를 여閭의 공청公廳(여 가운데 있는 도당都堂)으로 실어 와서, 먼저 일정량의 공세公稅를 제하고 다음에 여장의 녹봉을 제하며 그 나머지는 일역부日役簿에 의하여 여민閭民에게 분배한다.36)

---

35) 將爲井田乎 曰否 井田不可行也 井田者旱田也 水利旣興 秔稌旣甘矣 棄水田哉 井田者平田也 劚柞旣力 山谿旣闢矣 棄餘田哉 將爲均田乎 曰否 均田不可行也 均田者 計田與口而均分之者也 戶口增損 月異而歲殊 … 將爲限田乎 曰否 限田不可行也 限田者 買田至幾畝而不得加 鬻田至幾畝而不得減者也 藉我以人之名 而加之焉 孰知之乎 藉人以吾之名而減之焉 孰知之乎 故限田不可行也 雖然人皆 知井田之不可復 而獨均田限田 明理識務者亦肯言之 吾竊惑焉 且夫盡天下而爲 之農 固吾所欲也 其有不盡天下而爲之農者 亦聽之而已 使農者得田 不爲農者不 得之則斯可矣 〈田論2〉

36) 今欲使農者得田 不爲農者不得之 則行閭田之法而吾志可遂也 何謂閭田 因山 谿川原之勢而畫之爲界 界之所函 名之曰閭[周制二十五家爲一閭 今借其名 約於三 十家 有出入 亦不必一定其率] 閭三爲里 … 里五爲坊 … 坊五爲邑 … 閭置閭長 凡

이 일역日役 분배법은 예를 들어 소득 곡식이 1천 곡斛(10두斗를 1곡斛으로 함)이고 그 기간의 일역(노동 일수)이 2만 일이라면 1일분의 소득 곡량은 5승升이다. 가령 1호戶로서 부부와 자식의 노동 일수가 800일이면 그 분배량은 40곡이 되고, 또 다른 1호는 노동 일수가 10일뿐이면 그 분배량은 5두斗밖에 안 될 것이다. 노력의 많고 적음에 따라 분배의 후하고 박함이 결정되므로 농부가 모두 힘을 다하고 토지도 이용을 다하게 될 것이니 토지의 이익이 일어나면 인민의 재산이 부유해지고 인민의 재산이 부유해지면 풍속이 순후淳厚해지고 풍속이 순후해지면 인민이 모두 효도와 우애를 행할 것이다. 이러므로 여전법은 전제田制의 상책이다.37)

위에서 대강 말한 바와 같이 여전법은 조선 경제사상사에서 중요한 지위를 점하고 있다. 순전히 선생의 독창적·이상적 고안이다. 동양 종래의 경제 이론에서는 물론 유례없는 이상적 전제론田制論이거니와 근세 서양의 다종다양한 경제론에서도 드물게 보는 손꼽을 만한 사상이다. 현행 경제 용어로 말하면 일역부는 노동표제勞動票制 또는 노동장부제勞動帳簿制에 유사하고, 역일役日은 노동 시간의 개념이다. 일면으로는 노동전수권勞動全收權38)의 주장이고,

---

一閭之田 令一閭之人咸治厥事 無此疆爾界 唯閭長之命是聽 每役一日 閭長注於冊簿 秋旣成 凡五穀之物 悉輸之閭長之堂[閭中之都堂也] 分其糧 先輸之公家之稅 次輸之閭長之祿 以其餘配之於日役之簿 〈田論3〉

37) 假令得穀爲千斛 以十斗爲一斛 而注役爲二萬日 則每一日分糧五升 有一夫焉 其夫婦子媳 注役共八百日 則其分糧爲四十斛 有一夫焉 其注役十日 則其分糧五斗已矣 用力多者得糧高 用力寡者得糧廉 其有不盡力 以賭其高者乎 人莫不盡其力 而地無不盡其利 地利興則民産富 民産富則風俗悖而孝悌立 此制田之上術也 〈田論3〉

38) 노동자가 노동에서 생기는 모든 수익을 소유해야 한다는 권리. 즉 불로소득이

다른 면으로는 소농小農의 분산 대신에 농업의 사회화를 목적한 것이다.39) 규모의 대소는 있을지언정 여전법은 지금 다른 나라의 촌락 공영共營 농장인 콜호스와 근사한 것이므로 분배의 균평뿐만 아니라 생산력의 증진에도 최선의 정책이다.40)

경제론의 여전법은 정치론의 〈원목〉, 〈탕론〉과 함께 선생의 경세적 사상에 있어 최대의 철학이다.《경세유표》의 공전납세론은 당시 현실에 대응하여 구급적 사회 정책을 제시한 것이니, 근본적 이상론인 여전법과는 동일 선상에서 말할 수 없는 것이다.

아닌 노동에 의한 보수제를 의미한다. 다산은 이를 만민개로萬民皆勞의 전제 조건으로 하는 여전제를 공상적으로 창안하였다고 한다.《실정》p622 볼 것.

39)《실정》p622에는 "소농의 영세적 경영 대신에 농업의 집단화를 목적한 것이다"고 정치적 해석을 가하여 더 구체적으로 서술되어 있다.

40) 최익한은《실정》p622에서는 여전법이 소련의 콜호스와 근사하다는 주장을 철회하였다.

《여유당전서를 독함》 원문 교주본

일러두기

1. 원문은 1938년 12월 9일부터 1939년 6월 4일까지 《동아일보》에 64 회 연재된 《여유당전서를 독함》을 사용하였다.

2. 《실학파와 정다산》(1955), 규장본·신조본·사암본 전서 등과 대조하여 오류를 바로잡았다.

3. 원문의 고자·속자·약자·와자譌字 등은 가급적 정자로 고쳤다.

坮→臺　農→農　旣→旣　岩→巖　畵→畫　賛→贊　秘→祕　効→效
歛→斂　叙→敍　侄→姪　壻→壻　窃→竊　脉→脈　决→決　况→況
冲→沖　冽→冽　隣→鄰　盖→蓋　晋→晉　穀→穀　徃→往　衆→參
吊→弔　稟→稟　刦→劫　庄→莊　凞→熙　俻→修　灾→災　韵→韻
甞→嘗　耻→恥　皐→皐　幷→倂　舘→館　粮→糧　泒→派

4. 신문 원고의 글자 수 제한 때문에 전서의 내용이 축약되었을 경우에는 원문은 그대로 두고 본문에만 전서에 따라 번역을 추가하였다.

5. 오자는 오식과 오기 등으로 구분 표시하고, 지도에서 잘 보이지 않는 글자는 편자가 직접 써넣었다.

6. 원문에는 없으나, 편집 체제상 각 장의 제목 앞에 번호를 달았다.

目 次

1. 茶山 先生의 哀乞

《與猶堂全書》는 茶山 丁若鏞 先生의 著書 全部에 對한 타이틀이다. 이 全書가 百年이란 짧지 안흔 동안을 좀과 몬지의 구렁에서 고요히 잠자다가 河淸의 時期나 왓다는 듯이 저 新朝鮮社의 誠意 잇는 四個年間 最高의 努力에 依하야 그 尨大한 偉容과 卓越한 內容을 活字와 讀者의 光明한 世界에 내어 노케 되엇으니 朝鮮의 文化界 아니 世界의 文化界에 잇서서 이 얼마나 기쁘고 慶賀할 배랴!

純祖 二十二年 壬午에 六十一歲인 先生은 回甲의 年을 당하야 限度가 잇는 自己 一生을 總決算하는 듯이 墓誌銘을 自撰하야 平生 經歷을 대강 敍述한 다음에 平生 著書의 大意와 目錄을 자세히 列擧하고 感歎의 語調로서1) 가로대 "아는 이는 이미 적고 노혀하는2) 자는 만흐니 만일 天命이 돌보지 안흐면 한 줄기 불이라도 태워 버릴 수 잇을 것이다!(知者旣寡 嗔者以衆 若天命不允 雖一炬以焚之可也)"라고 하엿다. 이 얼마나 애처러운 말슴이냐!

先生은 絕世의 經綸과 抱負를 품고 實演的 舞臺인 政治의 판국으로부터 쫓겨난 한 個의 亡命者엿다. 京國을 등지고 쓸쓸한 南海의 風霜에 逐臣의 生活을 줄곳3) 한 지 무릇 十八年이엇다. 苦心의 血을 기울여 墨汁을 대신한 것이 先生의 붓이엇다. 왼 世人의 白眼을 무릅쓰고 뒷사람의 知己를 對象한 것이 先生의 著作이엇다. 先生과 先生의 全書는 둘로 볼 수 없는 한 個의 偉大하고도 永遠한 生命이다. 先生은 이러한 自己 生命을 어쩌케 愛護하엿던가. 또는 어쩌케 執着하엿던가. 이것에 對한 惟一한 證品인 先生의 逸文 一通을 아래에 引記하아 博雅家의 參照에 드리려 한다.

---

1) 현행 맞춤법으로는 '로써'가 맞다. '(으)로서'와 '(으)로써'의 구분은 비록 틀린 경우가 있더라도, 원문은 그대로 두고 번역문에서만 바로잡았다.
2) 노하야하는>노하여하는(노혀하는)>노여워하는.
3) 당시에는 '줄곧'보다 '줄곳'으로 표기한 경우가 더 많았다.

書贈申永老4)(名永躋, 號鳳鳴山人 居仁同若木)

　昔我先人 爲醴泉倅 爲蔚山都護 爲晋州牧 三邑 皆古辰韓弁韓地也 是故
余之跡 亦屢及嶺南 而省定之暇 得與先生長者 陪歡奉敎 而經生學子 亦多
與之友善者 其或宦遊京輦者 相往返如鄰里 嗟乎 此昔年事也 嘉慶辛酉春
余謫長鬐亦嶺南也 是時 親戚故舊不敢相知 然 所過 凡有一面者 莫不路次
慰問 蓋其敦樸仁厚 天性然也 其年冬 余移謫康津 自妓以還5) 與嶺南人士
聲問邈然 丙寅6)之歲 蘇湖李丈 謫皐夷苫 解還7) 訪余于東門之店舍 余以
周易推移之義質問焉 其別也 書困之象 演其義 以贈余而去 且曰 推移者朱
子卦變圖之遺意也 後數年 余結盧于茶山 今又十有餘年 頭童齒豁 生意索
然 而嶺南舊識不可復見 常 忽忽思念 今年首夏之廿有六日 若木申君永老
來訪 卽舊所好8) 价川守 申公之令9)子也 握笑 敍數十年事 悲歡交集 歷聞
耆年宿德 零落殆盡 惟石田李默軒丈 年10)八十有二 而精康純粹 誨人不倦
其餘 年尙未邵 而亦寡存者 嗟乎 其可悲也 永老以遺戒 不事磬控 嘐11)然
有志於 古人之學 余爲之 叩其所蘊 問博多聞12) 可貴也 抑余有慂其衷者

---

4) 일용본에는 贈申穎老로 되어 있다. <증신영로>는 원본은 없고 필사본만 몇 종
　있는데, 1935년에 정인보본(위당본爲堂本), 2001년에 임기중본(일용본一庸本),
　2017년에 경기도박물관본(경박본)이 소개되었다. 일용본≒경박본→위당본→
　최익한본 순으로 필사되어 글자 출입이 좀 있으므로 이하의 각주에 표시하고
　번역에 반영하였다. 정인보, <정다산 선생의 뜻깊흔 부촉付囑>,《신조선》12호
　(1935.8), 신조선사, pp25~6;《담원정인보전집·2》, 연대출판부, 1983, pp87~
　8 재수록; <다산 정약용 '유배지 편지' 발견>,《동아일보》, 2001.7.17; 정해렴
　편역주,《다산서간정선》, 현대실학사, 2002, pp351~2; 정민,《다산증언첩》, 휴
　머니스트, 2017, pp624~5 참조.
5) 還 : 일용본·경박본에는 來로 되어 있는데 같은 뜻이다.
6) 원문의 乙丑은 오기. 일용본에는 丙寅으로 되어 있다.
7) 解還 앞의 '粵明年(기타본의 厥明年)'은 오류이므로 원문에서 삭제함.
8) 來訪 卽舊所好 : 일용본·경박본에는 '特來相見詢之 卽余舊所好'로 되어 있다.
9) 令 : 경박본에는 胤으로 되어 있다.
10) 年 : 일용본·경박본에는 今年으로 되어 있어 그에 따라 번역함.
11) 嘐 : 일용본·경박본에는 囂로 되어 있다.

永老其往告焉 余自流落以後 覃精聚神 膏以繼晷 所輯 有喪禮四箋六十卷
祭禮考訂[13]二卷 喪儀節要六卷 樂書說十二卷 周易四解二十四卷 古文尚
書平九卷 尙書古訓六卷 尙書知遠錄七卷 詩經講義十五卷 論語古今說四
十卷 孟子說九卷 中庸講義補九卷 大學說三卷 小學心經說共三卷 春秋考
證[14]十卷 我邦疆域考[15]十卷 備禦考十二卷 典禮考邦禮考共六卷 其餘雜
纂 又數十種 雖其論著 無可取 其所輯古人之言 部分頗精 末學或有取焉
余今死亡無日 他年 或有以是數種書 携至嶺南者 望 諸君子 穹量厚德 勿
以人廢之 受言取之淘汰沙礫采[16]擇芻蕘 存其百一 以留其跡 庶幾有補於
含垢納汚之盛德云[17] 余今 子姓憔悴 而斯世之棄君平久矣 其有惻然而垂
情[18]者否 永老 其念之 丁丑四月廿有七日 洌水丁鏞 書于茶山草庵[19]

上[20]一通贈言은 爲堂 鄭寅普氏에 依하면 年前 湖南 金東爕氏로부터
自己에게 보내준 茶山 遺文인데 그 親筆 本草가 지금까지 若木申氏의 집
에 傳來한다고 한다.

이 글을 보면 마치 孝子慈孫이 泯滅해 가는 自己 父祖 文字의 表章 刊
行을 世人에게 哀乞하는 語調와 같지 안는가. 그러나 自己를 깊이 認識
하고 自負에 勇敢하고 文化와 世道에 거룩한 慈悲의 생각을 두시는 先生
은 그 遺集의 流布를 一種 布德的 行爲로 보려 하엿던 것이다. 이 區區한
哀乞은 도리어 先生의 眞正한 生命과 眞理에 忠實한 擁護와 傳播를 主張
하는 正大光明한 態度가 아니고 무엇일까.

---

12) 問博多聞 : 일용본·경박본에는 洵博雅多聞으로 되어 있어 그에 따라 번역함.

13) 일용본·경박본은 祭禮考正.

14) 일용본·경박본은 春秋考徵.

15) 일용본·경박본은 我邦疆考.

16) 采 : 위당본은 采, 일용본은 采, 경박본은 探로 되어 있다.

17) 云 : 위당본은 之爾, 일용본·경박본은 云耳로 되어 있어 참작 번역함.

18) 情 : 위당본·일용본·경박본은 憐으로 되어 있어 그에 따라 번역함.

19) 庵 : 일용본·경박본의 菴과 동자.

20) 上 : 원문에는 右로 되어 있다. 이하 마찬가지.

先生의 正大한 哀乞은 依然히 不遇로서 百年의 寂寞을 지낫지 안헛든 가! 이것은 先生 個人과 先生의 遺集만의 不遇가 아니라, 우리 社會와 우리 文化의 亞細亞的 沈滯性에 오래동안 捕虜 되엇던 歷史的 不遇엿던 것이다.

우리는 巨大한 先生의 全書가 活字의 武器로서 오늘날 그 묵고도 묵은 塵蠹의 封鎖를 깨틀어 버리게 되엇다는 新鮮한 事實을 앞에 노코 先生의 生命을 爲하야 感喜의 눈물을 禁치 못한다.

그러나 우리는 先生 全書의 刊行 그것만으로서 어찌 先生의 偉大한 歷史的 生命을 바뜰엇다 할 수 잇으랴. 全書의 流布를 따라 先生의 偉大한 存在와 歷史的·思想的 內包와 學問的·經綸的 價値를 歷史的·社會的 法則에 依하야 正當히 理解하고 批判하는 데서만 이 全書 刊行의 目的이 發露될 것이다. 또는 後學의 先覺에 對한 止揚的 繼承이 可能할 것이다. 筆者는 江湖 多數한 本 全書 讀者 同伴의 幾分間 便宜를 爲하야 先生 年譜를 위선 畧揭한다. (1회, 1938. 12. 9)

2. 丁茶山 先生 年譜

英祖 三十八年(西紀 一七六二)

壬午 六月 十六日 巳時에 京畿道 廣州 草阜面 馬峴里(마재, 現今 楊洲郡 瓦阜面 陵內里)에서 誕生하엿다. 姓은 丁氏요 本은 押海요 小字는 歸農이다. 是年에 莊獻世子의 變이 잇어 父公 載遠이 決意歸田하엿는데 마침 先生이 나므로 歸農이라 불럿다.

同四十一年 乙酉 四歲

《千字文》을 비로소 배웟다.

四十四年 戊子 七歲

비로소 五言 漢詩 "小山蔽大山 遠近地不同"이란 句를 지으니 父公이 크게 奇異히 여겨서 그 計量에 明哲한 頭腦가 將來 曆法 算數에 能通할 것을 豫想하엿다. 是年에 先生이 痘疫을 곱게 치러 一點 瘢痕이 없으되 오직 右眉가 손터로 中分되엇으므로 三眉子[1]라 自號하고 十歲前 著作인 《三眉集》은 先輩長老의 歎賞을 받엇다.

四十六年 庚寅 九歲

母夫人 尹氏의 喪을 당하엿다. 尹氏는 孤山 尹善道의 後요 博識實學으로 이름이 잇던 恭齋 尹斗緒의 孫女엿다.

四十七年 辛卯 十歲

이때 父公이 解官家居하야 親히 敎授하니 先生은 潁悟勤勉하야 督責

---

1) 원문은 三眉인데, 《사암연보俟菴年譜》 p3과 《실정》 p708에 따라 三眉子로 고침. 이하 마찬가지.

을 기다리지 안코 經史를 배우는 同時에 그 體裁를 본받어 一年內에 等身의 量에 달한 作文을 지엇다.

五十年 甲午 十三歲
杜詩를 본받어 數百 首의 漢詩를 지엇다.

五十二年 丙申 十五歲
二月에 冠禮를 行하야 名은 若鏞, 字는 美庸 또 頌甫라 하고 武承旨 豊山 洪和輔의 女와 結婚하엿다. 이때 父公은 다시 出仕하므로 따라서 京城에 住居하엿다.

正祖 元年 丁酉 十六歲
星湖 李瀷의 遺稿를 비로소 拜讀하엿다. 秋에 父公의 和順 任所에 陪往하엿다.

同二年 戊戌 十七歲
秋에 同福縣2) 勿染亭과 光州 瑞石山에 遊覽하엿다. 冬에3) 和順縣 東林寺에 가서 讀書하엿다.

三年 己亥 十八歲
父公의 命으로 還京하야 功令 各體文을 지엇다. 冬에 太學 陞補 被抄하엿다.

四年 庚子 十九歲
醴泉 任所에 가서 覲親하고 伴鶴亭에서 讀書하엿다. 是年에 父公이 罷

---

2) 원문의 同縣은 탈자.
3) 앞 문장과 순서를 바꾸고 '冬에'를 추가함.

官하매 先生이 陪還하야 鄕第에서 讀書하엿다.

五年 辛丑 二十歲

在京하야 科詩를 이컷다.

六年 壬寅 二十一歲

비로소 買屋住京(倉洞 棣泉)하엿다.

七年 癸卯 二十二歲

二月 世子冊封慶增廣監試에 經義初試 入格. 四月 會試科에 生員 入格.
宣政殿에 謝恩할 새 上이 特히 擧顔케 하고 年齡을 물엇다. 九月 十二日
에 長子 學淵이 낫다. 是年에 會賢坊 在山樓下[4]로 移住하엿다.

八年 甲辰 二十三歲

夏에 《中庸講義》를 올리매 正祖가 見解 明哲을 크게 稱賞하엿다. 夏
에 曠菴 李檗을 좇아 斗尾峽에 배타고 나려가서 비로소 西洋의 學問을
듣고 그 書籍을 보앗다.

十一年 丁未 二十六歲

重熙堂에 入侍하엿더니 正祖가 承旨 洪仁浩로 하여금 《兵學通》 一
卷[5]을 追後 下賜하고, "汝兼有將才 故特賜此書"란 密敎가 잇엇다.

十三年 己酉 二十八歲

---

4) 《여유당전서(이하 '전서')》〈夏日樓山雜詩〉에 의하여 下자를 추가함. 〈다산연
보〉(1830)에 "移屋 會賢坊 在山樓洞"이라 하였는데, 《사암연보》에는 洞자가
누락되어 이러한 착오가 생긴 것이다.

5) 《兵學通》 一卷 : 원문에는 兵學一通으로 되어 있으나 이와 같이 고쳤다. 〈다산
연보〉; 《사암연보》 p15; 전서 〈跋兵學通〉 참조.

春에 直赴殿試에 及第로서 禧陵直長이 되엇다. 《熙政堂大學講錄》一
卷을 만들엇다. 冬에 舟橋의 役이 잇어 그 規制를 陳述하야 事功을 容易
케 하엿다.

十四年 庚戌 二十九歲

二月 翰林會圈 被選하엿다. 當時 右相 蔡濟恭의 主圈에 對하야 臺諫
하나가 循私違式이라고 言斥하므로 先生은 陳疏徑出하야 여러 번 牌招
에 응치 안헛더니 三月에 正祖가 嚴旨로서 海美에 定配시켯다가 十日 만
에 宥還하엿다. 歸路에 溫陽溫泉에서 莊獻世子의 手植槐樹를 築壇記念
케 하엿다. 九月에 司憲府 持平으로 訓鍊院 武試를 監察하야 地方遠人의
才技優秀한 者를 多數히 選出하엿다.

十五年 辛亥 三十歲

冬에 西敎事件으로서 湖南 權尙然·尹持忠의 獄이 잇고 李基慶·洪樂安·
睦萬中 등의 構讒이 잇엇으나 正祖의 明諒으로 無事하엿다. 《詩經講義》
八百餘 條를 올려 크게 稱賞을 받엇다.

十六年 壬子 三十一歲

弘文館修撰. 四月 初九日 父公은 晉州 任所에서 歿하다. 冬에 城制를
條進하야 <起重架圖說>,6) 滑車·鼓輪의 制를 水原城役에 應用한 結果 經
費 四萬緡의 省減을 正祖는 特히 嘉獎하엿다.

十七年 癸丑 三十二歲

夏에 蔡濟恭이 華城(水原)留守로 들와 領相이 되어 다시 壬午讒人을
疏論하매 先生이 洪仁浩에게 主論의 嫌疑를 받엇다.

(2회, 1938. 12. 10)

---

6) 원문의 起重架說圖는 오식.

十八年 甲寅 三十三歲

六月에 服闋 七月에[7] 成均館直講이 되엇다. 十月에 다시 弘文館修撰이 된 卽時 內閣學士 鄭東浚의 貪權好賄를 擬疏하고 또 京畿暗行御史로서 宰臣·守令 等의 貪婪犯法을 劾奏依律하엿다(徐龍輔亦在劾中).

十九年 乙卯 三十四歲

正月에 司諫院司諫·同副承旨를 歷任하엿다. 二月에 正祖가 太嬪을 모시고 顯隆園에 參謁하고 華城府에 돌아와서 奉壽堂에 進宴하니 莊獻世子와 慈宮의 回甲年인 까닭이다. 先生은 兵曹參議로서 扈從하야 賡和詩를 지엇다. 兵曹宿直一夜에 猝然 御題가 나리므로 王吉射烏詞 七言排律 一百韻을 曉前에 製進하야 才名과 詞藻가 上下를 驚服케 하엿다. 是時에 蘇州人 周文謨의 潛入傳敎가 發覺되매 睦萬中·朴長卨 등이 善類를 陷害코저 하야 四行說·靑蒙氣說로서 貞軒 李家煥과 先生의 仲兄 巽菴 若銓 등의 邪學을 上疏論攻한지라 正祖는 下諭辨誣까지 하엿으나 物論을 막기 爲하야 七月에 貞軒은 忠州牧使로, 先生은 金井(洪州)察訪으로 外黜하고 李承薰(先生의 姊夫)은 禮山縣에 流配하엿다. 이에 先生은 木齋 李森煥 等과 溫陽 石巖寺에 모이어 逐日講學한 바 <西巖講學記>가 잇다. 星湖遺稿를 校正하고 <陶山私淑錄> 三十三則을 세웟다.

二十年 丙辰 三十五歲

是年에 宥還되어 兵曹參知·左副承旨가 되엇다.

二十一年 丁巳 三十六歲

一派의 邪學構訴로 因하야 自引疏를 올렷더니 六月 二日에 谷山府使로 貶職되고 "正欲一番進用이나 議論이 苦多하니 不知何故로다. 畧遲一

---

7) 六月에 服闋 七月에 : 원문의 '七月 服闋後'는 오류이므로 고쳤다. <다산연보>
(1830)에 "(아버지 사후) 27개월 만인 갑인년 6월에 담제禫祭를 지냈다"고 하
였고, 《사암연보》p40에 "6월 복결服闋"이라고 하였다.

二年이라도 無妨하니 行하라. 且召之矣리라"는 正祖의 親諭가 잇엇다.
冬에 《痲科會通》 十二卷이 이뤗다.

二十二年 戊午 三十七歲
四月 《史記英選集註》를 올렷다.

二十三年 己未 三十八歲
谷山府使 數年에 民政·財政·刑政 諸方面의 治績이 크게 나타나서 이른
바 澤國利民의 抱負가 割鷄的 實現을 보게 되엇다. 三月에 戶曹參判 假
啣으로 黃州迎慰使(淸使에 對한)가 되고 同時에 海西暗行이 되어 監司守
令의 藏否를 探察하엿다. 四月에 兵曹參知에 內除되어 入京하매 刑曹參
議가 되어 滯決되고 잇는 幾多疑獄에 剖決이 精明하엿다. 六月에 上의
知遇가 隆重해 가매 一派의 搆禍가 尤甚하므로 先生은 上疏自明하고 乞
遞하엿다. 十月에 庶孼 趙華鎭이 誣告하되 李家煥·丁若鏞 等이 西敎를
陰主하야 不軌를 꾀한다 하나 正祖는 筵臣에게 頒示하야 誣書인 것을 발
켜 주엇다.

二十四年 庚申 三十九歲
六月 二十八日 正祖 昇遐하시니 先生은 慟涕不已[8)]하엿다. 睦萬中·李
基慶[9)] 等이 雀躍相賀하야 李家煥 等에 對한 危言蜚語를 일사마 禍色이
날로 急한지라 先生은 卒哭 後에 곧 鄕里에 돌아가서 兄弟가 團聚하야
經傳을 講論하고 老子 《道德經》의 "與兮若冬涉川 猶乎若畏四隣"을 取
하야 堂號를 與猶堂이라 하니 畏約의 意를 보인 것이다. 是年에 《文獻備
考刊誤》가 이뤗다.

純祖 元年 辛酉 四十歲

---

8) 已 : 원문의 己는 오식. 이하 마찬가지.
9) 慶 : 원문의 善은 오식.

二月 九日에 所謂 册籠事件으로 發端된 西學案에 坐하야 拿囚되엇다. 是獄에 仲兄 若銓은 薪智島에 流配되고 三兄 若鍾은 被誅하고 先生은 三月에 長鬐에 流配되어 《三倉訓詁》를 考證하고 <己亥邦禮辨>, 《爾雅述》 六卷을 지엇다10)(是年 冬獄에 일허버렷다). 夏에 <百諺詩>를 지엇다. 十月에 帛書 主魁인 黃嗣永이 逮捕되매 惡人 洪羲運(樂安의 變名)·李基慶 等이 百計謀陷하야 先生 兄弟가 再次 入獄하엿다가 仲兄 巽菴은 黑山島(羅州 西南海 中)에 先生은 康津에 流配되어 羅州 城北 栗亭店까지 兄弟 同來하엿다. 別後에 巽菴은 島人의 心을 크게 얻엇을뿐더러 禁網11)이 少解한 뒤로는 信息이 相通하고 著述이 잇을 때마다 서로 問難稱許한 바만헛다. 先生 被囚時에 馬峴 本第에는 鷄犬이 남지 안헛고 正祖의 下賜書籍도 모두 散逸되엇다.

二年 壬戌 四十一歲
四子 農牂의 夭音을 받엇다.

三年 癸亥 四十二歲
春에 <檀弓箴誤>가, 夏에 <弔奠考>가, 冬에 <禮箋喪儀匡>이 이뤗다.

四年 甲子 四十三歲
春에 <兒學編訓義>(二千文)가 이뤗다.

五年 乙丑 四十四歲
夏에 <正體傳重辨>(一名 <己亥邦禮辨>) 三卷이 이뤗다. 冬에 長子 學淵이 來覲하므로 寶恩山房에서 易禮를 講하야 <僧菴問答> 五十二則을 지엇다.

---

10) 본문 p125 번역은 <자찬묘지명>의 "作己亥邦禮辨 考三倉詁訓 著爾雅述六卷"에 따랐다.
11) 網 : 원문의 綱은 오식.

七年 丁卯 四十六歲

五月에 長孫 大林이 낫다. 七月에 兄子 學樵의 訃를 받엇다. 冬에 《喪禮四箋》의 <喪具訂>이 이뤗다. (3회, 1938. 12. 11)

八年 戊辰 四十七歲

春에 茶山에 移居하야 茶山의 號가 잇게 되엇다. 茶山書屋은 康津縣 南 萬德寺 西 處士 尹愽12)의 山亭이다. 先生은 移住한 後로 坮를 쌋코 못을 파고 花木을 列植하고 물을 당겨 飛流瀑을 만들고 東西 二菴에 千餘 卷을 藏置하고 著書로 樂을 삼고 石壁에 '丁石' 二字를 刻標하엿다. 諸生에게 推移·爻變의 學을 가르치고 <茶山問答> 一卷, <茶山諸生贈言>을 지엇다. 夏에 <家誡>를 쓰고 冬에 《祭禮考定》, 《周易心箋》 二十卷, <讀易要旨> 十八則을 짓고 <易例比釋>을 述하고 <春秋官占>을 補注하고 <周易箋解>를 別著한 外에 《周易緖言》 十二卷을 지엇다.

九年 己巳 四十八歲

春에 《喪禮四箋》의 <喪服商>이, 秋에 《詩經講義》 刪錄이 이뤗다.

十年 庚午 四十九歲

春에 《詩經講義補》, 《冠禮酌儀》, 《嘉禮酌儀》가 이뤗다. 九月에 長子 學淵의 鳴訴가 잇어 恩宥를 받엇으나, 洪命周·李基慶의 沮害로 蒙放치 못하엿다. 冬에 《小學珠串》이 이뤗다.

十一年 辛未 五十歲

春에 《我邦疆域考》13)가, 冬에 《喪禮四箋》의 <喪期別>이 이뤗다.

---

12) 愽 : 원문의 博은 오기. 이하 마찬가지.

13) 신조본에는 '我邦'이 생략되어 있다. 당시 일제강점기에는 '我邦'이 조선을 가리킬 경우 검열 대상이 되었지만, 이것은 과거 다산의 기록이므로 제한적으로 예외성이 인정된 듯하다. 《홍이섭전집·2》, 연세대출판부, 1994, p92, 각주 13;

十二年 壬申 五十一歲

春에 季父 稼亭의 訃를 받엇다. 春에 《民堡議》三卷(洪景來亂에 느낀 바가 잇서서), 冬에 《春秋考徵》十二卷이 이뤗다.

十三年 癸酉 五十二歲

冬에 《論語古今注》14) 四十卷이 이뤗다.

十四年 甲戌 五十三歲

夏 四月에 禁府 解還코자 하다가 姜浚欽의 上疏 沮害한 바 되엇다. 夏에 《孟子要義》九卷, 秋에 《大學公議》三卷,《中庸自箴》三卷,《中庸講義補》, 冬에 《大東水經》이 이뤗다.

十五年 乙亥 五十四歲

春에 《心經密驗》,《小學枝言》이 이뤗다.

十六年 丙子 五十五歲

春에 《樂書孤存》이 이뤗다. 夏 六月 六日에 巽菴의 訃를 받엇다.

十七年 丁丑 五十六歲

秋에 《喪儀節要》가 이뤗다.《邦禮艸本(經世遺表)》은 비로소 編輯 中이엇으나 完了치 못하엿다(四十九卷).

十八年 戊寅 五十七歲

정해렴 역주,《아방강역고》, 현대실학사, 2001, p4; 조성을, <'아방강역고'와 '대동수경大東水經'의 문헌학적 검토>,《다산학》13호(2008. 12), 다산학술문화재단, p364 참조.

14) 원문과《사암연보》p180에는 '-註'로 되어 있으나,《실정》p729에 따라 '-注'로 통일함.

春에 《牧民心書》, 夏에 《國朝典禮15)考》가 이뤘다. 秋八月에 應敎 李泰淳의 上疏와 判義禁 金羲淳의 發關으로 先生은 流配 十八年 만에 비로소 解放되어 九月 二日16)에 茶山을 떠나 十四日에 洌水 本第(卽 馬峴)에 돌아왔다.

十九年 己卯 五十八歲

夏에 《欽欽新書》, 冬에 《雅言覺非》가 이뤘다. 秋에 龍門山에 놀었다. 冬에 朝議가 다시 先生을 登庸하야 經田의 務를 마끼고자 하니 徐龍輔(時再入相府)가 力沮하엿다.

二十一年 辛巳 六十歲

春에 《事大考例》 删補 二十六篇이 이뤘다. 秋 九月에 伯兄 若鉉의 喪을 만낫다.

二十二年 壬午 六十一歲

〈墓誌銘〉을 自撰하엿다. 六月에 申綽에게 六鄕之制를 答論하엿다.

二十三年 癸未 六十二歲

九月 二十八日에 承旨 前望 入點, 少頃 還收되엇다.

二十七年 丁亥 六十六歲

翼宗17) 代理의 初年으로 先生을 登庸할 意嚮이 보이매 尹克培가 惡人의 使嗾를 받아 上疏慘誣하엿으나, 政院이 捧達치 안코 도리어 進啓하야 克培를 嚴推한 결과 그 誣狀이 發露되엇다.

---

15) 禮 : 원문의 制는 오식.
16) 二日은 편자가 추가함.
17) 원문에는 翼祖로 되어 있다. 이하 같음.

三十年 庚寅 六十九歲

五月 五日에 蕩敍 副護軍 單付. 때마침 翼宗 睿候가 오래 平復치 못하야 先生은 藥院 議藥의 命을 받고 入闕 診候하니 睿候는 벌서 거의 大漸에 이르럿다. 試藥煎進하기 前에 薨去하므로 先生은 發哀하고 卽日 還鄕하엿다.

三十四年 甲午 七十三歲

春에 《尙書古訓》,《知遠錄》을 改修合編 二十一卷이 이뤗고, 秋에 《梅氏書平》 改正이 이뤗다. 十一月에 上候로서 다시 召命을 받고 急히 上京하야 十三日 曉에 興仁門에 드러서니 벌서 上候 大漸하야 百官이 哭班에 나간지라 先生은 弘化門에서 擧哀하고 翌日 還鄕하엿다.

憲宗 二年 丙申(西紀 一八三六, 距今 一百三年 前) 七十五歲

二月 二十二日 辰時에 洌上 正寢에서 病卒하니 是日은 先生의 回巹日이엇다. 四月 一日 與猶堂의 後便인 馬峴里(現 陵内里) 子坐之原에 葬하엿다.

純宗 隆熙 四年 庚戌

七月 十八日에 詔曰 故承旨 丁若鏞은 文章經濟가 卓越一世라 하야 正憲大夫 奎章閣提學, 諡 文度(博學多聞曰文 制事合義曰度)를 贈하엿다.

先生 卒後 一百三年에 《與猶堂全書》가 新朝鮮社에 依하야 刊行되엇다. (4회, 1938. 12. 13)

3. 茶山 名號 小攷

以上 年譜에 말한 바와 같이 先生의 兒名은 歸農이오 冠名은 若鏞이나 後來 書疏詩文 모든 方面에 行列字인 若은 省略하고 鏞字만 使用하엿다. <自撰墓誌>에 '此洌水丁鏞之墓也 本名曰若鏞'이라 하엿다.

洌水 丁鏞이라고 항상 썻으나 얼른 보면 洌水는 先生의 貫鄕 같으나 그러치 안타. 先生의 貫鄕은 押海이므로 押海丁氏, 또는 羅州丁氏라고도 한다. 押海는 어디냐 하면 羅州 廢縣押海이다. 《興地勝覽》의 <羅州 古跡條>에 "壓海廢縣은 在州南四十里하니 壓은 一作押이오 本海中島라" 하엿다.

그러면 洌水는 先生의 雅號의 하나인가. 그러치도 안타. 先生의 世居地인 馬峴은 漢江의 우인데, 先生은 漢江이 洌水인 것을 考證하야 居地名으로 썻던 것이다. 先生의 子孫까지도 先生의 用例에 依하야 洌水 丁某라 하엿다. 先生의 手定한 《與猶堂集》에 《洌水集》,[1] 《俟菴集》 等의 題號가 잇으니 이것으로 보아서는 洌水는 先生의 一種 雅號로 볼 수 잇다.

多數한 先生의 別號를 列擧하면 如下[2]하다.

1) 三眉子

年譜에 말한 바와 같이 三眉는 幼年 時代 號인바 右眉 痘痕으로 因하야 三眉라 號하고 十歲 前의 著作을 《三眉集》이라 하엿다.

2) 俟菴

<自撰墓誌> 劈頭에 名字를 敍述한 다음에 "號曰俟菴 堂號曰與猶堂"이라 하엿으니 先生 諸號 中의 代表的 稱號인 것을 알 수 잇다.

---

1) 문집 일부에 사용된 표제인 '《열수전서속집洌水全書續集》'으로 보인다.
2) 원문에는 如左로 되어 있다. 이하 마찬가지.

"君子不隨物 (…) 百世吾可俟"와 康津 流配 後의 "竭力典籍內 以俟百世後"等 詩句로서 그 趣意를 또한 짐작할 수 잇는 것이다. 俟의 一字는 先生의 生活과 抱負와 信念에 對한 歷史的 約號라 할 수 잇지 안흔가.

3) 與猶堂

이른바 堂號인데 先生 三十九歲 時(正祖 二十四年 庚申) 知遇가 特別하던 正祖의 昇遐한 후 是年 冬에 先生은 時禍를 預避하야 苕川莊에 歸居하야 兄弟 相聚하야 經史講讀으로 樂을 삼고 老子《道德經》의 "與兮若冬涉川 猶兮若畏四鄰[3)]"語를 取하야 與猶堂이라 揭扁하니 대개 畏約의 意를 表한 것이다. <與猶堂記>가 本全書 記文 中에 잇는데 그 篇次가 年代順으로 整理되지 못하야 本 堂記가 康津 諸篇의 뒤에 編入되어 잇음으로 或者는 與猶堂을 康津 解歸 後의 堂號라 하나 이것은 미처 詳考치 못한 말이다.

十四年前 乙丑年 洪水에 全家 漂流되기까지는 與猶堂 故宅이 如前 保存되엇던 것이다.

4) 洌樵

吟詠唱酬文字에 가끔 쓰던 雅號이다. 卽 洌水樵夫란 말이다.

5) 茶山

茶山은 年譜에 말한 바와 같이 康津縣 南 萬德寺 西 處士 尹博의 山亭 所在地 名이다.

先生은 康津 流配 後 第八年 卽 純祖 八年 戊辰 四十七歲 春에 處士의 厚意로서 山亭에 移居케 되엇으니 先生의 이른바 茶山草庵·茶山東庵·茶山精舍·茶山書閣·茶山書屋 等이 모두 이것을 가르친 것이다. 또는 茶山 或은 茶山 先生이라고 自稱하엿으니 茶山이 先生의 雅號인 것은 實로 偶

---

3) 원문은 猶乎若畏四隣인데 <여유당기>에 따라 고침.

然한 것이 아닐뿐더러 先生의 不朽 大業인 許多 著作 中 重要한 部分은 그 修正·創作·起案이 거의 다 茶山書屋 十一年間의 産物이라 할 수 잇지 안는가. 다시 말하면 先生의 先生된 最大 期間은 茶山 雅號의 期間이므로 茶山이 先生의 代表的 雅號가 되어 버린 것도 또한 正當치 안흔가. 俟菴이라면 一般이 잘 모르되 茶山이라면 누구나 다 알 만큼 되엇으니 俟菴 先生은 千秋의 아래서 民衆을 조차 茶山 先生으로 永遠히 행세할지어다.

先生은 茶山 移居 後로 더욱히 喫茶를 조하하엿다. <寄贈惠藏上人乞茗> 詩에 "窮居習長齋 羶臊志已冷 (…) 檀施苟去疾 奚殊津筏拯 焙晒須如法 浸漬色方瀅"이라 하엿고, 또 "與可昔饞竹 樗翁今饕茗 況爾棲茶山 漫山紫筍挺 (…) 四鄰多霍癖 有乞將何拯 唯應碧潤月 竟吐雲中瀅"이라 하엿으니 이것을 보면 先生이 茶에 需要가 얼마나 緊切하엿던 것을 넉넉히 짐작할 수 잇지 안는가. <贐性 寄茶에 對한 感謝> 詩에는 "藏公衆弟子 贐也最稱奇 已了華嚴教 兼治杜甫詩 草魁頗善焙 珍重慰孤羈"라 하엿으니 先生의 茶癖도 相當히 執着햇던 것을 알 수 잇지 안는가.

(5회, 1938. 12. 14)

先生은 茶癖에 깊고 茶道에 通할뿐더러 茶의 種類及其名稱에 對하여도 專門家的 考究를 하엿던 것이다.《雅言覺非》<茶>項에 이러케 말하엿다.

茶란 것은 冬靑의 木이다. 陸羽의《茶經》에 一曰茶, 二曰檟, 三曰蔎, 四曰茗, 五曰荈이니 본래 草木의 名이오 飮淸의 號는 아니다(《周禮》有六飮·六淸). 東人은 茶字를 湯·丸·膏·飮의 類와 마찬가지로 認識하야 藥物의 單煮는 도모지 茶라 하야 薑茶·橘皮茶·木瓜茶·桑枝茶·松節茶·五果茶라는 恒言이 잇게 되엇으나 中國에는 이러한 法이 없는 듯하다.
李洞詩의 "樹谷期招隱 吟詩煮柏茶"와 宋詩의 "一盞菖蒲茶 數箇沙糖粽"과 陸游의 "寒泉自換菖蒲水 活火閒煮橄欖茶"는 모두 茶鋌 中에다가 栢葉·菖蒲·橄欖 들을 섞어서 쓰는 故로 此等 名稱이 잇는 것

이 單煮別物 茶라고 冒名한 것은 아니다(東坡詩에 大冶長老에게 桃花茶를 乞求한 詩가 잇으니 역시 茶樹의 別名이오 桃花를 茶로 冒名한 것은 아니다).

幽栖不定逐煙霞　　況乃茶山滿谷茶
天遠汀洲時有帆　　春深院落自多花

　　上詩 一絶은 先生의 茶山詠茶의 첫소리엇다. 때는 언제냐 하면 純祖 八年 戊辰(四十七歲) 三月 十六日 康津邑에서 茶山書屋으로 移住한 直後[4]엇다. 이 詩를 보더라도 地名 茶山은 이름과 같이 茶樹가 만헛던 것이어니와 茶山의 茶는 그저 茶 卽 飮用茶만이 아니고 山茶가 茶山의 大部分을 이루엇던 것도 事實인 듯하다. 어째 그러냐 하면 《雅言覺非》〈山茶〉項에 "余在康津 於茶山之中 多栽山茶"라 하엿으니 이것을 보아 더욱이 알 수 잇지 안흔가.

油茶接葉翠成林　　犀甲稜中鶴頂深
只爲春風花滿眼　　任他開落小庭陰

苨莫些些放白花　　墙頭虎掌始舒芽
山家種藥無多品　　爲有山中萬樹茶[5]

以上 兩首는 다 先生의 〈茶山花史 二十首〉 中의 것인데 前首는 山茶樹를 가르친 것이고 後首는 飮用茶樹를 가르친 것이 分明치 안흔가.

　　그러면 山茶란 어떤 것인가. 先生의 考證에 의하면 山茶는 우리말에 冬柏인데 봄에 繁榮하는 것은 春柏이란 것이다. 《漢淸文鑑》에는 山茶를 岡桐이라 하엿다.

---

4) '이주한 직후'가 아니라 '이주하기 직전'이 타당하다. 번역문 p141 볼 것.
5) 원문에는 첫째 수와 둘째 수의 순서가 바뀌어 있어 전서에 따라 수정함.

山茶는 원래 南方의 嘉木이다. 《酉陽雜俎》에는 山茶樹의 높은 것은 丈餘나 되고 꽃은 크기가 一寸가량, 빛은 緋色이라 하엿고 《本草》에는 山茶가 南方 所産으로서 잎은 茶와 거의 같으되 厚硬하고 稜이 잇고 深冬에 꽃이 핀다 하엿으니 蘇東坡 詩의 "爛紅如火雪[6]中開"와 "葉厚有稜犀甲[7]健 花深少態鶴頭丹"이 모두 山茶를 摸寫한 것이다. 東坡의 말과 같이 花品이 態는 적으나 잎은 冬靑이오 꽃도 冬榮이오 열매는 瓣이 만코 서로 接合된 것이 檳榔에 畧似한데 그것으로 기름을 짜서 婦人네의 塗髮料로 貴重하게 使用된다. 봄에 꽃피는 春栢도 역시 冬栢이라고 統稱한다.

先生은 茶를 조하한 것만큼 山茶花를 조하하야 여러 번 吟詠에 나타낸 것이 어찌 偶然한 일이랴. 茶山은 山茶의 倒看이니 山茶花와 茶山 先生은 不卽不離의 奇緣이 잇엇던 것이다.

6) 竹翁·籜翁·筠翁

茶山書屋 移住의 前年 丁卯 五月 一日에 先生은 康津 邑居에서 墻內 菜圃 數丈地를 割愛하야 손수 대를 심꼬[8] 種竹詩를 지엇으니 竹翁·籜翁·筠翁 等 號는 이때부터 잇게 된 것이 아닌가 한다.

<一塢竹翠>
淺雪陰岡石氣淸　　穹柯墜葉有新聲
猶殘一塢蒼筤竹　　留作書樓歲暮情[9]

---

6) 소동파의 <소백 범행사의 동백(邵伯梵行寺山茶)>에 따라 雲을 雪로 고침.
7) 소동파의 <자유의 시에 화답하다(和子由 柳湖久涸忽有水 開元寺山茶舊無花 今歲盛開 二首)> 중 제2수에 따라 角을 甲으로 고침.
8) 최익한의 <한시곡란漢詩曲欄-영물단결詠物斷訣> 7회(《동아일보》, 1939.1.28)에는 '심고'로 되어 있으나, 당시에는 소리 나는 대로 '심꼬'라고 쓰기도 함.
9) 이 시는 위의 <한시곡란> 7회에 재인용됨.

이것은 <茶山八景詞> 中의 하나이다. 先生은 茶山 移居 後에도 愛竹의 高趣는 대나무를 사랑하는 고상한 운치는 한결같았던 것이다. 어느 때 '尹氏山莊'에서 대를 보고

朱雀山中百丈瀑　　何如園裏萬竿竹
　　　　(…)
君家種竹爲藩籬　　裨海狂飆吹不觸
使我與君三兩人　　安然對坐甘酒肉

이라 하엿으니 先生은 竹林 一段을 百尺 瀑布[10] 以上으로 評價치 안헛는가. 風霜을 무릅쓰고 빛과 節介를 가시지 안는 竹林을 荒海狂颷에 對한 干城처럼 여겻으니 거센 世波에 自己의 素執을 變치 안는 구쎈 心懷를 저 竹君에게 托意한 것이다. 이 等 稱號 中 先生의 晩節을 象徵한 것이다.

7) 鐵馬山樵

先生 故里에 鐵馬山이 잇는데 故里 '馬峴'도 역시 예서 나온 이름이다. 鐵馬山樵는 卽 鐵馬山 樵夫란 것이다. 《雅言覺非》 序文 끝에 "己卯 冬 鐵馬山樵 書"라 하엿으니 己卯는 卽 茶山서 解配되어 馬峴으로 돌아온 翌年이니 先生의 五十八歲 때엇다.

8) 紫霞山房

이는 先生이 <海東禪敎考>에 쓴 一種 雅號이다. <海東禪敎考>는 先生이 康津 잇을 때에 名僧 草衣(意洵)의 請에 依하야 記述한 것인데 이번 刊行된 《與猶堂全書》 中에는 들지 안헛다.
(6회, 1938. 12. 16)

---

10) 원문은 瀑沛로 되어 있다.

4. 先生 居地 小攷

1) 馬峴

先生 故里인 馬峴(마재)은 우에 말한 바와 같이 里의 後山인 鐵馬山에서 緣起된 것이어니와 鐵馬의 稱은 또한 무엇에 緣起된 것인가. 여기에는 재미잇는 이얘기가 잇다.

苕川의 北, 酉山의 西에 鐵로 만든 말 한 마리가 山脊에 노혀 잇엇으니 크기가 조그마한 쥐(鼠)같앳엇다. 傳言에 依하면 옛날[1] 임진란에 風水를 잘 아는 일본인이 잇어 이곳의 山川이 너무 秀麗한 것을 시기하야 鐵馬를 만드러 山마루턱에 세워두어 地氣를 눌르고 갓다는 것이다. 先生 當時에도 里民들은 疫疾과 夭死가 잇으면 菽과 麥을 살마 가지고 鐵馬에 삼가히 祭祀하던 것이다. 先生은 이에 對하야 事理의 萬不當한 謊說인 것을 辨文을 지어 論破하엿다. <鐵馬辨>이 集中에 잇는데 그 要旨는 이러하다.

鐵馬祭는 所由來가 오랜 것이오, 決코 野說과 같이 왜인의 만들어 둔 것은 아니다. 왜인이 한 것이면 그것은 祕術인데 어찌 居民에게 알렷을 것인가. 만일 居民이 自己들에게 不利한 壓氣物인 줄을 아랏으면 단주먹에 부숴서 食刀를 만드럿을 것이지 어찌 도리어 그것을 神으로 셍기어[2] 福을 빌 것인가 하엿다.

壓氣說은 秦始皇이 劍을 묻어 東南의 天子 氣를 눌럿다는 等 漢人의 迷術에서 發端하야 朝鮮 中古 時代에 風水家들이 만히 써먹던 것이므로 域內 到處에 이런 風說이 돌아다녓던 것이니 掛論의 價値가 勿論 없는 것이다. 그러나 先生의 말과 같이 鐵馬祭俗은 單純한 淫祀가 아닌 것을 말코저 한다. 鐵馬崇祀는 上古 騎族이 軍馬를 소중히 여기는 現實的 生

---

1) 원문의 '옛날'은 오식인 듯.
2) '셍기다'의 활용형. 셍기다>셈기다>섬기다.

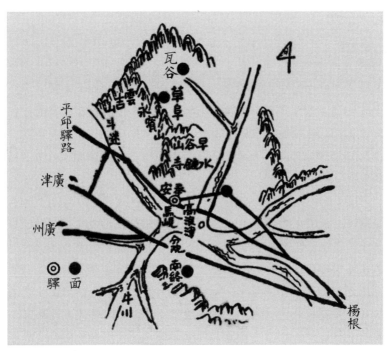

馬峴 周邊[3]

活의 觀念에서 發源한 것이다. 그래서 馬神을 軍神 卽 一種 守護神으로 높이던 遺俗일 것이다. 城隍神은 朝鮮 사람에게 잇어서 村落·城邑의 唯一한 守護神으로 아는 同時에 城隍神이 말이란 것은 朝鮮 各處에 골고로 퍼져 잇는 民間 信仰이다.

一例를 들면 淫祀만키로 예부터 有名한 嶺東 三陟의 邑城隍祠에는 亦是 쥐만한 鐵馬 數 個가 神卓 上에 노혀 잇는 것을 筆者도 最近에 目睹한 바이다. 이런 것을 보아서 馬峴의 鐵馬도 또한 例外없이 古代 軍馬 信仰의 遺俗임에 틀림없고 漢人의 馬祖(始養馬者)神 崇祀와는 그 趣意가 근본적으로 다른 것이다.

---

3) 永賓山은 禮賓山의 오기. 잘 보이지 않는 글씨는 편자가 써넣었다. 또 최익한이 지도의 오른쪽 위에 임의로 표시한 '昭陽'은 혼동되므로 삭제하였다.

2) 苕川4)

苕川은 方言에 '소내'이니 '소내장터(市)'가 곧 그곳이다. 그러나 《輿地勝覽》에는 小川이라 하엿고 古山子의 《大東輿地圖》에는 牛川이라 하엿으되 苕川이라고 쓴 데는 없으니 이것은 아마 先生이 스스로 漢土 苕溪(浙江省)을 取音하야 소내를 苕川이라 한 同時에 張志和의 "浮家泛宅 往來苕雪之間"의 隱趣를 寓意한 것이 아니엇든가. 또 苕川을 바로 苕溪라고도 하야 洌水와 같이 居地名으로 써서 苕溪 丁鏞, 苕溪散人이라 自稱하엿다.

苕川(牛川)은 《輿地圖》에 表示한 것과 마찬가지로 馬峴 故宅의 門前을 橫過하는 漢江이 아니다. 이것은 廣州 景安古驛 方面에서 北向해 오는 漢江의 支流로서 馬峴 앞에 와서 漢江에 合流하는 故로 先生은 漢江인 洌水와 함께 牛川인 苕溪를 居地名으로서 並用하엿던 것이다. 先生 故居 苕川은 果然 山川이 秀麗하기가 漢江 沿岸에 잇어서 月溪·天陽 等의 名區를 凌駕할 만한 곳이다. 苕川이 馬峴에서 合流할 뿐 아니라 丹陽·忠州·驪州·楊根으로 조차 오는 南漢江 卽 先生의 이른바 濕水와 淮陽·金城·春川·加平을 지나오는 北漢江 卽 先生의 이른바 汕水도 또한 馬峴의 앞 쪽 자섬(藍子洲, 簇子島)에서 合流되니 馬峴은 三江 合勢의 絶勝處이다.

忽已到鄉里　　門前春水流
欣然臨藥塢　　依舊見漁舟
花煖林廬靜　　松垂野徑幽
南遊數千里　　何處得玆丘

이것은 先生 少時에 南遊하고 苕川 故居에 돌아와 지은 것인데 故居의 樂土絶勝은 後人으로 하여금 一幅의 그림을 보는 듯한 感이 잇지 안흔가. (7회, 1938. 12. 17)

---

4) 苕 : 원문의 茗은 오식. 이하 마찬가지.

汕水와 濕水를 合하야 邦畿千里의 矜帶的 形勝을 이룬 洌水(漢江)는 先生의 이른바 '吾家門前水'이므로 先生은 少時부터 京鄉(相距 七十里) 往來를 가끔 이 江의 배로 하엿던 것이 集中 詩篇에서도 자조 發見된다.

<春日陪季父乘舟赴漢陽>

旭日山晴遠　　春風水動搖
岸廻初轉柁　　湍駛不鳴橈
淺碧浮莎葉　　微黃着柳條
漸看京闕近　　三角鬱岧嶢

十五歲 時 詩이니 나에 比하야 대단히 淸穩早熟하엿거니와 이번 길은 夫人 洪氏와 百年의 佳約을 맺기 爲하야 서울로 장가가는 길이라 春風에 動搖하는 한 조각배는 將來 大學者인 先生의 人生의 봄에 對한 꽃다운 꿈을 가득히 실엇을 것이다. 그리고 圖示한 바와 같이 家後 不遠한 곳에 잇는 雲吉山의 水鐘5)寺는 新羅 古刹인데 先生 少時에 항상 놀고 讀書하던 곳이다. 門前水의 下流에 잇는 斗迷6)는 先生이 二十三歲 時에 西學 先驅者인 曠菴 李檗을 좇아 西學을 硏究하던 江峽 勝地이다. 先生의 住居는 오직 山水의 絶景으로서 울타리를 삼고 잇지 안헛는가.

先生은 이러케 山水鄉에서 生長하니만큼 山水의 癖이 본래 깊엇거니와 더구나 中年엔 속절없이 宦波에 限없는 煩惱를 느꼇고 晩年엔 天涯流落의 逐臣으로서 千古의 憂와 邦國의 걱정에 머리가 세엿으니 故山의 山水는 항상 先生의 淸夢을 자아냇던 것이다.

先生은 康津 解配後 歸鄉해 잇을 때에 讀書와 編述의 餘暇이면 汕濕 兩

5) 원문의 '鍾'은 통자. 이하 마찬가지.
6) 원문에는 '斗迷(豆毛浦, 두뭇개)'라고 되어 있는데 이는 오류. '두미斗迷'는 하남시 검단산과 남양주시 예봉산 사이의 좁은 협곡이고, '두모포豆毛浦(두뭇개)'는 서울 성동구 옥수동에 있던 나루터.

江을 溯行하고 龍門山·淸平山 等地에 逍遙自樂하기를 마지 안햇던 것이다.

〈汕行日記〉에 依하면 回甲의 翌年 癸未夏에 先生은 漁艇의 큰놈 하나를 求하야 船上에 假屋을 裝置하고 手書로서 그 楣엔 '山水綠齋'라, 左右柱엔 '張志和苕雪之趣, 倪元鎭湖泖[7]之情'이라 題額하고 允子 學淵의 배에는 申緯의 隷書로서 '游於黃驍綠驍之間'과 '浮家汎宅, 水宿風餐'[8]을 亦是 楣와 柱에 題額하고 그다음에는 屛·帷·氈褥·筆·硯·書籍 等屬과 藥爐·茶罐·飯鉹·羹鎬 等品을 全部 가추고 畫工 하나로 하여금 丹鉛·澹采의 畫具를 갖고 '水窮雲起之地'와 '柳暗花明之村'에 이르는 때마다 배를 머무르고 勝景을 가려서 票題作畫하니 例하면 '沙羅潭望水鐘寺', '皐狼(=高浪)津望龍門山' 等이다.[9]

先生의 이 計劃을 듣고 各處 風流 人士들은 만히 와서 배를 가치하엿다. 이 얼마나 韻致 잇고 新鮮한 行色이엇든가! 그래서 先生의 一行은 집 近處인 藍子洲에서 發船하야 汕水의 孔達潭에서 點心하고 惶恐灘을 지나 虎吼阪에 다달러 宿泊하엿다. 虎吼阪은 三家村인데 兩家는 마침 싸움으로 상투를 잡어 나꾸고[10] 가슴을 차면서 호랭이 엉패를 치고[11] 잇으되 남은 한 집은 門을 닷고 잇는지라 一行은 그 집에 가서 문을 두드리고 하로밤 자기를 비럿다. 그래서 자게는 되엇으나 主人마누라는 새밭[菑田]에 불질르려 山에 올라갓다가 끌터기에 발을 찔려 가지고 아퍼서 밤새도록 아구聲을 치는 판에 一行은 잠 한숨도 못하엿다. 山水의 樂에 맨주[12]가 된 先生일지라도 世上은 苦境이란 歎息을 連發치 안흘 수 없었던 것이다.

이는 〈汕行日記〉 一部分에 不過한 것이니 貴重한 紙面에 張皇히 引錄할 必要가 없겟지마는 筆者는 선듯이 느낀 배 잇다. 이 部分은 先生의 一

---

7) 泖 : 원문의 湘은 오기.
8) 원문은 '浮家泛宅, 風餐水宿'이나 전서에 따라 고침.
9) 이 문단의 내용은 약간 오류가 있어 편자가 전서에 따라 별도로 번역하였으니, 번역문 p152와 서로 비교하여 볼 것.
10) 원문의 '나수고'는 오식인 듯. '나꾸고'는 '낚고'의 경상 방언.
11) '엉패를 치다(부리다)'는 '행패를 부리다'의 경상 방언.
12) '맨주'는 '만주滿酒'의 경상 방언.《정선》 p286 볼 것.

生 歷程과 當時 社會的 光景이 偶然히 그러나 逼眞케도 隱喩的으로 描寫
되어 잇지 안는가!

　　태여난 님의 나라
　　山高水麗하옵시다
　　水盡雲起 조흘세라
　　柳暗花明 그 어딘가
　　世路는 뱃길 가태라
　　님이래 아니 갈손가

　　汕水濕水 모와 흘러
　　洌水江 구비치네
　　龍門山 바라보고
　　淸平山 돌아들고13)
　　그곳이 갈 곳이라면
　　님14)의 배를 저어리라
　　仁義라 돗을 달고
　　節介라 돗대 세고
　　學問이라 닷줄 삼꼬
　　經綸이라 키를 잡고
　　藍子洲 맑은 새벽에
　　어기야 소리첫네

　　水鐘寺 鐘소리는
　　손의 배에 들건만

---

13) 원문의 '몰아들고'는 오식.
14) 원문의 '남'은 오식.

高浪津 찬 물결은
원수라 거세구나
惶恐灘 오르고 보니
두려워라 세상일네

虎吼阪 三家村에
저물다 배 대엿네
셋 집에 두 집이라
할 일이 싸움인가
애숙다 새밭사리 저 댁은
손발에 피 나노나

두 집은 兩班이오
한 집은 百姓일네
兩班은 싸움인가!
百姓은 우름인가!
우름이 밤을 사무치나니
님이여 잠드시리까 (8회, 1938. 12. 18)

　그 언젠가 筆者가 十六歲 되던 봄이엇다. 나의 祖父를 모시고 나의 中
世의 故鄕이오 우리 흙의 수도인 서울을 구경하랴으로 蔚珍 鄕里에서 徒
步 出發하야 十二嶺을 넘고 竹嶺을 넘고 丹陽부터서는 南漢江 卽 先生의
이른바 濕水를 따라 四, 五일 만에 廣州에 들어서 馬峴의 越便 소내장터
어느 주막에서 하로밤을 지낫다. 그러나 그때는 馬峴이 무엇인지 또는
馬峴이 어디 잇는 것까지도 몰랏던 것이다. 그리고 그곳에서 隣邑 楊州
峽中에 게신 先塋을 參拜하기 爲하야 여태까지 옆에 끼고 오던 漢江은
그것을 西天에 내어버려 서울을 먼저 가게 하고 나룻배로서 北岸에 올라
어떤 한 동냇 가온데로 지내가게 되엇다.

數十 戶의 村落에 瓦家가 경성드뭇하고 堂宇는 淸楚하고 垣墻15)은 瀟灑하고 屋上屋下에 움지기고 잇는 江光山色은 마치 거울 속을 들여다보는 것 같앗다. 나는 바쁜 行脚을 잠깐 멈추고 마음으로 江居의 絕勝을 부러워하야 속말로 얌전한 동내로군! 하엿다. 이것이 어떤 동넨가를 祖父에게 물은즉 그도 투철히 알지 못한 語調로서 "무어 마재 丁氏村이라지" 하실 뿐이엇다. 나도 어째 그랜지 그 以上 더 追窮해 뭇지 못하엿다. 그때는 그것이 先生의 故里인 馬峴인 것을 통 모르고 無心히도 지나 버렷던 것이다!

그뿐이랴. 지금부터 十九年 前 나의 二十三歳의 일이엇다. 나는 무슨 소관이 잇어 原州를 갓다가 마침 큰비 끝에 京城通路의 橋梁이 만히 破壞되어 自動車가 不通하므로 文幕江에서 商船 하나를 개평 들어 타고 忠州 西倉에 와서 南漢江의 本流에 들어서니 新漲한 江水에 水盛舟駛! 文字 그대로엿다. 驪州에서 하룻밤을 篷窓에서 지나고 나는 藥酒 한 瓶을 사서 실엇다. 배는 쏜살같이 다시 다라난다. 舟中 一行은 淸風 一席下에서 한 잔 두 잔 먹기 시작하면서 左右 沿岸에 우거진 風景을 손가락질하고 글로 읊기도 하엿다. 반나절이 채 되자마자 배는 벌서 馬峴의 앞 소내장터에 다달럿다. '소내장터' 하니 이것은 八年 前의 記憶이 分明하지만 對岸 咫尺地에 잇는 '마재'는 이번 두 번째 지나되 역시 先生 故里인 馬峴인 줄은 全然 몰랏다. 祖父가 일러 주신 '마재 丁氏村' 五字에 '마재' 두 字는 八年이란 時間이 벌서 가저갓고 '丁氏村' 석 字는 머리속에 떠돌다가는 때마침 江原 峽中에서 北漢江 入口로 나려 밀리는 굉장한 뗏목 구경에 눈이 쏘엿던 것이다. 사공은 무슨 눈치를 차리고 젓던 노를 급작히 노코 앉엇느라니 對岸 酒店의 美女들은 一人一船으로 各其 쪽배에다가 술床을 실고 軍刀만 한 短櫓를 번개같이 저으면서 우리 배 우리16)에 바짝 닥아붙어서 결줄로 두 배를 걸어매고 소내장 特色인 勸酒歌를 부르

---

15) 墻 : 원문의 場은 오식인 듯.
16) 우리 : 연자衍字로 오식인 듯.

는 판에 精神이 빼앗겻던 것이다. 그리고 나니 一片短艇에 漁具를 가득이 실고 우리 배를 시처가는 漁翁 하나는 보기에 하도 悠閑하므로 부러운 마음에 글 한 수 지어 읊엇던 것이다.

이러는 동안에 '丁氏村'은 그만 問題 밖그로 보냇던 것이다.

이제 當時 紀行 舊稿를 들추어보면

〈舟下牛川市〉

峽江驅漲浪花愁　　柔櫓人閒片帆秋
未了驪陽一壺酒　　靑山爭報廣山州(廣州 舊號)

〈牛川江上贈漁翁〉

菱市蘋汀到處幽　　漁翁身世泛淸秋
鬢華不是人間色　　濯盡緇塵似白鷗

이런 等 詩뿐이고 江上 咫尺地인 先生 故居에는 터럭 끝만치도 言及된 것이 없엇다. 淸江에 둥실둥실 떠 잇는 漁翁의 身世는 부러워하면서도 大學者요 大思想家 茶山 先生의 故居 遺風은 이것을 눈앞에 두고도 찾어볼 줄을 몰랏으니 夢過春山도 분수가 잇지 안는가! 나는 일로부터 漢江을 말치 못하겟다. 남을 對하야 漢江 一帶의 名勝과 古蹟을, 아니 朝鮮의 名勝과 古蹟을 자랑할 資格도 權利도 일허버럿다.

그때에 본 '마재 丁氏村'은 卽 先生의 馬峴 故里이엇으며 淸楚한 瓦家들 中에 하나는 先生의 書屋인 與猶堂이엇음에 틀림없을 것이다. 만일 내가 그 時에 先生에 對한 認識과 誠意가 多少 잇엇더라면 아모리 忽兆한 旅行일지라도 面貌 依然한 先生의 故宅을 訪問하야 手澤이 어려 잇는 數千 卷의 藏書와 數十 種의 遺物을 마음것 拜見하엿을 것인데!

(9회, 1938. 12. 21)

先生 故居의 表示로서는 數量 兩者에 잇어 '茗川'이 第一이[17] 될 수 잇다. 全集 中에 茗川·茗溪·茗水·茗上 等 字가 가끔 눈에 뜨일뿐더러 詩의 <茗川四時詞>의 細目을 試舉하면

① 黔丹(山名) 賞花
② 隨鷗亭 問柳
③ 藍子洲(쪽자섬簇子島 卽 南·北漢江 合處) 踏靑
④ 興福寺 聽鶯
⑤ 粤溪 打魚
⑥ 石湖亭 納涼
⑦ 石林(故 吏判 李潭의 別墅) 賞荷
⑧ 酉[18]谷 聽蟬
⑨ 鈔鑼(=沙羅)潭 汎[19]月
⑩ 天眞庵 賞楓
⑪ 水鐘山(水鐘寺 所在) 賞雪
⑫ 斗尾(=斗迷)峽 觀魚
⑬ 松亭 射帿

等이니 그 範圍가 實로 馬峴 周圍의 數十 里 地帶를 包括치 안헛는가. 그러므로 茗川·茗溪는 先生 故居의 廣義的·代表的 稱號라 할 수 잇는 것이다.

3) 故宅과 遺書

지금은 先生 故里 馬峴이 벌서 그때 筆者가 두 번이나 無心히 지나던 그때의 것이 아니다. 十四年 前 乙丑 洪水에 漢江의 空前的 漲溢로서 馬

---

17) 원문은 第一.
18) 원문과 신조본은 酒이나 사암본에 따라 고침. 최익한이 '酉谷'을 신조본 그대로 '酒谷'이라 한 것을 보면, 그가 답사하지 않았다는 사실을 알 수 있다.
19) 원문은 泛인데 전서에 따라 고침.

峴 一帶가 水國化하엿던 것이다. 先生 嗣玄孫 奎英氏(已歿)의 決死的 作業에 依하여 겨우 건저 내게 된 先生 全書(!) 以外에는 與猶堂 古宅과 遺物 全部와 宅前 老松 一株와 對岸 소내장터까지가 모두 水泡에 돌아가고 말엇던 것이다. 이 어찌 滄桑의 一劫이 아니냐! 故宅은 비록 江岸이지만 山丘의 傾斜面에 섯섯고 또 前廳의 柱下 階高가 三, 四尺이나 되므로 江漲의 浸犯이 원래 可能치 못 햇던 것이다.

〈夏日(辛丑, 先生 二十歲 時인 듯) 苕川 雜詩〉中

連宵雨脚水東西　　潦漲潮來上柳堤
門外刺舟新有響　　帆竿高與屋檐齊

이것을 보면 先生 當時에도 江漲의 逼迫이 상당햇던 것이나 그래도 詩景의 도음은 될지언정 직접 집의 災難은 되지 안헛던 것이다. 前前 乙丑 洪水에는 江漲이 比較的 甚하여 故宅 前廳 기동에다가 뱃줄을 매엇다는데 前 乙丑에는 배가 屋脊을 지내갈 만큼 되엇엇다니 不過 百餘年間에 江域의 變化가 얼마나 되엇단 것을 알 수 잇지 안는가.

故參者의 말을 들으면 故宅은 口字形인 二十餘 間 瓦屋으로서 與猶堂은 左便 前廳이오 宗宅 雙碧(南北漢江)亭의 後 西便 千米以外地에 잇엇는데 江을 안고 南向햇엇으며 ‘與猶堂’ 紙額(後人筆)과 ‘品石(周圍의 三個 巖石)亭’, ‘書香墨味閣’, ‘苕上烟波釣叟之家’ 等 板額(皆半草親筆)은 堂과 같이 끝끝내 잇엇다 한다.

奎英氏의 救書美譚은 文化保存史上에 잇어 大書特書치 안흐면 안 될 것이다.

지난 乙丑 洪水에 漢江이 漲溢하여 與猶堂의 炕房에 물이 달려든지라 氏는 生命같이 世守해 오던 先生 全書 書櫃를 벽장에서 끄집어내 가지고 絶對 安全타고 생각한 안방(內房) 다락에다가 옮겨 두엇더니 조금 잇다가 물이 안ㅅ방에 쪼차 들어와서 頃刻間에 腰部에 채이엇다. 때는 昏夜이고

與猶堂 故宅, 先生 墓所(宅後岡上)

家人과 村人은 제각기 逃生에 暇給이 없으되 氏는 홀로 慌急히 다락에 뛰어올라가서 書櫃를 다시 끄집어내려 하니 아까 書櫃를 맨 먼저 갖다 둔 故로 그 우에 家間什物이 山같이 싸여서, 갑작이 끄집어낼 수 없고 물은 벌서 다락으로 올라왔다. 急報를 들은 村落의 救助船이 달려와서 어서 나오라고 외첫으나 "나는 茶山 全集을 건저 내지 못하면 죽어도 못 나가겠다"(!)고 소리처 應答하고 물탕을 처가면서 겨우 書櫃를 찾어 등에 걸머지고 헤염질하야 집을 나와 배에 오르자마자 물은 곳 屋脊으로 올라 갓엇다.

　氏는 그래서 家後 小岡上의 先生 墓前에 올라가서 젓던 書樻를 나려노코는 다시 앉어 一場痛哭을 하엿다 한다.

다음날 江水가 落漲되면서 先生의 故宅은 배가 되어 떠나가 버럿고 오직 先生의 全書만이 嗣後의 매운 손에 잡혀 잇다가 오늘날 世人의 眼前에 活字로서, 그 偉容을 나타내게 되엇다.

아! 殉書 覺悟者인 氏여!
文化의 守護神인 氏여!
茶山 先生 — 學淵(號 酉山) — 大林(號 運史) — 文燮(號 琅軒) — 奎英(號 惺齋) (10회, 1938. 12. 23)

4) 서울 南村(倉洞·會賢洞·明禮坊 等)

馬峴과 서울과의 距離가 七十 里에 지나지 안코, 또 江路의 便이 잇엇으니 先生의 첫 서울을 몇 살에 왓엇는지는 몰르겟으나, 十五歲 春의 醮行이 잇은 後부터는 先生의 舞臺는 馬峴서 서울로 옮겻던 것이 事實일 것이다. 말은 나면 濟州로 보내고 사람은 나면 서울로 보내야만 된다는 俗談과 마찬가지로 將來 大學者 大思想家가 되고야 말 先生은 馬峴의 조그마한 오양간을 떠나 政治·文化의 首府인 서울이란 大牧場으로 일즉부터 오게 된 것은 偶然찮은 歷史的 모ー멘트엇다.

其時 南人 名家인 先生 妻家 洪氏는 京城 會賢坊에 살앗는데 館客인 先生의 첫 出入은 벌서 훌륭한 文化的 交際엇다. 그리고 父公 荷石은 莊獻世子 變 後 卽時 退居 歸農하엿다가 正祖의 治世를 만나 다시 出仕하야 丙申(卽 結婚年) 四月부터 明禮坊 小龍洞에 僑居하엿으므로 先生도 父公을 따라 서울 生活을 하게 된 것이엇다.

會賢坊(現今 旭町)이니 明禮坊(現今 明治町)이니 하는 데가 모두 南山 下 이른바 南村이다. 當時 京居 班族의 分布 狀態를 보면 대개 南村과 北村 둘로 나눌 수 잇다. 西人의 色目을 가진 戚里·權臣들은 대개 宮廷의 대밀인 北村 一帶에 蟠居해 잇고 南人(少[20]論派까지) 一黨은 肅景 以後 政

---

20) 少 : 원문의 小는 오식.

柄을 일코 在野黨的 地位를 겨우 保存하여 오던 그들이라 시골로 退却되는 過程에서 南山을 등지고 北闕을 回顧하면서 南村 一帶에 散居해 잇는 것이 그때의 現狀이엇다.

그러므로 南人 色目[21]을 가진 先生의 京居 位置도 또한 끝끝내 이러한 配定的 範圍와 運命을 버서나지 못햇던 것이다.

　　〈倦遊〉

　　　鄕里堪携隱　　京城又倦遊
　　　文章違俗眼　　花柳入覊愁
　　　屢擧遮塵扇　　長懷上峽舟
　　　馬卿亦賤子　　題柱俗何求

이것은 先生이 二十歲 時 會賢坊에서 留하면서 泮宮 課試에 三次 失敗한 것을 自歎한 것이다. 十八歲 以後 지금까지는 在京의 主的 課業이 父公의 命에 依하야 科文 各體를 練習한 것이엇다. 그러나 先生의 素志는 決코 單純한 功名과 仕進에 잇지 안헛다.

여태까지의 住京 場所는 父兄의 家 或은 妻家엿던 것이 廿一歲 仲春부터는 倉洞(現今 南米倉町) 棣泉에다가 一屋을 買居하엿다 하니 아마 先生 分家의 形式이 이때에 비로소 定立되엇던 것이다.

倉洞은 어디냐 하면 《大東輿地圖》에 表示한 것과 같이 崇禮門(南大門) 內 南山 밑인데 宣惠倉의 所在地인 故로 倉洞 俗稱 창꼴이다. 거긔에 二井이 잇엇는데 兄弟泉, 俗稱 兄弟우물인 故로 先生은 占居 卽時 兄弟에 比한 《毛詩》의 〈常棣〉를 取하야 兄弟泉을 棣泉이라 하고 집은 棣泉精舍라 하엿던 것이다. 精舍는 磵水의 南便에 잇서 柴扉가 北向햇다 한다.

---

21) 원문은 名目.

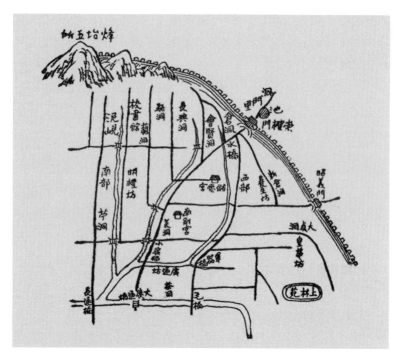

서울 南村(倉洞·會賢洞·明禮坊 等)22)

지금 가서 踏査해 보면 宣惠廳 所在地는 本廳 空址를 除한 外에는 倉庫는 全部 公設市場이 되엇고 兄弟우물은 그 名稱과 地點을 幾個 故老에 依하여서만 겨우 發見할 수 잇다.

　當時 그림 같앗던 樓泉 僑居의 狀況은 先生의 <春日樓泉雜詩>로서 말하게 한다.

　　鴉谷新茶始展旗　　一包纔得里人貽
　　樓泉水品淸何似　　閒就銀瓶小試之
　　(白鴉谷在黔丹山北 産雀舌茶)

崇禮門前市曉開　七坡人語隔城來
携筐小婢歸差晚　能得新魚一二枚

層松幽壑晚陰淸　麗日輕風泛瓣聲
徐就黃莎岸頭坐　隔溪閑對杏花明

襤褸新衣帶酒壺　三三五五過城鋪
試看童子携篛簏　全是南山舊射徒

澹雲輕靄弄新晴　駘蕩煙光滿一城
遠遠須看關帝廟　百花紅裏露靑甍

竹扉淸晝每慵開　一任溪橋長綠苔23)
忽有客從城外至　看花要往弼雲臺

苕水鐘山興杳然24) 幾廻怊悵送歸船
每逢憶念丘園日　閑誦陶詩一兩篇

(11회, 1938. 12. 24)

棣泉 移住 翌年에 바로 그 東便 鄰村인 會賢坊의 在山樓 下에 移居하
야 樓山精舍라 稱하엿는데 澗水의 東에 잇는 北向집 西向門이엇다.
　在山樓는 원래 潛谷 金堉의 舊宅인데 어째 在山樓라 햇던가 하면 傳言
에 潛谷의 狀貌가 虎豹在山之勢 같으므로 書樓를 在山이라 하엿다 한다.
近者까지도 '在山樓집'이란 것이 나려오다가 집은 뜻기엇고 '在山樓'란

---

23) 서거정의 《사가집四佳集》 시집 권42 <시문柴門>에 "柴門日午尙慵開 滿院濃
　陰滿砌苔"라 하였다.
24) 전서 시문집 권4 <자소自笑>에도 똑같은 구가 보인다.

縣板만은 그 터에 사는 어느 집에 달려 잇섯다 한다.

<夏日樓山雜詩>

山裏蕭然白板扉　　小溪新雨草菲菲
坐看一片斜陽色　　輕染蒼苔照客衣

淸晝山樓客滿庭　　輕風煖日射帿靑
莎場不讓三淸洞　　松籟還勝白虎亭

溪上新開織錦坊　　層層花塢百花香
茶來酒去渾無事　　徑造松棚納晩涼

깨끗하고 그윽하고 서늘한 精舍의 풍경! 賓友와 飮射에 興이 짙은 先
生의 情境! 날마다 옷과 갓을 떨처야[25] 할 滿城紅塵의 가온데서라도 先
生의 生活 一面은 依然히 隱者的 高趣엇다.

甕村紅露倒三杯　　月白風淸醉不開
磁椀沈瓜寒似玉　　細君親剝一條來

封建時代의 士者 身分이오 中産 階級인 先生이라 그 家庭 生活은 淸穩
한 滋味를 想像할 수 잇다.

握管當窓到日曛　　蟲魚辛苦述前聞
猶存一段名途想　　時閱楊盧四六文

---

25) 원문의 '틀처야'는 오식인 듯. '갓과 옷의 먼지를 털어 내다(彈冠振衣)'는 말이
　　굴원屈原의 <어부사漁父辭>에 나온다.

이때 先生이 生員은 되엇으되 文科에는 아직 오르지 못햇으므로 間或 功令文體에 留意햇던 것이나 그의 素志는 이에 局限되지 안헛다. 曠菴 李檗을 좇아 斗尾峽에 가서 西學의 奧妙에 心醉하는 것은 곧 樓山 居住 期間의 일이엇다.

澹然齋도 亦是 先生의 會賢坊 住宅이엇다. 二十四歲 時에 樓山精舍로 부터 移居한 것인데 澹然齋는 先生의 外舅 洪和輔의 命名한 것이다.

<春日澹齋雜詩>

楊檖花開曲院深　　晴窓烏几注魚禽
怪來一桁微雲色　　留作春城半日陰

澹煙輕靄冪林間　　全是徐熙畫裏山
看了東坡詩一卷　　夕陽初下詔門關

澹齋의 澹然한 風景과 情趣가 句中에 再現치 안는가.

芹菜靑調作乳黃　　新篘少麴湛盈觴
松餌尖尖魚作餡　　山妻每到午時忙

扶牀穉子若鸞停　　問姓能知又問齡
投與藍紅雙陸子　　看他排列作軍形

以上 二絶로서 先生 少時 室家之樂을 엿볼 수 잇거니와 當時 京士 家 庭의 風俗及其兒童遊戱의 一片을 주어 볼 수 잇다.

豹翁山閣接溪園　　求畫人來若市門
蘭竹一揮酬熟客　　靜時方許寫桃源

豹翁은 人物 書畫가 飄逸一世하던 豹庵 姜世26)晃이엇을 것이다. 내게 《豹庵集》이 없어 直接 參考치 못하나 李參奉 匡呂가 豹庵에게 준 "嶺松 千萬萬 宅芬無南山 也是世間物 尙餘丘壑閒27)"이란 詩句를 보더라도 豹庵의 南山 居住는 確證的 事實이엇다. 豹庵 筆蹟인 《霜皮帖》한 帖이 筆者의 家藏 中에 잇으므로 兒時부터 눈익혀본 것인데 近者에 先生 手筆인 《霞帔帖》을 本孫에게서 얻어 본즉 一見에 豹庵 筆風이 完然하기에 내 홀로 이상이 여겻더니 이제 이 詩 一節을 보고 비로소 先生의 豹庵과의 隣接的 關係는 筆體的 關係에까지 미치게 된 것을 推定하야 의심치 안는 바이다.

會賢坊의 隣坊인 明禮坊도 역시 先生 居地의 하나이엇다. 前年에 先生은 會賢坊 澹齋로부터 妻子를 데리고 苕川 故莊에 一時 歸居하엿다가 翌年 五月에 父公이 司䆃28)寺 主簿가 되엇으므로 先生은 따라 還京하야 明禮坊 龍洞에다가 집을 사서 살게 되엇으니 十五歲 時에 來往하던 小龍洞의 바로 곁이엇다.

龍洞 居住 期間은 先生의 가장 榮達한 期間이엇다. 中間에 海美·金井·谷山 等 外黜이 잇엇지마는 魚水의 際遇는 더욱 緊密하야 先生의 理想과 抱貞를 全的으로 實現할 만한 機會가 멀지 안헛던 것이다.

先生은 家中에 佳花美果 數十 本을 모아 盆에 꽃고 대로 欄을 만들어 竹欄이라 稱하고 <竹欄花木記>를 짓고 竹欄詩社를 設立하엿다.

일로부터 十餘 年間 竹欄社會는 詩篇 中에 가끔 나타낫으나 正祖 昇遐 後부터는 先生 在京 生活의 安穩淸逸을 象徵한 竹欄은 그만 삽작을 닫고 圄圉의 慘淡과 嶺湖의 風霜이 그의 鬢髮을 물들이게 되엇을 뿐이다.

---

26) 世 : 원문에는 빠져 있다.

27) 閒 : 원문의 間은 오식인 듯.

28) 䆃 : 원문의 導는 오기. 䆃는 예로부터 전사轉寫 과정에서 자주 導로 오기되곤 하였다. 신조본의 시 <취용동거就龍洞居>(1787)와 사도시司䆃寺 터의 표석(현 안국역 부근 원서공원 입구에 있음)에도 䆃자가 導로 잘못되어 있다.

<南村居址懷古>

예르곳이 예런가
어찌다 예올세라
宣惠廳 헐어젓다
在山樓 간 곳 없네
南山이 허울이어니
님의 터를 물을손가

(12회, 1938. 12. 25)

5. 先生 著書 總目

우리 朝鮮 先輩의 著述界에 잇서서 先生의 著書는 數量 兩者에 絶對的으로 首位를 占領하엿다. 先生은 十歲 前에 벌서 詩文 著作인 《三眉集》이 잇엇으나 一篇도 遺傳된 것이 없고 現傳 全書 中에는 十四歲[1] 時의 <懷東嶽>, <游水鐘寺> 二首의 詩가 先生 最初의 作이 될 것이다. 그리고 正祖 朝의 朝家[2] 編述 事業은 實로 百王에 卓越하엿는데 이 事業에 對하여 先生의 直接的·間接的 參與가 또한 적지 안헛으니 例하면 《史記英選集註》, 《奎章全韻玉篇》, 《杜詩校正》 等等이다.

이러한 種類와 其他 泯滅 或은 刪去된 것을 全部 合算한다면 現存 全書 量의 幾倍가 되지 안흘 것인가. 先生 六十一歲 <自撰墓誌(集中本)> 中에 列擧된 著書의 總目及其卷數는 如下하다.

《毛詩講義》 十二卷
《毛詩講義補》 三卷
《梅氏尙書平》 九卷
《尙書古訓》 六卷
《尙書知遠錄》 七卷
《喪禮四箋》 五十卷
《喪禮外編》 十二卷
《四禮家式》 九卷
《樂書孤存》 十二卷
《周易心箋》 廿四卷
《易學緖言》 十二卷

---

1) 원문의 十五歲는 오류.
2) 《실정》 p744에는 國家로 되어 있다.

《春秋考徵》十二卷

《論語古今注》四十卷

《孟子要義》九卷

《中庸自箴》三卷

《中庸講義補》六卷

《大學公議》三卷

《熙政堂大學講義》一卷

《小學補箋》一卷

《心經密驗》一卷

以上은 經集. 共 二百三十二卷

《詩律》十八卷

《雜文前編》三十六卷

《雜文後編》二十四卷

《經世遺表(＝邦禮草本)》四十八卷(未卒) 以下 雜纂

《牧民心書》四十八卷

《欽欽新書》三十卷

《我邦備禦考》三十卷(未成)

《我邦疆域考》十卷

《典禮考》二卷

《大東水經》二卷

《小學珠串》三卷

《雅言覺非》三卷

《麻科會通》十二卷

《醫零》一卷

以上은 總謂之文集. 共 二百六十七卷3)

以上에 引錄한 經集·文集을 合計하면 一卷이 不足한 五百卷의 絕對的 巨帙이다. 이것만 가지고 보더라도 規模의 巨大한 것과 數量의 豐富한 것은 참으로 驚歎치 안흘 수 없다. 規模의 汎博은 實學 先驅者인 磻溪·星湖·旅庵의 어찌 미칠 배랴. 量的 方面으로만 單純히 말하더라도 詩家인 申紫霞라든지 文家인 朴燕巖이라든지 理學家인 李寒洲·郭俛宇라든지가 다 遺集이 만키로 有數하나 到底히 先生을 바라볼 배 아니며 西坡 柳僖의 《文通》 一百卷과 惠岡 崔漢綺의 《明南樓全集》 三百卷으로도 역시 比肩할 배 아니다. 先生의 卓越한 精力과 自疆不息的 勤勉은 또한 後人의 絕對的 激贊을 받지 안흘 수 없다.

六十一歲 以後로는 新規的 作品 即 別成 一書한 것은 없섯고 幾篇 詩文 以外에 오로지 既成 著作에 對한 分合·筆削·潤色을 베푸는 것이 그의 主的 事業이엇던 것이다. 同時에 그 浩大한 篇帙을 淨寫成册하야 後人의 傳讀及其刊行의 資가 되도록 하는 것이 또한 先生의 絕對的 關心이엇다. 이제 이 草本을 拜見하면 門生·子姪의 溫恭整然한 謄寫 以外에 端詳雅妙 一家를 이룬 先生의 筆跡이 間或 發見된다. 紙葉마다 外框內欄의 墨線을 整齊하게 그엇고 函粧과 標題는 모다 明潔優雅하여 보는 사람으로 하여금 그 功力과 技術에 또 한 번 다시 感歎케 하여 마지안는다.

先生의 筆法에 關하여 逸話 하나가 잇다. 先生의 글씨는 楷字 縱畫[4]이 본래 조금 左斜하니 이것은 縱畫의 起頭가 普通體보다 左便으로 過度하게 尖角을 내는 故로 畫身이 力의 均衡 作用을 取키 爲하야 自然히 弓形에 近似하고 畫脚은 또한 약간 尖輕하게 된다. 여기서도 先生 心氣의 豪放激昂한 것을 엿볼 수 잇는 것이다. 그러나 正祖는 이것을 조하 아니하여 斜體 改正을 일즉이 要求하엿다. 그 後 三十五歲 時에 御命을 받아 華城諸宮의 上樑文과 御覽 《五經百篇》,《八子百選》의 題目을 正體로 寫進하엿더니 正祖는 그 善書를 歎賞하여 珍饌·法酒·白米·炊木·烏炭·乾柿·生

---

3) 원문의 二百六十八卷은 오류.

4) 전통적으로 서예 용어는 종획縱畫·획신畫身·획각畫脚·필획筆畫·점획點畫 등으로 썼는데, 여기에서 畫은 劃의 뜻.

雉·鮮魚·甘橘·胡椒 等 物品을 下賜하고 內藏書籍을 許觀하엿다 한다.

지금 이 全書 草本 中에도 斜體의 痕跡을 先生 手筆에서 指摘할 수 잇다. (13회, 1938. 12. 27)

以下에 <洌水全書 總目錄>을 引錄하려 한다.

이것은 先生의 最後 手定家藏本인 先生 全書 草本에 딸려 잇는 總目錄인데 現存本은 亦是 丁奎英氏의 筆跡이다. 이것을 가지고 上記한 先生 <自撰墓誌> 中에 列擧된 書名·卷數及其分類와 比較·對照해 보면 그 後 十五年間 自著에 對한 加減·整理의 工作이 어떠하엿단 것을 거의 考察할 수 잇는 것이다.

洌水全書 總目錄

書名	冊數	卷數
詩經講義	四	十二
詩經講義補	一	三
梅氏書平	三	九
梅氏書平續	二	五

* 第一冊 : 一, 二卷이 <閻氏古文尙書鈔>

尙書古訓	七	廿一
喪禮四箋	十七	五十
喪禮外編	五	十四

* 第一冊 : 一, 二卷이 <典禮考>
  第二冊 : 一, 二, 三卷이 <檀弓箴>
  第四冊 : 一, 二, 三卷이 <正體傳重辨>
  第五冊 : 一, 二, 三卷이 <弔奠考>, <古禮零言>, <禮考書頂>

喪儀節要	二	六
祭禮考定	一	三

(嘉禮酌儀附)

樂書孤存	四	十二
周易四箋	十二	廿四
易學緒言	四	十二
春秋考徵	四	十二
論語古今注	十三	四十
孟子要義	三	九
中庸自箴	一	三
中庸講義	二	六
中庸講義補	一	三
大學公議	一	三
大學講義	一	三

(小學補箋, 心經密驗附)

※ 以上 經集 合計 八十八冊, 二百五十卷, 五千四百八十三張(每卷 張數는 約함)

詩集前編	五	十五
詩集後編	三	八
文集	十二	三十四

  * 第十冊 : 二十七, 八, 九卷이 <文獻備考刊誤>

文集續集	十	三十

※ 以上 文集 合計 三十冊, 八十七卷, 一千九百四十一張

邦禮草本(=經世遺表)	十五	四十三
牧民心書	十六	四十八
欽欽新書	十	三十
疆域考	四	十二
水經	四	十

小學珠串	一	三
雅言覺非	一	三
麻科會通	十一	十一
民堡議	一	三
風水集議	一	三

※ 以上 雜纂 合計 六十四冊, 一百六十六卷, 三千九百九十三張

《與猶堂全書》草本 冊櫃, 乙丑 洪水 때 救出된 것.

※ 以上《洌水全書》經集·文集·雜纂 總計는
　① 一百八十二冊
　② 五百三卷
　③ 一萬一千四百十七張(每張이 대개 廿二字 二十行)
　④ 廿三個 粧函5), 一個 書麁6)

上記 總目錄 以外에도 《筠菴(先生 號)漫筆》과 先生 《年譜》7)가 末段에 附記되어 잇다.

① 筠菴漫筆 一冊 六十四張

② 年譜　　二冊 百廿二張

前者는 先生의 所著 《紫筠菴漫筆》8)이오, 後者는 先生의 高弟 李晴의 起草를 玄孫 奎榮이 修飾 完成한 것이라 한다.

(14회, 1938. 12. 28)

K兄에게 與한 書束

K兄 足下

足下가 刊行해 주신 巨大한 全書를 다뿍 안고서 先生의 當日을 追憶해 보앗지요. 實로 感慨無量합니다. 先生은 康津 謫中에서 당신 아드님께 보낸 편지에 이런 말슴이 잇습니다.

나는 天地에 외로히 섯다. 의지하아 生命으로 할 것은 오즉 文墨이다. (⋯) 趙括은 父書를 能讀9)하엿으니 나는 賢子라 한다. 너의들이 내 著書를 읽지 안흐면 내 著書는 無用이다.

이 얼마나 不遇의 悲哀엿습니까. 親筆 《霞帔帖》 中에는 역시 아드님에게 준 글이 이러합니다.

5) 《실정》 p751에는 粧圈으로 되어 있다.
6) 《실정》 p751에는 書櫃으로 되어 있다.
7) 《실정》 p752에는 《俟菴年譜》로 되어 있다.
8) 자균암만필紫筠菴漫筆 : 《목민심서》 권1 〈부임赴任·사조辭朝〉에 '자균암만필'로 나오고, 《사암연보》 p120에는 '균암만필'로 나온다.
9) 원문은 能談이나 〈寄二兒(壬戌 十二月 十二日 康津謫中)〉에 따라 고침.

너의 父書를 읽는 니로서 年長者이면 아비로 셈기고 年輩者이면 兄
弟처럼 하여라.

이 얼마나 深切한 付託입니까. 그의 後孫이 身命을 돌보지 안코 洪水
에서 건저 낸 것은 그들이 先生의 著書를 先生과 꼭 마찬가지로 여겻든
傳統的 認識에서 나온 行動이엇을 것입니다.

足下! 저 《三聲韻彙》 著者 洪啓禧는 莊祖 凶禍의 陰謀的 巨魁라 하지
만 《潘溪隨錄》을 올리고 <磻溪傳>을 撰進치 안헛습니까. 그러나 先生
의 著書에 對하여는 어찌나 그러케도 世人의 同情과 發闡이 없엇던가요.
《欽欽新書》, 《牧民心書》 같은 것은 그 內容이 워낙이 卓越하고 需用的
捷徑이기 때문에 四色을 莫論하고 宦路에 뜻이 잇는 者는 다퉈가며 謄草
하야 보왓으므로 世界 流行이 적지 안헛지만 이것은 결국 科儒俗士가 聖
經賢傳을 한갓 剽竊·應擧의 用具로만 認識하는 것과 조금도 다름이 없는
것입니다. 先生과 先生의 著書가 오래동안 世人의 迎合을 받지 못한 것
은 결국 先生과 先生의 著書가 當時 社會보담은 百年이나 앞섯든 까닭이
아니엇습니까.

足下는 先生의 後子雲이 아니십니까. 그러나 足下는 社會 여러 先輩에
게 功을 돌리시니 足下의 盛德을 이어서 한 번 더 感歎하지 안흘 수 없습
니다.

足下! 刊行 全書를 瞥讀하노니 足下의 謝言과 같이 事力의 窘束과 校
閱 諸公의 不意의 事故로 因하야 誤字·訛書가 不無한 것은 正誤表의 添
附로서 問題는 解決될 줄 압니다. 그러나 篇秩이 浩穰한 만큼 詳細한 目
錄의 添附가 없이는 隨手 參考가 到底히 不可能합니다. 同時에 年譜의
參考가 없이는 先生과 著書에 對한 理解가 역시 要領을 얻을 수 없는 바
입니다. 이 두 가지는 從速히 刊行해 주시기를 切望합니다.

그리고 本集 附錄이 될 만한 先生에 對한 挽·祭 其他 記述 文字를 廣蒐
精選하야 年譜와 함께 刊行해 주엇으면 先生의 時空을 理解하는 데 적지
안흔 도움이 될까 합니다. (15회, 1939. 1. 31)[10]

李晴은 年譜 起艸者라 할 뿐 아니라 先生《大同水經》中에 添記되여 잇는 案說을 보면 先生의 高弟인 것이 分明하나 그의 事行과 著述에 關한 詳細는 江湖 同好者의 通知 잇기를 바라는 바입니가.

足下! 今番 刊行 七十六冊의 分類 目次는

第一. 詩文集, 附雜纂集

第二. 經集

第三. 禮集

第四. 樂集

第五. 政法集

第六. 地理集

第七. 醫學集

等으로 되어 上記한 〈洌水全書 總目錄〉11)과는 다르게 되엇습니다. 勿論 印刷의 關係로서 卷數·冊數의 縮少를 따라 分類의 細分과 目次의 變動이 없지 못할 것이겟지오마는 先生의 手定 分類及其目次가 원래 無定見한 것이 아니고 또 그것이 本來 面目인 以上에는 될 수 잇는 대로 仍舊貫하엿더면 하는 感이 없지 못합니다.

今番 刊行本의 題目은 《與猶堂全書》라 하엿지마는 手定 草本에는 全體的 題目이 없고 《與猶堂集》이라 하엿을 뿐이며 《欽欽新書》, 《牧民心書》, 《麻科會通》은 別個 題目이 없으니 아마 이것은 單行本으로서 全集과는 獨立的으로 刊行할 豫定이 아니엇던가 합니다. 其外는 裏題는 全部 '與猶堂集'이고 다만 文集의 一部分에 잇어 '洌水全書續集'이란 表題가 잇으니 이것을 보면 '洌水全書' 四字는 最晚年 所定 題號인 듯하며 上記

10) 원문의 '14회'는 오식. 1938년 12월 28일(14회) 이후 무려 한 달이 더 지난 후에야 다시 연재가 시작되었는데, 최익한은 이 기간 동아일보에 〈전통 탐구의 현대적 의의〉(1939.1.1~1.6)와 〈한시곡란漢詩曲欄-영물단결詠物斷訣〉(1939. 1.17~2.3)을 연재하기도 하였다.

11) 錄 : 원문은 次.

總目錄에도 '洌水全書 總目錄'이라 하엿으니 만일 全書라 하려면 '與猶堂全書'보담은 '洌水全書'라고 그냥 襲用하는 것이 得策이 아니엇을까 합니다.

單行 著書 例하면《牧民心書》,《欽欽新書》等 序文이 文集 中 序文類聚 中에 重複[12]된 것이 間或 發見되니 이것은 草本 그대로 印刷한 까닭이지만 再刊 時에는 勿論 削去될 것입니다.

그리고 <自撰墓誌銘(集中本)>에 '《我邦備禦考》[13] 三十卷 未成'이라고 적혀 잇으나 洌水全書 總目錄及其家藏草本에는 없으니 이것은 意圖뿐이오 一二卷의 實現도 없엇던 것인가 或은《民堡議》一卷 一册이 그것의 一部分이 아니엇든가 或은 鄭爲堂이 말슴한《桑土(音두)誌》一册이 그것의 一部分이 아니엇든가 합니다.《桑土誌》는 家藏本及其洌水全書 總目錄 中에는 없으나 丁茶山 所著라 하고 또 그 書名과 內容이 備禦에 關한 것인즉 或是 이것이《備禦考》의 始作이 아니엇든가 합니다.

《筠菴謾筆》[14]은《牧民心書》中에 引用한《紫筠菴謾筆》인데 書名及其張數만은 洌水全書 總目錄 中에 記在되엇으니 이것은 어찌된 것입니까.

墓誌銘 中 貞軒-茯菴 李基讓-鹿菴 權哲身-梅丈 吳錫忠-先仲氏-<自撰墓誌銘(壙中及集中本)>을 一册으로 한 것은 表紙에 秘本 二字가 씨여 잇으니 이런 것도 當時와 先生을 理解하는 데 興味 잇는 問題인즉 그냥 適當한 곳에 記存해 두는 것이 조치 안헛을까 합니다.

日後 年譜 刊行 時는 先生 筆蹟과 與猶堂 故宅과 家藏草本 內觀 一部及其册欌 等等을 精明하게 撮影하야 揷置해 주시기를 仰望하는 바입니다. 그 外 여러 가지는 面談으로.

　　十二月 廿八日 (16회, 1939. 2. 3)

---

12) 원문은 重見.
13) 邦 : 원문의 邱는 오식.
14) 筆 : 원문의 策은 오식.

6. 先生의 天稟 才德

先生의 天稟과 才德에 關하여는 讀者로 대개 一定한 想像이 각기 잇겟지마는 精神的·思想的 方面과 달리 先生의 肉體的 特徵에 對하여는 肖像 같은 具體的 材料와 威儀風神을 描寫한 文字가 잘 發見되지 안는다. 이것이 先生을 景慕하는 後人으로서 적지 안흔 遺憾이 되지 안흘 수 없다.

信憑할 만한 傳言에 依하면 先生은 軀幹이 中人 以上으로 長大하엿다 한다. <自撰墓誌銘>에는 幼而穎悟, 頗知文字라 하엿을 뿐이오 康津 在謫 時에 지은 <七懷>詩 中 <憶舍姪>篇에 "軀應似我長"이라 하엿으니 이것을 보면 先生의 長大는 傳言과 相合한 것이다.

先生 所著 <先仲氏(若銓)墓誌銘> 中에 正祖가 일직이 若銓을 보고 兄의 俊偉가 弟의 嫵媚보다 낫다 하엿으니 이것을 보면 先生은 軀幹이 碩大한[1] 데다가 姿態가 거칠지 안코 아름다웟던 것을 足히 알 수 잇다.

先生은 幼時에 痘疫을 곱게 칠어서 面上에 一點 瘢痕이 없고 오직 右眉의 瘢痕으로 因하야 眉身이 조금 中分되엇으므로 三眉子라 自號하엿으니 이것은 先生 容貌의 後天的 特徵이엇다. 其外 詳細는 筆者의 寡聞으로서는 測知할 바가 아니다.

先生의 才分은 여러 가지 野談 逸話을 퍼칠 만큼 神奇하엿던 것이다. 筆者도 兒小 時에 村夫子와 鄕先生들에게 直接 들은 것이 적지 안헛다. 巷間에 流傳하는 奇行詼諧는 대개 鰲城大監을 들추는 것과 마찬가지로 才談警句는 대개 丁茶山을 찾는 傾向이 없는 배 아니지만 何如間 茶山의 奇異한 天分[2]이 當時人에게 짚은 印象을 주엇던 것만은 이것으로서 十分 짐작할 수 잇는 것이다.

---

1) '軀幹이 碩大한(몸집이 큼직한)'은 오류. '무미嫵媚'라는 말에서 '몸집이 크다'는 사실은 유추할 수가 없다.
2) 원문의 大分은 오식이므로 《실정》 p735에 따라 고침.

先生이 十五歲 時 醮禮席上에서 妻從兄 洪仁浩의 "四寸妹夫 三尺童子"란 戲句에 "重厚長孫 輕薄少年"이라고 應聲卽答한 것은 世上에 너머나 膾炙한 것이어니와 正祖에게 應口輒對한 것이라는 諧語警句 數例를 들면 이러하다.

○ 正祖 : 말이 마치(馬齒의 音) 하나둘 이리(一二의 音)
　　茶山 : 닭의 깁이 게우(鷄羽의 音) 열다서 시오(十五의 音)
○ 正祖 : 보리 뿌리 맥근맥근(麥根麥根)
　　先生 : 오동 열매 동실동실(桐實桐實)
○ 正祖 : 아침 까치 조작조작(朝鵲朝鵲)
　　先生 : 낮 송아지 오독오독(午犢午犢)3)
○ 正祖 : 池上紅荷 吾與點也
　　先生 : 殿前碧柳 僉曰垂哉

一說엔 以上 四個4) 對諧는 先生이 아니오 尹行恁의 것이며 殿前碧柳 對句는 樊巖 蔡濟恭의 것이라 하나 筆者의 初聞대로 그냥 記入한다.

어느 때엔 正祖와 先生이 三個 字가 一個 字로 合成한 漢字 卽 晶·姦·森·焱·磊 等 字의 書聚 내기를 하게 되엇다. 各其 書聚한 것은 對照 比載하려 할 제 先生은 문득 아뢰 가로대 殿下께서 한 字만은 臣에게 不及할 것이올시다 하니 正祖 가로대 모든 字典에 잇는 것을 하나도 遺漏 없이 죄다 謄記하노니 一字不及이 웬 말이냐. 그래도 한 字만은 不及할 것이올시다 하고 比較해 본즉 正祖는 '三' 字를 記入치 안헛다. 그래서 君臣이 大笑햇다 한다.

先生의 多聞博識이 一世를 누리게 되니 他黨 文士의 猜忌가 또한 적지 안헛다. 어느 때 어느 會所에서 그들은 先生을 困辱하량으로 全部 難解

---

3) 麥根麥根, 桐實桐實, 朝鵲朝鵲, 午犢午犢은 편자가 추가.
4) 원문의 三個는 오류.

한 古字를 使用하야 書束 하나를 만들어 先生에게 보내고 卽席 回答을 要求하엿더니 先生은 조금도 지체없이 回答해 주엇다. 그들은 答書를 開視한즉 또한 全部 모를 古字라 字書를 뒤저가면서 한참 동안 共同 解讀해 본 結果 결국 그들의 편지를 他樣의 古字로서 謄送한 것이다. 그들은 하용없이 先生의 辛辣한 反射的 嘲弄을 滿喫할 뿐이엇다 한다.

此等 逸話가 勿論 先生의 絕特한 才分에 對한 稱譽가 아님이 아니지만 그 反面에 先生을 道學者나 正人君子로 認定치 안코 한갓 才華人으로만 評價하랴는 偏詖한 態度가 依然히 숨어 잇는 것이다. 先生을 一介 邪學異端[5] 斯文亂賊으로 指斥하고 儒學者의 班列에 세워 주지 안헛던 것은 最近까지 鄕曲 儒生의 支配的 月旦이엇던 것이다.

先生의 光明卓越한 正禮가 當時 腐儒惡黨의 鬼舌에 얼마나 抹殺되엇던 것을 넉넉히 짐작할 수 잇지 안흔가! (17회, 1939. 2. 5)

<騎省應敎賦得王吉射[6]鳥詞一百韻>은 本文과 應敎製上의 經緯가 詩集 中에 詳記되어 잇거니와 先生은 일즉 兵曹 宿直 夜에 詩題를 받아 가지고 五更三點에 完篇한 것이다. 正祖는 그 神速을 歎賞하고 大鹿皮 一領을 下賜하엿으며 當時 文任 諸臣에 沈煥之·李秉鼎·閔鍾顯[7] 等은 모두 先生의 奇才藻華를 交口 評進하엿다. 先生의 才華文名은 드디어 上下 百僚를 聳動케 하엿다.

그러나 여기에 달린 逸話 하나가 잇다. 先生의 受題는 "陛下壽萬歲[8] 臣爲二千石" 十字뿐이므로 先生은 이 僻題가 王吉 <射烏詩>인 것을 的確히 알지 못햇다. 그래서 內閣藏書 中에서 本題의 出處를 廣覽博考하야 曉鐘放[9] 以前으로 一百韻 詩를 製進하라고 正祖는 嚴命하엿다. 그러나

---

5) 端 : 원문의 論은 오식.
6) 射 : 원문의 財는 오식.
7) 顯 : 원문의 祥은 오기.
8) 《사암연보》p50에는 歲로 되어 있으나, 전서의 <騎省應敎賦得王吉射鳥詞一百韻>에는 年으로 되어 있다.

廣覽博考는 時間의 制限이 不許하므로 先生은 부득이 門直을 密使로 하야 解題 詳示를 當時 博識神인 貞軒 李家煥에게 火急히 懇請하얏다. 貞軒은 夜半起坐하야 飛筆卽答하여 주므로 先生은 그것을 依據하야 限內에 神速히 製上하얏다 한다.

이와 같이 貞軒의 博覽强記가 千古에 冠絶한 것은 茶山 先生으로도 屢次 歎服하얏던 것이다. 그러나 述作의 敏活과 料事性의 神通과 事變에 對한 雍容剛正의 氣像과 學問에 對한 沈潛條暢한 見解는 先生이 貞軒에 遠過하얏던 것이다.

全書와 年譜를 通觀하면 自然히 알게 되지만 先生은 前後 酷毒 無比한 世故家禍에서 處身應變의 術이 極히 明哲하되 及其義理를 爲하고 學問을 爲하여는 富貴와 貧賤이 能히 그 뜻을 흔들지 못하고 死生과 禍福이 그의 마음을 一毫라도 건디리지 못하얏다. 經濟 才識과 學問 抱負는 그만두고 志節操行의 方面만 가지고 보더라도 先生은 實로 百世의 師表라 아니할 수 없다.

先生이 康津 在謫 時에 時色 某氏가 湖南觀察使로 와서 先生에게 편지하여 解配 辦法을 祕示하얏다. 天涯放逐의 生活은 끝이 없고 家國의 그리움도 가이없는 터이니 웬만하면 處世術에 應從할 것이지만 先生은 義理의 生命을 爲하야 一身의 死生禍福을 弊屣처럼 度外에 버렷던 것이다.

先生 答書의 大意는 이러하얏다. 貴意는 感謝히 생각한다. 그러나 내 一身은 벌서 老矣요 一人의 解配는 國家로선 大事의 關係가 아니다. 정작 湖南의 大事가 잇다. 방장 民困은 極度에 達하고 貪吏의 剝割은 益甚하니 어떤 大方針이 미리 서지 아니하고는 湖南의 倒懸은 救解될 道理가 없고 이 倒懸이 救解되지 안흐면 未久에 大事가 터질 것이다. 내 一身은 流竄終生하여도 大關이 아니니 모름직이 정작 大關에 留念하라 하고 이어서 民困吏貪을 救할 方畧을 그에게 指示한 바가 잇엇다 한다. (文集 中 <與金公厚書> 參照)[10]

<hr/>

9) 曉鑰放 : 원문의 曉論은 오탈자. 《실정》p738에는 '曉鐘'(새벽종)으로 되어 있다.

이 한 가지로서 先生의 全體를 判斷하기에 넉넉지 안흔가. 보라! 忘身憂世11)의 偉大한 情熱과 至死不變하는 殉道的 志節을! 先生을 짝할 者가 千古에 몇몇이나 될 것인가. 誠과 明은 서로 떠나지 안는 德이다. 先生의 憂世的 至誠은 또한 未來의 機微를 明見치 안헛는가. 封建 倒壞의 先發的 巨砲인 甲午 古阜의 民亂은 一世紀 前에 벌서 先生의 預言한 바라 아니할 수 없는 것이다. (18회, 1939. 2. 7)

---

10) 원문에는 '文集 中 <與金公厚書> 參照'가 다음 문단의 끝에 있다.
11) 《실정》 p740에는 '忘身憂國'(자신을 잊고 나라를 걱정하는)으로 되어 있다.

7. 學問의 淵源 徑路

先生의 <題家乘撮要>에 依하면 李朝가 定都한 後 先生의 先世는 곧 漢陽에 居仕하엿는데 政丞·吏判·文衡의 大官은 없엇으나 玉堂 華職이 九世를 繼承하엿으며 高曾 以下 三世가 布衣로서 漢陽을 떠나 馬峴에 移居하엿으나 父公 荷石은 蔭仕로서 晉州牧使에 이르럿으니, 先生의 家閥[1]은 封建時代의 兩班社會에 잇어서 相當한 中流 以上의 貴族階級이엇다.

當時 貴族階級의 官學은 經禮三百과 曲禮三千을 云云하는 儒學이엇으므로 이 雰圍氣 中에서 生長 哺育된 先生은 亦是 儒學으로서 茶飯을 삼고 武裝을 삼지 아니치 못하엿다.

원래 儒教는 그 本質이 東洋的 封建社會의 文化的 産物인 同時에 主導階級의 尊嚴한 生活을 合理的으로 支持하던 이데올로기-의 體系다. 이것의 絢爛重疊한 後光은 浮文虛禮를 放射하며 浮文虛禮는 文化的 主導階級의 陳腐해감을 따라 말할 수 없는 僞學弊習으로 轉化하야 人間社會의 理性的 發作과 進步的 要素를 極度로 抑壓 絞殺하는 必然的 任務를 擔當하게 되는 것이다. 先生 當時 文化的 實權階級의 作弊는 이러하엿던 것이다.

이러한 文化的 牢獄의 暗黑 한가운데서 先生은 어찌하야 救出되엇던가. 묵고 낡어 좀먹은 文化獄의 板壁은 커다란 구멍이 뚫리게 되지 안흘 수 없엇다. 이 구멍을 通하야 한 줄기 光線을 받아들이어 暗黑의 幕을 적이 깨트리엇으니 先生 學問의 淵源 徑路가 얼마나 潛流的이엇으며 迂回가 만헛던 것을 넉넉히 짐작할 수 잇지 안흔가.

先生의 母系 海南尹氏는 錚錚한 儒家인 同時에 南人黨의 名家엿다. 孤山 尹善道의 曾孫 恭齋 尹斗緖(進士)는 先生의 外曾祖인데 그는 博學好古하고 經濟實用의 圖書를 만히 家藏하엿으며 畫藝가 絶世하야 玄齋 沈

---
1) 閥 : 원문의 闕은 오식.

師貞의 山水와 謙齋 鄭敾의 絶壁古松과 恭齋의 人物이 畫界의 이른바 三齋다. 恭齋의 <朝鮮地圖>는 先生의 稱善한 바이엇다. 恭齋 小影이 지금까지 傳來하는데 先生의 顔貌鬢髮이 이것에 髣髴하다 한다. 先生은 일즉이 門人더러 일러 가로대 "나의 精神 才分은 外家의 遺傳을 만히 받엇다" 하엿으나 精神 才分뿐 아니라 實學의 傾向도 亦是 恭齋의 感化가 만헛던 것이다.

그러나 先生 學問의 淵源에 잇어선 主的으로 星湖의 學派엿다. 當時 實學의 精銳部隊인 南人 一部는 모두 星湖의 學徒이엇으니 先生의 家內에서도 仲兄 若銓과 三兄 若鍾이 대개 그들이엇다. 先生 十六歲 時에 星湖 遺稿를 비로소 拜讀하고 感發한 바 잇엇는데 <自撰墓誌> 中에 그 經緯를 이러케 말하엿다.

十五而娶 適先考 復仕 爲戶曹佐郎 僑居京內 時 李公家煥 以文學 聲振一世 姊夫李承薰 又飭躬勵志 皆祖述李先生[瀷]之學 鏞得見其遺書 欣然以學問爲意

二十二歲 時 <過剡村李先生舊宅> 詩는 如下하다.

道脈晩始東　　薛聰啓其先
傳流逮圃牧　　忠義濟孤偏
退翁發閫奧　　千載得宗傳
六經無異訓　　百家共推賢
淑氣聚潼關　　昭文耀剡川
指趣近鄒阜　　箋釋掊融玄2)
蒙蔀豁一線　　扃鑰抽深堅
至意愚莫測　　運動微且淵
　　(星湖先生 生於碧潼郡)

---

2) 掊 : 원문과 신조본에는 '接'으로 되어 있어 뜻이 상이하다.

더구나 剡村은 同鄕 廣州이며 先生은 星湖의 鄕人이므로 星湖學風에 對한 感發의 機會가 누구보다 빨랏을 것이다.

晩年에 子姪더러 일러 가로대 "나의 大夢은 星湖 私淑에서 깨엇다" 하고 康津 謫中에서 <仲氏 巽菴에게 올린 편지>에 가로대 "星翁文字 殆近百卷 自念吾輩 能識天地之大日月之明 皆此翁之力"이라 하엿으니 先生의 星湖에 對한 景仰은 一生을 通하야 一貫하엿던 것이다.

(19회, 1938. 2. 8)

星湖學의 大成者인 先生은 星湖의 學과 遺書를 그의 從孫 李家煥과 그의 學派 李承薰에게서 듣보앗단 것은 上段에 畧述한바 가장 捷徑이엇을 것이어니와 先生의 學問 體系에 가장 嶄新한 要素를 寄與한 西洋學은 그 傳受의 往路가 또한 어떠한가.

西學을 先生에게 가장 먼저 紹介한 者론 <自撰墓誌>나 《俟菴年譜》에 모두 曠菴 李蘗(字 德操)을 들엇다. 曠菴도 亦是 廣州 사람인 同時에 星湖學派에 屬하엿을 것이다. "賢豪氣相投 親篤欣情眄"이란 것은 先生 十六歲에 그에게 준 詩의 一聯인즉 志同氣合이 早年부터 되엇던 것을 可히 想像할 수 잇는 것이다. 二十三歲 卽 上庠한 翌年 여름에 先生은 배를 타고 馬峴의 下流 斗尾峽에 나려가서 曠菴에게 西敎를 듣고 그에 關한 書籍 一卷을 보앗으니 이것이 西學 接觸의 첫 機會엇다 한다.

先生뿐 아니라 仲氏 巽菴도 일즉이 曠菴을 從遊하야 曆數의 學을 듣고 《幾何原本》을 硏究하야 그 精奧를 剖析하엿으며 또 新敎說을 듣고 欣然히 傾慕하엿으나3) 몸소 敎에 從事는 아니햇다 하엿다(<先仲氏慕誌銘>). 曠菴의 博雅는 원래 先生의 稱道한 배어니와 이것을 보면 그는 當時 西學의 先覺者이엇던 것이다. 仲氏뿐 아니라 三兄 若鍾도 亦是 그에게서 맨 첨으로 啓發되엇을 것이 아닌가 한다.

---

3) 원문의 '기뻐햇으나'는 앞말 '欣然히'와 의미상 중복되므로 《실정》 p401에 따라 '傾慕하엿으나'로 편자가 고침.

그러나 西學에 對한 書籍及其具體的 說明은 曠菴이 第一次的으로 先生에게 提供하엿다 하나 西學을 學問으로서 取扱하야 儒學의 缺陷을 補充하고 完美케 하랴는 學的 衝動은 曠菴의 傳授보담 먼저 星湖 遺書에서 印象 깊게 얻엇을 것이다.

이제 星湖 名著인 《僿說》一書를 가지고 보면 西學의 象緯 敎理에 關한 諸書뿐 아니라 龐廸我의 《七克》과 畢方濟의 《靈言蠡勺》과 湯若望의 《主制群徵》等 書를 모두 精讀論斷하야 抑揚贊否의 學問的 見解를 忌諱 없이 陳述하고 腐儒曲士의 先入的 偏見으로서 一律的으로 排擊憎惡하는 陋態는 取치 안헛던 것이다. 《星湖先生全集》卷之五十五 <跋天主實義>에 이러케 말하엿다.

> 天主實義者는 利瑪竇之所述也라 (…) 其學이 專以天主爲尊하니 天主者는 卽 儒家之上帝요 而其敬事畏信은 則如佛氏之釋迦也ㅣ라 以天堂地獄으로 爲勸懲하고 以周流導化로 爲耶穌하니 耶穌者는 西國救世之稱也ㅣ라 (…) 耶穌之世上距 一千有六百有三年에 而瑪竇ㅣ至中國하니 (…) 習中國語하고 讀中國書하야 至有著書數十種하니 其仰觀俯察과 推算授時之妙는 中國에 未始有也ㅣ라 彼絶域外臣이 越溟海而與學士大夫遊하니 學士大夫ㅣ莫不斂衽崇奉하야 稱先生而不敢抗하니 其亦豪傑之士也로다. 然이나 其所以斥竺乾之敎者ㅣ至矣나 猶未覺畢同歸於幻妄也로다.

《僿說》에 星湖는 天主敎士 龐廸我의 《七克》書를 稱讚해 가로대

> 七枝之中에 更多節目하야 條貫有序하고 譬喩切已하야 間有吾儒所未發者하니 是有助於復禮之功矣라 (…) 但其雜之以天主鬼神之說則駭焉이라. 若刊汰沙礫하고 抄採名論하면 便是儒家者流耳니라.[4]

---

4) 《星湖僿說類選》卷10上 p36, 經史編9, 異端門, 七克 참조. 《星湖僿說》卷11,

以上 引用한 數節을 보면 星湖의 西學에 對한 見聞과 見解가 어느 程度에 잇단 것을 알 수 잇지 안흘가. 星湖의 儒學이 實學의 傾向을 띠어 新鮮한 氣色을 나타내게 된 것은 무엇보담 西學의 接觸으로서 井觀的 偏見을 깨트리고 批判的 科學的 精神을 無意識間에 扶植한 까닭이다. 十六歲부터 그의 遺書에 學的 興味를 가지게 된 先生은 西學에 關한 星湖의 論評的 精神을 어찌 等閑히 看過하엿으랴. (<u>20회, 1939. 2. 9</u>)

斗尾峽에서 曠菴 李檗에게 聞敎하던 前年 卽 癸卯冬에 先生의 姉夫 李承薰은 其父 東郁의 燕使之行을 따라 北京에 가서 使臣 一行과 함께 天主敎堂을 往訪하야 洋人 敎士가 宣敎 方法으로서 賸贈하는 《天主實義》 數帙, 《幾何原本》, 《數理精蘊》 等 書와 望遠鏡·地平表 等 器具를 얻어 갖고 歸國하엿으니 後日 西學 獄案에 이른바 '李承薰 購書 事件'이란 것이 卽 이것이다. 그는 그것을 誦習 硏究하엿을 뿐 아니라 同志 交友에게 서로 傳播하엿으니 그의 外叔 李家煥과 先生 兄弟는 가장 먼저 얻어 보앗을 것이다. 얻어 보앗을 뿐만 아니라 그들의 學的 探求熱은 互相論究하기에 마지안헛을 것이다.

그러나 〈自撰墓誌〉 其他 文字에 西敎 始聞을 어디까지 李檗에게만 돌리고 家煥·承薰과의 關係는 말치 안헛으니 그 理由는 없지 안타. 李檗은 斗尾 會合 翌年 乙巳에 곧 夭死하야 後來 西學 獄案에 何等 問題가 되지 안헛으니 緣起의 明言이 亦是 끄릴 배 없으되 獄案의 中心人物인 家煥과의 關係 內容은 一生의 時諱가 되엇던 까닭이다. 그러나 그 反面에 二十六歲 丁未 以來 友人 李基慶의 龍山江亭에서 자조 課工하는 同時에 西學에 對한 論究가 잇어 基慶 自身도 그것을 樂聞하고 西書 一卷을 手抄까지 한 것은 어디까지 明記해 두엇으니 이는 後來 基慶이 素志를 變하고

人事門에는 是가 其로 되어 있다. 최익한은 《실정》 p223에서 조선고서간행회의 《성호사설유선》(1915)을 언급한 바 있지만, 편자는 그 교열본인 문광서림본 (1929)까지 함께 참고하였다. 위의 〈跋天主實義〉나 〈七極 논평〉은 이능화의 《조선기독교급외교사·상편》(조선기독교창문사, 1928, pp24~5)에도 나온다.

勢利의 指嗾를 받아 洪樂安·睦萬中과 共謀하야 邪學案을 羅織하야 善類를 構陷하던 正體를 밝히기 爲한 것이엇다.

以上 筆者가 論證하려는 것은 다른 게 아니라 星湖의 儒學은 西學의 影響을 重要한 要素로서 吸收한 것이며 星湖의 私淑인 先生은 家煥·承薰 等 先進을 階梯로 하야 星湖의 學統을 받들은 日時에 西學 渴求의 出發은 그의 遺書 中에서 벌서 얻게 되엇으리란 것이다. 그래서 李蘗 聞敎 以前에도 先生의 西學 槪念이 全然 白紙가 아니엇으리란 것이다.

그러나 李蘗은 當時 西學 大家임에 不拘하고 早死한 關係로 그의 學的 波紋은 크지 못햇고 그의 存在는 미처 世人의 認識에 오르지 못하엿으니 이 어찌 애석할 배 아니랴. 以下에 先生 集中에 그에 言及한 數處를 대강 引錄하야 그의 不可泯沒的 價値를 드러내려 한다.

〈自撰墓誌〉中에는

> 癸卯春에 爲經義進士하야 游太學하니 內降中庸講義八十餘條하시다. 時에 鏞友李蘗이 以博雅로 名이라. 與議條對할새 理發氣發을 蘗은 主退溪之說하고 鏞의 所對는 偶然[5]與栗谷李文成(珥)所論으로 合이라. 上이 覽訖[6]에 亟[7]稱之 爲第一하시니라.

하엿고 〈先仲氏墓誌銘〉附見閒話條에는

> 甲辰 四月之望에 旣祭丘嫂之忌하고 余兄弟 與李德操로 同舟順流하야 舟中에 聞天地造化之始와 形神生死之理하고 惝怳驚疑하야 若河漢之無極하고 入京에 又從德操하야 見實義七克等數卷하고 始欣然傾嚮하나 而此時엔 無廢祭之說이라.

---

5) 然 : 전서에는 없는 자.
6) 訖 : 원문의 說은 오식.
7) 亟 : 원문의 函은 오식.

하엿으니 斗尾峽 會合이 곧 이때이며 이것을 보면 西敎와 西學의 區別을
알지 못한 當時에 李檗의 所說은 信敎的 方面보다도 學理的 方面에 치우
첫던 것이 짐작되는 바이다. 詩集 中에 <同友人李德操乘舟入漢陽8)> 詩
가 잇고 그에 對한 輓詞는 如下9)하다.

仙鶴下人間　　軒然見風神
羽翮皎如雪　　鷄鶩生嫌嗔
鳴聲動九霄　　嘹亮出風塵
乘秋忽飛去　　怊悵空勞人

(21회,10) 1939. 2. 11)

　　正祖 十九年 乙卯에 李家煥 等의 西學을 彈劾한 朴長卨의 疏語에 對하
야 正祖는 淸蒙氣·四行 等 說이 邪學 아니란 辯明을 한 다음에 또 傳敎해
가로대 西洋 書籍이 東國에 나온 지 이미 數百 年이므로 史庫 玉堂의 舊
藏에 잇는 것이 幾十 編뿐 아니라 年前에 特히 收取를 命하엿으니 購來
가 今日初有之事가 아니라 하고 또 故相 李頤命文集에 西洋人 蘇霖戴와
往復하야 法書를 求見한 事實이 잇는 것을 指示하엿다. 이것이 비록 家
煥과 先生 兄弟를 辯護하는 語意이지만 그러나 이것을 보면 才高博覽한
正祖도 西書의 耽讀이 平日에 相當하엿던 것이며 內閣 祕藏 賜覽의 特典
을 받은 先生은 巷間에서 뿐 아니라 館閣 內에서 西書 閱讀의 機會가 만
헛던 것이다. 더구나 父字의 '始生己' 解釋은 일즉이 侍讀 時에 보앗다는
先生의 辨答을 보면 君臣 共讀이 적지 안 햇던 것을 足히 알 수 잇지 안
는가.
　　最初의 西書 讀評者론 記錄이 알리는 限엔 宣祖朝 文臣 李晬光을 들 수

---

8) 漢陽 : 전서에는 京으로 되어 있다.
9) 如下 : 원문은 세로쓰기라 如左로 되어 있다. 이하 마찬가지.
10) 원문의 '22회'는 오식. 이하 연재 횟수의 오식은 일일이 지적하지 않겠다.

잇다. 그는 利瑪竇의《天主實義》를 보고 그의 名著《芝峯類說》中에다가 評論하엿다. 光海朝 文臣 許筠은 天主敎書를 읽고 信敎 思想을 가젓단 것은 李圭景의《五洲衍文》에《李澤堂集》을 引用하야 證明한 것이다. 孝宗大王은 世子로서 北京에 質留할 때에 西洋人 湯若望을 從遊하야 天主敎理書를 만히 얻어 보앗다 한다(李能和氏《朝鮮基督敎及外交史》參照).

이뿐 아니라 仁祖 二十一年 癸未에 西洋學 事件이 벌서 잇엇던 것은 正祖 十五年 辛亥冬 十月 丁卯에 掌令 韓興裕의 疏語로서 알 수 잇으며 肅宗 十二年 丙寅에 天主學이 熾行하므로 廟堂이 異國人 來寓者를 捉送하기를 請하엿다 하며 英祖 三十四年[11] 戊寅에 海西·關東에 天主學이 大熾하야 廢祀者가 잇기까지 하엿다 한다.

以上 歷擧한 것을 보면 西敎와 西書의 傳來가 벌서 오랜 同時에 幾多의 學者와 幾萬의 群衆이 그것의 影響을 입엇던 것을 알 수 잇다. 廢祀撤主 같은 行事는 勿論 禁止하엿지만 書籍 購入과 學的 取扱만은 正祖 九年 乙巳 以前까지는 아직 邦禁이 申嚴치 안헛던 것이다. 그러므로 先生 初年에는 或은 家內에서 或은 舟中에서 或은 太學에서 或은 江亭에서 或은 閣內에서 或은 御前에서 無難히 읽고 對論하엿던 것이다.

그러나 敎와 學 卽 宗敎와 科學은 西洋에 잇어선 리네상스 運動 以後로 兩者의 區分이 劃然할 뿐 아니라 兩者가 도리어 敵對의 不相容的 關係에 보임에 不拘하고 天主敎士들이 東洋에 와서는 東洋人의 生疎를 利用하야 兩者 敵對의 關係를 隱諱하고 科學의 進步를 積極的으로 誇張하엿다. 다시 말하면 優秀한 科學은 모두 信仰의 産物인 것처럼 表示하야 敎의 神祕力에 群衆의 好奇心을 誘導하엿다. 一例를 들면 갈릴레오 天文學과 코-페르니크 地動說은 宗敎裁判의 最大 禁斷이엇음에 不拘하고 敎士들은 測象·地球 等 儀器를 가지고 그것을 神의 運化로서 紹介하고 說明하기에 專門的 努力을 아끼지 안헛다.

明의 神宗 萬曆 二十七年에 利瑪竇는 北京 와서 布敎하랴다가 뜻대로

---

11) 원문의 二十四年은 오식.

안 되어 再翌年 一月에 時計·洋琴 等 機巧한 物品을 獻上하니 그제야 帝가 大悅하야 慰勞 優待하엿다. 그는 天文·曆法·布筭·運儀가 中國人보담 絶勝한 것을 利用하야 當時 上流人士인 徐光啓·李之藻·李天經 等의 依歸를 받은 同時에 敎書 譯行[12]을 힘입엇다.

朴燕巖《熱河日記》에 王鵠汀은 耶穌敎를 評하되 "그 本領이 名物 度數에 不出하야 吾儒의 第二義에 落在하다" 하엿으니 名物度數는 耶穌敎와는 全然 別個物임에 不拘하고 敎學의 分化가 分明치 안흔 儒敎의 照準으로서 그것을 도리어 敎의 本領이라 하엿다. (22회, 1939. 2. 15)

耳溪 洪良浩의 <與紀尙書書>[13]에도 이러케 말하엿다.

不佞이 曩歲[14]에 赴京(燕)하야 往見天主堂하니 則繪像崇虔[15]는 一如梵宇하고 荒詭奇衺[16]에 無足觀者로되 而惟其測象儀[17]器는 極精且巧하야 殆非人工所及이니 可謂技藝之幾於神者也ㅣ라. (…) 第其十二重[18]天, 寒熱溫三帶之語와 日月星大小廣輪은 卽是吾儒之所未言이오 而彼皆操器而測象하고 乘舟而窮海者ㅣ라. 其言이 皆有依據하니 則不可以異敎而廢之니 眞是物理之無窮 不可思議者也ㅣ라.

그들의 宣傳的 方術이 얼마나 有效한 것을 볼 수 잇지 안는가. 그들이 만일 東洋에 와서 天主敎의 本質及其眞諦 그것만을 宣傳하엿더면 有識

---

12) 번역 시행 또는 번역 간행의 뜻.
13) 원문은 <與紀尙書昀書>로 '紀昀'은 인명. 이는 《이계집耳溪集》卷15 <與紀尙書書>(別幅)에 나오는 내용이지만, 최익한은 《조선기독교급외교사》pp30~1을 참조하엿다.
14) 원문은 曩者.
15) 虔 : 원문의 度는 오기.
16) 원문의 '褻(설)'은 '衺(사)'와 비슷한 뜻.
17) 儀 : 원문에는 빠져 있다.
18) 重 : 원문에는 빠져 있다.

階級은 一顧의 價値도 認定치 안헛을 것이다.

宣祖 三十六年 癸卯에 使臣[19] 李光庭·權憘가 持來한 <歐羅巴輿地圖>와 仁祖 九年 辛未에 陳奏使 鄭斗源이 歸獻한 西洋 火砲·焰硝·千里鏡·自鳴鍾·紫木花 其他 圖書 等과 孝宗朝에 金堉이 請行한 時憲曆法은 모다 天主敎士의 布敎的 附隨物인 선물이엇다. 이것을 보면 當時 先生 一派 學者들의 西敎에 對한 耽惑의 主的 理由는 敎理 그 自體에 잇지 안코 敎理와 混同視한 學術 器物에 잇엇던 것이 더욱 明白하다. 學術 器物의 精巧神妙를 除한 部分인 敎理 自體만은 中東[20]을 勿論하고 學者階級은 共通的으로 卑視하엿던 것이다. 星湖의 이른바 "若淘[21]汰沙礫하고 抄採名論하면 便是儒家者流耳"란 것과 <紀尙書答書>의 이른바 "其書入中國者 ㅣ 除其算法書外엔 餘皆闢駁"이란 것이 모다 그 敎學 兩者에 對한 取捨를 言明한 것이다. 先生 家內에서도 急進的 改革派인 三兄 若鍾을 除한 外엔 仲兄과 先生은 徹頭徹尾 學術的 耽求에 끄첫고 信敎的 行爲에는 이르지 안헛던 것이다.

先生의 西學 接觸 範圍가 얼마만 햇엇는지는 確實히 알 수 없으나 敎理 以外엔 天文·地理·曆法·數理·醫學 特히 牛痘 方法, 機械類에 끄첫고 變化 自由가 豐富한 西洋 社會의 政治·經濟·歷史·哲學·文物·制度에 對한 知識은 別般 獲得치 못햇던 것이다. 文藝復興과 宗敎改革과 立憲制度와 民主主義로서 縱橫 交錯된 西洋 文化의 實相은 天主敎會의 最大 禁忌物이므로 敎士 그들은 그것을 忠實히 紹介 報道하엿을 理가 萬無치 안는가.

先生의 二十二歲는 西紀의 一七八三年이엇다. 人類 初有의 理想國인 米國은 八年의 義戰을 겪고 벨사유 條約으로 獨立이 完全히 承認되던 해엿다. 六年 後엔 西洋의 天地는 또다시 一七八九年의 佛蘭西 大革命으로서 有史 以來 人類의 最大 活劇을 歐洲의 中央에서 展開시키던 해엿다.

---

19) 원문의 佛臣은 오식. 《지봉유설》권2, 諸國部, 外國 참조.
20) 중국과 동국東國(우리나라).
21) 《사설유선》권10상 p36, 異端門과 《성호사설》권11 人事門 <七克>에는 '淘'가 '刊(끊을 천)'으로 되어 있다.

前者에 잇어선 제퍼—슨의 獨立宣言과 프랭클린의 佛國 遊說과 워싱톤의 赫赫한 武功과 佛蘭西 라파예트 普魯西 士官 스토이벤, 波蘭 志士[22] 코슈—시코 等의 熱狂的 援助는 各其 黃金의 結實을 世界史上에 빛내는 反面에 東洋 隱者國의 兩班 靑年인 先生은 무엇을 햇던가. 平和의 꿈으로서 粧飾한 封建 時代의 錦步障 속에서 천천히 걸어 나오는 先生은 經義進士란 아름다운 花冠을 쓰고 宣政殿 謝恩의 자리에서 擧顔의 榮典을 입엇던[23] 것이다. 또 後者에 잇어선 人類 文化 組織의 根本的 變革의 序幕으로서 三部會議는 召集되고 바스츄 牢獄은 破壞되고 人權宣言은 公表되엇다. 미라보—·라파예트 等의 立憲主義的 活動은 開始되엇고 로란·주무리에—[24] 等 穩和派와 단톤·마라·로베스피에르 等 强勁派는 各其 將來할 歷史的 任務를 準備하고 잇엇다.

西天 霹靂에 귀먹엇던 우리 先生은 이때 二十八歲의 殿試 及第로서 《熙政堂大學講錄》을 만들기에 눈과 손이 바벳던 것이다. 先生이 百番 千番으로 神奇히 여기던 한 개 동근 球의 우에 東西[25]의 懸隔이 이처럼 甚햇던가! (23회, 1939. 2. 16)

〈述志〉 二首(壬寅, 卄一歲)

弱歲游王京	結交不自卑
但有拔俗韻	斯足通心期
戮力返洙泗	不復問時宜
禮義雖暫新	尤悔亦由玆
秉志不堅確	此路寧坦夷
常恐中途改	永爲衆所嗤

---

22) 원문의 志志는 오식.
23) 원문의 '입없던'은 오식.
24) '주무리에'는 '두무리에(뒤무리에)'의 오식인 듯.
25) 원문의 東南은 오식.

嗟哉我邦人　　辟如處囊中
三方繞圓海　　北方綿高崧
四體常拳曲　　氣志何由充
聖賢在萬里　　誰能豁此蒙
擧頭望人間　　見鮮情瞳曨
汲汲爲慕傚　　未暇揀精工
衆愚捧一癡　　嗜哈令共崇
未若檀君世　　質朴有古風

二十一歲는 卽 斗尾 聞敎 前 二年이엇다. 先生 一生의 思想的 輪郭과 學問的 趣向을 벌서 端的히 預示하엿으니 이 <述志> 二首는 先生을 理解하는 데 重要한 參考 材料다. 上首는 自己 交遊의 盛과 志學의 非凡性을 말하고 또 當時 儒學의 盲目的 尙古를 譏諷하엿거니와 下首는 朝鮮의 地理 人文의 偏屈한 性格과 文化 見聞의 固陋와 學者의 無批判的 效嚬과 儒弊黨習의 偶像的 崇奉을 陷約히26) 慨歎하고 끝으로 乖離淆薄한 現世에서 上古 檀君 時代의 質朴한 古風을 도리어 欽慕하엿다. 이 短篇에 나타난 것만 가저 보아도 儒弊의 桎梏을 벗고 嶄新하고도 實用的인 西學에 共鳴할 素質을 充分히 갖고 잇지 안는가. "聖賢在萬里"는 偶然한 말이 아니고 西洋의 人文을 思慕한 語意인 듯하다. 當時 天主敎 信者는 勿論이어니와 有志한 學者들도 天文·物理 等 西學을 媒介로 하야 西洋은 開物成務의 聖賢이 만히 잇는 理想的 國土로서 憧憬하엿을 것이다. 學問과 理想의 불꽃이 타오르는 靑年 秀才인 先生은 當時 西學과 西國에 關한 感懷 述志의 篇什이 적지 안햇을 것이나 時諱 關係로 대개는 削除 湮滅해 버렷고 오직 此等 句語만이 그 片鱗으로 殘存된 것이 아닌가 한다.

以下에 先生의 武學에 對한 이야기를 잠깐 말하려 한다. 先生은 文事엣 뿐 아니라 武事에 對하여도 相當한 素養이 잇엇던 것이다. 지금 充分

───────

26) 문맥상 '통절痛切히'의 뜻인 듯.

히 考證할 材料가 없으나 文科 及第 前 卽 廿六歲 時에 泮試 優等으로 重熙堂27)에 入對하엿다가 御賜桂餳(음당) 酒一椀에 酩酊大醉하야 內監에게 扶出되어 賓廳에 잠깐 留하엿더니 承旨 洪仁浩(先生 妻從兄)가 一卷書를 袖傳하고 密敎를 나려 가로대 "네가 將才를 兼有한 故로 特히 此書를 주노니 이 담날에 만일 東喆(때마침 嶺東에 鄭鎭星·金東喆 賊獄이 잇섯다) 같은 者가 일어나면 네가 可히 出戰할 것이라"하기에 집에 돌아와서 펴보니《兵學通》이엇다 한다. 이것을 보면 先生이 早年부터 兵學에 留意하엿을 뿐 아니라 智畧과 風貌가 三軍을 操縱할 만한 資格이 잇는 것으로 님검에게 認定되엇던 것이다.

先生이 兵事에 對한 見聞的 提供을 받은 데가 하나 잇으니 누구냐 하면 先生의 外舅 洪和輔엇다. 그는 數三處의 水軍及兵馬節度使를 歷任하엿고 先生도 그의 墓碣文에 "曉兵法 多才畧"이라 하엿다. 先生은 結婚 直後부터 그의 任所에 자주 가서 兵馬의 訓練을 參觀하엿으니 實地 所得이 적지 안햇을 것이다. 當時 鎖國的 昇平이 벌서 二百年에 가까웟고 또 貴文賤武가 特甚한 時代엿다. 武界의 大官級은 모다 尸位素餐 格이엇으므로 그들의 武裝은 族閥의 피뿐이오 그들의 勇敢은 黨派의 싸움뿐이엇다. 技術이 변변치 못하나마 그래도 操銃發矢와 臨陳對敵에 堪能한 이는 中流 以下 武官級 中에서만 多少 發見할 수 잇엇다. 洪和輔의 武才도 그 獲得의 機會가 決코 偶然치 안흔 것이엇다.

先生이 射藝에 能한 것은 文集 中 〈北營罰28)射記〉를 보면 짐작할 것이다. (24회, 1939. 2. 17)

先生의 兵學에 對한 抱負를 全的으로 表示할《我邦備禦考》三十卷은 不幸히 未成되어《桑土誌》(一冊 未刊),《民堡議》以外에는 獨立的 著作이 없고,《經世遺表》,《牧民心書》等 書 中에 散見된 것만 가지고 보아도

---

27) 원문은 重熙殿.
28) 罰 : 원문의 伐은 오식.《실정》p367에는 바르게 되어 있다.

그 一端을 窺測할 수 잇다. 文武獎拔의 式과 屯田養兵의 制로서 兵農兩進할 것을 主張하고 城郭 修築과 兵制 革新과 器械 改良을 考察하엿으니 다 當時 卓越한 經世家의 見地엿다(<通塞議> 參照).

더구나 先生의 經濟·政治에 關한 大策을 論述한 《經世遺表》는 星湖의 學을 거처 柳馨遠의 《潘溪隨錄》에까지 그 源流를 追求할 수 잇는 것이다.

《經世遺表》, 《欽欽新書》와 함께 三大 著書라고 하는 《牧民心書》는 州郡 牧民之道에 對하야 具體的으로 論列한 世界 無類의 聖典인 同時에 先生의 特殊한 吏才와 明達한 經驗을 全的으로 表現한 것이다. 그러나 司牧에 關한 經驗的 提供은 누구보다도 父公 荷石에게 받은 배 만헛던 것이다. 다시 말하면 吏道는 그의 家庭之學이엇다. 父公은 원래 廉潔明白한 性格의 所有者엿다. 莊獻世子의 節義로서 正祖의 知遇를 받아 二縣 一府 一州를 歷任하야 所到處에 治績이 잇엇다. 先生은 少年 時부터 때때로 任所에 가서 省謁한 나머지에 實地 見學의 機會가 가장 有效하엿던 것이다. 《牧民心書》 自序에 "雖以鏽之不肯 從以學之 竊有聞焉 從以見之 竊有悟焉 退而試之 竊有驗焉"이란 것이 卽 이것을 이름이다.

以上에 歷論한바 先生의 儒學·西學·經國學·吏學 등의 各其 一定한 淵源 徑路를 대개 찾아볼 수 잇거니와 特히 西學에 對하얀 當時 東西 交通的 狀態는 先生으로 하여금 直接 關係치 못하게 하고 항상 支那의 中繼를 힘입엇던 것인 만큼 支那人의 西學的 色彩가 또한 先生에게 反映되지 안흘 수 없엇다. 例하면 淸初 梨洲 黃宗羲의 《明夷待訪錄》 같은 것이 先生의 政治思想에 影響을 준 것은 틀림없엇을 것이다.

또 淸儒의 考證學은 宋學에 對한 反動인 同時에 滿洲 文化에 對한 漢族 文化의 自己 解明이엇다. 胡適 博士의 말과 같이 그것이 꼭 歐洲의 文藝復興 運動에 比類할는지는 모르나 何如間 明末 以來 西洋 實證學의 影響이 東漸하는 데서 微妙한 衝激을 받어 가지고 力點을 古書 考證에 두엇던 것만은 事實일 것이다. 이것은 先生에게 어떠한 作用을 미첫든가.

先生은 六經四書에 나아가 豊富한 考說을 지었는데 물론 自己 獨創的 見解가 만헛다. 先生은 힘써 宋儒의 佛老的 論理의 修飾을 剝去하고 儒教의 倫理的 實用的 本來 面目을 回復하기에 最大 努力하엿다. 先生은 淸儒의 文義的 偏執에 對하야 宋儒의 性理學問을 擁護하고 宋儒의 理論 偏重에 對하야 古代 孔孟學의 實用性을 擁護하는 것이 一貫한 論評的 態度엿다. 그러나 宋儒의 盲從主義를 打破하고 自己 獨創的 見地를 主張한 것만은 淸儒의 刺戟이 적지 안헛던 것이다. 또 部分과 枝葉에 잇어선 그들의 見解를 攝取한 것이 만타 아니할 수 없다.

더욱이 先生의 博學多聞은 正祖의 힘이 또한 적지 안타. 正祖의 文識은 實로 百王에 卓越하니 《弘齋全書》一百卷이 그것을 雄辯的으로 말치 안는가. 뿐만 아니라 御命及御裁에 依하야 臨御 期間에 編纂된 書籍이 種類만 해도 一百十八의 多數에 達하엿으니 끔찍이 놀랠 만한 文化의 堆積이엇다. 이에 對한 先生의 直接·間接的 寄與가 또한 적지 안헛던 것이다.

其他 交遊 儕輩로 말하면 百家 蔚然한 觀이 잇엇다. 西學 流傳과 正祖 奬學 政策은29) 當時 文化의 兩大 拍車엿다. 李家煥·李承薰·李檗 등은 그만두고라도 楚亭 朴齊家의 《北學議》30)와 湛軒 洪大容의 《毉31)山問答》과 燕巖 朴趾源의 《熱河日記》는 思想的으로 一脈相通한 바이며 順菴 安鼎福의 《東史綱目》과 雅亭 李德懋의 《靑莊館集》과 鄭尙驥의 《農圃問答》, 《韜鈐篇》32)과 楓石 徐有榘의 《林園經濟志》와 韓致奫의 《海東繹史》와 鄭東愈·柳僖 등의 正音學 等等은 當時 新鮮한 氣風을 띤 文化의 暗流로서 交流的 卷渦를 이루엇던 것이다. 先生의 先生된 時代的 背景이 어찌 簡單햇으랴. (25회, 1939. 2. 21)

---

29) 원문의 '政策에'는 오식인 듯.

30) 원문은 《北學私議》. 이는 《進上本北學議》와 구별하기 위한 서명이다. 박제가는 1798년에 《북학의》(1778)를 요약하여 진상본을 저술한 바 있다.

31) 毉 : 원문의 醫와 동자.

32) 원문의 《其韜矜篇》은 오기.

8. 南人·西學·星湖學派의 交錯

<u>李朝 黨派圖</u>(東人系)[1]

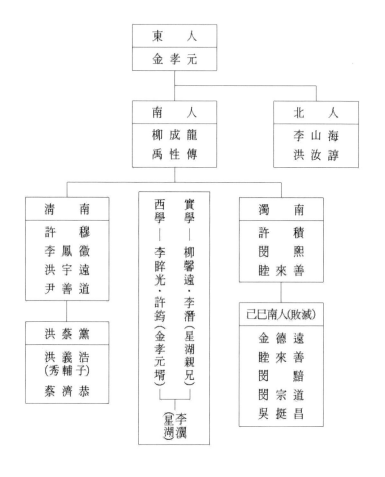

---

1) 원문에는 제목이 없는데 편자가 《실정》 p422를 참고하여 추가함.

星湖家學

貞 山	秉 休	治易禮
萬 頃	萬 休	治經濟
惠 寰	用 休	治文章
長 川	嚞 煥	博古學
木 齋	森 煥	治禮學
貞 軒	家 煥	文學曆數
剡 村	九 煥	克承家學
淸 潭	重 煥	著《擇里誌》

星湖學派

安鼎福	東史學	
黃運大	天文數學	
鄭尙驥	兵政地圖	
尹東奎	地理學	
權哲身	異議朱說	
權日身	同	丁若鏞
李基讓	傳剝棉車	
李承薰	傳布西書	
蔡濟恭	陰護西獄	
李彦瑱	惠寰門人	
李 檗	主唱西學	
丁若銓	曆數魚譜	

蔡黨·西學派(正祖 陰護)

尹持忠	首罹死獄	茶山 外從
權尙然	同	持忠 戚從
李家煥	邪獄首領	基讓 少子 妻父
李承薰	購書主犯	家煥 甥姪
權哲身	日身連坐	日身 親兄
權日身	主敎謫死	安鼎福 壻
黃嗣永	帛書主犯	丁若鉉 壻
丁若銓	謫中病死	茶山 仲兄
丁若鍾	帛書連坐	茶山 三兄
丁若鏞	久在謫中	洪義浩 從妹夫
李基讓	謫中病死	哲身 女舅

洪黨派(攻陷 蔡黨·西學)

洪羲運	改名樂安
李基慶	初耽西書
睦萬中	及其子仁圭
李益運	
成永愚	
崔獻重	
姜浚欽	
金鼎元	
洪光一	
權 𤁷	

(26회, 1939. 3. 4)

上段 圖示와 같이 當時 西學에 參涉한 者는 대개 南人 名士들이며 特히 星湖學派를 中心한 것은 그 歷史的 理由가 무엇이엇든가. 莊園 經濟의 組織과 偏狹 固滯한 風氣에서 自然的으로 産出된 李朝 黨爭은 그 出發과 進行에 잇어서 一是一非가 없는 한 개 無原則한 封建 朋黨的 政爭이엇다. 그러나 그 歷史的 特徵으로 보아서는 西人은 항상 勳戚을 中心으로 한 政府黨이오 東人(南人)은 士類를 背景으로 한 在野黨이란 것만은 出發에 잇어섯 뿐 아니라 進行 全 過程에 잇어서도 不可掩의 事實이엇다. 그러므로 才德不遇의 士가 西人系보담은 東人系에 만히 屬해 잇슬 것은 또한 必然의 理勢이다.

西人 一派는 東人 別派인 北人의 勢力을 倒壞하기 爲하야 光海를 廢黜하고 仁祖를 세운 以後 朝廷 實權을 굳게 잡엇고 孝宗朝에 宋時烈이 尊明大義를 高調한 以後 虛言僞學과 尊華攘夷의 假魂的 標榜은 드디어 爲政者의 鉗制的 武器로 되어 버렷다. 爾來 百餘 年間에 多少 昇沈이 없지 안헛지만 肅宗 甲戌[1]에 己巳 南人의 一敗塗地로 因하야 南人은 永遠히 政治 實權으로부터 脫落되엇고 英祖朝에 西人 別派인 少論의 失權으로 因하야 一國의 政令은 永遠히 老論의 掌中物이 되고 마럿다. 그리다가 莊獻世子의 慘禍에 이르러서는 黨爭의 暴惡이 絶頂에 達하엿다.

君主를 老論化시키고(莊獻世子 慘禍의 例) 孔孟程[2]朱를 老論化시키고(往時 北人 南判書 某의 言云) 나아가선 宇宙萬物을 老論化시키는 西人 一派는 現狀 維持에 最大 祈願을 드리고 잇엇스니[3] 自己 運命을 가장 合理的으로 支持해 주는 虛言僞學과 尊華攘夷의 假魂的 標榜 以外에 現狀 打破를 任務로 한 實學과 西學에 對하여는 첨부터 度外視하고 蛇蝎視할 것은 또한 必然的 要求가 아닌가.

少論 一派로 말하면 主權的 地位는 일헛다 하지만 淸宦榮職에 잇어선

---

1) 戍 : 원문의 戌는 오식. 이하 마찬가지.
2) 桯 : 원문의 桯은 오식. 이하 마찬가지.
3) 원문의 '잇스니'는 시제 불일치.《실정》p431 볼 것.

오히려 老論과 서로 角逐할 餘地가 잇엇으므로4) 亦是 現狀을 否認하고 新機軸을 要求할 만한 精神氣魄을 貯蓄치 못했던 것이다.

論步가 이에 이르매 南人 一派의 西學的 進出에 對한 解答은 거의 思過半일 것이다.

그러나 南人系 中에서도 다시 한번 辨別치 안흐면 안 될 重要한 社會的 內容이 橫在하엿다. 南人의 根據地는 어디보담도 嶺南 一帶이지만 嶺南은 政治 中心地로부터 隔離된 關係로 時代 文化의 影響에 對하야 遲感的인 同時에 見聞이 固陋하고 또 退溪 先生 唱學 以來로 退嬰謹拙한 風氣는 士類의 進取的 氣魄을 全的으로 去勢케 하엿으니 비록 失勢한 南人의 後裔일지라도 대개는 士族의 名分으로 一方 割據에 自己滿足하엿다. 正純 兩朝에 여러 번 일어난 南人 西獄事件 中에 嶺南 南人으로선 問題의 人物이 別般 없엇던 것을 보면 這間의 消息을 可히 알 수 잇는 것이다.

그러나 畿湖 一帶에 散居한 南人 一派는 그 趣向이 嶺南 南人과는 크게 달럿다. 政治 文化의 中心地에 接近한 만큼 見聞은 固陋치 안헛다. 政治的으로 失勢한 그들은 現狀 不滿에서 現狀 矛盾을 直感케 되엇다. 他色과의 交錯 中에서 社會的 刺激5)은 항상 强烈하엿다. 또는 科累와 宦福에 消費해 버릴 貴重한 精力을 有用無爲한 方面에다가 專注할 만한 長閑한 機會를 가젓던 것이다.

이 몇 가지 條件이 星湖學派를 産出한 同時에 星湖學派는 또한 必然的으로 實學과 西學의 領域을 걸치게 된 것이엇다. 勿論 그들 個個人의 天才的 優秀도 重要한 要素이엇지마는.6) (27회, 1939. 3. 7)

西學과 南人의 交錯的 關係는 얼른 보면 一種 奇現象的으로 보이지만 그의 底面에는 一定한 社會的·歷史的 條件이 決定的으로 橫在햇을 뿐 아

---

4) 원문의 '잇으므로'는 《실정》 p432에 따라 고침.
5) 《실정》 p433에는 刺戟으로 되어 있다.
6) 《실정》 p433에는 28회의 첫 문장과 이어져 있으므로 본문 pp227~8 번역에서는 이를 반영하였다.

니라 當時 反對派의 攻擊 摘發이 더욱 그 奇現象을 鮮明히 構成시컷던 것이다.

當時 西學은 果然 南人 一派에만 限한 것이엇던가.

以上에 畧述한 바와 같이 朝鮮의 天主教는 宣祖·光海 時부터 輸入되엇다 仁祖 癸未 以後로 漸次 傳播되엇다. 肅宗 丙寅에 벌서 盛行하엿고 英祖 戊寅에 海西·關東 地方엔 家家人人이 모다 祠堂을 헐고 祭祀를 廢하엿다. 正祖 九年 乙巳에 刑曹가 西教 信者를 按治하엿고 十二年 戊申에 또 西教 問題가 잇서서 道臣에게 嚴禁을 命하엿다. 이것을 보면 當時 朝鮮의 天主教 由來가 벌서 二世紀에 가까운 歷史를 가진 同時에 傳布의 範圍가 實로 廣泛하엿다. 더구나 當時 兩班 階級의 重壓과 封建 制度의 桎梏과 貪官汚吏의 跋扈는 必然的으로 賤民 大衆을 理想의 他路로 몰지 안흘 수 없게 되엇다.

이러케 數萬의 生靈이 異道 邪教에 浸淫 誘惑(?)되야 그 範圍가 一地方을 벗어나 全國에 뻗침에 不拘하고 그것은 別般 大問題로서 痛感되지 안코 오직 湖南 珍山7)의 士人 尹持忠·權尙然 兩人의 信教가 問題의 尖端에 올럿다. 洪樂安의 長書(蔡濟恭에게)를 發端으로 하야 憲府와 諫院이 交章聲討하야 그의 斥邪的 銃부우리는 隱然히 蔡黨 一派로 向케 되엇으니 그 歷史的 理由는 무엇이엇던가. 무엇보다도 尹·權 兩人은 兩班階級으로서 南人인 同時에 蔡黨에 屬한 것이 惟一한 導火線이엇던 것이다. 그러므로 反蔡黨이 神聖하게 標榜한 邪教 排斥은 결국 本質에 잇서서 陰險難測한 黨爭에 지나지 못한 것이다. 黨爭을 떠나서는 그것을 조금도 理解할 수 없는 것이다.

元來 樊巖 蔡濟恭은 正祖의 父 莊獻世子를 爲하야 極力 保護한 所謂 時派의 領首엿다. 그래서 正祖의 信任은 絶對的이엇다. 李家煥과 茶山 先生도 亦是 時派家人으로서 그들의 卓越한 才學은 모다 正祖의 特別한 知遇를 받어 樊巖과 함께 正祖朝의 三傑이엇다.

---

7) 원문의 珍島는 오류.

그러나 그들은 모다 黨系가 南人 時派일 뿐 아니라 上眷이 隆重히 한 것이 西人黨 特히 僻派(世子 謀害派)의 크다란 眼釘이엇던 것이다. 뿐만 아니라 蔡는 性格이 豪邁하야 氣節이 잇엇으며 用人에 關하여는 同黨 中에서도 人物을 本位하고 閥級의 勝己者는 嫌惡하엿으니 이것이 南人 閥族인 洪義浩 父子와 對立한 要因이엇다. 그래서 洪은 當時 西人과 其僻派[8)인 所謂 '煥觀裕達(沈煥之·金觀柱·權裕·金達淳)' 等의 勢利的 指揮에 迎合하고 洪樂安·李基慶 等 一部 南人은 洪의 陰嗾에 應하야 西敎 事件을 奇貨로 삼어 蔡黨 攻陷戰에 先鋒的 任務를 忠實히 다햇던 것이다. 이것은 正祖 昇遐 卽後의 일이지만 反對派의 陰害의 計劃이 얼마나 兇惡햇던 것을 잘 알 수 잇는 一例이다. 卽 蔡黨이오 星湖 首弟인 權哲身의 信敎 廢祀햇단 證據를 虛構키 爲하야 그들은 가만히 盜賊을 시켜 權氏家의 四世 神主를 훔처서 水火에 던지려[9) 하엿다. 이 한 가지로서 그들의 斥邪라는 全體的 性格을 判斷하기에 足하지 안흘가. (28회, 1939. 3. 9)

---

8) 원문은 '及其僻派'인데 及은 의미상 앞의 '과'와 중복되므로 편자가 삭제함.
9) 원문의 '더지려'는 오식.

9. 黨爭과 斥邪의 表裏的 關係

當時 天主敎 傳播는 南人 一派뿐 아니라 서울 中人 一派가 그것을 더 捷徑的으로 遂行하엿다. 燕京 往來하는 曆節 譯官과 紅蔘 商人은 모다 中人 當差인 故로 燕京 物品을 購求하려면 반드시 中人에게 依賴하엿다. 또 譯官은 漢語와 漢俗에 通한 故로 燕京에 가면 漢人及洋人敎士의 交際 와 各種 書籍 物貨의 購求에 優先的 便宜가 잇엇다. 兩班 文化의 重壓에 亦是 不滿을 가진 中人 階級은 西敎 感染이 가장 빨럿던 것이다.

그러므로 尹持忠은 譯官 金範佑[1])家에 《天主實義》를 借讀하엿고 權日身도 또한 中人 金某와 함께 同書를 閱覽햇다 하엿다. 實錄에 依하면 正祖 辛亥 十一月 壬午 刑曹 啓言에 邪學 罪人 鄭義爀·鄭麟爀·崔仁吉·崔仁成·孫成景[2])·玄啓溫·許涑·金啓煥·金德愈·崔必悌·崔仁喆 等 十一名을 捕得하엿으니 이는 다 中人이엇다. 서울 中人 一派의 西學 關係는 이로서 그 깊은 程度를 짐작할 수 잇지 안는가.

그러나 兩班이 아닌 中人 階級은 政爭에 對한 發言的 資格을 先天的으로 갖지 못햇으므로 그들의 邪敎 關係는 儒敎의 탈춤을 추는 政爭의 劇壇에 重大한 物議를 惹起치 못햇던 것이다.

正祖는 洪黨의 斥邪的 裏面을 밝게 알고 蔡黨 保護에 周密한 叡智를 다하엿다. 尹·權 兩人으로 發端된 邪獄事件에 對하야 處決權을 蔡에게 全任하고 不擴大 方針을 密敎하엿다. 이것이 後日 正祖 昇遐 卽後에 護邪首魁란 罪名으로서 蔡相은 爵位 追奪의 酷典을 받게 된 原因이엇다. 假令 當時에 僻派 西人이 永久히 執權하고 또 王位 繼承者가 正祖의 血統이 아니엇더면 正祖 自身도 護邪의 連坐律을 身後에 어떤 形式으로도 받지 안헛을가.

---

1) 원문의 金佑範은 오식.
2) 원문의 成孫景은 오기.

正租는 元來 天主敎에 對하야 寬大한 政策을 取하엿다. 十二年 戊申에 正言 李景溟의 請禁西洋學疏와 蔡濟恭의 西學評奏를 答해 가로대 "吾道와 正學을 크게 밝히면 이런 邪說은 自起自滅할 것이다. 中國엔 陸學·王學·佛道·老道의 流가 잇으나 어디 禁令을 設하엿느냐" 하엿다. 또 우에 말한바 辛亥中人十一人의 邪學案에 對하여도 下敎해 가로대 "中人 等의 詿惑者는 그들의 窩窟을 掃蕩할 것이로되 一邊으론 '人其人'하고 一邊으론 '化民成俗'의 뜻을 두노니 卿等은 이 뜻을 알고 各別 査究하야 一人의 幸漏와 一人의 誤罹가 없이 다 革面 圖新케 하라" 하엿다. 그리고 "權日身·崔必恭 等에게도 義理를 曉喩하야 自新케 하라" 하엿다.

그러나 兩班 黨爭의 桎梏的 社會서 文宣王 지고 訟事하는 판에는 一國의 君主인 正租도 할 일 없이 쓰라린 가슴을 웅켜쥐고[3] '斥邪鬪異'라는 武器의 迫力에 曲從과 讓步를 하지 안흘 수 없엇다. 正租의 最後 防牌는 韓愈의 이른바 "人其人 火其書" 六字엿다.

그러나 이 六字 防牌는 蔡黨 一派의 生命을 一時的으로 延長시키는 데 有效햇지만 그 反面에 朝鮮 文化의 將來와 發展에 對하여는 一種 偉大한 死刑的 宣告엿다. 天主敎書는 勿論이오 明淸文集과 稗官雜記까지도 燒却·禁斷하엿으니 이는 朝鮮 人文의 世界的 聯結性을 끈허 버린 同時에 歷史와 文化를 이끌고 暗黑한 牢獄으로 들어간 것이엇다. 黨爭의 遺禍가 洪水 猛獸에 甚하단 것은 다시 說明할 必要도 없는 것이다.

(29회, 1939. 3. 10)

所謂 '斥邪鬪異'라는 儒學의 武器가 '尊華攘夷'라는 大義名分의 旗幟와 合勢하여 獅吼鷹嚇하는 통에 君臣 上下가 모다 畏縮退却하여 求生의 길을 제각기 찾기에 바뻣던[4] 것이다. 星湖 高弟 順菴 安鼎福은 西學에 對하여 師門의 評論的 態度와는 달리 排斥的 態度를 取하여 그의 自著

---

3) 당시에는 '움키다'를 '웅키다'로 쓰거나, '한 움큼' 따위를 '한 웅큼'으로 쓰는 것이 지배적이었다. 현재 '웅큼'은 《조선말대사전》(1992)에도 등재되어 있다.
4) 원문의 '바뻣넌'은 오식.

<天學考>, <天學問答> 等 篇에 西學을 風角·符水에 比하엿고 入燕 購書를 李承薰에게 歸咎하엿으며 女壻 權日身과는 阻面하다싶이 한 同時에 그의 外孫 三人과도 不遠之地에 잇으면서 往來치 안헛다 한다.

이것이 後日 西獄 連系5)에 超然 獨免햇을 뿐 아니라 封君崇爵의 榮典까지 받은 理由엿던 것이다.

그러나 茶山6)은 星湖 道學의 直接 繼統者로서 鹿菴 權哲身을 들엇고 順菴의 學問과 人格에 對하여는 別般 稱許치 안헛으니 精神과 氣味가 같지 안헛던 것을 짐작할 수 잇다. 그러나 비록 蔡黨 中 西學 諸公으로도 積極的 信敎派인 黃嗣永·丁若鍾 等 外에는 대개 陰尊陽攻的 假相을 가젓던 것이다.

그리하여 그들이 護身用으로서 둘러쓴 儒敎의 舊殼은 도리혀 固定性을 더 賦與케 되엇다. 茶山 初年 時代의 嶄新 活潑한 氣分도 晚年에는 저것의 損害를 적지 안케 받엇던 것이다.

그러나 正祖의 在位 期間에는 蔡黨에 對한 千萬人의 中傷誣陷도 그 效力을 發揮치 못하엿다. 正祖의 蔡黨 保護는 그 內容이 決코 單純치 안헛다. 正祖 一生의 最大 目的은 不共戴天之讎인 僻派 西人을 誅滅하랸 것이엇으나 그들의 盤根錯節的 勢力은 君主의 英斷으로서도 容易히 下手할 바가 아니므로 蔡黨 一派에 깊은 囑望을 가지고 한갖 時機 到來만을 기달렷던 것이다. 茶山의 <城制說>과 <起重架圖說>을 應用하여 水原城을 싸코 蔡濟恭을 華城(水原邑)留守로 하여 城池와 宮闕을 壯麗히 修築케 하고 八道 巨富를 뽑아다가 水原城 內에 살게 하여 民物의 殷盛을 꾀하는 等—이 모던 것은 後日 擧事 時의 退據的 地盤을 만든 것이엇다.

如上한 正祖의 密謀 祕策에 參劃한 者는 오직 蔡濟恭·李家煥 및 茶山 等 若干人에 지나지 못햇던 것이다. 만일 正祖가 英斷的 性格을 가젓고 또 寶齡이 좀 더 길엇더면 아닌 게 아니라 쿠—테타에 依한 政權的 變動

---

5) 《실정》 p439에는 連累로 되어 있다.
6) 최익한은 문맥상 혼동을 방지하기 위하여 이 30회부터는 '先生' 대신에 '茶山', '(丁)若鏞' 등을 혼용하고 있다.

이 잇엇을 것은 明若觀火한 일이다. 同時에 先生 抱負의 實現 機會가 없지 안헛을 것인데! 아! 先生의 不遇는 朝鮮의 歷史的 不幸이엇다. 當時 蛇蝎 같은 僻派와 洪黨의 正祖와 蔡黨에 對한 猜[7]忌·恐怖는 결국 邪敎라는 奇貨로서 그들을 一網打盡하엿지마는 順序에 잇어서는 蔡黨을 除去한단 것보담 政爭의 最高 對象이오 蔡黨의 最大 保護者인 正祖부터 어쩌지[8] 안흐면 안 되엇던 것이다. 逆醫 沈鏡이 時相의 密嗾를 받고 毒杯를 正祖에게 올렷다는 傳言은 這間의 內幕을 端的으로 暴露한 것이 아니고 무엇이랴.

先生 集 中 <紀古今島張氏女子事>에 依하면 嶺南 仁同 張玄慶(旅軒 張顯光의 嗣孫)의 父[9]는 異姓 親屬인 府使 李甲會의 父를 仁同府廳에 자조 訪問하여 沈鏡의 일을 말하면서 慷慨流涕하엿는데 이것이 口禍가 되어 全家 陷沒을 當하엿다 한다. 이것을 보면 毒杯 傳聞이 巷間 遐鄕에까지 傳播되어 一部 士民의 憤鬱이 상당햇던 것을 足히 알 수 잇는 것이다. 黨爭의 慘禍는 이에 이르러 言語道斷이 아닌가! (30회, 1939. 3. 14)

---

7) 猜 : 원문의 精은 오식.
8) 《실정》 p440에는 '제거하지'로 되어 있다.
9) '-의 父'는 편자가 추가함. 전서에 의하면 '장현경'이 아니라 '장현경의 아버지 (장시경張時景)'임을 알 수 있다. 《실정》에도 잘못되어 있다.

10. 內外의 矛盾과 西學의 左右派

先生은 徹頭徹尾로 當時 社會的 産物이엇다. 當時 社會의 具體的 情勢를 對內 對外 兩方面으로 대강 一瞥하면 果然 어떠햇든가.

彈丸 小域을 唯一의 桃源으로 알고 잇는 當時 兩班 社會에 잇어 封建的 經濟가 鎖國 政策과 相竢하야[1] 都市의 發達을 衝起하고 國際的 交通을 誘導할 만한 物質的 條件이 形成치 못하엿다. 農民의 重荷는 甚하엿고 商工 技藝의 賤蔑은 極度에 達하엿다. 極히 緩慢한 自然 生長的일망정 貨幣 經濟의 形態는 그 萌芽를 이미 나타내엇으나 그것은 도리어 征利黨인 官吏 豪族의 討索의 對象을 簡便化시켜 줌에 不過하엿다. 苛[2]稅別貢은 細民으로 하여금 乳臭黃口의 人頭稅와 蠾螻白骨의 族徵까지를 擔케 하엿다.

兩班道의 活劇인 黨戰은 國家와 政治와 人民과 其他 모든 것을 犧牲으로 하여 權勢神의 祭壇 우에 올려 노핫다. '世道'와 權臣은 政局과 王室을 自家의 傀儡처럼 操弄하엿다. 게다가 孔孟程朱의 學徒가 아니라 그들의 奴隷인 儒生學者는 浮文僞學과 空談腐說을 일삼아 한갓 黨爭과 '世道'의 醜惡無比한 正體에 神聖한 道德的 粉脂를 발라 주엇다.

이리하여 外觀上 昇平의 文運이 燦爛無比한 英正[3] 兩朝의 治世를 現出하엿다. 그러나 封建 瓦解의 序幕인 大規模的 民亂의 徵候는 到處에 迫頭하엿다. 扶餘·肅愼·女眞·句麗의 武强奔放한 性格을 傳統으로 한 西北人은 畿湖 貴族의 文弱한 血統의 先天的 壓力에 對하여 數百 年間 싸히고 싸힌 鬱憤의 불을 暴發하려는 機會가 濃熟하엿다. 洪景來의 檄文中에 이른바 "朝廷之等棄西土를 不異糞土하고 甚至於權門奴婢도 見西

---

1) 相竢하야:《실정》p133에는 '서로 호응하는 질곡적인 압력으로 말미암아'로 되어 있다. 竢는 俟와 동자로 '기다리다'의 뜻.
2) 苛 : 원문의 苟는 오식.
3) 正 : 원문의 純은 오식.

土之人하면 則必曰平漢이라 하니 其爲西土者ㅣ 豈不冤抑哉아"4)란 것이 곧 이것을 말한 것이다.

以上에 畧擧한 當時 兩班 社會의 內的 矛盾을 다시 要約해 말하면 (一) 貴族 對 農工商民의 階級的 矛盾, (二) 政爭에 依한 兩班 自體의 朋黨的 矛盾, (三) 畿湖 對 西北의 地方的 矛盾, (四) 現實 生活과 空談僞學의 學問의 矛盾 等等이다. 이것만으로도 一定한 機緣에 依한 旣存的 社會 機構가 破綻의 運命을 免치 못할 것은 멀지 안흔 必然이어니와 더구나 外的 矛盾은 世界的 規模로서 當時 兩班 社會를 威脅하고 잇엇다.

그러면 外的 矛盾이란 대체 무엇이엇던가. 廣義的으로 말하면 東洋 對 西洋의 矛盾이엇다.

十八世紀 市民社會의 到來를 豫報한 十五世紀 文藝復興과 十六世紀 宗敎改革의 以後로 歐洲 各國에 封建은 動搖되고 都市는 勃興되엇다. 新大陸의 移植과 航海術의 發達과 植民地의 競爭과 重金·重商主義는 前資本 階段을 展開하엿다. 天文學을 爲始하여 各種 科學은 中世紀의 世界觀을 根本的으로 破壞하엿다. 英國의 立憲制度와 佛蘭西의 民權思想은 着着 進行하엿다. 一七七六年5) 米國 獨立은 先生의 十五歲6) 時인 正祖 卽位年7)이엇으며 一七八九年의 佛蘭西의 부르죠아 大革命은 先生이 文科 及第하던 正祖 十三年이엇다. 純祖 年間에는 英米엔 鐵道 開通을 보앗고 獨逸엔 電信이 發明되엇다. 英國의 商品은 印度洋을 거처서 支那의 關門을 突破하엿다. (31회, 1939. 3. 16)

---

4) 이 격문은 《박기풍일지朴基豊日誌》에 수록되어 있다고 하는데, <순조기사純祖 記事>와 비교하면 몇 글자 출입이 보인다. 《패림稗林》 권10, 순조기사, 신미 (1811) 12월 21일, "朝廷之等棄西土 不異於棄土 甚至於權門奴婢 見西人 則必 曰平漢 其爲西人者 豈不冤抑哉"
5) 원문의 一七七七은 오기.
6) 원문의 十六歲는 오기.
7) 원문의 元年은 오기.

그런데 當時 西教의 活躍은 또한 어떠햇던가. 老衰 腐敗로 두루마리한 天主教 卽 카톨릭教會는 프로테스탠트新教의 勃興에 偉大한 衝動과 反省을 얻어 自體 維持의 應急策으로서 十六世紀 中半頃에 西班牙人 로욜라는 예수教會를 組織햇고 改新을 目的한 트렌트 宗教會議는 열리엇다. 그들은 一邊으론 新教徒에 太半 以上을 빼아낀 歐洲 教域을 補充키 爲하야 一邊으론 各自 國家의 商店 販路及 그 殖民 政策에 對한 前導的 任務를 爲하야 布教의 開懇地를 荒漠한 亞細亞의 曠野에 求하지 아니치 못하엿다.

支那에 잇어선 唐太宗 貞觀 五年에 波斯國人 蘇魯支가 景教를 來傳하매 勅令으로서 長安에 大秦寺를 세웟고[8] 郭子儀는 〈景教流行中國頌〉까지 刻하엿으니 景教는 卽 基督教엿으며 그 後 元 世祖 時에 伊太利人 瑪爾谷保祿(Marco Polo)는 其父 尼各老保祿을 따라와서 元朝에 오래동안 奉仕햇을 뿐 아니라 元朝와 羅馬 法王 사이에 使節이 往來하고 教士들이 直接 派送되어 燕京을 極東聖教會의 首區로 定하고 나종에는 洗禮 받은

---

8) 이 구절은 이능화의 《조선기독교급외교사》 p32에서 인용한 것인데, 정복보의 《불학대사전》과는 내용이 조금 다르다. "당태종 정관 5년 (기사) : 말니화현교 末尼火祆敎는 페르시아 초기에 조로아스터가 창시한 것이다. (당태종의) 칙령으로 장안에 대진사를 세웠다(唐太宗貞觀五年 初波斯國蘇魯支 立末尼火祆敎 敕於京師立大秦寺, 丁福保, 《佛學大辭典》 冊5, 末尼敎, 上海醫學書局, 1922, p 819)." 여기서 '소로지蘇魯支'는 조로아스터의 음역이다.
그리고 중국에 경교를 처음으로 전한 사람은 '소로지'가 아니라 '하록何祿'이다. "말리화현이란 것은 페르시아 초기 조로아스터가 화현교火祆敎 수행을 한 것이다. 제자가 중국에 와서 교화하였다. 당 정관 5년에 경교승 하록이 대궐에 이르러 현교祆敎를 진상하매 칙령으로 장안에 대진사를 세웠다(末尼火祆 火烟反者 初波斯國 有蘇魯支 行火祆敎 弟子來化中國 唐正觀五年 其徒穆護何祿 詣闕進祆敎 勅京師建大秦寺, 《SAT大正新脩大藏經》, 佛祖統紀)."
또, 당 성관 9년(635)에 아라본阿羅本(Alope)이 전했다는 기록도 보인다. "대진국大秦國에 아라본이라는 덕이 높은 사람이 있는데 … 정관 9년 장안에 이르렀다. … 멀리서 서울까지 와서 경전과 성상을 바치므로 … 곧 장안의 의녕방義寧坊에 대진사를 세우게 하였다(大秦國有上德 曰阿羅本 … 貞觀九祀 至于長安 … 遠將經像 來獻上京 … 卽于京義寧坊 造大秦寺一所, 〈大秦景敎流行中國碑〉)." 여기서 '대진국'은 페르시아 또는 동로마 제국이라는 여러 설이 있다.

者가 二萬餘 人에 達하엿다 한다. 唐·元 兩朝는 우리 新羅와 高麗와의 交通이 가장 頻繁하던 時代이므로 우리 使節·遊學生·居留民 等은 勿論 어느 程度까지 西敎의 接觸이 잇엇을 것이나 國內 傳敎의 痕跡은 史上에 차저볼 수 없다.

그러면 天主敎의 朝鮮 輸入은 明末로서 紀元을 삼지 안흘 수 없다. 一六〇一年9) 卽 明의 神宗 萬曆 二十九年10)에 伊太利人 利瑪竇(Matteo Ricci)가 燕京에 와서 布敎에 着手하엿으니 國境의 封鎖로 因하야 傳敎의 流派가 비록 微弱햇으나 朝鮮에 들어오기는 그 卽後의 일이엇던11) 것이다. 正祖朝로 보면 西敎 入國이 벌서 二世紀에 가까윗던 것이다.

그러나 宗敎 特히 基督敎는 時代的 變裝을 가장 잘하니만큼 同一한 基督敎이지만 明末의 그것은 唐·元의 그것과는 歷史的으로 性質이 달은 것이다. 벌과 나비는 꽃 속에 들어 잇는 꿀을 採取키 爲하야 雌雄藥의 交媾를 공다지로 媒介하는 것과 마찬가지로 東洋에 와서 天國의 福音을 云云하는 當時 天主敎士는 亦是 西歐의 資本主義의 思想과 文物을 附帶的으로 傳播해 주엇다.

이리하야 封建 이데올로기12)인 孔孟程朱之學을 國敎로 한 朝鮮의 兩班道는 西歐 資本主義의 前驅인 天主敎와 世界的 矛盾의 意義에서 歷史的 接觸을 하게 되엇던 것이다.

如上한 內外的 矛盾의 交衝에 잇어서 兩班道의 重壓에 呻吟苦痛하던 賤民大衆은 勿論 燎原之勢와 같이 다퉈가며 天國의 門을 두드리엇거니와 兩班階級 自體에 發生한 버러지인 一部 先覺者들은 안으론 兩班道의 幻滅을 느끼고 박그론 現狀을 打擊할 만한 外來思想의 强烈한 刺激에 新奇의 눈을 뜨게 되엇다. 여기서 兩班 出身인 丁茶山 一派가 反兩班의 意識을 가지고 同時에 西學의 새 空氣를 吸收한 社會的 意義가 存在한 것

---

9), 10) 원문의 一五九九年과 二十七年은 《실정》p165에 따라 고침.
11) 《실정》p166에는 '일이었을'로 되어 있다.
12) 원문은 '이데올롤기'인데, 본서 19회에 따라 고침.

이다. (32회, 1939. 3. 17)

　그러나 當時 西學 一派 中에서 左右 兩翼이 對立해 잇섯던 것을 歷史
的 色盲이 아닌 우리는 嚴密히 看破하지 안흐면 안 될 것이다. 以上에 屢
次 列擧한 바와 같이 李蘗·黃嗣永·丁若鍾·洪敎萬·崔昌顯 等은 左翼分子
로서 熱烈한 信敎者이엇으며 信敎의 自由를 獲得하고 理想의 社會를 實
現키 爲하야 積極的 手段을 取하엿으니 이른바 <黃嗣永帛書>가 그 一段
을 表示한 것이다.

　純祖 元年(一八〇一) 辛酉邪獄의 大彈壓은 全國的 旋風을 捲起하야 그
들의 肉身은 粉碎하엿지만 그들의 精神은 죽이지 못하엿다. 그들은 鞠廷
嚴刑之下에 或은 至死不悔를 言明하고(丁若鍾) 或은 西學에 邪字를 加할
수 없다는 理由를 抗辯하엿다(洪敎萬).

　그들의 遺志와 思想은 항상 그들 餘黨 中에 흐르고 民衆의 低層에 沈透
되고 잇엇다. 憲宗 十二年 丙午 洪州 外煙島에서 政府에 致書한 佛艦[13]
과 高宗 三年 丙寅에 江華를 攻陷하던 佛兵은 모두 西[14]學黨의 招致한
것이엇다. 그들은 憲宗 己亥의 誅殺과 高宗 丙寅 大院君의 大虐殺을 慘
酷無比하게 겪어 가면서도 그 潛行의 形勢는 依然히 熾盛하엿다. 自由와
平等을 內包한 天國의 思想은 庶民과 失勢層의 無條件的 依仰을 받어 그
것이 或은 民擾民亂을 助長하고 或은 團體의 聯結力을 賦與하엿다.

　朝鮮 近代史上에 有名한 東學黨은 歷史的 性格으로 보아서 무엇이냐
하면 결국 封建 瓦解의 作用인 農民叛亂의 內容에다가 理想과 希望을 追
求하는 西敎의 形式을 賦加한 것이다. 東學은 西學 卽 邪學이란 時諱를
避하고 同時에 從來 ‘弓乙’ 等의 民間信仰에 迎合하야 多少 改作은 잇엇
을지언정 ‘天主造化’를 惟一한 信條와 呪文으로 하엿으니 要컨댄 東學의
形式은 西學의 加工品에 不過한 것이다. 그러므로 東學黨의 源委를 發生

---

13) 艦 : 원문의 鑑은 오식.
14) 西 : 원문의 酉는 오식.

學的으로 考察하면 畢竟 正純 兩朝의 兩班 世界를 놀래게 하던 西學 左派에까지 溯及치 안흘 수 없는 것이다. 다시 말하면 東學은 西學의 一種 國産品이엇다.

이 反面에 當時 最高 인테리 分子인 李家煥·李承薰·丁若銓·丁若鏞 等은 모두 西學派의 右翼이엇다. 그들의 信念은 學問的 領域에 偏重하엿고 實踐的 欲求에는 弱하엿다. 迫害와 苦難이 닥처오는 때에는 그들은 或은 朝廷에서 或은 交友間에서 或은 獄中에서 或은 疏章으로 或은 文書로 或은 口頭로 背敎의 態度를 容易히 表示하엿다.

聖敎 主唱者요 李承薰을 시켜 入燕하야 西學 冊子를 持來케 한 主要 人物은 曠菴 李檗이엇는데 茶山은 二十餘 歲 時에 그에게 洗禮를 받고 敎를 듣고 若望이란 洗禮名까지 얻엇으며(《高麗主證》卷之三 參照), 聖敎明道會長 丁若鍾의 親弟로서 二十六, 七歲부터 三十歲 前後頃에는 西學에 熱心 硏究하엿으니 先生의 天主敎에 對한 關係는 決코 엷지 안헛던 것이다. 그러나 後來에 極口 毁斥은 取치 안햇지만 背敎의 形式은 鮮明햇던 것이다. 當時 僻派 討滅을 最高 宿題로 한 正祖는 密謀 參劃者인 先生에 對하야 政治的 訓戒가 帷幄의 속에서 諄諄하엿고 兩班 社會의 保守的 巨人은 外來 新奇한 嬰兒에 對하야 餘地없이 絞殺해 버리려 하엿으니 先生의 轉向的 表示도 一種 理解할 수 잇는 것이다. (33회, 1939. 3. 19)

當時 執權階級은 正祖 十五年에 西學을 邪學이라 改稱하고 純祖 元年에 終始 信敎者에겐 逆律을 加하엿으나 人心鎭撫의 必要로서 懷柔策을 並用하야 獄官鞠吏는 囚人의 懺悔를 재촉하고 監司 守令은 邪敎의 悖理를 仔細 曉諭하엿다. 이뿐 아니라 背敎의 眞否를 確知키 爲하야 日本 德川幕府의 '繪踏'에 近似한 方法을 使用한 일도 만헛던 것이다.

辛酉邪獄에 兄弟 連逮된 先生은 "臣不可以欺君이오 弟不可以證兄이라" 하야 獄官은 그 말에 感動하엿고 世人은 名供述로 傳하엿으니15) 當時

---

15) 니 : 원문의 '나'는 오식.

左派分子인 丁若鍾과 主張 行動을 달리햇던 것을 容易히 判明되엿다. 當時 邪學罪人 斷案에 依하면 "罪人 丁若鍾은 줄곳 邪學을 正道라 하고 天主畫像을 奉置하야 七日식 건너 瞻禮하고 天主는 大君·大父이니 天을 섬길 줄 모르면 生不如死이며 祭祀·拜墓는 다 罪過라 하니 滅倫敗常이 이에 더할 수 없으므로 犯上不道로 處法할 것이라" 하엿다. 辛酉邪獄의 操縱者는 西人 僻派요 被逮의 大多數는 金伯淳·金建淳(淸陰 金尙憲의 嗣養孫, 金亮行의 親孫) 幾人을 除한 外엔 모다 南人 蔡黨이엇으니 勿論 羅織的 斷結이 獄官의 目的이엇지마는 어쨋던 若鍾 等의 終始 不屈은 事實이엇던 것이다. 그러나 先生에 對한 斷案은 如下하다.

丁若銓·若鏞은 當初의 染汚迷溺을 罪犯으로 論하여도 아까울 배 없지만 中間에 棄邪歸正한 것은 自口로서 發明할 뿐 아니라 現捉 若鍾의 文書 中 邪黨 書札에 汝弟(若鏞)로 하야금 알게 하지 말라는 語句가 잇으며 또 若鍾 自書 文蹟 中에도 能히 兄弟와 함께 學을 같이 못한 것은 自己의 罪過라 하얏으니 이는 諸囚와는 약간 區別이 잇는 것이니 次律로써 施行하는 것이 寬大之典에 害롭지 안타.

또는 流配人에 對하야는 純祖 元年에 領相 沈煥之는 八道 中 西北 兩道(咸鏡·平安)의 流配 不可와 其外 六道에의 適當 配置를 金大妃에게 稟白하고 道臣 邑倅로 하야금 항상 流配人을 照管하야 改過 與否를 探察하야 廟堂, 或은 秋曹에 論報하게 하얏다.

이리하야 先生은 背敎의 實證이 表明됨을 따라 若鍾 一派의 極刑을 免하고 南海 邊地인 康津에 謫居하얏다. 爾來 항상 謹愼하야 處身에 明哲하얏다. 淸新宏通한 蘊抱를 發揮할 곳이 없어서 經義禮說의 新解釋에 注力하얏으나 先生의 素志가 아니고 內心으론 항상 新學新政으로서 開物成務와 化民經國을 實現하야써 當時 腐敗愁慘한 小局面을 한번 改造해 보려는 念願과 憧憬이 그윽히 간절하얏던 것이다. 先生의 最大 傑作인

所謂 二書一表(《欽欽新書》,《牧民心書》,《經世遺表》)는 卽 그것을 致意한 것
이엇다.

그러나 "冷하거나 熱하거나 두 가지 中에 하나를 擇하려는 것이 基督
教이니라"(默示錄 三·一五) 하엿는데 先生은 冷과 熱의 兩者를 調和하고
折衷하려 하엿으니 결국은 極端을 主張하는 基督教가 아니고 依然히 中
庸의 思想인 儒學의 限界를 멀리 벗어나지 못하엿다. 先生은 餘年의 精
力을 合理的으로 利用하야 西學의 得力을 孔孟學의 實用的 部分에 展開
하야 獨特한 一家를 構成하얏다. 그러나 歷史的 意義와 世界的 關聯으로
보아서는 右派 代表인 若鏞의 偉麗한 著書는 左派 代表인 若鍾의 奔放不
屈한 精神에 比較하야 價値의 遜色이 적지 안헛던 것이다.

(34회, 1939. 3. 21)

11. 正祖 復讎와 西學派의 共同 戰線

아모리 鎖國 時代엿지만 北京과 鴨綠江의 사이는 겨우 二千里에 不過하니 幾萬里의 海陸을 무릅쓰고 와서 東洋 文明의 最古 牙城인 中國의 首都 北京에다가 布敎의 門을 크게 열어 노혼 天主敎士 그들로서 엇지 이 近隣 小國인 朝鮮에 敎勢 延長하기를 진즉이 쾌하지 안햇으랴. 推測컨댄 北京 布敎 卽後 朝鮮 傳敎가 開始되엇을 것이나 그 程度는 아즉 微弱하야 幾個 名人의 紹介及其短評 以外에는 泯沒無聞하고 百餘 年間 下流의 層에서만 潛播 蔓延되어 잇다가 正祖 時代에 들어와서 저 政治的 不平과 學問的 飢饉을 痛切이 느끼던 南人一派 卽 星湖學派 諸名士가 爭先信奉케 되매 西學은 비로소 知識階級의 宣傳的 偉力을 얻어 깝작이 文化的 社會에 活躍의 姿態를 나타내엇다.

傳言에 依하면 正祖의 親母 惠慶宮 洪氏는 西敎의 信者라 하니 當時 潛通的 媒介의 線이 얼마나 有力햇던 것을 짐작할 수 잇는 것이다. 이뿐 아니라 正祖 庶弟[1] 恩彦君 䄄[2]의 妻 宋氏와 그 아들 湛의 妻 申氏도 西敎를 믿고 外人을 潛通한 것이 後來 純祖 元年 淸人 周文謨의 自首 供辭 中에 發露되엇다. 先生 年譜(丁奎榮 所著)에 依하면 周文謨는 蘇州人으로서 正祖 十九年 乙卯 夏에 變服 潛入하야 北山 下에 隱匿하야 西敎를 廣傳하얏다. 正祖와 蔡黨을 次第 處置한 다음에 宗室까지 剪除해 버리려는 僻派 權臣으로선 誣陷과 中傷이 勿論 그들의 常套엿지마는 엇재던 敎波가 王室의 閨閤에까지 미첫던 것이 事實인데 이는 勿論 南人 西學派의 活躍에서 結果된 것이다.

오래동안 '失志怨國'하던 南人 一派의 復權 運動과 莊獻世子 凶禍에

---

1) 원문의 親弟는 오류. 이인李䄄(1754~1801)은 사도세자의 아들로 정조의 이복 동생이다.

2) 원문과 <자찬묘지명>(신조본·사암본 등)의 裀은 오기. 䄄은 함녕군諴寧君 이인 李䄄(1402~1467)으로 태종의 둘째 서자이다.

終天之痛을 품은 正祖의 復讎 計劃은 그 어느 것이 僻派 西人 政權을 對象치 아니햇으랴. 當時 南人 西學 一派는 이 政治的 關係에 絕好한 챤쓰를 發見하얏다. 勿論 그들의 究竟 目的은 政治的 自由와 理想 世界의 實現에 잇고 僻派 倒壞 그것이 아니엇지마는 目的을 爲하야는 當時 政治的 最大 障礙物인 僻派 政權의 倒壞를 當面 目的으로 하야 南人과 正祖의 共同 戰線에 반가히 參加하엿던 것이다.

그러면 僻派 政權이란 대체 무엇인가. 當時 政局을 理解키 爲하야 以下 簡單히 말하려 한다.

英祖의 長子(謚 孝章, 正祖 追尊 眞宗)는 早卒하고 次子(謚 思悼, 正祖 追謚 莊獻)가 世子 되매 西人 老論 一派는 그의 英明을 忌憚하야 안으로 貞純王妃(英祖 第二妃) 金氏와 寵姬 文昭儀와 和緩翁主를 끼고 世子 謀弑를 百方 讒訴한 結果 英祖는 크게 迷惑하야 三十八年 壬午(一七六二) 閏五月에 昌慶宮 徽寧殿(現今 昌慶苑博物館)[1]에 臨御하고 庭中 大木櫃 卽 두지에 너허서 窒息케 하얏으나 그래도 얼른 죽지 안할가 하야 그 위에 積草薰蒸하니 八日[2] 만에 絕命되엇다. 이 事件에 딸린 奇絕慘絕한 로만스도 만헛거니와 이 엇지 古今所無의 惡變이 아닌가!

그 後 英祖는 크게 悲悔하얏다. 再翌年 甲申에 徽寧殿에 親臨하야 史官을 물리치고 蔡濟恭을 特命하야 自[3]作한 <桐兮血衫之詞> 卽 이런바 <御書金縢>을 貞聖王妃 徐氏 神位 褥下에 너허 두게 하얏다. 貞聖王妃는 英祖 第一妃로서 平日에 世子를 가장 愛護한 嫡母이며 蔡濟恭은 世子 被禍時에 極力 保護한 忠臣이며 <御書金縢>은 世子의 無罪冤[4]死를 밝히고 슬퍼한 것이다. (35회, 1939. 3. 23)

---

1) 원문의 '三十八年(二七六二) 壬午 五月에 昌德宮 明政殿(現今 昌慶苑博物館)'은 오류가 있어, 《영조실록》 38년 윤5월 13일과 21일 기사에 따라 고침.
  * 昌慶苑博物館 : 제실帝室박물관. 1909년 명정전 일대를 전시실로 이용하고 1911년 자경전慈慶殿 터에 2층 양옥을 지어 확장하였으며 1992년 철거되었다.
2) 원문은 九日. 위의 실록 참조.
3) 自 : 원문의 目은 오식.
4) 冤 : 원문의 寃은 오식.

當時 僻派는 世孫(正祖)의 將來 報讐를 크게 두려워하야 自衛의 妙方으로서 英祖를 策動하엿다. 卽 世孫은 所生考를 두고 伯考 孝章世子의 統을 入承한 同時에 所生考에 關한 追尊及其報讐는 日後에 絶對 안키로 祖王의 御前에서 嚴肅히 宣誓하엿다. 만일 이 誓約을 違反하면 이는 忘祖背父의 悖逆으로 規定되엇다.

그래서 正祖는 卽位 當年 丙申에 金尙魯에게 逆律을 追施하고 洪麟漢·文昭儀·和緩翁主 系5)子 鄭厚謙에게 모두 賜死하야 怨恨의 政事6)를 저으기 페엇으나 僻派 全體에 對한 討逆的 擧措는 敢히 하지 못햇으므로 그들의 大勢는 依然히 朝廷에 盤據하고 잇엇다. 더구나 僻派 守護神인 金大妃(貞純)는 最尊의 位를 憑籍하고 政事를 掣肘하엿다. 正祖가 僻派의 一人을 죽이려 하면 大妃는 문듯 가로대 이는 先大王의 遺命에 違反된 것이니 나는 그 꼴을 안 보고 私處로 退出하겟다 하니 正祖의 苦痛이 이에서 더 甚햇으랴. 卽位 初에 嶺南 安東 儒生 李道顯은 正祖에게 長疏를 올리어 先世子를 讒弑한 逆臣 一黨을 討誅할 것을 痛言切論하엿으나 正祖는 도리어 그에게 逆律을 加하야 '揮淚斬馬謖'의 惡光景을 演出하엿다. 正祖의 懦弱도 懦弱이려니와 僻派의 專橫도 可히 想像할 수 잇다.

그러나 正祖는 蔡濟恭을 御筆拜相하야 十年 委任하고 以下 南人 才傑之士를 次第로 登庸하야 羽翼을 扶植하는 同時에 政治的 密謀를 劃定하엿다. 傳言에 依하면 英祖에게 誓約한 正祖는 自手론 直接 復讐할 수 없으니 王子(純祖)가 二十歲만 되면 그에게 傳位하고 自己는 水原行宮에 退據하야 新王의 이름으로 讐黨을 討滅하야 大義를 밝히려 하엿다 한다. 當時 情勢를 綜合해 보면 이것이 의심할 餘地없는 事實이엇던 것이다.

如上한 密謀에 參劃한 者는 우에도 言及한 바와 같이 蔡濟恭·李家煥·丁若鏞 等이엇다. 이들 一派의 西學 關係는 當初엔 어느 程度까지 正祖의 默認한 바이오 나종 僻派와 洪黨의 附同 攻擊이 이러나메 正祖는 蔡

---

5) 系 : 원문의 糸는 오식.
6) 政事 : 원문은 情事.

相과 協謀하야 그들 陰護에 힘과 技術을 다하엿다. 蔡李丁 等 以外에 西學 諸公들도 이러한 政治的 內脈을 窺知한 것이엇다. 그러므로 正祖 在位 時에 限하여는 邪學 改稱과 布敎 禁令과 敎書 燒却과 唐書 禁購와 敎人 處斷이 如何히 厲行되더라도 西學 諸公은 그것을 一時的 現象으로만 보고 依然히 政局 變換의 好機會가 到來할 것을 期待하고 잇섯던 것이다. 그리하야 그들은 洋船 招請과 같은 積極的 手段을 講究하기에까지는 이르지 안햇던 것이다.

當時 數公의 背敎的 表示 例하면 李承薰의 毁斥的 詩文과 茶山의 自引 疏(正祖 二十一年 丁巳)는 同黨 中에서도 그것을 一種 方便的으로 理解하엿고 그것으로 因하야 全然 絶交的 關係에까지에는 이르지 안햇던 것이다. (36회, 1939. 3. 24)

12. 正祖 昇遐와 西學 左派의 激化

正祖 在世 時에도 禁敎의 法網은 날로 細密化하고 政權의 變革은 容易히 오지 안헛으니 이에 焦燥한 西學 一派는 對策上 緩急의 對立이 內的으론 없지 안헛을 것이나 이제 그 實狀은 詳探할 수 없고 그들이 正祖의 蔡黨 陰護를 利用하야 敎勢 擴張에 注力한 것만은 淸人 神父 周文謨의 入國 活動으로서 짐작할 수 잇는 것이다.

그러나 正祖·蔡黨·西學派의 共同 戰線에 僻派와 洪黨은 크게 猜疑와 恐怖를 느끼엇다. 正祖 昇遐보담 一年 먼저 蔡相이 捐館함에 共同 戰線의 活動은 多少 急調를 띠엇던 것이다. 그리하야 僻派의 兇計는 毒杯를 올리엇다. 그들의 最高 障礙物인 正祖가 昇遐하매 洪黨은 雀躍하고 僻派는 더욱 專橫하얏다. 金大妃를 主神으로 領相 沈煥之를 主將으로 한 僻派 一黨은 大邪獄의 發起를 準備하고 잇엇다. 이때 蔡黨과 西學派의 蒼黃, 焦悶한 光景은 果然 엇더햇을 것인가.

> 嘐嘐嗔鵲繞林梢　　黑質脩鱗正入巢
> 何處憂然長頸鳥　　啄將珠腦勢如虓
> 不亦快哉

이는 先生의 <不亦快哉> 二十首 中 一首인데 當時 急迫한 情勢는 果然 黑質脩鱗正入巢이엇으니 何處憂然長頸鳥가 오지 안흐면 그들은 오즉 死滅의 悲運이 잇을 뿐이엇다.

純祖 元年 辛酉邪獄은 滿 一年間 事件이 繼起하야 首尾가 相啣하므로 截然히 區分할 수 없으나 대개 三段으로 논흘[1] 수 잇으니 初段은 李家煥·李承薰·權哲身·丁若銓·丁若鍾·丁若鏞·洪敎萬·洪樂敏·崔昌顯·李存昌·

---

1) 논흐다>노느다/나누다.

姜完淑[2](德山土人 洪志榮 妻)에 對한 處斷이며 中段은 周文謨 自首 事件이며 末段은 <黃嗣永帛書> 事件이다.

그러나 初段 事件은 要컨댄 最大 政敵인 蔡黨의 網打이므로 李家煥·李承薰·丁若鏞 等이 僻派의 最先 對象이엇으나 邪敎의 中心人物은 누구보담도 丁若鍾이엇다. 是年 春二月 知事 權襘 等 六十三人의 上疏에 如下히 말하얏다.[3]

　　噫 彼逆鍾은 乃一妖精邪怪也ㅣ라. 絶其天屬하고 匿影別處하야 背陽明之界하고 入幽陰之窟하야 初不識世間에 有君臣父子之倫이라. 其所設心이 奉邪學을 甚於父母하고 守邪學을 作爲苦節하며 行跡이 陰祕하야 厭與人接하니 故로 人이 不知其暗地作法이 是何樣物事ㅣ러니 而畢竟 狼性이 難化하고 梟音이 益肆하야 乃有今番窮凶極惡 絶悖不道之言이 至發於文書하니 此誠前古所無之怪變이라. 噫라 以若[4]鍾爲兄弟하니 若銓·若鏞이 其敢曰不知며 亦敢曰 吾則[5]不爲乎잇가.

　　當時 西學 左派 首領인 丁若鍾의 祕密 活動과 信仰의 熱烈를 反面的으로 가장 잘 表現한 文字이다. 窮凶極惡, 絶悖不道는 單純히 邪敎 信奉을 指示한 것이 아니고 必是 若鍾은 王室에 關한 것, 또는 毒杯 進上한 事實을 暴露하야 僻派를 討罪한 同時에 敎徒와 群衆의 義憤을 喚起한 煽動 文書가 잇엇으므로 疏 中에 分明히 論誅할 수 없고 다만 그 같은 漠然한 言句로서 斷罪한 것인 듯하다. 若鍾의 兄弟임에 不拘하고 若銓·若鏞은 이 일에 關知치 안헛던 것이 事實이엇다. (37회, 1939. 3. 25)

---

2) 원문의 姜淑完은 오기. 《실정》 p450에도 잘못되어 있다.
3) 원문의 "是年 春正月 知事 權襘 等 三十六人의 上疏에 如左히 말하얏다"는 오류이므로, 《순조실록》 1년(1801) 2월 18일 기사를 참고하여 고쳤다.
4) 若 : 원문에는 빠져 있다.
5) 則 : 원문은 亦.

純祖 元年 辛酉 十二月6) <討邪頒教文> 中에 "自仙馭賓天之後로 惟意 跳梁7)이라" 하엿고 淸朝에 보낸 <討邪奏文>에는 또 이러케 말하엿다.

昨年에 國有喪禍하고 臣은 沖年襲封하야 庶事草創하니 邪黨 等이 忍謂8)此時可乘이라 하야 京外響應에 益相締結하야 漫漫炎炎하야 日漸滋蔓이라. 本年 三月에 漢城府ㅣ 糾得邪黨往復書札及邪書以告 어늘 據此하야 始行鞫覈 (…) 伊書는9) 實係邪黨丁若鍾의 所著所鳩

以上 兩文의 語句를 보더라도 正祖 昇遐는 그들에게 政治的 落望과 戰術的 衝動을 强烈히 주엇으며 同時에 毒杯 凶弒와 大妃 專制와 權臣 跋扈와 其他 政治 文化의 腐敗 墮落 等等은 도리어 그들에게 絶好한 宣傳的 材料를 提供하엿다. 그들은 正祖 凶變을 契機로 하야 現狀 打倒의 方便으로서 英祖朝의 鄭希亮10)·李麟佐 等의 倡義에 類似한 擧事를 꾀하다가 事前에 檢擧 꾀하다가 事前에 檢擧된 것이 아니엇든가. 西人 閔家 金建淳·金伯淳 等의 邪黨 合流도 亦是 僻派 專橫에 對한 感情과 正祖 弒變에 對한 公憤이 有力한 動機가 公憤이 有力한 動機가 되지 안헛든가. 그들은 發喪 嗣位의 奔忙한 期間을 타서 教徒 獲得과 北京 聯絡과 教勢 擴張과 民擾 衝赴에 必死的으로 活動하엿던 것이다. 이는 主的으로 若鍾의 指導엿던 것이다.

以上에 말한바 李家煥·李承薰·丁若鍾·丁若鏞11)의 蔡黨 一派를 網打하야 第一段의 獄事를 構成한 다음에 僻派의 魔手는 다시 周文謨의 自首를 機會로 하야 邪學·妖言 兩案을 兼用하야 蔡黨을 再檢鞫하는 同時에 僻派

---

6) 원문의 十月은 오기.《순조실록》1년 12월 22일 기사 참조.
7) 위의 실록에는 跳梁이 跳踉으로 되어 있는데 같은 뜻이다.
8) 원문은 認爲.
9) 원문은 '伊時에'.
10) 원문의 鄭希良은 오기. 정희량鄭希良(1469~1502)은 연산조 문신.
11) 원문의 '丁若鏞·丁若蔡'를《실정》p453에 따라 고쳤다.

의 敵인 宗室 恩彦君 裀[12)의 全家와 西人 時派 洪樂任(鳳漢 子)과 西人 信徒 金建淳·金伯淳까지를 禍網에 웅켜 너허서 政治的 頹勢는 다시 것잡을 수 없게 되엇다.

이러케 險惡한 環境에서 若鍾의 姪壻요 左派의 猛將인 黃嗣永은 亡命 脫走하야 變姓喪服하고 堤川 土窟 中에 半歲 以上 隱處하면서 邪黨을 聯絡하고 邪敎를 維持하며 同志 黃沁·玉千禧·金有山·金漢彬(若鍾 廊屬) 等으로 더부러 最後 手段을 講究하엿다. 그는 白絹幅에다가 白礬水로 文字를 祕書하야 北京 天主敎堂 洋人에게 周文謨 以下 諸敎人의 虐死 狀況을 詳細히 報告하고 迫害와 布敎에 關한 打開策 三條를 陳請하엿으니 其一은 淸皇의 敎旨를 얻어 내서 朝鮮으로 하여금 西洋人을 容接하도록 할 것. 其一은 按撫司를 安州에 開設하고 淸의 親王으로 하여금 監視하야 布敎의 自由와 政治的 機會를 獲得하도록 할 것. 其一은 西洋國[13)에 通知하야 大舶 數百 艘와 精兵 五, 六萬과 大砲 等 銳利한 兵器를 派送하야 東國에 와서 示威하야 自由 布敎하도록 할 것이란 것이다. 이 密書를 驛屬에게 주어서 北京 使行에 伴送하려던 것인데 嗣永이 堤川에서 就捕되는 판에 搜索 文書 中에 本 帛書가 發見되어 理想과 計劃이 또한 水泡가 되고 말엇다.

以上의 一聯 事件으로서 正祖 昇遐 後 西學 左派의 激化가 얼마나 甚햇던 것을 알 수 잇지 안혼가. 帛書 事件은 要컨댄 若鍾 一派 遺志의 繼續이며 家煥·若鏞 等 軟派와는 何等 脈絡이 없엇던 것이다. 敵黨은 家煥을 邪敎 魁首라 하고 또 正祖 十九年 乙卯夏 或은 以前 十四年 庚戌[14)에 家煥이 벌서 權日身·周文謨로 더부러[15) 洋艦 招來를 協謀하고 銀 二鎰을 出資햇다 하야 杖斃棄市의 酷刑을 加하엿으나 이것이 全然 虛構妄說인 것은 茶山이 <家煥墓誌銘> 中에 詳細히 辨明하엿다. (38회, 1939. 3. 28)

---

12) 裀 : 원문의 裑은 오기.
13) 이는 《순조실록》 1년 10월 5일 기사로, <황사영백서>의 '(太)西諸國'에 해당.
14) 원문의 六年 庚戌은 오식.
15) 원문의 '더러'는 오식.

13. 科學的 新見解

　이런바 六合之大와 四海之廣을 모르고 中國이니 中華니 하는 洞窟 偶像의 威力的 桎梏 밑에서 人間 理智의 活躍性을 전혀 일허버리고 잇던 當時 儒學者의 社會에 處하야 先生은 自己 世界觀을 먼저 天文·地理學上으로부터 展開하엿다.

　集中 <地球圖說>은 南極·北極의 出地之度와 東徼·西徼·亭午之分을 圖示하야 地勢가 圓球 같음을 證明하고 "若 天圓而地方이면 是는 四角之不掩也ㅣ라"는 曾子(大戴禮)의 말을 引用하고 또 朱子가 二儀之說에 沈括의 義를 쫓엿다는 것을 引證하야[1] 地圓說에 對한 儒學者의 驚疑을 論駁하고 天圓地方의 無根據를 斷言하엿다.

　또 同策에 依하면 《周髀經》의 末段에 天圓地方의 語가 잇으나 周髀는 天地를 測量하는 것인데 量地法이 方이 아니면 안 되는 故로 地方이라고 暫定한 것이오 本體는 본래 圓한 것이니 地圓·地球가 正當하다. 二十八宿의 分野는 中國에 限한 것이오 大地로 보면 何等 意義가 없는 것이다.

　또 同策에 依하면 務遠忽近은 古今의 通患인데 我東이 爲甚하니 聲明文物은 中國을 模擬할지라도 圖書 紀載는 마땅히 本國을 밝힐 것이다 하엿으니 이는 世界的 大觀이 自我를 反觀하야 自我의 位置와 任務를 發見한 것이 아니고 무엇이랴.

　<送韓校理致應使燕序>에 "以余觀之하면 其所謂中國은 吾不知其爲中이오 而所謂東國者는 吾不知其爲東也ㅣ라" 하야 地球의 圓體와 列國의 並存을 天文·地理上으로 立論한 다음에 "夫旣得 東西南北之中이면 則無所往而非中國이니 烏視所謂東國哉아. 夫旣無所往而 非中國이면 烏視所謂中國哉[2]아"라고 하야 中國의 名稱이 理由 없는 것과 우리가 中國을

---

1) 하야 : 원문에는 없는데, 논리상 《실정》 p466에 따라 편자가 추가.
2) 哉 : 원문의 咸은 오식.

까닭 없이 贊歎 欽慕하는 것을 學理的으로 非難하엿다. 先生보담 三十餘歲나 年長인3) 湛軒 洪大容은 自著 <毉山問答>에 天文地理를 敍述하야 天下諸國이 中國을 홀로 높일 수 없음을 喝破하고 俗流 時輩가 그를 理解치 못한 것을 그 篇首에 諷刺하엿으니 이것은 先生과 同一한 系統에 屬한 科學的 見解이다. 이 科學的 新見解는 人間으로서의 獨立 自尊的 思想을 啓發해 주는 惟一한 源泉이다.

그러나 同序文은 中國이 가지고 잇는 數種의 長點을 具體的으로 例擧하야 "今에 所宜取益於中國也者는 斯而已4)라"고 하엿으며 <技藝論一>에 依하면 "我邦의 百工技藝는 모다 예전에 中國 가서 배운 것인데 數百年 來로 다시 中國에 往學할 計劃을 하지 안코 中國의 新式 妙制는 나달로 增進되야 數百年 以前의 中國이 아니엇마는 우리는 漠然히 不問에 付하고 오즉 옛것5)에만 편히 생각하니 어찌 이러케 怠懶하냐!"고 하엿다.6) 이리하야 先生은 自國 文物의 膠守的 陳腐的 狀態를 걱정하고 西洋으로부터 나날이 傳來 蓄積되어 잇는 中國 新技藝를 欽艶히 생각하야 中國遊學의 必要를 高調하엿으니 이는 朴楚亭 《北學私議》에 對한 先驅的 發論이엇다. 뿐만 아니라 先生도 直接 '北學' 二字를 使用한 것이 여러 번이엇다. (39회, 1939. 3. 30)

集中 <海潮對>, <蜃市對>, <冬雷陳戒劄子> 等은 모다 從來의 神祕를 섞지 안코 自然界의 現象으로서 說明하엿다. <起重圖說>은 力學의 應用이며 <鹽鹻出火圖說>은 光學의 一端이다. 茯菴 李基讓이 北京서 剝棉7) 攪車를 購歸하야 先生에게 보이엇더니 先生은 答書해 가로대 "만일 한 번 上奏하야 八路에 樣式을 頒布하면 利用厚生의 政에 補益이 적지 안흘

---

3) 원문의 '二十餘 歲나 젊은'은 오류.
4) 已 : 원문의 己는 오식. 이하 마찬가지.
5) 옛것 : 원문의 '엿것'은 오식.
6) 고 하엿다 : 원문에는 없는데, 논리상 《실정》 p468에 따라 편자가 추가.
7) 棉 : 원문의 綿은 통자.

뿐더러 澤流萬世할 것이라"고 까지 稱贊하엿으니 先生이 實用學에 對하야 얼마나 重視하고 渴求하던가를 알 수 잇는 것이다.

先生은[8] 築城造壘와 兵車銃砲 等 諸法에 對하여도 一家의 知識을 가젓거니와 〈答李節度民秀書〉에 數次 詳陳한 輪船의 制는 비록 近代 西洋人의 汽船에는 比較할 수 없으나 當時人으론 驚異치 안흘 수 없는 바이엇다. 先生은 《文獻備考》 舟師條를 引證해 가로대 兪判書集一(肅宗朝人)이 黃海監司가 되엇을 때에 輪船을 創造한바 그 制度는 前後에 輪이 잇고 首尾에 舵를 만들어 달고 揚輪激水하야 迅速을 取하엿으니 帆船으론 到底히 미칠 배 아니라 하엿다. 그러면 朝鮮서도 輪船이 생긴 지가 상당히 오랫던 것이다.

酉紀 一七六二年 先生의 出生은 갈릴레이가 天文學上 名著 《對話》가 發表된 後 一百三十年이오 뉴-톤이 光學과 萬有引力을 發見한 後 九十六年이오 쩨너-가 牛痘術을 發明하기 前 겨우 三十四年[9]엿다. 當時 西洋에 잇어서도 實證的 科學이 神學의 神祕한 羈絆으로부터 解放된 지가 아즉 날이 옅엇다. 더구나 神學 殘黨인 西洋 敎士들은 멀리 東洋에 와서 西洋 科學의 知識을 한갓 布敎의 香餌로서 약간 더저[10] 주엇던 것이다. 이것이나마 주서먹기에 先生 一派는 最大 危險을 무릅썻던 것이다. 그들은 그야말로 되로 배워 가지고 말로 풀어먹으려던 熱心과 意圖엿다.

人間의 美와 壽命에 最大 貢獻한 牛痘術은 發明된 지 겨우 三年 뒤엿스니[11] 數萬 里의 海陸을 거처 先生의 掌中物이 될 수는 없엇스나[12] 正

---

8) 문맥상 '先生은' 추가함. 《실정》 p471에는 '그는'으로 되어 있다.
9) 發明하기 前 겨우 三十四年 : 원문의 '發明한 後 겨우 二十四年'은 오류. 백낙준의 〈다산 선생 서세 100년을 제際하여〉, 《신조선》 12호(1935.8) p31에서 그대로 인용한 듯하다. 제너(1749~1823)가 핍스(1788~1853)라는 소년에게 우두를 최초로 접종한 때는 1796년 5월 14일이었다.
10) 더저 : '던저'의 옛말. 더디다＞더지다＞던지다.
11) 三年 뒤엿스니 : 원문의 '半世紀엿스니'는 오류.
12) 掌中物이 될 수는 없엇스나 : 《실정》 p472에는 "손에 비밀히 들어오게 되었다"로 고쳐져 있다.

祖 昇遐 前年에 先生은 義州人의 入燕便에 種痘方文을 艱辛히 얻어 오게 하야 朴楚亭과 함께 卽時 實驗하엿고 痘疫에 關한 術家不正之說을 一切 劈破하엿다(<種痘說> 參照). 또 漢醫學에 卓越한 先生은 <脈論>에 《脈經》의 寸關尺法을 否認하엿다. 卽 "左寸은 候心하고 右寸은 候肺하며 左關은 候肝膽하고 右關은 候脾胃하며 左尺은 候腎·膀胱·大腸하고 右尺은 候腎命門·三焦·小腸이라"는 것은 全然 妄說이라 하야 脈의 動靜과 眞狀을 醫家의 迷信으로부터 解放하엿다.

先生은 干支에 關한 迷信을 辯論하엿다. 先生에 依하면 甲乙의 十干과 子丑의 十二支는 古代 紀日法에 不過한 것인데 後世의 方技·雜術·讖緯·怪力之說 例하면 太乙·九宮·奇門·六壬·遁甲之法과 風水·擇日·雜筮·雜占·推數·算命·星曜·斗數 等等이 或은 生殺之機를 분변하며 或은 吉凶之兆를 判定하며 或은 衝犯을 살피며 或은 宜忌를 分別한다 하야 千世를 疑惑케 하고 兆民을 속이니 이는 모두 甲乙·子丑으로 宗榦[13]을 삼어 가지고 枝葉的으로 木火·靑赤·龍雀鼠牛 等等을 附會한 것이라 하야 그 虛妄無理한 點을 痛快하게 條列하엿다. (40회, 1939. 4. 1)

先生은 <風水論>과 《風水集議》로서 風水術의 迷妄을 痛切히 條辨하엿다. 그 要旨는 이러하다 — 父祖의 死體를 땅에 묻고 福을 바라는 것은 孝子의 情이 아니니 禮가 아닐뿐더러 그럴 理도 없다. 周公이 族葬法을 制定하야 昭穆의 次序대로 塋域을 만들어 埋葬하되 北方에 北首할 뿐이오 鑿脈破氣의 忌와 方位坐向의 別도 없엇것마는 이때 世卿大夫와 世祿子孫은 自若히 榮昌치 안헛는가.

冀·兗(現今 河北省·山東省地)의 曠野에 阜陵이 없는데 該地 居民은 周垣을 싸허 區域을 定하고 亦是 《周禮》昭穆의 次序대로 埋藏하니 龍虎砂角은 원래 없것마는 그들의 富貴는 또한 自若치 안는가. 術家 所謂 龍虎坐向은[14] 一顧의 價値도 없는 純粹한 妄說에 不過하다는 것이다.

───────────

13) 榦 : 幹의 본자.

先生은 또 이러케 말하엿다— 一世를 어거하고 萬民을 부리던 英雄豪傑도 사라서 明堂에 안저서 그 子孫의 夭死와 廢疾을 救치 못하는 일이 만커던 하물며15) 塚中枯骨이 山河의 形勢를 占領햇다 한들 어찌하야 그 子孫에게 福祿을 줄 것인가. 고기덩어리를 땅에 묻어 가지고 사람을 禍되게 못하는 것과 마찬가지로 福되게도 할 수 없는 것이다.

이리하야 先生은 風水術을 一個 妖邪한 欺人術로 斷案하고 郭璞의 被誅와 道詵·無學·李義信·湛宗의 絶祀無后와 其他 一般 地師의 後裔가 擧皆 榮達치 못한 例를 提示하야 風水術家의 自己欺瞞을 暴露하엿다. 그리고 끝으로 風水術의 有理無理를 質言할 수 없다는 狐疑論까지를 辨駁하엿다. 이 <風水論>은 <甲乙論>과 함께 東洋 特히 支那의 原産인 最大 迷信에 一大 鐵椎를 나린 것이엇다.

時日 卜擇 등16) 迷信 打破의 諸論 中에 <相論>은 實로 名論卓見이다. 本論의 劈頭에 "相은 因習而變하며 勢는 因相而成하나니 其爲形局 流年之說者는 妄也ㅣ라. 嬰稺之蒲服也에 觀其貌하면 夭夭已矣나 及17)其長하야 而徒分焉18)하며 徒分而習歧하며 習歧而相以之變이라" 하엿으니 徒는 分業 또는 職業을 意味한 것이오 習은 習性을 意味한 것이므로 習性의 差異는 分業 또는 職業의 差異에 原因하고 相의 變化는 習性의 差異에 原因한다. 만일 相이 如是하므로 習性이 如是하다 하면 이는 習性 差異의 結果인 相의 變化를 도리어 習性의 原因으로 看做하는 것이니 因果를 顚倒시키는 錯見妄論에 不過한 것이다.

하물며 居處奉養의 變化는 반드시 氣分 體育의 變化를 이르키며 富貴와 憂患은 또한 心志의 淫逸과 悲戚을 이르키니 相의 榮槁·悴潤이 어찌

---

14) 向은 : 원문의 '尙과'는 오식.
15) 이곳만 '하물며'로 되어 있고, 이후에는 전부 '하믈며'로 표기되어 있는데, 당시에는 둘 다 쓰였다.
16) 등 : 원문의 '은'은 오식.
17) 及 : 전서 <相論>의 曁와 같은 뜻.
18) 焉 : 원문의 爲는 오식.

一定해 잇으랴. 士庶人이 相을 믿으면 그 業을 일흘 것이며 卿大夫가 相을 믿으면 그 벗을 일흘 것이며 國君이 相을 믿으면 그 臣下를 일흘 것이다. 이리하야 先生은 相의 可變論으로서 相家의 宿命論을 打破한 同時에 相術의 錯誤와 弊害를 世道人心에 關聯하야 切實히 論辨하엿다.

(41회, 1939. 4. 2)

14. 儒學의 新見解

　　上述한 諸點 以外에도 <重瞳辨>, <靈石辨>, <宗動天辨>, <鷄林玉笛辨>, <松廣寺古鉢¹⁾辨>, <金栢谷讀書辨> 等等은 모두 科學的 視角에서 事物의 神話的 迷惑性을 辨破한 것이다. 그러나 先生은 徹頭徹尾로 實證을 高調한 科學者는 아니다. 要컨댄 先生은 儒者로서의 科學者이며 儒者로서의 思想家이다. 이는 先生이 占領하고 잇던 時代가 가장 잘 說明하는 바이다.²⁾ 그러면 先生의 儒學에 對한 新見解는 어떠햇던가. 先生은 儒學에 얼마만한 修正을 加햇던가.

　　<俗儒論>에 依하면 "眞儒의 學은 治國安民하고 夷狄을 攘斥하고 財用을 넉넉케 하고 能文能武하야 無所不當하려는 것이니 어찌 尋章摘句와 注蟲釋魚를 일사므며 縫掖(古服)을 입고 拜揖을 이킬 따름이랴. 後儒는 聖賢의 主旨를 알지 못하고 仁義·理氣 等 說 以外의 것은 한 말만 하면 그만 雜學 卽 申韓이 아니면 孫吳라 한다. 그리하야 高名과 道統을 엿보는 者는 腐論陋說만 하여써 自己를 어리석게 하고 一步라도³⁾ 이 限界를 넘지 안흐려 하니 이러므로 儒道는 皆亡에 이르고 時君世主는 더욱 儒者를 賤視한다. 漢의 宣帝가 이런바 '俗儒ㅣ 不達時宜하니 何足委任이리오'란 것은 正當하다" 하엿다.

　　先生은 <五學論>으로서 (一) 性理之學과 (二) 訓詁⁴⁾之學과 (三) 文章之學과 (四) 科擧之學과 (五) 術數之學의 亡國的 弊害를 具體的으로 指陳하엿다. 先生은 就中 科擧學 弊의 尤甚한 것을 痛論하고 日本이 저러케 强盛한 것은 科擧法이 없엇던 까닭이라고까지 말하엿다.

---

1) 古鉢 : 원문의 玉笛은 오식.
2) 上述한~바이다 : 이 문장은 《실정》에 따르면, <13. 科學的 新見解>에 속하는 내용이므로 번역문 pp270~1을 편집할 때는 반영하였다.
3) 도 : 원문의 '고'는 오식.
4) 詁 : 원문의 誥은 오식.

先生은 한 거름 올라가서 儒學의 聖典인 六經四子의 解釋에 잇어서 어디까지 簡明하고 實踐的인 實學을 그 本旨로 하고 思辯的 耽玩과 論理的 游戱와 老佛的 色彩를 섞은 解[5]釋은 原則的으로 排除하려 하엿다. 經禮說에 關하여는 先生은 宋儒의 曲論煩釋을 만히 整理하고 先輩 鹿菴 權哲身의 見解를 좇인 배 적지 안헛다(<鹿菴墓誌銘> 參照).

先生의 經傳疑義의 解釋에 關한 最高 尺度는 勿論 實用的 要求인데 이것을 다시 深切한 意味로 換言하면 '新我舊邦'的 思想이다. 經傳 解釋의 是非 可否는 우리가 畢竟 漫然히 判決할 수 없는 經義 그 自體에 依치 안코 다만 '新我舊邦'의 思想의 尺度에의 合致 與否에 依하야 判決될 것이다. 이 主觀的 思想이 先生에게는 도리어 客觀的 尺度로서 認識되엇던 것이다. 先生의 이 思想은 "人은 萬物의 尺度라"는 希臘 소피스트 思想에 彷彿한 同時에 프로테스탄트의 聖經 解釋과 近世 初期 科學者들의 中世 스콜라 哲學에 對한 排斥的 態度를 또한 聯想케 하는 바이다. 儒學 改革家로서의 先生의 學問的 特徵은 여기에 잇다.

以下에 한두 가지 實例를 들려[6] 한다. 先生은 《論語》의 上智下愚의 區分을 宋儒의 解釋과 같이 先天的 性品의 區分으로 보지 안코 後天的 習性의 區分으로 보아서 自暴自棄하려는 凡人에게 作聖的 進路를 開示하엿다. 《論語》의 "寧武子ㅣ 其知는 可及也ㅣ어니와 不可及也ㅣ니라"는 데 對하여도 先生은 宋儒의 解釋과 正反對로 "其愚는 衛成公을 좇어 險難을 備嘗한 武子의 忘身[7]殉國的 愚忠을 指稱한 것이오 其知는 成公 還國 後에 孔達의 權勢를 斂避하야 安身保家한 武子의 明哲을 指稱한 것이니 만일 後者로서 其愚不可及이라고 絶讚한다면 人君은 누구로 더부러 時艱을 救濟할 것이냐" 하야 先生은 後來 儒者의 斂[8]退自高主義를 打破하려 하엿다. (42회, 1939. 4. 6)

---

5) 解 : 원문의 鮮은 오식.《실정》p479에는 바르게 되어 있다.
6) 들려 : 원문의 '들여'는 오식인 듯.
7) 身 : 원문의 力은 오식.
8) 斂 : 원문의 歛은 오식.

繁文縟禮를 天定의 節目으로 崇尙하던 當時 兩班 社會에 잇어서 一定한 依據가 없이는 그 茂雜한 枝葉을 剪除할 수 없으므로9) 先生은 《禮經》에 明快한 解說을 加하야 實行할 수 잇는 簡便性을 提示하엿다. 先生은 古禮의 浮文을 실허하고 오즉 〈檀弓〉篇을 孔子의 微言이라고 特稱한 것은 그것의 簡約한 것을 取한 것이엇다.

易學에 關하여는 亦是 平易簡明을 主旨로 하엿다. "人之所以獲尊者는 以其中에 有所不可窺者也ㅣ라. 於是에 因而作易하야 以神天下之耳目하니 而其道ㅣ 遂尊焉이라. 此ㅣ 聖人이 用其機하야 以持天下之心이라"는 蘇洵의 失言을 反駁하고 易이 幽玄難解의 書가 아니라는 것과 聖人의 所爲가 어디까지 昭詳明白하야 釋氏와 術士와 같이 奧妙神祕를 爲主하야 群衆을 駭愕恍惚케 한 同時에 自己를 神聖視케 하려는 本意가 아니란 것을 論述하엿다(〈易論〉 參照).

先生은 《論語》 解釋에 잇어서 宋儒와의 異議가 더욱 만흐나 그 要旨는 仁을 朱子와 같이 心之德, 愛之理로 看做치 안코 具體的 行事10)인 孝弟로서 仁이라 하엿다. 先生에 依하면 "孝弟가 卽 仁인데 仁은 總名이오 孝弟는 分目이다. 仁은 孝弟로부터 비롯하는 故로 孝弟는 爲仁之本이라고 하엿다"는 것이다. 이 亦是 仁을 吾人의 平凡한 實踐的 倫理로11) 認識하고 奧妙 內在한 論理를 要치 안흔 것이다. 그러므로 事父孝도 仁이오 事兄恭도 仁이오 事君忠도 仁이오 與友信도 仁이오 牧民慈도 仁이니 東方生物之理와 天地至公之心은 仁字를 訓釋할 수 없다는 것이다.

强恕而行하면 求仁莫近 故로 曾子ㅣ 學道에 告以一貫하고 子貢問道에 告以一言하고 經禮三百과 曲禮三千에 貫之以恕하고 爲仁由己하며 克己復禮하나니 此는 孔門之正旨也ㅣ라. 誠也者는 誠乎恕也ㅣ오

---

9) 일정한~없으므로 : 《실정》 p481에는 "일정한 고전적 의거依據가 없이는 번잡고루한 속유俗儒의 반대를 압복壓服할 수 없으므로"로 되어 있다.
10) 行事 : 원문의 事行은 오식.
11) 로 : 원문의 '으로'는 오식.

敬也者는 復乎禮也ㅣ니 以之爲仁者는 誠與敬也ㅣ라. 然이나 恐懼戒愼하야 昭事上帝하면 則可以爲仁이오 虛尊太極하야 以理爲天하면 則不可以爲仁이니 歸事天而已니라.

이 數節은 <自撰墓誌銘> 中에서 引用한 것인데 《論語》의 仁·恕·復禮 等 語와 《中庸》의 恐懼戒愼 等 語를 切實히 聯結시켜서 事天의 宗旨를 樹立한 것이니 이는 理論의 極致로부터 信仰의 境界에로 進向한 것이다.

이제 우리는 先生의 以上 結論에 到達한 徑路를 仔細히 推究해 보면 이러케 말할 수 잇다 ― 基督敎는 博愛의 恕와 天에 對한 敬虔과의 結合으로서 敎理를 構成한 것이다. 先生은 일즉이 西學者로서 이것의 實踐性과 大衆性에 深甚한 感激을 받엇던 것이다. 그리하야 自己 本宗인 儒敎에 反觀과 再檢討를 加한 結果 《論語》의 仁恕와 《中庸》의 戒懼를 抽出하야 儒敎의 事天思想을 強調한 것이다. 勿論 儒敎도 事天敎가 아닌 배 아니지마는 老佛의 影響과 思考의 發達로 因하야 天이 理의 範疇와 太極의 冥漠에 位置하고 잇는 以上에는 理論家와 冥想家의 耽玩的 對象的 대상은 될지언정 知愚賢否 一般의 尊奉的 對象은 될 수 없는 것이다. 天은 要컨댄 先生에 잇어서 下民과 萬物을 降監하고 攝理하는 規範的 存在이다. (43회, 1939. 4. 7)

先生에 依하면 《大學》의 明德은 亦是 實踐的 題目인 孝弟慈를 가르친 것이오 朱子의 註와 같이 虛靈不昧한 本體는 아니다. 誠意·正心은 吾人의 善功이므로 또한 明德이 아니 될 수 없는 것이다. 佛氏의 治心之法은 治心으로써 事業을 하되 吾儒의 治心之法은 事業으로써 治心을 하는 것이다. 誠意·正心이 비록 學者의 極工이나 매양 事爲를 因하야 誠하고 正하는 것이오 向壁觀心하야 虛靈의 本體에 一塵도 물들이지 안는 것은 誠意·正心이라고 할 수 없는 것이다. 今人은 治心을 正心으로 誤認하므로 心意의 放逸을 制伏하고 그 出入을 省察하야 操存·捨亡의 理를 體驗하니 이런 工夫는 吾人의 要務가 아닌 배 아니나 曉夕無事之時에 할 것이다. 古人의 이른바 正心은 應事接物에 잇고 主靜凝默에는 잇지 안는 것이다.

先生은 '性' 字 解釋에 잇어서 先儒의 性說은 모두 孟子의 本旨가 아니라 하야 獨特한 解釋을 加하엿다. 先生에 依하면 性은 一個 嗜好로서 肉體上 嗜好와 靈智上 嗜好 두 方面으로 난흘 수 잇으니 食色之性, 耳目口體之性과 <召誥>의 節性, 《孟子》의 忍性 等 性 字는 前者에 屬한 것이며 天命之性·性與天道·性善·盡性 等 性 字는 後者에 屬한 것이다.

性 字는 雉性·鹿性·草性·木性과 같이 본래 嗜好로서 得名한 것이니 高遠廣大한 說明을 要할 것이 아니다. 今人은 性을 推尊하야 天과 같은 大物로 認識하야 太極·陰陽之說을 부치고 本然·氣質之論을 섞으니 渺茫幽遠하고 恍惚誇誕하고 毫分縷析하야 天人不發의 神祕를 窮極햇다 하나 결국은 日用常行의 方法에 何等 補益이 없다.

《楞嚴經》에 "如來藏性이 本來淸淨"이라 하엿고 《般若經》과 《起信論》에 本然之性이 新薰의 所染이 되어 眞如本體를 일허 버렷다고 重言複言하엿으므로 宋의 諸儒가 이것을 借用하엿으나 本然 二字는 六經·四書, 諸子·百家之書에 도모지 出處가 없는 것이다. 本然은 佛書에 잇어선 無始·自在의 意이니 儒家의 天命之性과 佛氏의 本然之性은 同義의 語가 아니고 도리어 氷炭的 關係에 잇는 것이다. 性은 天으로부터 稟受한 바인즉 本然 또는 無始라고 할 수 없는 것이다. 그러나 佛氏의 本然之性은 天으로부터 稟受한 것이 아니므로 始生한 바가 없고 天地之間에 自在하야 輪轉不窮하니 卽 人死爲牛하고 牛死爲犬하고 犬死爲人하되 本然之性은 澄澈自在하다는 것이다. 그러면 儒家의 見地로 말하면 逆天慢性과 悖理傷善이 本然性說[12]에 더할 수 없는 것이다.

또 先生에 依하면 性의 靈體는 그 嗜好를 論하면 善을 질기고 惡을 부끄러워하되 만일 그 權衡[13] 卽 自由를 말하면 善할 수도 잇고 惡할 수도

---

12) 《心經密驗》 <心性總義>에 '本然之說'로 되어 있다.
13) 자유 의지. 선악을 선택할 수 있는 자유로운 의지.

잇으므로 危殆不安하니 어찌 純善無惡이라 할 수 잇으랴. 吾人 靈體 內에 도모지 三個 理가 잇으니 嗜好를 말하면 樂善恥惡이니 孟子의 이른바 性善이오 權衡을 말하면 可善可惡이니 告子의 湍水 譬喩와 楊雄의 善惡 渾之說이 잇게 된 것이오 行事를 말하면 難善易惡이니 荀卿의 性惡之說이 잇게 된 것이나 楊氏와 荀氏는 性字를 誤看하야 其說이 差異 잇게 된 것이다. 그러나 吾人 靈體 內에 이 三個 理가 없는 것은 아니다.

이리하야 先生은 孟子 性善說을 是認한 同時에 純善으론 認定치 안코 諸家의 說도 視角을 따라 各其 承認하되 人性은 克己復禮之工에 依賴치 안흐면 壞敗와 邪曲을 免치 못한단 것을 强調하야 荀子 性惡說에 重大히 參考하엿던 것이다.[14] (44회, 1939. 4. 9)

孟子의 仁義禮智는 宋儒가 天道의 元亨利貞에 配合하야 人性의 四大 綱으로 論定하엿으나 先生에 依하면 仁義禮智는 行事의 後에 得名한 것이므로 人德이요 人性은 아니다. 可仁可義可禮可智의 理는 人性에 가쳐 잇으므로 孟子가 惻隱·羞惡·辭讓·是非 四心을 四德의 端이라고 하엿으나 四心은 一個 靈明之體에서 發하야 萬事萬物을 汎應하니 實際 發하는 것이 어찌 四個에 限하리오. 四個는 孟子의 例擧에 不過한 것이다.

그러나 宋儒는 仁義禮智 四個가 마치 五臟처럼 사람의 腹中에 담겨 잇고 惻隱·羞惡·辭讓·是非는 모다 各其 이로부터 나오는 줄로 생각하나 이는 錯看이다. 《中庸》의 知·仁·勇 三達德도 亦是 行事의 後에 成名한 것이오 本體 內在之理를 가르친 것은 아니다.

孟子는 "仁義禮智根於心"이라 하엿으니 譬諭하면 仁義禮智는 花實 같고 그 根本은 心에 잇다. 惻隱·羞惡·辭讓·是非는 內 卽 心에서 發하고 仁義禮智는 外 卽 行事에서 이루는 것일 뿐 아니라 四端의 端은 內出의 緖가 아니고 始의 意이니 卽 始燃者는 火의 始요 始達者는 泉의 始와 마찬가지로 惻隱은 仁의 始요 羞惡는 義의 始이다. 또는 始燃者를 擴而充之

---

14) 《실정》 p504에 따라 새로운 문단으로 편집함.

하면 炎炎한 大火가 되고 始達者를 擴而充之하면 滔滔한 江河가 되는 것과 마찬가지로 惻隱을 擴而充之하면 仁은 天下를 덮을 것이며 羞惡를 擴而充之하면 義는 天下에 나타날 것이다. 이러케 보면 四德을 內在의 性으로, 四端을 內出[15])의 端緒로 본 宋儒의 解釋과는 거의 對蹠的 見地에 잇는 것이다.

《中庸》의 "喜怒哀樂之未發 謂之中 發而皆中節 謂之和"에 對하여도 宋儒의 解釋과는 적지 안케 달럿다. 先生에 依하면 未發은 程朱의 말과 같이 心知思慮가 全然 未發하단 것이 아니다. 天下事物은 이것을 平心酬應할 적이 普通 만코 特異한 境遇라야 喜怒哀樂이 잇게 되는 것이다. 그러나 可喜可怒 等 事는 항상 不意와 無心을 타 가지고 오는 것이므로 이를 對應하기에 中節하기가 가장 어려운 것이니 未發之時 卽 平常時에 秉心을 바로 하고 執德을 굳게 하야 心體의 中正을 持續한 然後에라야 可喜可怒之事를 猝然히 만나더라도 對應의 마음이 能히 發而中節하야 過度의 弊가 없게 된다. 이러므로 中과 和가 位天地 育萬物의 大德을 얻게 된다. 만일 寂然不動 無思無慮가 未發의 光景이라 하면 이는 少林禪師의 面壁이 아니면 位天地 育萬物의 道境에 이를 수 없는 것이니 儒家이 學이 어찌 이러하랴. 이리하야 先生은 宋儒의 禪佛的 浸透를 到處에 指摘하엿다.

"羅先生(仲素) 令靜中看未發時 作何氣像[16])"이란 李延平의 말에 對하여도 茶山은 가로대 羅氏가 禪學에 깊이 물들어서 이러케 말한 것이니 무릇 '觀'은 다 禪法이라 하엿다.

先生은 《書經》에 잇서서 梅賾의 二十五篇 僞作을 斷言하고 "人心惟危 道心惟微 惟精惟一 允執厥中" 十六字에 對하여 道心人心은 《道經》에서, 惟一惟精은 《荀子》에서 나온 것인데 意義가 서로 連接되지 안는 것을 指摘하엿다. (45회, 1939. 4. 11)

---

15) 內出 : 《실정》 p506에는 外出로 되어 있다.
16) 氣像 : 《心經密驗》〈天命之謂性〉에는 氣象으로 되어 있다.

先生은 《論語》의 "曾子曰 夫子之道 忠恕而已[17]"에 對하야 忠恕를 忠과 恕의 兩個 事로 보지 안코 忠[18]心行恕 卽 忠實히 恕를 한단 것으로 보아서 "盡己之謂忠 推己之謂恕"라는 從來 解釋을 글리 여겼다. 孔子의 이른바 "吾道 一以貫之"는 卽 恕의 一事를 가르친 것이니 만일 忠과 恕의 兩個 事라면 이는 二以貫之요 一以貫之가 아니다.

孔子는 曾子엣 뿐 아니라 "一言而有可以終身行之者[19]乎"라는 子貢의 問에 對하여도 亦是 恕를 告하엿다. 恕는 容恕의 義가 아니고 推恕의 義이니 《大學》의 '絜矩'가 곧 이것이다. 恕로서 父를 섬기면 孝가 되고 恕로서 君을 섬기면 忠이 되고 恕로서 民을 牧하면 慈가 된다. 恕의 一字는 六親·五倫과 經禮三百·曲禮三千에 一切 貫通되어 말은 簡約하나 意旨는 實로 要遠博大하다.

그러면 恕란 대체 어떠한 것인가. (消極的으로 말하면) 子가 받고저 안는 것은 父에게 施치 말 것이며 弟가 받고저 안는 것은 兄에게 施치 말 것이며 臣이 받고저 안는 것은 君에게 施치 말 것이며 이 反面에 父와 兄과 君도 子와 弟와 臣에게 또한 마찬가지니 孔子의 이른바 "己所不欲 勿施於人"이 이것을 端的히 指示한 것이다. 그러나 後儒는 이 人字를 疏遠한 人으로 泛看하고 天倫骨肉之親은 이 範圍에서 除去된 故로 求仁의 方法인 恕가 本來의 緊着性과 效用性을 일허버렷다. 同時에 漢 以後의 史傳이 모다 恕를 容恕로만 보고 推恕로 보지 못한 것이 先聖 實踐之道가 밝게 되지 못한 要因의 하나이엇던 것이다.

先儒는 容恕의 義를 익히 見聞하고 恕의 姑息之弊를 念慮하야 推己의 恕 우에 盡己의 忠을 加設하야 恕의 流弊를 補救하려 하엿으나 이는 모다 恕 卽 盡己의 義인 것을 모른 까닭이다. 今人은 忠恕 二字를 忠以修己·恕以治人으로 分看하니 더구나 錯見千萬이다.

---

17) 已 : 원문의 己는 오식.
18) 忠 : 원문의 實은 오식. 《실정》 p484 참조.
19) 者 : 원문에는 빠져 있다.

이리하야 先生은 恕를 爲仁의 惟一한 方道로 보고 儒敎의 重要한 關鍵으로 認定하엿다.

그러나 恕의 目的 卽 追求 對象인 仁은 果然 어떠한 것인가. 先生에 依하면 仁은 字形이 二人이니 二人 卽 人과 人의 交接에 그 本分을 다하는 것이 仁이다. 例하면 父와 子가 二人인데 事父孝가 仁이오 兄과 弟가 二人인데 事兄恭이 仁이오 君과 臣이 二人인데 事君忠이 仁이다. 그러나 仁을 하는 데는 恕가 아니면 안 되므로 孟子는 "强恕而行하면 求仁이 莫近이라" 하엿으니 孔孟 相傳의 旨訣을 可히 알 수 잇는 것이다.

以上에도 言及한 바와 같이 先生은 仁(義禮智도)을 廣義·狹義 兩 方面에 모다 內在의 理로 보지 안코 行事의 成名으로 보앗을 뿐 아니라 恕의 '一貫'도 어디까지 實踐的으로 보앗다. 先生에 依하면 後人의 一貫에 對한 解釋은 實踐的 意味가 없고 한갓 論理의 滿足에 그친다. 그들의 一貫은 卽 天地陰陽之化와 草木禽獸之生의 紛紜錯雜한 것이 一理에 비롯하야 中間에 흩어저 萬殊가 되엇다가 종말에는 다시 合하야 一理가 된다는 것이다. 이는 老子의 "天得一以淸 地得一以寧 聖人抱一 爲天下式"과 佛氏의 "萬法歸一 一歸何處 一者心也" 等 語를 習聞한 結果 儒道의 狹小淺近을 부끄러워하야 '一貫' 語를 敷演하야 老佛로 더부러 犄角하려는 意圖에서 나온 것이다. 吳草廬의 誇誕無實이란 評은 決코 無意義한 말은 아니나 그 反面에 一貫의 本旨를 모른 까닭이엇다.[20]

(46회, 1939. 4. 12)

---

[20] 이 문장은 최익한이 "草廬不辨本旨 徑以是爲夸誕無實之話 不亦謬乎"를 오역한 것이다. 그래서 편자가 번역문 p289에서는 "오초려吳草廬는 본뜻도 변별하지 못하고서 곧바로 과탄夸誕하고 무실無實한 이야기라고 하였으니, 이 또한 잘못이 아니겠는가?"로 고쳤다.

孟子의 論性이 性善을 論한 同時에 耳目口體의 性까지를 論하엿으니 宋儒의 誤評한바 論性不論氣之病이 본래 없다는 것을 先生은 辨明하엿다. 또 先生은 中庸 首節의 率性·修道가 人性과 人道에 限言한 것이오 朱註와 같이 人物을 兼言한 것은 아니라 하엿다.

人物性의 同異論에 對하야 先生은 孟子의 "犬之性 猶牛之性牛之性 猶人之性歟"를 援引하야 異論을 主張하고 同論을 排斥하엿다. 先生에 依하면 "'本章'21)의 告子所言은 人物이 同得한 氣質之性이오 孟子所言은 人이 獨得한 道義之性이다. 食色安逸에 關한 吾人의 知覺運動은 禽獸와 何等 다름이 없으되 오즉 道心은 無形無質하고 靈明通慧한 것이 氣質에 寓在하야 主宰하는 故로 上古부터 벌서 人心道心之說이 잇게 된 것이니 人心은 氣質의 所發이오 道心은 道義의 所發이다. 人은 이 兩個 心을 兼有하엿으되 禽獸는 그 稟受한 것이 氣質之性뿐이니 어찌 超形의 性을 가젓으랴. 禽獸에 限하여는 氣質之性이 곧 그 本然이다."

그러나 "朱子 所謂 本然之性은 賦生之初에 其理 本然한 것이며 人物의 同得한 것"이다. 그러나 先生에 依하면 "本然之性은 人物이 各其不同하다. 人物은 各其 天命을 받어 서로 移易치 못하니 例하면 犬牛가 人의 讀書·窮理와 樂善·恥惡을 强行할 수 없으며 人이 또한 犬의 守夜·食穢와 牛의 任重·食蒭를 强行할 수 없는 것이다. 이는 形體가 달러서 能히 서로 融通치 못한 것이 아니라 그 賦生한 理가 본래 같지 안흔 까닭이다."

朱子22)는 일즉이 가로대 "論萬物之一原하면 則理는23) 同而氣異하고 論萬物之異體하면 則氣는 猶同而相近호대 而理는 絶不同"이라 하엿으니 人과 物을 莫論하고 萬物이 初生之時에 一原 卽 同一한 本原 다시 말하면 天의 命을 稟受하엿다는 見地에서 理同이라면 누가

---

21) 告子曰生之謂性 犬牛人之性章.
22) 번역문 p291에서는 '朱子'라는 말 앞에 논리상 《실정》 p507에 따라 "선생은 계속하여 주자 이론의 모호한 점을 지적하였다"는 문장을 편자가 추가함.
23) 는 : 원문에는 없는데, 편자가 추가함.

不可라고 하리오마는 朱子는 또 가로대 "理無[24]大小하고 亦無貴賤호대 特以形氣ㅣ 有正有偏하야 得其正者는 理卽周遍하고 得其偏者는 理有桔蔽"라 하고 또 가로대 "本然之性은 人物이 皆同호대 而氣質之性은 差有殊焉"이라 하엿으니 이는 性의 品級이 同一하단 것이오 다만 稟受의 本原이 同一하단 것은 아니다.

이것을[25] 湖洛論에 對照해 보면 先生은 洛論을 否定하고 湖論에 接近하엿으나 禽獸는 氣質之性만을 稟受햇단 것과 禽獸에겐 氣質之性이 卽其本然이란 等等 語는 湖論의 敢히 論到치 못한 바이엇다.

先生에 依하면 "사람의 善惡은 力行 如何에 잇고 氣質의 淸濁에 잇지 안는 것이다. 王莽·曹操는 대체로 氣質이 淸하되 不善[26]하엿으며 周勃·石奮은 氣質이 대체로 濁하되 善人이엇다. 뿐만 아니라 聰明才識之士는 흔히 倫理의 實踐이 허소하되 椎鹵하기 소 같은 閭巷의 百姓은 孝行에 돈독하 니가 만흐며 辯慧機警·淸歌妙舞에 能한[27] 婦人은 淫치 안흐 니가 적으되 黃首黑面의 愚婦는 흔히 烈女의 節이 잇다." 이리하야 先生은 力行 至上主義를 高調하야 大衆의 實踐的 水準을 높이러 하엿다.

(47회, 1939. 4. 13)

---

24) 無 : 원문의 論은 오식.
25) 을 : 원문은 '은'이나 《실정》 p508에 따라 고침.
26) 善 : 원문에는 빠져 있다.
27) 한 : 원문의 '할'은 오식.

15. 陰陽·五行·鬼神

先生은 陰陽·五行에 對하야 傳統的 見解를 좇지 안헛다. 先生에 依하면 "陰陽의 名은 日光의 照·掩에서 일어난 것이므로 明暗 兩象만 잇고 體質은 없으니 어찌 萬物의 父母가 될 수 잇으랴. 그러나 南北極의 사이에 天下 萬國이 或은 東에 或은 西에 位置하야 日의 出入 時刻이 有萬[1] 不同하나 얻는바 照·掩의 數는 萬國이 조금도 다르지 안코 그 結果 晝夜 寒暑의 所得 時刻도 또한 모다 均適하므로 聖人이 易을 지을 때에 陰陽 對待로서 天道와 易道를 삼엇을 뿐이오 陰陽이 萬物의 父母가 될 만한 體質이 잇단 것은 아니다. 先哲이 輕淸者를 陽이라 重濁者를 陰이라 한 것도 원래 借名한 것이오 本實은 아니다."

陰陽도 萬物의 父母가 못 되거던 하물며 五行이랴. 크게 보면 天地·水火·土石·日月·星辰도 오히려 萬物의 同列에 잇거던 金과 木이 어찌 萬物의 母가 될 것인가. 이제 朱子의 "天以陰陽五行으로 化生萬物"이란 것을 具體의 語로서 고처 가로대 "天以陰陽水火銅鐵松栢으로 化生萬物"이라 하면 合理的으로 보일 것인가. 草木禽獸는 化生之時에 生生의 理만 賦受하야 以種傳種하야 各其 性命을 保全할 따름이나 吾人은 이 우에 靈明을 賦受하야 萬物에 빼난 것이어늘 宋儒는 健順·五常之德을 人物이 가치 賦受하야 본래 等級이 없다 하니 上天生物의 理가 어찌 이러하랴.

우에 이미 論述한 바와 같이 仁義禮智는 行事의 得名이오 在心의 理를 가르친 것은 아니다. 吾心의 靈明이 可仁可義可禮可智의 理는 가추엇지만 上天이 벌서 仁義禮智 四顆를 人性 中에 너허 준 것은 아니다. 吾人도 이러하거던 하물며 五常之德 卽 仁義禮智信의 行事를 禽獸草木이 함께 賦受햇으랴. 人物同性論은 要컨댄 佛敎의 影響이오 吾儒의 本旨는 아니다.

이뿐 아니라 仁禮를 健에, 義智를 順에 分配하거나 또는 五常을 五行

---

1) 萬 : 원문의 物은 오식.

에 分配하는 것은 다 先生의 取치 안흔 바이엇다.

대개 五行 否定論은 西洋 思想의 影響이므로 當時 朴趾源의 《熱河日記》와 鄭東愈의 《晝永編》 等에 모다 論及되엇으나 特히 先生은 明暢하게 말하엿다.

先生은 鬼神을 氣로도 보지 안코 理로도 보지 안헛다. 先生에 依하면 吾人은 氣質을 갖엿스되 鬼神은 氣質을 갓지 안헛다. 易에 이른바 "陰陽不測之謂神"과 "一陰一陽之謂道"는 모다 著卦 剛柔의 義를 말한 것이오 鬼神과 天道를 말한 것은 아니니 어찌 陰陽으로서 鬼神이라 할 것인가. 鬼神은 理氣로서 말할 수 없는 것이다. 天地鬼神이 昭明히 布列하여 잇는데 至尊至大한 것은 上帝가 卽 그것이니 文王의 '小心翼翼'과 《中庸》의 '戒愼恐懼'는 다 上帝를 섬기는 學이다. 그러나 後人은 天을 理로, 上帝를 理의 尊稱으로만 알고 神을 有無茫昧한 境界에 둔 故로 人君의 畏敬과 學者의 愼獨이 모다 誠實치 못하게 되는 것이다. 무릇 暗室 獨處한 사람이 無所不爲하여도 發覺되지 안는다면 누가 공연히 畏怯할 것이랴. 日月之蝕을 가지고 君上을 勉戒하지만 조금도 틀림없이 時刻을 預知한다면 어찌 災異라 할 것이랴. 睿知의 學은 眞信과 深戒가 잇을 것이라.

이리하야 先生은 鬼神을 宋儒의 이른바 "二氣之良能(張子)", "天地之功用而造化之跡(程子)"이란 汎神論的 또는 汎理論的 領域으로부터 救出하야 非氣非理의 神祕的·不可知的 範疇에 올려 노코 同時에 信仰의 對象 設定의 最高 必要를 力說하엿다. 따라서 中庸 一書를 事天思想으로서 首尾一貫한 聖典으로 看做하엿다. 이는 先生이 分明히 西敎의 刺戟과 더욱히 西敎 主唱者인 曠菴 李檗의 說敎的 感化에서 일직이 얻은 바이엇다. (集中 《中庸講義補》[2] 中 鬼神之爲德節 參照) (48회, 1939. 4. 14)

---

2) 원문의 《中庸講義》는 착오.

16. 致良知·理發氣發

先生의 學的 眼孔은 當時 儒士에 比하야 대단 疏通하엿다. 倫理的 實踐과 事天의 敬虔을 學의 要旨로 한 先生은 老佛의 虛靜空蕩은 조하 아니햇으나 그러나 佛說의 眞妄有無之相은 吾儒의 本然·氣質之辨과 같단 것을 일즉이 말하엿다(<爲騎魚僧慈弘贈言>). 朱·陸 兩派에 對하여도 역시 入主出奴의 俗弊를 벗어낫엇다. 先生은 <答仲氏巽菴書> 中에 朱子는 經師요 陸象山은 禪師이니 經師는 禹·稷·墨翟에 가깝고 禪師는 顔回·楊朱에 가깝다 하엿다.

先生은 王陽明의 致良知說에 對하야 어떠한 論評을 하엿던가. 先生은 良知의 致할 수 없는 것을 文義上으로부터 辨破하엿다. 良은 自然의 意요 致는 오지 안는 물건을 무슨 方法으로서 오도록 하는 것이다. 良知는 孟子의 이런바 "孩提之童 莫不知 愛其親"이니 이것이 어찌 用心設意의 일이랴. 良이면 致할 수 없고 致하면 良이 아니다. 그러나 先生은 致良知의 不合理를 指摘한 反面에 陽明의 高文達識과 樂善好勇은 否認치 안헛다.

그리고 先生은[1] 무릇 "一句一語로서 宗旨를 삼는 것은 모다 聖學과 다른 異端이니 例하면 尊德性은 聖人의 말이지만 陸氏가 이 三字를 宗旨를 삼으매 그 弊는 精神을 弄하고 頓悟를 爲主하야 異端이 되는 것이다. 陽明의 良知學도 또한 이와 같은 것이라" 하엿다.

先生은 朝鮮 儒學界의 數百年 訟案인 退·栗의 理氣論에 對하야 黨習을 超脫하고 公平한 判斷을 나리려 하엿다. 先生에 依하면 退溪의 "理發而氣隨之 氣發而理乘之"는 전혀 吾人 心上에 나아가 말한 것이니 所謂 理는 卽 本然之性이오 道心이오 天理의 公이며 所謂 氣는 氣質之性이오 人心이오 人欲의 私이다. 그러나 栗谷의 "四端七情 皆氣發而理乘之"는 太極 以來 理氣를 總論한 것이니 卽 天下 萬物이 未發之前에는 비록 理가

---

[1] 문맥상 '先生은'을 추가함.《실정》p521에는 '그는'으로 되어 있다.

먼저 잇으나 그 發할 때에는 氣가 반드시 먼저 하는 것인즉 吾人 心中의 四端七情도 또한 이 公例에 벗어나지 못하야 모다 氣發理乘이다. 그러면 栗谷은 理氣 關係에 對한 一般的 原則을 論한 것이오 退溪는 治心養性의 必要로서 心上의 理氣 關係를 特定的으로 論한 것이니 兩賢 所論이 各其 觀點을 달리 햇을 뿐이오 此是彼非는 없는 것이다.

그러나 退溪論에 依하더라도 四端은 반드시 理發만이 아니니 어느 때 어느 사람에 잇어서는 惻隱·羞惡가 私欲에 끌리고 天理의 公에 어그러지는 수가 잇다. 또 七情도 반드시 氣發만이 아니니 이도 境遇를 따라 喜怒哀樂이 形氣의 私에 局限되지 안코 本然之性의 直接 發用이 될 수 잇는 것이다. 어쨋던 四端과 七情이 모다 吾心의 所發이오 吾人 心上에 理와 氣의 두 구멍이 잇어서 各自 發出하는 것은 아니다.

先生은 이와 같이 退栗 兩是論을 主張하엿으나 先生은 栗谷 見解의 簡明通闊을 退溪의 迂回複雜한 論法보담 隱然히 높이 評價하엿다. 先生은 二十三歲 經義進士로[2] 太學에서 御降發問의 《中庸講義》八十餘 條를 條對할 새 曠菴 李蘗은 退說을 主張하고 先生은 栗說에 偶合하엿는데 正祖는 先生 所對를 대단 推許하야 第一에 두엇다 한다. (49회, 1939. 4. 15)

---

2) 원문은 '二十二歲 癸卯 春에 經義進士로서'이나 《실정》 p530에 따라 '二十三歲 經義進士로'로 고쳤다. 다산은 22세 때 경의진사(실은 생원)가 되었고, 23세 때 《중용강의》를 답술하였다.

17. 均等主義의 王政論

先生의 <原政> 一篇을 보면 先生의 王政에 對한 視角을 짐작할 수 잇다. 階級을 勿論하고 '均是民'이란 것이 王政의 指導的 精神인 것을 反復 說明하엿다.[1]

그 政論의 要項을 보면 이러하다.

첫째로 貧富 差等의 發生은 그 源泉이 土地의 兼倂과 離脫에 잇으므로 土地 均分을 王政의 第一策으로 하엿스며 둘째론 交通을 便利케 하고 度量衡을 均一케 하야 物貨의 融通으로서 地方 生産力의 差別을 緩和할 것이며 그다음은 强弱을 均平히 할 것, 勤勞를 均平히 할 것, 朋[2]黨을 除去하고 公道를 恢張하야 賢愚를 嚴別할 것, 水利를 이르켜 澇旱을 調節할 것. 其他 林政·畜政·獵政·鑛政·醫政의 完備를 列擧하엿다.

여기서 注目할 것은 先生이[3] 王政의 力點을 民生의 均等主義에 둔 것이다. 그러나 醫療 機關의 必要는 列擧하면서 敎育 機關의 必要는 言及치 안헛다. 勿論 이 <原政>은 政의 精神을 原論한 것이오 政의 項目을 逐條 列擧하려는 것은 아니엇스나 어쨋던 例擧 中에 敎育 均等이 빠젓고 또 政治의 具體的 綱目을 論述한 《經世遺表》中에도 國民皆職·國民皆兵 等의 主張은 잇스되 國民皆敎는 論及치 안헛스니 이는 先生의 政治思想이 從來의 敎化, 또는 德化主義[4]에 依然히 置重하엿고 近代 敎育主義에는 아직 到達치 못 햇단 것을 證明한 것이다.[5]

先生은 最大 名著인 《經世遺表》中에 今日 國家의 最急한 問題는 田政이라 하엿다. 先生은 康津 謫中의 實地 調査에 立脚하야 田政의 極度

---

1) 원문에는 두 문단으로 되어 있으나, 《실정》 p543에 따라 한 문단으로 편집함.
2) 朋 : 원문의 明은 오식.
3) 문맥상 '先生이'를 추가함. 《실정》 p544에는 '그가'로 되어 있다.
4) 《실정》 p544에는 '德治主義'로 되어 있는데, 같은 말이다.
5) 《실정》 p544에 따라 새로운 문단으로 편집함.

紊亂한 것을6) 痛歎하엿다. 當時 康津은 漏結이 제일 적다는데도 不拘하고 原田 六千結에 漏田이 거의 二千結이며 羅州는 漏結이 原結보담 도리어 만흐니 其他 州郡은 이것으로서 推斷할 수 잇엇던 것이다. 幾結을 特定하야 漏結이라 하면 오히려 그 害가 甚치 안흘 것인데 그러치 안코 全郡 田 中에서 富民饒戶의 田을 통트러 漏結로 하야 所謂 防結이란 名目下에 貪官奸吏가 錢米를 私的으로 徵收하고 그 反面에 成川覆沙, 舊陳今陳之類와 流離丐乞鰥寡孤獨 疲癃殘疾 等의 所有를 取하야 原結의 數에 채우니 剝奪의 弊惡과 良民의 苦死는 참으로 말할 수 없어 足히 天地의 和氣를 損傷할 바이엇다. 이리하야 先生은 이러케 惡化한 稅政을 바로잡고 民衆生活의 安定을 도모하자면 먼저 公田法을 施行치 안흐면 안 될 것을 主張하엿다.

先生의 新政 理論에 依하면 古者엔 旱田이엇으나 지금은 水田이 만흐며 또 我邦 地勢는 山林이 만코 原隰之地가 적으니 井田은 行할 수 없으나 井田의 形式을 버리고 井田의 內容만 取하면 問題는 解決되는 것이다. 每田 十結에 一結은 公田으로 定하고 附近 九結은 私田으로 두되 私田 九結을 耕作하는 幾名 佃夫는 公田 一結을 共同 耕作하야 公田 收穫은 王稅로 바치고 私田 九結에는 賦도 稅도 없이 收穫 全部를 私有케 하니 이것이 卽 井田 遺法인 同時에 十一稅의 理想的 政策이다. 그리고 經田司를 特設하야 이 公田 均稅에 關한 政務를 掌治케 하랴던 것이다.

(50회, 1939. 4. 22)

---

6) 을 : 원문의 '은'은 오식.

18. 經濟 政策의 數例

그러나 上述한 公田納稅論은 當時 王權과 民心에 비쳐 보아 이것을 實現할 수 잇는 程度에서 立論한 것이니 從來 迂闊한 諸儒의 井田論·均田論·限田論 等과는 그 趣旨가 다르다는 것이다.

이것을 實現하는 政策은 어떠하냐 하면 먼저 量田官을 派遣하야 田의 漏結과 陳荒을 詳細히 調查하야 田의 原籍에 編入한 다음에 公府·軍門及其諸道의 封留錢 다시 말하면 官公貯藏金으로서 原[1]價를 주고 私田 一部를 買收하야 公田을 만드니 例하면 原帳 四百結엔 四十結, 五百結엔 五十結씩을 買收하야 國家가 直接 管理한다. 卽 什一稅法과 井田 遺制의 合作品이다. 그러나 이는 依然히 均稅 制度오 均田 制度는 아니다. 이는 卽 先生의 일즉이 이런바 "盡天下而奪之田하야 以頒農夫는 則古法이오 如不能然이면 盡天下而算其田하야 姑取九分之一하야 以作公田이 古法之半也 1 라"는 것과 同意義한 것이다.

그러면 이는 土地 沒收論, 土地 國有論의 社會 改革 政策과는 性質이 多少 같지[2] 안코 一種의 社會 改良的 政策이다.

先生에 依하면 農은 古者 九職 中의 一職인즉 農者受田이 原則이오 其他는 各其 所職으로서 生活하는 것이다. 그러나 王莽의 井田과 後魏 以後의 均田은 農與不農을 莫論하고 八夫一井과 口分之田을 一律的으로 施與하엿으므로 游食之人은 增殖하고 井田의 本旨는 沒却되어 버렷다.

그리고 兵農合一論인 先生은 屯田養兵의 目的으로서 王京의 東西南 三郊의 田地를 全部 官錢으로 買收하야 三營에 直屬시킬 것을 主張하엿다.

<擬嚴禁湖南諸邑佃夫輸租(王稅)之俗箚子>에 依하면 當時 湖南의 舊俗

---

1) 原 : 원문의 厚는 오식.
2) 같지 : 원문은 '같이'는 오식.

이 王租(卽 地稅)와 種子는 佃夫(卽 小作人)이 모두 負擔하는데 先生은 이것을 田主가 물지 안흐면 안 될 것이라 하엿다. 劄子 中에 이러케 말하엿다.

今計湖南之民이 大約 百戶ㅣ면 則授人田而收其租(小作料)者(地主)는 不過五戶요 其自耕其田者(自作農)은 二十有五ㅣ요 其耕人田而輸之租者(小作人)는 七十이니 今若改其舊俗하야 合同諸路하면 則是七十者는 皆踊躍扑舞矣오 其二十五는 雖甘苦不干이라. 然이나 人道는 惡盈하야 大抵忌富而恤貧하니 亦 在樂中이오 其悵然不樂者는 不過 五人耳어라. 畏五人之悵然하야 不敢爲九十五人踊躍扑舞之政하면 孰謂王者ㅣ 操化權哉니까.

先生의 社會 政策에 對한 關心이 얼마나 深切하고 現實的인 것을 이 一例에서 볼 수 잇는 것이다. 谷山府使 時의 <應旨論農政疏>는 便農·厚農·上農 三個 條로 나힛는데 第一條는 集約 農法, 農具 改良 蠶泊·蠶室의 改良, 灌漑·揚水·防洑 等 諸法, 浮田制를 論하엿으며 第二條는 還上法의 弊害와 副業, 多角農法의 必要와 曆書에 年神方位·禁忌·迷信을 刪去하고 그 대신 種畜 諸方을 時日의 適宜에 따라 記入하야 一部 農書를 만들 것과 其他 松禁, 種桑考績, 土宜, 律度量衡의 均一, 煙草濫種 等等을 論하엿으며 第三條 上農 卽 尊農條는 賤農弊習의 矯革, 科擧制의 嚴立에 依한 游食民의 淘汰及其歸農, 採金의 官營 統制, 良役法의 變更 離農防止 等等을 論하엿다.

先生의 經濟 政策에 對하야 그 槪要나마 紹介하려면 너머나 支離하려니와 이 一篇만 보아도 近代 正統派 經濟學의 先驅인 重農[3]學 一派에 類似한 思想을 가끔 發見할 수 잇다. (51회, 1939. 4. 23)

---

3) 農 : 원문의 農은 고자. 이하 마찬가지.

19. 經世 諸策의 槪觀

《經世遺表》는 當時 政治 機關의 缺陷을 補充하고 制度 運用의 弊惡을 矯革키 爲한 理想的 著書인데 그中 必要 '不可易'이라고 自認한 幾個 案을 題目만이라도 紹介하면 如下하다(《經世遺表》序文 參照).

(一) 政府의 官司 總數는 合計 一百二十에 限定하고 六曹로 하여금 各其 二十씩 分掌할 것.

(二) 官은 九品으로 定하되 正·從의 區別이 없고 一品二品만에 正·從이 잇을 것.

(三) 戶曹는 敎官을 兼任하고 現在 王都의 五部를 《周禮》의 六鄕에 依倣하야 六部로 定하고 "鄕三物 敎萬民"의 古代 面目을 保有할 것.

(四) 考績法을 嚴立하고 考績條를 詳定하야 官의 大小를 勿論하고 一切 考績하야써 唐虞의 舊制를 回復할 것.

(五) 三館三薦法을 改革하야 新進에게 貴賤을 分揀치 말 것.

(六) 守陵官은 初仕가 되지 말게 하야 僥倖의 門을 막을 것.

(七) 大小科를 合一시키고 及第는 三十六人만 取하되 三年 大比의 外에는 慶科·謁聖科·別試·庭試 等 科는 全部 革罷할 것.

(八) 文科·武科는 額員이 相同하고 登科者는 반드시 遺漏없이 補官할 것.

(九) 田十結에 一結을 取하야 公田을 만들고 農夫로 하여금 助而不稅할 것.

(十) 現行 軍布의 弊法을 革罷하고 九賦의 制를 修行하야 民役을 大均케 할 것.

(十一) 屯田法을 定하야 軍餉을 節約하고 軍鍊을 便利게 하되 京城 數十里 內 卽 東西南 三郊의 田을 買收하야 모두 三營軍田을 만들

어써 王都를 護衛케 하고 邑城 數里 內의 田도 또한 買收하야 모두 地方 軍營의 田을 만들어써 郡縣을 守護케 할 것.

(十二) 社倉의 限과 常平의 法을 定하야써 貪官汚吏의 奸濫을 막을 것.

(十三) 中錢·大錢과 金銀錢을 鑄用하야 金銀의 國外(主로 燕京) 脫走를 防止할 것.

(十四) 鄕吏의 員額을 限定하고 世襲의 法을 禁하야 그 奸猾을 막을 것.

(十五) 利用監을 開設한 同時에 北學의 法을 議定하야 技藝의 新制를 輸入하야 富國强兵을 圖成할 것.

以上 諸案 中 第九條는 우에도 말한바 公田均稅論이다. 卽 私田 十結에 一結만을 買收하야 九結 田夫로 하여금 그것을 共同 耕作케 하야 그 收穫은 王稅로 上納하고 九結 私田에는 稅를 받지 안흐니 이것이 이런바 助而不稅란 것이다. 先生의 經世論에 가장 重要한 基本的 政策이엇다.

第三條의 戶曹 兼 敎論은 當時人의 눈에 嶄新해 보인 名案이다. 先生에 依하면 古者의 大司徒는 그 職이 敎人을 專掌하엿으니 所謂 鄕三物 敎萬民이 이것이엇는데 後世에는 戶部가 財賦를 專掌하야 聚斂을 職事로 하므로 政府에 비록 百官이 별같이 벌어 잇으되 敎人의 職과 六鄕의 三物은 한 사람도 맡지 안케 되어 倫常과 風俗이 모두 壞敗치 안흘 수 없엇다. 비록 漢文帝와 唐太宗의 治績으로도 마침내 三代에 彷彿치 못한 것은 오로지 이 까닭이란 것이다.

敎化의 成敗를 그 敎化를 運用하는 機關인 政治的 組織 如何에 推因한 것은 確實히 先生의 經世家的 卓見이엇다. 그러나 先生의 考徵에 依하면 所謂 六鄕은 王都 內 卽 王宮 左右의 六鄕이며 所謂 萬民은 全國民을 가르친 것이 아니고 六鄕 內의 仕族臣民을 가르친 것이니 따라서 所謂 敎萬民이 氓隷賤者까지를 包含한 것은 아니다. 司徒의 敎는 그 德行과 道

藝를 主掌하엿으니 道藝가 어찌 氓隷의 能이 배울 바이랴. 오즉 在上者
는 孝友睦媚으로서 百姓을 導率할 것이오 庠序學校에 田野賤氓으로 하
여금 混然雜處케 할 수 없는 것이다. 都外의 農氓은 오즉 力農으로 本業
을 삼어 各其 恒産을 가지고 邪心을 이르키지 안흘 것이며 道藝와 德行
은 擧論할 배 아니다. 이것이 先王의 治法이다. 이리하야 先生은 "外達
郡縣亦皆設敎以取士"는 先王의 法이 아니고 古今을 斟酌한 權宜의 政이
라 하야 國民皆敎를 徹底히 主張치 못하엿으니 이는 封建時代 治者階級
의 傳統的 視野를 아즉 完全히 脫却치 못한 것이다. (52회, 1939. 4. 28)

20. 閥級 鬪破 思想

先生은 當時 官制에 對하야 臺諫의 特置를 廢止하고 言路를 公開할 것, 館閣의 別設을 廢止하고 文學詞命의 術을 一般 朝臣에 普及시킬 것, 淸宦을 廢止하야 國家의 公器를 幾個 華閥의 虛飾品으로부터 救出할 것 等等을 主張하엿으나 이는 다 時弊에 的中한 經世家의 達見이엇다.

<庶孽論>으로서 庶孽의 無理한 痼廢를 指陳하고 疏通의 正當을 主張하엿으며 <通塞議>로서 階級·地方의 差別과 人才 荒廢의 亡[1]國的 悲運을 痛言切論하고 同時에 疏通의 方法을 指示하야 人材蔚興에 依한 國力旺盛을 高調하엿다.

<通塞議> 中에 人材 封塞의 現狀을 이러케 慨歎하엿다.

人材는 원래 難得한 것이니 一國의 精英을 죄다 뽑더라도 오히려 不足할 것인데 하믈며 十에 그 八九를 버림이랴. 一國의 生靈을 죄다 培養하더라도 오히려 興盛치 못할 것인데 하믈며 十에 그 八九를 버림이랴. 小民을 버리고 中人(我國 醫·譯·律·曆·書·畵·算數 爲中人 — 原註[2])을 버리고 西關·北關을 버리고 海西·松京·沁都를 버리고 關東·湖南의 半을 버리고 北人·南人은 버리지 안흐나 버려진 것과 다름없고 버리키지 안흔 것은 오직 閥閱 數十 家뿐이나 그中에 因事見棄된 者도 또한 만타. 一切 見棄한 族屬은 모두 自暴自棄하야 文學·政事·錢穀·甲兵 等 事에 留意하기를 질겨 안코 다만 悲歌慷慨, 飮酒自放하므로 人才가 드디어 일어나지 안는다. 이 人才가 일어나지 안는 原因은 보지 안코 그 結果만 보아 그들은 마땅히 버릴 것이라고 하니 아! 이것이 어찌 天意이랴.

---

1) 亡 : 원문의 込은 오식. 《실정》 p557에는 바르게 되어 있다.
2) 註 : 원문의 詳은 오식.

康津 在謫 時의 名作인(甲子夏) <對酒> 數篇 中에 一篇은 如下하다.

山嶽3)鍾英華　　本不揀氏族
未必一道氣　　常抵崔盧腹
寶鼎貴顚趾　　芳蘭生幽谷
魏公起叱嗟　　希文河葛育
仲深出瓊海　　才猷拔流俗
如何賢路隘　　萬夫受局促
唯收第一骨　　餘骨同隷僕
(新羅貴族曰第一骨 見唐書―本註)

西北常摧眉　　庶孼多痛哭
落落數十家　　世世呑國祿
就中析邦朋　　殺伐互翻覆
弱肉強之食　　豪門餘五六
以玆爲卿相　　以玆爲岳牧
以玆司喉舌　　以玆寄耳目
以玆爲庶官　　以玆監庶獄

遐氓産一兒　　俊邁停鸞鵠
兒生八九歲　　氣志4)如秋竹
長跪問家翁　　兒今九經讀
經術冠千人　　倘入弘文錄
翁云汝族卑　　不令資啓沃
兒今挽五石　　習戎如郤縠

―――――――

3) 嶽 : 원문의 岳은 고자.
4) 氣志 : 원문의 志氣는 오식.

庶爲五營帥	馬前樹旗纛
翁云汝族卑	不許乘笠轂5)
兒今學吏事	上可冀黃纊
應須佩郡符	終身厭粱肉
翁云汝族卑	不管循與酷
兒乃勃發怒	投書毀弓韣
搞蒲與江牌	馬弔將蹴毱
荒嬉不成材	老悖沈鄕曲
豪門産一兒	桀驁如驥騄
兒生八九歲	粲粲被姣服
客云汝勿憂	汝家天所福
汝爵天所定	淸要唯所欲
不須枉勞苦	績文如課督
時來自好官	札翰斯爲足
兒乃躍然喜	不復窺書簏
馬弔將江牌	象棋與雙陸
荒嬉不成材	節次躋金玉
繩墨未曾施	寧爲大廈木
兩兒俱自暴	擧世無賢淑
深念焦肺肝	且飮杯中醁

(53회, 1939. 4. 29)

---

5) 원문에는 轂 다음에 한 줄 띄어져 있으나,《실정》p566과《정선》p310에 따라
붙여 썼다.

21. 社會·政治哲學의 基調

先生의 社會觀·國家觀 卽 社會哲學·政治哲學의 基調가 될 만한 것은 무엇보담 <原牧>과 <湯論> 兩篇을 들 수밖에 없다. 牧은 狹義的으론 牧民之官 卽 州郡 守令을 이름이오 廣義的으론 治者 階級 全般을 가르칠 수 잇는 것인데 이 <原牧>의 牧은 狹義를 取材하야 廣義의 範圍까지를 指示한 것이다. <原牧> 本文에 依하면

> 牧이 爲民有乎아, 民이 爲牧生乎아. 民이 出粟米麻絲하야 以事其牧하며 民이 民出輿馬騶從하야 以送迎其牧하며 民이 竭其膏血津髓하야 以肥其牧하니 民이 爲牧生乎아. 曰否否1)라. 牧이 爲民有也니라.

고 起頭하야 封建制度의 必然的 産物인 官權 神聖과 官主民奴의 思想을 먼저 否定하고 다음에

> 邃古之初에 民而已1)라 豈有牧哉아. 民이 于于然(無知自得貌)聚居하더니 有一夫ㅣ 與隣鬪하야 莫之決이라. 有叟(長老)焉하야 善爲公言일새 就而正之하니 四隣이 咸服하야 推而共尊之하야 名曰里正이라 하다. 於是에 數里之民이 以其里鬨으로 莫之決이라. 有叟焉하야 俊而多識일새 就而正之하고 數里咸服하야 推而共尊之하야 名曰黨正이라 하다. 數黨之民이 以其黨鬨으로 莫之決이라. 有叟焉하야 賢而有德일새 就而正之하고 數黨이 咸服하야 名之曰州長이라 하다. 於是에 數州之長이 推一人以爲長하야 名之曰國君이라 하고 數國之君이 推一人以爲長하야 名之曰方伯이라 하고 四方之伯이 推一人以爲宗하야 名之曰皇王이라 하다. 皇王之本은 起於里正하니 牧이 爲民

---

1) 已 : 원문의 己는 오식.

有也ㅣ니라.

하야 牧 卽 治者 階級의 發生·成立의 過程을 推論하엿다. 다시 말하면 牧
의 起原은 賢而有德과 人民의 選定 推戴에 잇는 同時에 牧과 民과의 關
係는 原則的으로 民本·民主라는 것이다. 그다음에

　　當是時하야 里正은 從民望而制之法하야 上之黨正하고 黨正은 從民
　　望而制之法하야 上之州長하고 州는 上之國君하고 國君은 上之皇王
　　하니 故로 其法이 皆便民이라.

　이는 國家의 大權인 立法은 그 基準이 民意에 잇고 또 法의 制定 順序
는 亦是 牧의 形成 過程과 같이 自上達下가 아니오 自下達上이란 것이
다. 그다음에 문듯 가로대

　　後世에 一人이 自立爲皇帝하야 封其子若弟 及其侍御僕從之人하야
　　以爲諸侯하고 諸侯는 簡其私人하야 以爲州長하고 州長은 薦其私人
　　하야 以爲黨正·里正하니 於是에 皇帝循己欲而制之法하야 以授諸侯
　　하고 諸侯ㅣ循己欲而制之法하야 以授州長하고 州ㅣ授之黨正하고 黨
　　正이 授之里正하니 故로 其法이 皆尊主 而卑民하고 刻下而附上하니
　　壹似乎民爲牧生也ㅣ라.

　이는 民意와 民權을 떠나 個人 權力에 立脚한 後世 治者 階級의 構成
過程은 必然的으로 前者와는 全然 逆順序인 同時에 權力의 利己的 規定
인 法은 또한 官主民奴的 制度로 되지 안흘 수 없다는 것이다. 다음에는

　　今之守令은 古之諸侯也ㅣ라. 其官室輿馬之奉과 衣服飮食之供과 左
　　右便嬖侍御僕從之人이 擬於國君하고 其權能이 足以慶人하며 其刑
　　威ㅣ足以怵人이라. 於是에 傲然自尊하고 夷然忘其爲牧也하야 有一

夫ㅣ 鬨而就正하면 則已2)蹴然曰 何爲是紛紛也오 하며 有一夫 餓而
死하면 曰 汝自死耳라 하며 有不出粟米麻絲以事之하면 則撻之捲之
하야 見其流血而後에 止焉하고 曰取算緡曆記하야 夾注塗乙하야 課
其錢布하야 以管田宅하며 賂遺權貴宰相하야 以徼後利하니 故로 曰
民爲牧生이라 하나 豈理也哉아. 牧爲民有也ㅣ니라.

이러케 狹義的 牧인 守令의 地位를 考定하고 그들의 現行 作弊를 들어
서 民·牧의 原則的 關係를 反證하고 '牧爲民有'로서 結論하엿으니 그 本
意는 廣義的 牧인 治者 階級 全體에 對한 論評이다. 本篇이 先生의 政治
哲學에 잇어서의 最大 原論인 것을 讀者는 充分히 認識하지 안흐면 안
될 것이다. (54회, 1939. 5. 2)

그러나 先生은 當時에 잇서서 廣義의 牧道를 再建하려는 것이 本來의
理想이엇지마는 이는 社會 全般에 對한 改革이므로 實現하기가 容易치
안흐니 第二次的으로 狹義의 牧道나마 牧民官吏가 一定한 善意와 良策
에 依하야 誠心實行하면 不可能할 배 아니다. 이것이 《牧民心書》를 著
成치 안흘 수 없는 理由엿다. <自撰墓誌> 中에 이른바

搜羅古今하고 剔發奸僞하야 以授民牧하니 庶幾一民有被其澤者ㅣ
鏞之心也ㅣ라.

는 것이 卽 이것을 이름이다. 그러면 《經世遺表》를 廣義의 牧道에 對한
應急的 對策이라 하면 《牧民心書》는 狹意의 牧道에 對한 應急的 對策이
라 할 수 잇는 것이다.
　<原牧> 一篇의 理論은 너머나 簡單한, 極히 輪郭的인 槪念만을 發表
한 것이오 社會와 國家의 形成及其變化 過程에 對하야 法則의 說明이 學

---

2) 已 : 원문의 己는 오식.

的 體系를 整備치 못햇슬 뿐 아니라 社會 法則이 立脚하고 잇는 物質的 生産 方法의 發展과 氏族 社會의 社會的 出發에는 眼光이 조금도 및이지 못햇던 것이다. 그러나 當時 社會에 잇어서는 實로 千古의 達觀인 同時에 偉大한 社會觀·國家觀의 創設者이엇다.

最初 社會의 官民 關係에 對한 原則的 推論은 그 趣旨가 에밀·루쏘-3)의 社會契約說에 彷彿하다. 그러나 本篇 劈頭에 이른바 "邃古之初 (…) 民 于于然聚居"는 어느 程度의 集團的 生活을 政治社會의 前階段에 두엇으니 個人을 出發點으로 한 十八世紀 個人主義의 國家觀·社會觀에 比하야 確實히 一步 逼眞한 貴重한 見解엇다.

그리고 "後世一人 自立爲皇帝 (…) 循己欲而制之法" 云云은 原始 社會 共同體의 解散으로 因하야 民主主義的인 合議制가 崩壞되고 支配的 클라쓰의4) 暴力的 '오토크라씨'가 出現케 된 것을 敍述한 現代 社會學에 類似한 外觀을 갖고 잇으며 루쏘- 社會契約說 中에 最初 社會로부터 强者의 權利 밑 奴隸의 發生을 論述한 바와 루쏘-의 別篇인 《人間 不平等 起源論》과도 一氣相通한 것은 가릴 수 없는 重大한 事實이다.

先生이 誕生한 英祖 三十八年 壬午는 卽 루쏘-가 佛蘭西의 封建 專制와 王權 神授論에 對抗하야 社會契約說을 發表하던 西紀 一七六二年이엇다. 實로 偶然한 符合이 아니엇다. 그러나 當時 東西 文物의 交通的 現狀은 先生으로 하여금 그의 影響을 直接 받게 못햇던 것이 또한 分明한 事實이엇슬 것이다.

<原牧>의 姊妹篇이라 할 수 잇는 <湯論>은 主로 支那의 易姓革命의 事實을 빌려서 民權思想을 立證한 것이다. 本論에 依하면 以臣伐君은 殷 湯이 創始한 것이 아니다. 黃帝는 干戈를 習用하야 炎帝로 더부러 阪泉의 野에서 세 번 싸워 이기고 대신하엿스니 만일 以臣伐君을 罪로 한다면 湯보담 黃帝가 首惡이 될 것이란 것이다. 다음에 가로대

---

3)《실정》p575에는 '장 자크 루소'로 되어 있다.
4) 의 : 원문의 '와'는 오식.《실정》p575; 안재홍, <현대사상의 선구자로서 다산 선생의 지위>(《신조선》12호, 1935) p30 볼 것.

夫天子는 何爲而有也오. 將天이 雨天子而立之乎아. 抑涌出地하야
爲天子乎아. 五家爲隣하니 推長於五者ㅣ 爲隣長이오 五隣이 爲里하
니 推長於五者ㅣ 爲里長이오 五鄙ㅣ 爲縣하니 推長於五者ㅣ 爲縣長
이오 諸縣長之所共推者는 爲諸侯하고 諸侯之所共推者는 爲天子하
니 天子者는 衆이 推之而成者也ㅣ라. 夫 衆이 推之而成하면 亦 衆이
不推之而不成이라. 故로 五家不協하면 五家ㅣ 議之하야 改隣長하고
五隣이 不協하면 二十五家ㅣ 議之하야 改里長하고 九侯八伯이 不協
하면 九侯八伯이 議之하야 改天子하니 九侯八伯之改天子는 猶 五
家之改隣長과 二十五家之改里長이니 誰肯曰 臣伐君哉아.

(55회, 1939. 5. 4)

이는 〈原牧〉에 말한바 "皇王之本 起於里正" 云云을 달은 말로서 說明
한 同時에 民主的 合議의 大權을 가장 明快하게 提示하엿다.

先生은 그다음에 繼續해 가로대 "又其改之也에 使不得爲天子而已요
降而復于諸侯는 則許之"라 하야 이것의 例로서 唐侯의 丹朱, 虞侯의 商
均, 夏侯의 杞5)子, 殷侯의 宋公을 歷擧하고 "降而復于諸侯"를 許치 안흔
것은 秦이 周에 對한 處置로서 비롯하야 "秦絶不侯 漢絶不侯" 等等이 잇
게 된 것이라 하엿다.

先生에 依하면 衆議에 依하야 極尊의 位에 올럿다가 그의 失德으로 다
시 諸侯의 位에 降復하는 것은 마치 舞師가 舞衆에 依하야 陞降하는 것
과 조금도 다름없는 것이다. 六十四人의 舞衆 中에서 能者라고 認定 받
는 한 사람이 뽑히어서 '羽葆'를 잡고 首位에 서서 舞를 指揮하다가 그가
만일 節次에 맞게 指揮치 못하면 舞衆은 곧 그를 師位로부터 붓잡어 내
리어 衆位에 도로 세우고 다시 달은 能者를 衆中에서 가리어 師位에 올
린다. 붓잡어 내리는 것도 群衆이오 올려 세우는 것도 群衆이니 群衆이
그를 올려 세워서 前者를 대신케 하고 도리어 그를 罪한다면 어찌 當然

---

5) 杞 : 원문의 杷는 오식.

한 일이랴. 그러므로 群衆의 協議와 要望에 依한 廢立이라면 비록 君臣의 代替일지라도 臣伐君이란 罪名을 加할 수 없다는 것이다.

그다음에는 如下히 말하야 篇을 마첫다.

自漢以降으로 天子ㅣ 立諸侯하고 諸侯ㅣ 立縣長하고 縣長이 立里長하고 里長이 立隣長하니 有敢不恭하면 其名曰逆이라. 其謂之逆者는 何오 古者엔 下而上하니 下而上者는 順也ㅣ러니 今也엔 上而下하니 下而上者는 逆也ㅣ라. 故로 莽·操·懿·裕·衍之等은 逆也ㅣ오 武王·湯·黃帝之等은 王之明, 帝之聖者也ㅣ라. 不知其然하고 輒欲貶湯武하야 以卑於堯舜하니 豈所謂 達古今之變者哉아. 莊子ㅣ曰 蟪蛄ㅣ 不知春秋라 하니라.

大意는 <原牧>의 原理를 例證한 것에 不過하나 先生의 自認한 바와 같이 果然 一世를 俯瞰할 만한 達識高見이엇다. 古今 政體의 變易을 따라 忠逆의 道德的·倫理的 規定이 變動되는 것을 指摘한 先生은 道德과 倫理를 一個 不變的 定型으로 認識하던 當時 知識群에 比하야 天壤의 差가 잇지 안는가.

대체 官尊民卑의 傳統的 倫理에 對하야 否定的 思想을 表示한 者는 누구보다도 先生의 學祖인 星湖를 들 수 잇다. 星湖는 尊君抑臣이 秦法에서 비롯햇다 하야 이것을 魏의 尙閥과 隋의 詞賦 取才와 함께 三大 弊政으로 認定하엿다.

人與人相等　　官何居民上
爲其仁且明　　能副衆所望

上詩는 星湖의 姪이오 先生이 景仰하던 文學家인 惠寰 李用休의 絶句엿다. 先生의 思想 系統을 分析하는 데 잇어서 적지 안흔 參考가 될 것이므로 이에 引錄한다. (56회, 1939. 5. 6)

22. 茶山 思想에 對한 槪評

先生의 學說은 修己·經世의 두 部門으로 난흘 수 잇다. 先生은 徹頭徹尾 實用主義者이므로 가까히는 日用 事物의 微細로부터 멀리는 天文 地理의 高遠에까지, 깁게는 心性 神理의 奧妙로부터 엷게는 言語·文字·風俗·制度·藝術 等의 具體的 問題에까지 사람이 조금이라도 그것을 接觸하고 硏究하게 되면 이는 修己를 爲한 것이 아니면 經世를 爲한 것이 되지 안흐면 안 될 것이다. 이리하야 論理의 遊戲라던가 知識의 獨自的 舞蹈라던가는 先生의 哲學에 잇어서 一律으로 排斥되는 것이다.

그러나 修己는 반드시 修己에 끄치지 안코 經世에 終結되는 것이니 經世는 修己의 目的이오 修己는 經世의 出發이라는 것이 隱然히 先生의 思想的 趨向이다. 이는 從來 儒者가 貴族的 遊食 階級으로서 佛老의 避世 思想에 類似한 修己 偏重의 思想과는 特徵을 달리하엿던 것이다.[1]

先生의 經世的 思想 卽 '新我舊邦'의 思想은 勿論 當時 陳腐閉塞된 社會의 必然的 要求에서 나온 것이나 그 體系는 廣大한 世界主義的 形態에까지 到達치 못한 反面에 그것이 또한 近世史上에서 자조 볼 수 잇는 熱烈한 民族意識과 獨立不羈한 國家 意識의 表現도 아니엇다. 先生의 思想的 位置는 要컨대 前者와 後者의 中間에 잇섯던 것이다. 先生의 思想은 如何히 多角的이오 光彩陸離하다 할지라도 그 低昻의 權衡은 畢竟 儒敎의 中庸에 還元하엿던 것이다.

先生의 經世論은 閭田制, 公田稅制,[2] 其他 制度 政法에 잇어서 적지 안흔 改革을 主張하엿지마는 理想的 革命을 避하고 現實의 可能을 取擇한 先生은 모던 改革을 仁勇한 君主의 乾斷에 하소연하엿으니 그 改革論의 限界는 이것으로서 測定할 수 잇는 것이다. 다시 말하면 先生의 政治

---

1) 《실정》 p488에 따라 새로운 문단으로 편집함.
2) 公田均稅制.

觀은 依然히 從來 儒者의 認識과 같이 君主를 한 개 超階級的 存在로 推仰한 同時에 國家의 治亂興亡이 전혀 君主의 一心에 달려 잇다는 것이다. 그러므로 그의 改革論은 究竟에 잇어 君主의 利益은 될지언정 君主와의 不相容的 關係에는 이르지 안헛던 것이다. 또는 均產·平等을 理想으로 한 政策論은 지금 말로 하면 國家社會主義의 一種이엇고 그 指導的 精神인 尙禮主義는 依然히 貴族 本位의 治國論을 無意識的으로 主張하엿던 것이다.

원래 儒者는 德治主義를 主張하므로 그들의 理想은 結局 禮樂의 政이다. 禮는 社會·國家의 階級을 定하고 尊卑貴賤의 秩序를 維持하는 不文의 法이며 樂은 人心을 融和하고 階級의 感情 意識을 緩和하는 道具이다. 要컨대 王政의 禮樂은 社會의 差別相을 가장 合理的으로 道德化시키는 政治的 方法이니 墨子와 같은 無差別의 平等을 主義로 한 者에게 잇어서는 禮를 必要로 認定치 안코 樂을 또한 否定치 안흘 수 없는 것이다. 先生의 政論은 그 極致가 또한 禮樂에 잇엇던 것이다.

《經世遺表》는 本名이 《邦禮草本》이니 禮를 經世術의 全體 或은 本領으로 認識한 絕好의 立證이다. 本書 序文에 依하면 先王은 禮로서 民을 引導하엿는데 禮가 衰하매 法의 名이 이러난 것이다. 法으로서는 國을 다시릴 수 없고 民을 引導할 수 없는 것이다. 天理에 合하고 人情에 맞는 것은 禮요 威脅恐迫하야 敢히 干犯치 못하게 하는 것은 法이니 先王은 禮로서 法을 하엿는데 反하야 後王은 法으로서 禮를 하엿다. 이리하야 先生은 禮와 法을 從來 儒者의 解釋대로 區分한 同時에 禮治 卽 德治를 主張하고 法를 禮의 補助物밖에는 評價치 안헛다. (57회, 1939. 5. 7)

德治論者인 先生은 德治의 解釋에 잇어서 從來 儒者의 '無爲' 槪念을 根本的으로 拔去하고 그 反對 槪念인 有爲 卽 事功主義를 그긔[3]에 대신 채웟다. 先生에 依하면 《論語》의 "爲政以德이 譬如北辰이 居其所하면

---

3) 그어긔>그긔>거긔>거기.

而衆星이 共之라"4)에 對하야 從來의 解釋은 '共'을 拱手의 拱(漢儒), 또
는 歸向(朱註)의 意로 보아 無爲之治의 德政은 마치 常居不動하는 北辰
을 衆星이 環拱歸向하고 잇는 것과 같다 하나 이는 經文 本旨가 아닐뿐
더러 孔子의 政論에 對한 敵이오 異端이다.

그러면 政은 무엇인가. 孔子는 季康子의 問政에 對하야 "政者는 正也
니 子率以正하면 孰敢不正이리오"라 하엿스니 此謂正己而物正也5)라 하
고 衷公의 問政에 對하야 "政者는 正也니 君이 爲正6)하면 則百姓이 從
政矣리니 君之所爲는 百姓之所從也오 君所不爲는 百姓이 何從이리오"
라 하엿스니 그 本意가 決코 不動無爲를 爲政의 法이라 한 것이 아니며
孟子의 이른바 "一正君而天下正矣"와 董子의 이른바 "正君心하여 以正
百官하며 正百官하여 以正萬民이라"는 것도 모다 孔子의 政論을 祖述한
것이엇다.

先生의 解釋에 依하면 北辰은 北極인데 星點이 없으므로 辰이라 한 것
이며 '居其所'는 그 位置가 子午線에 正當하단 것이며 '共'은 글字대로
共同의 意이니 人君이 正에 居하야 德으로서 政을 하매 百官萬民이 모다
率從하야 서로 同和하는 것은 마치 北極이 子午線을 바루어 天樞를 斡旋
하매 하늘에 가득한 별들이 모다 함께 가치 回轉하야 조금의 差違도 없는
것과 같다는 것이다. 明儒 許石城·蘇紫溪·方孟旋·邵端簡·毛大可 等이 모
다 本 問題에 '無爲' 槪念의 添入을 評駁하엿스니 이것이 先生의 創見은
아니나 先生에 잇어서는 哲學的·思想的 액센트가 더욱 强하엿던 것이다.

원래 淸淨無爲는 漢儒 黃老의 學이며 晉代 淸談의 風이니 이것이 天下
萬物을 壞亂하는 異端 邪術의 尤甚한 者이다. 漢文帝는 이것으로서 七國
의 亂을 釀成하엿고 晉惠帝는 이것으로서 五胡의 禍를 招致하엿다. 大聖
인 孔子는 어찌 無爲로서 治人의 道를 하엿슬 것인가. 無爲면 無政이다.

---

4) 《실정》 영인본 p313에 따라 토씨 표기함. 이하 같음.
5) 원문에는 "政者는 正也니 子率以正하면 孰敢不正이리요. 此謂正己而物正也"로
   되어 있으나, 편자가 위와 같이 바로잡았다.
6) 正 : 원문의 政은 오식.

孔子는 分明히 爲政을 말하엿는데 後儒는 無爲를 主張하니 이 어찌 誣聖의 異端的 見解가 아니냐. 孔子의 이른바 "無爲而治者는 其舜也與ㅣㄴ저. 夫何爲哉리오. 恭己正南面而已矣니라"는 것은 舜이 二十二人의 多數한 賢臣을 얻어 각각 職을 주어서 天下를 善治하엿으므로 이를 贊歎하고 欽羨한 것이오 後儒의 解釋과 같이 舜이 端拱無爲하엿다는 것이 아니엇다. 後儒는 此文을 誤讀하야 堯舜의 政治는 本來 無爲라고 한 同時에 有志의 士가 政治上 조금만 施爲 動作이 잇스면 문듯7) 堯舜을 引用하야 韓非·商鞅의 刻薄深酷한 術法으로 指斥하니 이러므로 賈誼는 喜事者의 譏評을 듣고 汲黯은 知道者라는 美稱을 얻게 된 것이다. 이는 모다 無爲 二字의 遺毒이다.

또 先生에 依하면 "理陰陽 順四時"를 云云한 陳平은 自己 空疎를 文飾한 大姦이 아니면 아니며 務持 大體를 標榜한 魏相·丙吉 및 後來 有名한 大臣 元老의 大部分은 모다 尸位竊祿하야 萬機百度로 하야금 腐敗不振케 만드는 庸陋無能之輩가 아니면 아니다. 堯舜은 五載一巡하고 比年受朝하고 詢事考言하니 無爲가 아니라 도리어 天下를 紛紜多事케 하엿다. 뿐만 아니라 鑿山瀹水, 濬畎疏澮, 立敎明刑, 制禮作樂, 誅凶退奸 等等의 許多事功에 專心努力하야 一時의 安逸도 없엇으니 어데 無爲而治를 想像할 수 잇는가. 無爲而治를 입에 거는 者가 잇다면 이는 吾儒의 무리가 아니다.

이리하야 先生은 積極的으로 事功主義를 德治의 槪念에 導入하엿다. 이는 儒敎의 政法思想에 잇서서 重要한 哲學的 改革이다.

그런데 德治는 그 具體的 修正이 무엇인가. 先生에 잇서서는 德은 勿論 奧妙內在한 性理가 아니오 倫理의 實踐이며 德政은 孔子의 이른바 "君君·臣臣·父父·子子ㅣ 此所謂爲政以德也ㅣ라"는 것이 卽 이것이다.

(58회, 1939. 5. 12)

---

7) 원문의 '문늣'은 오식. 이하 마찬가지.

先生의 經世論은 養民과 敎民의 두 項目으로 大別할 수 잇으나 先生에 잇어서는 養民은 敎民의 準備이오 敎民은 養民의 目的이다. 그리고 敎民의 內容은 그 主要 事項이 亦是 孝弟忠信의 倫理的 實踐이니 先生의 政治的 理想이 依然히 儒敎의 王道인 것은 다시 말할 것도 없는 것이다. 그러므로 德政論에 無爲의 槪念을 放逐하고 事功의 槪念을 積極的으로 導入하엿지마는 그 事功 槪念은 또한 近世 政治思想史上에서 볼 수 잇는 功利主義와는 範疇를 달리한 것이다. 同時人이오 十四[8])歲의 年長者인 英人 벤담은 그의 功利論에 "最大 多數의 最大 幸福"을 最高 原理를 하야 이것이 道德의 目的인 同時에 法律의 目的이라고 하엿다. 그러나 先生의 事功 槪念은 功利를 意味한 것이 아니고 功利를 超越한 德政의 實踐 實行을 意味한 것이므로 最大 多數의 最大 幸福은 先生에 잇어서 德政의 派生物은 될지언정 德政의 目的은 될 수 없는 것이다. 兩者의 差異는 儒敎哲學으로 보아서는 王道와 覇道와의 區分으로 볼 수 잇는 것이다.

그러나 儒敎의 이른바 道德은 그 發生·成立의 社會的 過程을 嚴密히 分析하여 보면 그것이 그 社會 領導 階級의 功利와 幸福에 對한 神聖한 綽名에 不過한 것을 發見할 수 잇으므로 儒敎의 道德도 本質에 잇어서는 벤담의 이른바 功利·幸福과 何等의 王覇를 나눌 수 없는 것이다. 다만[9]) 벤담의 功利說은 當時 封建社會의 法律·道德의 目的이 最大 小數의 最大 幸福에 잇는 것을 反對하야 對蹠的 原理를 提出한 것이어니와 先生의 事功 槪念은 當時 封建 階級의 爲政者가 無爲徒食하야 政治의 腐敗가 極甚한 것을 憤慨하고 有爲主義를 理論的으로 高調한 것이니 歷史的 特徵으로 본다면 前者는 新興 階級의 代辯인 反面에 後者는 從來 階級의 反省的 要求이다.

先生은 諸他 儒學者와 같이 王道와 倫理는 天敍·天秩의 先驗的 規定인 同時에 社會制度의 變革的 境界를 벗어나서 모든 時代, 모든[10]) 階級을

---

8) 원문의 十五는 오류.
9) 원문의 '그러나'를 《실정》 p494에 따라 고침.

超越한 一定不變體로서 認識하엿던 것이다. 이는 歐洲 近世學者가 말한 바 '自然法'에 相等한 槪念이다.

特히 佛人 케네-(1694~1774)에 依하면 萬象을 支配하는 神은 理想的인 自然的 秩序를 設定하엿는데 人間은 現實의 人爲法을 갖고 잇으므로 人間은 現實의 人爲法을 理想的 完全性의 自然法에 接近시킬 必要가 잇다는 것이다.

支那 崇拜論者인 그는 "支那 政體의 恒久를 特殊 事情에 돌릴 것이 아니라 特히 萬古不易의 法則에 돌릴 것이라" 하엿다. 그에 依하면 支那 文化는 모다 天理天則에 基本한 것이다. 天理天則은 畢竟 自然法이다. 支那人은 天理天則이란 名稱 밑에 自然法을 遵守하여 왓으므로 支那 帝國의 政治·社會 制度는 萬古不易의 自然法을 象徵한 것이 아니면 아니 될 것이다. 이리하야 그는 歐洲 知識人이 政治的 壞亂을 모다 自然法에 轉嫁시키는 것을 不當히 보고 支那 四千年의 恒久不變한 政治制度가 自然法에 依準한 것을 激賞하엿다.

이뿐 아니라 重農學者인 그는 支那의 農本主義를 如下히 解釋하엿다.

一國의 人民이 未墾地에 移住하엿다고 假定하자. 이들은 最初에 野生의 食物을 取하야 生活할 것이다. 그러나 野生의 食物이 充分치 못하므로 그들은 未墾地를 開墾하야 食物을 生産하려고 한다. 이때 自然法은 그들의 勞働[11]을 도아 그들의 食物 卽 財를 生産한다. 이리하야 그들은 이 土地에 永住할 수 잇다. 支那人이 農으로 國本을 하고 잇는 것은 이 意味에 벗어나지 안는 것이다. 農業을 主로 한 人間이 國家를 構成한 때에 그 國民이 設定한 政治 制度는 自然法의 萬古不易하는 秩序와 合致하고 잇다. 그러므로 農業國民만이 가장 鞏固한, 가장 永遠的인 國家를 構成할 수 잇다는 結論을 지을 것이다.

10) 원문의 '모던'은 오식.

11) 勞働 : labor의 번역어로 働은 일본한자. 최익한은 勞動과 勞働을 혼용하였다. 김경일, 《노동》, 소화, 2014, pp190~7, pp205~8 볼 것.

(後藤末雄氏,《支邦文化と支那學の 起源》四七四~五頁 參照)

以上에 케네-說을 좀 길게 引用한 것은 그의 自然法에 立脚한 政體 觀念과 重農思想은 先生의 그것을 彷彿히 想像케 할 수 잇는 까닭이다. 讀者의 參考 對照를 바라는 바이다. (59회, 1939. 5. 23)

그러나 讀者는 筆者에게 이러한 質問을 提出할 것이다 — 先生은 <原牧>과 <湯論> 兩篇 中에 君民 關係가 古今이 달라진 것을 推論하엿고 또 政體의 變易에 依하야 順과 逆의 道德的 規定이 달라진 것을 明言하엿으니(本論 <社會·政治哲學의 基調>章 參照) 이것을 보면 先生은 王道와 倫理를 絕對 不變한 特定的 形態에 制限한 것이 아니엿으며 同時에 永遠 不變의 自然法을 象徵하고 遵守한 것이라는 支那 帝國의 政體及其農本 主義를 謳歌讚歎한 케네-와는 同日而語할 수 없는 것이라고.

勿論 如上한 質問이 어느 程度까지 正當타 할 수 잇으나 그러나 <原牧>과 <湯論>에 나타난 先生의 思想은 그것이 特定한 社會·政治의 事實에 對한 現象의 說明이오 一般的 社會·政治의 變遷에 對한 普遍的 本質을 究明한 法則論은 아니엇다. 다시 말하면 先生이 究原한바 支那의 政治·社會의 變動性은 그것이 僅小한 皮相的 部分의 說明에 지나지 못한 것이니 例하면 君民 關係에 잇어서 下選·上選의 古今的 差異에 對한 推論은 要컨댄 單調하고 顯著한 歷史的 事實 或은 推測的 事實을 抽象的으로 分類한 데 지나지 못한 것이다. 先生은 이 歷史的 事實 或은 推測的 事實을 派生케 하는 廣泛한 人類 文化의 大領海를 展望치 못하엿으며 同時에 그 廣汎한 大領海의 潮流를 指揮 導向시키는 基本的 動力을 全然 把握지 못하엿다. 先生은 社會 國家의 政治·法律·道德·倫理·藝術·宗敎·文化 等 諸多 形態가 個別的이 아니오 聯結的으로 變化·進展치 안흐면 안될 原因과 理由를 그 基礎의 必然的 條件인 社會的·物質的 生産 關係에서 發見치 못하엿으므로 그의 瞥見한바 政體와 道德의 變易이란 것은 결국 그것의 幾個 定型의 宿命的 交替에 지나지 못한 것이다.

先生은 世界의 縮版으로 본 支那의 政治史上에 나아가서 下選 政體와 上選 政體의 兩個 定型을 發見하야 前者를 先天的 規範으로 認識하고 後者를 歷史의 偶然的 錯誤로 認識하엿다. 그러므로 絕對 不變의 自然法에 相等한 概念인 天理天則에 遵合한 王道와 倫理는 先生에 잇어서도 依然히 唯一無二한 永遠的 規範의 特定 形態로서 存在한 것이다. 先生의 社會·政治哲學의 本質은 마침내 觀念의 世界에서 孤立의 榮光을 지키고 實踐의 國土는 한 거름도 밟지 못하엿다.

그러나 十八世紀의 自然法論은 自由·人權·平等의 絕對的 原理로서 提唱되어 歐洲 封建社會의 瓦解的 作用에 對하야 적지 안흔 이데올로기-12) 의 任務를 遂行하엿거니와 先生의 王道·德政에 對한 原則的 高調는 그것이 한갓 俗儒輩의 尙古主義에 그치지 안코 康南海의 이런바 '托古改制'의 理想的 意識이니 또한 當時 封建社會의 崩壞 過程에서 必然的으로 産出된 時代的 思想이엇다.

케네-의 自然法도 그 眞意가 當時 思潮인 自由를 追求한 것이다. 그에 依하면 自然的 秩序의 形式은 道德的 性質의 格率이며 그것은 도리어 人間의 眞正한 自由를 保證한 것이라 하엿다. 그러므로 그의 重農學說에 導入한 自然法은 當時 盛旺한 머-캔틸리슴의 妨害와 壓迫으로부터 農業을 解放하야 農本의 自然的 秩序에로 還元시키려는 自由의 思想이엇다. 이와 마찬가지로 先生의 王道·德政의 思想은 養民·均民의 重大 條件인 農業을 當時 遊食 階級인 兩班의 賤農 習慣의 桎梏으로부터 救出하야 尙農 卽 尊農을 經濟的의 意味에서만이 아니고 道德的의 意味에서 主唱하엿으니 이 또한 經濟思想上 自由主義의 一表現이라 할 수 잇는 것이다.

(60회, 1939. 5. 24)

---

12) 원문의 '이데올리기'를 본서 19회에 따라 고침.

以上에 잠깐 말한바 先生의 '托古改制'의 理想的 意識은 이것이 '新我舊邦'의 大目的을 達成시키려는 熾烈한 動機에서 나온 偉大한 思想이다. 그러나 托古의 行爲가 自己의 獨創的 意圖에 古制의 名稱만을 借用한 것 (實際에는 不可能한 것)이 아닌 限에는 그것은 必然的으로 現存의 몸뗑이에 古制의 衣裳을 實際로 입지 안흘 수 없는 것이다. 다시 말하면 現代의 喬木으로부터 古代의 幽谷으로 들어가지 안흘 수 없는 것이다.

이러므로 先生의 政治的 抱負를 具體的으로 表現한 《經世遺表》는 內容이 豊富하고 意圖가 現實的이라 함에 不拘하고 그 規模와 本質에 잇어서 要컨댄 《周禮》 一書의 演義的 註脚이 되고 말엇다. 先生은 一切 政法의 規準을 <堯典>, <臯陶謨>, <禹貢> 三篇과 《周禮》 六篇에 求하여 그것이 "精義妙旨 不可勝言"이라고 激讚하여 마지안헛다. 勿論 先生이 依托한 古制는 先生의 새로운 視角에 依하야 裁整 또는 抽象된 古制요 客觀的으로 存在한 古制 그것은 아니엇지마는 主要한 規準을 한 번 古制의 一定한 形態에 둔 以上에는 그것은 다시 우없는 神聖한 歷史的 威信을 가지고 先生의 頭上에 臨御치 안흘 수 없게 되엇다.

先生은 井田制를 古今에 通行할 수 잇는 聖人의 經法으로 보앗다. 또 先生은 어느 때엔 顧炎武의 郡縣制에 封建法을 參用하려는 <郡縣論>을 引用하고 蒙古와 結婚한 다음에 女壻를 北蕃에 列封한 中國의 法을 引用하고 또 郡縣으로서 封建을 兼한 日本의 世襲 守令制를 引用하야 封建 舊制가 今世에 잇어서 마땅히 行할 수 없는 蒼古한 制度가 아니란 것을 證明하엿으니 先生이 우리 社會의 經濟的·政治的 發展 法則에 對하야 얼마나 洞察치 못한가를 測定하기에 그것이 充分한 材料가 되지 안는가.

그러나 先生이 當時에 잇어서 封建 舊制의 復活을 實際로 主唱할 만한 愚論家는 아니엇다. 또는 私有와 井制를 折衝한 公田納稅論은 私有를 强占하고 井制를 實現하는 것이 現實에 不可能한 것을 看破한 明見이니 이는 當時 封建 制度의 崩壞 過程에 對한 歷史的 妥協이다. 다시 말하면 思想的 追隨다.

先生은 社會 制度에 對하야 極히 穩雅한 改良論者요 反逆的 精神을 가진 革命論者는 아니엇다. 이제 一例를 들어 그의 歷史的 地位를 規定하려 한다. 先生은 <爲盤山丁修七贈言> 中에

> 科擧之學은 異端之最酷者也ㅣ라. 楊墨은 已[13]古하고 佛老는 大迂호되 至於科擧之學하여는 靜思其毒하니 雖洪猛이라도 不足爲喩也ㅣ라. 詩賦ㅣ 至數千首하고 疑義ㅣ 至五千首者ㅣ 有之하니 苟能移此功於學問이면 朱子而已ㅣ니라.

고 하엿으며 <爲李仁榮贈言> 中에도 또한 科擧가 異端의 最甚인 것과 世道의 鉅憂인 것을 痛歎不已[14]하엿다. 그러나 先生은 同 贈言 中에 문듯 論調를 變하야 이러케 말하엿다.

> 然이나 國法이 未變하니 有順而已니 非此路면 君臣之義를 無所間焉이라. 故로 靜菴·退溪 諸先生이 咸治此藝하야 以發其身하엿거늘 今에 子는 何人이완대 乃欲屣脫[15]廢而弗顧耶아.

라고 하엿으니 洪水猛獸와 楊墨老佛로서 比較할 수 없는 科擧의 異端的 酷毒을 前無後無하게 痛切히 慨歎한 그로서 仕君發身을 爲하야 그것을 學習한다면 이는 常識의 論理가 絶對的으로 否定치 안는가. 또 科擧의 制가 如何히 國法이라 하더라도 應擧 與否는 個人의 自由인 同時에 不應이 決코 國法에 對한 不順이 아니다. 하믈며 變치 안흐면 안 될 國法이랴. 十九歲의 英年 銳氣에 對하야 이러한 矛盾的 勸誘를 하는 것은 改革論者의 取할 바 態度가 絶對的으로 아니다.

---

13) 已 : 원문의 己는 오식.
14) 已 : 원문의 己는 오식.
15) 屣脫 : 원문의 脫屣는 오식.

모든 空想家는 眞正한 活路를 指示할 수 없으며 制度의 本質을 說明할 수 없으며 社會 發展의 法則을 發見할 수 없으며 새 社會를 創造할 만한 社會的 勢力을 찾아낼 수 없는 것이다.

듣기 조흔 道德的·宗敎的·政治的·社會的의 文句와 宣言과 約束과의 背後에 어느 클라쓰의 利害인가를 發見할 줄 모르는 限에는 그들은 政治에 잇어서 欺瞞과 自己欺瞞의 愚劣한 犧牲이 되고 마는 것이다. 또는 항상 그러케 될 것이다. 改良과 改善을 主張하는 사람들은 一切 舊制度가 如何히 野蠻的이오 腐敗한 것으로 보이지마는 그것이 어느 社會層의 힘에 依하야 支持되여 잇는 것을 理解치 못하는 限에는 舊制度의 擁護者에게 愚弄되고 마는 것이다……! (61회, 1939. 5. 25)

以上에 대강 言及한 것과 같이 우리는 先生을 改革論者로 보고 그리고도 世界的 水準에서 先生의 改革論을 評價한다면 先生은 必然的으로 事物의 特히 社會 制度의 實踐性을 平凡히 看過한 偉大한 空想家의 範疇에 屬하지 안흘 수 없다. 여긔에 先生의 階級的 地位와 歷史的 限界가 嚴密히 反映되는 것이다. 先生의 改革論은 그 內容이 重要 問題일 뿐 아니라 그 方法 卽 內容을 '어떠케 實現할 것인가'가 더욱 重要한 것이다. 이것은 두 가지[16] 길이 잇으니 現在 最高 權利者의 道德的 覺悟와 慈悲의 發願에 하소연할 것인가, 그러찬으면 現在의 모든 權利로부터 除外되고 未來의 勝利를 歷史的 法則으로서 約束한 그들 다시 말하면 現實의 卑微한 存在로서 矛盾과 危險과 暴發의 조치 못한 性質을 多量으로 含蓄한 同時에 問題 解決의 眞實한 力量을 社會的으로 準備하면서 잇는 이러한 部類에 하소연할 것인가이다.[17] 先生은 勿論 前者의 方法을 因襲的으로 使用하엿던 것이다. 이 點, 그러나 決定的으로 重大한 點에 잇어서 光彩陸離한 先生의 數百 卷의 著書는 先生의 가장 가까운 同腹兄인 若鍾의 織

---

16) 가지 : 원문에는 '지'가 빠져 있다.
17) 문맥상 '이다'를 추가함.

口不言의 最後 殉敎에 比하야 그 歷史的 意義가 實로 百駕不及의 歎이 없지 못할 것이다.

그러나 先生은 經世的 理論家로 볼 때에는 依然히 天才的 思想家엿다. 經世的 學問의 一部門에 限하야 보면 當時 歐洲 思想家 例하면 루쏘-·벤담·케네- 等의 體系的 精練에 到底히 追及할 수 없는 것이지마는 이 特定의 範圍를 벗어나 學問 全般의 領域으로 보면 그 廣泛하고 多角的이오 綜合的인 知識은 또한 저들의 敢히 比肩할 바가 아니엇다. 先生의 現實的 環境에 比較하야 卓然히 優秀하다 할 수 잇는 思想 몇 가지를 簡單히 紹介하면 이러하다.

先生은 經世術에 잇어서 勿論 德治論者엇다. 그러나 덮어노코 德治主義를 東洋式이니 尙古主義니 라고는 할 수 없는 것이다. 內容과 見地의 如何에 依하야 도리어 이것이 嶄新한 또는 優秀한 意義를 가지게 되는 것이다. 爲政者가 垂拱無爲하야 天下 人民을 感化 服從케 한다는 德治論은 勿論 先生으로서 斷然히 排斥한 바이지마는 그 反面에 法制 法規가 嚴密히 確立하야 爲政者의 放縱을 立憲的으로 許諾치 안코 人民의 干犯을 모든 方面으로 制裁한다 하더라도 法規의 運用者가 道義的 精神과 人格的 模範에 依據치 안흐면 이러한 法治는 결국 形式의 流弊와 機械的 操縱에 지나지 못하야 社會의 秩序가 마침내 維持할 수 없는 것이다. 先生은 漠然하고 具體的이 못 되나마 이러한 見解를 가젓던 것이다.

先生은 <皐繇執瞽瞍辨>18)에 皐陶의 不敢執을 主張하야 刑法이 倫理에 從屬될 것을 밝혓으니 卽 德이 法의 本原이오 指導者인 것을 말한 것이다. 더구나 先生의 哲學은 宗敎와 政治를 分科的으로 보지 안코 綜合的으로 보앗으며 또는 主政者의 擇賢傳位를 支那 堯舜의 古代에서만 보앗을 뿐 아니라 先生이 항상 憧憬하는 天主敎會의 '敎化皇(法皇)'의 現存 嗣續 制度에서도 보앗으니 이것이 先生의 德政論에 重大한 哲學的 參考가 되엇던 것이다.

---

18) 원문에는 <皐陶執瞽叟辨>으로 되어 있다. 皐는 皐의 약자, 辦은 辨의 오식.
　皐陶 = 皐繇, 瞽叟 = 瞽瞍.

그러나 先生은 德治論의 反面에 法治思想이 또한 적지 안케 活動하엿다. 先生은 明의 律例가 前代에 比하야 詳備한 것을 稱道하엿고 自著《欽欽新書》는 비록 刑法의 一部에 限한 것이나 '剖毫析芒'의 煩瑣的 規定을 取하엿으니 이는 簡易를 爲主한 '約法 三章'式의 傳統的 觀念으로부터 解放된 法의 認識이다. 先生은 <原赦>篇에 吳漢의 名言 卽 그의 臨終 時에 '愼無赦' 三字를 漢光武에게 告한 것을 不仁不智라고 評駁한 反面에 當時 無規則한 '因慶頒赦之法'을 아주 革罷하야 人民의 畏法 觀念을 喚起하려 하엿으니 이 點은 法家의 嚴刑 思想을 參考한 것이며 俗儒의 容易히 論及치 못한 것이엇다. (62회, 1939. 5. 31)

先生은 <技藝論> 中에 사람이 禽獸와 달은 것을 傳統的 見解인 先驗的 道德에 돌리지 안코 技藝의 習得에 돌렷으니 當時 레벨에 確實히 一頭를 빼[19]어난 科學的 思想이다. 그런데 先生에 依하면 "技藝를 習得하는 知慮와 巧思는 그 穿鑿이 漸次가 잇고 그 推運이 限界가 잇어서 一朝一夕에 完美를 얻을 수 없으며 비록 聖人의 睿智로도 個人인 限에는 千萬人의 合議를 當할 수 없는 것이다. 그러므로 사람의 聚合이 크면 클[20] 스록 또는 世代가 나려오면 나려올수록 技藝의 精巧도 더욱 더해지는" 것이다.

이는 多數可決制와 社會進化論에 接近한 思想의 一端이다. 先生은 이 思想을 社會文化의 全般에 適用치 못하고 오직 技藝의 方面에만 適用한 것은 遺憾되는 바이지마는 어쩻던 無條件하고 聖人의 全知全能을 極口 稱頌하며 社會 一切의 退化를 慨歎不已하는 傳統的·保守的 思想에 比하야는 그것이 적지 안흔 革新的 見解이다. 先生의 '北學' 主張도 이에 根據한 것이다. '北學' 二字는 先生으로 하여금 忌憚없이 말하게 하면 北京 遊學만이 아니라 西洋 遊學을 意味한 것이엇다.

---

19) 빼 : 원문의 '배'는 오식.
20) 클 : 원문의 '크'는 오식.

先生은 道學과 技藝의 社會的 關聯을 看過하고 兩者를 截然히 區分해 가로대 "孝弟는 天性에 根源한 것이므로 聖賢의 書를 講明하야 擴充 修養하면 곳 禮義의 俗을 이룰 수 잇으니 待外·藉後[21]의 必要가 없지마는 利用厚生을 爲한 百工技藝는 外國과 後出의 新制를 廣求치 안흐면 蒙陋를 깨트리고 利澤을 일으킬 수 없다" 하엿다. 先生은 누구보다도 먼저 開化論을 主張하엿던 것이다.

뿐만 아니라 《經世遺表》中에는 工曹에 利用監을 設置하야 外國 遊學과 技藝 輸入을 掌督하려 하엿다. 北學論은 當時 朴燕巖·朴楚亭 諸公이 異口同聲으로 提唱한 바이지마는 先生은 그것을 專務로 한 特設 機關까지를 考案하엿으니 卓越한 具體的 政見이 아니면 아니 될 것이다.

여기에 添記하야 讀者의 參照에 들일 것은 刑曹의 綏遠司이다. 이는 利用監에 다음 가는 先生의 重要한 考案이다. 綏遠司는 海上 島嶼와 西北 邊遠之地를 管理統御하는 것인데 羅麗 以來 처음 考案한 官司이며 向外 發展上 重要한 意義를 가진 것이다.

先生은 同論 中에 가로대 "農之技ㅣ 精하면 則其占地ㅣ 少하고 而得穀이 多하며 其用力이 輕하고 而穀이 美實 (…) 織之技ㅣ 精하면 其費物이 少하고 而得絲ㅣ 多하며 其用力이 疾하고 而布帛이 緻美 (…)"라 하야 百工의 一般 作業에 技術의 精巧가 絶對的 條件인 것을 高調한 同時에 現代 通俗經濟學이 말하는바 "最小 勞力, 最大 效用"의 原理를 的確히 指示하엿다.

先生은 重農論者엿다. 그러나 케네- 一派와 같이 農業만을 生産勞動으로 看做한 農業 偏重論者는 아니엇다. 先生은 勿論 農業을 諸般 産業의 基本으로 認定한 反面에 工業 方面에도 殖産興業의 必要를 高調치 안흔 것이 아니엇다.

先生은 周制를 引證하야 農은 九職의 一이므로 天下의 民을 모다 歸農케 할 수 없는 것과 農夫만이 分田을 받을 수 잇는 것을 嚴密히 主張하엿

---

21) 원문의 藉後를 <技藝論3>에 따라 고침. 稽는 헤아리다, 藉는 의지하다의 뜻.

다. 農者에게는 土地를 주고 不農者에게는 各其 適當한 職業을 줄 것이니 만일 商工을 모라 모다 歸農케 하거나 또는 農與不農을 莫論하고 計口分田하거나 하면 이는 重農의 本旨가 아닐뿐더러 不農遊食을 獎勵하는 弊政이 되고 마는 것이다. 王莽의 井田과 後魏 以後의 均田이 모다 預想의 實績을 거두지 못한 것은 대개 저러한 까닭이라 하엿다.

(63회, 1939. 6. 2)

先生의 經世的 理論은 〈田論〉 七章에 이르러 理想的 絶頂을 表示하엿다.

第一章의 大意는 이러하다 — 어떤 사람 하나가 田 十頃[22]과 아들 十人이 잇는데 一人은 三頃, 二人은 各 二頃, 三人은 各 一頃을 얻고 其餘 四人은 一頃도 얻지 못하야 途上에서 餓死하면 그는 어찌 父母 노릇을 잘한다 할 것이랴. 이와 마찬가지로 民之父母라는 君牧이 民產을 均制치 못하고 서로 攻奪倂吞하야 弱肉强食의 血劇을 演出케 하면 이는 君牧이 될 수 없는 것이다. 現時 推算에 全國의 田地는 大約 八十萬結이오 人民은 大約 八百萬口인데 十口一戶로 하면 每戶 一結씩[23] 分配되어야만 均產이 될 것이다. 그러나 現在 文武 貴臣及其閭巷 富人은 一戶 收穫이 數千 石에 達한 것이 甚히 만흐니 이는 百結의 田을 獨占하야 九百九十의 人命을 殘奪한 것이며 國[24]中 富人에 嶺南 崔氏와 湖南 王氏 같은 者는 一戶 萬石이니 이는 四百結의 田을 獨占하야 三千九百九十의 人命을 殘奪한 것이다. 이럼에도 不拘하고 朝廷에서는 하로바삐 損富益貧하야 民產의 均一을 講究치 안흐니 어찌 君牧의 道라 할 것이랴.

그리고 第二章에 依하면 井田은 元來 旱田·平田이므로 水田과 山田이 盛開된 오늘에 잇어서는 井制 實施가 絶對로 不可能한 것이다. 또는 戶

---

22) 원문의 十五頃은 오류.
23) 씩 : 원문의 '식'은 오식.
24) 國 : 원문의 '國奪'은 오식. 《실정》 p618, p636과 《정선》 p407에는 바르게 되어 있다.

口 增損이 月異歲殊한 現時에 잇어서는 計口分田인 均25)田制도 不可能
한 것이며 所有의 名義를 얼마라도 서로 換假弄借할 수 잇은즉 一定 畝
의 以上·以下의 買賣를 制限한 限田法도 實行할 수 없다는 것이다. 그래
서 先生은 均田·限田이 明理 識26)務者의 主張할 바가 아니란 것을 指陳
한 同時에 例의 農者受田, 不農者不受田의 原則을 또한 高調하엿다.

第三章은 〈田論〉 全篇의 中心 問題요 理想的 妙案인 閭田制를 提唱하
엿다. 大意는 如下하다.

이제 農者得田과 不農者不得田의 原則을 完全히 實現하려면 모든 田
制 中에 오직 閭田法만이 그것을 可能케 할 것이다. 閭田은 井田의 形式
과 달리 山谿川原의 自然的 形勢를 因用하야 境界를 劃定할 것인데 이
境界 內('界之所函')를 閭라 하고 每 閭를 約 三十家로 定한다(周制 二十五
家爲一閭). 그리고 三閭를 里라, 五里를 坊이라, 五坊을 邑이라 定한다.
閭에는 閭長이 잇고 一閭의 田地는 一閭의 住民으로 하야금 共同 耕作케
하야 彼我의 區分이 없고 오직 閭長의 指揮를 聽從한다. 每日 每人의 出
役은 閭長이 冊簿 卽 帳簿에 明細히 注記하고 收穫期에 이르러 收穫物
全部를 閭의 公廳인 閭中 都堂에 搬入하야 먼저 一定量의 公稅를 除하고
다음에 一定量의 閭長 俸祿을 除하고 其餘 全部는 日役簿에 依하야 閭民
에게 分配한다.

이 日役分配法은 例하면 所得穀이 合計 千斛(十斗一斛으로 定함)이요
其間 注役이 合計 二萬日이라면 一日分의 所得糧은 五升인데 假令 一戶
로서 夫婦 子息의 其間 注役이 모두 八百日이라면 그 分配糧은 四十斛이
될 것이오 다른 一戶는 其間 注役이 十日뿐이라면 그 分配糧은 五斗27)
밖에 안 될 것이다. 勞力 多寡를 따라 分配의 厚薄이 決定되므로 農夫는
모다 힘을 다하고 田地는 地利를 다하게 될 것이니 地利가 일면 民産이

---

25) 均 : 원문의 限은 오식.
26) 識 : 원문의 織은 오식.
27) 원문과 《실정》, 그리고 신조본·사암본 등에는 '四斗'라고 되어 있으나, 이는
  오류이다. 《정선》 p410에는 '5두'라고 제대로 되어 있다.

富饒하고 民産이 富饒하면 風俗이 淳厚하고 風俗이 淳厚하면 百姓이 모다 孝悌를 行할 것이다. 이러므로 閭田法은 制田의 上策이다.

以上의 槪述과 같이 閭田法은 朝鮮 經濟思想史上에 重要한 地位를 占領한 것이다. 純然히 先生의 獨創的·理想的 考案이다. 東洋 從來의 經濟理論에 잇어서는 勿論 類例 없는 理想的 田制論이어니와 近世 西洋의 多種多樣한 經濟論에 잇어서도 드물게 보는 有數한 思想이다. 現行 經濟用語로 말하면 日[28]役簿는 勞働票制 또는 勞働帳簿制에 類似한 것이며 役日은 勞働時間의 槪念이다. 一面으로는 勞働全收權의 主張이며 他面으로는 小農 分散의 대신에 農業의 社會化를 目的한 것이다. 規模의 大小는 잇을지언정 閭田法은 現今 他邦의 村落 共營 農場인 콜호즈에 近似한 것이므로 分配의 均平뿐 아니라 生産力의 增進에 對하여도 最善의 政策이다.

經濟論의 閭田法은 政治論의 <原牧>, <湯論>과 함께 先生의 經世的 思想에 잇어 最大의 哲學이다. 《經世遺表》 中의 公田納稅論은 當時 現實에 對應하야 救急的 社會 政策을 提示한 것이니 根本的 理想論인 閭田法과는 同日而語할 수 없는 것이다. (64회, 1939. 6. 4)

---

28) 日 : 원문의 注는 오식.

부　　록

부록은 첫째, <최익한상전간재崔益翰上田艮齋>를 수록하였다. 이 편지는 최익한이 정사년(1917) 6월 14일에 작성한 초고이다. 현재 사본만 남아 있고 원본(35×25cm 한지로 추정)은 소재가 불분명하다. B4 용지 9면에 약 4,900자가 복사되어 있는데, 여기에서는 해독하기 편하도록 17면으로 나누어 편집하였다.[1]

둘째, 읽기 자료로 <전통 탐구의 현대적 의의>(1939)를 실었다.[2] 이는 전통과 창조의 유기적 관계를 강조한 글로서 최익한의 '다산 3부작'을 이해하는 데 있어 입문적 논설에 해당한다. 특히 《여유당전서를 독함》을 쓸 당시 그가 전통에 대해 어떻게 인식하였는지를 엿볼 수 있는 거의 유일한 문건이다.

셋째, <최익한 친일설>은 쓰기도 어렵거니와 이 부록에 싣기도 참 망설여졌다. 허나 단편적인 추정만 무성하므로 진실을 제대로 밝힐 필요가 있다. 그간의 낭설들을 훑어보고 진위 여부를 면밀히 따져 가면서 새로운 자료도 발굴 분석하여 최익한의 시국 논설이 부일문附日文에 해당될 여지가 있음을 규명하였다.

끝으로, <창해 최익한 연보>를 75면이나 첨부하였으니, 최익한의 전기적 사실에 대한 구체성을 어느 정도 확보한 셈이다. 또 이 연보 앞뒤에는 <연보 소고>와 <저술 연보>까지 잇달아 배치하였는바, 연보를 더 정확히 이해하고 저술 목록을 일목요연하게 파악하는 데 조금이나마 도움이 되리라 믿는다.

---

1) <최익한상전간재> 사본을 주신 송찬섭 교수님께 깊이 감사드린다.
2) 1938년 12월 최익한은 동아일보사로 이직한 후 처음으로 《여유당전서를 독함》을 연재하다가 약 한 달간 중단한 적이 있다. 이때 <전통 탐구의 현대적 의의>(동아일보, 1939.1.1~1.7)를 5회 게재하였던 것이다.

崔益翰 上田艮齋

益翰再拜白芟海萬里瘴霧蒸人伏惟門下彜俗道體神佑侍穩秉拂
當坐四方雲趍門牆之間歲月薰沐者豈人時等此來者豈人有所
傳道者有可以授業者有可以解惑者正此益翰左進而未能詣主杖殺
志列而退豈不冤自外推大方美徒以遊瀐暄娩獲豪大君子容接之光趍
拜庭惟之際有以窺聖其風蔶之道壯容辭之重和蔶育之勤懇真是已
咄咨羣泠醉心飽自幸共前中之不謂為此行之不負也翰若此天蒙
不戊好泠之誠何嘗硏其進退而關然第亦受宗旨訣之一副真詮不作
門下言拉枝隊乃翰山散作岂上大寶訓身以藏之左蓋殺美此在
光明月姝此可以授之暗道豈又若旦一時之為同句邊為信郠則此曶
鵲侖存壅屯旦自念一斑之窺素欠嘅堅枝名拝之深奧而敢款辭貿

推崇嚴之下疑於相愛之地則此可謂有之說遺筭何其不人之甚其

模糊也弟嗚呼此不甘之脣之刻不爲其味盡此不絢之說之必不免遺忌弟

行貝細嚼而悅口刻膜之明晰甫然如使晦之而不見其絢嚼焉而不得只甘

則又不容不尢於離婁詁味傷乎以爲眼正也豈不向命發墨悟後

洗心平慮念臨裏絶筆先入偏信之札此後乃故下手推參究細繹之

寔立發用心也拆二并視云賍務毋玉當之些稭之重之吉而有所不合

律之程篆之言而不佢小異夫以門下之精見鉅識共一生用力專去於此

則是豈可惣勤學之漱而模擬句當者邪甚不甫此道諸以所感者實

之蓋心固吾學從惻盡性上聖賢莫不先以窮理爲訓帝言道心惟

幣二真氏曰仁義禮智之理皆根於性所謂道迁子言豈兩太程而知

子曰心爲太杜盂子以仁義爲心又必惻隱羞惡爲心程子曰心也性也天也一理

也張子曰統性情朱子曰元亨利貞天地生物之心而人得之爲己宗心故曰

四端其之發而四端著此等法言會見恩旦先不可枚計而其語所理則均美
果非平聖之早侮句後也之不容二歧者然夫心性情理渾然一物
本有不同何也朱子曰仁義禮智性也惻隱為羞辭讓是非情也以仁義
以義與以禮謙以智為在心也性在心之理也情在心之用以心主之
夫心也者明性情之陰而以立大本而行達道者也天理之之寧以人心
性情理之曉然但以者心視之未嘗以为貴不待者在心之之主性在
己發句品若不善在堂非心之正于情字此只所以指著一角則都貴穿
又尤儻佩了無彰者也若所此句類性精義經作所業主援你身若
其血肉之心之苦體句醫家之所之導苦也等實之心之偏體
句祥家之所之導苦也義理之心之左體句儒家之所主而擴充
也合血氣義理句道貝大全剛此乃統體之心而舉也之所同然者也心主

爲說至此而可謂普遍眞切而無滲漏爲有志之學者如就其統合之中而求其主宰僕役之定分諉其資助兼搭之殊位則心之正名所不立宰主宰兼搭之上而其僕役只資助焉敢覬覦篡奪於其間哉孟子一書言心最詳而未有一言指作氣至其對氣言則亦有之曰志氣之帥也又曰夜氣不足以存仁義之心程子曰如有仁義之心然後有仁義之氣朱子曰以游氏心合於氣氣合於神爲非儒者之言而曰心無形而氣有物程子以爲其始養氣可以爲養心之助爲不然而曰養心只是養心又何必助朱子曰纔養氣則氣雖得養卻不是養心其感興詩曰人心妙不測出入乘氣機其答人書曰淸明純粹者既屬乎形氣之偏然則亦但謂不隔乎理而助其發揮耳不可便認以爲道心也有問心是身上精靈底曰理固如此之諸公吾心之與氣而明心之非氣也以此觀之則其雖氣言更若氣之精爽心猶陰陽之謂亦指其資助僕役者

寧之體與專屬作用上互見止誤矣又曰心之為體以性為體與余論

之氣則謂性為氣告子之見也兩人無以自異以狗為狀矣筆舌門

朱子嘗橫渠心統性情之說若把心為氣字之剛氣反統攝乎

理矣又曰心者氣之精爽固是朱子之訓心者理之主宰心是朱子

之訓矣其主宰則理嘗為主又曰天地二帝心豈二君心則理之主

天為萬物之主寧敢訝之帝心之主人為一身之主寧敢訝之君

曰帝曰君皆此理之尊歟此互見為說不約而同揆向所訝名位義

利之參錯車乳不虧矣九河之疏決以合於聖賢之言為準

於末學之無病矣其功也不止至美乎舉世之所見者拘拘鶖校

巖曰此九迤陶也游曰此業芽也得互二而擇其末多不揚

其本辨競成俗呈此混淆尤徒無益於明理之實乃反有跛躄疑

擇陳訣直於其先之閑邪距息之君子齊美匹績於千載之上豈意所
立豈容小腹之測度哉維此一蔀隨於討迨料窮思門下所扶支是
障獻之排底歸而所令者乃皇帖之伏大義者何如蓋門下之言理一切
以無動靜無窮感無底冥冥神妙無情意無聲覺者殘守寂歸
則其所謂形容此理之妙主宰之體段在乎思[illegible]寓無無然既將心做
氣則氣為主宰終不清快故乃其移其主宰於性然後心之為氣方
得擎固而理亦不失其主宰之稱矣然洛陽許都間之無補於漢室
之尊而為適足以遂曹侯之基業矣道體無為者猶云無其臨軒
其為之妙則乃其固有也恭己正南面無為而九官十二牧則早已命之
典禮典樂掌兵各有其人而禮樂征伐自天子出此所以為至尊之
實此所以為萬物之主萬漢然都沒主張而惟氣機是視則是劉
琮孫權之守未可順風投歸令之下而其投皇帖之臣後抑何哉

五

又云雖免於後世之公議乎此恐退陶子所謂聖賢之書未易讀義理精微未易窮相傳之言未可輕改之論曉人未可輕議者也夫心之一字其理則性情也其氣則精華也其質則血肉也主理而言心在於氣於質有所綰總而無所遺闕也若主氣而言心在則既舍性情之體用而又不能不低頭於主質在之專於守舍而神明自居在也然而最括不作後世不一蓋此題目顯然作百年未決之大案者家訴之成者根着已深自非大智大勇之人恐未易脫其窠臼而取人為善也然一則區區之疑難直不免搪突而煩贅又者自思懇惶無地然但於門下心不可以主理之極致而請之質之湯以禮制心之果理也則是以禮制心可乎孔子從心所欲不踰矩心果理也則既云從心又云不踰矩乎顏子其心三月不違仁心果理也則更安說不違仁乎孟子言求放心之果理也則又安有求放者乎似此商量

乃門下之所擧與余歎傲氣自謂以經傳言可證一貫以夫心性善之理
亦及只發而有善又是氣之捜此理而微出者故惡不可謂之性而爲只常性然
性約情實而情動不害必理訓性以次心之地他亦是性以而爲雜氣乎
言之故辟邪修心此心也當(去心)之可以神制之可求而存苓之又何曲爲
雖重之從身義只不踰之心胡氏已予體從乃用體乃道用乃義
不遠之集說每私散而有只治不容作〔姐外〕推於外於仁判爲二物惟
魂魄之運用易見者之從他亦心此豈有一齊之理乎然從左言
心推只本性未嘗帯氣只未嘗分聖凡爲言肯於是說出降夲心
之氣客明世一物聖凡之氣質之情浮粹駁移靠於軀殼血氣
果如是說則童子何故擧言性善之不一言及於氣善程朱何故重
有不齊之諭與相反程氣同之名邪是恐不惟昧乳於理豈之一然不

此理之所以為妙而心之所以之寧在此此兩條弘道諸熟皆嘗得見

전통 탐구의 현대적 의의

범[虎]의 해는 가고 토끼[兎]의 해는 온다. 범과 토끼는 종류로 보든 성질로 보든 이른바 풍마우風馬牛1)의 관계이지만, 연시年時의 계서적繼序的 관계로 보면 토끼는 범의 아들이요 범은 토끼의 아비라 할 수 있을 만큼 부즉불리不卽不離의 관계에 있지 않는가.

이 한 마디로서 본문제인 전통 탐구의 현대적 의의는 사과반적思過半的으로2) 시사示唆되지 않는가.

토끼가 범을 따라가는 것은 범을 위한 것이 아니라 연시年時라는 질서 있는 계통상에서 자기 토끼의 일정한 지위를 정립하려는 것과 마찬가지로, 우리 문화인들도 문화선상線上의 사적史的 과정에서 전통을 탐구하는 것은 또한 현대와 다른 과거를 위한 것이 아

---

1) 바람난 말과 소가 서로 미치지 못한다(風馬牛不相及)는 뜻으로 양자 간에 아무 관계가 없다는 말.
2) '사과반思過半'은 생각이 반을 넘는다는 뜻으로 이미 절반 넘게 깨달았다는 말. 《주역》<계사전繫辭傳·하>에 "지혜로운 자는 단사象辭를 보면 반 이상을 알 수 있다(知者觀其象辭 則思過半矣)"고 하였다.

니라 현대를 연결하고 현대를 발육시키고 다시 현대에 요소적으로 존재한 과거를 탐구하는 것이다. 다시 말하면 토끼는 소나 쥐나 돝을 보고 지난해라 할 수 없는 것과 같이, 우리 문화인들도 일정한 문화사적 과정에 있어서 얼토당토않은 길랴개3)나 호텐토트4)의 과거를 자기의 과거로 탐구할 수 없는 것이다.

　우리는 황막한 광야에서 덧없이 닫는 토끼가 아니다!

　우리는 아시아의 늙은 범을 따를지어다!

　전통은 반드시 보수를 의미하는 것은 아니다. 물론 풍속·습관·도덕·제도 한 말로 하면 문화라는 사적 과정에서 문화의 일형태, 혹은 전체적 형태가 전통이란 형태로서 출현하자면 반드시 역사적 세력을 띠게 되고 역사적 세력을 띤 것이 일정한 사회의 문화적 권위로서 존재하자면 그것은 보수적 성질을 속성으로 하지 않을 수 없는 것이다. 예하면 신라의 조각예술과 고려의 도자예술과 이조의 정음正音과 동활자銅活字 등이 우리 조선 사람의 문화적 전통을 구성하고 있다면 그곳에는 반드시 복고주의적 의식이 수반되는 것이다. 복고주의적 의의는 이 어찌 보수적 성질을 제외할 것이랴.

　그러나 동일한 복고적 노력도 그것이 행위 주체자의 사회적 성질 여하如何와 행위가 포착한 모멘트 여하에 따라서 보수적 혹은 반보수적 즉 혁신적으로 나타나는 것이다. 예하면 동일한 바이블에 의거하더라도 가톨릭교회의 법왕法王(교황)이 그것을 들고 조문을 찾는다면 이것은 교회의 세습적 특권을 유지하려는 보수적 행

---

3) 길랴크Gilyak. 아무르강 하류와 사할린 북부에 사는 원주민 니브히족Nivkhi.
4) Hottentot. 남아프리카의 수렵 유목민 코이Khoi족.

동이 되는 것이지만, 루터가 그것을 들고 조문을 찾는다면 이것은 훌륭한 16세기 종교개혁의 운동이 되는 것이다.

그러나 어느 사회를 불문하고 전통이 없는 곳은 없는 법이다. 다시 말하면 일정한 단위의 생활체가 계속된 이상에는 문화의 연속성이 없을 수 없을 것이며, 그 연속성은 반드시 전통성을 띠고 오는[帶來] 것이다. 만일 전통이 없다 하면 그곳에는 사회도 또는 문화도 없다는 것이다.

그러면 대체 전통이란 무엇인가. 그 술어의 의의가 무엇인가. 이제 그 어원의 간오艱奧한 것은 구명究明할 필요도 없이 통속적으로 말하면 풍속·습관·도덕·제도 제 방면에 있어서 어느 정도까지의 규범적 성질을 가진 일정한 전래적 사실史實을 전통이라 할 수 있는 것이다. 전래적 사실이란 단순히 과거화되어 사상史上에 의존한 것을 의미한 것은 아니다. 그것은 연속적으로 현재에 활동하고 있는 사실事實이다. 여하한 전래적 사실史實일지라도 그것이 그 시대 그 사회의 규범적 성질을 띠지 않으면, 즉 당위적 의식이 수반되지 않으면 일개 냉정한 진고陳古의 사실史實은 될지언정 전통으로서의 구성은 불가능한 것이다.

그러므로 규범성을 띠지 못한 전래적 사실史實은 한갓 고전적 존재는 될지언정 전통적 존재는 되지 못하는 것이다. 전통은 일종의 역사적 세력이며 문화적 권위로서 현재에 활동하고 있는 것이다. 전통이란 남성의 품속에는 고전이란 그녀가 반드시 안기어 있지만, 고전이란 그녀의 머리에는 전통이란 왕관이 반드시 씌어 있지 않는 것이다. 고전이 전통화하기 위해서는 일정한 역사적 사실事實이 당위적 개념을 내포하고 연발적連發的 명령을 내리지 않으면 안

될 것이다.

전통은 일개 위엄 있는 인격의 전통적 군주도 구속을 받고 가톨릭교회의 법왕도 굴복할 수 있는 것이다.

그러나 전통이란 원래 선험적으로 또는 천명적天命的으로 존재한 것이 아니다. 그것은 한 개의 사회적 산물이다. 다시 말하면 인간 생활의 기본적 조직에 상응한 형태로서 각 시대의 단계와 역사적 척도에 의하여 구성되는 사회적 산물이다. 예하면 인간의 고두막배叩頭膜拜를 받는 물체신物體神·추상신抽象神·조선신祖先神·우주창조신 등 허다한 유형무형의 종교신은 하나도 예외 없이 고두막배하는 인간의 사회적·역사적 의식이란 모태로부터 산출된 것과 하등의 피차가 없는 것이다. 전통이 필연적 폭력을 발휘할 때에는 전통은 벌써 우상화하여 인간의 가운데로부터 인간의 위에 군림하게 되어 더 클 수 없는 한 개의 무기로서 지배계급의 독점물이 되는 것이다.

그러나 전통이 전통으로서 인식되기 전에는 전통은 권위로서의 활동이 아니고 현실적 평범으로서의 활동이다. 다시 말하면 그것의 현실적 평범성은 인간 사회의 일정한 발전에 대한 균형적 질서적 의식을 대표한 것이고 결코 폭력적·군림적 또는 강제적 의식을 대표한 것은 아니다. 비유하면 동물로서의 생은 평상시 건전할 때에는 생의 행위가 일개 평범한 행위로서 생에 대한 의식이 만연적漫然的 상태로 있었으나, 생의 육체가 노쇠 혹은 질병의 경우에 빠질 때에는 그는 비로소 생에 대한 의식이 선명히 떠오르면서 생은 한 개의 절대적 계속성으로서 명령적·강제적인 것을 인식하게 되는 것이다.

그러면 전통이란 일정한 인간 사회의 자기 분열 단계에서만 형성할 수 있는 것이다. 모순의 작용인 분열이 그 사회생활의 이면에 잠재적 상태로 있을 때에는 전통은 사회의 균형적 발전을 포용하고 사회생활에 대한 일방적 벽립壁立은 아직 있을 수 없는 것이다. 전통은 하여튼 일정한 과거의 연장을 의미한 것인 이상, 연장과 발전은 서로 포용치 못할 개념적 관계에 서 있지 않는가. 그러므로 전통이 전통으로서 선명한 의식을 갖지 않을 단계에서만 전통은 발전과 균형을 조장할 수 있는 것이다.

전통과 발전이 서로 포용치 못할 두 개 개념인 이상에는 전통은 필연적으로 보수적 형태를 덮어쓰게 된다. 전통이 사회문화 체계의 넓은 바다에서 요소적 순파順波로서만 존재하지 않고 사회 진화의 역류적 암초로 존재하게 되면 보수적 형태는 일전一轉하여 사회 퇴화의 온갖 기능을 구성하게 되는 것이다. 전통의 최대 위험성은 여기에 존재한다.

사회적 진화 과정에서 진화의 원동력인 모순성의 발효 내지 폭발로 말미암아 여태까지 평범하고 타당하게 존재하던 생활체계의 질서는 돌연히 일방一方 아니 상방上方에 벽립壁立하여 온갖 위엄과 압력을 발휘할 때에는 전통은 의식적 강고한 체계를 지닌 전통주의라는 일개 우상적 금신金身을 드러내게 된다.

그러면 이 우상에 대한 주제자主祭者는 너무나 특정적이고 존귀적이어서 평범하고 소박한 포의布衣를 벗고 극히 전려장엄典麗莊嚴한 애면哀冕5)을 새로이 지어 입을 뿐만 아니라 과거 어느 시기, 즉 자기 생장 발전 시기에는 극히 증오하고 분개하여 파괴해 버리고 또는 버리려 하던 전통의 우상까지를 다시 재건 또는 수리하기에 모든 문화적 기술을 징발하여 마지않는다. 이 신구전통의 우상적 관계는 과연 어떠한가. 물론 과거의 현실로 말하면 숙원宿怨이 없을 수 없다. 단순한 숙원뿐 아니라 신구우상의 관계는 현재의 전통주의와 반전통주의와의 관계와 같이 그 당시에는 또한 수화불상용적水火不相容的 관계였던 것이다.

구전통은 신전통에게 이렇게 말한다―너, 새 우상아! 너를 만들어낸 자는 과거에 극히 폭려暴戾하였다. 나의 양육을 받고 입에는 아직 젖 냄새도 가시지 않았다. 몸에는 조악한 포의를 입고 손에는 곤봉을 잡고, 자유니 인권이니 정의니 하며 주제자인 세습적 특권층을 습격하고, 나의 신성한 존상尊像을 무엄하게도 범접지 않았느냐. 나는 너의 타협과 포옹을 절대로 허하지 않는다.

그러나 구우상舊偶像은 다시 이렇게 말한다―그러나 일체 전통을 부인하고 파괴하던 너의 과거를 너는 참회한다. 너는 용감히 솔선하여 너와 나의 공동의 적인 발전과 신新을 내리누른다. 나의 폐허에는 장엄한 고묘古廟가 다시 건설되었다. 나의 신전神前에는 목가적牧歌的 고악古樂이 다시 아뢴다. 나는 너의 따뜻한 포옹에 영원의 만족을 느끼려 한다.

그리고 신전통은 구전통에 대하여 은위병행적恩威並行的6) 어조로 이렇게 말한다―지금은 너의 성대聖代가 아니다. 너의 우상은 너의 자신이 아니고 나의 화신化身이다. 다시 말하면 너의 우상은

---

5) 면복冕服의 일종으로 선왕先王의 제사를 지낼 때 입는 제왕의 예복.
6) 은혜와 위엄을 아울러 행하는.

너의 자신이 만든 것이 아니고 나의 재조再造에 속한 것이다. 위대한 허명虛名에 있어서 너는 나의 선행先行이지만 엄숙한 사실事實에 있어서 너는 나의 산물産物이다. 너는 너의 일체를 나의 명령에 절대적으로 복종할지어다.

그리하여 허명의 대낮에는 구전통은 여전히 선행적先行的 소목昭穆을 가지고 있으나, 실제의 심야에는 구전통은 신전통의 시녀이다. 초록저고리에 당홍치마를 입고 용포에 면류관을 쓴 신전통이란 본존本尊의 따뜻한 품에 오붓하게 안기어 있다.

일개 만담漫談에 불과한 것을 좀 지루하게 적었으나, 전통주의의 복고적 활동에 대한 역사적 비밀은 여실히 표시했다 할 수 있는 것이다.

유태인을 선민選民으로 한 여호와는 사실에 있어서 세계를 창조한 신이 아니라 유태인이 창조한 세계창조의 신이다. 그러므로 자연적 의미인 계통으로 보아서는 유태인-여호와의 순서요 여호와-유태인의 순서는 아니다. 그럼에도 불구하고 전통주의적 순서로 보아서는 그것의 반대이다. 여기서 계통주의와 전통주의와의 상위相違가 있는 것이다. 전통주의자는 모든 사물의 자연적 계통을 그것의 도영倒影인 전통주의로서 보는 데 그 역사적 특징이 있는 것이다. 사물의 자연적 계통을 객관적으로 정시正視하자면 오직 비전통주의자의 과학적 눈동자에 하소연하지 않으면 안 될 것이다. 눈동자가 물체를 정시하는 깃은 외계에서 도상倒像으로 들어오는 물체를 다시 조정하여 순상順像으로 보는 까닭이 아닌가.

전통주의가 자연적 계통을 수립시키는 것은 계통은 객관적 순서

임에 반하여 전통은 주관적 순서인 까닭이다. 객관적 순서인 유태인-여호와를 여호와-유태인으로 전도시키는 주관적 비밀은 무엇이냐 하면 이 주관적 순서에 의해서만 유태인은 지상으로부터 만민의 상위인 천상에다가 자기를 승급시키고 연장시킬 수 있는 까닭이다.

여호와의 신성한 얼과 꼴은 그 '모델'을 창조자, 즉 유태인 자신에게서 취한 것인 만큼 그것의 감정·사려思慮·성음聲音·소모笑貌는 모두 유태인의 유전 법칙을 전적으로 체현하였던 것이다. 그리하여 전자는 후자에게 절대로 복종할 정신적 의무를 졌던 것이다. 기도는 명령의 은어인 동시에 신성은 의무 이행에 관한 장엄한 약속이었다. 만일 전자가 후자의 명령적 기도에 완명頑冥히 응하지 않는다면 어찌 될 것인가. 여기에는 오직 후자에 의한 전자의 토죄討罪와 폐출廢黜이 있을 뿐이다.

북극 지방에 사는 길랴개족은 수렵신을 상징하는 조그마한 목조 신상神像을 숭배한다. 그들은 출렵出獵 시에 반드시 공물을 올리고 기도한다. 만일 이번의 수렵 성적이 좋지 못하면 이것은 신이 자기들의 의욕에 복종치 않았다 하여 수죄數罪하면서 신상神像에 준엄한 태형笞刑을 가하고 다시 위유慰喩하여 제자리에 앉힌다 한다.

우리 야담에도 이런 종류의 이야기가 없지 않다. 옛날 어느 걸인 하나가 명절날에 돌아다니며 얻은 떡을 다 먹지 못하여 그 나머지를 손으로 주물러 조그만 우상 한 개를 만들어 길가 신사神祠에 앉혔더니, 부근 주민과 길 가는 사람은 모두 예배와 예전禮錢을 올리고 비록 관리와 귀인일지라도 그 앞을 지나갈 때면 반드시 거마車馬에서 내려 국궁배례鞠躬拜禮할 만큼 영검이 대단한 신이 되었다.

그 걸인은 신전에 쌓인 신물神物, 즉 금전·포백布帛 등물을 가만히 돌려다가 가산을 훌륭히 장만하고 말 한 필을 사 타고서 신상 앞을 그냥 지나려니, 무서운 영검이 발작하여 졸지에 말 발이 땅에 붙어서 나아갈 수가 없었다. 그는 화가 벌컥 나서 말에서 뛰어내려 채찍으로 신상을 난타하면서, "이놈! 너는 너를 만든 너의 아비를 모르는구나!" 하고 만든 손으로 다시 그것을 부숴 버렸다 한다.

전통주의의 역사적 비밀과 폭력적 정체는 이상 몇 가지 예로써 넉넉히 이해하고 실증할 수 있지 않을까.

전통이 의식화, 즉 주의화한 때에는 자기의 역사적 생리의 필연적 산출에 의하여 여태까지 포육 양호해 온 자기의 역사적 문화적 계승자에게 이른바 신진대사의 원칙적 전통을 순조롭게 실행하지 않고 도리어 금치산禁治産의 선고와 교살적絞殺的 잔인성으로써 폭군적 처치를 무난히 취하게 되는 것이다. 모든 발전의 현재와 장래를 방알防遏[7]하기 위해서는 과거·현재 및 기타 장소에 매적埋積되어 있는 잔재물殘滓物의 무한한 계열을 일체 소집·동원하여 복고주의적 무대에 훌륭한 역사적 괴뢰(꼭두각시)로서 등장시키는 것이 그의 반동적 임무이다. 전통주의의 우상적 폐해는 이에 이르러 극도에 달하는 것이다.

그러나 전통이 우상화하는 반면에 전통이 이상화하는 역사적·문화적 장면을 간과해서는 안 될 것이다.

전통의 우상화는 결국 그 필요가 역사적 권위를 이용하여 발전과 신新을 억제하는 데 있는 것이므로, 전통의 이상화는 또한 그 동

7) 방색防塞. 막음.

기가 상대방의 역사적 자중藉重8)에 항거하여 발전과 신新에 대한 옹호와 강조에 기여하려는 데 있는 것이다. 전자는 전통의 개악적 노력이고 후자는 전통의 개선적 노력이다. 전자는 지배 체계의 임무이고 후자는 반지배 체계의 임무이다.

그러면 전통의 이상화는 어떠한 것인가. 이것을 이해하기 위해서는 먼저 역사적 전통이 역사적 과정에서 추상화하는 작용을 이해하지 않으면 아니 된다. 전통의 역사적 보령寶齡이 오래면 오랠수록 역사적 사실을 실은 시간이란 이남박(함지박)은 윤곽이 선명치 못하고 불유쾌한 인상을 줄 만한 부분은 전부 도태해 버리며, 오직 사물 희귀에 동행하는 진귀성과 고완적古玩的 미감을 환기할 만한 몽롱한 인상만을 남겨 주는 것이다.

가까이 보면 기구하고 험악하기 짝이 없는 산봉우리[峯巒]이지만, 큰 강이나 넓은 벌을 사이에 두고 수십 리 혹은 그 이상의 원거리에서 그것을 바라보면 기구·험악한 것은 전부 사상捨象되어 버리고 비취빛 창연蒼然한 한 덩어리는 일산日傘이나 꽃봉오리라 두루미 같은 외형적 미관만을 나타내는 것이다. 시선이 미치는 한도 내에서는 거리가 멀면 멀수록 미관은 더 커지는 것이다. 역사적 전통의 추상화 과정도 또한 이와 같지 않은가.

이러므로 시대의 한 단계를 격隔한 농노農奴와 영주領主의 사회는 우리가 현재에 당면하고 있는 임노賃勞와 자본資本의 사회보다 훨씬 우미優美한 느낌을 막연히 주는 것이다.

---

8) 중요한 것이나 권위 있는 것에 의거함.

한 걸음, 아니 몇 걸음 더 물러서서 본다면 노예와 주인의 고대 사회는 봉건사회보다 훨씬 아름답고 평화스럽게 보이며, 식인풍食人風이 아직 비린 냄새를 피우는 원시사회는 고대사회보다 또한 그렇게 보이는 착각, 그러나 필연적 착각을 우리에게 주는 것이다.

물론 우상주의의 악마적 눈빛에는 연정戀情의 실천인 식인풍과 말하는 동물인 노예의 유혈流血과 동산적動産的 존재인 농노 생활이 모두 합리적·정명적定命的으로만 보이지만, 이상주의에 있어서는 저와 반대로 원시사회엔 족장의 신명神明과 고대사회엔 자부慈父 같은 주인과 봉건사회엔 명철明哲한 영주의 치화治化만이 역사적 자태를 나타내서 그의 이상적 주관에 영합한다.

그러나 이상주의는 상고주의尙古主義의 단순한 옛날의 구가謳歌에 그치지 않고 일보 전진하여 자기의 적극적 고안과 현실적 창작을 과거 역사의 추상적 전당에다가 보충 진열[塡充展列]한다. 그리하여 전통의 알몸에다가 자기 특제特製인 이상적 비단 도포를 입혀 준다. 전통 이상화의 특징은 여기에 있는 것이다.

우상화나 이상화나 그것이 인간 사회의 역사적 추상성과 자중성藉重性에 양대 계기를 지닌 것은 동일하다. 그러나 그 계기를 사용하는 방법과 방면은 각기 자기의 체계적 특성에 따라 동일이어同日而語할 수 없는 것이다.9)

동일한 에덴동산의 태초 생활을 가지고 보지만, 우상주의에게는 에덴동산은 악과惡果의 방향芳香과 독사의 지혜와 원죄의 숙명으로

---

9) 불가동일이어不可同日而語 : 같은 날에 함께 말할 수 없다는 뜻으로, 서로 차이가 너무 커서 동일 선상에서 말할 수 없다는 말.《전국책戰國策》

서 충만하고 있는 반면에, 이상주의에게는 그것은 선과善果의 방향芳香과 원시인의 자유와 영생의 원천으로서 충만되어 있다. 뿐만 아니라 이상주의는 자기 독특한 관념적 화필로써 우리 현세인이 모두 따먹을 수 있는 선과善果와 우리 현세인이 모두 닮을 수 있는 원시인의 초상과 우리 현세인이 모두 누릴 수 있는 자유와 영생을 서채瑞彩 영롱하게 그려내는 것이 또한 그의 이상적 과업이다.

이는 가례假例에 지나지 못하거니와 이하에 역사적 실례를 한두 가지 들려 한다.

우선 전통 편중으로 유명한 지나支那(중국)를 보면 왕도론자王道論者 맹자孟子는 언필칭 요순堯舜하였지만, 신성한 용봉龍鳳이 지나인의 이상적 동물에 불과한 것과 마찬가지로 그것은 역사적 존재의 요순이 아니요 결국 맹자의 이상적 요순이다. 춘추·전국 이래로 횡행하는 패도권술霸道權術에 증오의 의감義感을 가진 맹자는 자기 독특한 성선인의性善仁義의 사상을 요순 삼왕으로 하여금 예증케 하여 당시인의 자중적藉重的 관념을 환기하였던 것이다.

지나 철학의 집성자요 공맹孔孟 도통道統의 계승자인 정주程朱의 철학은 한당漢唐 이래 중국 인사의 사변적 두뇌에 침투 감염되고 있던 불교 철학의 논리적 조직을 환골탈태 격으로 섭취하여 일가의 세계관을 구성하였음에도 불구하고 그것을 가지고 공맹의 소박한 철학을 주설부연註說敷衍하기에 적극적으로 노력하였던 것이다. 그들은 무의식적이나마 중국 전통의 최대 권위인 공맹을 표치標幟[10]로 하여 당시에 미만범람瀰漫氾濫한 불로佛老의 사상과 기송사장記

---

10) 표지標識. 표기標旗.

誦詞章의 폐풍弊風을 일소하려 한 것이다. 공자孔子의 정주程朱가 아니라 정주의 공자였던 것이다.

기타 정치제도론자의 고대 조술祖述에 대하여 강유위康有爲·호적胡適의 이른바 '탁고개제托古改制'는 지나인의 전통 이상화의 운동을 단적으로 지적한 것이다. 물론 전통 편중을 국시國是로 한 지나이므로 '아시아적 침체'를 대표하여 에폭 메이킹한epoch-making(획기적인) 역사적 혁신은 과거 지나사에 없었다. 이것은 사회 진화의 기초인 물질적 조건이 그 한계를 설정하였던 까닭이다. 그러나 이러한 전통 이상화의 운동이 지나사에 가끔 나타나지 않았다면 4천 년간 연면부절連綿不絕한 노대老大 민족으로서 저만한 우보적牛步的 진전이라도 있을 수 없었을 것이 아닌가.

15세기 유럽의 천지를 놀라게 한 르네상스운동으로 말할지라도 이는 단순한 그리스·로마의 고전적 문화에 돌아가려던 것이 아니었다. 그들은 유럽 중세의 봉건 중압과 종교 발호跋扈에 반항하여 그것이 아직 성장하지 못한 고대 사회의 우선적 전통을 추상적으로 고조하였던 것이다. 고전적 문예를 운운하는 이면에 그들의 사상적 핵심은 세습적 특권에 대한 자유의 동경이며 신앙의 맹목에 대한 현세적 영감secular inspiring spirit이었다.

18세기 프랑스의 역사적 대파동, 아니 세계의 역사적 대파동에 대하여 선구적 필봉을 들어 준 에밀 루소의 사회계약설을 볼지어다. 최초의 인간 사회는 개개인의 자유계약에 의하여 결성되었다는 것은 루이스 모건의 《고대사회》를 기다릴 것 없이 현재 우리의 상식적 사회학이 이것을 부정치 않는가. 당시 세습층의 인민에 대한 몰수적 특권에 대항하여 그는 개인 자유의 원칙을 최초 사회에까지 추구하였던 것이다. 자유계약은 무엇이냐 하면 머지않아 곧 전개되지 않으면 안 될 역사적 필연의 사명을 지닌 시민사회의 이상적 권리이다. 그는 장래 사회의 스케치를 원시사회의 백지에다가 그렸던 것이다.

이상 몇 가지 예로써 전통의 이상화를 거의 이해할 수 있을 것이다. 전통의 이상화는 결국 이상의 전통화이다. 이상자 자신의 의식적·무의식적인 것을 불문하고, 인간 역사의 진행 과정에 있어서 그것은 실로 위대한 정신적 임무를 수행하는 것이다.

우리는 인간 역사의 실천 행정行程에서 전통의 우상화도 또는 이상화도 어느 정도까지 지적·추구하였다. 전자는 페르시아 음양교陰陽敎인 조로아스터에 나타난 악신惡神 '아리만'과 같이 암흑을 속성으로 하고 선善의 파괴를 사명으로 한 것인 만큼, 후자는 그의 선신善神인 '오르마즈드'를 대표하여 선을 살리고 악을 죽이어 광명의 승리로서 인간 문화의 신성한 전통을 반달리즘의 유린으로부터 구출하려는 것이 그의 이상이다.

그러나 우리의 탐구적 눈빛은 반드시 후자로서 만족할 수 없는 것이다. 전통의 이상화는 결국 이상의 전통화이다. 이상의 전통은 주관적 전통이다. 주관적 전통은 객관적 전통을 배제하는 것이다. 주관적 전통이 객관적 전통을 배제하는 때에는 전통의 세계는 오직 오채五彩 현란한 신기루로서 점령되는 것이다. 만일 우리가 이 신기루를 보고 우리가 등림登臨도 할 수 있고 서식棲息도 할 수 있는 가장 나은 건물로 인식한다면 우리는 모두 환각의 소유자가 되고 말 것이 아닌가.

이상에도 말한바 에덴동산에는 물론 선과도 있고 자유도 있고 영생도 있다. 그러나 그 반면에 악과와 독사와 타락이 엄숙한 현실로서 존재한 것을 간과해서는 안 될 것이다. 한갓 이상에 도취하여 현실을 직시하지 못하면 어찌 될 것인가. 그곳엔 악과의 암전暗箭11)과 독사의 복병伏兵과 타락의 음녀淫女가 판을 차리게 될 뿐이다. 그들은 모두 선남선녀의 신성한 현형現形으로서 장엄 찬란한 예장禮裝을 입고 나설 것이다. 이렇게 되면 전통의 이상화는 결국 우상화에 대한 도움은 될지언정 그것을 극복하고 퇴치할 만한 아무런 현실적 무기는 갖지 못한 것이다.

그러면 우리가 가장 정당하게 취할 전통 탐구의 방법은 어떠한 것인가.

전통은 인간의 역사적·사회적 문화 행정行程에서 필연적으로 파생되는 한 개의 의식적 체계이다. 문화 행정行程에 대한 현실적 파악이 없이는 전통은 여실히 이해되지 않는 것이다. 일정한 사회적 단위가 그 생활 체계를 구성하고 있는 이상, 그에 상응한 일정한 전통은 필연적으로 보수적 형태를 띠게 되는 것은 다시 거론할 필요도 없거니와 그 보수적 형태란 것도 사회문화의 기저에 가로 놓인 물질적 동력이 아직 획기적 변화를 일으키지 않는 한도 내에서만 그의 타성적 지속이 가능한 것이다.

불의 발견이 인간 생활에 절대적 이익을 주는 동시에 생활 방법의 전폭全幅을 변형시킴에도 불구하고 불 없던 시기에 적응한 생식生食 방법을 전통으로서 주장하여 생활의 신방법인 화식火食을

---

11) 숨어서 몰래 쏘는 화살. 몰래 남을 해치는 음모나 행위의 비유.

거부한다면, 이것은 전통주의가 인간 사회의 문명적 발전을 수류獸類동물의 준열蠢劣한 단계에다가 정지시키려는 것이 아니고 무엇이랴. 생식生食의 전통을 원시 조상뿐만 아니라 우주 창조신에까지 추원追原하여 전통의 최고 권위를 부식扶植하는 것은 바로 우상주의의 필연적 행방이다. 이상주의는 이와 반대로 우리 인간의 태초 조상이 벌써 화식火食을 창안했을 뿐만 아니라 하늘은 번갯불에 나는 용을 구워 먹었고 땅은 화산불에 기어 다니는 커다란 매머드를 구워 먹었다 할 것이다. 그러면 이 양자는 진보·퇴보의 사상적 구분은 있을지언정 역사의 현실성에 대해서는 동일한 맹목이며, 동시에 화식 이상理想은 가졌다 할지라도 역시 생식을 화식으로 전환할 만한 물질적 조건과 구체적 방법을 회득會得지 못한 것이다. 우리는 전통의 세계에 나아가서 물질적 현실성으로써 우상주의를 타파하는 동시에 광명한 과학적 탐조등으로써 이상주의를 해소시키지 않으면 안 될 것이다.

그러나 역사의 장면은 한결같지 않다. 화식이 생식보다 인간 생활에 여하히 좋다 할지라도 화식의 굶주림보다는 생식의 배부름이 훨씬 나을 것이 아닌가. 하물며 화식의 이름만 받고 생식의 실상을 빼앗기게 된다면 어찌 될 것인가. 여기에는 우상화도 없고 이상화도 없을 것이다. 역사의 소극성은 당분간 생식 전통의 무조건적 보수保守를 명할 뿐일 것이다. 이것은 화식에 대한 거부가 아니라 도리어 준비적 모멘트이다.

그러나 우리는 전통을 일직선의 연장으로서 요구하지 않고 전통을 분해와 유전의 과정에서 이해하려 한다. 누에는 번데기로 번데기는 나방으로 전화하는 과정에서 생물의 전통은 진화 발전되는 것이다.

전통은 발전을 포용할 뿐 아니라 정반대의 개념인 창조와도 조화할 수 있는 것이다. 창조를 속성으로 하지 않는 전통은 사멸이 있을 뿐이며, 전통을 요소로 하지 않는 창조는 또한 헛꽃[假花]에 지나지 못한다.

창조는 전통을 진전시키고 전통은 창조를 구체화시킨다. 창조는 전통의 방법이요 전통은 창조의 재료이다. 과학은 자연을 충실히 이해하는 데서만 자연을 정복할 수 있는 것과 마찬가지로 창조는 전통을 정당히 이해하는 데서만 전통을 극복할 수 있는 것이다.

우리는 창조를 위하여 먼저 전통을 이해하지 않으면 안 될 것이다. (《동아일보》 1939. 1. 1~1. 7, 5회 연재)

최익한 친일설

1

1930년대 이른바 '조선학' 담론을 제기한 부류는 크게 우파 민족 개량주의자와 좌파 사회개량주의자로 나눌 수 있다. 이들은 당시 신조선사에서 《여유당전서》(1934~1938)가 간행되기 시작하자 다산 관련 글을 발표하였다.1) 그런데 중일전쟁(1937)과 태평양전쟁(1941)의 전시체제로 돌입하면서 민족개량주의자 최남선崔南善·안재홍安在鴻·현상윤玄相允·백낙준白樂濬 등은 징병 및 학병 지원 권고문을 쓰며 배족적으로 변절한 반면, 사회개량주의자 백남운白南雲·김태준金台俊·이청원李淸源·최익한崔益翰 등은 그렇지 않았다는 점에서 그 도덕적 우월성이 인정된다.

---

1) 최익한은 근대에 와서 다산을 논술 소개한 민족개량주의자를 '천박한 자유주의자'와 '일제 어용학자' 또는 '우익적 평론가'로 파악한 바 있는데, 그가 '조선학'이란 용어를 쓴 적은 한 번도 없다. 〈조선 근세 '실학'의 대성자 정다산의 진보적 사상 및 학설에 대한 개론 (상)〉, 《인민》 9호(1952), 민주조선사, p86; 《실학파와 정다산》, 국립출판사, 1955, p191 재수록.

그러나 최익한은 1936년 출옥 후 사회주의를 중단하고 마치 비타협적 민족주의인 양 한발 물러서서 자기 말마따나 과거에 가탁假託하여 중립적인 글쓰기를 한 것처럼 보이므로, 군이 이를 규정한다면 개량적 성격의 '무저항주의'라 할 수 있겠다. 이제 그의 글쓰기는 합법적 공간으로만 축소되어 제국주의 전쟁을 부정하는 그 어떤 정치적 발언도 차단될 수밖에 없었다. 그는 주로 신문 연재를 하였는데, 1940년 8월 《동아일보》가 강제 폐간되자 생활이 곤란하여 퇴직금으로 약 4년간(1941년 봄~1944년 11월) 술집을 운영하면서 《춘추》지에 잇따라 잡문을 발표하였다.2) 이렇게 10년 가까이 사회주의운동권을 이탈한 순응적 태도와는 사뭇 달리, 해방 직후에는 조선공산당 장안파長安派로 재빨리 합류한 다음에 재건파再建派와의 통합에는 끝까지 완강히 반대하였다.

그 대립은 현실정치판에서 파벌 투쟁으로 표출되었으며, 이 와중에 그에 대한 친일설이 제기되었다. 즉 박헌영朴憲永계 재건파는 조선공산당의 헤게모니 장악 과정에서 '최익한 친일설'을 조작 유포하는 정치 공작을 개시하였던 것이다. 이에 최익한은 〈변백장辯白狀〉을 써서 스스로 결백을 증명하지 않을 수 없는 파동을 겪게 된다. 최익한 친일설은 한갓 낭설에 불과하지만, 이후 조동걸의

---

2) 《춘추》는 동아일보사 퇴직 기자들이 만든 친일 종합 월간지로 양재하梁在廈가 1941년 2월~1944년 10월(통권 39호)까지 발행하였다. 최익한은 1940년 8월 자기 호인 '소우카이滄海'로 창씨創氏하여 민적부·등기부·토지대장 등 각종 공문서에는 '소우카이 에키캉滄海益翰'으로 기재되었으나, 자기 글에는 이를 전혀 사용하지 않았다. 또 그는 동년 9월 이른바 순수학술단체인 '진단학회震檀學會'에 가입하기도 하였다. 〈휘보彙報〉, 《진단학보》 12권(1940), p213; 정병준, 〈식민지 관제 역사학과 근대 학문으로서의 한국역사학의 태동〉, 《사회와 역사》 110집(2016), 한국사회사학회, pp134~9 참조.

억측으로 과장되고 임종국의 실증으로 확정되기라도 한 듯이 어느새 기정사실로 둔갑되어 횡행하는 실정이다. 이는 근거가 전무하거나 미약하므로 올바른 판단이라고 할 수 없다. 그런데도 지금까지 최익한 친일설은 단편적인 주장이나 추정에만 그칠 뿐, 단 한 번도 체계적으로 상론詳論된 적이 없으니, 여기에 바로 그 진실을 제대로 밝혀야 하는 필연적 의의가 있는 것이다.

2

최익한 친일설은 그가 직접 작성한 〈변백장〉에서 맨 처음 찾아볼 수 있다. 그는 일부 독론자篤論者들이 '주류업과 의용대'에 관해 친일 의혹을 제기하자, 1946년 3월 〈변백장〉으로 자신의 결백을 밝혔는데 그 내용을 요약하면 다음과 같다.

첫째, 1941년 봄부터 1944년 11월까지 자신이 운영한 가정용 주류 소매업은 '자유 구직'과 '자력 생계'에 의한 것이므로 이권운동이나 사상보호관찰소의 알선과는 전혀 무관한 일이다.

둘째, 1945년 여름 경성보호관찰소 의용대에 배정되었을 때는 '소개疏開'를 이유로 거절한 후 출석지 않고 피신하였다.[3]

그러므로 〈변백장〉에 의하면 그에 대한 친일설 운운은 단지 무함에 불과한 것이다. 위의 '독론자'란 박헌영 일파를 비꼰 말인 듯하다. 최익한 친일설은 해방 직후 장안파와 재건파의 헤게모니 쟁탈전에서 불거졌다. 재건파 박헌영은 장안파를 와해·흡수하기 위

---

3) 〈변백장〉, 《조선공산당문건자료집》, 한림대 아시아문화연구소, 1993, pp177~9.

해서 이승엽李承燁·최원택崔元澤·권오직權五稷·정재달鄭在達 등으로
하여금 장안파 최익한·정백鄭栢 등을 비방케 하는 붕괴 공작을 벌
였다고 한다. 즉 "최익한은 ML당 사건 이후 공산주의운동을 계속
포기하고, 동대문 밖에서 술집을 경영하면서 추잡스런 '스캔들'을
일으킨 탈락분자라고 비난한 것이다."4)

　이러한 낭설이 분파 갈등 속에서 친일설로 번질 것은 자명한바,
요컨대 재건파와의 통합에 반대하는 장안파 최익한을 고립시킬 목
적으로 중상모략자들이 친일설을 제기한 셈이다. 결국 그가 중앙
위원으로 참여한 민주주의민족전선(민전)에서 친일파 청산 문제가
대두되자, 그는 양심과 인격의 자기방어 수단으로서 〈변백장〉을

---

4) 박갑동, 〈남기고 싶은 이야기들〉,《중앙일보》(1973. 4. 13); 박갑동,《박헌영》,
　인간사, 1983, p88; 이정박헌영전집 편집위원회,《이정박헌영전집·8》, 역사비
　평사, 2004, p542 재수록.
　이는 박헌영이 열성자대회(1945. 9. 8)에서 보고한 내용과 일맥상통한다. "과거
　의 파벌 두령이나 운동을 휴식한 분자는 아무리 명성이 높다 해도 이번 중앙에
　는 들어올 자격이 없다." 〈열성자대회의 경과〉,《해방일보》(1945. 9. 25).
　또 이는 박헌영의 〈8월 테제〉(1945. 8. 20)를 보완한 〈현 정세와 우리의 임무〉
　(1945. 9. 20)에 더 구체적으로 나온다. "탄압시대는 주의를 포기하고 투기업자
　나 금광브로커가 되고, 합법적 시대(8·15 후)에 와서는 하등의 준비 활동도 없이
　조선공산당을 조직하고(8·15 밤에), 조선공산당 중앙간부를 내세우고, 조선운
　동의 최고 지도자가 되고 나서는 그 교묘한 수단은 과거 파벌주의자들의 전통적
　과오를 또 한 번 범한 것이니, 그 결과는 조선공산주의운동이 또 다시 분열 상태
　로 나타나게 된 것이다." 김남식 편,《남로당연구자료집·1》, 고려대 아세아문제
　연구소, 1974, p12;《이정박헌영전집·5》p56 재인용.
　상기 '열성자대회'의 결론을 보면, 당시 정황을 충분히 짐작할 수 있다. "이러한
　회합에서 통일 문제를 한가지로 같이 토론하고 중대 다수로 가결하여 놓고 나와
　서 이영·정백·최익한은 다시 반대하고 야비 무원칙인 인신공격의 삐라를 시내에
　산포하고 통일된 조선공산당에 대한 억지 '조선공산당'의 이름을 가지고 파쟁을
　전개하는 그들의 행동을 우리는 대중적 비판과 압력으로써 재판하여 결정해야
　한다." 〈열성자대회의 경과보고 (하)〉,《해방일보》(1945. 10. 18).

작성하여 그간 친일 의혹에 대해 해명하지 않을 수 없었다.5)

각설하고, 그럼 재건파 이후 지금까지 최익한 친일설은 어떻게 전개되었는가? 크게 4종으로 나눌 수 있는데, 간단히 살펴보겠다. 제기자에 따라서는 재건파가 유포한 위의 낭설이 (진설로 바뀔 만큼) 절대적인 영향을 끼친 것처럼 보인다.

1) 민족정경문화연구소는 《친일파 군상群像》(1948)에서 친일파 또는 전쟁 협력자를 '자진적으로 나서서 성심으로 활동한 자'와 '피동적으로 끌려서 활동하는 체한 자'로 분류하고, 후자의 예를 다음과 같이 들었다.

> 누구의 추천인지 총력연맹 기타 친일단체·전쟁협력단체의 간부 또는 강연회의 연사 등으로 피선 발표되었으나 거부키 곤란하여 그 이름만 걸어두었거나, 또는 부득이 출석은 하였으나 발언도 하지 아니한 자. 예) 최익한崔益翰·조만식曹晩植·최용달崔容達 등.6)

---

5) 김남식 편, 〈친일파·민족반역자의 규정 초안〉(1946. 2. 16), 《남로당연구·Ⅲ》, 돌베개, 1988, pp279~281; 〈부일협력자·민족반역자·전범·간상배에 대한 법률 초안〉, 《동아일보》(1947.3.6) 1면 볼 것.

6) 《친일파 군상》, 민족정경문화연구소 편, 삼성문화사, p16. 이 책은 1948년 11월 (최익한은 그해 4월 이미 월북함) 반민특위가 활동하던 시기에 민간에서 독자석으로 출산된 난행본이다. 그 편집위원은 알 수 없으나 초고 작성자는 김승학 金承學(임정 국무위원)으로 추정되는데, 당시 풍문에 따라 최익한을 예로 들어 임정측의 극우적 견해를 대변한 듯하다. 그러나 문제는 김승학의 이 부정확한 말을 근거로 하여 이후 무수한 오류들이 확대 재생산되었다는 것이다. 대표적으로 다음과 같은 글들을 볼 수 있다.

① 이경민은 "종전 무렵 최익한은 (…) 식민지 당국에 의해 끌려나와 친일단체

이는 〈변백장〉에 의하면 사실무근이다. 최익한이 전하는 당시 상황을 요약하면 다음과 같다.

1945년 여름 미군의 남조선 공습攻襲의 기세가 급박해지자 총독부는 이른바 조선총력연맹을 해소하고 의용대를 결성하니, 경성보호관찰소도 이에 따라 7월 말경에 관내 사상 전과자들로 일개 의용대를 조직하려 하였다. 부대장 수 명에 본인이 지정되겠단 말을 듣고 지방 '소개疏開' 기타 사정을 이유로 사절하였으나, 일제는 난색을 표하며 강요하였다. 결국 8월 초 의용대 결성식에는 고의로 칭병稱病하고 출석지 않고 성외城外에 갔는데, 며칠 뒤에 소·일 전쟁이 일어나 8월 14일까지 경성 모처에서 은신하고 있었다.7)

의 간부에 앉거나 전쟁미화 강연회의 강사를 떠맡지 않으면 안 되었다"고 윤색하였다. 〈社会主義者と朝鮮の解放―朝鮮共産党の再建過程〉, 《朝鮮民族運動史研究》 5号(1988), 青丘文庫, p95
② 안소영은 김승학과 이경민의 글을 인용하며 사실 확인 없이 최익한을 해방 전의 전향자로 확정하였다. 〈해방 후 좌익 진영의 전향과 그 논리〉, 《역사비평》 24호(1994), 역사비평사, p291, p302.
③ 김삼웅은 "(일제는) 이승엽·김두정·이영·정백·최익한·인정식 등의 경우 이들의 전향 소식을 대대적으로 선전하고, 전향성명서는 언론에 보도되었다" 하며, "이 무렵에 전향성명서를 발표한 거물급 공산주의자 중에는 이영·정백·최익한·이승엽 등이 있었다. 이들은 전향한 뒤에 직업을 갖게 됐고 전향단체의 간부를 지냈다"고 날조하였다. 《죽산 조봉암 평전》, 시대의 창, 2010, p189, p191. 그러나 최익한은 전향하지 않았고, 따라서 전향성명서가 언론에 보도된 적도 없다. 메일로 최익한의 전향 근거에 대해 문의드렸지만 아무런 답신이 없었다.
④ 손세일은 "최익한은 (제3차 조선공산당 사건으로 7년 옥살이를 하고) 석방된 후 친일단체의 간부로 동원되었다"고 왜곡하였다. 〈이승만과 김구 (73)〉, 《월간조선》(2010.4), CS뉴스프레스, p576.
7) 〈변백장〉, 앞의 책, pp178~9 참조.

후손에 의하면 경성 모처는 선영이 있는 양주군楊州郡 진접면榛接面(현 남양주시 수동면水洞面) 내마산內馬山의 독가촌獨家村이라고 한다. 그러나 8월 15일 최익한이 창신동昌信洞 자기 집에서 ML파들과 고려공산당 조직위원회를 곧바로 구성한 점을 보면, 그는 수일 전에 이미 경성으로 돌아와서 연락을 주고받은 것을 알 수 있다.

2-1) 김준엽金俊燁·김창순金昌順은 《한국공산주의운동사》(1976)에서 장안파 인물들을 다음과 같이 설명하였다.

> 이영李英은 일찍이 전선을 이탈하여 향리 북청北青에서 유휴하였고, 정백鄭栢 역시 전선을 이탈하여 나중에는 서울에서 광산 브로커 노릇을 하였다. 최익한 역시 탈락하여 서울 동대문 밖에서 술장사를 하고 있었고, 이승엽李承燁은 전향 성명을 쓰고 인천에서 식량배급조합 이사로 있었다.8)

2-2) 조동걸趙東杰은 <8·15 직전의 독립운동과 그 시련>(1979)에서 이를 요약하듯 다음과 같이 말하였다.

> 이영·정백·최익한·이승엽 등이 광산브로커나 술장사, 혹은 전향 성명을 발표하고 일제에 의지하며 살았다.9)

---

8) 《한국공산주의운동사·5》, 고대아세아문제연구소, 1976, p359; 청계연구소(재출간), 1986, p387 참조. 장복성의 《조선공산당파쟁사》(대륙출판사, 1949)에 "최익한 : ML파. 옛날 ML당 시절에 중앙위원까지 지냈으나 그 후 운동에서 탈락되어 오랫동안 경성 동대문 밖에서 주점업酒店業(술장사)을 하고 있던 자"(p51)라고 나오는데, 이를 참고한 것으로 보인다.

이상하게도 조동걸에 의해 "일제에 의지하며 살았다"는 구절이 추가된다. 이후 최익한 친일설은 전부 이 문장에서 비롯되었다고 해도 과언이 아닐 터이다. 임종국도 이를 그대로 인용하며 확신하고 있다. 여기서 최익한과 관련된 부분만 추리면, "최익한은 술장사를 하고 일제에 의지하며 살았다"가 된다. 과연 그럴까?

〈변백장〉을 보면 최익한은 주류 소매점(술집)을 하였고, 그것은 사상보호관찰소의 알선에 의한 것이 아니라 '자유 구직'과 '자력 생계'에 의한 것이었다. 그러므로 조동걸의 말은 오해에 불과하다. 주류 소매점은 밥까지 파는 구멍가게 수준이었다. 이른바 '술장사'라는 말은 도덕성에 흠집을 내기 위한 호사가들의 정략적인 비칭으로도 볼 수 있는 것이다.[10]

---

9) 〈8·15 직전의 독립운동과 그 시련〉, 《해방전후사의 인식》, 한길사, 1979, p259.
10) 조동걸은 《한국독립운동사 총설》(전집·3, 역사공간, 2010) p287에 "최익한은 대포술집 종업원으로 일하다가 8·15를 맞았다"고 폄훼하였으며, 《한국근대사학사》(전집·14, 위와 같음) p269에는 "최익한은 측근 유족들의 증언에 의하면 동대문 밖에서 막걸리 도산매집에 몸을 의탁하여 살았다고 한다"로 수정하였다. 위에서 '술집 종업원'이란 말은 과도한 억측이다. 〈변백장〉에 따르면 최익한은 '자유 구직'과 '자력 생계'로 주류 도소매점 주인, 즉 술집 사장이 된 것뿐이므로 그렇게 날조할 만한 이유가 전혀 없다. 당시 실제로 전향문을 발표하고 술장사를 하며 친일 활동을 한 자는 박헌영의 참모 조두원이었다. 결국 재건파의 무원칙한 독선주의적 낭설 조작은 마치 뒤집어씌우기인 양 형평성에도 어긋난 짓이라 하겠다. 또 위에서 '유족들의 증언'이란 말도 사실이 아니라 허위인 듯싶다. 가까운 후손 분께 확인해 보니, 증언한 일 자체가 아예 없었다고 한다.
최익한이 공산주의운동을 중단한 것은 당연히 비판받을 수 있겠지만, 그렇다고 해서 그의 자력적인 생계 노동마저 싸그리 무시·왜곡해서는 곤란하다. 그는 약 3년 9개월간 술집을 운영하며 비록 사내종 1명은 부렸지만, 조금은 육체노동을 거들지 않았을까 한다. 벌써 그는 1920년대에 하숙집을 운영하였고, 30년대에는 봉투직공으로도 복역한 바 있다. 이러한 노동 체험이 바로 자기 글의 관념적인 추상성을 극복하는 데 중요한 계기가 되었을 것으로 보인다. 국가기록원 관리번호 CJA0000605 〈판결문〉(소화昭和7년 형공刑控 제484호) 등 참조.

3) 임종국林鍾國은《일제 침략과 친일파》(1982)와 <제1공화국과 친일세력>(1985)에서 다음과 같이 언급하였다.

최익한 : 친일《춘추》지에 발표된 친일·시국 논설이 있다. <조선의 후생 정책 고찰>(1941.12), <한재와 그 대책의 사편史片>(1942.12), <충의忠義의 도道>(1943.10) 등이다.[11]

이는 친일 관련 연구가 거의 전무하던 시절에 나온 만큼 선구적 안목이 돋보인다. 하지만 최익한의 '과거에 가탁한 중립적인 글쓰기'가 과연 친일로 매도될 수 있을지는, 이제 학제간 연구를 통해 보다 신중히 평가될 필요가 있다. 왜냐하면 송찬섭은 <1940년대 최익한의 사회 구제 제도 연구>(2011)에서 "최익한은 총독부와 달리 우리 입장에서 우리 역사 전반을 다루면서 전통 사회의 사회 구제 제도를 정리하고자 했다"고 임종국과는 정반대로 평했기 때문이다.[12] 그러나 최익한의 논설이 일제 정책에 겉으로나마 부화한 시의성을 띠고 있다는 사실만큼은 항상 전제되어야 할 것이다. 여하간 이 대목은 나중에 관련 전공자들이 더 종합적으로 분석 검토하기를 기다리는 수밖에 없다.

---

11) <제1공화국과 친일세력>,《해방전후사의 인식 2》, 한길사, 1985, p200;《실록 친일파》, 돌베개, 1991, pp326~7 재수록. 임종국은《일제 침략과 친일파》(청사, 1982) p106에는 "ML공산당의 조직부장이던 최익한도 <충의의 도>(《춘추》, 1943. 10)를 발표하였다. 서울파의 중진이던 이영 등 거물급도 광산브로커나 술장사, 또는 전향성명을 하고 일제의 밑에서 살았다고 한다" 하였다.

12) <1940년대 최익한의 사회 구제 제도 연구>,《역사교육》120권, 역사교육연구회, 2011, p231;《조선 사회 정책사》, 서해문집, 2013, p191 재수록.

4) 남창룡南昌龍은 <만주제국 조선인 인명사전>(2000)에 다음과
같이 적었다.

최익한 : 동아일보사 조사부장. 만주국 건국 10주년을 기념하
여 신징에 있었던 친일 우리말 신문인 만선학해사에서 발행한
《반도사화와 낙토만주》에 <반도 후생 정책 약사>, <반도 과
거 교육제도> 기고(1943).[13]

이는 새로운 수록 사실을 처음 밝힌 것으로 인정된다. 하지만 그
것이 '기고'인지 아닌지는 알 수 없으며, 우선 글 내용부터 면밀히
검토할 필요가 있다. 수록자 95명 중에는 만주제국과 밀접한 관계
를 맺으면서 친일 행각을 한 필자들도 물론 있으나, 대부분의 경우
에는 국내에서 이미 발표된 글들이 자신의 의지와는 상관없이 수
록되지 않았을까 한다. 왜냐하면 당시 형무소에 수감되어 집필할
수 없었던 사람의 글까지도 실려 있기 때문이다.[14]

---

13) 《만주제국 조선인》, 신세림, 2000, p218; 《동북아 아리랑 고개를 넘나든 사
람들》, 북큐브(전자책), 2016 재수록. 위의 최익한 논문은 <조선의 후생 정책
고찰>, <조선 과거 교육제도 소사>가 제목만 바뀐 것이다. 송찬섭은 "《반도사
화와 낙토만주》는 만주 건국 10주년을 기념하여 만들어졌기 때문에 명백히 일
본제국주의 입장에서 작성되었다. 여기에는 상당수의 조선인 학자들의 글이 실
렸고, 그 가운데는 친일인사도 다수 포함되어 있다. 다만 글의 수록 여부만 가지
고는 친일 여부를 판단하기 어렵고 글의 내용으로 평가해야 할 것으로 보인다.
최익한의 글도 내용상으로는 전혀 달라진 점이 없기 때문에 이 점만 가지고 친
일의 증거로 보기는 어렵다고 본다" 하였다. <조카가 작성한 최익한 연보>, 《역
사연구》 20호(2011), 역사학연구소, pp290~1.
14) 이현희, <권덕규의 생애와 그의 국어학적 업적에 대한 한 연구>, 《규장각》 41
집, 규장각한국학연구소, 2012, pp136~7.

다음으로 최익한 친일설에 반론을 제기한 사람은 총 2인이다. 둘 다 임종국을 입론의 거점으로 삼아 반대 의견을 내놓았다.

1) 송찬섭宋讚燮은 텍스트에 기초하여 임종국의 설을 세 번 부정하였다. 다소 장황하지만, 우선 내용을 정확히 이해할 필요가 있으므로 원문을 전부 그대로 인용한다.

① <충의의 도>는 1943년 일제 말기 이미 《춘추》지 자체가 변질되는 상황 속에서 어느 정도 잡지사에서 의도적으로 요청한 주제인 듯하다. 그러나 글의 내용은 잡지사의 의도를 따르고 있지 않으며 유교 서적에서 충에 대한 사례를 정리하고 있는 정도였다. 이 글을 가지고 그가 전향한 증거로 보는 것은 (예를 들면 임종국, 《일제 침략과 친일파》, 1982, p106) 그가 본래 유학 출신임을 몰랐기 때문인 듯하다.15)

② (위와 같음) 그러나 글의 내용은 잡지사의 의도와 관계없이 유교 서적에 근거하여 충에 대한 사례를 정리하고 있다. 이 글을 가지고 그가 전향한 증거로 삼는 것은(예를 들면 임종국, 《일제 침략과 친일파》, 1982, p106) 제목에 나타난 '충의의 도'라는 표현을 지나치게 확대하여 평가했기 때문으로 보인다.16)

---

15) <최익한과 다산 연구>, 《실학파와 정다산》, 청년사, 1989, p10, p18.

③ (최익한은) 1943년 10월에 <충의忠義의 도道—유교의 충에 대하여>(《춘추》 10월호)를 실었다. 이 글에 대해서는 친일의 글이 아닌가 문제 제기가 있었지만(임종국, 《친일문학론》), 이 무렵 《춘추》 잡지의 성격 때문으로 그렇게 평가한 것으로 보이며 글 내용으로 봐서는 추정하기 어렵다.17)

먼저 임종국은 《친일문학론》(1966)에서 '최익한'을 거론한 적이 없다. 또 임종국의 책을 보면, 단순히 《춘추》 잡지의 성격 때문에 친일 문제를 제기한 것이 아니라 글 내용을 보고 나서 판단한 것임을 쉽게 알 수 있으므로, 송찬섭의 모호한 추정은 착오이다. 위의 송찬섭 견해는 다음과 같이 요약될 수 있다.

임종국이 <충의의 도>에 대해 친일설을 제기한 것은,

① 최익한이 본래 유학 출신임을 몰랐기 때문인 듯하다(1989).

② 제목에 나타난 '충의의 도'라는 표현을 지나치게 확대하여 평가했기 때문으로 보인다(1997).

③ 《춘추》 잡지의 성격 때문으로 그렇게 평가한 것으로 보인다 (2011, 2013, 2016).

여기서 ①은 판단할 수 없는 문제이며, ②와 ③은 근거가 없는 말이다. 송찬섭은 임종국이 마치 텍스트를 제대로 읽지 않고 오판

---

16) <일제·해방 초기 최익한의 실학 연구>,《우송조동걸선생정년기념논총·I》, 나남, 1997, p601. 이는 <최익한과 다산 연구>를 약간 수정 보완한 논문이다.

17) <조카가 작성한 최익한 연보>,《역사연구》 20호(2011), 역사학연구소, p290; <창해 최익한 선생 연보>,《실학과 정다산》, 서해문집, 2011, p582;《조선사회 정책사》(2013) p232와 《여유당전서를 독함》(2016) p307에 재수록.

한 것처럼 암시하였으나, 사실은 전혀 그렇지 않다. 애초에 최익한의 전향설(친일설)을 제기한 자는 조동걸이고, 그의 말을 인용하며 임종국은 최익한의 논문을 예로 들어 실증한 것뿐이다. 필자의 분석에 따르면, 조동걸은 자료 요약을 잘못하여 단순히 억측한 데 그치고 말았지만, 도리어 임종국은 선구적인 실증 작업을 통해 일면 타당한 주장을 하였다. 그러므로 송찬섭은 최익한을 비호하려는 나머지 최종적인 판단은 유보한 채 자세한 친일 논의는 회피한 것이 아닌가 한다. 그러나 <충의의 도>는 친일 혐의에서 그리 자유로운 글이 되지 못하며, 다만 친일이란 개념의 포괄적 적용은 문제가 될 수도 있는 것이다. 이는 뒤에 상술하겠다.

2) 김성동金聖東은 임종국을 우파적 관점에서 비판하였다.

(앞에 이미 나온 임종국의 글이 여기에 실려 있으나 중복되므로 생략하니, p565를 볼 것—인용자 주)

이런 글들을 간추려 펴낸 것이 《유학사 개관》이다. 사회주의 운동을 접었던 이때를 두고 임종국은 《일제 침략과 친일파》에서 최익한이 이즈음 일제에 무릎을 꿇었던 것처럼 보았는데, 그것은 최익한이 공산주의에 앞서 뛰어난 유학자였음을 놓쳤던 탓으로 보인다. 그리고 일제의 끈덕진 후림대수작이 있었으나 한마디로 자빡놓는 선비정신으로 안받침된 공산주의자 최익한이었다.[18]

---

18) 《현대사 아리랑》, 녹색평론사, 2010, p285; 《꽃다발도 무덤도 없는 혁명가들》, 박종철출판사, 2014, pp387~8.

김성동은 송찬섭의 ①의 논조를 그대로 따르며 자기 특유의 말로 문장을 수식하였다.《유학사 개관》은 전하지 않는 책이니 알 수 없다. '뛰어난 유학자 최익한'에 대한 임종국의 인지 여부는 판단할 수 없는 문제인 듯하다. 그리고 최익한은 계급적인 의미에서만 '사士'를 논하였으며, 윤리적인 의미에서는 '선비'를 언급한 적이 없으므로, 그에게 우파적인 '선비정신'을 적용하는 것은 무리라고 생각된다.

4

끝으로 필자의 관견管見을 조금 피력하련다. 최익한은 1947년 《조선 사회 정책사》에 〈조선의 후생 정책 고찰〉, 〈한재와 그 대책의 사편〉을 그대로 수록해 출간하면서, 그 머리말에 일제강점기 집필 당시를 이렇게 회고하였다.

> 회고컨대 집필 당시는 바로 중일전쟁이 심각해지면서 일제 파쇼가 이른바 '황민화' 운동을 통하여 조선의 민족문화를 그 근본부터 폭력적으로 괴멸해 버리려 하던 그때였으므로, 과거의 제도를 가탁하여 민족 고유문화의 일단을 과시하는 것은 하나의 모험적 선전이었으며, 따라서 의의를 내포한 것이었다.19)

여기서 '모험적'이란 말은 해방 후에야 비로소 나온 과장된 표현

---

19)《조선 사회 정책사》 머리말, 박문출판사, 1947.

이긴 하지만, 일말의 위험성이 있었다는 뜻으로 읽힌다. 즉 자신의 글이 일제가 강요한 황국신민皇國臣民과 변별되는 '비국민적'(비일본적) 의식에서 비롯되었음을 은연중 표시한 것이다. 그러나 최익한의 자찬이 성립할 수 있을 정도로 일제는 그리 녹록지 않았고, 삼엄한 전시체제에서 '모험적 선전' 따위는 결코 용인될 수 없는 일이었다. 임종국의 다음 글을 보면, 당시 출판 환경을 좀 더 구체적으로 가늠할 수 있다.

> 1941년 1월 이후의 각종 검열 방침의 강화, 다시 6월 1일 이후의 용지 사용에 관한 승인제 실시, 그 후 각종 형식의 통제 강화로 인하여 국책에 순응한다는 것만이 유일한 생존 수단이 되는 그런 경지로 빠져들기 시작하고 있었다. 즉 국어(일어)면을 첨부하지 않는 한 용지 배급을 탈 수 없었고, 국책에 반하는 기사를 실을 수도 없거니와 만약 실리면 즉각 검열에 걸려서 발행권 자체가 소멸되고 마는 사정 등이 그것이었다.[20]

즉 '후생'이니 '충의'니 하는 말은 최익한이 임의 설정할 수 있는 단순한 제목이 아니라, 그가 일제 정책에 최소한의 유화적 태도를 보인 바로 그 시국 주제였던 셈이다. 그의 '후생 정책론'은 필자가 잘 모르는 분야이므로 논외로 하고, 가장 문제시되는 〈충의의 도〉만 일별하겠다.

---

20) 《친일문학론》, 평화출판사, 1966, p57; 이건제 교주본, 민족문제연구소, 2016 (증보판 3쇄), p71.

최익한은 〈충의의 도〉에서 먼저 "유교의 충에 대하여 좀 쓰라는 재촉을 받았다"고 서두를 꺼낸다. 말이 재촉이지 실은 강요였을 것이다. 이어 본론에서 그는 충의 자형字形을 분석하고 의미를 밝히며 그 위상의 역사적 변천 과정을 시종일관 횡설수설하면서, 마치 '중립적인 글쓰기'의 전형을 보여 주고 있는 듯하다. 그러나 결론의 마지막 문장은 본론의 맥락과는 거의 상관없는 양 돌연 다음과 같이 마침표를 찍어 버린다.

> 이상은 유교 도덕의 근간이 되는 유교의 충을 약술한 데 지나지 못하나, 금일과 같이 충의 실천이 우리에게 요구되는 때가 다시 없다 하겠다.[21]

정말 느닷없는 섬뜩함이다. 손수 썼는지 의심스럽다. 여기에서 충은 중의적이라 순전히 유교의 충으로만 오인될 수는 없을 것이다. 징병제가 실시된 직후인 '금일'에 충의 언표言表는 오로지 조선이 아닌 일본에 한해서만 가능하였다. 그러므로 결국 위의 발언이 최익한에게는 중립적인 글쓰기의 종언이 되고 만 셈이다. 이는 어쩌면 서재파 맑시스트, 즉 무저항적 사회개량주의자의 곡필이요 숙명인지도 모른다.

가령 나이 어린 학병의 입장에서 보자면, 어느 누가 감히 최익한의 '모험적 선전'을 쉽사리 용납할 수 있을까? 그의 말은 간접적

---

21) 〈충의의 도〉, 《춘추》 4권 9호(1943.10), p75. 《춘추》 〈편집 후기〉에 이상백 李想白의 〈전쟁과 철학적 정신〉, 최익한의 〈충의의 도〉가 전시하의 독서물로 권장되었다. 참고로 전자는 전쟁을 찬양한 글이고, 후자는 이와 관련이 없다.

종용에 해당될 수도 있기 때문이다. 물론 그가 강연을 했다는 기록
이 없고 딱 이 한 문장만 거슬리므로 도저히 친일파의 '친일문'과
는 동일한 차원에서 다루기는 곤란하겠지만, 그래도 문제가 되는
시국 논설인 것이다. 한 마디 간접적 발언이라고 해서 그 면책까지
절로 되지는 않을 터이니, 후학으로서 그의 잘못을 정확하게 파악
지적해 주는 것만이 독자들에게는 올바른 도리인 듯싶다.

　본디 유교의 전통적 가치관인 충효 윤리는 친일과 양립하기 어
려운 법이다.22) 최익한은 일제가 유교의 충효를 국체國體의 지주支
柱로 이용하는 것을 잘 알고 있었다.23) 그런데도 그는 친일 잡지에
유교의 충을 중립적인 글쓰기로 고증하였다. 임종국은 이러한 문헌
고증적 연구가 당시 일제의 시국 정책과 부합한다는 사실을 간과
하고서 <충의의 도>를 '친일·시국 논설'로 보았을 것이다.

　그러나 <충의의 도>는 그 논술의 어조가 전반적으로 너무 미약
하고 간접적이기 때문에 친일이란 개념을 포괄적으로 무조건 적용
하기에는 미흡한 점이 있다. 임종국이 친일 논설로 본 것은 타당한
일면이 없지 않으나, 글을 분석하고 관련법을 검토하는 면에서는
미진한 판단이다. 다만 그는 최익한의 글을 읽고 나서 친일 논설로
분류한 후 간단히 몇 줄만 쓴 것뿐이므로, 이번에 필자가 찾아낸
<유교와 연성鍊成>을 읽은 것도 아니다.24)

---

22) 류승완, 《이념형 사회주의》, 선인, 2010, p363.
23) 최익한, <조선류교사상에 대한 력사적 고찰 (상)>, 《력사제문제》 12집(1949.
　　11), 조선력사편찬위원회, p107.
24) 민족문제연구소는 《친일인명사전》(2009)에 최남선·현상윤·백낙준을 수록하고
　　안재홍은 제외하였다. 정인보鄭寅普의 임전대책협의회 관계나 최익한의 《춘추》
　　논설 등은 조사만 한 것으로 알고 있다.

최익한의 시국 논설 <유교와 연성>은 1943년 5월, <충의의 도>는 동년 10월 《춘추》에 모두 게재되었는데, 그가 해방 전에 마지막으로 발표한 것들이다. 두 글을 종합해 보면, 그가 연성이니 충의니 하는 일제의 시국 정책에 부화하여 잇따라 유교적 문헌 고증을 시도한 것을 알 수 있다. 실제로 일제는 태평양전쟁의 병력을 증강하기 위해 1943년 4월까지 조선에 연성소를 2,637군데나 설치하고, 동년 8월과 10월부터 징병제 및 학병제를 각각 실시하였다.25) 그러니까 <유교와 연성>, <충의의 도>는 단순한 고증을 넘어서 시의성을 띤 '부일附日' 논설에 해당될 여지가 있는 것이다.26)

또 짚고 넘어가야 할 점은 사상의 변절 유무이다. 최익한은 전향·친일하지는 않았으나, 공산주의운동을 중단한 후에는 합법적 공간인 신문과 잡지에 개량주의적 글들을 발표하면서 생계를 도모하였다. 어찌 보면 이는 관념적 사회주의에서 비타협적 민족주의로 한발 물러선 모양새이므로 딱히 '변절'되었다기보다는 '개량화'되었단 말이 더 어울리지 않을까 싶다. 저항을 포기한 '타협적' 측면만 부각하면 그는 박헌영의 말 그대로 '탈락분자·휴식분자'가 될 수도 있다. 그렇다고 해서 그를 청산주의자(=전향자=변절자)로 낙인찍어 배척할 수 있다는 뜻은 결코 아니다. 전향서를 내고 적극적으로 친일 활동을 한 '청산주의자'와 사상운동을 접고 중립적으로 문필 활동을 한 '개량주의자'는 엄연히 분별되기 때문이다.

---

25) 竹內俊平, <徵兵制實施と靑年鍊成>, 《춘추》 4권 5호(1943. 5), p27; 大家虎之助, <時局と鍊成>, 위의 책, pp30~1; 임경석, <국내 공산주의운동의 전개과정과 그 전술>, 《일제하 사회주의운동사》, 한길사, 1991, pp220~1.
26) 자세한 것은 이 글의 보론 <'유교와 연성'에 대하여> 볼 것.

그러나 우리는 그의 이론과 실천의 기저에 혹 청산파적 경향이 원래부터 있지 않았는지, 그리하여 여기에 개량주의적 경향이 더해져 비맑스주의적 정신이 충일함으로써 우파적으로 선회한 것은 아닌지에 대하여 반성적으로 검토할 필요가 있다.[27]

최익한은 10년 옥고를 치른 정치범의 경력 때문에 경찰의 특별 감시를 극도로 받게 되어 지하 활동이나 국외 망명은 도저히 어려웠다고 한다. 그래서 생계형 주류 도소매점을 운영하면서, 정체성이 모호한 개량적인 글까지 쓸 수밖에 없는 막다른 처지에 내몰린 것처럼 보인다.

그리고 1937년에는 맏아들 재소在韶가 살인적인 고문의 후유증으로 옥사獄死하였다. 이것이 최익한에게는 능동적으로 공산주의 운동을 계속할 수 없는, 말 못할 트라우마가 되었을지도 모른다. 당시 그는 참척의 고통을 〈곡아 25절哭兒二十五絶〉 마지막 수에서 이렇게 읊었다.

藥蔬經榻夜無垠　약 달이고 책 읽어도 밤은 끝이 없어라
感逝傷離淚欲新　사별이 애달파서 눈물만 또 떨구고녀.
一語寄君君自慰　아가, 한 마디 부치노니 스스로 위로하렴
吾應不作喪明人　나도 자식 잃은 아비는 되지 않을 테니.[28]

---

27) 최익한, 〈조선사회운동의 빛 (10)〉, 《조선일보》(1928. 2. 13) 참조. 그는 중일 전쟁과 태평양전쟁의 전시체제에서 자기 호로 창씨하고 생계형 술집을 운영하면서 일제의 시국 정책에 부화하는 글까지 썼으니, 한때 'ML이론가'였던 그의 계급적·사상적 본질과 제한성에 대해 비판적 성찰이 요구되는 것이다. 이는 후속 연구로 미룬다.

28) 《조선일보》(1937. 4. 25); 최구소, 〈창해학인의 곡아 25절시〉, 《울진문화》 5호

이제 그에 대한 친일설을 종합적으로 개괄하겠다.

1) 맨 처음 제기한 자는 박헌영계의 독론가篤論家이다. 최익한은 〈변백장〉을 작성하여 친일과는 전혀 무관함을 증명하였다.

2) 민족정경문화연구소는 최익한을 피동적 친일파의 예로 들었다. 이는 소문에 근거하여 임정측의 극우적 견해를 대변한 것으로 보인다. 이때는 이미 그가 월북한 후였다.

3) 조동걸은 "최익한이 술장사를 하고 일제에 의지하며 살았다"고 하였다. 이후 모든 최익한 친일설은 여기에서 비롯된 듯하다. 그의 주류 소매점은 '자유 구직'과 '자력 생계'에 의한 것뿐이므로 일제에 의지니 뭐니 하는 말은 주관적 억측에 불과하다.

4) 임종국은 "최익한 : 친일 《춘추》지에 발표한 친일·시국 논설이 있다"고 하였다. 이는 선구적 안목으로 인정되나, 미진한 판단이다. 최익한의 글이 현실적으로 '친일'로 규정 포함되기에는 그 논조가 너무 약하고 간접적인 까닭이다.

5) 남창룡은 친일서적 《반도사화와 낙토만주》에 최익한의 논문들이 수록된 사실을 처음으로 밝혔다. 하지만 '기고'인지 아닌지도 알 수 없는 만큼 그 논문의 내용부터 먼저 파악해 보아야 한다.

다음으로 친일설 반론을 간추리면 다음과 같다.

1) 송찬섭은 〈충의의 도〉가 내용상 친일인지 아닌지 추정하기

(1990), p140; 한영규, 〈식민지 시기 한시 작가로서의 최익한〉, 《반교어문연구》 33집(2012), p134를 참조하여 번역은 필자가 고침.

어렵다고 하였다. 이는 존이불론存而不論, 즉 진실 판단을 보류·회피한 것처럼 보인다.

2) 김성동은 최익한에게 '선비정신'을 적용하였다. 이는 우파적 발상으로 무리이다.

끝으로 필자의 소견이다. <충의의 도>는 일종의 부일문附日文이 아닌가 한다. 과거에 가탁한 중립적인 글쓰기의 종언으로서, 특히 마지막 문장은 더는 논할 가치가 없으며 개량적 사회주의자의 숙명인 양 다가올 뿐이다. 최익한의 곡필은 여타 친일 반동분자들의 그것과는 도저히 동일 선상에서 비교할 수 없을 정도로 '간접적'이긴 하나, 그래도 가장 약자인 어린 학병의 입장에서 보면 용납될 수 있는 성질의 것이 아니다. 요컨대 그의 타협적 글쓰기는 양심과 소신에 따른 '모험적 선전'과는 거리가 먼 것이다. 그렇지만 기실 엄밀히 따졌을 때 조선인 가운데 이른바 '친일적 경향'이 전혀 없었던 자가 과연 몇이나 될지 의문이 든다.29) 일제가 만주침략(1931)

---

29) 김태준은 "엄밀하게 따진다면 조선 문화인이 친일파 아닌 자가 적을 것이다. 그러나 문제는 조선 민중의 입장에서 볼 때에 조선 민중의 심판에 부처서 모두 '그놈을 죽여야 한다'고 하면 그놈의 죄상이 그만큼 큰 것을 의미하는 것이니 이런 경우에 우리가 사용하고 있는 친일파란 말은 민족의 반역자, 민족의 역적과 거의 동일한 개념을 가진 '친일파 중에 가장 악독한 자'를 지칭한 것이다"고 하였다. <정치와 도덕>,《대조大潮》창간호(1946), 대조사, p100.
박헌영은 이미 '민족 반역자의 범주'에 대해, "개량주의마저 버리고 민족운동을 핍박한 자, 황민화운동에 헌신한 자, 고관의 지위에 있던 자, 악질의 경찰 관리 기타 전쟁 협력자이다"고 답한 바 있다. <1945년 11월 17일 인터뷰>,《이정박 헌영전집·9》, pp263~4.
민전의 <친일파·민족반역자의 규정 초안>(1946.2.16)에 "친일파는 일본제국주의에 의식적으로 협력한 자의 총칭이다"고 정의되어 있으며(방점은 인용자), "친일적 경향이 있는 자 중에서도 그 생활의 필요와 부득이한 환경으로 인하여 이래 10여 년에 걸쳐 전시체제로 돌입하면서부터 군사적 탄압을 강화하자, 운동을 포기하고 생계적으로 곡종하는 무저항적 사회 개량주의자도 늘어났기 때문이다.[30]

최익한 친일설은 재건파의 정치 공작으로 개시되어 조동걸의 억단으로 과장되고 임종국의 실증으로 확정되기라도 한 양 횡행하는 실정이다. 낭설이 오히려 기정사실로 둔갑한 꼴인데, 이는 근거가 전무하거나 미약하므로 올바른 판단이라고 할 수 없다.

여태껏 최익한 친일설은 단편적인 주장이나 추정만 무성할 뿐, 체계적으로 상론된 적이 한 번도 없었다. 그럼에도 필자가 그 친일설을 개관 정리한 이유는, 왜곡 은폐된 진실을 분명히 밝히지 않으면 그를 거론하는 자체가 떳떳하기 어렵고, 따라서 이 교주본의 의미도 그만큼 반감될 수밖에 없기 때문이다. 앞으로 좀 더 면밀한 사상적 접근을 통해 일제강점기의 시국 정책을 검토하고 동시대인의 여러 논설들과도 전체적으로 비교하는 작업이 무엇보다 요구된다고 하겠다. 이러한 검증 과정 속에서 보다 객관적으로 최익한 본연의 모습과 사상이 규명되리라 믿는다.

이러한 죄과를 범한 자에 대해서는 동포애적 견지에서 관용을 베풀어야 할 것이다"는 원칙이 제시되어 있다. 김남식 편, 앞의 책, p280.

또 임헌영도 "일제의 허가와 검열을 받은 모든 매체에 글을 쓴 그 자체가 친일이란 논리도 없으란 법이 없다. 구태여 이런 억지 논리를 펴지 않더라도 임종국의 조사에 따르면 친일문학 작품을 쓴 문인 목록만 120여 명에 이른다. 해방 전후 한국 문인이 100여 명이었던 사실로 미뤄보면 거의 99%에 육박한대도 할 말이 없을지 모른다"고 하였다. 〈친일문학 연구 현황과 그 정신사적 의의〉, 《친일문학론》(임종국 저), 민족문제연구소, 2016, p571.

30) 박헌영, 〈현 정세와 우리의 임무〉(1945.9.20), 앞의 책, p56; 김남식 편, 〈민주주의민족전선 강령〉, 앞의 책, p245.

■ 보론 — <유교儒教와 연성鍊成>에 대하여

최익한의 시국 논설 <유교와 연성>은 필자가 처음 찾아낸 것이다. 4년 전(2015)에 이 글의 출처는 알았지만, 자료를 구하기가 여의치 않아 그동안 잊고 지냈다. 그러다가 작년(2018) 말에 <창해 최익한 저술 연보>를 작성하다 생각나서 다시 자료 찾기에 돌입하여 드디어 글을 보게 되었다. 그러나 이미 <최익한 친일설>을 다 쓴 상태라 <유교와 연성>에 대해서는 보론으로 다루며 말미에 그 원문을 싣는다.

<유교와 연성>은 1943년 5월 《춘추》 4권 5호에 발표되었는데, 조선 청년에게 유교와 연성의 관계를 경어체로 설명한 논설로서 최익한의 글 가운데 <충의의 도>와 함께 가장 치욕적인 곡문이다. 위의 《춘추》지에는 '연성 특집'으로 병역·교육·시국·신도神道·불교·유교에 관한 논설 총 6편이 편성되어 있다.[31]

일제는 태평양전쟁의 병력 증강을 위해 1942년 5월 조선에 징병제를 실시하기로 결정하고, 1943년 4월까지 조선에 연성소를 2,637개소나 설치하였다. 그러니까 동년 8월 징병제가 실행되기 전에 미리 신병 훈련소를 완비한 격이다. 17세 이상 21세 미만의

---

31) 《춘추》에 게재된 글들을 순서대로 적으면 다음과 같다.
  ① 朝鮮軍報道部長 倉茂周藏, <兵役と鍊成>, pp24~26.
  ② 總督府鍊成課長 竹內俊平, <徵兵制實施と靑年鍊成>, pp26~28.
  ③ 國民總力聯盟鍊成部長 大家虎之助, <時局と鍊成>, pp28~31.
  ④ 朝鮮神宮神官 鈴川元章, <神道와 鍊成>, pp31~33.
  ⑤ 惠化專門敎授 安東相老, <佛敎와 鍊成>, pp33~36.
  ⑥ 崔益翰, <儒敎와 鍊成>, pp36~38.

조선 남자는 의무적으로 청년특별연성소에 입소하여 황군皇軍 요원으로서 필요한 연성(훈련교육)을 받아야만 되었다.32)

조선군 보도부장 쿠라시케 슈조倉茂周藏, 총독부 연성과장 다케우치 슌페이竹內俊平, 국민총력연맹 연성부장 오야 도라노스케大家虎之助의 글은 각각 병역·교육·시국 면에서 군국주의 연성의 취지를 밝힌 선전문이고, 조선신궁 신관 스즈카와 모토아키鈴川元章(○明○), 혜화전문교수 안토 소로우安東相老(權相老)의 글은 각각 신도·불교 면에서 연성 참여를 독려한 적극적 친일문이며, 최익한의 글은 유교 면에서 연성을 고증한 소극적 부일문으로 이해된다.33)

최익한은 <유교와 연성>의 첫머리에 집필이 강요된 것을 표시하며 유교와 연성의 관계를 고찰하였다. 그는 연성을 좁게는 유교적 풍속인 '계禊'(목욕재계)로 보고, 넓게는 사전적 의미34)와 관련된

---

32) 倉茂周藏, <兵役と鍊成>, 앞의 책, p25. 竹內俊平, <徵兵制實施と靑年鍊成>, 앞의 책, pp26~7; 大家虎之助, <時局と鍊成>, 앞의 책, pp30~1; 임경석, <국내 공산주의운동의 전개과정과 그 전술>, 앞의 책, p220.

33) 최익한은 <변백장>에서 본인의 소매점 허가가 취소된 이유 중 하나로 '사상 보국思想報國에 대한 불타협'을 들었다. 그러나 그가 <유교와 연성> 및 <충의의 도>로써 일제의 시국 정책을 고증한 것은, 내용상 거의 중립적일지라도 그 시도 자체가 일제에 부화한 태도이기 때문에 위의 글 2편을 '부일문'으로 일단 정의하였다. <일제강점하 반민족행위 진상규명에 관한 특별법> 제2조 11호에 의하면, "학병·지원병·징병 또는 징용을 전국적 차원에서 주도적으로 선전 또는 선동하거나 강요한 행위"는 '친일반민족행위'라고 규정되어 있다. 이를 최익한에게 적용할 수는 없으나, 그의 글이 '징병의 간접적 종용'에는 해당될 여지가 있다고 생각한다. 그렇지만 최익한의 '부일문'은, 일제 정책을 적극적으로 옹호 추종한 친일파의 '친일문'(징병 권유문)과는 차등을 두어야 마땅할 것이다. 만약 그가 글쓰기를 거부하였다면 그의 말대로 '불타협'에 가까울지도 모르겠다. 일례로 당시 김태준은 보호관찰소로부터 창씨를 하라, 글을 쓰라는 등의 온갖 협박적 명령을 받고도 계속 거절하였다고 한다(<연안행延安行>, 《문학》 창간호, 조선문학가동맹, 1946.7, p189).

'심신수련'으로 보면서, 유교의 연성은 '윤리 실천에 상응한 일상 수련(=志行修鍊)'이라고 하였다. 내용은 차치하더라도 징병제 실시 직전의 시국에 《춘추》라는 공간에서, 유교와 연성에 대해 문헌적 고증을 시도한 그 자체가 불순하고 무책임한 것이다. 왜냐하면 그가 말한 연성 개념이 전시체제의 반동적 사회 환경과 무관하게 외따로 진공 상태에서 존립할 수는 없기 때문이다.

> 일상의 윤리를 일상적으로 실천하는 것이 그(유교)의 목적이므로 그의 연성은 어느 특별한 형식과 특정 기간이 있을 수 없고 수시수처隨時隨處가 그의 연성의 방법인 것입니다.

술에 물 탄 듯 물에 술 탄 듯 경계를 종잡을 수 없는 언설이다. 여기서 말하는 '일상'이 과연 무엇인지 의심스럽다. 최익한은 뇌거未耟(쟁기)를 잡고 밭을 갈거나 삼순구식三旬九食을 하되 도道를 즐기는 것을 유자의 숭고한 연성이라 하였다. 물론 이는 일제의 기획에 휘말리지 않으려는 회피성 발언일 터이나, 조선의 무전농자無田農者의 현실과는 너무 거리가 먼 환상적 곡언에 불과하다. 밭이 있어야 쟁기질을 하고 밥이 있어야 끼니라도 때울 것이 아닌가. 조선 청년 대부분은 이른바 대동아성전大東亞聖戰을 위해 한낱 총알받이 소모품으로 강제 징집되어, "새벽녘부터 교정과 야산 등지에서 폭탄을 껴안고 적의 전차에 돌진하는 훈련을 수도 없이 받았다."35) 연성

---

34) 연성의 일반적 의미는 연마육성鍊磨育成이나, 최익한은 고련성취苦鍊成就의 뜻으로 보아서 고난을 심신연성의 자조적資助的 기회로 보았다.

35) 유기천, 《사람을 믿지 마라》, 21세기문화원, 2001, p162.

이라는 참혹한 실상만이 바로 유일한 일상으로 되는 전쟁의 시대였다. 거룩하옵신 천황폐하의 적자로서 야마토다마시大和魂를 발휘하여 장렬히 산화하는 지성진충至誠盡忠의 길, 그 연성이 일상이요 일상이 연성이었다!36)

최익한도 이를 의식하지 않을 수 없었는지, 일상의 현실에 대해서는 일체 함구로만 일관하며 추상적 공론으로 모호히 글을 끝내버렸다.

일식一息의 간단間斷도 없는 일상의 윤리적 실천이야말로 진실로 최대의 연성주의鍊成主義가 아니고 무엇이겠습니까.

우리는 왜 그의 글이 친일 잡지에 '연성 특집'으로 게재되었는지 그 유용성에 대해 주목할 필요가 있다. 지금 와서 확증하기는 어려우나, 일제 당국은 유교와 연성의 관계에 대한 문헌 고증이 조선 청년의 자발적 징병 참여를 충분히 유도할 수 있다고 판정하지 않았을까 한다. 이 점을 감안하면, 최익한의 결론은 '일상의 주체와 목표'를 상실하고 일제의 시국 정책에 부화한 궁색한 궤변 이외에 아무것도 아니다. 조선 청년에게 그가 혹여 의도한(?), 유교적 연성의 고전적 의미를 전하기는 애당초 도저히 불가한바, <유교와 연성>은 어디까지나 부일문에 지나지 않은 곡필이라 하겠다.

---

36) <유교와 연성> 앞에 실려 있는 <신도와 연성> p32에서, 스즈카와 모토아키 鈴川元章는 "지금 우리의 일상생활은 오직 연성이다. 더욱 대동아성전하에 처한 우리 국민은 전선戰線과 총후銃後를 막론하고 최후의 승리는 오직 견실한 신념과 부단不斷의 연성으로써 획득할 수 있다는 것을 각오하지 않으면 안 될 것이다"고 하였다.

■ 자료

유교儒教와 연성鍊成37)

　잘 모르는 나로선 부과된 문제를 투철히 설명할 수 없습니다만 얼른 생각하더라도 유교와 연성이 전연 관계없는 문제는 아닐 듯합니다.

　먼저 연성이란 현행어부터 조금 고찰해 보겠습니다. 이즈음 연성이라면 흔히들 '계禊'(みそぎ)38)를 관념하는 듯합니다. 그러면 유교에도 이러한 禊의 행사가 종래부터 있었던가.

　禊는 통속적으로 말하면 심신을 결탁潔濯하여 기신제재祈神除災한다는 것으로 예부터 내려온 종교의식의 하나인데 기독교의 세례와 유교의 목욕재계가 모두 이에 유사한 유속遺俗일 것입니다. 《구당서舊唐書》에 "경룡景龍 4년(710) 3월 임위정臨渭亭에 행차하여 수계修禊하고 마셨다(景龍四年三月甲寅 幸臨渭亭 修禊飮)"는 것과 《후한서後漢書》〈예의지禮儀志〉에 "3월 3일 동으로 흐르는 물 상류에서 스

---

37) 편자가 오식은 바로잡고 현대어로 풀어썼다.
38) 禊 : 원문의 禊와 통자로 목욕재계(みそぎ)의 뜻.

스로 깨끗이 씻는데 이를 계사禊祠라 하였다(三月三日 於東流水上 自潔濯 謂之禊祠)"는 것이 조선의 유두流頭 고속古俗과 공통성이 있는 유물이겠지요.

그러나 계禊의 연성鍊成을 단순히 풍속학적 범위를 떠나 종교의 관점으로 유교에서 찾아본다면 단적으로 적발하기가 좀 곤란치 않을까 합니다. 그러므로 연성을 계란 협의적 범위를 벗어나 광의인 신심수련身心修鍊의 의미로 한번 고찰해 보겠습니다.

연鍊은 말 자체가 금속을 단련鍛鍊하여 정숙精熟게 하는 것이니, 《황극경세서皇極經世書》에 이른바 "쇠는 백 번 불린 뒤에야 순수해지고 사람도 이와 같다(金百鍊然後精 人亦如此)"는 것이 우리가 말하려는 연성의 취지를 간명히 도파道破한 것입니다.

그런데 연성은 연성자 즉 연성의 주체에 따라 그 성격과 시각이 동일치 않습니다. 예를 들면 중국에선 도사道士를 연사鍊師라고도 일컫던데, 그 중점은 심성心性수련에 있지 않고 주로 신형身形수련에 있으므로 선가仙家에 태음연형太陰鍊形의 방법에 있다고 《신선전神仙傳》에 말했습니다. 물론 그들은 연년장생延年長生을 목적한 것인 만큼 연성의 성질이 또한 형체에 국한되지 않을 수 없습니다. 잘은 모릅니다만 불가佛家의 연성은 선가와 달라서 그 취지가 형체에 국한치 않고 한 걸음 들어가서 심성수련에 있다고 하겠습니다. 고행이라든가 참선이라든가가 모두 오도성불悟道成佛을 목적한 연성입니다.

그런데 유교는 윤리 실천이 그 목적인 만큼 그 연성의 중점은 초속적超俗的인 형체수련도 아니요 정적靜寂에 편중한 심성수련도 아니요 주로 윤리 실천에 상응한 일상수련이라고 하겠습니다. 다

584

시 말하면 지행志行수련이라고 하는 것이 적당치 않을까 합니다.

유교의 사적史的 발전을 회고하면 그것이 원래 봉건체제하에서 발육 성장한 사상적 체계이므로 그 시대의 윤리적 정형定型에 충실히 부착된 합리적 교리입니다. 그러나 일상의 윤리를 일상적으로 실천하는 것이 그의 목적이므로 그의 연성은 어느 특별한 형식과 특정 기간이 있을 수 없고 수시수처隨時隨處가 그의 연성의 방법일 것입니다.

유교의 연성 관념에는 간단間斷없는 계구근신戒懼謹愼의 의미가 한 개의 강조로서 포함되어 있다고 볼 수 있습니다. 인심人心은 위태하고 도심道心은 희미하니 정精하고 일一하여 그 중中을 잡는단 것은 요순堯舜의 연성이요 배움을 싫어하지 않고 가르침을 게을리하지 않은39) 것은 공자孔子의 연성이요 날로 세 번씩 자신을 반성한 것은 증자曾子의 연성이요 보지 않고 못지 않는 데까지 계신공구戒愼恐懼한단 것은 자사子思의 연성이요 '구방심求放心'과 '양호기養浩氣'는 맹자孟子의 연성이요 '주경主敬'은 정주程朱의 연성입니다.40) 일상의 윤리적 실천을 떠나 특정한 기간, 특정한 형식에 의하여 수련한다면 이는 유교에 있어선 한 개의 이단으로 간주될 것입니다.

그러나 연성을 고련성취苦鍊成就의 의미로 본다면, 즉 고난을 신심연성身心鍊成의 자조적資助的 기회로 본다면 이는 유교에 있어서

---

39) 원문에는 '배움을 실허 않고 가르침을 게을리 않은'으로 되어 있다.
40) 人心惟危 道心惟微 惟精惟一 允執厥中《書經》〈大禹謨〉; 學而不厭 誨人不倦《論語》〈述而〉; 吾日三省吾身《論語》〈學而〉; 子思子之戒愼恐懼 孟子之求放心 程夫子之主一無適之敬《鶴岡散筆》

도 경시치 못할 문제입니다. 부여된 순조로운 환경을 버리고 일부러 고역苦逆의 경지를 자취自取한단 것은 유교의 중용주의中庸主義에 위반되는 일이겠지만, 그것이 자연적 소우所遇일 때에는 어디까지나 그것을 극복하고 배견排遣하는 것이 유교의 중요한 태도입니다. 빈궁과 환난患難으로써 자기의 지절志節을 변치 않고 마음을 어지럽히지 않으며, 경천위지經天緯地의 대재大才를 품었을지라도 야野에 처했을 때엔 손수 뇌거耒耟(쟁기)를 잡고 밭을 갈 것이며, 벼개가 없어서 팔을 베고 삼순구식三旬九食을 하되 의연依然히 도道를 즐긴다는 것은 유자의 숭고한 연성이라 할 수 있습니다.

사람의 지기志氣가 안일한 가운데서 부패하기 쉽고 고난의 경우에서 분발할 수 있는 것은 고금古今 명인의 전기가 모두 웅변적으로 증명하고 있습니다. 그러므로 맹자의 말씀에 "하늘이 대임大任을 그 사람에게 내리시려면 먼저 그의 심지心志를 괴롭게 하고 그의 체부體膚를 주리게 하며 그의 근골筋骨을 수고롭게 한다"41) 하였으니, 이것이 연성의 성의省意를 명쾌히 말씀하신 것입니다. 유교는 대유주의大儒主義나 고행주의苦行主義가 아니므로 고난을 수련의 필수적 조건으로 인정치 않습니다. 그러나 이 반면에 일식一息의 간단間斷도 없는 일상의 윤리적 실천이야말로42) 진실로 최대의 연성주의鍊成主義가 아니고 무엇이겠습니까. (《춘추》, 1943.5)

---

41) 天將降大任於是人也 必先苦其心志 勞其筋骨 餓其體膚 《孟子》〈告子·下〉
42) 원문에는 '실천이야'로 되어 있다.

<창해滄海 최익한崔益翰 연보> 소고

— 수학기간, 수감기간, 숙청·몰년을 중심으로

1. 머리말

필자는 오랜 세월에 걸쳐 <창해 최익한 연보>(이하 '상세 연보')를 작성하였다. 그의 '어린 시절'(1~13세) 부분은 특별한 자료가 없어 최구소의 <창해 선생 연보>(이하 '기존 연보')[1]를 거의 그대로 따랐다. 이 점 깊이 감사드린다.

<상세 연보>는 곽종석郭鍾錫·김황金榥·이병기李秉岐·정인보鄭寅普 등 주변 인물들과의 사실을 적시하여 최익한의 삶을 실제 그대로 드러내는 데에 초점을 맞추었다. 그리고 정적 박헌영朴憲永, 동지 박낙종朴洛鍾·홍기문洪起文·최창익崔昌益 등과 당숙 최진순崔璡淳, 장남 재소在韶, 차남 학소學韶, 사위 이청원李淸源 등의 관련 사실도 추가하여 최익한의 사상적 흐름을 감지할 수 있도록 하였다. 아울러

---

1) 송찬섭, <조카가 작성한 최익한 연보>,《역사연구》20호(2011), pp277~298. <창해 선생 연보>는 최익한의 당질인 최구소가 작성하고 송찬섭이 정리했는데, 송찬섭은 이 연보를 《최익한전집》에 그대로 요약 사용한 바 있다.

필자가 새로 찾아낸 창해의 서울 거주지와 북한 행적까지 소개함으로써 그의 전체적인 인간상을 엿볼 수 있도록 다채롭게 구성하였다. 이러한 추가 사항으로 〈상세 연보〉는 〈기존 연보〉에 비해 분량이 꽤 많아졌을 뿐만 아니라, 다음 세 가지가 크게 달라졌다. 창해의 수학 기간, 수감 기간, 숙청·몰년이 바로 그것이다.

이는 연보의 고갱이에 해당하므로 그 엄밀한 추정·확인은 필수 불가결하다. 곧 창해 초년의 수학 기간, 중년의 수감 기간, 말년의 숙청·몰년을 제대로 파악해야만 보다 정확한 연보 작성의 기틀이 마련된다고 하겠다.

그러면 왜 연보에 이렇게 차이가 날 수밖에 없었는지 그 원인을 간명히 밝혀 독자들의 혼란을 미연에 방지함은 물론 앞으로의 연구에도 조금이나마 보탬이 되고자 한다.

2. 수학 기간

수학 기간은 창해가 면우俛宇 곽종석의 문하에서 배운 기간과 기독교청년회관·중동中東학교·와세다대에서 배운 기간을 들 수 있다. 여기서는 전자만 다루고 후자는 결론부에 사족 삼아 부언하겠다.

최구소는 〈기존 연보〉에서 "(창해는) 면우 곽종석의 문인으로 경남 거창군居昌郡 가북면加北面 다전리茶田里에서 5년간(1911~1916) 수학했다"[2]고 하였다. 송찬섭도 이를 그대로 따라서 "(창해는) 경남 거창에서 면우 곽종석에게 15세부터 20세까지 수학했다"[3]고

---

2) 송찬섭, 〈조카가 작성한 최익한 연보〉, 앞의 책, pp279~280. 실은 '다전리'가 아니라 '중촌리中村里 다바지(현 다전)'이 맞다.

연보를 요약 작성하였다. 그들은 똑같이 '수학 기간'을 5년간으로
본 것이다.

이는 창해의 <곡아 25절哭兒二十五絶> 제3수 '五載南昌負笈回'구
를 오독하여 잘못 추정한 것이다. 즉 "5년 동안 거창에서 공부하고
(책짐 지고) 돌아오니"라고 의역하여 창해가 1911년 면우 문인이 된
후 1916년 고향 울진으로 돌아왔다고 추산한 것인데, 자료적 사실
과는 너무나 거리가 먼 오해이다. 먼저 이 시에서 창해가 귀향한
해는 1916년이 아니라 1918년이며, 또 면우 문하에 들어간 해는
1911년이 아니라 1913년이란 것을 밝혀 둔다. 그럼 <곡아 25절>
제3수를 한번 보도록 하자.

五載南昌負笈回 5년 만에 거창에서 책짐 지고 돌아오니
寧馨姿態過提孩 이 아이 영특한 자태, 안아 줄 나인 지났더라.
花潭石坨羅山巷 화담花潭·석타石坨의 나산항羅山巷에서
竹馬雙珠問客來 죽마 타던 두 옥동자, 손님 오셨냐고 물었지.[4]

여기서 우선 '五載'는 1913~1918년을 가리킨다. 또 '負笈回'는
'책짐 지고 돌아오다'는 뜻이니, 막연히 '공부하고 돌아오다'로 의
역할 수 없는 것이다. 기실 최익한은 스승의 명을 받고 책을 교정
하고서 돌아왔기 때문이다. 이는 뒤에 다시 상술하겠다.

---

3) 송찬섭, <창해 최익한 선생 연보>, 《실학파와 정다산》, 서해문집, 2011, p578;
   《조선 사회 정책사》(2013) p228와 《여유당전서를 독함》(2016) p301에 재수록.
4) 《조선일보》(1937. 4. 23); 최구소, <창해학인의 곡아 25절시>, 《울진문화》 5호
   (1990), p135; 한영규, <식민지 시기 한시 작가로서의 최익한>, 《반교어문연구》
   33집(2012), p127를 참조하여 번역은 필자가 고침.

'提孩'란 2~3세 아이를 칭하는 말로서, '過提孩'는 재소가 벌써 품에 안길 아이 때를 지나 4~5세가 되었다는 의미이다. 최익한은 1918년 늦가을 또는 초겨울 즈음 돌아왔을 터이므로 재소는 당시 5세(1914. 8. 26 생), 학소는 3세(1916. 11. 14 생)였다. 이는 '竹馬雙珠 (죽마 탄 두 옥동자)'로도 충분히 추정 가능한 것이다. 만에 하나 1916 년이라면 학소는 태어나기 전후이므로 죽마를 탈 수는 없었으리라. 이제 그 관련 자료를 살펴보자.

1) 1918년 가을에 이승희의 《한계유집韓溪遺集》을 교정하던 곽종석이 병중이므로 최익한은 김수金銖·박응종朴膺鍾·김종화 金鍾和·김황 문인들과 함께 교정 작업을 도왔다.5)

2) 1918년 거창에서 최익한은 김황에게 남포벼루를 선물 받 고 집으로 돌아와 벼루 뒷면에 <남포연명南浦硯銘>을 직접 지 어 쓴 다음 새겼다.6)

위의 자료를 보면 최익한이 교정 작업을 끝내고 울진으로 귀향 한 것을 알 수 있다. 1918년 가을에 면우가 《한계유집》을 교정하 던 중 팔을 다쳐서 제자들이 그 작업을 돕게 되는데, 남포벼루는

---

5) 곽정,《면우선생연보》권6, 다천서당, 1956, p16b, "秋寢疾 一夜偶因落傷手臂 不任使運 又苦痢疾 凡數月而始差 病中校韓溪遺集[剛齋晚號] 令門人輩 金銖 朴 膺鍾 金鍾和 金槐 崔益翰 執役而先生爲之鑑裁焉"

6) 최구소는 <남포연명> 작성년을 1918년이라 하였다. <심현深玄의 우정>,《울진 문화》11호(1996), p185, "南浦硯銘 金君而晦於茶上 買南浦一坐 制甚精巧 其 褰而歸樓也 予爲之銘其背"

작별할 즈음에 벗 김황이 준 선물이 아니었을까 한다. 그런데 면우의 다음 답장을 보면 창해가 1916년 늦가을에 이미 수업을 마친 것으로 여겨진다.

> 세 제자(김규열金圭烈·변기섭邊祺燮·최익한)를 보낸 후, 집에 마치 사람이 없는 듯해도 나는 오히려 슬퍼하지 않는다. (……) 이른 추위에 산방은 맑고 고요하다.7)

최익한은 아마 학소가 태어날 무렵 집으로 돌아왔을 터이지만, 이듬해 봄부터 가을까지는 지리산 산방에서 공부하였다.8) 그러므로 창해는 면우에게 약 3년간(1913~16) 수학하고, 두 해(1917~18)는 옛 제자로서 면우의 분부에 따라 잠시 도왔다고 판단된다. 《면우집》에도 면우가 창해에게 보낸 글(전 8편)은 모두 1913~1916년에 쓴 것뿐이다. 아직까지 면우 문인들이 1913년 이전에 창해에게 쓴 글은 보지 못하였다.

결정적으로, 면우의 제자 최긍민崔兢敏(1883~1970)의 《면문승교록俛門承敎錄》에 창해는 1913년에 면우의 문하생이 되었다고 나온다. 이는 창해의 벗인 김황이 편집을 완성하고 최긍민이 간행한 것이므로 신빙성이 매우 높다고 할 수 있다.9)

---

7) 곽종석, <答金士璋圭烈 邊允宅祺燮 崔雲擧益翰 丙辰>,《면우집》권123, 1925, p9, "自送三君 齋間若無人 吾猶不以爲悵者 … 及此早寒 山房淸闃"
8) 최익한, <유당집서酉堂集序>(1943), "憶予丁巳弱冠 負笈讀書 南岳之山房"; 윤종균, <伽倻杖引 贈崔斯文益翰 兼 寄一枝簫>,《유당집》권3, 1968, p22a, "蔚珍才子崔益翰 南遊年紀初弱冠 … 孤菴落日萬楓紅 老夫佳興與君同 臨別贈以伽倻杖 要我新詩頗淸爽"

결국 최구소·송찬섭의 '5년설(1911~16)'은 이 시기 한문으로 된 관련 자료를 읽지 못해서 발생한 오류이다. 두 분이 작성 정리한 최익한 연보를 보면 1911년부터 1916년까지 텅 비어 있다. 그러니까 그들은 이 공백에다가 '수학 기간'을 5년으로 임의 설정하여 끼워 넣을 수밖에 없었을 것이다. 따라서 앞으로는 최익한이 면우에게 수학한 기간은 '3년(1913~16)'으로 시정되어야 한다.

3. 수감 기간

'수감 기간'이란 창해가 일제강점기 때 얼마나 옥고를 치렀는지 그 기간을 꼼꼼히 따져 보는 것이다. 최익한의 수감 기간을 알려면 먼저 그가 직접 작성한 〈변백장辯白狀〉을 알 필요가 있다. 거기에 본인의 정치범 경력을 "전후前後 3도度 수형受刑과 10수년數年 수역囚役"10)이라고 썼기 때문이다. 이는 앞뒤로 3번 형刑을 받았고 10여 년 복역服役하였다는 말이다. 필자가 작성한 연보에 의하면 전반에 1번, 후반에 2번, 총 9년 11개월 11일간 형역刑役을 치렀음을 알 수 있다. 그 구금·투옥된 기간을 정리하면 다음과 같다.

1) 전반(2년 5일간, 735일간)

1921년 3월 16일 '군자금 모집 사건'으로 서대문경찰서에 구류되고, 1923년 3월 21일 서대문감옥에서 가출옥하였다.

---

9) 최긍민, 《면문승교록》, 1974, p71a, "崔益翰 字雲擧 江陵人 居蔚珍蘿谷 高宗丁酉生 癸丑及門"; 위의 책, 〈소지小識〉, p10a, "金重齋槐翁 傍搜廣探始克成編 崔愼菴兢敏公 嘗欲刊行而未就 其子姪嗣述遺志 竟至刊布于世 實淵源諸家之一大幸也哉 檀紀四千三百七年甲寅仲秋節 編緝後識"
10) 〈변백장〉, 《조선공산당문건자료집》, 한림대 아시아문화연구소, 1993, p317.

2) 후반(7년 11개월 6일간, 2897일간)

1928년 2월 2일경 '제3차 조선공산당(세칭 ML당) 사건'으로 종로경찰서에 검거되고, 1936년 1월 8일 대전형무소에서 만기 출소하였다. 그러나 이는 횟수로는 2번이다. 왜냐하면 1932년 7월 8일 서대문형무소에서 대전형무소로 이감될 때 최익한은 '만세 사건'을 주도하여 징역 1년이 가형되었기 때문이다.

그러므로 수감 기간은 체포·구금된 날부터 계산하면 전·후반 총세 번에 걸쳐 9년 11개월 11일간, 즉 3,632일간이 된다. 그런데 왜 그는 '10수년十數年'이란 말을 <변백장>에 썼을까?

첫째, 그가 <변백장>을 쓸 당시(1946. 3. 3)에는 10년 이상 옥살이를 한 사람이 꽤 있었다. 일제 때(1928년 치안유지법이 개정되기 전에) 사회주의 사상범의 최고 형량은 통상 '징역 10년'이었기 때문이다. 하여 최익한은 형편상 딱히 '10년'이라 하기보다는 대략 어림잡듯 '10수년'이라고 표현하였을 것이다.

둘째, 1945년 12월 25일 발행된 《해방 전후의 조선 진상》에는 다음과 같이 나온다.

> 최익한은 기미독립운동 시에 8년의 형을 마쳤으며, 제2차 공산당 사건에 6년형을 받아서 대전형무소로 이감 도중 다시 소동을 일으키고 만세를 부른 관계로 1년의 가형을 받았다. 전후 15년간의 귀중한 희생을 당한 백절불굴의 맹장猛將이다. 그리하여 그는 동지 간에도 많은 신임과 호평을 받고 있다.[11]

---

11) 김종범, 《해방 전후의 조선 진상》 2집(1945), 조선정경연구소, p198.

이는 수감 기간이 사실과 다르므로 명백한 오문誤文이다. 그러나 우리는 이로써 "최익한은 '10수년' 이상 투옥되었다더라"는 식의 풍문이, 해방 후에 혹 공공연히 나돌지 않았을까 하고 짐작은 해 볼 수 있다. '10년'이라 꼭 집어 말할 수 없는 처지에서는 '10수년'으로 비스름히 얼버무리는 편이 더 어울렸을지도 모른다.

셋째, 일제강점기 판결문 등의 행형 기록은 남아 있지 않더라도 최익한이 몇 번 단기간 구금될 수도 있으니까 '10수년'이 된다는 설을 어설피 제기하는 문외한들이 있다. 이는 창해가 <변백장>에 이미 "전후前後 3도度 수형受刑과 10수년 수역囚役"이라 했으므로 거론할 가치가 전혀 없는 언설이다. 여기서 '전후 3번'이란 필자가 앞에서 언급한 대로 '군자금 모집 사건' 1번, 'ML당 사건' 2번이다. 더도 덜도 아니다! 다만 연구자들이 '대전역 만세 사건'을 1번으로 가산하지 못한 것뿐이다.

가령 송찬섭은 《가람일기》를 오독하여 최익한이 1923년에 약 한 달 동안 서대문 감옥에 투옥되었다고 보았다.[12] 과연 그러한지 《가람일기》(1923.5.28)를 확인해 보자.

> 그렇게 늦은 가을비는 밤에 서대문감옥에 있는 익한군을 생각
> 다가 시 한 구를 얻었더니, 오늘 그 윗구가 생각히워 채웠다.[13]

---

12) 송찬섭, <조카가 작성한 최익한 연보>(2011), 앞의 책, p282; <근대학문의 섭렵 과정과 다산의 발견 : 최익한>, 《시대를 넘어서다》, 지식의 날개, 2017, p266. 그는 《가람일기》를 오독하여 최익한이 1923년 5월 28일경부터 6월 28일 이전까지 일시적으로 투옥되었다고 하였다.
13) 이병기, 《가람일기·I》, 신구문화사, 1976, p185.

이는 비문이다. "그러께(재작년) 늦은 가을 비 오는 밤에 서대문
감옥에 있는 익한을 생각하다가 시 한 구를 얻었는데, 오늘 그 윗구
가 생각나서 채워졌다"는 말이다. 즉 1921년 늦가을에 최익한은
서대문감옥에 있었으므로 '그렇게'는 '그러께'의 오식임을 금방 알
수 있다. 따라서 최익한은 1923년 5~6월에는 투옥될 수도 없고
투옥되어서도 절대 안 되는 것이다.

그러나 이것으로 끝나지 않는다. 송찬섭은 또 《동아일보》 기사
를 오독하여 "최익한이 1937년 11월 22일 밤 경제학자 인정식과
함께 거의 1년 만에 석방되었다"[14]고 하였다. 그러면 당시 《동아
일보》를 한번 검색해 보자.

> 동대문서 고등계는 얼마 전부터 청년 다수를 검거하고 인민
> 전선 결성 혐의로 엄중 취조하여 온다 함은 누보한 바이거니
> 와 다시 피검되었던 인정식印貞植과 최익한 2명은 22일 밤 무
> 사히 석방되었는데 임시원任時元 외 3명은 아직도 계속 취조
> 중이라 한다.[15]

여기서 검거일은 당일인지 전일인지, 아니면 며칠 전인지 정확
히 알 수 없다. 최소한 1년 동안 구금되지 않은 것만은 분명하다.

---

14) 송찬섭, <일제강점기 최익한의 사회주의 사상의 수용과 활동>, 《역사학 연구》
   61호(2016. 2), 호남사학회, p182. 이로써 그는 이 논문 p184에서 "최익한은
   1920~30년대에 11년을 감옥에서 보냈다"고 하였으므로 이 또한 오류이다. 즉
   창해의 시 <곡아 25절哭兒二十五絶>(1937. 4) 제15수를 보더라도 "10년 만에
   소무蘇武인 양 백발로 돌아오니(十載蘇郎白髮歸)"라고 나오니까, 수감 기간을
   임의로 11년으로 추정 변경해서는 안 되는 것이다.
15) 《동아일보》(1937. 11. 23) 조간 2면.

왜냐하면 1937년 10월 1일자《삼천리》에 인정식의 논설이 실려 있고,16) 최익한은 동년 4월 23~25일자《조선일보》에 시 <곡아 25절哭兒二十五絶>을 3회 연재하였기 때문이다. 고로 당연히 최익한은 잠시 검거되었다가 풀려난 것으로 보아야 한다.

지금까지 창해의 '수감 기간'을 살펴보았다. 사실 그것을 알려면 <변백장>을 먼저 파악해야만 한다. 우리나라에서 <변백장> 관련 논문을 쓴 유일한 분이 송찬섭이다.17) 그래서 주로 그를 언급하였다. 여타 연구자나 몇몇 후학들은 사태 파악을 제대로 못한 채 오로지 최구소·송찬섭이 작성 정리한 <기존 연보>에만 의존하여 착오가 생겼을 터이므로 그냥 애교로 봐주련다.

누구나 일단 투옥되면 날짜를 거꾸로 세기 시작할 정도로 나갈 날만을 애타게 기다리기 마련이다. 그러니까 최익한이 자기의 수감 기간을 '10수년'이란 식으로 어렴풋이 기억할 리가 없다.

이제 최익한의 수감 기간은 얼추 10수년이나 11년으로 어림할 것이 아니라 딱 '9년 11개월 11일간(즉 3,632일간)'으로 시정되어야 한다. 이는 그가 <변백장>에서 말한 "전후 3도度 수형受刑과 10수년 수역囚役"을 가리키므로, 그 외 검거·구금 기간 약 20일은 포함하지 않았다.18)

---

16) <장덕수張德秀씨 박사 논문, '산업 평화의 영국적 방법'과 그 학문적 가치 (2)>, 《삼천리》 9권 5호(1937.10.1), pp12~3, p18.
17) <해방 후 최익한의 사회주의 운동과 '변백장'>, 《역사학 연구》 66호(2017.5), 호남사학회, pp131~170.
18) 검거·구금 기간 : ① 1927.3.1.(?) ② 1927.8.3. ③ 1927.8.29. ④ 1927.9.4. ⑤ 1937.11.22. ⑥ 1946.9.7~8. ⑦ 1946.10.28. ⑧ 1947.8.19~9.1. 전부 합치면 딱 10년이 된다! 1919년 12월 말경 '김규열 사건'으로 종로경찰서에 체포되어 조사받고 즉시 풀려난 일 등은 제외하였다. 물론 일제강점기·미군정기 때

4. 숙청 및 몰년

최익한의 숙청과 몰년에 대해 여태껏 알려진 것이라곤 아무것도 없다. 아니, 그가 1948년 월북한 이후 70년이 넘도록 우리는 그의 행적을 거의 한 가지도 밝히지 못하였다.[19] 그래서 2016년 가을 북경에 계신 박충록(당시 90세)[20] 선생께 여쭈어보았는데, 오로지 '모른다'는 말씀만 몇 번 들었을 뿐이다.

길이 막힌 필자는 혹시나 하고 입수 가능한 당시 모든 북한 자료들을 읽어 나갔다. 자료의 높은 벽을 실감하며 마이크로필름까지 확인해야 하는 고단한 작업이었다. 의외로 많이 최익한의 행적은 기록으로 남아 있었다. 간혹 판독하기 어려운 글자도 있으므로 후학들의 연구 편의를 위해 이 글 말미에 발굴 자료를 소개하고 또 연보에 간단히 정리하였다.

우선 필자는 여러 근거 자료를 종합하여 창해의 숙청 및 몰년에 대해 다음과 같이 연보에 적어 두었다.

> 1957년 9월~10월 중순: (최익한은) 최창익·박창옥朴昌玉 등이 주동한 '8월 종파사건'(1956)에 연루되어 숙청된 것으로 보이며, 몰년은 정확히 알 수 없다.[21]

라 이것 말고도 인멸되거나 미발견된 것이 더 있을 수 있다.

19) 다행히 필자가 이 글을 다 쓴 후에, 최익한의 북한 행적을 다룬 송찬섭의 논문 〈월북 이후 최익한의 학문과 집필활동〉(《역사학 연구》 70호, 2018.5)이 나왔다. 특히 그가 밝혀낸 《조선명장전》(1956)은 도움이 되어 연보에 추가하였다.

20) 박충록朴忠祿(1927~): 북경대학 외국어학원 조선어문학부 교수 지냄. 북한의 국립문학예술서적출판사에서 간행된 《정약용작품선집》(류수·리철화 역, 1960)을 중국의 민족출판사에서 《정약용작품집》(1986)으로 다듬어 펴냈다.

최익한이 숙청된 정황은 과학원 어문학 잡지 《조선어문》을 통해 짐작할 수 있다. 그는 김일성종합대학 조선어문학부 조선문학과 부교수로서 과학원 언어문학연구소 연구사를 겸임하였다.

　　우리 문학계에서 각종 유파의 반동적 문학 이론을 성과적으로 격파하기는 하였으나, 그 여독은 아직도 완전히 청산되지 못하였다. 뿐만 아니라, 문학을 비롯한 일부 과학 부문에는 8월 전원회의에서 폭로·규탄된 최창익을 두목으로 하는 종파분자들에게 추종하면서, 당의 문예 및 과학 정책을 왜곡·훼손시킨 자들도 있다.

　　지난 시기 《조선어문》에 발표되었던 논문 〈정다산의 시문학〉 또는 〈조선문학의 개화 발전을 위한 조선로동당의 투쟁〉이 바로 이런 영향을 입은 것들이었다. 이 논문들은 민족 문화유산을 옳게 계승 발전시키라는 당의 정책을 왜곡하였으며, 문예 부문에 대한 당의 정책을 비속화하였다. 따라서 이들 종파분자들이 뿌려 놓은 반당적 이론과의 투쟁이 특히 급선무로 제기된다.[22]

---

21) 본서 p704 볼 것.
22) 이는 그 규탄적 성격으로 보아 최익한이 숙청된 직후에 나온 비판으로 보인다. 〈위대한 사회주의 10월 혁명과 조선 어문학〉, 《조선어문》 6호(1957), 과학원, pp3~4 참조. 현재 남한에서는 1957년 《조선어문》의 판권면을 확인할 수 없으나, '10월 20일 인쇄, 10월 25일 발행'으로 추정된다. 또 《조선어문》 5호(1957)는 '8월 20일 인쇄, 8월 25일 발행'으로 추정되는데, 그에 대한 소식이 실리지 않았다. 그리고 8월 27일에 실시된 제2기 최고인민회의 대의원 선거가 종파분자를 제거하는 기회로 활용된 점까지 고려하면, 그는 9~10월 중순 사이에 숙청된 것으로 볼 수 있다. 《조선어문》 1호(1958)가 1957년 10월 19일부터 학계 소식을 전하고 있으니, 그전에 아마 숙청되었을 것이다.

여기서 <정다산의 시문학>은 원래 1955년 10월 김대 8·15해방 10주년 기념 과학 콘페렌치야에서 보고되고, 1956년 4~8월《조선어문》2~4호에도 3회 연재되었던 최익한의 논문 <정다산의 시문학에 대하여>를 가리킨다. 이 글은 벌써 1955년 12월에 조선어 및 조선문학 연구소(56년 언어문학연구소로 개칭)의 3년 총화회의에서 "민족 문화유산의 옳은 계승을 위한 문제를 구체적 자료를 통해서 제기한 것이었다"고 긍정적으로 평가된 바 있다.[23] 그런데 그가 반당 종파분자로 숙청되자마자 이제는 당의 정책이란 미명하에 부정적으로 정반대의 비판이 가해진 것이다. 비판 자체가 단지 종파 사건 이후 정치적 숙청의 일환으로 급조된 추세적 비난이라, 당 정책에 대한 어떤 이론적 해명도 없이 일개인에게 책임만 전가하는 일종의 선동성 발언에 가깝다고 할 수 있다.[24]

숙청 시기는 이미 언급한 대로 1957년 9~10월경으로 추정된다. 그해 11월 11~12일에 열린 조선작가동맹 중앙위원회 제2차 전원회의에서 보고된 내용도 주목할 만한 방증 자료이다.

---

[23] <과학계 소식>,《조선어문》1호(1956), 과학원 조선어 및 조선문학 연구소, pp 97~8. 또 최익한은 이미 <조선문학사와 한문문학>,《력사과학》1호(1955)의 첫 머리 p9에서 "민족적 형식과 사회주의적 내용으로서 우리 영웅 조선을 묘사하고 고무 추동하는 문학의 임무는 실로 고상하고 중요한 것이다. 따라서 당적—김 일성 동지의 문학 노선에 정확히 의거하여 우리 조국의 문학사를 완성하고 문학 발전의 합법칙성과 그 유구하고 풍부한 전통을 천명하며 그 우수한 유산을 옳게 계승하는 것이 또한 중요한 임무의 하나이다"고 밝혔다. 이는 당의 문학 노선에 따라 민족 문화 유산을 바르게 계승하겠다는 자기 의지를 표시한 것이었다.

[24] 당시 북한 문학계에서는 당의 문예 정책에 대한 심오한 연구의 필요성을 제기하였고, 나중에 사회과학계에서도 "당 정책과 결정들을 깊이 연구하며 제때에 이를 이론적으로 해명"할 것을 강조하였다. <위대한 사회주의 10월 혁명과 조선 어문학>, 앞의 책, p4; <학계소식: 사회과학 부문 연구 사업에서 당 정책의 관철을 위한 사회과학자 협의회>,《력사과학》3호(1959), p85.

우리 당 중앙위원회 8월 전원회의(1956)에서 제때에 정당하게 폭로된 반당분자들인 최창익·박창옥·윤공흠尹公欽·서희徐輝·리 필규李弼圭·김승화金承化·리상조李相朝 등은 국가의 주권을 전복 하려던 자기들의 추악한 목적을 달성하기 위하여 문학 예술 분야에도 손을 뻗칠 것을 꿈꾸었다.

그러나 당의 사상과 의지로써 단련된 문학 예술 부대는 조금 도 그들이 준동할 수 있는 틈을 내주지 않았다.

조선로동당 중앙위원회 주위에 철석같이 단결되고 통일된 우 리 작가 대열은 그 어떤 반혁명·반당분자에게도 결정적 타격 을 가할 수 있는 전투적 대열로 계속 강화되어 가고 있다.25)

이를 보면 최익한은 최창익 일파의 숙청이 문예 분야로까지 확대 되는 과정에서 연루된 듯하다. 그들은 와세다대 선후배 사이로서 제3차 조선공산당 중앙위원이었고, 북한 학계와 정계에서도 같이 활동하였기 때문이다.

1957년 11월 김일성은 최창익과 그 추종 세력을 '극도로 부패한 반혁명분자'라고 비난하면서, "이들의 극악무도한 음모가 조기에 적발되어 분쇄되지 않았던들 당과 우리의 혁명은 막대한 타격을 입었을 것"이라고 지적하였다.26) 이는 최창익을 비롯한 반당 종파 의 잔여 분자들까지 모조리 괴멸하겠다는 굳은 의지와 확신을 표명 한 것이었다.

---

25) 《민주조선》(1957.11.13), 2면.
26) 김일성, 〈사회주의국가들의 친선과 단결〉, 《근로자》(1957.11.25), pp8~15; 로버트 스칼라피노·이정식 저, 한홍구 역, 《한국공산주의운동사》, 돌베개, 2015, pp783~4 재인용.

이런 와중에 최익한이 숙청되자, 그 후로는 철저히 시휘 대상이
되었다. 우선 그가 《정다산선집》27)을 작업할 때 조수로 일하였던
류수·리철화는 3년 뒤에 비스름한 《정약용작품선집》(1960)을 내
면서도 최익한을 전혀 언급하지 않았다. 또 최익한·홍기문이 공역
한 《연암 박지원선집》(1956)도 개정증보되어 홍기문의 이름만 달고
《박지원작품선집》(1960)으로 나왔다. 당시 북한의 고전 번역 정책
을 반영하여 류수의 책이 '조선고전문학선집 제28권'으로, 홍기문
의 책이 '조선고전문학선집 제25권'으로 편성된 것이다.28)

　최익한의 이름이 기피되었다고 해서 그의 작품까지 사라진 것은
결코 아니었다. 그의 번역 작품들은 토씨만 고쳐진 채 되살아났다.
특히 《정다산선집》은 '번역의 화수분'이라도 되는 양 남북한에서
공히 이루 헤아릴 수 없이 활용되어 왔다. 다만 연구자들이 류수의
번역본만 참고하다 보니, 그것이 최익한의 번역본과 매우 흡사하
다는 사실을 까맣게 몰랐을 따름이다.29)

---

27) 1957년 6월 25일 평양 국립출판사에서 발행된 역주본인데, 최익한의 마지막
　　저서가 되고 말았다. 남한에서는 이번에 처음으로 소개되는 것이다.
　　한편 《조선문학사》(평양 교육도서출판사, 1960; 동경 학우서방, 1964) p84에는
　　《정다산선집》을 인용하면서 그 책명만 표시하였는데, 이는 최익한이 숙청되기
　　전에 제자 김하명 학사 등과 공저한 부분으로 추정된다.
28) 최웅권·장연호, 〈북한의 박지원 소설 연구〉, 《한국문학논총》 23집(1998), 한국
　　문학회, pp212~3; 강영주, 〈홍기문의 연암 작품 번역 성과에 대하여〉, 《민족
　　문화》 48집(2016), 한국고전번역원, pp351~368. 당시 김일성대 어문학부에서
　　최익한(문학)·홍기문(어학)은 부교수였고, 류수·리철화(문학)는 학사였다.
29) 남한에서는 여태껏 류수의 《정약용작품선집》만 소개되다 보니 더욱 그렇다.
　　북한에서도 최익한이 숙청된 후에는 오로지 류수의 번역 작품만 신문·잡지 등에
　　소개되었다. 류수의 책은 남한에서 복사본(발행일 미표시) 및 김지용의 《다산
　　시문선》(1972) 등으로 나오고, 중국에서 박충록의 《정약용작품집》(1986)으로,
　　또 북한에서 리철화의 《정약용작품집》(1990)으로 복간되기도 하였다. 그리고

한편 그동안 최익한의 숙청 및 몰년에 대한 추정은 거의 전무한 실정이다. 오직 송찬섭만 몇 번 견해를 짧게 밝혔을 뿐이다.

1) 《실학파와 정다산》이 집필된 이후 최익한에 대한 소식은 잘 알 수 없는 실정이다(1989).

2) 1957년 이후 최익한에 관한 소식(정보)은 알 수 없다(2011, 2013, 2016).

3) 1950년대 말부터 최익한의 글이 더 이상 보이지 않게 되는데, 세상을 떴거나 아니면 이 무렵 연안파·소련파 등이 숙청될 때 그도 숙청되지 않았을까 짐작만 할 따름이다(2017).[30]

송찬섭은 1)과 2)에서 근 30년간 최익한의 북한 행적에 대해서 거의 아무런 언급을 하지 않다가, 3)에서 단편적이나마 두 갈래로

민족문화추진회의 《다산시문집》(1982~1994)이 류수의 책을 참고함으로써 최익한의 번역이 비록 상당히 변형된 형태이긴 하나, 남한 독자에게 간접적으로나마 전해지는 어떤 하나의 계기가 된 것처럼 보인다. 오늘날 다산 시문의 번역에 있어 고전번역원 DB가 마치 화수분인 양 애용되는데, 그 번역의 시원은 바로 '용도 폐기'되어 버린 창해 최익한의 《정다산선집》이었던 것이다.

30) 송찬섭, 《실학파와 정다산》, 청년사, 1989, p5; 《실학파와 정다산》, 서해문집, 2011, p584; 《조선 사회 정책사》(2013) p233 및 《여유당전서를 독함》(2016) p309 재수록; 〈근대학문의 섭렵 과정과 다산의 발견: 최익한〉, 앞의 책, p261~2. 송찬섭은 〈월북 이후 최익한의 학문과 집필활동〉(2018)에서는 '건강 이상설'까지 덧붙여 세 갈래로 추정하였는데, 위의 3번 인용문과 같은 맥락이다. "1957년 이후로 공식 지면에서 최익한의 글은 더이상 보이지 않았다. 그와 가까웠던 최창익·이청원 등이 1956년 '8월 종파사건' 이후 제거당했기 때문인지, 이와는 관계없이 죽음이나 건강 이상 때문인지 확실하지 않다."(pp94~5)

추정하였다. 그러나 여기서 '세상을 떴거나'라는 말은 그 당시 최익한의 자연사 가능성을 암시하므로 적절치 않다.

1950년대 말에 최익한과 그의 사위 이청원의 글이 동시에 비판된 후 더는 보이지 않는 점을 고려한다면, 희박한 자연사의 가능성을 제시하기보다는 올바른 추정을 위해 자료를 더 찾으려고 노력하는 편이 나을 성싶다. 그리고 송찬섭은 이청원의 몰년을 '1956년'이라고 적었는데,[31] 이는 사실무근이다. 현재 그의 몰년은 알 수 없고, 숙청 시기만 추정할 수 있을 뿐이다.

히로세 테이조広瀬貞三는 최초로 이청원에 대한 논문을 쓰면서 《력사과학》 5호(1957.11)의 간기刊記를 근거로 내세워 다음과 같이 말하였다.

이청원은 1957년 9월부터 10월 사이에 《력사과학》의 편집위원에서 사라졌다. 아마 이 기간에 완전히 숙청된 것으로 보인다. (……) 몰년은 미상이다.[32]

위 구절을 처음 보면서 소름이 돋을 정도로 놀랐다. 그가 추정한

---

31) 송찬섭, <해방 후 최익한의 사회주의 운동과 '변백장'>, p152 각주 89. 염인호의 글 <이청원·전석담>(조동걸 외 엮음,《한국의 역사가와 역사학 (하)》, 창비, 1994, p224)에도 몰년이 1956년으로 잘못되어 있는데, 이를 그대로 따른 것이다. 필자의 조사에 의하면, 이청원은 1957년 5월 19일《로동신문》에 <조국광복회의 력사적 의의>를 마지막으로 발표하였다.

32) 広瀬貞三, <李清源の政治活動と朝鮮史研究>,《新潟国際情報大学情報文化学部紀要》7권(2004), 新潟国際情報大学, p48, "李清源は1957年9月から10月の間に《歴史科学》の編集委員から消えた. おそらくこの期間に完全に粛清されたものと思われる. (…) 没年は不詳である."

이청원의 숙청 시기와 필자가 조사한 최익한의 숙청 시기가 거의 똑같았기 때문이다. 그렇지만 그는 확실한 근거를 찾지 못하였다. 필자는 1957년 2월 발행된 《1592~98년 조국 전쟁에서의 인민 의병 투쟁》(양형섭 저, 국립출판사) 판권지에는 '심사자 리청원'이 기재되어 있으나, 1958년 12월 발행된 그 재판본에는 삭제되어 있는 것을 발견 확인하였다.[33] 이로써 우리는 이청원의 숙청 시기와 사실에 대한 결정적 단서를 하나 확보한 셈이다.

　필자는 아래와 같이 왜곡된 글을 접하면 최익한의 '숙청과 몰년 추정'이 반드시 필요함을 절감하게 된다.

> 1) 《다산 정약용 탄생 200주년 기념 논문집》(과학원 철학연구소, 1962)에 당시 다산에 대한 가장 높은 수준의 다산 전문가라고 볼 수 있는 최익한이 빠져 있다는 점, 또 1969년 김일성 교시를 계기로 이전의 다산에 대한 공식적 견해가 비판·수정되는 과정에서 과거 최익한과 견해를 같이했던 연구자들에 대해서는 구체적으로 공식비판이 거론되지 않았다는 점 등에서 월북 학자들 간의 학문 속의 주도권 경쟁이 보이지 않게 작용한 것이 아닌가 한다. (……) 결국 최익한은 다산 연구 과정 속의 희생양이 되었음을 알 수 있다.[34]

---

33) 《1592~98년 조국 전쟁에서의 인민 의병 투쟁》 재판본(1958)의 판권 확인은 일본 아리랑문화센터文化センターアリラン의 정강헌鄭剛憲님과 미사토 모토요시三郷元吉님의 도움을 받았다. 이 자리를 빌려 고마움을 전한다.

34) 김영수, 〈북한의 다산연구 시각〉, 《동아연구》 19집(1989), 서강대 동아연구소, pp49~50.

2) 실제로 조선공산당 주력들은 월북 후 대부분 숙청되지만 이영·최익한 등 비주류들은 고위직을 유지하며 천수를 누린다.35)

1)에서 김영수는 《다산 정약용 탄생 200주년 기념 논문집》에 최익한의 논문이 빠진 것을 두고 그가 다산 연구의 경쟁 구도 속에서 배제된 것으로 보았다. 즉 자본주의의 저열한 경쟁의식을 1960년대 북한 상황에 마치 '공식'인 양 그대로 대입한 것인데, 재고할 가치가 없는 말이라 하겠다.36)

2)에서 안재성은 참 귀여운 망상을 하였는데, 이는 근거가 전혀 없다는 점에서 김영수의 황당무계한 추론과 별반 다르지 않으므로 더는 논하지 않겠다. 다만 최익한은 1957년 숙청된 듯하며, 몰년은 정확히 알 수 없다는 것만 부언하여 둔다.37)

---

35) 안재성, <식민지 시대 사회운동사>, 《월간 좌파》 9호(2014.1), 박종철출판사, p172.

36) 이재희도 "실학 연구의 주류에서 낙오된 최익한"이란 표현을 썼다(《북한체제의 실학 활용에 관한 연구》, 동국대 북한학과 석사학위 논문, 2006, p44). 아, 한심타! 송찬섭도 <월북 이후 최익한의 학문과 집필활동>(2018)에서 "최익한이 말년에 문학으로 집중한 것은 그의 관심의 폭이 넓어졌다고 볼 수도 있겠지만, 이 무렵 그가 역사 분야에서 밀려났기 때문으로도 생각할 수 있다"(p92)고 하여 이른바 '경쟁의식'을 적용하였다. 그러나 이때 최익한은 고전문학자로서 당의 문예 정책에 따라 문학에 주력한 것뿐이지, 결코 역사 분야에서 밀려난 것이 아니다. 그가 말년에 《실학파와 정다산》(1955)을 쓰고 나서, 연구의 핵심은 논문 <정다산의 시문학에 대하여>(1956)와 역주본 《정다산선집》(1957)에 있었던 것이다. 그는 김일성대 조선어문학부 조선문학과 부교수로서 조선고전문학을 강의하며, 과학원 조선어 및 조선문학 연구소(언어문학연구소) 연구사를 겸임하였기 때문이다. 그는 어린 시절 유학을 공부하면서 시문에 뛰어났으므로 고전문학자가 된 것은 필연적 선택이요, 그의 학문이 김일성대의 학과 편제와 함께 점차 전문화를 추구한 것은 피치 못할 시대적 흐름이었다고 하겠다.

37) 후손에 따르면 1970년대 초에 타계하였다는 설이 있다고 한다. 이 글을 다 쓴 다음 1년도 더 지나서야 들은 사실이라 여기 맨 끝에 적어 놓는다.

5. 맺음말

지금까지 최익한의 수학 기간, 수감 기간, 숙청 및 몰년에 대해 알아보았다. 필자는 기타 사소한 오류는 일일이 지적하지 않았다. 예컨대 <기존연보>에는 최익한이 중동학교를 1년 만(1917)에 졸업하고, 기독교청년회관에서 신흥우申興雨에게 2년간(1918~19) 영문학을 배웠다고 하였는데,[38] 이는 완전 낭설이다.

최익한은 1919년 9월 중동학교 야학부에 입학하여 1921년 3월 재학한 것이 확인되며, 1924년경 졸업한 것으로 추정된다.[39] 중간에 2년간(1921~23) 투옥되었으니 3년 과정을 다 마친 셈이다. 또 신흥우는 1916년 배재고등보통학교 교장을 맡았고, 1919년 3월 미국으로 건너가 동년 11월 귀국한 후, 1920년 9월 YMCA 총무로 선임되었다.[40] 따라서 최익한이 1918년경 기독교청년회관 영어과에 잠시 다녔다는 정도의 개연성만 성립할 수 있을 뿐이다.

다음으로 최구소·송찬섭은 <기존 연보>에서 "(창해는) 1923년(?) 와세다대학교 정경학부에 입학하나, 졸업 연도는 알 수 없다"[41]고 단순 추정하였다. 필자는 이를 <상세 연보>에서 "(창해는) 1925년 4월경 와세다대학 전문부 정치경제과에 입학하나, 1928년 2월 2일경 ML당 사건으로 검거 투옥되어 결국 졸업은 못하고 제적된 것으로 보인다"고 구체적으로 밝혀냈다.

---

38) 송찬섭, <조카가 작성한 최익한 연보>, p281; 《실학파와 정다산》 p579; 《조선 사회 정책사》 p229; 《다산학사전》(사암, 2019) p1686 등에 재수록.
39) <최익한 신문조서> 및 <수사복명서>, 국사편찬위 한국사데이터베이스.
40) 친일인명사전편찬위원회, 《친일인명사전·2》, 민족문제연구소, 2009, p409.
41) 송찬섭, <조카가 작성한 최익한 연보>, p282.

이병기의 《가람일기·I》(1925. 2. 11)에 최익한이 도쿄 유학을 위해 떠난 날이 적혀 있고, 《와세다대학신문》(1926. 11. 4)에 '崔益翰(專政 二年)'이라 나오며, 1928년 2월에 검거 투옥될 무렵 기록에는 직업이 '早稻田大學 學生'으로 되어 있다.[42] 이를 통해 최익한이 빠르면 1925년 4월경에 29세 늦깎이로 와세다대학 전문부 정치경제과에 입학한 사실을 알 수 있다. '군자금 모집 사건'과 '조선인 학살 사건(관동대지진)'으로 일본 유학은 미루어질 수밖에 없었으리라. 당시 와세다대는 대학부 4년 6개월제(고등 예과 1년 6개월제 포함)와 전문부 3년제 등이 있었다. 그의 정상적인 졸업 시기는 1928년 3월이 되어야 마땅하겠지만, 사회주의운동과 ML당 사건 때문에 졸업은 도저히 불가하였을 것으로 판단된다.[43]

---

42) 이병기, 《가람일기·I》, 신구문화사, 1976, p255; 《早稻田大学新聞》(1926. 11. 4); 독립기념관 자료번호 1-006466-008-0212 〈관계자〉; 공훈전자사료관 昭和3년豫第1855호竝昭和4년豫第697090호 〈예심종결결정〉; 공훈전자사료관 昭和4년刑公第1630乃至1633호 〈판결〉 등 참조.

43) 《동아일보》(1930. 9. 6) 〈ML당 판결 전문〉에 "최익한은 보통학을 수료한 후 유학하여 현재 와세다대학 정치경제과에 재학 중"이라 하였고, 안병주의 〈ML계 인물 인상기〉(《삼천리》 14호, 1931. 4. 1)에 "(최익한은) 와세다대학을 집어치우고 맑스학설에 전공한 결과 설전필전舌戰筆戰에 당할 자가 별로 없었다"고 하였다. 또 필자가 정리한 〈상세 연보〉에 의하면, 최익한은 1927년에 몇 달간 (5·9·10월) 서울에서 사회주의운동으로 머물렀다. 이때 만약 그가 휴학하였다면 졸업은 불가능하고 '2년 중퇴'에 해당한다. 당시 《매일신보》(1928. 3. 1)에 아래와 같이 보도된 '1928년 3월 와세다대학 졸업생 명단'에도 그의 이름은 없다.

대학부 : 경제과 김원석金源碩·신형식申衡植·함상봉咸尚鳳·김성숙金成淑·김용장金庸壯·강진수姜振秀, 정치과 한림韓林·유응하劉應河, 영문과 정규창丁奎昶·양주동梁柱東, 전기과 이백규李栢圭, 건축과 김윤기金允基.

전문부 : 정치경제과 노병관盧炳瓘·박병흡朴炳翕·유영복劉永福·이상두李庠斗·이병호李丙鎬·우상필禹象泌·황진국黃晋局·연일희延日熙·최정렬崔正烈·김찬○金聚○·김기선金淇善·김이봉金二峰·고봉근高奉根·신태악辛泰嶽·오수현吳壽賢·안범종安範鍾·장복록張福祿·김형배金炯培, 법률과 이종모李鍾模·남진우南振祐.

이제 본론의 요지만 간추리며 글을 맺고자 한다.

1) 최익한이 면우 문하에서 수학한 기간은 약 3년이다(1913~16).

2) 최익한이 <변백장>에 말한 수감 기간은 '9년 11개월 11일간 (즉 3,632일간)'인데, 그 외 검거·구금 기간 약 20일을 포함하면 딱 10년이 된다.

3) 최익한은 1957년 9월~10월 중순, 최창익 등이 주동한 '8월 종파사건'(1956)에 연루되어 숙청당한 듯하며, 몰년은 정확히 알 수 없으나 '1970년대 초 타계설'이 있다.

창해 최익한에 대한 연구는 아직도 초창기라 다른 분야에 비해 상대적으로 더 쉽게 오류가 생기는지도 모른다. 최구소·송찬섭의 <기존 연보>는 최익한 관련 자료를 미독하거나 오독하여 착오가 발생한 것으로 보인다. 그러한 한계를 극복하기 위한 노력의 과정 속에서 필자의 <상세 연보>가 탄생하였다. 만약 선학들이 가시밭 길을 헤치며 고난의 연구를 감행하지 않았다면, 필자가 이만큼 연 보를 작성하지는 못했을 터이다.

<상세연보>는 최익한 자신은 물론 그 주변 인물들의 사실들을 보다 많이 수록하여 창해 생애와 사상의 배경을 헤아릴 수 있도록 배려하였다. 그의 시문 몇 구절도 곁들여 시적 재능과 인간적 고뇌 까지 감지할 수 있도록 엮었으나, 향후 좀 더 면밀한 연구로 작품 분석이나 사상 고찰 등은 보완할 필요가 있다.

끝으로, 최익한의 '숙청 및 몰년'을 정확히 파악하는 일은 미완의 과제로 남겨 둔다. 창해의 최후에 대한 관심이 당시의 정치 상황을 제대로 이해하는 계기가 되었으면 한다.

■ 보론 — 출생일·거주지와 북한 행적

최익한의 생년월일은 <일제감시대상인물카드>에 명치明治 30년 3월 7일로 되어 있으나, 이는 무조건 양력 표기를 한 것이므로 족보상 음력이 맞다.44) 일제시대 기록은 굴절된 부분이 많기 때문에 무엇보다 교차 검증이 필요하다.

창해의 서울 거주지 중 주소가 확인되는 곳은 1920년대 안국동安國洞 52번지, 1930년대 창신정昌信町(현 창신동) 633~22번지, 1940년대 창신정 651~18번지이다.45) 그는 1920년 10월 말경 안국동 52번지를 빌려 하숙집을 운영하기 시작하였다. 그런데 일제의 신문조서와 판결문 등에는 그의 주소가 안국동 51번지, 52번지, 53번지로 왜곡되어 있어 혼란을 준다.46) 정확한 주소를 알려면 등기부·토지대장·가옥대장·지적도 등의 열람과 현장 답사가 필수적인데, <기존 연보>는 그러한 노력을 일절 하지 않았다.47) 송찬섭은 '안국동 51번지'를 임의 선택하여 연보에 실었으나, 이는 잘못 고른 것이다. 51번지는 초가 13평(대지 23평), 53번지는 와가 19평(대지 42평)으로 추정되므로 하숙생 15명48)을 수용할 수가 없다.

---

44) 즉 정유년(1897) 3월 7일(양 4.8)이다. 또 장남 재소在韶와 차남 학소의 생년월일도 감시카드에는 잘못되어 있는데, 후손 분께 확인 결과 역시 족보 기록이 맞다고 한다. 《강릉최씨수헌공파보》, 회상사, 2007, p480 참조.

45) 1919년에 화동花洞 128번지에서도 임시 거주한 적이 있으나 이는 생략한다.

46) 국사편찬위원회 한국사데이터베이스에 의하면, 최익한의 신문조서·판결문·일제감시대상인물카드에는 안국동 51번지가 1회, 52번지가 8회, 53번지가 1회 나온다.

47) 참고로 필자는 최익한의 등기부 외 총 58통을 열람하고 현장 답사를 마쳤다. '거주지'에 대한 모든 설명은 이를 근거로 한 것이다.

안국동 52번지는 와가 60평(대지 564평)으로 추정되므로 충분한
가능성이 있다. 여기는 1919년에 이미 박수찬朴秀燦·박노영朴老英
(3·1운동 참여 학생)의 하숙집이었고, 1927년부터 34년까지는 민속
학자 송석하宋錫夏의 자택이기도 하였다.49)

창신정 633~22번지는 와가 16평(대지 34평)으로 1935년 12월에
집을 신축하였다. 토지 소유자 성명·주소는 1936년 8월 '崔益翰
(633~22)', 1944년 5월 '滄海益翰(651~18)'으로 변경되었다. 즉 최
익한은 이른바 ML당 사건으로 약 8년간 옥고를 치른 후 얼마 있
다가 가족들과 함께 입주하였는데(1936), 차남이 결혼을 하고 아이
둘을 낳자 최익한 부부와 남은 자식들만 따로 인근에 셋집 하나를
마련하여 이주한 듯하다(1944).50) 또 최익한은 1940년 8월 자기
호인 '소우카이滄海'로 창씨創氏하였다. 이는 공문서에만 기재되었
을 뿐, 자기 글에는 전혀 사용하지 않았다.51)

우리는 그의 거주지로써 살림 규모를 엿볼 수 있다. 창해는 1920
년 안국동에 60평의 셋집을 얻어 400원으로 계모(부친의 첩)와 자기
남동생 익채益采·익래益來와 함께 하숙집을 운영하였다. 당시 400

---

48) 최익한은 자기 하숙생이 15명 있는데, 1명에 16원씩 받는다고 하였다. <최익한
　　신문조서(제3회)>, 국사편찬위 한국사데이터베이스.
49) 토지 소유자를 보면, 1921~25년에는 송석하의 부친 송태관宋台觀(이토 히로
　　부미의 통역관)이고, 1929~34년에는 송석하의 동생 송경宋璟이다. 안국동 52
　　번지는 현재 주택은 52~1로, 대지는 52~2, 3, 4, 5, 6, 7번지로 분할되어 있다.
50) 최익한은 1944년 1월 6일 창신정 651~18번지로 전거轉居한 기록이 있으며,
　　그 번지(대지 27평, 건평 14평)의 토지 소유자는 홍해익洪海翼으로 되어 있으니,
　　최익한은 전세로 들어간 것으로 여겨진다.
51) 당시 최익한의 차남 학소學韶의 성명·주소도 '滄海(崔)学韶(창신정 633~22)'
　　로 나온다.《동아일보》(1940. 6. 19); 국가기록원 분류번호 829 <형사사건부>
　　(1943) 참조.

원은 쌀 8~10섬 정도의 가치였다. 매월 가족 식비를 빼고 나면 월 40원의 이익이 남았는데 전부 아우들 학비에 보탰다. 그리고 1936년 출옥 후 그는 창신동(633~22)에 16평의 집을 사서 자기 부부와 자녀 5명(37년생 딸 포함), 큰며느리와 함께 생활하였다. 부친의 첩은 잘 모르겠다. 여하간 산비탈의 협소한 집에서 약 8명이 산 것으로 추정된다. 그러다 1944년 그는 바로 아랫동네인 창신동(651~18)의 14평 전셋집으로 식구 일부와 함께 분가하여 나갔다.

<기존 연보>에는 최익한이 천석꾼의 아들로 되어 있지만, 자금 운용 규모만 따지면 그는 늘 간고한 생활을 하였다. 물론 일제강점기에 그가 집안 도움으로 일본 유학까지 하였으니, 최상류층인 것만은 분명하다. 그러나 그의 창신동 산동네 삶은 요즘으로 치면 극빈층에 속한다.52) 온 집안이 민족해방과 사회주의운동에 전념하여 결국 벼랑에 몰린 셈이다. 그는 광복 후에 장안파 활동으로 가세가 더 기울었는지, 1946년에는 혜화동 산동네 15평 집으로, 또 남산골 셋집으로 계속 전전하게 된다.

송찬섭은 창신동 주소도 파악하지 못한 채 최국소(최익한의 조카)의 기록에만 의존한 나머지, 연보에서 최익한이 주류 소매점을 한 곳은 '창신동 자택'이라 하였는데, 이 역시 오류이다.53) 최익한은

---

52) 후손의 기록에 의하면, 최익한이 광복 전에 창신동의 100여 평 되는 집에서 살았다고 하나, 이는 아마 건평 50평 내외의 셋집으로 단기간 머물렀을 것이다. 최익한은 1941년 봄부터 1944년 11월까지 생계형 주류 도소매점(술집)을 운영하였으므로 수익이 조금 생겼을지도 모른다. 최국소, <순국열사 최재소 종제의 넋두리>, 《함께 보는 우리 역사》 85집(2000), 역사학연구소, p28 참조. 자세한 것은 본서 p686 각주 129 볼 것.

53) 송찬섭, 《실학파와 정다산》 p582; 《조선 사회 정책사》 p232; 《여유당전서를 독함》 p307; <해방 후 최익한의 사회주의 운동과 '변백장'>, p135, p153.

<변백장>에서 동대문 밖 현주소의 부근 소매점에 간판을 걸고 개업하여 가동家僮(사내종) 1명을 부렸다고 밝혔으므로 자기 집에서 가게를 차린 것이 아니다.54) 창신동 633~22번지의 16평 집은 산비탈의 골목 안쪽에 있어 술집 자리가 아닐뿐더러 여덟 식구 살기에도 비좁은 곳이다. 그러니까 그는 자기 집 부근 '길목'에다가 구멍가게를 얻은 것이 틀림없다.

<변백장>에 의하면 자기 친구인 양조업자 김종필金鍾弼한테 술을 공급받았는데, 사내종 1명으로 매일 1~2시간이면 족히 일을 처리하고도 남음이 있다고 하였다. 이는 무엇을 뜻하는가? 최익한은 전년도(1940)에 받은 동아일보사 퇴직금을 장사 밑천으로 막걸리 중간도매상이 되었는바, 사내종이 자전차(짐바리 자전거)로 창신동 일대 술집에 막걸리통을 재빨리 실어 나르기만 해도 충분히 하루 이익이 생겼다는 말이다. 그러므로 최익한의 가게 위치는 배달이 편리한 '길목'이 될 수밖에 없다. 또 그는 음식까지 파는 주류 소매를 겸한지라 아들 학소네도 적잖이 거들었을 것이다.55)

최국소는 <순국열사 최재소 종제의 넋두리>에서 "광복이 되고 큰댁(최익한)은 창신동의 100여 평 되는 기와집에서 혜화동의 15~6평 되는 방 3개짜리 아주 작은 언덕집으로 이사를 갔다"고 하였다. 송찬섭은 이에만 국한되어 최익한이 제법 넓은 창신동 자택에서 술집을 차렸다고 하였는데, 이는 어불성설에 불과하다. 과연 이런 거택의 한켠에 술집을 차려 놓고서, 최익한이 <변백장>에 자기 가게를 '소규모 혈점穴店'(구멍가게)이었다고 거짓으로 썼을까…?! 1941년 봄에 그가 술집을 시작할 때의 자택은 창신동 633~22번지의 16평으로 도저히 술집을 차릴 수 없는 산중턱의 비탈에 있었으며, 또 1944년 1월에 이사한 곳은 바로 아랫동네인 창신동 651~18번지의 14평 셋집이었다.

54) <변백장>, 앞의 책, p317. 여기서 '현주소'는 '창신동'을 가리키겠지만, 최익한은 <변백장> 작성일(1946.3.3) 직전에 혜화동 산동네로 이사한 듯하다.
55) 앞의 <형사사건부>(1943)에 학소의 직업이 '음식점'으로 되어 있다.

이를 종합해 보건대 최익한의 서울 생활은 10년 옥살이에 근근이 풀칠하는 빠듯한 삶의 연속이었다 해도 과언이 아니다. 어쩌면 그는 일제시대 노동하는 소부르주아 인텔리로서 자기 생계 노력을 할 만큼은 다하지 않았을까 하는 의문 아닌 확신을 이 〈상세 연보〉의 소소한 성과로 삼고 싶다.

끝으로, 필자가 과학원 기관지 《조선어문》 등에서 새로 찾아낸 최익한의 북한 행적을 원문 그대로 싣는다. 1948년 4월 월북 이후 그의 행적은 거의 알려져 있지 않았는데, 이제 자료를 통해 그가 김일성종합대학 조선어문학부 조선문학과 부교수, 과학원 조선어 및 조선문학 연구소(1956년 언어문학연구소로 개칭) 연구사를 겸임하며 제1기 조선최고인민회의 대의원(남한의 국회의원)을 지낸 후, 1957년에 숙청된 정황을 소략하게나마 확인할 수 있다.56)

---

56) 《조선어문》은 1956년 2월 창간된 과학원 기관지로 조선어 및 조선문학 전문 학술지이다. 최익한의 행적은 《조선어문》에 1955년 10월부터 1957년 1월까지만 실려 있고, 1957년 6호(10월)의 머리말부터는 그에 대한 비판이 보인다. 필자는 그의 행적을 보완하기 위해 《로동신문》, 《민주조선》, 《인민일보》, 《문학신문》 등과 《조선중앙년감》, 《력사과학》, 《조선문학》, 《해방 후 10년 일지》, 《김일성대학학보》, 《과학원학보》 등과 당시 발간된 여러 도서들도 더 조사하였다. 그러나 내용상 특별한 것이 없어 《로동신문》에서 2건, 《민주조선》, 《문학신문》, 《력사과학》, 기타 도서 등에서 각 1건만 추려서 본론에 원문 그대로 기록하고, 나머지는 연보에 간략히 정리해 두었다.
최익한은 1949년경부터 김일성종합대학 조선어문학부 조선문학과 부교수로 임용되고, 1952년 10월 창립된 과학원의 조선어 및 조선문학 연구소에서 연구사를 겸임하며, 최고인민회의 대의원을 9년간(1948~1957) 지낸 것으로 보인다. 1957년 9~10월경 숙청되어 정교수는 되지 못한 듯한데, 와세다대 중퇴 학력으로 정교수가 되기는 쉽지 않았을 것이다. 그는 1956년 12월에 논문 《실학파와 정다산》으로 학사학위(남한의 석사학위)를 취득하였으니, 이때 논문을 수정하였을 가능성도 없지 않다. 참고로 《실학파와 정다산》은 1955년 8월 평양 국립출판사에서 이미 책으로 간행된 바 있다.

송찬섭은 〈기존 연보〉에서 "(최익한은) 1948년 4월 평양에서 열린 남북연석회의에 참석차 월북하였으나, 곧 정치적으로 소외되면서 김일성종합대학에서 강의하며 다시 국학 연구에 몰두하였다"고 적었다.[57] 이는 최익한이 9년간이나 최고인민회의 대의원을 지냈던 사실 자체를 전연 모르고서 오판한 것이다.[58] 또 그는 근래에도 최익한의 대의원 행적을 알지 못한 채, "북행 이후 최익한의 정치활동 자료는 남아 있지 않다. (……) 그는 정치활동 대신 김일성종합대학에서 강의를 하고 국학의 다양한 분야에서 집필활동을 하였다. 이는 1930년대 말에서 1940년대 초 그의 국학활동을 연상케 한다"고 비스름히 곡해하였다.[59]

무엇보다 최익한이 전혀 쓰지 않은 '국학'이란 말을 그에게 갖다 붙이는 것은 그의 이념성을 퇴색시키는 안이한 우편향적 태도이니만큼 이제는 지양되어야 마땅하다. 필자의 조사에 따르면, 최익한은 북한의 학계와 정계에서 동시에 활동하였다. 그가 숙청되기 전까지 특별히 소외되었다고 볼 만한 흔적을 찾기는 어려우며, 당시 고전문학(특히 실학 및 다산) 연구를 주도해 나간 것으로 보인다.

---

57) 〈조카가 작성한 최익한 연보〉(2011), 앞의 책, p293; 송찬섭,《실학파와 정다산》, 2011, p18(1989년 판은 p10).

58) 최익한은 근로인민당 일원으로 월북한 후에 제1기 조선최고인민회의 대의원(1948. 8. 25~1957. 8. 26)을 만 9년간 지냈는데, 숙청 직전 대의원 직위의 박탈 여부는 확인되지 않는다. 근민당의 최고인민회의 대의원 수를 보면, 제1기에는 20명이나 선출되었지만 제2기에는 4명밖에 재선되지 않았다. 그들은 바로 남로계와 연안계에 거리를 두었던 백남운白南雲·이영李英·이만규李萬珪·이여성李如星이다.《북한최고인민회의 자료집》1집(1988), 국토통일원, p99, pp123~5;《북한최고인민회의 자료집》2집(1988), pp79~80; 이주철,〈북한최고인민회의 연구〉,《국사관논총》96집(2001), 국사편찬위원회, p256.

59) 〈월북 이후 최익한의 학문과 집필활동〉(2018), 앞의 책, p66.

최익한의 북한 행적

조선 민주주의 인민공화국 최고인민회의 제7차 회의에서의 토론: 1954~1956년 조선 민주주의 인민공화국 인민 경제 복구 발전 3개년 계획에 관한 보고에 대하여 (대의원 최익한)

나는 1954~1956년 인민 경제 복구 발전 3개년 계획에 관한 보고를 전폭적으로 지지 찬동하면서 공화국 과학 문화 사업에 복무하는 대의원의 한 사람으로서 토론에 참가하려 합니다.

이번 심의되는 인민 경제 복구 발전 3개년 계획에는 전쟁 전의 수준에로 우리의 인민 경제를 복구하는 데만 그치는 것이 아니라 더 전진하며 발전할 것을 예견하고 있습니다.

경애하는 수령 김일성 원수께서는 정전이 실현된 새로운 환경에서 "모든 것을 민주 기지 강화를 위한 전후 인민 경제 복구 발전에로!"라는 전투적 구호를 전체 인민에게 제시하였습니다.

우리나라의 장래 발전에 거대한 의의를 가지고 있는 인민 경제 복구 발전 3개년 계획은 우리 과학·문화인들 앞에 실로 중대한 임무를 주고 있습니다.

과학과 문화는 물질적 생산과 사회적 경제를 자체의 토대로 하고 있는 만큼 사회 경제 생활과 분리될 수 없으며 경제적 제 요구와 긴밀히 련결되여야 하며 인민들의 생산 활동과 결합되여야 하겠습니다.

때문에 우리 과학 문화 일군들은 쏘련을 비롯한 선진 국가들의 선진적 과학 기술과 생산에서의 문화성과 조직성을 배우며 그의 혁명적인 고귀한 경험들을 적극 섭취하여 우리나라 산업 경제 건설에 도입함과 동시에 그를 일반화하여 대중의 소유로 만드는 데 온갖 력량을 경주하여야 할 것입니다.

우리 과학·문화 일군들은 공장·광산·기업소·농촌·어촌 들에 깊이 들어가서 과학 리론의 연구와 기술을 련결시키며 기술을 대중화함과 동시에 대중들에게서 배워야 할 것입니다.

또한 인민 경제 복구 발전을 위한 전인민적 과업 중에서 우리 과학·문화 일군들 앞에 제기되는 중요한 과업의 하나는 근로 인민들을 고상한 애국주의와 프로레타리아 국제주의 정신으로 교양하는 사업입니다.

특히 우리 과학·문화 일군들은 혁명에서의 불패의 무기로 되는 맑스-레닌주의 세계관을 심오하게 연구하며 그 토대 우에서 광범한 근로 대중에게 이를 해설 선전함으로써 그들을 힘찬 로력 투쟁에로 고무하여야 할 것입니다.

우리 과학·문화 일군들은 경애하는 수령 김일성 원수의 교시를 높이 받들고 과학·문화를 보다 높은 단계로 발전 향상시킴에 총궐기하여야 할 것입니다.

나는 우리 인민 경제 복구 발전 3개년 계획이 조선 로동당과 인민 주권의 지도하에 우수하게 계획적으로 조직된 로동 생산력에 의하여 성과적으로 달성될 것을 확신하면서 이 계획 초안을 법령으로 채택할 것을 찬동하는 바입니다. (《민주조선》, 1954.4.24, 3면)

김하명의 《연암 박지원》 머리말

연암의 저술이 모두 어려운 한문으로 표기되여 있는 것이 적지 않은 난관이 아닐 수 없었다. 이 난관은 많이는 최익한·홍기문·정렬모·리상호 제 선생의 친절한 지도에 의하여 돌파하였다. (……)

마지막으로 이 책을 집필하는 전 행정을 통하여 여러 가지로 지도하여 주신 최익한 선생을 비롯한 선배 여러 선생들께 심심한 사의를 표하는 바이다. (《연암 박지원》 p14, p16) *이 책은 1955년 4월 5일 머리말이 작성되고, 동년 8월 10일 국립출판사에서 발행됨.

남반부 출신 교수·교원·과학자 회의 진행

남반부 출신 교수·교원·과학자 회의가 21일 저녁 김일성종합대학 강당에서 진행되었다.

회의에는 과학원 부원장 최삼열 원사(전 금강전기주식회사 기술고문), 송도정치경제대학 학장 정진석 부교수(전 연희대학교 교수), 김일성종합대학 도상록 교수(전 민전 교육·문화부장), 과학원 화학 연구소 소장 려경구 후보원사(전 서울대학교 교수) 김일성종합대학 최익한 부교수(전 민전 중앙위원회 기획부장), 기타 공화국 각 대학에 있는 남반부 출신 교수 및 교원들과 과학 연구 기관에 있는 남반부 출신 과학자들이 다수 참가하였다.

회의에서는 미제와 리승만 역도의 식민지 노예 교육을 반대 하며 학원의 민주화와 교육 및 과학 연구 사업의 자유를 위하 여 투쟁하는 남반부 교원들과 학자들을 지지 성원할 데 관한 문제를 토의하였다.

석상에서 김일성종합대학 신남철 부교수(전 서울대학교 교수)가 보고하였다. (……)

보고를 지지하여 김일성종합대학 홍기문 부교수(전 서울대학교 대학원 강사), 과학원 물질문화사 연구소 김용준 연구사(전 서울 예술대학 교수), 김일성종합대학 강천문 교원(전 서울상과대학 교수), 김책공업대학 김재도 교원(전 서울대학교 교수), 김일성종합대학 한인석 교수(전 서울대학교 교수) 등 많은 교원·학자들이 토론하 였다. (……)

토론에 이어 회의에서는 전체 참가자들의 비등된 열의 속에 남반부 교수·교원·과학자들에게 보내는 편지를 채택하였다.

(《로동신문》, 1955.5.23, 1면)

과학계 소식: 8·15해방 10주년 기념 학술 보고회

과학원 조선어 및 조선문학 연구소에서는 8·15해방 10주년을 맞으면서 1955년 10월 3~4일 량일간에 걸쳐 학술보고회를 진행하였다.

회의에는 우리나라의 저명한 학자들, 대학 교원들과 학생들 그리고 문화예술 일군들이 다수 참석하였다. (……)

이튿날 문학 부문으로서 안함광 연구사의 <1920년대의 조선 문학의 특질>과 그리고 최익한 연구사의 <리규보의 문학에 대하여>라는 제목의 보고가 있었다.

김일성종합대학에서는 1955년 10월 26일부터 28일까지 3일간에 걸쳐 8·15해방 10주년 기념 과학 콘페렌치야를 진행하였다.

력사 어문 분과 회의는 27~28일 량일간에 걸쳐 진행되였다.

27일 최익한 부교수는 자기의 론문 <정다산의 시문학에 대하여>에서, 우리나라의 저명한 사상가이며 시인인 정다산의 시문학의 내용과 형식 및 그의 반봉건적 사상성에 대하여 보고하였다. (1956년 1호, p97) * 이하 출처 표시가 없는 기사는 모두 《조선 어문》에서 인용한 것이다.

과학계 소식: 조선 방문 중국문화대표단들과의 좌담회

과학원 조선어 및 조선문학 연구소에서는 조선 방문 중국문화대표단과 1955년 11월 30일과 12월 4일 량일간에 걸쳐 좌담회를 진행하였다.

좌담회에는 중국문화대표단 단장위 각 동지를 비롯한 그 단
원들과 조선어 및 조선문학 연구소 소장 리극로 후보원사를
비롯하여, 홍기문·김병제·최익한·김수경 연구사들과 기타 관
계자 다수가 참석하였다.

동 좌담회에서는 조선에서의 서사어의 력사, 훈민정음의 발달
과정, 조선 문자 개혁의 전망과 당면 과업 등 문제들이 진술
되었고 조선에서의 한자 철폐에 관한 경험이 교환되었다.

또한 중국 문자 개혁 운동에 관한 일련의 중요한 문제들도 토
의되었고 호상 의견이 교환되었다. (1956년 1호, p97)

과학계 소식: 조선어 및 조선문학 연구소 3년 총화회의 진행

1955년 12월 3일 조선어 및 조선문학 연구소에서 3년 총화
회의를 가지였다. 회의에는 과학원 서기국, 과학원 사회과학
부문위원회를 비롯하여 중앙당·김일성종합대학·작가동맹 등
에서 많은 과학 일군 및 어문학자들이 참석하였다.

회의에서 소장 리극로 후보원사가 보고하였다. (……) 〈정다산
의 시문학에 대하여〉(최익한) 등은 민족 문화 유산의 옳은 계승
을 위한 문제를 구체적 자료를 통해서 제기한 것이었다.

문학 관계의 론문으로서는 〈조선문학사와 한문학사의 관계〉
(최익한), 〈조선 계몽기 문학의 력사적 고찰〉(안함광) 등이 발표
되었는바, 이들은 조선문학사의 과학적 수립을 위한 귀중한
토대로 될 것이다. (……)

보고가 끝난 후 최익한·홍기문·김병제 연구사, 송서룡 학사, 윤세평 동지들이 토론에 참가하였다. (1956년 1호, pp97~9)

과학계 소식: 박연암 서거 150주년 기념 보고회

1955년 12월 10일, 과학원 조선어 및 조선문학 연구소와 작가동맹과의 공동 주최로, 18세기 조선의 탁월한 예술가이며 위대한 사상가인 연암 박지원 서거 150주년 기념 보고회를 가지였다.

보고회는 최익한 연구사의 사회로 작가동맹 중앙위원회 한설야 위원장이 보고하였다. 보고자는 인민의 립장에서 농민·서민·천민들을 동정하며 봉건 사회의 부패성을 폭로 풍자한 18세기 조선 실학파의 우수한 거장인 연암 박지원의 고상한 인도주의적 사상과 그의 예술의 사실주의적 수법 및 선진적 미학 사상, 그리고 유물론적 견해들을 분석·천명하였다. 동시에 그의 문학의 내용 및 형식이 우리 문학 사상에서 논 선구적 역할을 지적하면서 우리들의 고귀한 문학 유산의 하나인 연암 박지원의 작품들에 대한 심오한 연구와 그를 계승 발전시킬 데 대하여 강조하면서 자기의 보고를 끝마치였다. (1956년 1호, p99)

정다산에 관한 연구 사업

과학원 최익한 연구사는 《실학파와 정다산》이란 저서에서 다산의 사상가적 경력에 대한 사회적 개관, 철학적 제 견해, 정치·

경제사상 등 각 분야에 걸치는 연구 결과들을 발표하였으며, 《조선 봉건 말기의 선진학자들》을 비롯한 소책자들과 잡지들을 통하여 정다산의 생애와 활동과 그의 진보적 사상 체계 등을 개괄적으로 발표하였다. (《로동신문》, 1956.4.7, 3면)[60]

어문학계 소식: 학사학위 론문 공개 심의 회의 진행

지난 5월 30일 김일성종합대학에서는 동 대학 조선문학 강좌 한룡옥 교원의 학사학위 론문 《조선 고대 설화 연구》에 대하여 심의하였다. (……)

론문 제출자의 론문에 대한 보고가 있은 후 질의 문답을 진행하고 강좌 학부 평정서가 랑독되였다. 뒤이어 공식적 심사위원인 중앙당학교 신구현 부교수와 김일성종합대학 리응수 부교수의 평정이 있은 후 지도교수 최익한 부교수의 발언이 있었다. 그밖에 박시형 원사를 비롯하여 김일성종합대학 고정옥 교원, 인민경제대학 정희준 교원 및 김일성종합대학 최시학 교원들의 토론이 있었다. (……)

학위 론문 공개 심사 회의는 한룡옥 동지에게 어문학 학사학위를 수여할 것을 결정하였다. (1956년 4호, p109)

---

60) 원문에는 《조선 봉건 말기의 선진학자들》이 《리조 봉건 사회 말기의 선진학자들》로 되어 있다. 1956년 4월 7일 저녁에 과학원 주최로 진행된 정다산 서거 120주년 기념대회에서 그의 시 <솔 뽑는 중僧拔松行>, <범 사냥獵虎行>과 산문 <감사론監司論> 등이 낭송되었고, 동일 《로동신문》에도 이미 게재된 바 있다. 위의 다산 시문은 최익한 연구사가 번역하고 공훈배우 황철 동무가 낭송하였다. 《로동신문》(1956.4.7) 3면; 《조선어문》 4호(1956), p35 참조.

어문학계 소식: 언어문학연구소 제4차 과학 연구 발표회

지난 10월 23~24일 량일에 걸쳐 언어문학연구소 제4차 과학
연구 발표회가 진행되였다.
회의에는 최고인민회의 상임위원회 위원장 김두봉 원사 및 과
학원 원장 백남운 원사를 비롯하여 많은 어문학자들과 시내
교육기관 일군들이 참석하였다. (……)
이튿날 24일에는 고정옥 연구사의 연구 론문 <조선문학의
쟌르에 관하여>와 신구현 연구사의 <제2차 작가대회 결정과
문예 과학 및 문학 교수 사업에서 제기되는 몇 가지 문제>가
발표되였다. (……)
보고에 이어 작가동맹 윤세평, 김일성종합대학 최익한·김하명·
최시학, 평양사범대학 류창선, 고전예술극장 렴정권 제 동지
들의 토론이 있었다. (1956년 6호, pp104~5)

어문학계 소식: 학사학위 론문 공개 심의 회의 진행

1956년 12월 13일과 14일 량일간에 걸쳐 김일성종합대학 제
15차 학사학위 론문 심사 공개회의가 동 대학에서 열리었다.
(……) 다음 14일에는 역시 김일성종합대학 어문학부 최익한
부교수의 학사학위 론문 《실학파와 정다산》이 심의되였다.
회의 사회자인 한규학 동지는 "이 론문은 두 공식 심사위원의
평정에 의하면 박사학위 론문에 해당한다고 하므로, 공식 심
사위원을 한 분 더 선정하여, 해당 박사학위 론문 심의기관에

제출하는 것을 결정하면 좋겠다"고 개회사에서 언급하였다.
본 론문은 우리 민족의 우수한 문화-사상적 전통을 과학적으로 리해·해명하기 위해서 실학파의 사상 및 학설에 대한 심오한 연구 축적의 발표인 것이다. 본 론문은 상하 량편으로 구성되어 있는바, 상편에는 정다산의 실학의 연원을 개괄하고 있으며, 하편에는 본론으로 실학파와 정다산의 사상-학술적 업적을 서술하고 있다.

동 론문의 토론에는, 공식 심사위원인 박시형 원사, 김광진 후보원사들을 비롯하여 홍기문·신남철·정렬모 부교수들과 김세련 교원이 참가하였으며, 토론자들은 필자의 해박한 지식과 재능을 높이 평가하고 이 론문의 심오한 과학성에 대하여 특히 강조하였다. 또한 이 론문이 비단 어문학 분야에서뿐만 아니라 력사·경제학 연구에도 귀중한 공헌을 하였음을 인정하고 이 론문이 박사학위 론문에 해당한다고 토론자들은 일치하게 강조하였다. 심의 표결 결과 최익한 부교수에게 학사학위를 수여할 것이 결정되었다. (1957년 2호, p80)

어문학계 소식: 언어문학연구소 제1차 평의회

지난 1월 19일 언어문학연구소 제1차 평의회가 동 연구소에서 열렸다. 회의에서는 소장 김병제 동지의 <1956년도 과학연구 사업 총화 및 1957년도 평의회 계획>에 대한 보고가 진술·토의되었다. (……)
문학연구실에서는 안함광·최익한·한효 연구사들을 중심으로

하는 《조선문학통사》[61]의 집체적 집필이 거의 완성되여 머지 않아 출판에 회부되게 되였으며, 그 외에도 수 편의 론문이 발표되였고, 고정옥 연구사의 황해도 사리원 지방에서의 탈춤에서의 '굿'에 대한 자료 수집과, 안함광 실장의 과거 로동운동 시기의 귀중한 자료 수집을 비롯하여 적지 않은 자료들이 수집되고 있다. (1957년 2호, pp81~2)

연암 박지원 탄생 220주년 기념 학술 보고회 진행

연암 박지원 탄생 200주년을 기념하여 평양을 위시한 공화국 각지에서 학술 보고회가 광범히 진행되였다.

지난 2월 27일 김일성종합대학에서는 〈력사가로서의 박지원〉, 〈연암 박지원의 평론 활동——그의 사의지법寫意之法〉[62] 에 대하여 력사학 박사 박시형과 평론가 신구현이 각각 학술 보고를 하였다.

28일에는 평양사범대학과 과학원에서 〈연암의 사상과 문학〉 (김일성종합대학 부교수 최익한), 〈'열하일기'에 대하여〉(평론가 윤세평), 〈연암 박지원의 교육 사상에 대하여〉(평양사범대학 교원 박형성), 그리고 기타 제목으로 각각 학술 보고회가 진행되였다. (《문학신문》, 1957. 3. 7, 1면)

---

61) 1959년 5월 20일 발행된 《조선문학통사 (상)》(과학원 언어문학연구소 문학연구실 편, 과학원출판사)의 '제9장 19세기 문학'(pp341~370)을 보면, 최익한의 논문 〈정다산의 시문학에 대하여〉(1956)와 유사한 부분이 있다.
62) 사의지법寫意之法 : 원문의 '상의지법'은 오식. 한자는 필자가 추가함.

위대한 사회주의 10월 혁명과 조선 어문학

우리 문학계에서 각종 류파의 반동적 문학 리론을 성과적으로 격파하기는 하였으나, 그 여독은 아직도 완전히 청산되지 못하였다.

뿐만 아니라, 문학을 비롯한 일부 과학 부문에는 8월 전원회의에서 폭로·규탄된 최창익을 두목으로 하는 종파분자들에게 추종하면서, 당의 문예 및 과학 정책을 왜곡·훼손시킨 자들도 있다.

지난 시기 《조선어문》에 발표되였던 론문 〈정다산의 시문학〉 또는 〈조선문학의 개화 발전을 위한 조선로동당의 투쟁〉이 바로 이런 영향을 입은 것들이였다. 이 론문들은 민족 문화유산을 옳게 계승 발전시키라는 당의 정책을 외곡하였으며, 문예 부문에 대한 당의 정책을 비속화하였다.[63]

따라서 이들 종파분자들이 뿌려 놓은 반당적 리론과의 투쟁이 특히 급선무로 제기된다.

그러기 위하여서는 당의 문예 정책에 대한 심오한 연구를 진행함과 아울러, 조선에서의 사실주의 문학의 발생과 발전에 대한 제반 문제를 맑스-레닌주의적 방법론에 립각하여 옳게 검토 분석하여야 한다. (1957년 6호, pp3~4)

---

[63] 이 문단은 《조선어문》 5호(1958)의 머리말 p6에도 다시 실렸다. 여기서 〈조선문학의 개화 발전을 위한 조선로동당의 투쟁〉은 한효의 〈우리 문학의 개화 발전을 위한 조선로동당의 투쟁〉(《조선어문》 57년 2~3호)을 가리킨다.

학계 소식: 사회과학 부문 연구 사업에서 당 정책의 관철을 위한 사회과학자 협의회

지난 5월 13일 우리 당 중앙 위원회의 직접적 지도하에 과학원 사회과학 부문 위원회에서는 사회과학자 협의회를 진행하였다. 시내 각 대학 및 연구기관들에서 170여 명의 사회과학자들이 회의에 참가하였다. 회의에서는 사회과학 부문 위원회 위원장 김석형 동지가 〈사회과학 부문 연구 사업에서 당 정책의 관철을 위하여〉를 보고하였다. (……)

우리 사회과학계는 비판 사업이 거의 진행되지 않았을 뿐만 아니라 론쟁도 거의 부진 상태에 있었다. 때문에 우리의 과학 발전은 우리 당이 요구하는 수준에 비하여 뒤떨어져 있었으며 질이 낮은 론문들이 계속 발표되고 있었다. 이에 대하여 보고에서는 우리 학도들이 교조주의적 태도를 극복하지 못하고 있으며 창조성이 미약하며 대담하게 생각하고 생동성 있게 문제를 제기하지 못하고 있으며 남의 글을 그대로 옮겨 놓거나[64] 조립식으로 론문을 쓰는 참을 수 없는 현상이 지속되고 있다는 것을 지적하였다. 이와 같은 결함은 다음 실례들에서 집중적으로 표현되고 있다는 것을 지적하였다.

리형일 저 〈정다산의 철학 사상〉, 송택영 저 〈변증법적 유물

---

[64] 리형일의 논문 〈근세 조선의 진보적 사상가 다산 정약용〉(《근로자》 2호, 1956. 2. 25)과 김석형의 논문 〈정다산과 그의 사상〉(《로동신문》, 1956. 4. 7)의 내용이 거의 흡사하다. 시기상으로는 오히려 후자가 전자를 베껴야 할 듯하나 정확한 것은 알 수 없다.

론의 구조에 관하여>, 함봉석 저 <독일 고전 관념론과 헤겔 변증법 비판>, 신호근 저 <해방 후 조선에서 맑스-레닌주의 당 창건의 몇 가지 력사적 전제>, 최익한 저 <정다산의 시문학>, 리여성 저 《조선 미술사 개요》 등을 들 수 있다고 하였다. 질이 낮은 론문들은 이 외에 언어학·문예학·고고학·민속학 부문들에서도 찾아볼 수 있다.65)

보고에서는 이러한 엄중한 결함들의 원인이 무엇보다도 먼저 사회과학자들이 우리 당 정책의 관철자이며 당의 사상 전선의 일익을 담당하고 있는 붉은 전사라는 자각성이 부족하며 당 정책을 관철시킬 데 대한 사상적 동원이 미약한 데 있다는 것을 지적하였다.

또한 우리 사회과학자들이 우리 당 정책의 정당성과 현명성을 옳게 파악하며 우리 당 정책이 나오게 되는 그 합법칙적 요구를 심각히 파악하기 위하여 현실 속에 깊이 파고 들어가지 못하였다는 것을 지적하였다.

다음으로 현 시기 매개 과학 연구 기관 및 대학들에 있어서 과학 연구 사업에 대한 조직 사업 수준이 낮으며 매개 과학자

---

65) 남한에서는 리형일의 <정다산의 철학 사상>(《력사과학》 7호, 1955), 최익한의 <정다산의 시문학에 대하여>(《조선어문》 2~4호, 1956), 리여성의 《조선 미술사 개요》(국립출판사, 1955)만 확인된다. 김석형은 위와 같이 비판한 후에도 자기 논문 <다산 정약용의 생애와 활동>(《다산 정약용 탄생 200주년 기념 론문집》, 1962)에 최익한의 '강진읍지설'을 그대로 인용하였다. 김석형 또한 다산에 대한 이해가 형식적이고 교조적이었기에 '강진읍지설'과 같은 허깨비의 장단에 쉽게 놀아났던 것이다(강진읍지설에 대해서는 졸고 <'실학파와 정다산' 해제> 볼 것). 따라서 김석형의 발언은 종파사건의 정치적 분위기에 편승한 것이니만큼 실제 사실과 모순되는 선동성이 강하다고 할 수 있겠다.

들이 대담하게 생각하고 대담하게 문제를 제기하지 않으며
비판과 론쟁을 활발하게 조직 전개하지 못하고 있다는 것을
지적하였다. 끝으로 아직 우리 사회과학자들이 리론이 빈곤
하고 자료의 축적이 미약하며 집체적 연구 사업을 미약하게
진행한 것이 또한 결함의 원인으로 되고 있다는 것을 지적하
였다.

보고에서는 지금까지 지속되여 온 결함을 퇴치하기 위한 대
책을 내놓았다. 그것은 전체 사회 과학자들이 당 정책과 결정
들을 깊이 연구하며 제때에 이를 리론적으로 해명한 심도 있
는 론문들을 당 기관지에 정상적으로 발표할 것이며 앞으로
학술 토론회를 비판과 론쟁 및 과학 사업에 대한 평가의 마당
으로 전환시키며 제기된 문제를 체계적으로 해결해 나가는
방향에서 진행해야 하겠다는 것을 강조하였다.

보고에서는 앞으로 집체적 연구 사업과 현지 연구 사업을 강화
하며 과학 연구 사업을 강화하며 과학 연구 사업의 토대 축성
사업을 강화하고 과학자들의 리론 수준을 제고하기 위하여 각
별한 노력을 기울여야 하겠다는 것을 과업으로 내놓았다.

끝으로 사회과학 부문 위원회의 지도적 역할을 제고하며 부문
위원회와 연구소들 및 각 대학들과의 련계를 더욱 긴밀하게
맺는 것이 중요하다고 강조하면서 보고를 끝냈다. (《력사과학》,
1959년 3호, pp84~5)

○ 최익한 계보도

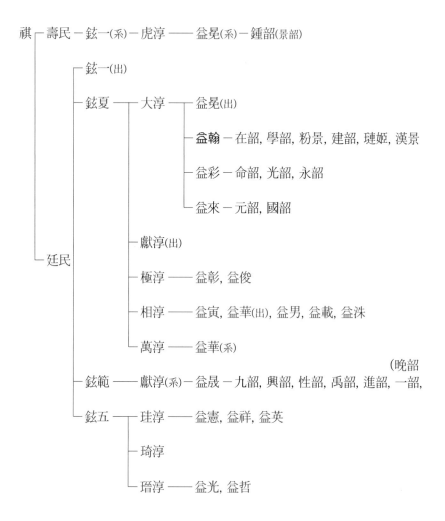

창해滄海 최익한崔益翰 연보

<u>1897</u> (1세)

4월 8일(음 3. 7): 강원도(현 경상북도) 울진군 북면 나곡羅谷 2리(속칭 골마) 471번지에서 강릉최씨江陵崔氏 수헌공파睡軒公派 대순大淳[1]과 동래정씨東萊鄭氏[2]의 차남으로 태어났다. 아명은 창수昌秀, 자는 운거雲擧, 호는 창해滄海·성해成海·돌샘石泉, 관명은 익한益翰이다.

---

1) 최대순(1869~1925): 자는 성집成集, 호는 소초素樵. 천석꾼 유학자로 슬하에 4남(익면益冕·익한·익채益采·익래益來) 2녀를 두었다. 익한의 당질인 구소九韶 (1932~2011)는 <기존 연보>에서 대순을 '천석꾼'으로 적었으나, 익한은 자금 운용의 규모 면에서 늘 간고한 생활을 하였다. 예컨대 익한은 10년 옥고를 치른 후 1936년에 가족과 함께 창신동 산비탈 16평(대지 34평) 집으로 이사하였고, 1940년에 동아일보가 폐간되자 총독부의 직업 알선을 거부한 채 1941~44년 까지는 그 퇴직금으로 주류점을 운영하였으며, 특히 해방 후에는 장안파 활동을 하면서 더 비좁은 혜화동 산동네, 남산골 셋집으로 전전하였던 것이다. 즉 전답 대부분은 교육비나 옥바라지 명목으로 헐값 처분되었으리라 생각된다.
2) 동래정씨(1865~1928): 퇴계 이황의 문인으로 이조판서를 지낸 정유일鄭惟一 (1533~1576)의 후손.

1901 (5세)

종조부 현일鉉一(1835~1904)에게 《천자문千字文》을 배우기 시작하여
열흘 만에 다 외우고, 《동몽선습童蒙先習》, 《소학小學》, 《격몽요결
擊蒙要訣》도 독송讀誦하였다.

1902 (6세)

《십구사략十九史略》, 《삼국사기三國史記》, 《삼국유사三國遺事》 등을
배울 적에는 생이지지生而知之의 총명이 있었다.
9월 22일(음 8.21): 조모 전주이씨全州李氏(1849~) 별세.

1903 (7세)

부친에게 사서四書를 배웠다.

1904 (8세)

오경五經을 독송하며 시부詩賦를 짓기 시작하였다.

1905 (9세)

제자백가를 섭렵하니 고을에서는 천재라 하였다.

1906 (10세)

영남의 만초晩樵 이걸李杰 선생을 초빙하여 1년간 수학하였다.

1907 (11세)

이걸 선생의 권유로 영남의 홍기일洪起一 선생을 새로 초빙하여 3년간 본격적으로 사서오경의 논지·비판 등과 성현의 문집을 독파하였다. 당시 고을의 석학 국은菊隱 윤병기尹炳夔 선생은 '대재大才'라는 칭호를 주었다.

1909 (13세)

이걸·홍기일 선생의 후원으로 봉화군奉化郡 법전면法田面 법전리에 사는, 퇴계 선생의 후손 유학자 이교정李敎正의 장녀 이종李鍾(1895 ~?)과 혼인하였다.

5월(음 3월): 청암정靑巖亭3) 시회詩會에서 장원을 하였다. "동해 바다 천년에 학 한 마리 나오니, 이름난 정자 3월에 뭇 꾀꼬리 모이더라 (繞海千年生獨鶴 名亭三月集群鶯)"는 구를 지었다. 이는 자신을 학으로, 봉화 유생들을 꾀꼬리로 빗댄 것이라 그 지역 유림들의 항의가 빗발쳐서, 부친이 봉화까지 내려가 사돈 이교정과 함께 즐거운(?) 사과를 하게 되었다고 한다.

1912 (16세)

봄: 조부를 모시고 양주楊州 선영(고조부 기祺의 묘)에 참배하러 갔다.4)

6월 28일(음 5.14): 조부 현하鉉夏(1851~) 별세.

12월 14일(음 11.6): 어느 영남 인사에게 '기복인碁服人 간찰'을 보냈다.

---

3) 1526년 안동권씨 충재沖齋 권벌權橃이 봉화읍 유곡리酉谷里에 세운 정자.
4) 《여유당전서를 독함》 9회(동아일보, 1938.12.21) 참조.

1913 (17세)

1916년까지 약 3년간 경남 거창군居昌郡 가북면加北面 중촌리中村里 다전茶田 여재如齋에서 면우俛宇 곽종석郭鍾錫에게 수학하였다.5)

12월 초: 울진 고향에 돌아와 있었다. 어느 날 곽종석이 병중에도 답장을 보내왔다. 성선性善과 효제孝弟에 대해 최익한의 인식이 높아진 것을 크게 칭찬하면서, 자족하지 말고 그 실천 또한 힘쓸 것을 거듭 강조한 편지였다.6)

1914 (18세)

당시 면우의 제자로 곽윤郭奫(1881~1927), 문존호文存浩(1884~1957), 권상경權相經(1890~1955), 김수金銖(1890~1943), 김황金榥(1896~1978) 등과 가까웠다.7)

8월 26일(음 7.6): 장남 재소在韶8) 출생. 어린 나이에 아들을 낳아 잘못이라도 저지른 듯하여 사흘 동안 아이 곁에 가지 못하였다.

---

5) 최긍민崔兢敏(1883~1970)의 《면문승교록俛門承教錄》(1974) p71a에 의하면, 최익한은 1913년에 면우의 문하생이 되었다고 한다. 그러므로 최익한이 곽종석에게 5년간(1911~1916) 수학했다는 기존 최구소·송찬섭의 설은 오류이다. 곽종석(1846~1919): 한말 영남학파의 거유로서 독립운동가. 1919년 파리장서 사건을 유림 대표로 주도하여 3개월간 투옥된 후 병보석으로 풀려났으나 곧 병사하였다. 1963년 건국훈장 독립장이 추서되었으며, 저서 《면우집》(1925)에 최익한 관련 시문 8편이 실려 있다. 익한의 형 익면도 면우 문하생이었다.

6) <답최운거익한答崔雲擧益翰 癸丑>, 《면우집》 권126, 1925, pp1b~2b 참조.

7) <유사遺事>, 《오강문집吾岡文集》 권8, p16a 참조.

8) 최재소(1914~1937): 자는 명보明甫. 서당 수학, 울진보통학교 졸업. 울진적색 농민조합의 결성에 참여한 후 야학과 독서회 활동을 하다가, 1934년 검거되어 징역 2년 6개월형을 선고받고 1937년 복역 중 고문 후유증으로 옥사하였다. 2000년 8월 15일 건국훈장 애족장이 추서되고, 동년 9월 21일 국립대전현충원 애국지사묘역에 안장되었다.

1915 (19세)

시 <강각조추江閣早秋>, 논설 <심학心學>을 썼으며, 면우 문인들과 시문 및 편지를 주고받았다.9)

1916 (20세)

2월 말: 울진 고향에 있었다.

4월 17일(음 3.15): 소수서원紹修書院 제향일祭享日에 <울릉향가鬱陵香歌>를 지었다. 또 이즈음 유림장儒林葬(주로 스승 곽종석의 문우들 장례) 때마다 만사輓詞도 지었다.10)

늦가을: 김규열金圭烈·변기섭邊祺燮과 함께 면우 문하를 떠났다. 즉 최익한은 3년간(1913~16)의 수업을 모두 마친 것으로 보인다.11)

11월 14일(음 10.19): 차남 학소學韶12) 출생.

1917 (21세)

1월: 창해滄海·돌샘石泉이라 자호하였다고 한다. 이는 자료에 의한 추측일 뿐이고, 최익한은 어릴 적부터 이미 호를 썼을 것이다.

---

9) 송호완宋鎬完(1863~1919)의 《의재문집毅齋文集》에 <여재여최운거익한제군공부如齋與崔雲擧益翰諸君共賦>, <증최운거증崔雲擧>가 있고, 박응종朴膺鍾(1893~1919)의 《이당고易堂稿》에 <여최운거익한> 등이 있다.

10) <이승희李承熙에 대한 만사>(음 1916.4.28 葬), <기우만奇宇萬에 대한 만사>(음 1916.10.28 卒) 등이 있다.

11) 《면우집》 권123, p9, <答金士璋圭烈 邊允宅祺燮 崔雲擧益翰 丙辰>, "自送三君 齋間若無人 吾猶不以爲悵者 謂三君之志在正鵠 … 及此早寒 山房淸闃"

12) 최학소(1916~?) : 호 관석冠石. 울진보통학교 졸업. 중동고보 중퇴. 1934년 형 재소와 함께 울진적농 사건으로 검거되어 징역 3년을 선고받았다. 1939년 그 농민조합의 후신으로 항일비밀운동단체인 창유계暢幽契를 결성하여 1943년 검거되었으나 탈옥하였다. 저서에 《농민조합조직론》(1946)이 있다.

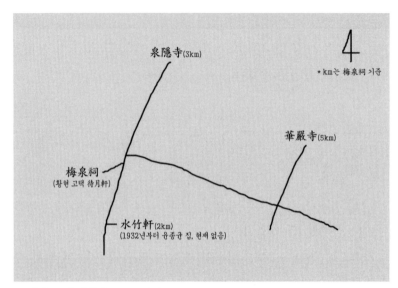

황현 고택 대월헌待月軒 주변도

봄~가을: 약관弱冠에 책보를 메고 지리산 산방山房으로 가 독서하
였다. 그곳은 매천梅泉 황현黃玹의 고택과 가까워서 그의 동생 석전
石田 황원黃瑗(1870~1944)은 물론 유당酉堂 윤종균尹鍾均(1861~1941)
선생도 알게 되었다.13)

---

13) 최익한은 〈유당집서酉堂集序〉(1943)에 다음과 같이 썼다. "당시 윤종균 공
公은 매천 고택에 머물면서 어른과 아이들 10여 명을 가르쳤다. 나는 자주 따라
놀며 정겹게 논하였고, 공도 와서 선방의 문을 두드렸다. 구름과 물이 길을 싣고
온 단풍은 선탑禪榻을 불사르니, 공과 더불어 흥겨워 운을 뽑아 시를 지으면서
서로 보고 즐겼다. 내가 가야장伽倻杖 하나 드리면 공도 지리산 대나무 통소로
보답하고 아울러 긴 고시 한 편도 보여 주었다(憶予丁巳弱冠 負笒讀書 南岳之
山房 此距梅泉古宅 僅隔莽蒼 時公舘是家敎導 冠童十數人 予得數數 從遊款論
公亦來敲禪扉 雲水載徑 萬楓烘榻 公與酬拈韻 相視而樂 予贈伽倻杖一枝 而公
亦酬 以智異竹簫 兼示長古一篇 以記其情 今於集中可攷也)"
또 윤종균이 최익한에게 준 시를 보면, 최익한이 약관 초에 호남을 유람하기 시
작하여 그해 늦가을에 암자를 떠난 것을 알 수 있다(蔚珍才子崔益翰 南遊年紀

3월 27일: 부안扶安 계화도界火島로 간재艮齋 전우田愚 선생을 찾아
가 성리설에 대해 질의문답하며 논쟁을 벌였다.

6월 14일: <최익한상전간재崔益翰上田艮齋>(약 4,900자) 초고를 작성
하고, 이후 간재 선생에게 7천여 자의 장문 편지를 투서하여 그의
성론性論을 비판하였다.14) 최익한은 초고를 보완하기 위해서 거창
여재如齋로 돌아가 면우 문인들과 토론하였을 것이다.

6월 20일: 동문인 김황金榥15)에게 편지를 보냈다.

1918 (22세)

경성기독교청년회관 영어과에 입학하였다.

곽종석의 후배인 장석영張錫英(1851~1926)에게 거경·궁리居敬窮理의
설과 체용·현미體用顯微의 묘리에 대한 답장을 받았다.16)

初弱冠 … 孤菴落日萬楓紅 老夫佳興與君同 臨別贈以伽倻杖 要我新詩頗淸爽,
<伽倻杖引 贈崔斯文益翰 兼 寄一枝簫>,《유당집》권3, p22a. 면수는 1968년
발행본에 따름. 이하 마찬가지).

14) <최익한상전간재> 원문은 본서 pp522~538 볼 것. 소현성, <양재陽齋 권순명
權純命의 성리사상—'최익한상간옹서변崔益翰上艮翁書辨'의 심본성설心本性說
을 중심으로>,《간재학논총》17집(2014), 간재학회, pp215~222; 이종우, <한
국유학사 분류방법으로서의 주리·주기 개념에 관한 비판적 연구>,《동양철학
연구》36집(2004), 동양철학연구회, p263 각주 11, p270 각주 31; 이종우,
<간재학파와 한주학파의 논쟁에서 비판논리 연구>,《유교사상연구》43집(20
11), 한국유교학회, pp130~3.

15) 김황(1896~1978): 자는 이회而晦, 호는 중재重齋·만암晚巖. 면우의 수제자로
동문들과《면우집》(1925)을 간행하였다. 파리장서사건으로 1주일간 구금되고
독립운동자금 모집 건으로 9개월 동안 투옥되었다. 저서《중재문집》(1989)에
최익한 관련 시문 4편이 실려 있다.

16) <답최운거>,《회당선생문집晦堂先生文集》권17, 1932, p7a 참조. 면우의 문인
정재성鄭載星(1863~1941)의《구재문집苟齋文集》권2에는 <차증최운거익한
次贈崔雲擧益翰>(1918)도 실려 있다.

가을에 이승희의《한계유집韓溪遺集》을 교정하던 곽종석이 병중이
므로 김수金銖·박응종朴膺鍾·김종화金鍾和·김황 문인들과 함께 교정
작업을 도왔다.17) 또 김황에게 남포벼루를 선물 받고, 그 뒷면에
〈남포연명南浦硯銘〉을 직접 지어 쓴 다음 새겼다.18)

1919 (23세)

3월 1일: 당숙 최진순崔瑨淳19)(선린상업학교 3년)이 조선독립만세를
부르고, 4월 2~3일 독립사상을 고취하는 〈경고문〉, 〈반도목탁〉,
〈조선독립신문〉 등을 교부하였다. 이 사건으로 그는 5월 12일 경
성지방법원에서 징역 1년 선고, 6월 26일 복심법원에서 공소控訴
(항소) 기각, 8월 14일 고등법원에서 상고 기각되어, 서대문감옥에
서 복역하다가 1920년 4월 26일 은면恩免(특별사면)되었다.

2월 27일~3월 7일: 김황이 고종 인산因山과 파리장서 건으로 서울
에 머물렀으나 최익한은 만나지 못하고 대신 최진순을 만났다. 최
익한은 4월 말까지 고향 울진에 있었던 것으로 추정된다.20)

---

17) 곽정,《면우선생연보》권6, 다천서당, 1956, p16b, "秋寢疾 一夜偶因落傷手臂
不任使運 又苦痢疾 凡數月而始差 病中校韓溪遺集 [剛齋晩號] 令門人輩 金銖 朴
膺鍾 金鍾和 金梡 崔益翰 執役而先生爲之鑑裁焉"

18) 최구소, 〈심현深玄의 우정〉,《울진문화》11호(1996), 울진문화원, p185.

19) 최진순(1901~?) : 자는 진옥晉玉. 동경고등사범학교 졸업. 중동학교교사·경성
여자보육학교장, 천진天津일본상업학교장·천진조선인민회 부회장, 홍익대 교수
등을 역임한 후 1950년 9월 초 행불되어 북한의 역사학계에서 활동하였다.

20)《중재문집부록》, 〈기미일기己未日記〉(음 1.27~2.6) 참조. 1919년 3월 3일
(음 2.2) 김황의 일기에 "최진순이 서울 숙소로 와서 얘기하였다(崔瑨淳來話 關
東之蔚珍人 崔益翰之從叔也 年未弱冠 才馨可愛 方在商業學校)"고 나온다. 그러
므로 장희흥이 디지털울진문화대전(http://uljin.grandculture.net) '3·1운동'조
에 "최익한은 서울의 만세 시위운동에 참가했다가 서대문형무소에 수감되었다"
고 한 것은 오류이다. 동일한 오류가 이경민의 논문에도 이미 보인다. 李景珉,

4월 말~6월 초: 곽종석이 파리장서사건으로 대구지방법원에 송치되었다. 그 차입물과 기타 용건 때문에 4월 말 최익한은 대구 남성정南城町(현 남성로)에서 3주 정도 머무르면서 동문 김규열金圭烈21)을 만났다. 면우는 4월 21일(음 3.21) 대구감옥에 투옥되고 5월 15일 (음 4.16) 공판이 있었으므로 이때 그들은 김황 등 여러 면우 문인들과 방청했을 것이다.22) 이후 최익한은 김규열과 이야기를 나누다가 구례 화엄사에 가서 면학하기로 약속하고 대구에서 같이 출발하여 그의 집에 이르러 약 20일 동안 함께 지냈다. 화엄사와 천은사 사이에서 옛 자취를 다시 찾아보았는데, 윤종균 공이 마침 한 초막에 살면서 향리 수재를 모아 놓고 시법을 가르치고 있었다.23) 절에서 공부하기보다는 서울에서 신학문을 배우려고 6월 초에 상경하였다. 1주일간 소격동昭格洞 여인숙에서 투숙한 후 화동花洞 128번지로 옮겨서 책을 구입 자습하며 전전하다가 1920년 10월 말에 안국동安國洞 52번지를 빌려 하숙집을 운영하였다.

<社会主義者と朝鮮の解放―朝鮮共産党の再建過程>,《朝鮮民族運動史研究》5 号(1988), 靑丘文庫, p95 참조.

21) 김규열(1893~1968) : 자는 사장士璋. 전남 구례 생. 서울상해파 공산주의자. 1916년 면우 문하에 들어갔다가 그해 가을 변기섭邊祺燮·최익한과 함께 문하를 떠났다. 1919년 6월 최익한과 상경하여 몇 달간 같이 지냈으며, 동년 10월 상해 임시정부로부터 격문을 받아 전라도에 배부케 한 사건으로 1920년 징역 2년을 선고받았다. 1927년 사상단체 해체에 대해 그는 서상파로서 ML과 최익한과는 정치적 입장을 달리하였다. 1992년 건국훈장 애족장이 추서되었다.

22) 곽종석은 5월 20일(음 4.21) 대구복심법원에서 징역 2년형을 선고받았고, 7월 19일(음 6.22) 병보석으로 출옥한 후 10월 17일(음 8.24) 타계하였다. 한편 김황은 5월 11일 대구에 도착하여 15일 공판을 방청하고 거창으로 돌아갔다.《중재문집부록》, <기미일기>(음 4.10~4.17) 참조.

23) <유당집서酉堂集序>(1943),《유당집》, pp1b~2a, "翌年己未 予復尋舊跡 於華嚴泉隱之間 公適處一庵 集鄕秀才 敎之詩法"

여름: 무슨 일이 있어 원주原州에 갔다가 큰 비가 내려 문막강文幕江
에서 배를 타고 충주忠州·여주驪州·양주楊州(마현)를 지나며 시 <주
하우천시舟下牛川市>, <우천강상증어옹牛川江上贈漁翁> 등을 지어 읊
었다.24)

8월(음 7월) 초: 경북 영주榮州의 부호 3인을 각각 찾아가 변성명을
하고 상해임시정부에 보낼 독립군자금의 출자를 권고하여 그중 2
인에게서 총 1,600원을 모집하였다. 이때 동생 익채益采25)는 조선
독립단에서 활동하고 있었다.

8월 11일(음 7.16): 김황이 시 <꿈에 최익한을 보다夢見崔雲擧益翰 二
絶>를 지었는데, "이따금 최익한의 영주 기행奇行을 들었다(時聞崔
營滬行之奇)"는 주가 달려 있다.26)

9월: 중동中東학교27) 야학부 입학. 그즈음 상투를 자르고 의복을
바꾼 것으로 보인다.

10월 8일(음 8.15): 추석.

10월 17일(음 8.24): 면우 선생이 타계하자 <만 면우선사 10절挽俛
宇先師十絶>을 지었다. 이 만시를 5년 후 《동아일보》(1924.9.24)에

24)《여유당전서를 독함》9회(동아일보, 1938.12.21).
25) 최익채(1899~1931) : 자는 백수白受, 호는 고원高原. 1919년 서간도西間島
에서 신병을 치료하며 조선독립단에 가입하고, 1920년 중동학교에 입학한 후 대
종교大倧敎 활동을 하다가 1923년 요양하기 위해 울진으로 귀향하였다.
26)《중재문집》권1, 경인문화사, 1997, p7 볼 것. 이즈음 최익한은 시 <주행박광진
제박처사임강재舟行泊廣津 題朴處士臨江齋>를 지은 듯하다. 최창해, <한시만화
漢詩漫話·12-한시의 금후 행방>, 《조선일보》(1937.12.23) 5면 참조.
27) 현 중동고로 당시 종로구 수송동壽松洞 85번지에 있었다. 3·1운동을 계기로
전국적으로 향학열이 높아져 학생 수가 1000명을 넘었는데, 입학과 퇴학이 자
유로웠고 3부제 수업을 실시하였다. <한국의 100년 사학-중동고>, 《월간조선》
(2006.4) 사이트 참조.

발표하였는데, 제1수는 다음과 같다.

陶老冥翁大嶺鄉　퇴계와 남명의 대영남
高風正胍兩芬芳　고풍과 정맥이 둘 다 향기로워라.
心源更溯寒溪月　마음 샘은 다시 한계寒溪의 달빛 따르며
幾道狂瀾隻手障　몇 줄기 미친 물결 한 손으로 막았네.

11월 23일(음 10.1): 면우 선생을 거창군 가조면加祚面 광성리廣星里
문재산文載山에 장사 지냈는데, 이때 참석한 듯하다. 사림에서 모인
자가 1만여 명, 상복을 입은 문인이 1천여 명, 만제문挽祭文이 10여
권이나 되었다.28)
12월 29일(음 11.8): 장녀 분경粉景29) 출생.
12월 말경: 김규열이 '상해임시정부 격문 배부 건'으로 종로경찰서
에 체포되어 조사를 받을 때, 최익한은 최초 동행하여 상경한 관계
로 조사를 받았으나 즉시 풀려났다.

---

28) 《면우선생연보》권6, p28a, "十月一日 戊寅 葬于本郡加祚南廣星里文載山 先
參贊公墓右 士林會者萬餘人 門人受服者約千餘人 挽祭之軸爲十餘卷"
29) 최분경(1919~?): 동덕여고, 이화여전 영문과 졸업. 후손에 의하면 해방 전에
여운형呂運亨 주례로 사회주의 역사학자 이청원李淸源(?~?)과 혼인했다고 한다.
이청원(?~?): 본명 李靑垣. 함남 풍산豊山의 빈농 집안 출신으로 보통학교를 졸
업하고 일본 대학에 유학하였다. 1940년 5월 14일 조선공산당 재건운동으로
일본경시청에 체포되어 1941년 1월 27일 동경형사지방재판소에서 징역 2년을
선고받고 1943년경에 석방된 후 귀국하였는데, 그즈음 결혼한 것으로 보인다.
1946년 여름 북으로 돌아가서 북조선림시인민위원회 선전부장 겸 조·소문화협
회 중앙위원, 조선력사편찬위원회 위원장, 김일성종합대학 문학부 사학과 교수,
과학원 력사학 후보원사로서 사회과학 부문 위원회 위원장 및 력사연구소 소장,
조선로동당 중앙위원회 후보위원 겸 평남도당단체 대표 등을 역임하였으며,
1957년 9~10월경 숙청되었다. 저서로 《조선사회사독본》, 《조선독본》, 《조선
력사독본》, 《조선근대사연구》, 《임진조국전쟁》 등이 있다.

<u>1920</u> (24세)

2월 20일(음 1.1): 설날.

4월 26일: 최진순이 서대문감옥에서 은면恩免 출옥.

5월 8~9일: <가명인假明人 두상頭上에 일봉一棒>(동아일보) 발표.30)

7월: 최진순이 중동학교에 입학.

9월 26일(음 8.15): 추석.

10월 5일(음 8.24): 면우 선생 기일.

10월 16, 26, 27일: 이병기李秉岐와 만났다.31)

10월 말: 안국동 52번지(60평)를 빌려 추곡 매각금 약 400원으로
계모(부친의 첩)와 동생 익채益采·익래益來32)와 함께 하숙집을 시작

---

30) '가짜 명나라인 대가리에 몽둥이 한 방을!'의 뜻으로 권덕규權悳奎와 공동 집필
하여 2회 연재한 논설이다. 유교 보수층, 특히 주자학파 노론계 유학자를 '가짜
명나라인'으로 명명하고 그 사대모화事大慕華 사상을 통렬히 비판하였다. 최익
한은 이 글을 권덕규의 호인 '한별'로 발표하였는데, 이는 노론계 간재와 남인계
면우의 문인 간 싸움으로도 비화할 수 있었기 때문일 것이다. 실제로 당시 간재
의 제자 오진영吳震泳이 <경고세계문敬告世界文>을 지어 격렬하게 성토한 적도
있다. 여하간 신문에 글이 게재되자 전국의 수구 유림들이 들고 일어나서 친일
거두로 동아일보 초대 사장이 된 박영효朴泳孝가 사임까지 하게 되었다. 그 후
이동원李東園이 <몽둥이 한 방 더!(假明人頭上에 更加一棒)>를 써서 신문사로
찾아갔지만, '사문난적의 화'가 우려된다고 하여 게재되지는 못하였다. 이동원,
<춘소만화春宵漫話>, 《동아일보》(1925.4.24); 안병주, <ML계 인물 인상기>,
《삼천리》14호(1931.4), 삼천리사, pp55~6; 금장태, <이병헌李炳憲의 비공론
批孔論에 대한 반박과 민족주의적 역사인식>,《종교학 연구》21권(2002), 서울
대 종교문제연구소, p9 참조.

31) 《가람일기》10월 27일조에 "최군의 한문학이 깊이 되었다. 과연 들을 만한 것
이 많았다"고 적혀 있는 것으로 보아 그 무렵 처음 만난 듯하다. 《가람이병기
전집·7》, 전북대출판문화원, 2019, p305, p308.

32) 최익래(1903~1950) : 자는 덕일德一, 호는 청계淸溪. 1929년 울진청년운동
으로 체포된 후 혹독한 고문을 당하여 절름발이가 되고 약 1년간 수감되었으며,
전답을 팔아 오랜 세월 형과 조카들의 옥바라지를 했다고 한다.

하였다. 식비는 계모가 주었지만, 학비는 고향에서 매월 23원을 부쳐 주었다. 하숙생은 15명(1인당 16원)이었는데, 가족 식비를 빼고 나면 월 40원의 이익이 남아서 전부 아우들 학비에 보탰다.

11월 21일: 수송동 각황사覺皇寺에서 대종교 강연을 듣고, 권덕규·이병기·오철호吳徹浩와 밤새도록 놀았다.[33]

11월 23일: 이병기·오철호와 이의백李宜白의 《오계집梧溪集》을 나누어 베끼기 시작하였다.

12월 24일, 31일: 이병기가 찾아와서 손님방을 부탁하였다.

1921 (25세)

1월 2일: 이병기를 찾아가 조 형趙兄(전주인), 청운淸雲 하경렬河慶烈 선생(전주인)과 낙원동樂園洞 조선불교회에 들렀다.

1월 5일: 눈이 좀 뿌렸다. 이병기가 찾아와 푸석한 애기를 하다가 오종午鐘 소리를 듣고 불교회로 가서 책도 보고 애기도 들었다.

1월 6, 12, 19, 25일: 집 또는 각황사에서 이병기와 만났다.

1월 27일: 노석老石 김태흠金泰欽 어른을 모시고 이병기·김병룡金秉龍과 같이 최근 개관한 가회동嘉會洞 경성도서관에 갔다.

2월 8일(음 1.1): 설날.

2월 9일: 이병기에게 개가改嫁 관련 설화를 들려주었다.

2월 18, 19, 22, 25일: 불교회나 각황사 등에서 권덕규·이병기·정봉춘丁鳳春(곡성인) 등과 만났다.

---

33) 이병기, 《가람일기·I》, 신구문화사, 1976, p130; 《가람이병기전집·7》(앞의 책), pp323~4 참조. 이하 인용 횟수가 많아 필요한 경우에만 표시함. 각황사는 중동학교 바로 옆에 있던 절인데, 안국동 집에서 도보로 5분 거리였다.

3월 1일: 밤 12시까지 정봉춘과 애기하다가 늦게 잤다.

3월 5일: 이병기가 위고의 《쟌발쟌 애사》를 다 읽고 갖다 주었다.

3월 7일: 저녁에 이병기를 찾아가 같이 상현尙玄 이능화李能和씨 집
에 가서 놀다가 10시 지나 돌아왔다.

3월 13일: 안국동 병구秉矩네 집으로 이병기가 찾아왔다.

3월 16일: 앞의 '군자금 모집 사건'으로 서대문경찰서에 구류되어
(당시 신분은 중동학교 야학부 학생), 6월 24일 경성지방법원에서 징역 8
년이 구형되고, 7월 1일 6년이 선고되었으나 공소控訴 제기를 하여,
9월 26일 복심법원에서 징역 4년으로 감형되었다.34)

9월 25일(음 8.24): 면우 선생 대상大祥. 최익한은 재판 중이라 참석
할 수 없었으며, 정재성鄭載星·송호곤宋鎬坤·하겸진河謙鎭·김황 등이
제문祭文을 지어 올렸다.35)

1922 (26세)

3월 9일: 이병기가 최익한에게 보내라고 익채에게 시조를 주었다.

3월 17일: 이병기가 《능엄경楞嚴經》을 보냈다.

7월: 여름방학 때 최진순(동경고등사범학교 학생)이 동경고학생연극단
'갈돕회' 단장으로 귀국하여 조선 각지와 간도 일부에서 사회극을
순회공연(7.6~8.8)하였다.

---

34) 6월 24일 1회 공판과 7월 1일 2회 공판은 동생 익채, 이병기, 조용해趙龍海 등
이 방청하러 왔다.《가람일기·I》p154;《가람전집·7》p428~9.

35) 정재성(1863~1941), 송호곤(1865~1929)의 문집 중 <제문>과 하겸진(1870
~1946)의 연보 참조. 김황, <답최운거익한答崔雲擧益翰 乙丑>,《중재문집》권
14, p67, "曾於祥日 棧 有祭告文中 有云諸子紛紛 海倫天颱 其與存者寒閨孤孀
仍與謙公文友 相視脈脈 至今思之 未嘗不歔欷也"

<u>1923</u> (27세)

2월 16일(음 1.1): 설날.

2월 24일: 이병기가 익채를 찾아왔다.

3월 2일: 익채가 책과 원고지를 가지고 이병기를 찾아가 이런저런 얘기를 하다가 (요양하기 위해) 내일 아침 울진 집으로 간다면서 작별하였다. 이후 그들은 자주 편지를 주고받았다.

3월 21일: 아직 형기가 2년 7개월이 남아 있는데, 구류 투옥된 지 735일 만에 서대문감옥에서 가출옥하였다. 또 1924년에는 징역 3년으로 은사恩賜 감형이 있었다.

3월 22일: 이병기와 불교회에 가서 놀았다.

3월 23일: 새벽에 행장을 꾸려 울진 고향으로 떠났다. 아침 7시 이병기가 경성역까지 배웅하였다.

4월 12일: 이병기에게 보낸 편지가 도착하였다.

5월 27일: 이병기가 답장을 부쳤다.

6월 22일: 이병기가 석전石顚 박한영朴漢永 스님을 모시고 얼마 전 상경한 최익한을 찾아왔다.36)

6월 24일: 이병기가 찾아와 실컷 떠들었다. 시조를 보여 주었더니 "조사措辭는 서투르나 그 정취情趣는 얻었다"고 하였다.

6월 28일: 이병기를 찾아가 한나절 딴 세상을 찾으며 놀았다. 이백과 두보의 세상은 물론 장자나 칸트의 세상도 찾아보았다.37)

---

36) 《가람전집·7》p569에 "(익한)군은 항상 보아도 헌연軒然한 태도다. 주거니 받거니 오래 앉아 자연을 말하였다"고 적혀 있다.

37) 《가람일기·I》p188. 이즈음 면우의 제자인 하계락河啓洛(1868~1933)의 시 〈증최운거익한贈崔雲擧益翰〉도 있다. 《옥봉문집玉峯文集》권1 p37b.

7월 1일: 이병기를 찾아가 취운정翠雲亭에 함께 가서 나무 그늘에 앉아 이러저러 얘기를 나누었다.

7월 4일: 오후에 최익한을 위로하기 위해 이병기·권덕규·박한영·오철호·조용해·맹주천孟柱天·한충韓沖이 함께 왕십리 안정사安靖寺에 나가서 놀다가 저녁밥을 사 먹었다.

7월 8, 19일: 이병기가 찾아왔다.

7월 11일: 저녁에 천도교당에서 이병기와 하와이 유학생의 '하와이 사정 강연'을 들었다.

7월 13일: 저녁에 이병기와 취운정에 올라 서울의 야경을 내려다 보며 시詩와 문文을 말하였다.

7월 15일: 《동아일보》에 시조 <동도東都에서 느낌>, <한양에서 느낌> 2수를 '돌샘 崔益翰'으로 발표하여, 신문지상에 처음으로 자기 호와 이름을 표시하였다.

9월 7, 31일, 10월 5일: 저녁에 이병기와 놀았다. 특히 9월 31일에는 곽종렬郭鍾烈(울진인)과 함께 찾아갔다.

9월 25일(음 8.15): 추석.

10월 18일(음 9.9): 김황이 차운시(절구 3수)를 부쳤다. 제목은 <최익한의 편지(음 7.25)를 받으니 시국과 출처의 설이 매우 새롭고 또 보내 준 '서대문감옥에서 지은 시'는 자못 뜻을 다함이 있으므로 한동안 어루만져 보다가 이리 중양절을 맞아서 혼술에 초연하고 옛일도 추억할사 차운하여 부치다>이다. 최익한이 보내온 시에,

人生不作傷時淚 인생은 때를 슬퍼하며 눈물짓지 않나니
頭上應無白髮加 머리에 응당 백발이 더하지는 못하리라.

고 하였는데, 김황은 다음과 같이 차운 화답하였다.

只緣偏作傷時淚 다만 유달리 때를 슬퍼하며 눈물짓나니
催着男兒白髮加 재촉할사, 사나이의 백발만 더하리라.38)

10월 23일: 이병기·권덕규·정충시鄭忠時·김영준金永準 등과 밤 깊
도록 호랑이·여우·계집·선머슴·어린아이 얘기를 하였다.
11월 3, 4, 9, 15, 17일: 이병기·오철호 등과 놀았다.
11월 4일: 양사養士골(현 종로 6가) 셋집에 사는 정인보鄭寅普를 이병
기와 찾아가서 방두환方斗煥·변영로卞榮魯·오철호·홍명희洪命熹 등과
함께 근래의 조선 문사文士와 문장을 평하였다.39)
12월 18, 22일: 이병기와 만났다.

1924 (28세)

창강滄江 김택영金澤榮이 〈열사 최익한 일화書崔烈士益翰事〉를 썼다.
여기에 최익한의 상경上京(1919) 계기가 다음과 같이 나온다.
"(익한은) 일찍이 강학가講學家를 따라 놀다가 홀연 책을 던지며 스
스로 꾸짖기를, '너는 조국을 생각지 않고 헛되이 경이나 읽는 외곬
샌님이런가?' 하고는 곧장 한성으로 내달아 의사義士들과 결사하여
밤낮으로 국권 회복의 일만 꾀하였다."40)

---

38)《중재문집》권1, pp13~4, 〈曾得崔雲擧書 說時局出處甚新 且寄示西牢所作詩
　　頗有致意 摩挲久之 適此重陽 獨酌悄然 幷感前事 次韵寄之 三絶〉.
39)《가람일기·I》p225;《가람전집·8》p52; 정인보 저(정양완 역),《담원문록·하》,
　　태학사, 2006, p554.
40)《韶濩堂集續》권5, 1924년경, p6a, 書崔烈士益翰事, "嘗從講學家遊 忽擲書自

1월 8일, 2월 4일: 고향에서 올라온 이병기와 만났다.

2월 5일(음 1.1): 설날.

2월 13일(음 1.9): 삼남 건소建韶41) 출생.

4월 20일, 5월 2일, 6월 8일: 이병기와 만났다.

7월 20일~8월 15일: 최진순(동경고등사범학교 휴학)이 중동학교 여름 방학 강습회에서 국어 강사를 하였다.

8월 24일: 이병기를 찾아갔다.

9월 13일(음 8.15): 추석. 이병기와 밤이 깊도록 얘기하였다.

9월 21일: 이병기를 찾아가 문일평文一平·권덕규와 종일 담화.

9월 24일: <만 면우선사 10절挽俛宇先師十絶> 중 5절을 《동아일보》에 발표하였다(이때 선자는 정인보).

10월 7일(중양절): 최익한의 출옥 만기일 기념으로 이능화씨를 모시고 이병기·권덕규·정인보와 함께 왕십리 안정사(청련사)에 갔다. 저녁을 먹고 얘기하다가 밤늦게 돌아왔다.

10월 13일: 이병기와 정인보를 찾아갔다. 거기서 벽초碧初 홍명희도 만나 얘기하다가 밤이 이슥하여 돌아왔다.

11월 8, 16, 23일: 이병기와 만났다.

12월 28일: 이병기와 조선일보사에 가 조용주趙鏞周를 보고, 교육협회와 진고개를 거쳐 불교회로 와서 이능화씨를 만나 술을 얻어먹고 오다가 권덕규를 만났다.

罵曰 汝不念祖國 而徒碌碌作經生乎 則走至漢城 與諸義士結社 日夜籌恢復事";
김택영 저(김승룡 역), 《송도인물지》, 현대실학사, 2000, pp268~9; 김진균, <최익한의 전통주의 비판과 전통 이해의 방식>, 《열상고전연구》 27집(2008), 열상고전연구회, pp126~8 볼 것.
41) 최건소(1924~?) : 경성제일고보, 서울대 공대 졸업.

<u>1925</u> (29세)

1월 8, 16, 23일(除夕): 이병기·권덕규와 놀았다.

1월 14일: <허생許生의 실적實蹟>(동아일보) 발표.

2월 2일: 매헌梅軒 한충韓沖과 이병기를 찾아갔다.

2월 8일: 이병기에게 동경 유학을 간다고 알린 후 같이 밥 먹었다.

2월 10일: 저녁에 이병기에게 《하정집荷亭集》한 권을 작별 선물로 갖다주며 보라고 하였다.

2월 11일: 최익한이 도쿄로 떠나는 날 아침에 이병기가 와서 작별 인사를 하였다.

2월 21일: 도쿄에서 이병기에게 부친 편지(꿈에 그를 보았다고 시조를 지어 보냄)가 도착하여, 이병기도 바로 시조를 지어 답장하였다.

2월 24일(음 2. 2): 시조 <님 주려>를 지어 김황에게 부쳤다. 음력 3월 김황이 답장을 썼는데, 요약하면 다음과 같다.

"부쳐 온 여러 시편은 모두 웅건한 의취意趣가 있는데, 시조로 멀리서 생각해 주어 더욱 고마우이. 내가 시에 본디 지음知音의 재능이 없어 시를 그만둔 지 오래라 화응할 수 없으니 한스러울 따름이네. 다만 짧은 시 몇 수 있어 소회를 얼추 풀어 동봉하니 웃어 주게나. (……) 면우 선생 문집은 곧 간행하려 하지만, 사세事勢와 재력財力이 여의치 못할 뿐만 아니라 그대처럼 총명한 준재들은 거개 빠져나가고 나같이 하찮은 사람만 남았으니, 어찌 능히 큰일을 감당하며 성취하는 바가 있겠는가?"42)

---

42) 《중재문집》권1, pp16~7, <최운거가 해외에서 서신을 보내 안부를 묻고서는 '옥매화조(시조 님주려)'를 부쳐 왔기에 짧은 시 세 절구를 지어 사례하다(崔雲擧自海外致書相問仍以玉梅花調見寄爲賦小詩三絶謝之 乙丑)>; 《중재문집》권14,

4월경: 와세다대학 전문부 정치경제과에 입학하였다. 자기안존과 입신양명에만 급급한 학교 공부보다는 민족해방과 사회주의를 위해 맑스학에 전념하였다. 처음에 오야마 이쿠오大山郁夫43)의 문인이었지만, 나중에는 후쿠모토 가즈오福本和夫44)의 제자가 되어 많은 영향을 받았다.

5월 9일: 이병기에게 보낸 편지가 도착하였다.

5월 31일(음 윤4.9): 부친 대순大淳 별세.

7월 25일: 동지 박낙종朴洛鍾45)은 일시 귀국하여 산청군山淸郡에서 일월회一月會 기관지《사상운동》의 광고 모집을 한 것 때문에 진주 경찰서에서 취조를 받았다.

9월 3, 6일: 권한權瀚·이병기·한충과 만나 저녁을 먹었다.

---

pp66~7, 〈答崔雲擧益翰 乙丑〉, "寄來諸什 皆雄健有意趣 而時調 尤荷遠念 第恨不佞 於詩家 素無知音之能 廢簧無聲 鼓之而不能和 雖欲仰謝至意 而不可得也 只有小詩數章 略道所懷 謹此伴去 以博客中一粲 … 茶上遺文 方要印行 然不惟事力之多不如意 及門之聰明才俊 如足下者 擧皆視以爲別事 則如棍 特在後之礫耳 尙何能擔當巨役 而有所成就耶"; 최구소, 〈민족해방운동과 학문의 밑바탕에 깔려 있는 민족혼〉, 《울진문화》14호(2000), pp106~111.

43) 오야마 이쿠오(1880~1955): 와세다대 정치학과를 수석 졸업하고 교수가 되었으나, 1926년 노동농민당 위원장이 된 후 이듬해 교수직을 그만두었다.

44) 후쿠모토 가즈오(1894~1983): 도쿄대 정치학과를 졸업하고 독일 프랑크푸르트대에서 루카치·코르쉬의 지도 아래 맑스주의를 연구하였다. 전위당에 의한 정치투쟁과 이론투쟁을 강조하면서 이른바 '후쿠모토이즘'의 선풍을 일으켰지만, 1927년 코민테른 테제에서 비판받고 일본공산당의 이론적 지도자로서의 영향력을 잃게 되었다.

45) 박낙종(1899~1950): 경남 사천泗川 출신. 사회주의운동가. 최익한보다 2년 연하였으나 중동학교와 와세다대 선배로서 인쇄소 동성사同聲社를 운영했다. 안광천安光泉의 권유로 1927년 4월 초에 제3차 조선공산당에 입당하고 일본 지부를 재조직하며 책임비서가 되었다. 1928년 ML당 사건으로 약 6년간 투옥되었고, 1946년 정판사精版社 사건으로 무기징역을 선고받고 목포형무소에서 복역하다가 6·25 직후 군경에 의해 학살되었다.

10월 20일: 이병기에게 보낸 편지(시조 2수 동봉)가 도착하였다. 이병기도 시조 3수를 지어 바로 답장하였다.

12월 5일: 《면우집》이 발행(11월 30일 한성도서주식회사 인쇄)되었으나, 최익한은 문집 간행에 불참한 것으로 보인다.

1926 (30세)

5월 14일: 5월 1일~26일까지 이병기가 경성중등교원 일본시찰단 11인과 일본을 두루 여행하며, 14일 도쿄에서 최익한에게 편지를 보냈다. 이때 익한은 울진으로 귀향한 듯하다.

5월 15일: 이병기가 동경고등사범학교 유학생 최진순·김옥두金玉斗·유경상劉敬相과 함께 제국대학·우에노공원 등을 구경하였다.

5월 20일(음 4.9): 부친 기일.

5월 23일: <맑스 유물론적 변증법의 개설>(《사상운동》 3권 6호) 발표.

5월 30일: 최진순이 우애학사友愛學舍46)에서 열린 동경수양동우회東京修養同友會 지방회의에 방청객으로 참여하였다.

6월 5일: 도쿄에서 일월회 기관지 《대중신문》이 창간되었다. <일월회의 민족운동으로의 방향 전환>(미발굴) 발표.47)

---

46) 일월회 회원 김용장金庸壯(와세다대 경제과)의 집으로 東京府 下戶塚町 551.
47) 《사상운동》과 《대중신문》은 일월회 기관지이다. 일월회는 도쿄 유학생들이 1925년 1월 3일 조직하여 1926년 11월 28일 자진 해산한 사상단체로 그 활동 내용은 다음과 같다. ① ML원전을 다수 번역하면서 과학적 이론을 소개하였다. ② 재일본조선노동총동맹 결성을 주도한 후 국내로 진출하여 제3차 조선공산당을 장악하였다. ③ 후쿠모토이즘에 고무되어 경제투쟁에서 정치투쟁으로 방향을 전환하고, 대중운동과 공동전선을 통한 합법적 민족 단일당의 결성을 강조하였다. 주요 인물은 김세연金世淵·안광천安光泉·최익한·한위건韓偉健·하필원河弼源·박낙종·김천해金天海·이우적李友狄·김영식金泳植 등이다. 이석태 편, 《사회

8월 초: 여름방학 때 강연을 위해 울진에 돌아와 있었다. 8월 중순 일월회 일파 안광천安光泉·하필원河弼源 등도 귀국한 후 파벌 청산을 표방하면서 정우회正友會에 가입하여 주도권을 장악하였다.

8월 21일: 울진 동명유치원에서 사회과학 강연회를 열었는데, 300여 청중이 운집하여 유물론 철학 강의에 깊은 관심을 보였다.

9월 6일: 홍기문洪起文과 함께 이병기를 찾아갔다.

9월 8, 15, 17, 20일: 이병기·김병룡 등을 만났다.

9월 21일(음 8.15): 추석. 이병기가 찾아와 작별 인사를 하였다.

10월 5, 25일: 이병기에게 보낸 편지가 도착하였다.

11월 1일: 도쿄 유학생들과 와세다 산죠안三朝庵에서 조선학생신흥과학연구회 창립총회를 개최하였다. 최익한의 사회 하에 전일본학생사회과학연합회 대표 고바야시 신小林伸이 축사 등을 한 후, 회원들은 운동의 비과학성을 극복하기 위해 과학적으로 현대 사회를 연구할 것을 선언하고, 전일본학생사회과학연합회와 제휴할 것, 자유옹호동맹을 지지할 것 등을 결의하였다. 임원으로 조직부 최익한·박천朴泉·송창렴宋昌濂, 교육부 김일선金日善·강철姜徹·안병주安炳珠, 도서출판부 현철玄喆·황병석黃炳碩·양재도梁在道, 경제부 박원희朴元熙·김곽金钁·박원태朴源兌, 비서 조학제趙鶴濟·홍양명洪陽明 등이 선출되었다.

과학대사전》, 문우인서관, 1948, p438, pp536~7; 사법성 형사국,《조선인의 공산주의운동》(사상연구자료 71집), 소화昭和 15년, 복각본 1973, p61; 미즈노 나오키水野直樹, 〈신간회동경지회의 활동에 대하여〉,《신간회 연구》(스칼라피노·이정식 외 6인), 동녘, 1983, p115; 김인덕,《식민지시대 재일조선인운동 연구》, 국학자료원, 1996, pp58~75, p322; 박종린,《일제하 사회주의사상의 수용에 관한 연구》, 연대 사학과 박사학위 논문, 2006, pp97~120 등 참조.

11월 4일: 《와세다대학신문》에 학교의 자유로운 분위기를 다음과 같이 자랑하였다.

"우리들은 비교적 연구가 자유로운 와세다에 있으므로 연구에 관해서는 아주 편리하지만, 중앙대학이나 고등사범이나 기타 학교에 있는 조선 학생들은 사회과학을 연구하고자 해도 그렇게 하는 기관이 없을 뿐 아니라 학교 당국이 그 조직을 허용하지 않기 때문에 곤란에 처해 있다."[48]

12월 7일: 《중외일보》에 다음과 같은 기사가 났다.

"재일본 일월회·삼월회·노동총동맹·조선청년동맹의 4개 단체는 조선 운동상 파벌주의 박멸에 대한 합동 성명서를 발표하였는바, 10여 페이지에 걸친 소책자로 작성되어 내용은 볼 만한 것이 많다는데, 누구든지 아래의 주소로 2전 우표 한 장만 송부하면 성명서 1부를 부쳐준다고(日本 東京府 下戶塚町 諏訪 173 村松方 崔益翰 交)."[49]

12월~1927년 2월경: 러시아어를 공부하고 러시아의 사회 상태를 파악하기 위해 원산元山을 거쳐 모스크바 동방노력자공산대학에 입학하려고 갔으나 언어불통으로 뜻을 이루지 못하였다.[50]

---

48) 조선학생사회과학연구회 최고간부 최익한(와세다대학 전문부 정치경제과 2년)이라고 나오는데, 11월 1일 즈음 인터뷰한 듯하다. 《早稻田大學百年史》4卷, 早稻田大學出版部, 1992, p650, "大正十五年十一月一日創設された朝鮮学生社会科学研究会の最高幹部の玄二吉(一院三年), 崔益翰(専政二年)は, '自分達は比較的研究の自由な早稲田に居つて, 吾々の研究に付いては非常な便利を得てゐるけれども, 中央大学とか高等師範とかその他の学校にゐる朝鮮学生にして社会科学を研究せんとしてもそういふ機関がないばかりでなく, 学校当局が其の組織を許さないために困つて居る'(《早稲田大学新聞》大正十五年十一月四日号)と, 学苑の自由な雰囲気を誇っている."
49) 이는 당시 대중신문사의 주소와도 일치한다. 《동아일보》(1927.1.11) 참조.
50) 최익한은 그때 모스크바에 체재 중인 김철수金錣洙를 만나 그의 권고로 입당

<u>1927</u> (31세)

1월 3일: 이병기가 시조 3수를 지어 보냈다.

2월경: <파벌주의 비판에 대한 방법론>을 작성하여 3월 15일경
발표(《이론투쟁》1권 1호, 미발굴).

2월 19일: 학우회는 동경조선청년동맹 사무실(東京府 下戶塚町 諏訪
164)에서 재동경조선인 각 단체 대표 30여 명을 소집하여 재동경
조선인단체협의회를 상설기관으로 조직하였다.[51]

2월 26일: 신간회新幹會(2월 15일 창립) 본부에서 신간회 상무간사로
증선增選되어 조사부에 배정되었다는 기록은 오류.[52]

3월 1일: 재동경조선인단체협의회는 3·1운동 기념을 대규모로 준
비하면서 며칠 전부터 수천 장의 문서를 인쇄 배포하였다. 이에
경시청 이하 동경 시내 각 경찰서는 2월 28일 대중신문사·이론투

했다고 한다. 김철수는 제3차 조선공산당의 재조직 건을 코민테른에 보고하기
위해 1926년 12월 17일경 경성을 출발하여 블라디보스토크로 가서 머물다가,
1927년 2월 말인가 3월 초에 모스크바에 도착했다고 하므로 시기상 약간 차이
는 있어도 최익한과 만났을 가능성은 충분하다고 하겠다. 김준엽·김창순,《한국
공산주의운동사·3》, 청계연구소, 1986, pp187~198, p221 참조.
<ML당 사건 판결 전문>(동아일보, 1930.9.7)의 다음 말도 방증이 될 수 있다.
"최창익崔昌益은 와세다대학 정치경제과를 졸업하고 (…) 1926년 중 동방노력
자공산대학에 입학하기 위해 원산 방면으로 가서 해로로 밀행 입국한 후 모스
크바에 도착하여 1927년 1월 초순경 그곳에서 김철수의 권고로 (…) 조선공산
당에 가입하였다."

51) 그 구성은 다음과 같다. 서무부 : 천도교청년당·기독교청년회·신흥과학연구회·
협동조합운동사·동부노동조합·학우회, 조사부 : 교육연구회·형설회·북부노동조
합·흑우회·을축구락부·서부노동조합, 사교부 : 조선청년동맹·고려공업회·남부노
동조합·조선여자청년동맹·무산학우회.《동아일보》(1927.3.2).

52) 이는 국사편찬위 한국사데이터베이스의 <신간회 상무간사 증선의 건>(京鍾警
高秘 제2413호, 1927.2.28)에 의한 것이나 오류인 듯하다. 왜냐하면 이 문건에
적힌 '崔益翰'은 '崔益煥'의 오기로 보이기 때문이다. 윤효정,《신간회운동 연구》,
고대 사학과 박사학위 논문, 2017, p67 각주 129 참조.

쟁사·신흥과학연구회·청년동맹·여자청년동맹 등 회관과 정희영鄭
禧永·최익한·강철 외 제씨의 주택까지 수색하였다. 3월 1일 오후 1
시 반 기념식 거행 장소인 간다구神田區 미사키정三崎町 미사키칸三
崎館에는 몇 시간 전부터 50명의 경관대가 장내와 장외를 엄중히
경계하여 주의인물을 장외에서 미리 검속하였으나, 학생·노동자·
부인 수백 명이 모여 식을 거행하게 되었다. 사회가 단상에 올라
서서 개회를 선언하자 경관대는 곧 해산을 시키며 군중과 큰 충돌
이 일어나 검속자 수는 39명에 이르렀다.

3월 2일: 〈사상단체 해체론—전환기에서의 정당조직=정치운동 부
정론자에게 여與함〉을 작성하여 4월 25일 발표(《이론투쟁》 1권 2호).

3월 20일경: 〈학생운동의 사회의식에 대한 고찰〉 발표(《신흥과학》
창간호, 미발굴).

3월 27일: 당숙 최진순이 오후 4시 인사동 중앙예배당에서 김창준
金昌俊 목사의 주례로 김근실金勤實과 결혼하였다. 얼마 전 최진순은
동경고등사범학교를 졸업하고 보성고보普成高普(현 보성중) 역사 교사
로 취직한 바 있다.

4월 초순경: 도쿄 고이시가와구小石川區에 있는 박낙종의 하숙집
에서 그의 권유로 조선공산당에 입당한 후, 박낙종·김한경金漢卿·
한림韓林·강소천姜小泉 등과 함께 제3차 조선공산당 일본부를 재조
직하고 부서를 호선한 결과 조직부장이 되었다.

4월 27일(음 3.26): 차녀 연희璉姬53) 출생.

5월 3일: 《대중신문》 제7호가 발행되었다.54)

---

53) 최연희(1927~?) : 동대문여자심상소학교 졸업. 1948년 서울대 상대 재학 중
  에 가족을 따라 월북하였다. 얼굴이 예쁘고 서화에 재능이 있었던 듯하다.

5월 7일: 와세다대 스코트홀에서 신간회동경지회 창립대회가 열렸는데, 임원으로 조헌영趙憲泳(지회장)·전진한錢鎭漢·윤길현尹吉鉉·오희병吳熙秉·송창렴宋昌濂·김준성金俊星·강소천姜小泉·임태호林泰虎가 선출되었다. 이때 최익한은 서울로 가서 불참한 듯하다.

5월 9일(음 4.9): 부친 기일.

5월 16일: 종로 중앙기독교청년회관에서 열린 조선사회단체중앙협의회 창립대회(단체 292개, 대표자 282명 참석)에 재일본조선노동총동맹55) 대의원으로 참가하여 다음과 같이 주장하였다.

"세계의 정세와 조선의 형편을 보면, 벌써 사상단체는 그 임무를 다했다 하여 해체를 하는 한편으로 민족적 단일 정당을 필요로 하여 운동 방향이 전환기에 있음에도 불구하고, 벌써 1년 전에 제정한 기본강령과 선언을 가지고 상설기관으로서 중앙협의회를 두는 것은 맑스주의에 배치되는 것이다."56)

---

54) 이때 최익한이 도쿄에 있었는지는 알 수 없다. 대중신문사 발행소(東京府 下戸塚町 諏訪 164 松岡力)는 박낙종의 이론투쟁사 발행소와 같은 곳인데, 1928년 2월 최익한이 검거될 당시의 주소와도 일치한다. 새로운 아지트(戸塚町 164)는 동경조선청년동맹·동경여자청년동맹·신흥과학연구회·동경조선인단체협의회·조선총독폭압정치반대동맹 등의 사무실이기도 하였다. 국내 항일운동 자료 : 경성지방법원 검사국 문서, <이수移輸 불온인쇄물 기사 개요>(《대중신문》 제7호·제8호), 국사편찬위원회 한국사데이터베이스; 자료번호 1-006466-008-0212 <관계자>, 독립기념관; 김인덕, 앞의 책, p135 각주 98 참조.

55) '재일본조선노동총동맹'은 《중외일보》(1927.5.18)에 따른 것이다. 《동아일보》(1927.5.18)에는 '재일본무산청년동맹'으로 되어 있는데, 이는 오류이다. 왜냐하면 청년동맹의 가입은 25세 이하로 연령 제한이 있었기 때문이다. 국사편찬위 한국사데이터베이스의 <朝鮮社會團體中央協議會創立大會開催狀況並集會禁止ニ關スル件>(1927.5.30)에 의하면, 당시 재일조선인 참석자는 재일본조선노동총연맹 한상준韓相駿(26)·박낙종(29)·최익한(31), 재동경조선청년동맹 이우적(23) 등 총 5명이었다.

56) 《동아일보》(1927.5.18). 여기에서 '민족적 단일 정당'이란 신간회를 말한다.

결국 중앙협의회는 비상설화하기로 가결되어 의안 작성위원은 이우적李友狄·최익한·이평권李平權·이병의李丙儀·박치호朴致浩·김영식金泳植·김재명金在明 등 7인이 피선되었으니, ML파가 4인(우적·익한·평권·영식)으로 과반을 확보하였다.

5월 17일: 오전에 의안 작성위원들은 경상慶尙여관에 모여 '조선무산계급투쟁의 전반적 전개에 관한 건, 파쟁의 청산에 관한 건, 전민족적 단일당 결성에 관한 건' 등 11개 안을 새로 작성하였으나 일제 경찰의 검열에 걸리고, 18일 집회도 강제 해산 금지되었다. 이로써 최익한이 주도한 ML파의 중앙협의회 비상설론이 승리하고 서울파의 중앙협의회 상설 계획은 좌절된 셈이다.

8월 3일: 도쿄 다카다회관高田會館에서 재일본조선노동총동맹·동경조선노동조합서부지부 주최와 신간회동경지회·노동농민당성서城西지부 후원으로 열린 '조선총독 폭압정치 폭로 연설회'에 연사로 참석하여 검속되었다. 이날 900여 청중들은 경찰을 육박전으로 제압하고 ○○○○○○○만세와 세계무산계급해방만세를 부르며 혁명가 및 국제공산당가를 고창하면서 가두시위를 벌였다.

ML파 최익한은 공산당과 신간회의 단일한 민족통일전선을 구축하기 위해 서울파의 상설론(신간회 외에 별도로 중앙협의회를 상설기관화하는 것)을 반대하였다. 이는 코민테른의 지령을 대변한 것이며, 또 이른바 '방향 전환론'은 후쿠모토이즘의 영향을 크게 받은 것이다. 김준엽·김창순,《한국 공산주의 운동사·3》, 청계연구소, 1986, pp20~3, pp198~202; 김인덕, <조선공산당의 투쟁과 해산>,《일제하 사회주의운동사》(한국역사연구회 1930년대 연구반 편), 한길사, 1991, p63; 전명혁, <조선사회단체중앙협의회 성격 연구>,《한국민족운동사 연구》23권, 한국민족운동사학회, 1999, pp421~6; 전상숙,《일제시기 한국 사회주의 지식인 연구》, 지식산업사, 2004, pp127~9; 이석태 편,《사회과학대사전》, 문우인서관, 1948, p567.

8월 20일: 《대중신문》 제8호 발행.

8월 23일: 신간회동경지회 회관에서 재일본조선노동총동맹·신간회동경지회·재동경조선청년동맹이 공동 주최한 '중국시찰단 조선대표 김황파金荒波 송별회'에서 감상담을 발표하였다.

8월 29일: 경술국치일 기념으로 신간회동경지회 모임을 열려고 하였으나, 개회 전에 총무간사 강소천·송창렴·최익한·강철 외 10여 명이 검속되었다.

9월: 〈在日本朝鮮勞働運動の最近の發展〉(《勞働者》2卷 9号) 발표.

9월 4일: 제13회 국제청년데이 기념 동방무산청년연합대회(전일본무산청년동맹·재동경조선청년동맹 공동 주최)가 간다구神田區 니시키정錦町 마츠모토테松本亭에서 열렸다. 도쿄에 거주하는 조선·일본·중국·대만을 망라한 수백여 명의 청년과 단체의 내빈들이 참가한 가운데, 겨우 개회사를 마치고 각기 축사가 시작되려 할 즈음에 돌연 강제해산당하고 최익한·박낙종 외 14명, 일본인 모리森 이하 6명, 대만인 황종요黃宗堯·진단명陳端明 등이 검속되었다.[57]

9월 13일: 경성지방법원에서 열린 '조선공산당 사건 공판'에 재일

---

[57] 당일 결정한 표어는 ① 제국주의전쟁에 반대하자! ② 중국○○(혁명—필자)운동을 지지하자! ③ 일본정부의 대중對中간섭에 반대하자! ④ 조선총독의 경찰정치에 항쟁하자! ⑤ 재만동포의 군사적 학대에 항쟁하자! ⑥ 조선공산당사건의 무죄를 주장하자! ⑦ 만국무산청년은 단결하라! 등이다. 《동아일보》(1927. 9.11~12). 동경조선청년동맹은 1926년 11월 일월회가 해체되면서 그 회원 중 25세 이하 청년이 다수 가입하여 기존의 '동경조선무산청년동맹회'를 개칭 발족한 단체로 신흥과학연구회(최익한), 이론투쟁사(박낙종) 등과 같은 사무실을 이용하였다. 그러니까 이날 극동무산청년의 반제통일전선 결성을 도모하는 연합대회에, 재일본조선노동총동맹 소속의 최익한은 내빈으로서 축사를 하기 위해 들렀다고 볼 수 있다. 김인덕, 앞의 책, p92, p135, p195.

본조선노동총동맹·신간회동경지회 임시공동위원회는 변호사로 후루야 사다오古屋貞雄(일본노동농민당), 방청대표로 정남국鄭南局·이동재李東宰(재일조선노총), 강소천·권대형權大衡(신간회동경지회), 최익한(대중신문사) 등을 파견하였다.58)

9월 20일경: 제3차 조선공산당59) 조직부장이 되었다. 책임비서 김준연, 중앙위원 한위건韓偉健·안광천·양명梁明·최익한·하필원河弼源·김세연金世淵.

11월 1일: 동경 9개 단체(신간회동경지회·재일조선노동총동맹·재동경조선청년총동맹·재동경조선유학생학우회·신흥과학연구회·재동경조선여자학흥회·재동경여자청년동맹·대중신문사·이론투쟁사) 연합으로 조선총독부와 일본내각 등에 항의문을 발송하여, 조선공산당 사건 피고 권오설權五卨 외 4인을 고문한 경찰들에 대해 엄정히 처리할 것을 촉구하였는데, 이때 최익한은 서울에 있었으므로 참석 불가하였다.

11월 6일: 조선공산당 책임비서 김세연, 고문 양명, 선전부장 최익한으로 정하고 파쟁 청산과 방향 전환의 실천을 위해 매일 회합하였다.

11월 13일: 제2회 신흥과학연구회 정기총회가 열렸는데 권대형權大衡 외 13인이 위원이었다(최익한은 서울에 있어 불참).

11월 15일경: <우리로서 본 일본의 계급전선> 발표(《이론투쟁》 4호, 미발굴).

---

58) 《동아일보》(1927. 9. 8~14). '조선공산당 사건 공판'은 제1차, 제2차 조선공산당 사건으로 기소된 101인에 대한 첫 공판이었다.

59) 제3차 공산당의 책임비서는 초대 김철수金錣洙(1926. 9. 2~12. 5), 2대 안광천安光泉(~1927. 9. 20경), 3대 김준연金俊淵(~1927. 11. 2경), 4대 김세연金世淵(~1928. 2. 2) 순이었다. * 괄호는 재임 기간.

11월 20일경: 조선공산당을 대표하여 도쿄에 가서 코민테른 간부 존 페퍼60)를 만나 당대회 준비 자금과 지령을 전달받았다.

12월 1일: 서울 본정本町 2정목丁目(현 충무로 2가) 중국인 모 요리관에서 조선공산당 중앙간부 재조직이 있었다. 책임비서 김세연, 중앙위원 양명·최익한·최창익崔昌益·정백鄭栢·이정윤李廷允·김강金剛.

12월 22일: 당시 박상희朴尙僖의 탐방기에 의하면 신흥과학연구회는 위원장 한림, 위원 최익한·송창렴·권대형·강철·현철玄喆·안병주·이병호李丙鎬·황병석·박원태·홍양명·조학제·진병로秦炳魯였고, 이론투쟁사는 박낙종(발행인, 동성사 주)·이우적(청년동맹위원)·한림(신흥과학위원장)·최익한(동 위원)·강철(동 위원)·이병호(동 기관지 발행인) 등이 주요 동인이었다.61)

1928 (32세)

1월: 도쿄에서 고려공산청년회 대표 이인수李仁秀, 일본공산당 대표 사노 마나부佐野學와 회견하였다.

1월 23일: 동생 익래가 신간회 울진지부 설립대회에서 정치문화부 간사로 선임되고, 이듬해 8월 24일 임시대회에서 집행위원 및 조사부원으로 선출되었다.

1월 26일~2월 13일: <1927년 조선 사회운동의 빛>(조선일보) 10회 연재.

2월 2일경: 제3차 조선공산당(세칭 ML당) 사건으로 종로경찰서에

---

60) John Pepper(1886~1938) : József Pogány. 유대계 헝가리인. 소련에 망명한 후 1927년 6월 코민테른 집행위원회 최고회의 간부로 선출되었다.
61) 박상희, <동경조선인제단체역방기歷訪記 (39)>, 조선사상통신(1927. 12. 22).

검거되어 여러 번 조사를 받았다. 당시 기록에는 '와세다대학 학생' 신분으로 되어 있으니, 결국 졸업은 못하고 제적된 것으로 보인다. 이때부터 약 8년 동안 수감되었다.

2월 25일: 차디찬 유치장에서 고생하며 주야로 쉴 새 없이 심문에 부대낀 결과 김세연은 폐결핵, 하필원은 기관지염, 최익한은 감기가 심하여 의사의 진찰을 받고 약을 받았다.

4월 초: 종로경찰서유치장에서 서대문형무소로 이감되었다.[62]

11월 2일(음 9.20): 모친 동래정씨 별세.[63]

1929 (33세)

6월 21일: 동생 익채가 병으로 서울에 와서 이병기를 찾아왔는데, 이후 건강을 회복하지 못한 듯하다.

9월 22일: 동생 익래가 <울진청년회 발기문>을 작성 배포하였다. 이 사건으로 10월 4일 울진경찰서에 검거되어 취조를 받고 10월 11일 강릉검사국에 이송된 후 약 1년간 옥고를 치렀는데, 혹독한 고문을 당하여 다리 불구가 되었다.[64]

10월 28일: 경성지방법원에서 예심이 종결되어 공판에 회부되었다.

11월 4일: 1년 반 넘게 서대문형무소 구치감독방에서 가족 면회나 의복 차입도 불허된 가운데 남루한 여름옷으로 참혹히 견디며 폐병에 걸렸다.

---

62) 김준연, <나의 편력>, 《매일경제》(1969.4.12) 참조.

63) 《가람전집·8》 p425에는 "1928년 11월 23일(음 10.12) 최창해 군의 대부인상 大夫人喪의 부고가 오다"로 되어 있어 차이가 난다.

64) 《조선일보》(1929.10.17) 석간 7면 및 후손 증언.

<u>1930</u> (34세)

1월 초: 치질까지 생겨 앉고 일어서기조차 불편하였다.

6월 25일: 경성지방법원에서 ML당 사건 1회 공판 시 재판장에게 환자들이 누울 수 있도록 손을 들어 건의하여 허락을 받았다. 이에 이인수(치질), 김남수金南洙(발열), 임형일林炯日(장결핵) 등이 한구석 의자에 눕게 되니 법정은 병원을 방불케 하였다.

7월 4일: 오전 8시 2회 공판도 1회와 마찬가지로 방청이 금지되었고, 비밀 심리가 있었다. 가족 친지들은 이른 아침부터 억수같이 퍼붓는 비를 무릅쓰고 경계가 삼엄한 법정 문 앞에 몰려와 피고들의 얼굴이라도 한번 보려고 하루 종일 헤매었다.

7월 9일: 3회 공판, 16일 4회 공판, 21일 5회 공판이 있었다.

8월 30일: 경성지방법원에서 김준연·하필원·강동주姜東柱 등과 피고인 최고형인 징역 6년(미결구류 600일 산입)이 선고되었다.65)

<u>1931</u> (35세)

1월 12일(음 1930.11.24): 동생 익채가 향년 32세로 요절하였다.

<u>1932</u> (36세)

7월 8일: 서대문형무소에서 대전형무소로 사상범 기결수 25명66) 이 이감될 때 대전역에 내리자 "조선공산당 만세, 조선민족해방

---

65) 이때 피고인 대부분은 상소권 포기 신청을 함으로써 형이 확정된다. 최익한은 1928년 2월 2일경 종로경찰서에 검거되었으니 30개월 이상 수감된 셈이지만, 실제 판결에서는 미결구류일수 중 600일만 본형에 산입된 것이다.

66) ML당 사건, 간도공산당 사건, 간도 5·30 봉기, 조선공산당 재건운동 등으로 수감된 사람들이 섞여 있었다.

만세, 조선민족독립 만세"를 선창하였다. 또 이감 자동차가 대전 시장을 지나칠 적에는 "높이 들어라 붉은 깃발을 / 그 그늘에서 전사戰死하리라 / 비겁한 자야 갈 테면 가라 / 우리들은 붉은 기를 지키리라"는 〈적기가赤旗歌〉를 일본어로 부르며 합창 시위를 주도함으로써 호송하는 간수와 경관을 경악케 하였다.

8월 1일: 공주지방법원 대전지청에서 '만세 사건'을 출장 조사하여 기소되었다.

9월 1일: 공판 3일 전에야 통신이 허락되니, 피고 중 최익한·강기주姜貴柱의 이름으로 경성 아무개 변호사를 전보로 초청하자, 3일 예정된 공판이 무기한 연기되고 서신도 일절 금지되었다.

11월 8일: 동지청에서 피고인 최고형인 징역 1년이 가형되었으나, 피고인 20명 모두 판결에 불복공소하여 12월 3일 오전 11시 서울로 다시 이송되었다.

1933 (37세)

1월 19일: 경성복심법원에서 '만세 사건'으로 재판장이 나이를 물으니 호적보다 6살이나 적게 대답하였다. 재판장이 나이가 틀리다고 날카롭게 추궁하자, "형무소 안에서 먹은 나이는 나이가 아니다"고 비아냥거려서 공판정에 파란을 일으켰다. 또 "만세를 부른 죄로 보안법을 적용받을 이유가 없다"고 항의하였으나 가비야히 일축되었다. 그리고 "오랫동안 사회와 격리되어 있는 피고인들을 위하여 한때의 공판이나마 사회인으로서의 감정을 가질 수 있도록 공판을 공개해 달라"고 요청하여, "혹 (공개)할는지 알 수 없다"는 말을 들었다. 피고들은 전부 사실심리에서 형무소의 심각한 죄수학대 문제를 폭로하면서, '만세 사건'은 형무소에 대한 반항 의식 때문에 일으킨 것이라고 반연설조로 진술하여 재판장의 주의를 여러 번 받았다. 일제강점기 때 기결수로서 재차 법의 적용을 받게 된 경우는, 최익한 등 만세 사건 피고인 20명이 최초였다.

1월 25일: 경성복심법원에서 징역 1년 가형이 확정되었다. 판결문(소화 7년 형공刑控 제484호)에 최익한은 "현재 대전형무소 기결수旣決囚 봉투직공封筒職工"으로 기록되어 있다.

3월 25일: 안창호安昌浩·구연흠具然欽 등 사상범 32명과 함께 서대문형무소에서 대전형무소로 다시 이감되었다.

1934 (38세)

2월 13일: 《조선중앙일보》에 최익한이 대전형무소에서 11일 은사 감형 받았다고 보도되었으나, 이는 오보이다.

3월 초순경: 장남 재소와 차남 학소가 울진적색농민조합 사건으로 울진서에 검거되어 12월 6일 함흥지방법원으로 이송되었다. 재소·학소는 1933년 3월부터 조합 결성에 참여하였고, 이후 부인부와 소년부 책임자로 각각 선임되어 활동한 바 있다.

1935 (39세)

7월 8일: 재소·학소가 함흥지방법원에서 각각 징역 2년 6월형과 3년형(미결구류 180일 산입)을 선고받았다.

1936 (40세)

1월 8일: 아침 6시 대전형무소에서 만기 출소하였다.67) 새벽부터

형무소 앞에서 기다린 막내아우 익래와 만나 잠시 대전 시내 동양여관에서 몸을 녹이고, 오후 3시 32분 대전역 출발 열차로 상경하여 견지동堅志洞 승경昇京여관에 묵었다. 서대문형무소와 김천金泉소년형무소에 복역 중인 두 아들 재소·학소를 면회하고 고향 울진으로 돌아와서 다음과 같이 통곡하였다.

十載蘇郎白髮歸　10년 만에 소무蘇武인 양 백발로 돌아오니
歸如華表老丁威　학이 되어 돌아온 정령위丁令威런가.
金泉落日西城雪　우물가 해 지고 서쪽 성벽 눈 나리는데
彳亍徘徨敲鐵扉　가다 서다 헤매다 쇠문짝을 두드리네.68)

초반경: 〈다산의 일사逸事와 일화逸話〉, 〈다산의 저서 총목〉 작성.69)
봄: 서대문형무소에 있는 장남 재소를 면회하기 위하여 온 가족을 이끌고 성동城東으로 왔다.
8월 22일경: 창신정昌信町(현 창신동) 633~22번지(대지 34평, 건평 16평, 1935.12.10 신축 와가)로 울진의 가족과 함께 모두 이사하였다. 1855

67) 최익한은 1930년 8월 30일 징역 6년에 미결구류일수 중 600일만 산입 구형되고 1933년 1월 25일 징역 1년이 가형되었으므로 정확히 형기를 다 마친 셈이나, 실제로는 1928년 2월 2일경 검거된 이후 약 8년간 수감된 것이다.
68) 〈곡아 25절哭兒二十五絶〉 제15수,《조선일보》(1937. 4. 24); 최구소, 〈창해학인의 곡아 25절시〉,《울진문화》 5호(1990), p138; 한영규, 〈식민지 시기 한시 작가로서의 최익한〉,《반교어문연구》 33집(2012), p130 참조.
69) 날짜는 정확히 알 수 없지만, 1936년 초반경으로 추정된다.《여유당전서》를 간행하고 있던 신조선사의 요청으로 써 보냈으나, 잡지《신조선》이 1936년 1월호를 끝으로 폐간되어 실리지는 못하였다. 이후《동아일보》에《여유당전서를 독함》을 연재할 때 그 일부로 포함되고(1938.12.27~1939.2.7 연재분),《실학파와 정다산》(1955)을 간행할 때 부록으로 재수록되었다.

년 증조부 정민廷民(1805~1871)이 서울에서 울진으로 이거한 지 81년 만에 복귀한 셈이다.70)

11월 1일: 이병기가 창신동으로 찾아왔다.

1937 (41세)

3월 6일: 재소가 출옥을 4개월 앞두고 살인적인 고문 후유증으로 함흥형무소에서 순국하였다. 향년 24세로 수감된 지 만 3년 만이었다. 2000년 8월 15일 건국훈장 애족장이 추서되고, 동년 9월 21일 국립대전현충원 애국지사 제2묘역 844호에 안장되었다.

4월 23~25일: <곡아 25절哭兒二十五絶>(조선일보) 3회 연재.71)

8월 23일(음 7.18): 삼녀 한경漢景 출생.

11월 22일: 인민 전선 결성 혐의로 동대문서에 다시 피검되었던 인정식印貞植과 최익한은 22일 밤에 석방되었다. 검거일은 당일인지 전일인지, 아니면 며칠 전인지 정확히 알 수 없다.

11월 26일: <우리말과 정음正音의 운명>(《정음》21호) 발표.

12월 9~23일: <한시만화漢詩漫話>(조선일보) 12회 연재.72)

---

70) 부동산 등기부의 '소화 11년(1936) 8월 22일 매매' 기록과 토지대장의 '소화 11년 8월 28일 소유권 이전' 기록으로 보아, 최익한은 그 사이에 이사하였을 것이다. 그러니까 이사 시기를 최국소(최익한의 조카)가 1936년 늦은 가을이라 한 것은 착오이다.《강릉최씨수헌공파보》p480; 최국소, <순국열사 최재소 종제의 넋두리>,《함께 보는 우리 역사》85집(2000), 역사학연구소, p27 등 볼 것.

71) 참척의 고통을 절절이 시적으로 승화한 7언절구 25수로 최익한의 대표시이다. 그는 직접 함흥까지 가서 재소의 유해를 수습하여 고향으로 돌아와 선영에 묻었다(한영규, 앞의 글, pp133~5). 여기서 선영은 최익한 부모의 묘로서 울진군 북면 곡리谷里 홍신곡洪神谷 산에 있다(《강릉최씨수헌공파보》p480; 최구소, <순국선열 명보明甫 최재소를 소개한다>,《울진문화》15호, 2001, p149).

72) <한시만화·12 – 한시의 금후 행방>(조선일보, 1937.12.23)에는 최익한이 십수

12월 말: 조선어학연구회의《조선어사전》편찬 작업을 하였다.[73]
또 조선일보 학예부장 홍기문洪起文의 사회로 개최된 '조선어 기술
문제 좌담회'(1938.1.4 조선일보 보도)에 김광섭金珖燮·이극로李克魯·류
치진柳致眞·송석하宋錫夏·조윤제趙潤濟·최현배崔鉉培와 함께 참석하여,
'조선어 서사書寫 방법(띄어쓰기), 부호 존폐의 문제, 외래어 표음 문
제, 횡서橫書와 종서縱書의 시비是非'에 대해 토론하였다.

1938 (42세)

《조선일보》에 다음 작품을 발표하였다. * 괄호는 연재 날짜, 횟수.

<독사여록讀史餘錄-한사편린漢史片鱗>(1.21~22, 2회)

<조선 유교사에 있어 정포은鄭圃隱의 공적과 지위>(1.23~27, 4회)

<고려가사 '역대전리가歷代轉理歌'를 소개함>[74]

<역대사담歷代史談>(2.3~13, 8회)

<여말사화麗末史話>(3.12~26, 10회)

<향토 문화를 찾아서>(5.5~12.6, 35회)[75]

년 전에 지은 시 <주행박광진 제박처사임강재舟行泊廣津 題朴處士臨江齋>가
예시되어 있는데, 1919년 작으로 추정된다.

73)《동아일보》(1938.1.1) 기사를 요약하면 다음과 같다.
"조선어학연구회는 지난 10월 계명부락부啓明俱樂部에서 오래전부터 편찬해
오던《조선어사전》을 인수하여 현재 편찬 작업을 진행 중이다. 정인보·최남선
崔南善·박승빈朴勝彬·임규林圭 등의 열성과 노력으로 10수만 개의 어휘를 모
으고 주석도 끝내서 제1기 사업은 마쳤다. 제2기 사업으로 넘어가 박승빈·임규·
최익한 등이 불철주야 어휘 선택과 주석 정리에 착수하고 있다."

74) 이는 조선어학연구회에서 발행한《정음》22호(1938.1.30)에 수록된 글이나,
발표 시기의 순서에 따라 편의상 여기에 배치하였다.

75) 울진행(5.5~5.18) 10회, 삼척행(5.19~5.29) 9회, 박천행(7.14~7.23) 8회,
구례행(11.26~12.6) 8회 등 총 35회가 연재되었는데, 최익한의 시 <次白巖金
濟先生踏海詩韻>, <次栗谷板上韻>, <謝呈 桂南沈之潢氏·晚圃沈相敦氏>, <五十

1월 초: 학소가 만기 출옥 후, 울진농민조합(1934년 와해)을 계승할 새로운 조직체를 건설하기 위해 노력한 것으로 보인다.

3월 19일: 삼남 건소가 제일고보에 합격.

4월 9일:《조선일보》가 주최한 제3차 조선향토문화조사를 위하여 출판부 촉탁직으로서 오후 10시 5분 강원도 울진·삼척 지방으로 떠났다.

4월 10일경: 향토문화조사차 자기 고향인 울진군 북면 나곡리 남대문(석문)에 이르러 창졸간에 장편 <석문가石門歌>를 지었다. 울진 답사기에 "석문은 어릴 적에 여름철이면 더위를 피하여 늘 와서 살다시피 한 곳으로, 석문에 대한 시문 기록도 상당히 많았었는데 지금은 하나도 기억나지 않는다"고 하였다.76)

4월 15일: 정오경에 사진사와 함께 푸른 안개 속의 수산천守山川 (일명 蔚珍浦)을 건너서 둔산屯山의 망양정望洋亭을 찾아갔다.77)

5월 2일: 향토문화조사차 삼척읍에서 사진사와 함께 출발하여 근덕면近德面 궁촌宮村에 있는 공양왕릉恭讓王陵을 답사하였다.78)

川觀釣兒有感>, <무제>와 시조 <酒泉臺>, <沙羅峙 너머서> 등 총 7편이 수록되어 있다(조선일보, 1938. 5. 8~7. 21). 시제는 모두 편자가 붙였다. 그는 《조선일보》의 향토문화조사위원으로서 울진蔚珍·삼척三陟·박천博川·구례求禮 등의 유적지를 탐방하였다. 그의 문필 활동은 오랜 투옥으로 가세가 기운 상태에서 거의 유일한 호구책이었을지도 모른다. 그렇지만 《조선일보》는 2010년 2월 2일 기사에서 "1938년 향토문화조사사업은 일제의 조선 문화 말살 정책에 대항하는 민족적 사명감의 발로였다"고 자찬한 바 있는데, 이는 중일전쟁 직후 전시동원체제하에서 기획된 것으로서 조선총독부의 문화 정책과 직간접적으로 연동된 사업이라는 점은 부정할 수 없다. 박찬모, <'고분객孤憤客'의 신악神岳, 무등산—이은상의 무등산 유기 고찰>,《호남문화연구》53집(2013), 호남학연구원, pp41~7 참조.

76) <향토 문화를 찾아서>,《조선일보》(1938. 5. 13) 5면.
77) 앞의 글,《조선일보》(1938. 5. 11) 5면.

5월 25일: 오후 2시경에 박천博川사진관 주인 이희수李希秀 군과 함께 박릉산성博陵山城을 구경하고 홍경래강洪景來江을 건너 다복동多福洞으로 향하였다. 박천면博川面 하남동下南洞 대령강大寧江 위에서 다복동의 강 너머 풍경을 촬영하고 다시 불어난 강물을 무릅쓰며 가랑비를 맞으면서 유허遺墟를 찾아갔다.79)

9월: 향토문화조사차 구례에 잠시 들러 유당酉堂 윤종균尹鍾均 선생이 이미 80에 실명하였어도 오히려 애쓰며 시가를 끊임없이 읊는다고 들었다. 그 독실히 좋아함에 더욱 감탄하였다.80) 9월 말에 구례행을 마치고 돌아온 지 얼마 안 되어 친우 난사蘭史 황위현黃渭顯81) 군이 자기 고향인 구례군 월곡月谷(시호詩豪 황현의 옛집) 근처에서 '건통乾統' 연호와 '난약사蘭若寺' 명칭을 새긴 고종古鐘 하나와 향로香爐·자기磁器 등이 뜻밖에 출토되었다는 소식을 편지로 알려주었다.82)

12월 16일: 오후 5시 명월관明月館에서 《여유당전서》(신조선사, 1934~38) 76책 완간 기념 출판기념회가 있었다. 당시 발기인은 다카하시 도오루高橋亨·후지즈카 치카시藤塚鄰·니시무라 신타로西村眞太郎·야마구치 마사유키山口正之·최린崔麟·김태준金台俊·노자키 신조野崎眞三·방응모方應謨·박종화朴鍾和·손진태孫晋泰·조용만趙容萬·이극로李

---

78) 앞의 글, 《조선일보》(1938. 5. 26) 5면.

79) 앞의 글, 《조선일보》(1938. 7. 22) 5면.

80) 〈유당집서酉堂集序〉(1943), 《유당집》, p2a, "數年前 帶報社事 暫到求禮 聞公已八十 失明而猶孜孜 不輟吟哦 益歎其篤好"

81) 황위현(1891~1966) : 독립운동가. 매천 황현黃玹의 아들로 태어났으나 중부仲父의 양자로 입적되었다.

82) 〈광주廣州 객산동客山洞 불상佛像·각자刻字 탐방기 (1)〉, 《동아일보》(1939. 6. 6) 4면.

克魯·최규동崔奎東·윤치호尹致昊·송진우宋鎭禹·이헌구李軒求·백관수白
寬洙·현상윤玄相允·김성수金性洙·이여성李如星·이병도李丙燾·최익한·
문일평文一平·이관구李寬求 ·김기진金基鎭 등 60여 명이다.[83]

1939 (43세)

《동아일보》에 다음 작품을 발표하였다.[84]

---

83) 친일 민족개량주의자들이 다수를 이루며, 김태준·이여성·최익한 등 사회개량
   주의자들은 극소수에 불과하였다. 조선총독부 촉탁이었던 이병도의 사회 아래
   경성제대 교수 다카하시 도오루의 축사와 신조선사 주간 권태휘權泰彙의 답사
   등이 있었다. 《동아일보》(1938.12.13) 2면; 《매일신보》(1938.12.17) 3면 참조.
   최익한은 당시 극우 민족주의자들과 교류하긴 했어도 서로 이익을 좇아 부화
   뇌동하던 사이는 아니었다. 이는 그가 월북 후에 쓴 다음 논문으로도 어느 정도
   짐작할 수 있을 것이다.
   "3·1운동 때 이른바 유지인사이며 교육사업가로 자처하던 민족반역자의 원흉인
   호남지주 김성수는 독립선언 계획의 진행을 알고 있었을 뿐만 아니라 당사자들
   의 교섭이 있었음에도 불구하고 그는 냉정하게 거절하였으며, 또 그의 식객인
   송진우宋鎭禹·현상윤 등은 자기들이 관계하는 학교(중앙학교)를 위한다는 구실
   로써 역시 독립운동에 참가하기를 거부하였다." <3·1운동의 력사적 의의에 대한
   재고찰>, 《력사제문제》6호(1949.5), 조선력사편찬위원회, p101.
   또 해방 직전 최익한의 맏사위가 된 이청원도 "1920년대에 민족부르주아지의
   대표적 인물인 김성수·송진우·최린崔麟·이광수李光洙 등이 표면으로는 조국과
   민족의 운명을 근심하는 애국자로 가장하면서, 내면으로는 적과 타협한 일련의
   기만적 행동을 하였다"고 적시한 바 있다. <조선에 있어서 쁘롤레따리들의 계급
   형성과 그 특징>, 《과학원학보》1호(1953.9), 과학원, p27.
84) 1931년 만주사변 이후 《동아일보》는 '조선고적보존운동'과 '조선학담론' 등을
   전개하였다. 이는 부르주아 민족주의자들의 국수적인 대응 방식으로서 일제의
   문화 정책에 대해 '최소한의 반발' 같은 일시적 명분이라도 있었을지 의문이다
   (이지원, <1930년대 민족주의 계열의 고적보존운동>, 《동방학지》77~79합집,
   연대 국학연구원, 1993, pp755~9). 그러나 당시 사회주의 민족주의자 백남운
   白南雲·신남철申南徹·김태준金台俊 등은 동아·조선 두 신문에 총독부 및 민족
   개량주의자들의 관념적·복고적 조선학 담론을 비판하며 그 대안으로 과학적·주
   체적 조선학을 제기하였다. 류승완, 《이념형 사회주의》, 선인, 2010, pp322~8;
   최재목, <1930년대 조선학운동과 '실학자 정다산'의 재발견>, 《다산과 현대》

《여유당전서를 독함》(1938.12.9~1939.6.4, 64회)

<전통 탐구의 현대적 의의>(1.1~7, 5회)

<한시곡란漢詩曲欄>(1.17~2.19, 11회)

<한시모집>(1.17~1940.8.8)[85]

<빙허각전서憑虛閣全書 소개담>(1.31)

<독서—목적과 취미의 관계>(2.2)

<큐리부인전>(4.12)[86]

<북한산신라진흥왕비北漢山新羅眞興王碑>(5.13~19, 4회)[87]

<김은호金殷鎬 화백의 '춘향상春香像'을 보고>(5.27)

<광주廣州 객산동客山洞 불상佛像·각자刻字 탐방기>(6.6~30, 12회)

<난곡이건방옹만蘭谷李建芳翁輓>(7.12)

4·5호, 연대 강진다산실학연구원, 2012, p95~6; 김인호, <백남운과 김태준의 '근대화'와 '전통' 인식>, 《역사와 실학》 53집, 역사실학회, 2014, pp134~8; 이준식, <조선학운동과 백남운의 사회사 인식>, 《1930년대 조선학운동 심층 연구》, 선인, 2015, pp171~188; 조형열, <1930년대 마르크스주의 지식인의 학술문화기관 구상과 '과학적 조선학' 수립론>, 《역사학 연구》 61호, 호남사학회, 2016, pp139~146; 정종현, 《다산의 초상》, 신서원, 2018, pp103~127 등 참조. 이미 그러한 조선학 담론도 한물간 30년대 후반 전시체제하에서 최익한의 고전 소개나 고적 답사는 이루어진 것이다. 따라서 사회주의 운동을 중단한 그의 글은 더욱 개량적 성격을 띨 수밖에 없었다.

85) 시제詩題를 내걸고 한시를 모집한 후 고선考選하였다. 입선작은 등수 순으로 게재되고, 시제는 매번 다음과 같이 바뀌었다. '설죽雪竹·시조한역時調漢譯·춘강효경春江曉景·방초芳草·이앙移秧·유두연流頭宴·빈부貧婦·가배嘉俳·상국霜菊·춘궁春窮·빙氷·춘청春晴·화우花雨·녹음綠陰·하일등산夏日登山'.

86) 《동아일보》 4월 12일자에 <큐리부인전>(에브 큐리 저, 최익한 역)을 4월 17일 석간부터 연재하기로 예고되었으나, 검열에 걸려 연재를 못한 듯하다.

87) 5월 10일경 북한산진흥왕비가 어느 등산객의 악희惡戱로 인하여 그 상부 접합한 파편이 전락轉落되었다는 놀라운 소식이 보도되자, 최익한은 본보 편집자의 급청急請에 응하여 즉흥적 산문을 게재하게 되었다. <북한산진흥비 연대추정에 대하여 (1)>, 《동아일보》(1938.8.11) 3면

<요축, 석전황장(원)희수遙祝石田黃丈[瑗]稀壽>(7.25)

<산악시인山岳詩人>(7.28~8.3, 4회)

<북한진흥왕비北漢眞興王碑 연대 추정에 대하여>(8.11~24, 8회)

<축 안주安州 중헌문고中軒文庫 개관>(8.29)

<시사詩謝, 위창옹전액葦滄翁篆額>(9.3)

<신사申謝, 위창옹기선葦滄翁寄扇>(9.5)

<동애東崖·송호松湖 가사歌詞>(9.6~9, 3회)[88]

<추석·가배嘉俳의 유래와 민속>(9.27)

<박조산애사朴照山哀辭>(11.21)

<고려 문헌계의 유주遺珠《제왕운기帝王韻紀》,《동안거사집動安居士
集》>(12.7~14, 4회)

늦은 봄: 면우의 제자 하경락河經洛(1876~1947)이 가회동嘉會洞 자기
아우 집에 머무르는 동안, 임종희林琮熙·곽전郭㙉(면우의 장남)과 함께
찾아뵈었다.[89]

6월 2일: 학소가 공영어업주식회사共永漁業株式會社(울진) 임시주주
총회에서 이사로 선임되고 동일 취임하였다.[90]

6월 3일: 오전 11시경에 이관구李寬求·이원조李源朝·이병기李秉岐·
이병도李丙燾·이여성李如星·송석하宋錫夏·윤필구尹弼求와 함께 동아

---

88) 허미수許眉叟 편編의 고가사古歌詞 10편을 소개한 글로,《정음》32호(1939.
   12.25)에 다시 게재되었다.

89) 하경락,《제남집濟南集》책1 권2, 회상사, 1988, p27b, <嘉會洞舍弟僑所喜 林
   鳴國琮熙 崔雲擧益翰 郭可豪㙉 來訪 己卯> 참조.

90) 1939년 6월 6일 대구지방법원울진출장소에 "공영어업주식회사 대표이사 최
   익성崔益晟, 이사 최학소·최익후崔益珝·주영석朱永錫·윤세병尹世炳, 감사 최익
   화崔益華·최익면崔益㤾·윤병원尹炳元"으로 변경등기하였다.《조선총독부 관보》
   제3757호(소화 14년 7월 29일) p322.

일보사가 내준 자동차 2대를 나눠 타고 광주廣州 객산동客山洞으로 불상佛像·각자刻字 탐방을 떠났다.91) 정오를 좀 지나 일행은 현지에 도착하여 해독解讀·사진·탁본 등의 일을 마치고 각자 준비해 온 점심을 먹고 5시경에 돌아왔다. 송석하의 탁본(4매) 솜씨에 모두 경탄하면서 '탁무주임拓務主任'이란 별명을 주었다. 이튿날 탁본을 들고 오세창吳世昌 옹께 가서 서법 감정을 부탁드렸다.92)

10월경: 학소가 울진농민조합의 후신으로 항일비밀단체인 창유계暢幽契를 결성하여, 1943년 3월 검거되었으나 탈옥했다고 한다.

1940 (44세)

《동아일보》에 다음 작품을 발표하였다.

<재해災害와 구제救濟의 사적史的 단편관斷片觀>(1.1~3.1, 27회)93)

<종두술種痘術과 정다산 선생>(2.29~3.5, 4회)94)

<조선 여류 예원사상藝苑史上 신말주申末舟 부인 설씨薛氏의 지위>
(3.17~23, 4회)

<사상史上 명인의 20세>(4.2~5.15, 21회)

<만오촌설옹(태희)輓梧村薛翁[泰熙]>(4.27)

---

91) 최익한은 광나루를 지나면서 다음과 같이 회고하였다. "어느덧 광진철교廣津鐵橋에 이르렀다. 꼭 20년 만에 다시 와 본다. 강물은 예나 이제나 한빛으로 흐르고 있지만 이제 온 나는 20년 전의 내가 아니다. 20년! 강물을 보고 자기를 탄식하고 잇따라 세상을 탄식하고 다시 강물을 굽어보니 강물은 속절없이 흐르고 흐를 따름이더라." <광주 객산동 불상·각자 탐방기 (2)>, 《동아일보》(1939. 6.7) 4면; 《가람일기·II》 pp497~8.

92) <광주 객산동 불상·각자 탐방기 (12)>, 《동아일보》(1939.6.30) 3면.

93) 현재 1~9, 18회는 인터넷으로 검색 가능하나, 10~17, 19~27회는 마이크로 필름으로만 볼 수 있다. 《조선 사회 정책사》(박문출판사, 1947)에 재수록.

94) 《실학파와 정다산》(평양국립출판사, 1955) 부록으로 편입되었다.

<담헌湛軒 홍대용洪大容의 언문諺文《연행록燕行錄》>(5.18~19, 2회)95)

<조선 여류 저작사상 사주당師朱堂《태교신기胎教新記》의 지위>
(7.16~28, 5회)

<류자후柳子厚씨 대저大著《조선화폐고朝鮮貨幣考》를 읽고>(8.6)

<증별贈別 심산心汕 화백>(8.11)

1월 9일: 최진순·박흥식朴興植 등이 오후 1시 조선호텔에서 조선과
화북華北의 무역을 위해 천진동아산업주식회사天津東亞産業株式會社
발기인위원회를 개최하였다. 최진순은 평의원으로서 천진일본상
업학교장(1935~38)·천진조선인민회 부회장을 지내고 1939년 8월
귀국한 바 있다.

3월 4일: 학소가 오후 1시 조선일보사 강당에서 담양전씨潭陽田氏
(1918~?)와 혼례식을 올렸다. 담양전씨는 창신정 바로 옆동네인 숭
인정崇仁町(현 숭인동) 70~31번지(대지 46평, 건평 21평, 1939.10.5 신축
와가)에 살던 전재룡田在龍의 딸이었다.

3월 중순경: 신말주申末舟 부인 설씨薛氏(1429~1508)의 후손 신재휴
申宰休씨가 《여암전서旅菴全書》에 관한 용무로 입경해 있던 기회에
자기 종중의 보전寶傳인 《부도암중수권시문첩浮圖菴重修勸施文帖》을
최익한에게 보여 주었는데, 그 서화는 모두 설씨의 수적手跡으로서
표지를 중국 비단으로 배접한 진귀한 고첩古帖이었다.96)

3월 27일: 장녀 분경이 이화여전 문과 예과豫科에 합격.

5월(음 4월): 이빈승李斌承(文卿)이 회봉晦峯 하겸진河謙鎭(면우의 제자)을

95)《정음》34호(1940.7.30)에 다시 게재되었다.
96) <조선 여류 예원사상 신말주 부인 설씨의 지위 (3)>,《동아일보》(1940.3.21).

위해 마련한 영도사永度寺 술자리에 당대의 문사文士 이범세李範世·정인보鄭寅普·김승렬金承烈·이상기李相琦·임상종林尙鍾·이원기李源紀 등 28인과 함께 참석하여 한운시限韻詩를 지었다.97)

6월 이전: 이병도 소개로 최익한(동아일보사원), 이영구李榮求(조선일보사원), 임충희林忠熙(育英堂書店主), 이배근李培根(開城崧南書館主), 고재휴高在烋(조선어학연구회), 이홍렬李洪烈(論山殖銀支店), 고영환高永煥(동아일보사원), 김재원(벨기에겐트대학동양고고학연구실조수) 등 8명이 진단학회震檀學會 신입 통상通常회원이 되었다.98)

6월 19일: 학소가 '《동아일보》 대구지국 주최 한시 현상모집'에서 2등으로 당선되었다.99)

---

97) 하겸진, <李君文卿爲余設酌永度寺 竝招一時文士 李範世金承烈李相琦鄭寅普崔益翰林尙鍾李源紀 共二十八人限韻>,《회봉집》권5, p30a, 참조. 영도사는 현 개운사開運寺로 당시에는 중들이 술장사·밥장사 등을 하여 절 주위는 이른바 화류장花柳場을 이루었다. 1980년대까지만 해도 유곽遊廓 시설이 일부 남아서 저렴한 대학생 자취방으로 선호되었는데, 지금은 재개발로 사라졌다.

98) <휘보彙報>,《진단학보》12권(1940), p213; 정병준, <식민지 관제 역사학과 근대 학문으로서의 한국역사학의 태동>,《사회와 역사》110집(2016), 한국사회사학회, pp134~9 참조.《진단학보》11권(1939)과 12권(1940)의 편집후기·판권지에 의하면, 최익한은 1939년 12월 9일 이후부터 1940년 6월 8일 이전 무렵 진단학회에 가입한 것으로 추정되며, 글은 발표하지 않았다.《진단학보》는 14권(1941.6)으로 종간되었고, 진단학회는 1942년 10월 '조선어학회사건'으로 회원 이윤재李允宰·이희승李熙昇·이병기가 체포되며 탄압도 강화되어 활동을 중단하였다.

99) 입상자는 1등 전인산田仁山(경성부 숭인정 70~31), 2등 최학소崔學韶(경성부 창신정 663~22), 3등 최학소崔鶴巢(경성부 숭인정 70~31)였다. 1등과 3등이 주소가 같고 2등과 3등은 이름이 같다. 전인산은 학소의 처남이고 學韶와 鶴巢는 동일인이므로 싹쓸이한 셈이다. 당시 선자는 최익한이었다. 1940년 1월에도 이미 최익한의 차녀 연희璉姬(당시 소학교 4년)가 동아신춘문예 아동부문 작문·그림에서 각각 2등으로 독차지하고, 1940년 6월에도 동아일보 주최 전조선학생작품전 서예부에서 입선한 바 있는데, 더 큰 문제는 이 아이가 원고료로 받은 6원을 전선에 나가 싸우고 있는 군인들에게 보내 달라고 신문사까지 찾아와서

8월 10일:《동아일보》폐간사를 써 달라는 청탁을 받았지만 가식과 허위의 글을 쓸 수 없다며 거절하였고, 8월 11일자를 끝으로 신문이 강제 폐간된 후 총독부의 전직 알선이 있었으나 역시 불응하며 자유 구직을 표방하였다. 10월 15일경 퇴직금(2년 치 월급)을 받았다.

8월 22일: 자기 호인 '창해滄海(소우카이)'로 창씨創氏하여 '崔益翰'을 '滄海益翰'으로 변경하였다. 이는 민적부·등기부·토지대장 등 각종 공문서에 기재되었으나, 자기 글에는 전혀 사용하지 않았다.

10월 15일(음 9월 15일): 백관수白寬洙(1889~1961)·홍명희洪命熹(1888~1968)·강희진康熙鎭(1878~1942)과 양주楊州 망월사望月寺에서 보름달을 보기로 약속하였으나, 마침 일이 있어 고향 울진에 돌아왔다. 이날 밤 해월海月을 홀로 대하며 멀리서 그들의 쓸쓸한 절 모임을 생각하자니 서운하기 그지없는지라 시를 적어 부쳐 드렸다.100)

12월 20일(음 11.22): 학소의 딸 경옥景玉 출생.

1941 (45세)

《춘추》101)에 다음 작품을 발표하였다.

부탁하였다는 것이다. 그래도 1940년 8월에 동아일보가 폐간되어 버려 더 이상 당선될 수 없었으니, 천만다행이라고 해야 할까……? 이런~!《동아일보》(1940. 1.3; 1940. 2.6; 1940. 6.14; 1940. 6.19) 참조.
100) 나중에 그 시는 《춘추》지에 발표되었다. 최익한, <題寄芹村·可人·止軒諸公>, 《춘추》 2권 5호(1941.6), p226, "庚辰八月 芹村約可人·止軒及豫 觀望月于楊州 望月寺 不果 又約九月望間 而豫適有故 歸在蔚珍之鄕里 是夜 獨對海月 遙想諸 公蕭寺之會 悵然不已 遂書懷 寄呈"
101) 전 동아일보 기자 양재하梁在廈가 1941년 2월~1944년 10월(통권 39호)까지 매월 1일 발행한 친일 종합 월간지. 중일전쟁(1937)과 태평양전쟁(1941)의

3월: <조선 과거過去 교육제도 소사小史>(2권 2호)

4월: 한시 <마전痲田, 배알숭의전拜謁崇義殿>(2권 3호)

6월: 한시 <제기근촌·가인·지헌제공題寄芹村可人止軒諸公>(2권 5호)

7월: <최고운崔孤雲의 문화적 지위>(2권 6호)[102]

12월: <조선의 후생 정책 고찰>, <《누판고鏤板考》를 독讀함>(2권 11호)[103]

2월 20일 이전: 잡지《조광朝光》의 '민중 오락의 지도 방법에 대한 설문'에 답하기를, "민중 오락의 지도 방법을 말하기 전에 먼저 지도 주체가 누구인지를 알아야 한다"고 하였다.[104]

봄부터 1944년 11월까지: 동대문 밖 창신정 집 부근에서 '가정용 주류 소매업'(술집)을 하였다. 최익한은 <변백장辯白狀>(1946)에 당시의 상황을 다음과 같이 밝혔다.

전시체제 속에서, 1930년대 중반 다산 관련 글을 썼던 민족개량주의자 최남선·안재홍·현상윤·백낙준 등 거개가 징병 및 학병 지원 권고문을 쓰며 변절했는데, 사회개량주의자 백남운·김태준·이청원·최익한 등은 그렇지 않았다는 점에서 도덕적 우월성이 인정될 수 있는 것처럼 보인다.

102) 최익한은 <사상史上 명인의 20세—최치원崔致遠 선생의 유학사당遊學仕唐>(1940)을 이미 쓴 바 있는데, 나중에 논문 <조선 고대 문학사에 있어서의 최치원의 문학적 지위>(1956)로 완성하였다.

103) <조선의 후생 정책 고찰>은《조선 사회 정책사》(1947)에 편입 출간되었는데, 책 머리말에 최익한은 다음과 같이 합리화하였다. "회고컨대 집필 당시는 바로 중일전쟁이 심각해지면서 일제 파쇼가 이른바 '황민화' 운동을 통하여 조선의 민족문화를 그 근본부터 폭력적으로 괴멸해 버리려 하던 그때였으므로, 과거의 제도를 가탁하여 민족 고유문화의 일단을 과시하는 것은 하나의 모험적 선전이었으며, 따라서 의의를 내포한 것이었다." 본서 <최익한 친일설> p570 볼 것.

104)《조광》7권 4호(1941.4), p171.

"본인의 전후前後 세 번 수형受刑과 십수 년 수역囚役이란 정치범적 경력과 양자제질兩子諸姪(두 아들 및 조카들)의 적색농조학생사상사건 등, 연속 관계한 가정 환경이 경찰의 특별 감시를 극도로 받게 되어 지하 활동이나 국외 망명이 본인으로서는 말할 수 없는 난문제였다. 그 반면에 자유 구직과 자력 생계가 그때 우리들의 처세상, 적의 사상적 공세에 대한 중요한 방어 전법이었다. 지난해(1940) 동아일보가 강제 폐간되자 총독부의 사원 전직 알선에 대하여 본인은 자유 구직을 표방하고 이에 응하지 않았으나, 결국 본인의 적당한 직업은 용이히 발견되지 않고 놈들의 무직자 취체(단속)가 한층 엄중하므로 본인은 실로 곤란한 경우에 있었던 것이다."105)

가을에 현상윤玄相允으로부터 답장과 화답시106)를 받았다.

1942 (46세)

9월 1일: 〈한재旱災와 그 대책의 사편史片〉(《춘추》 3권 9호)107)
9월경(음 8월): 〈농월정 현판 위의 시에 차운하다弄月亭次板上韻〉

---

105) 최익한은 약 3년 9개월간 주류 도소매점(술집)을 운영하며 비록 사내종 1명
    은 부렸지만, 조금은 육체노동을 거들지 않았을까 한다. 벌써 그는 1920년대에
    하숙집을 운영하고, 30년대에 봉투직공으로 복역한 바 있는데, 또 50년대 전시
    하에서는 건설 및 영농 사업에도 노력 동원된 듯하다. 그의 사상이 온실 속의
    관념에서 벗어나 현실 속의 노동으로 강철처럼 단련되는 계기가 되었을 것이다.
    〈변백장〉,《조선공산당문건자료집》, 한림대 아시아문화연구소, 1993, pp177~8;
    〈판결문〉(소화 7년 형공刑控 제484호), 관리번호 CJA0000605, 국가기록원;
    《김일성종합대학 10년사》, 김일성종합대학, 1956, pp73~100 등 참조.
106) 〈답최창해익한答崔滄海益翰〉, 〈재용·전운답최창해익한견화再用前韻答崔滄
    海益翰見和〉,《기당현상윤전집·5》, 나남, 2008, pp485~6 볼 것.
107)《조선 사회 정책사》(1947)에 편입되었다.

<u>1943</u> (47세)

1월 3일: <반도 후생 정책 약사>, <반도 과거 교육제도>108)

5월 1일: <유교와 연성鍊成>(《춘추》 4권 5호)109)

6월 5일(음 5.3): <유당집서酉堂集序>(《유당집》, 1968)

10월 1일: <충의忠義의 도道—유교의 '충忠'에 대하여>(《춘추》 4권 9호)

3월: 학소가 창유계暢幽契 사건으로 창신정 집에서 체포되어 울진 경찰서에서 조사를 받고 5월 8일 구류되었다. 왜경의 경비가 소홀한 틈을 타서 수갑을 찬 채 야간 탈출을 했다가 잡혔는데, 다시 탈옥하여 겨우 목숨을 구할 수 있었다고 한다. 8월 7일 구류 정지되고 12월 18일 기소 중지되었다.110)

11월 18일(음 10.21): 학소의 아들 명준明俊(재소의 계자) 출생.

<u>1944</u> (48세)

1월 6일: 창신정 651~18번지로 전거轉居하였다.111)

---

108) 만주제국 건국 10주년을 기념하기 위해 발행된, 만선학해사滿鮮學海社의 단행본 《반도사화半島史話와 낙토만주樂土滿洲》에 '최익한(전 동아일보 조사부장)' 이름으로 발표된 글로서, 위의 <조선의 후생 정책 고찰>, <조선 과거 교육제도 소사>가 제목만 바뀐 것이다. 만선학해사는 만주국의 수도 신경新京에 있었던 친일 신문사.

109) <유교와 연성>, <충의의 도>는 일제의 시국 정책에 부화한 소극적 부일문附日文으로 판단된다. 졸고 <최익한 친일설> 볼 것.

110) 최국소, 앞의 글, p27; 국가기록원 분류번호 829 <형사사건부>(소화 18년). 위의 사건부에는 피고인이 '창해(崔)学韶'라는 창씨로 기재되어 있다.

111) 당시 창신정 651~18(대지 27평, 건평 14평)의 토지 소유자는 홍해익洪海翼이었다. 최익한 부부는 손주들이 생기자 남은 자녀(건소·연희·한경)와 함께 이 집에 전세로 이사한 듯하다. 기존의 창신정 633~22번지에는 큰며느리 윤순희尹順禧, 학소 부부와 아이들(경옥·명준)이 계속 살았다. 최익한 부친의 첩은 안

5월 18일: 창신정 633~22번지의 토지 소유자 성명·주소를 '崔益翰(창신정 633~22)'에서 '滄海益翰(창신정 651~18)'로 변경하였다. 최익한(소우카이 에키캉)은 11월까지 주류 소매업을 계속하였다.

1945 (49세)

여름: 경성보호관찰소 의용대 부대장직을 사절하고 은신하였다.[112]

8월 15일: 동대문 밖 모처에서 ML파 박낙종·하필원·이우적·이청원 李淸源 등과 함께 고려공산당 조직위원회를 구성하고, 이튿날 종로 장안長安빌딩에서 결성된 조선공산당(조공) 장안파로 합류하여 곧 경성지구위원회를 조직하였으나, 11월 23일 장안파는 해체 선언을 함으로써 박헌영朴憲永의 재건파에 통합되고 말았다.[113]

8월 16일: 조선건국준비위원회(건준)는 선전 수단으로 언론 기관을

국동 하숙집을 운영할 때만 해도 같이 거주하였는데, 이때는 어찌 되었는지 잘 모르겠다. 첩에 대해서 후손 분께 문의하였으나 아무것도 알 수 없었다.

112) 최익한이 전하는 당시 상황을 요약하면 다음과 같다. "1945년 여름 미군의 남조선 공습攻襲의 기세가 급박해지자 총독부는 이른바 조선총력연맹을 해소하고 의용대를 결성하니, 경성보호관찰소도 이에 따라 7월 말경에 관내 사상 전과자들로 일개 의용대를 조직하려 하였다. 부대장 수 명에 본인이 지정되겠단 말을 듣고 지방 '소개疏開' 기타 사정을 이유로 사절하였으나, 일제는 난색을 표하며 강요하였다. 결국 8월 초 의용대 결성식에는 고의로 칭병稱病하고 출석지 않고 성외城外에 갔는데, 며칠 뒤에 소·일 전쟁이 일어나 8월 14일까지 경성 모처에서 은신하였다(<변백장>, 앞의 책, pp178~9)." 후손에 의하면 경성 모처는 선영(최익한 고조부 '기祺'의 묘)이 있는 양주군楊州郡 진접면榛接面(현 남양주시 수동면水洞面) 내마산內馬山의 독가촌獨家村이라고 한다.

113) <당통일 촉진에 대한 약보略報>, 《전선》 4호(1945. 10. 31); 《자유신문》(1945. 11. 24). 여기에서 '동대문 밖 모처'는 동대문구 창신정(현 종로구 창신동) 최익한의 집이라는 설이 있다. 이기하 외, 《한국의 정당》, 한국일보사, 1987, p59. 최익한의 조카 최국소는 해방 직전의 최익한 집을 100여 평 되는 기와집으로 술회한 바 있는데, 아마도 그 집일 가능성이 높다. 최국소, 앞의 글, p28.

이용하고자 최익한·이여성·양재하·김광수金光洙 등을 신문 접수위원으로 위촉, 《매일신보》를 접수하여 《해방일보》 창간호를 발행하였으나, 그때까지 잔존하고 있던 일본군들의 방해로 더 이상은 발간하지 못하였다.114)

8월 18일: 장안파는 <조선 민족 대중에게 고함>이라는 선언을 발표하여 민족통일전선의 결성을 강조하였다.

8월 19일: 장안파는 전남 광주에서 은신하다가 상경한 박헌영에게 중앙 요직의 취임을 요청하였으나, 그는 불응하고 조공 재건준비위원회를 조직한 후 장안파 조공의 해체를 요구하였다. 이에 박헌영과 같이 화요계에 속한 조동우趙東祐·홍남표洪南杓·정재달鄭在達·최원택崔元澤 등은 박의 해당론에 호응하여 당의 해체를 주장하며 탈당하였다.

8월 22일: 건준 2차 조직에서 조사부장으로 선출되었다(9월 4일 건준 3차 조직 개편 때도 유임).

9월 1일: 조선인민공화국(인공) 경성시인민위원으로 선출되었다. 한편 장안파 경성시당부는 해당론의 비원칙성을 반대하고 중학정中學町(현 중학동) 대동산업 사옥에서 70여 명의 열성자 대회를 열어 해당론의 무원칙적 파벌성을 통렬히 비판하였다.

9월 3일: 장안파와 재건파가 계동桂洞의 홍증식洪增植 집에서 연석회의를 하고, 8일 열성자 대회를 열어 공산당 통합을 위해 토론하였다. 이 대회에서 박헌영은 "과거의 파벌 두령이나 운동을 휴식한 분자는 아무리 명성이 높다 해도 이번 중앙(본부)에는 들어올 자격

---

114) 《1947년판 조선연감》, 조선통신사, 1946, p278; 유병용, <해방 직후 언론 문화 연구>, 《국사관논총》 70집(1996), 국사편찬위, p111, p116 재인용.

이 없다"고 보고하였다.115) 이어 토론에서 최익한은 장안당과 대립하는 신당(재건당) 조직에 반대하며, "당재건준비위원회의 테제가 개량적이요 경제주의적이고 아나키스트적"이라고 비판하였다.116) 결국 11일 재건파가 장안파를 거의 흡수한 상태에서 조공을 다시 건설하였지만, 중앙간부 인사에서 이영李英·정백鄭栢·최익한 등 장안파 핵심 인물들은 제외되었다.

9월 8일: 계동 열성자 대회 후 이우적이 최익한의 집에서 잤다.

9월 10일: 이영·최익한은 재건파 박헌영의 대리 이현상李鉉相과 당 문제로 명륜동 모처에서 회견하였다.

9월 14일: 건준 후신인 인공 법제국장으로 선출.

9월 15일: 장안파는 〈현계단의 정세와 우리의 임무〉(최익한·이청원 공동 집필, 미발굴)에서 프롤레타리아혁명 단계론을 주장하며, 재건파 의 부르주아민주주의혁명 단계론(박헌영의 〈8월 테제〉)이 우경 오류에 빠져 있다고 논박하였다.117)

9월 하순: 최익한·이청원 등 콤그룹 비판자들은 사직동 법정法政 학교 강당에서 임해任海 강연을 들었다.118)

---

115) 〈열성자대회의 경과보고〉, 《해방일보》(1945.9.25).

116) 〈열성자대회의 경과보고 (중)〉, 《해방일보》(1945.10.12).

117) 프롤레타리아혁명 단계냐, 부르주아민주주의혁명 단계냐 하는 현단계 논쟁 은 당시 사회의 성격 규정과 직결되는 것이다. 즉 일제하 조선 사회를 장안파는 자본주의로 본 반면, 재건파는 반半봉건적 사회로 보았기 때문에 그 혁명 단계도 서로 다르게 설정될 수밖에 없었다. 자세한 것은 심지연, 《조선혁명론 연구》, 실 천문학사, 1987, pp40~69; 이완범, 〈해방 직후 공산주의자들의 혁명 단계론〉, 《정신문화연구》112호(2008), 한국학중앙연구원, pp5~40 볼 것.

118) 임해(본명 任吉鳳)는 1925년부터 1945년 8월까지 일본에서 지내다가 귀국 하였는데, 동년 9월 팸플릿 〈조선의 독립과 공산주의자의 긴급임무〉라는 테제 를 작성하여 장안파와 재건파의 단계론을 비판하면서 부르주아민주주의혁명과

9월 30일~10월 15일: 이영과 함께 장안파 노선을 인정받기 위해 평양을 방문하였다. 그러나 10월 13일 평양에서 개최된 '서북 5도 당 책임자 및 열성자 대회'에서 그들의 활동과 이론은 다음과 같이 격렬한 규탄을 받았다.

"이영·최익한 일파의 활동은 당의 통일을 붕괴시키는 것이며, 그들이 주장하는 이론은 국제 정세와 조선 현실을 정당히 파악치 못한 좌경적 견해의 트로츠키적 이론 근거를 가진 소부르주아지 이데올로기로 움직이는 소부르주아 영웅주의적 행동인 동시에 당의 노선과 대열을 분열시키려는 부정분자의 행동이라고 지적한다."119)

이는 결정서로 채택되었는데, 김일성金日成의 입장과 박헌영의 8월 테제와 스탈린의 9월 20일자 지령에 부합되는 것이었다.120) 장안파는 서북 5도당 대회에서 패배한 후 소부르주아적 근성인 극좌주의적 편향을 인정하고 부르주아민주주의혁명 단계론으로 노선을 수정하는 한편, 정권수립과 통일전선 또한 우경향 전술로 급선회하게 되었다.121)

10월 9일: 장안파는 〈정권수립과 민족통일전선에 관한 결정〉을

프롤레타리아혁명의 동시혁명론을 주장한 바 있다. 高峻石 編, 《朝鮮革命テーゼ: 歷史的文獻と解說》, 柘植書房, 1979, p302; 고준석 저(정범구 역), 《해방 1945 ~1950 공산주의운동사의 증언》, 흔겨레, 1989, pp80~2; 박헌영, 〈현 정세와 우리의 임무〉, 《이정박헌영전집·5》, 역사비평사, 2004, p65.

119) 〈정치 노선과 조직 확대 강화에 관한 결정서〉, 《해방일보》(1945.11.5).

120) 이완범, 앞의 글, p24; 류승완, 《이념형 사회주의》, 선인, 2010, pp267~8; 김국후, 《평양의 소련군정》, 한울아카데미, 2008, pp101~2, p120; 안문석, 〈해방 직후 북한 국내 공산 세력의 국가건설전략〉, 《통일정책연구》 22권 2호(2013), 통일연구원, p114 참조.

121) 〈정권수립과 민족통일전선에 관한 결정〉, 《혁명신문》(1945.10.16).

채택하여 현단계의 혁명은 부르주아민주주의혁명 과정이다는 식으로 논리를 바꾸었다.[122]

10월 17일: 조공 장안파 이영·최익한·황욱黃郁·서병인徐丙寅·주진경朱鎭景은 한민당·국민당·국민대회준비회 각 대표와 회담하고, 24일 다시 회동하여 전선 통일을 위한 공동 성명서를 발표하였는데, 그 내용은 중경重慶 임시정부를 적극 지지한다는 것이었다.[123]

10월 18일: 조공(장안파)을 대표하여 조선호텔로 가서 16일 귀국한 이승만을 방문 인사하였다.

10월 20일: 임시정부 요인 귀국 환영을 위한 한국지사志士운영위원회 위원으로 피선되고, 11월 8일경 전국 환영준비회 영접부 위원으로 선임되었다.

10월 25일: 이승만·한민당·국민당·국민대회준비회 관계자와 돈암정敦岩町(이승만 숙소)에서 회동하였다.[124]

10월 30일: 3당(조선공산당장안파·한민당·국민당) 합작 문제에 관해 이승만의 비서를 통해 이영·최익한·최성환崔星煥·송진우宋鎭禹·김병로

---

122) 《전선》 2호(1945.10.13).

123) 장안파는 "당면의 중심과제인 민족통일전선에 대한 구체적 행동, 즉 임시정부·국민당·한민당의 지지 연결을 가리켜 (재건파가) 반동적이니 파산적이니 하는 온갖 중상과 모함을 하고 있다"고 반박하며 10월 23일 재건파에 <당통일에 대한 제의>를 보냈다. <당통일 촉진에 대한 약보>, 《전선》 4호(1945.10.31).
이에 박헌영은 조공에서 탈락한 최익한·이영·정백 일파가 극좌에서 극우로 달음질하여 친일파 수령 한민당과 협동전선을 취하고, 반공·반소 국수주의적 망명정부(임시정부)를 모셔 오려 한다며 그 반동적인 노선을 비판하였다. <조선공산당의 주장—조선민족통일전선 결성에 대해>, 《해방일보》(1945.11.5).

124) 조선공산당 수령 박헌영은 10월 29일 돈암정에서 이승만과 단독회담하며 친일파 즉각 숙청을 주장했으나 이승만은 반대하였다. 11월 16일 2차 회담도 별 성과 없이 끝났는데 그것이 마지막이었다. 《이정박헌영전집·9》, 역사비평사, 2004, pp252~3, pp 262~3.

金炳魯·백관수白寬洙·김준연金俊淵·설의식薛義植·안재홍安在鴻·명제세明濟世·엄우룡嚴雨龍·여운형 등이 초청을 받았다. 여운형·안재홍은 불참하고 모두 다 개인 자격으로 참가하였는데, 인공의 부서 문제와 한민당의 친일파 제거 문제가 논란이 되었다.[125]

11월 23일: 장안파는 재경야체이카 책임자 및 열성자 대회를 개최하고 재건파와의 통합을 논의하였다. 최익한의 당 통일 촉진에 대한 경과보고 후, 만장일치로 장안파의 발전적 해소를 선언하였다. 장안파는 8월 16일 결성되었으니, 딱 100일 만에 해체된 셈이다. 김구金九 일행이 오후 4시경 환국하였다.

12월 20일: 김일성·무정武亭 두 장군과 독립동맹 입경入京 환영준비회 접대부 위원으로 선정되었다. 당시 홍명희가 준비위원장이었는데 성사되지는 않았다.

12월 23일: 애국금헌성회愛國金獻誠會 중앙위원으로 피선.

12월 26일: 국군준비대 전국대표자 대회에 내빈으로 참석.

12월 28일: 인공 중앙인민위원회 신탁통치반대위원으로 선정되어 29일 임정 요인과 회담하였다.[126]

1946 (50세)

1월 초: 찬탁 문제로 김창숙金昌淑(면우의 제자)을 찾아가 설전을 벌였다.[127]

---

125) 김남식, 《남로당연구·I》, 돌베개, 1984, p141; 심지연, 앞의 책, p157.
126) 《자유신문》(1946.1.1)에는 '홍남표·이강국·정백·최익한' 4인이 임정 요인과 회담한 것으로 되어 있으나, '최익한'이 '홍증식洪增植'으로 된 자료도 있다.
127) 1월 2일경 조공은 평양과 모스크바로부터 지령을 받아 반탁에서 찬탁으로 이미 돌아선 상태였다. 로버트 스칼라피노·이정식 저, 한홍구 역, 《한국공산주의

1월 초~2월 중순: 온 가족과 함께 혜화동 산동네로 이사하였다.128)
최익한의 조카 최국소崔國韶(익래의 차남)는 당시 상황을 다음과 같이
기록한 바 있다.

"광복이 되고 (……) 큰댁은 창신동의 100여 평 되는 기와집에서 혜
화동의 15~6평 되는 방 3개짜리 아주 작은 집으로 이사 갔는데,
혜화동 보성중학교(현 서울과학고 자리)가 내려다보이는 언덕이었습
니다. 마당에는 책을 높이 쌓아서 가마니로 덮어 둔지라 마당이고
마루고 방이고 어디에도 발을 들여놓을 곳이 없는 집에서 10여 식
구가 살았습니다. 어릴 적 필자의 눈에도 이전 집과 너무나 비교
되어 을씨년스러운 큰댁 살림살이는 서글펐습니다."129)

1월 7일: 반파쇼공동투쟁위원회(반파쇼)가 주최한 시국 강연회에서
<소위 '국민대회'를 폭로함>(미발굴)을 발표하였다.

1월 10일: 모스크바 3상회의 결정으로 인한 혼란을 수습하고 민족
통일전선의 대책을 강구하고자 인공 중앙인민위원회가 긴급 소집
한 38도 이남의 각도인민위원회대표자대회에 참석하였다.

운동사》, 돌베개, 2015, p441.

128) 창신정 633~22번지의 등기부와 토지대장을 보면, '1946년 1월 5일 매매'
기록과 '1946년 2월 22일 소유권 이전' 기록이 있으므로 그 사이에 최익한은
학소 가족과 함께 이사하였을 것이다.

129) 최국소, 앞의 글, p28. 창신동 집은 아마 대지 100여 평(건평 50여 평) 정도
의 셋집이었을 텐데, 당시 어렸던 최국소(1937년생)의 눈에는 상당히 넓게 보
였을 수도 있다. 여기서 최익한은 단기간 머물렀을 것이다. 왜냐하면 1944년 5
월 그는 창신정 651~18번지(대지 27평, 건평 14평)에서 전세로 산 것이 확인
되기 때문이다. 그런데《조선 사회 정책사》머리말에는 "1946년 8월 10일 남산
추옥僦屋(셋집)에서 저자"라고 되어 있으므로 그는 혜화동에서 반년가량 살고
또다시 이사한 셈이다. 그가 이렇게 갑자기 궁핍해진 까닭은 먼저 일제강점기
때 오랜 옥바라지로 가세가 이미 기울었고, 특히 해방 직후 장안파를 유지하기
위한 정치 활동 등으로 많은 자금이 소요된 때문으로 보인다.

2월 1일: 29개 단체 회합으로 발기된 민주주의민족전선(민전) 준비위원회 중앙위원으로서 기획부장에 피선되었다.

2월 7일: 40여 정당·사회단체로 조직된 반파쇼에서 부위원장으로 피선되었다.

2월 10일: 조선독립동맹 환영회에서 반파쇼를 대표하여 환영사를 하였다.

2월 14일: 3·1운동 기념행사의 준비를 위한 공산당·인민당·신민당·독립동맹·조선민주당 등 5당 회합에서 대회위원으로 결정되었다.

2월 15일: 종로 2가 기독교청년회관 대강당에서 민전 결성대회가 개최되어 허헌許憲의 개회사, 박헌영의 축하사, 이태준李泰俊의 선언 낭독, 최익한의 강령 낭독, 이강국李康國의 정세 보고, 이여성李如星의 결의문 낭독 등이 있었다.

2월 16일: 민전 중앙위원(305명)으로 선정되었다.

2월 18일: 제1회 민전 상임위원회에서 김원봉金元鳳·이강국李康國·허성택許成澤·임화林和 등과 함께 전형위원으로 선출되고, 또 남조선대한국민대표민주의원 회의에서 곡물문제 연구위원으로 선정되었다.

2월 20일: 민전에서는 이강국 외 8인의 전형詮衡으로 신남철申南澈·이원조李源朝·김태준金台俊·송석하宋錫夏·박치우朴致祐·최진순(최익한 당숙) 등 교육·문화대책연구회위원 56명과 백남운白南雲·이승기李升基·윤행중尹行重·박극채朴克采·김한주金漢周·하필원河弼源 등 경제대책위원회위원 26명을 선정하였다.

2월 21일: 제2회 민전 상임위원회에 박헌영·허헌·김원봉 이하 상임위원 36인이 참석한 가운데 강령 규약의 수정 건은 수정위원 최익한·이강국이 설명하였다.

2월 24일: 민주주의용산청년총동맹 주최로 열린 3·1운동 기념 강연회에 이강국·허영許榮 등과 연사로 참여하였다.

3월 3일: <변백장辨白狀> 작성 발표.130) 민전은 각 전문위원회를 설치하였는데 최익한이 행정기구연구위원으로, 이청원은 토지문제연구위원으로 선임되었다.

3월 6일: 평양의 최창익崔昌益(연안파)에게 보내는 <근계謹啓>131)를 써서 자기 고종사촌 편에 부쳤다.

3월 9일: 민전은 제1차 농업문제연구위원회를 열고 이청원을 농업계획분과위원회 책임위원으로 선정하였다.

3월 22일: 인공 중앙인민위원회에서 미·소공동위원회(미소공위) 개최를 앞두고 허헌 이하 35명과 대책 회의를 한 후, 이강국·김오성金午星과 함께 성명서 작성위원으로 선출되었다.

3월 27일: 민전 회의실에 정당 및 사회단체 24명이 모였는데 사회를 보았다. 서울에서 개최 중인 미소공위와 급부상하고 있는 정권 수립을 대비하여 각 지방의 실정 조사단을 구성하고자 모인 것이었다.

4월 8일: 민전은 11일 개최할 시민대회의 대회위원을 다음과 같이

---

130) 최익한은 당시 일부 독론자篤論者들이 '주류업과 의용대'에 관해 친일 의혹을 제기하자, 다음과 같이 자신의 결백을 밝혔다. 1) 1941년 봄부터 1944년 11월까지 운영한 가정용 주류 소매업은 이권운동이나 사상보호관찰소의 알선과는 전혀 무관한 일이다. 2) 1945년 여름 경성보호관찰소 의용대에 배정되었을 때는 '소개疏開'를 이유로 거절한 후 피신하였다. <변백장>, 앞의 책, pp177~9.

131) 자기 고종사촌을 취직시켜 줄 것과 <변백장>을 북조선 기관에 전달해 줄 것을 최창익에게 부탁한 편지. <근계>,《조선공산당문건자료집》, p229.

결정하였다. 회장 여운형呂運亨, 부회장 김원봉金元鳳, 총무부 문갑송文甲松 외 15인, 재정부 김성도金星道 외 5인, 동원부 권태휘權泰彙 외 42인, 선전부 최익한 외 13인.

4월 10일: 산문 <쌀>(현대일보) 발표.

4월 11일: 서울운동장에서 민전이 주최한 미소공위 환영 및 민주주의 통일정부 수립 촉구 시민대회에서 <민주주의 정권 촉성 결의안>을 낭독하였다.

4월 12일: 명동 국제극장에서 거행된 루즈벨트 대통령의 1주기 추도회에서 하지중장·여운형呂運亨에 이어 추도사를 낭독하였다.

4월 13~14일: 서울시 민전 결성대회에 반파쇼 대표로 참석하여 미소공위에 감사문을 보낼 것, 군정 당국에 경찰이 민주주의 진영을 탄압하지 말도록 결의문을 보낼 것, 이승만에게 인민의 눈에 모래를 뿌리는 따위의 반동적 언사를 삼가라는 경고문을 보낼 것 등 3건을 만장일치로 가결한 뒤에 축사를 하였다.

4월 15일: 민족문화건설전국회의에서 축사를 하였다.

4월 17~18일: <조선공산당 창립 21주년>(중앙신문) 2회 연재.[132] 17일 오후 1시에 종로 YMCA 강당에서 조공 창립 기념식이 열렸는데, 이러한 공개 개최는 처음이자 마지막이었다.

4월 20일: 제2회 민전 중앙위원회에서 7개 전문위원회에 대한 경과보고를 하였다.

---

132) 1회에서는 조공이 일제의 학정虐政 아래서도 희생적 지하투쟁을 과감히 전개한 것을 언급하고, 2회에서는 조공 창립일(1925. 4. 17)은 조선의 무산계급이 광포한 일제에게 결정적 선전宣戰을 포고하면서 우리 민족의 위대한 해방을 세계적으로 맹약한 날임을 강조하였다.

4월 22일: 서울민주청년동맹 결성대회에서 축사를 하였다.

4월 23일: 전국인민위원회 제2차 대표자 대회에서 8인의 소위원으로 선출되고, 24일 스티코프133) 소련 수석대표의 메시지를 낭독하였다.

4월 26일: 차남 학소가 《농민조합조직론》(사회과학총서간행회) 출간.

5월 2일: 반파쇼 전체회의에 참석.

5월 6일: 백남운 소장이 윤행중·신남철·이청원·이북만李北滿·김사량金史良 등의 소원所員과 함께 민족문화연구소를 창립하였다.

5월 7일: 이준李儁 열사 추념대회 준비회의 발기인이 되었다.

5월 8일: 파쇼 독일 패망일인 제1회 민주주의 전승 기념일을 맞아 민전이 주최한 기념대회에서 전승에 대한 보고를 하였다. 한편 박낙종은 '정판사精版社 위조지폐 사건'으로 체포되어 11월 28일 무기징역을 선고받았는데, 이 사건을 빌미로 미군정은 조공 인쇄소 정판사를 빼앗고 조공 기관지 《해방일보》를 강제 폐간하며 공산당 탄압을 가속화하였다.

5월 20일: 조병옥趙炳玉 경무부장과의 공동 면담(위폐사건 진상조사)에 민전 조사단 대표로 각 단체 대표와 함께 초청되었다.

5월 21일: 간도間島 혈전血戰 기념행사 준비위원회 선전부장으로 선임되고, 30일 간도 혈전 16주년 기념대회에서 '5·30 혈전'에 대한 진상 보고를 하며, 7월 23일 간도 혈전 20열사 기념식134)에서

133) 스티코프(1907~1964) : 북조선 주둔 소련 군정청 총사령관. 서울에서 열린 미소공위에 소련 수석대표로 참석하여, 임시정부 수립을 위한 한국 내 협의대상자의 선정 기준으로서 3상회의의 결정을 지지할 것 등을 제시하였다.

134) 1930년 간도 5·30 봉기(제4차 간도공산당 사건)로 희생된 20인의 10주년 추모회. 1936년 7월 21~22일 서대문형무소에서 이동선李東鮮·주현갑周現甲·

추도문을 낭독하였다.

6월 4일: 조공은 남조선단독정부 수립을 획책하는 이승만의 '정읍 발언'(6.3)에 대해 반대 성명을 발표하여 그 배족적·반동적 정체를 폭로하였다.

6월 14일: 조선해운대책위원회 결성대회에서 축사를 하였다.

6월 22일: 조·소朝蘇문화협회에서 개최한 '소독개전蘇獨開戰 기념 강연회'에서 개회사를 하였다.

7월 3일: 〈권당捲堂과 동맹휴학〉(현대일보) 발표.

여름: 사위 이청원은 자기 고향인 북으로 돌아가서 북조선림시인 민위원회 선전부장 겸 조·소문화협회 중앙위원(1946.10), 조선력사 편찬위원회 위원장(1947. 2), 김일성종합대학 문학부 사학과 교수 (1947.3) 등을 역임하였다.[135]

8월 11일: 조·중朝中문화협회 창립대회에서 개회사를 한 후, 장건상 張建相·백남운 등 14인과 함께 이사로 선임되었다.

8월 29~31일: 〈피땀의 국치일을 기념하면서〉(중외신보) 3회 연재.

9월 5일: 서울대병원에 입원 중인 여운형의 기자회견장에 신민당 의 백남운 및 반박헌영계의 문갑송文甲松·최성환崔星煥 등과 함께 참석하였다.

9월 6일: 인민위원회 탄생 1주년 기념대회에서 경과보고를 하였다.

9월 7~8일: 미군정에 의해 검거되어 하루 만에 풀려났다.[136]

박익섭朴翼燮 등 18인이 사형당하고, 그전에 공소 중 2인이 사망하였다.

135) 이청원의 논문 〈력사과학의 현상과 전망〉이 《민주조선》(1946.8.17~24)에 연재된 것을 보면, 그는 그해 여름에 북조선으로 돌아간 듯하다.

136) 미군정은 9월 6일 《조선인민보》, 《현대일보》, 《중앙신문》을 정간시키고 조 공 요인 박헌영·이주하李舟河·이강국 등을 지명 수배하는 한편, 그 간부들을 체

10월 1일: 10월 인민항쟁 발발.

10월 16일: 공산당(대회파)·인민당(31인파)·신민당(반중앙파) 3당 합동으로 사회노동당(사로당)이라 칭하고 합당 결정서를 발표하였다. 이른바 '대회파'는 반박헌영파로서 강진姜進·서중석·김철수·이정윤李廷允·김근·문갑송·윤일尹一·이영·최익한 등으로 구성되었다. 3당 합당 과정에서 좌익은 남로당과 사로당으로 분열 대립하지만, 결국 남로당이 주도권을 장악하여 사로당은 해체되고 말았다.

10월 28일: 수도경찰청에 의해 검거되어 당일 풀려났다.[137]

11월: <세계 민주주의화의 신방향과 조선>(《인민》1권 2호) 발표.

11월 15일: 사로당 감찰위원으로 선임되었으나, 12월 25일 사표를 제출하고 이듬해 2월 26일 탈당서를 발표하였다.

12월 7일: 사로당은 10월 인민항쟁 이후의 경관과 테러단의 폭행 상황에 대해 장문의 항의문을 작성한바, 이를 정백·최익한이 당을 대표하여 하지 중장에게 직접 전달하였다.

1947 (51세)

1월 29~30일: 천도교당에서 열린 민전 확대중앙위원회에 상임위원으로 참여하였는데, 3상회의 결정 지지로 임시정부를 수립해야 한다는 결정서가 통과되었다.

포 탄압하기 시작한바, 박헌영·이강국은 월북하였고 이주하는 체포되었다. 이때 최익한·홍남표·김근金槿·서중석徐重錫 4인도 종로경찰서에 피검되지만 곧 석방되었다. 《자유신문》(1946.9.9~11); 《동아일보》(1946.9.10).

137) 수도경찰청 사찰과는 10월 28일 오후 2시경 공산당(대회파) 간부 최익한·하필원·윤일尹一·이우적 외 《청년해방일보》 사원 등 15명을 검거한 후 좌익 전단 관련 조사를 마치고 5시경에 풀어 주었다. 《동아일보》(1946.10.30~31).

2월 6일: 사로당을 탈당한 최익한·문갑송은 브라운 소장과의 회담에서 남조선 인민 봉기(10월 대구인민항쟁) 관련인 16명의 사형 구형에 반대하고 친일파·민족반역자의 숙청을 요망하였다.

2월 9일: 제2회 민전 상임위원회에서 미군정과 경찰의 불법 탄압에 대해 엄중 항의할 것 등을 결의한 후 문화부 위원으로 선임되었다.

2월 26일: 사로당 결성의 부당성을 지적하며 중앙위원 문갑송 외 24인과 감찰위원 최익한 외 4인은 탈당 성명서를 발표하였다. 27일 사로당은 전당대회를 개최한 후 해체되었다.

3월 10일: 성명서를 발표하여 "남조선의 현 정세에 비추어 여운형 씨 중심의 신당(사로당)이 발족하는 것만은 사실이나, 자기로서는 전연 여기에 관계가 없다"고 하였다.138)

3월 31일: 전국인민대표자대회 준비위원으로 선출.

4월 27일: 문갑송과 함께 김광수의 사무실에 갔다.139)

5월 24일: 해체된 사로당계를 중심으로 만든 근로인민당(근민당)의 결당대회에 참석하고, 25일 중앙위원회 상임위원으로 선임되었다. 위원장은 여운형, 부위원장은 백남운·이영·장건상, 상임위원은 위의 4인과 이여성·문갑송·이만규李萬珪·정백·최익한 등이다.

6월 15일: 《조선 사회 정책사》(박문출판사) 발간.

6월 18일: 반파쇼 의장으로서 확대중앙위원회를 열었다.

6월 21일: 미소공위 협의에 참가하여 임정 수립을 촉진하고자 정운영鄭雲永 등과 함께 반파쇼 공동대표로 결정되었다.

---

138) 《민주중보》, 《영남일보》(1947.3.12).

139) 《러시아연방국방성중앙문서보관소 소련군정문서, 남조선 정세보고서(1946
~1947)》, 국사편찬위, 2003, p321.

창해 최익한 연보 693

8월 19일: 저녁 근민당 간부로서 중부서中部署에 피검되어 9월 1일 오후 정백과 함께 석방되었다.

9월 2일: 서민주택대책연합회의 초청을 받아 서민층 주택문제 등에 대해 10여 정당 대표와 토의하였다.

9월 16일: 〈UN에 제소提訴되면?〉(조선일보) 발표.

11월 15일: 〈UN정위政委 결의에 대하여〉(조선중앙일보) 발표.

12월 20일: 〈UN위원단과 우리 당—조속 철병하고 간섭 없는 통일정부를〉(조선중앙일보) 발표.

12월 28일: 18개 정당과 5개 단체로 구성된 민족자주연맹은 12월 20일 결성대회를 마치고, 28일 위원장 김규식金奎植의 집에서 전형한 결과, 홍명희·원세훈元世勳·이극로·손두환孫斗煥 등 7인을 정치위원으로, 최동오崔東旿·여운홍呂運弘·김약수金若水·최익한 등 93인을 중앙집행위원으로 결정하였다.

1948 (52세)

4월 15~18일: 〈남북회담의 정치적 의의〉(조선중앙일보) 4회 연재.

4월 19~30일: 평양에서 열린 남북연석회의에 근민당 일원으로서 참가한 후 가족들과 함께 계속 머물렀다. 이때 회의에 참가한 남측 인사 395명 중 허헌·홍명희·김원봉·이영·이극로·백남운·손두환 등 70여 명이 북에 잔류하였다. 남측 대표들은 19~23일 회의에 참석한 다음, 24일 황해제철소를 시찰하고, 25일 '남북연석회의 지지 평양시민대회(34만의 군중 시위)'를 참관하였다. 그 후 최익한은 제1기 조선최고인민회의 대의원을 지내면서, 김일성종합대학 조선어문학부 조선문학과 부교수로서 조선고전문학을 강의하고, 과학원 조선어 및 조선문학 연구소(1956년 3월 언어문학연구소로 개칭) 연구사를 겸임하였다.

5월 1일: 남북연석회의 참가자들은 5·1절 경축 평양시민대회에서 인민군 열병식과 37만 명의 시민 행진을 관람하였다.140)

6월 6일: 《조선 명장론》〈을지문덕 장군 편〉을 작성하여 동년 11월 5일 《력사 제문제》 3집에 발표하였다.141)

8월 20일: 서울에서 《사회과학대사전》(이석태 편, 문우인서관)이 발행되었다. 이 책은 1946년 9월에 원고를 쓰기 시작하여 1947년 8월부터 인쇄하다가 동년 9월 12일에 약 4천 매의 원고를 유실한 까닭으로 출판이 지연된 바 있다. 집필자는 백남운·온낙중溫樂中·이북만·이우적·인정식·전석담全錫淡·최익한 등 37인.

8월 21~26일: 해주에서 열린 남조선인민대표자대회에서 제1기 조선최고인민회의 남조선 대의원(총 360명)으로 선출되어, 1957년 8월 제2기 선거 전까지 9년간 재임하였다.

9월 2~10일: 평양에서 남조선 대표 360명과 북조선 대표 212명이 전원 참가한 가운데 조선최고인민회의 제1차 회의가 진행되어,

---

140) 도진순, 《한국민족주의와 남북관계》, 서울대출판부, 1997, p272
141) 《조선 명장론》은 《력사 제문제》에 '성해成海'라는 필명으로 6회 연재되었다.
  ① 을지문덕장군편, 3집(1948.11.5) ② 연개소문장군편, 4집(1948.12.31)
  ③ 강감찬장군편, 5집(1949.4.25) ④ 리순신장군편(상), 6집(1949.5.5)
  ⑤ 리순신장군편(중), 7집(1949.6.20) ⑥ 리순신장군편(하), 8집(1949.7.5)
  최익한은 일제강점기 때 자호인 '창해滄海'로 창씨한 바 있어, 월북 기념으로 아호를 '성해'로 바꾸었는지도 모르겠다. 《력사 제문제》를 발행하는 조선력사편찬위원회 위원장이 그의 사위 이청원이므로 더 신중한 처신이 요구되었을 법도 하다. 참고로 '성해'가 최익한이라는 사실은 최근에 송찬섭이 처음으로 밝혀낸 것이다(〈월북 이후 최익한의 학문과 집필활동〉, 《역사학 연구》 70호, 호남사학회, 2018, p79).

조선민주주의인민공화국 정부를 구성하고 미·소 두 나라 정부에
서한을 보내 양국이 동시에 조선에서 군대를 철수할 것을 요구하
는 결정을 통과시켰다.

1949 (53세)

1월 28일~2월 4일: 평양에서 조선최고인민회의 제2차 회의가 개
최되어(의원 572명 중 522명 출석), 1) 1948년의 국민경제복구발전에
관한 계획의 성과와 1949년~1950년의 국민경제발전 2개년 계획
실시에 관한 의정, 2) 조선민주주의인민공화국 정부의 외교정책에
관한 의정, 3) 각급 지방정권기관—각 도·시·군·향·촌 행정단위의
인민위원회 선거 실시 등에 관한 의정을 일치하게 통과시켰다.
4월 19~23일: 조선최고인민회의 제3차 회의.
5월 5일: <3·1운동의 력사적 의의에 대한 재고찰>(《력사제문제》 6집).
9월 8~10일: 조선최고인민회의 제4차 회의.
11월 10일, 12월 25일: <조선류교사상 발전에 대한 력사적 고찰>
2회 연재(《력사제문제》 12집, 14집).

1950 (54세)

2월 25일~3월 3일: 조선최고인민회의 제5차 회의.
5월 20일: <고대조선문화와 류교와의 관계>(《력사제문제》 18집).
6월 25일 전쟁 이후: 후손의 증언에 따르면 최익한은 서울에 잠시
들렀으며, 9월 초에 당숙 최진순 등 일가친척 10여 명이 행방불명
되었다고 한다. 이것이 월북인지 납북인지는 알 수 없다.
10월 8일: 김일성종합대학(김대) 교원단과 함께 평양을 떠나 매일

백 리 길을 걸어서 안주安州·박천博川·태천泰川·대유동大楡洞을 거쳐 10월 23일 목적지 초산楚山으로 후퇴한 듯하다.

10월 25일: 대학 교원단 일행은 초산에서 압록강을 건너 중국 지안集安까지 피난을 갔다. 11월 8일 지안을 떠나 다시 압록강을 건너 만포滿浦를 거쳐 11월 13일 자성慈城에 도착하였는데, 거리는 이미 미군의 폭격으로 잿더미가 되어 있었다.

1951 (55세)

1월 중순: 교원단 일행은 자성을 떠나 강계江界·희천熙川·개천价川·순천順川·사인장舍人場을 거쳐 1월 말 평양으로 행진 복귀하였으나, 미군은 주야를 불문하고 무차별 맹폭을 가하였다.

2월 23일: 대학 교원단은 평양을 떠나 평안남도 중화군中和郡으로 이동하고, 5월 10일경에는 평안북도 정주군定州郡으로 이동하며, 9월 12~13일에는 미군의 폭격이 심하여 정주를 떠나 가족 및 학생들과 함께 평안북도 구성군龜城郡으로 이동하였다. 이후 교직원과 학생들은 총동원되어 농민들의 추수·탈곡 작업을 돕는 한편, 10월 중순부터 연말까지는 월동 준비를 위하여 4만여 단의 난방용 신목을 채취하였다. 대학 전체가 배우면서 일하고 일하면서 배웠다.

11월 20일: 김대 교수사업이 전쟁으로 중단된 지 1년 6개월 만에 구성군에서 재개되었는데, 9개 학부 24개 강좌로 교원 170명과 재학생 846명에 달하였다. 이때 최익한은 조선어문학부 조선문학 강좌의 부교수를 맡은 것으로 보인다.

11월 25일: <거란의 무력 침략을 반대하여 고려 인민의 조국보위 전쟁을 승리적으로 조직 지도한 강감찬 장군>(《인민》 10호).

1952 (56세)

2월 말~3월 초: 구성군은 평양에서 멀어 대학 운영이 곤란하므로 순천군으로 이동하였다. 봄부터 가을까지 학생과 교직원들은 영농 및 건설사업에 적극 참여하여 식량·건물을 자체 조달하였다.

4월 13일: 김일성이 순천군 김대를 방문하여 교직원·학생들에게 '1) 조국해방전쟁의 전망에 대하여, 2) 전후복구건설을 위한 연구사업을 진행할 데 대하여, 3) 우리나라의 역사자료와 문화유산을 발굴 정리할 데 대하여, 4) 우수한 민족간부를 많이 양성할 데 대하여' 연설하였다.142)

4월 25일: <임진조국전쟁>(《인민》 4호).

7월 25일: <근세 조선 '실학' 발전사 개론>(《인민》 7호).

9월 25일, 11월 25일: <조선 근세 '실학'의 대성자 정다산의 진보적 사상 및 학설에 대한 개론> 2회 연재(《인민》 9호, 11호).143)

10월 9일: 과학원 창설 시 이청원은 력사학 후보원사 및 사회과학 부문 위원회 위원장으로 임명되었고,144) 최익한은 김대 어문학부 부교수로서 과학원 사회과학 부문 '조선어 및 조선문학 연구소'의 연구사를 겸임하게 되었다.

---

142) <조국해방전쟁의 전망과 종합대학의 과업>, 《김일성전집·14》(1951.7~1952. 4), 조선로동당출판사, 1996, pp434~461.

143) 최익한은 월간 《인민》(조선민주주의인민공화국 정부 기관지)에 논문을 발표할 때는 모두 '최성해'라는 필명을 사용하였다. 당시 《김일성종합대학 10년사》 p106에는 "어문학부 최익한 부교수는 논문 <조선 근세 실학사상과 정다산의 연구>를 집필 완료하였다"고 기록되어 있다.

144) 과학원 초대원장은 홍명희, 사회과학 부문 원사는 김두봉·홍명희·백남운·박시형, 후보원사는 김광진·도유호·리청원·최창익·장주익·리극로가 각각 임명됨. 《과학원학보》 1호(1953.9), 과학원, pp180~1.

<u>1953</u> (57세)

최익한은 김대에서 <정다산의 이상 사회와 그 력사적 제약성>145)
을 특강하였다(강의일 미상).

9월 17~19일: 3일간 평양에서 개최된 전국 사회과학자 대회에 이
청원은 사회과학 부문 위원회 위원장으로서 참석하였다.

12월 20~22일: 조선최고인민회의 제6차 회의.

<u>1954</u> (58세)

4월 20~23일: 20일 평양에서 열린 최고인민회의 제1기 7차 회의
에서 부수상 겸 국가계획위원회 위원장 박창옥朴昌玉이 첫째 의안
<1954~1956년 인민경제복구발전 3개년 계획에 관하여>를 보고
한 후, 21일 대의원 김황일·김원봉·리종권·채백희·최익한·리병남
등이 이에 대해 토론하였다. 22일 부수상 겸 재정상 최창익도 둘째
의안 <1950~1953년 국가예산 집행 결산 및 1954년 국가예산에
관하여>를 보고하고 토론이 있었다. 23일 상기 관련 법령은 전원
일치로 채택되었다.

6월 10일: 평론 <정다산과 문학>(《조선문학》 6호).

8월 17일: 《조선 봉건 말기의 선진학자들》(최익한·홍기문·김하명 공저,
국립출판사).146)

---

145) 《실학파와 정다산》(1955)에 실려 있는데, '최성해'의 기존 논문 <조선 근세
    '실학'의 대성자 정다산의 진보적 사상 및 학설에 대한 개론 (하)>(《인민》 11호,
    민주조선사, 1952, pp116~124)를 거의 그대로 재수록한 것이다.
146) 이듬해 중문판과 영문판도 간행되었다. 朝鮮民主主義人民共和國 文化宣傳省,
    《朝鮮封建末期先進學者》, 平壤: 新朝鮮社, 1955. 7. 30; Ministry of Culture and
    Propaganda, DPRK. *Progressive scholars at the close of the feudal age in*

9월 10일: 《연암 작품 선집》(최익한·홍기문 공역, 조선작가동맹출판사).

10월 28~30일: 조선최고인민회의 제8차 회의.

1955 (59세)

1월 25일: <조선문학사와 한문문학>(《력사과학》 창간호).

2월 22일: <정다산의 학설과 민주주의적 사상>(로동신문).

3월 9~11일: 조선최고인민회의 제9차 회의.

4월 5일: 최익한의 제자 김하명金夏明은 《연암 박지원》(국립출판사, 1955.8.10 발행)의 머리말에 다음과 같이 썼다.

"연암의 저술이 모두 어려운 한문으로 표기되어 있는 것이 적지 않은 난관이 아닐 수 없었다. 이 난관은 많이는 최익한·홍기문·정렬모·리상호 제 선생의 친절한 지도에 의하여 돌파하였다. (……) 마지막으로 이 책을 집필하는 전 행정을 통하여 여러 가지로 지도하여 주신 최익한 선생을 비롯한 선배 여러 선생들께 심심한 사의를 표하는 바이다."

5월 21일: 김대 강당에서 진행된 남반부 출신 교수·교원·과학자 회의에 김대 부교수(전 민전 중앙위원회 기획부장) 자격으로 참가하였다. 최삼열·정진석·도상록·려경구·신남철·홍기문·김용준·강천문·한인석 등 학자들이 다수 참석한 가운데 주제 보고와 지지 토론이 있었다. 이어 회의에서는 남반부 교수·교원·과학자들에게 보내는 편지를 채택하였다.

7월: 《조선 명장론》(인민군출판사) 출간. * 발행일은 확인 불가.

Korea. Pyongyang: New Korea Press, 1955.

8월 25일: 《실학파와 정다산》(국립출판사) 출간.

10월 4일: 과학원 조선어 및 조선문학 연구소의 8·15해방 10주년 기념 학술 보고회에서 저명한 학자·대학교원·학생 들과 문화예술 일꾼들이 다수 참석한 가운데 최익한 연구사는 〈리규보李奎報의 문학에 대하여〉를 발표하였다.

10월 10일: 《강감찬 장군》(민주청년사) 출간.

10월 27일: 김대 8·15해방 10주년 기념 과학 콘페렌치야에서 최익한 부교수는 〈정다산의 시문학에 대하여〉를 발표하였다.147)

11월 30일, 12월 4일: 이틀 동안 과학원 조선어 및 조선문학 연구소에서는 조선을 방문한 중국문화대표단과 좌담회를 진행했는데, 연구소 소장 리극로李克魯 후보원사, 홍기문洪起文·김병제金炳濟·최익한·김수경金壽卿 연구사들과 기타 관계자 다수가 참석하였다.

12월 3일: 조선어 및 조선문학 연구소 3년 총화회의에서 소장 리극로 후보원사의 보고가 끝난 후 최익한·홍기문·김병제 연구사, 송서룡宋瑞龍 학사, 윤세평尹世平 동지들이 토론에 참가하였다.

12월 10일: 과학원 조선어 및 조선문학 연구소와 작가동맹과의 공동 주최로 '박지원 서거 150주년 기념 보고회'가 열렸는데, 최익한 연구사의 사회로 작가동맹 중앙위원회 한설야韓雪野 위원장이 보고하였다.

12월 20일: 〈연암 박지원의 사상적 및 문학적 지위—그의 서거 150주년을 기념하면서〉(《력사과학》 12호).

12월 20~22일: 조선최고인민회의 제10차 회의.

---

147) 이 논문은 1956년 4~8월 《조선어문》 2~4호에 3회 연재되고, 1957년 6월 《정다산 선집》(국립출판사) 역주본을 발간하는 데 바탕이 되었다.

<u>1956</u> (60세)

3월 10~13일: 조선최고인민회의 제11차 회의.

4월 7일: 저녁에 과학원 주최로 진행된 정다산 서거 120주년 기념 대회에서 그의 시 <솔 뽑는 중僧拔松行>, <범 사냥獵虎行>과 산문 <감사론監司論>이 낭송되었고, 동일 《로동신문》에도 이미 게재된 바 있다. 최익한 연구사가 번역한 다산 시문을 공훈배우 황철黃徹 동무가 낭송하였다.

4월 15일: <조선 고대 문학사에 있어서의 최치원의 문학적 지위> (《김일성종합대학학술논문집—8·15해방 10주년 기념》, 김일성종합대학).148)

4월 20일, 6월 20일, 8월 20일: <정다산의 시문학에 대하여> 3회 연재(《조선어문》2~4호). * 발행일은 추정.

4월 23~29일: 조선로동당 제3차 대회에서 이청원이 중앙위원회 후보위원으로 선출되었다. 당시 그는 평남도당단체 대표였는데, 과학원에서 상무위원, 사회과학 부문 위원회장, 력사연구소 소장도 겸임하고 있었다.

?월: 《조선 명장전》(민족보위성 군사출판부) 출간. * 판권지 없음.

5월 10일: 《연암 박지원 선집》(최익한·홍기문 공역, 조선작가동맹출판사).

5월 28일: <'리순신 장군 전집'의 번역 간행에 대하여>(로동신문).

5월 30일: 김대 최익한 부교수는 지도교수로서 한룡옥 교원의 학사학위 논문《조선 고대 설화 연구》의 공개 심사 회의에 참석 발언하였다. 심사위원 신구현申龜鉉·리응수李應洙 부교수의 평정과 박시형朴時亨 원사, 고정옥高晶玉·정희준鄭熙俊·최시학崔時鷽 등의 토론 후

---

148) 《김일성종합대학학보—8·15해방 10주년 기념》(1956.9.5)에 재게재.

표결한 결과 한룡옥 동지에게 어문학 학사학위를 수여하기로 결정하였다.

7월 ?일: 《재판 받는 쥐》(림제의 《서옥설鼠獄說》 번역, 국립출판사).

8월 11일: 《우리나라 명인들의 이야기》(10인 공저, 조선로동당출판사).

10월 24일: 언어문학연구소 제4차 과학연구발표회에서 고정옥·신구현 연구사가 발표하고, 작가동맹 윤세평, 김대 최익한·김하명·최시학, 평양사범대학 류창선劉昌宣, 고전예술극장 렴정권 등 여러 동지들이 토론하였다.

11월 5~9일: 조선최고인민회의 제12차 회의.

12월 14일: 김대 어문학부 최익한 부교수의 학사학위 논문 《실학파와 정다산》이 심의되었다. 회의 사회자인 한규학 동지는 "이 논문은 두 공식 심사위원의 평정에 의하면 박사학위 논문에 해당한다고 하므로, 공식 심사위원을 한 분 더 선정하여, 해당 박사학위 논문 심의기관에 제출하는 것을 결정하면 좋겠다"고 개회사에서 언급하였다. 논문 토론에는 공식 심사위원인 박시형 원사, 김광진金光鎭 후보원사들을 비롯하여 홍기문·신남철·정렬모鄭烈模 부교수들과 김세련金世鍊 교원이 참가한 가운데, 필자의 해박한 지식과 논문의 심오한 과학성에 대하여 높이 평가하였다. 또한 이 논문이 비단 어문학 분야에서뿐만 아니라 역사·경제학 연구에도 귀중한 공헌을 하였음을 인정하고 이 논문이 박사학위 논문에 해당한다고 강조하였다. 심의 표결 결과 최익한 부교수에게 학사학위를 수여할 것이 결정되었다.

12월 20일경: 리상호가 《재판 받는 쥐》(최익한 역, 국립출판사)에 대한 서평을 《조선어문》 6호에 발표하였다.

<u>1957</u> (61세)

1월 19일: 과학원 언어문학연구소 제1차 평의회가 동 연구소에서 열렸다. 소장 김병제 동지는 언어학연구실의 성과에 이어 문학연구실의 성과를 다음과 같이 보고하였다.

"안함광安含光·최익한·한효韓曉 연구사 들을 중심으로 하는 《조선문학통사》의 집체적 집필이 거의 완성되어 머지않아 출판에 회부하게 되었으며, 그 외에도 수 편의 논문이 발표되었다."

2월 28일: 박지원 탄생 200주년을 기념하여 <박연암의 문학과 시대정신>(문학신문)을 게재하고, <연암의 사상과 문학>(과학원 학술보고회)을 발표하였다.

3월 14~16일: 조선최고인민회의 제13차 회의.

5월 23일: <리규보李奎報>(문학신문).

6월 20일: 과학원 회의실에서 언어문학연구소 주최로 고산孤山 윤선도尹善道 탄생 370주년 기념 보고회가 있었다. 이때 최익한은 참석한 것으로 추정되며, 그즈음 사위 이청원과 함께 '종파사건' 관련 조사도 받지 않았을까 한다.

6월 25일: 《정다산 선집》(국립출판사) 역주 발간.

9월~10월 중순: 최창익·박창옥 등이 주동한 '8월 종파사건'(1956)에 연루되어 숙청된 것으로 보이며, 몰년은 정확히 알 수 없다. 후손에 따르면, 최익한은 1970년대 초에 타계하였다는 설이 있다고 한다.

10월: 중국에서 《재판 받는 쥐》(연변인민출판사) 복제본 출판. * 발행일은 미표시됨.

창해 최익한 저술 연보

연도	제 목(연재횟수)	게재지(월일)	게재자	갈래
1909	미상	靑巖亭 詩會 壯元詩(음3월)	미상	시
1912	碁服人 간찰	영남 某에게(음11.6)	崔昌秀	서간
1915	江閣早秋	乙卯集(미상)	雲擧	시
	心學	〃	崔雲擧	논설
1916	鬱陵香歌	紹修書院 祭享日(음3.15)	崔益翰	시
	挽李承熙	寒臯 李公宅 入納(음4월)	〃	〃
	挽奇宇萬	松沙 奇公宅 入納(음10월)	〃	〃
1917	崔益翰上田艮齋	艮齋 田公宅 入納(음6.14)	〃	서간
	晩巖 文兄詞	晩巖 金棍 案下(음6.20)	滄海	〃
1918	南浦硯銘	南浦硯(미상)	滄海(?)	銘
1919	舟下牛川市	여름作; 동아일보(1938.12.21)	崔益翰	시
	牛川江上贈漁翁		〃	〃
	舟行泊廣津 題朴處士臨江齋	미상作; 조선일보(1937.12.23)	崔滄海	〃
	挽俛宇先師十絶	음8.24作; 동아일보(1924.9.24)	滄海	〃
1920	假明人 頭上에 一棒(2)	동아일보(5.8~9)	桓民 한별	논설
21~23	미상	옥중시문(1921~23), 미발굴	滄海(?)	시문
1923	東都에서 느낌	동아일보(7.15)	돌샘 崔益翰	시조
	한양에서 느낌	〃	〃	〃

	晚巖 文兄詞	晚巖 金梡 案下(음7.25)	滄海	서간
1925	許生의 實蹟	동아일보(1.14)	崔益翰	문학
	님 주려	金梡편지 동봉(음2.2)	滄海浪	시조
1926	맑스 유물론적 변증법의 개설	사상운동 3권6호(5월)	崔益翰	논문
	일월회의 민족운동으로의 방향 전환	대중신문 창간호(6.5), 미발굴	〃	〃
	《와세다대학신문》 인터뷰	와세다대학신문(11.4)	〃	인터뷰
1927	파벌주의 비판에 대한 방법론	이론투쟁 1권1호(3월), 미발굴	〃	논문
	학생운동의 사회의식에 대한 고찰	신흥과학 창간호(3월), 미발굴	〃	〃
	사상단체 해체론	이론투쟁 1권2호(4월)	〃	〃
	在日本朝鮮勞働運動의 最近의 發展	勞働者 2卷 9号(9월)	崔雲擧	〃
	우리로서 본 일본의 계급전선	이론투쟁 4호(11월), 미발굴	崔益翰	〃
1928	1927년 조선 사회운동의 빛(10)	조선일보(1.26~2.13)	〃	〃
28~36	미상	옥중시문(1928~36), 미발굴	〃	시문
1936	다산의 저서 총목(2)	年初作; 동아일보(38.12.27~28)	〃	문학
	다산의 逸事와 逸話(2)	〃 (39.2.5~7)	〃	〃
1937	哭兒二十五絶(3)	조선일보(4.23~25)	滄海 崔益翰	시
	우리말과 正音의 운명	정음 21호(11월)	崔益翰	논설
	漢詩漫話(12)	조선일보(12.9~23)	崔滄海	문학
1938	조선어 기술문제 좌담회	〃 (1.4)	崔益翰	토론
	讀史餘錄-漢史片鱗(2)	〃 (1.21~22)	崔滄海	논설
	조선 유교사에 있어 鄭圃隱의 공적과 지위(4)	〃 (1.23~27)	崔益翰	역사
	고려가사 <歷代轉理歌>를 소개함	정음 22호(1월)	〃	문학
	歷代史談(8)	조선일보(2.3~13)	崔滄海	역사
	麗末史話(10)	〃 (3.12~26)	崔益翰	〃
	石門歌	미발표(4.10경), 미발굴	滄海(?)	시
	향토 문화를 찾아서(35)	조선일보(5.5~12.6)	崔益翰	답사
	次白巖金濟先生踏海詩韻	〃 (5.8)	〃	시
	酒泉臺	〃 (5.13)	〃	시조
	次栗谷板上韻	〃 (5.19)	〃	시
	謝呈 桂南沈之潢氏·晚圃沈相敦氏	〃 (5.19)	〃	〃
	五十川 觀釣兒有感	〃 (5.25)	〃	〃
	沙羅峙 너머서	〃 (5.27)	〃	시조

연도	제목	출처	필명	분류
	무제	〃 (7.21)	〃	시
	다산의 <汕行日記>에 부쳐	동아일보(12.18)	〃	시조
	南村居址懷古	〃 (12.25)	〃	〃
1939	《與猶堂全書》를 讀함(64)	〃 (38.12.9~39.6.4)	〃	문학
	전통 탐구의 현대적 의의(5)	〃 (1.1~7)	滄海學人	논설
	漢詩曲欄(11)	〃 (1.17~2.19)	滄海(學人)	문학
	한시모집	〃 (1.17~40.8.8)		〃
	《憑虛閣全書》 소개담	〃 (1.31)	崔益翰	인터뷰
	독서—목적과 취미의 관계	〃 (2.2)	〃	산문
	큐리부인전	〃 (4월 연재 취소)	〃	번역
	北漢山新羅眞興王碑(4)	〃 (5.13~19)	〃	고적
	金殷鎬 화백의 <春香像>을 보고	〃 (5.27)	滄海	미술
	廣州 客山洞 佛像·刻字 탐방기(12)	〃 (6.6~30)	崔益翰	답사
	蘭谷李建芳翁輓	〃 (7.12)	〃	시
	遙祝 石田黃丈[瑗]稀壽	〃 (7.25)	〃	〃
	山岳詩人(4)	〃 (7.28~8.3)	滄海	문학
	北漢眞興王碑 연대 추정에 대하여(8)	〃 (8.11~24)	崔益翰	고적
	祝 安州 中軒文庫 開館	〃 (8.29)	滄海 崔益翰	시
	詩謝 葦滄翁篆額	〃 (9.3)	崔益翰	〃
	申謝 葦滄翁寄扇	〃 (9.5)	〃	〃
	東崖·松湖 歌詞(3)	〃 (9.6~9)	〃	문학
	秋夕·嘉俳의 유래와 민속	〃 (9.27)	滄海	〃
	朴照山哀辭	〃 (11.21)	崔益翰	애사
	고려 문헌계의 遺珠《帝王韻紀》,《動安居士集》(4)	〃 (12.7~14)	〃	서평
1940	災害와 救濟의 史的 斷片觀(27)	〃 (1.1~3.1)	〃	역사
	種痘術과 정다산 선생(4)	〃 (2.29~3.5)	滄海生	논설
	조선 女流藝苑史上 申末舟 부인 薛氏의 지위(4)	〃 (3.17~23)	崔益翰	문학
	史上 名人의 20歲(21)	〃 (4.2~5.15)	〃	〃
	輓梧村薛翁(泰熙)	〃 (4.27)	崔滄海	시
	湛軒 洪大容의 諺文《燕行錄》(2)	〃 (5.18~19)	崔益翰	서평

	조선 女流著作史上 師朱堂《胎教新記》의 지위(5)	〃 (7.16~28)	〃	〃
	柳子厚氏 大著《朝鮮貨幣考》를 읽고	〃 (8.6)	〃	〃
	贈別 心汕 畫伯	〃 (8.11)	滄海散人	시
	미상	永度寺 酒宴 限韻詩(음4월)	崔益翰	〃
1941	<농촌문화문제 특집> 설문	조광 7권 4호(4월)	〃	응답
	조선 過去 교육제도 小史	춘추 2권 2호(3월)	〃	역사
	瓜田 拜謁崇義殿	〃 3호(4월)	滄海	시
	題寄芹村·可人·止軒諸公	〃 5호(6월)	〃	〃
	崔孤雲의 문화적 지위	〃 6호(7월)	崔益翰	문학
	조선의 후생 정책 고찰	〃 11호(12월)	〃	역사
	《鏤板考》를 讀함	〃	滄海學人	서평
1942	旱災와 그 대책의 史片	춘추 3권 9호(9월)	崔益翰	역사
	弄月亭次板上韻	농월정(음8월)	〃	시
1943	반도 후생 정책 약사	半島史話와 樂土滿洲(1월)	〃	역사
	반도 과거 교육제도	〃	〃	〃
	儒敎와 鍊成	춘추 4권 5호(5월)	〃	논설
	西堂集序	음5.3作; 西堂集(1968)	滄海 崔益翰	序
	忠義의 道—儒敎의 '忠'에 대하여	춘추 4권 9호(10월)	崔益翰	논설
1945	현계단의 정세와 우리의 임무	팸플릿(9.15), 미발굴	崔益翰·李淸源	논문
1946	소위 '국민대회'를 폭로함	반파쇼 시국강연회(1.7), 미발굴	崔益翰	논설
	辨白狀	3.3作	〃	〃
	謹啓	鶴山先生(崔昌益) 清鑒(3.6)	滄海	서간
	쌀	현대일보(4.10)	崔益翰	산문
	조선공산당 창립 21주년(2)	중앙신문(4.17~18)	〃	논설
	捲堂과 동맹휴학	현대일보(7.3)	〃	〃
	피땀의 국치일을 기념하면서(3)	중외신보(8.29~31)	〃	〃
	세계 민주주의화의 신방향과 조선	인민 1권 2호(11월)	〃	논문
1947	조선 사회 정책사	박문출판사(6월)	〃	저서
	UN에 提訴되면?	조선일보(9.16)	〃	논설
	UN政委 결의에 대하여	조선중앙일보(11.15)	〃	〃

연도	제목	출처	필명	구분
	UN위원단과 우리 당—조속 철병하고 간섭 없는 통일정부를	〃 (12.20)	〃	〃
1948	남북회담의 정치적 의의(4)	〃 (4.15~18)	〃	〃
	조선 명장론-을지문덕 장군 편	력사제문제 3집(11월)	成海	논문
	〃 -연개소문 장군 편	〃 4집(12월)	〃	〃
1949	〃 -강감찬 장군 편	〃 5집(4월)	〃	〃
	〃 -리순신 장군 편(3)	〃 6·7·8집(5·6·7월)	〃	〃
	3·1운동의 력사적 의의에 대한 재고찰	〃 6집(5월)	崔益翰	〃
	조선류교사상 발전에 대한 력사적 고찰(2)	〃 12·14집(11·12월)	〃	〃
1950	고대조선문화와 류교와의 관계	〃 18집(5월)	〃	〃
1951	거란의 무력 침략을 반대하여 고려 인민의 조국보위전쟁을 승리적으로 조직 지도한 강감찬 장군	인민 10호(11월)	최성해	〃
1952	임진조국전쟁	〃 4호(4월)	〃	〃
	근세 조선 ‘실학’ 발전사 개론	〃 7호(7월)	〃	〃
	조선 근세 ‘실학’의 대성자 정다산의 진보적 사상 및 학설에 대한 개론(2)	〃 9·11호(9·11월)	〃	〃
1953	정다산의 이상 사회와 그 력사적 제약성	김일성종합대학 특강(날짜미상)	최익한	〃
1954	<1954~1956년 인민경제복구발전 3개년 계획에 관하여>에 대한 토론	민주조선(4.24)	〃	토론
	정다산과 문학	조선문학 6호(6월)	〃	논문
	조선봉건말기의 선진학자들(공저)	국립출판사(8월)	최익한 외	저서
	연암 작품 선집(공역)	조선작가동맹출판사(9월)	최익한·홍기문	역주
1955	조선문학사와 한문문학	력사과학 창간호(1월)	최익한	논문
	정다산의 학설과 민주주의적 사상	로동신문(2.22)	〃	논설
	조선 명장론	인민군출판사(7월)	〃	저서
	실학파와 정다산	국립출판사(8월)	〃	〃
	리규보의 문학에 대하여	과학원 학술보고회 발표(10.4)	〃	논문
	강감찬 장군	민주청년사(10월)	〃	저서
	정다산의 시문학에 대하여	김대 과학 콘페렌치야 발표(10.27)	〃	논문
	연암 박지원의 사상적 및 문학적 지위 —그의 서거 150주년을 기념하면서	력사과학 12호(12월)	〃	〃

1956	조선 고대 문학사에 있어서의 최치원의 문학적 지위	김일성종합대학학술논문집(4월)	〃	〃
	정다산의 시문학에 대하여(3)	조선어문 2·3·4호(4·6·8월)	〃	〃
	조선 명장전	민족보위성 군사출판부(?월)	〃	저서
	연암 박지원 선집(공역)	조선작가동맹출판사(5월)	최익한·홍기문	역주
	《리순신 장군 전집》의 번역 간행에 대하여	로동신문(5.28)	최익한	서평
	재판 받는 쥐	국립출판사(7월)	〃	역주
	우리나라 명인들의 이야기(공저)	조선로동당출판사(8월)	최익한 외	저서
1957	조선문학통사(집체작)	과학원출판사(1959.5)	문학연구실	〃
	박연암의 문학과 시대정신	문학신문(2.28)	최익한	문학
	연암의 사상과 문학	과학원 학술보고회 발표(2.28)	〃	논문
	리규보	문학신문(5.23)	〃	문학
	정다산 선집	국립출판사(6월)	〃	역주

1. 신문 기사의 갈래는 시·산문·논설·문학·역사·미술·고적·답사·서평·토론·인터뷰 등으로 세분.
2. 1917년 봄~가을 산중시와 1928~1935년 옥중시 등은 미발굴.
3. 시 <舟下牛川市>, <牛川江上贈漁翁>(1919)과 시조 <다산의 '汕行日記'에 부쳐>, <南村居址懷古>(1938)는 《여유당전서를 독함》(동아일보 1938.12.18, 12.21, 12.25)에 수록. <다산의 '汕行日記'에 부쳐>는 편자가 붙인 제목이다.
4. <다산의 저서 총목>, <다산의 逸事와 逸話>(1936)는 《실학파와 정다산》(1955) 부록으로 편입.
5. 시 <次白巖金濟先生踏海詩韻>, <次栗谷板上韻>, <謝呈 桂南沈之潢氏·晚圃沈相敦氏>, <五十川 觀釣兒有感>, <무제>와 시조 <酒泉臺>, <沙羅峙 너머서> 등 총 7편이 <향토 문화를 찾아서>(조선일보 1938.5.8~7.21)에 수록. 시제는 모두 편자가 붙였다.
6. <東崖·松湖 歌詞>(1939.9)는 《정음》32호(1939.12)에 재게재.
7. <災害와 救濟의 史的 斷片觀>(1940)은 《조선 사회 정책사》(1947)에 재수록.
8. <種痘術과 정다산 선생>(1940)은 《실학파와 정다산》(1955) 부록으로 편입.
9. <湛軒 洪大容의 諺文《燕行錄》>(1940.5)은 《정음》34호(1940.7)에 재게재.
10. <조선의 후생 정책 고찰>(1941)은 《조선 사회 정책사》(1947)에 재수록.
11. <旱災와 그 대책의 史片>(1942)도 《조선 사회 정책사》(1947)에 재수록.

12. <반도 후생 정책 약사>, <반도 과거 교육제도>(1943)는 <조선의 후생 정책 고찰>, <조선 過去 교육제도 小史>(1941)가 제목만 바뀐 것이다.

13. <정다산의 이상 사회와 그 력사적 제약성>(1953)은 《실학파와 정다산》(1955)에 실려 있는데, <조선 근세 '실학'의 대성자 정다산의 진보적 사상 및 학설에 대한 개론 (하)>(1952)를 거의 그대로 재수록한 것이다.

14. 《조선봉건말기의 선진학자들》(1954)은 이듬해 중문판과 영문판도 간행되었다. 朝鮮民主主義人民共和國 文化宣傳省, 《朝鮮封建末期先進學者》, 平壤: 新朝鮮社, 1955.7.30; Ministry of Culture and Propaganda, DPRK. *Progressive scholars at the close of the feudal age in Korea*. Pyongyang: New Korea Press, 1955.

15. <조선 고대 문학사에 있어서의 최치원의 문학적 지위>(1956.4)는 《김일성종합대학학보—8·15해방 10주년 기념》(1956.9)에 재게재.

여유당전서를 독함

2020년 4월 20일 초판 1쇄 인쇄
2020년 4월 30일 초판 1쇄 발행

저 자 최 익 한
교주자 류 현 석

발행처 21세기문화원
등 록 2000.3.9 제307-2000-18호
주 소 서울 성북구 보문로 193-1
전 화 02-923-8611
팩 스 02-923-8622
이메일 bruceryoo@naver.com

ISBN 978-89-951322-7-2 03150
ISBN 978-89-951322-6-5 (세트)

값 50,000원